思维的密码

读懂文字背后的逻辑

DUDONG WENZI BEIHOU DE LUOJI

王文娟 著

中国社会出版社
国家一级出版社 · 全国百佳图书出版单位

图书在版编目（CIP）数据

读懂文字背后的逻辑 / 王文娟著 .—北京：中国社会出版社，2021.8
（思维的密码 ；2）
ISBN 978-7-5087-6582-2

Ⅰ.①读…　Ⅱ.①王…　Ⅲ.①小学语文课—教学参考资料　Ⅳ.①G623.203

中国版本图书馆 CIP 数据核字（2021）第 144110 号

丛 书 名：思维的密码
书　　名：读懂文字背后的逻辑
著　　者：王文娟

出 版 人：浦善新　　**终审人**：李　浩　　**责任编辑**：杨春岩

出版发行：中国社会出版社　**邮政编码**：100032
通联方式：北京市西城区二龙路甲 33 号
电　　话：编辑室：（010）58124829　　销售部：（010）58124845
网　　址：shcbs. mca. gov. cn　　**经销**：各地新华书店

中国社会出版社天猫旗舰店

印刷装订：河北鑫兆源印刷有限公司
开　　本：185mm×260mm　1/16
印　　张：11. 75　　**字数**：110 千字
版　　次：2021 年 8 月第 1 版　　**印次**：2021 年 8 月第 1 次印刷
定　　价：78. 00 元（全 2 册）

中国社会出版社微信公众号

开一扇“思维可视”的窗，发现文本背后的精彩世界

——为《思维的密码》作序

在语文学科素养中，“思维发展与提升”这一维度是语文教学实践活动中亟待突破的难点。王文娟老师带领北京市朝阳区垂杨柳中心小学金都分校“利用思维可视化实现文本解构与高阶思维建构的研究”项目组经过不断研究及探索，运用思维可视化策略及工具帮学生打开一扇“思维可视”的窗，引领学生发现文本背后的精彩世界，在知识建构和技能训练的过程中使学生的“思维肌肉”得到锻炼，突破了语文教学在“思维发展与提升”这一维度上的瓶颈，有效撬动了语文教学改革。

在语文教学中，学生思维品质的发展指向大体可概括为六个方面：深刻性、独创性、系统性、灵活性、批判性以及敏捷性。实际上，这些品质都是建立在逻辑性的基础之上，逻辑是思维的规则——无逻辑，非思考。那么，如何在阅读理解教学中有效促进学生逻辑思维的发展？这套著作做了有价值的探索及示范——运用“结构化思考”梳理文本背后的逻辑线索，借助“可视化图示”呈现思维的路径及结果。结构化思考是一种通用性思维，是打开学科知识体系大门的万能钥匙，经过长期的教学实践及理论探索，我提炼出结构化思考六步流程：定方向—提要素—理关系—建结构—明功能—练迁移。掌握这一思维训练的主线，再借助可视化图示，把本来不可见的思维方法、路径、结构呈现出来，我们把这种教学策略称之为“思维可视化教学”，这可以一举三得：第一，降低学习者的工作记忆负荷，提高了信息编码质量，促进长时记忆的形成；第二，能够将“思维留痕”，便于复习及改进；第三，促进学生高阶思维的发展，提升学生的理解力、表达力、知识建构力。

同时，基于“可视化＋结构化”的思维可视化教学还是支持深度学习发生的重要手段——它可以在深度学习的四个维度上（知

识建构的深、思维发生的深、情感唤醒的深、社会合作的深）产生正向效果——对知识进行精细化加工和完整建构，促进思维的结构化运动，挖掘文本中蕴藏的细腻而深邃的情感，“以图为媒”充分暴露问题、发现问题，进而改进问题，促进师生之间、生生之间的深度合作。

在这套著作中，王文娟老师和她的团队很好地将“结构化 + 可视化”与小学语文阅读教学融合起来，使语文教学中的“促进学生思维的发展”不再是随机的、不可言说的、无从下手的朦胧愿景，而是有目的、有方法、有工具支持地展开。

需特别说明的是这套著作中的思维导图已不是被广泛传播的“博赞思维导图”（20 世纪 60 年代由英国人东尼 · 博赞发明的一种笔记形式或思考工具）。博赞思维导图中过度强调色彩、图像及自由联想（一种无须费力、自由发散的思维方式），这与学科教学逻辑以及学生核心素养（尤其是高阶思维）的发展指向是相背的。由此我们对“博赞思维导图”进行了“转基因”改造——将其背后的理论支架从“全脑理论”转向“系统论”和“建构主义”，这种经过“转基因”的思维导图称为“学科思维导图”，它借鉴了博赞思维导图的外形特征，但其更关注逻辑、结构及学科思维，其内在神髓更贴近学科教学宗旨。

世界上并不存在完美的工具和方法，也不存在完美的作品，同样这套著作也不可能尽善尽美，尤其是在“语文神髓”的挖掘和表达上尚不够充分，当然这也给读者留下了很大的自主二次创作空间，如果您在阅读此书时抱持一种“借鉴—汲取—拓展—改进”的心态，那么您的阅读收获也会超出本书所给予您的价值。

刘濯源

南京濯源心智文化发展研究院院长

思维可视化教学体系建构者

学科思维导图概念提出者

2021 年 6 月 5 日于上海

前 言

多年来，基层教师对脑认知科学和学习科学知之甚少，更多的是从既有经验出发设计教学，指导学习；或者从感知、品味等情感认知出发解读文本，导致师生的教与学受困于浅层认知和记忆之中，受困于课内不足课外补的恶性循环之中，没有使思维走向深处去的策略和方法，久久被困又久久无解。教师教得累，学生学得苦，师生的投入与学生的实际获得不匹配。如何读懂文字背后的逻辑，发展学生的思维力，落实核心素养，既是现实中亟待解决的难题，又是时代赋予教育的新使命。

语文特级教师王文娟在“学生学习力培养”方面进行了多年的持续研究，积累了比较丰富的经验和做法，在此基础上又借鉴了刘濯源（原华东师范大学现代教育技术研究所思维可视化教学实验中心主任）在“思维可视化技术与学科整合的理论和实践研究”课题研究中的相关成果，借助思维可视化进行文本解构，培养学生的思维力，取得了一系列研究成果。2019年王文娟带领垂杨柳中心小学金都分校的干部教师组建了“利用思维可视化实现文本解构与高阶思维建构的研究”项目组，进行更进一步的研究。根据部编版语文教材，结合单元人文主题和语文要素，利用思维可视化技术绘制思维导图，进行文本解构。本丛书包括《厘清文字之间的关系》和《读懂文字背后的逻辑》两本，其中《读懂文字背后的逻辑》由王文娟独立完成，以此为样本带领老师们深入解读教材，走进文本深处，洞见思维路径，找到培养学生思维的切入点；《厘清文字之间的关系》由王文娟和老师们共同绘制，是项目组共同教研的智慧结晶。本丛书内容既是每篇课文主要内容的最精练呈现，又是作者思维路径的最直观呈现。每篇课文一张图，每张图都由主干、分支、关键词、备注、标注等线条、符号和精练文字构成，使篇章结构清晰可见，使段与段、句与句之间的逻辑关系清晰可见。

对文本进行深度解读是教师进行教学设计和教学实施的基础之基。本丛书为一线教师深度解读文本提供了路径、方法和参考，是教师手边方便实用的备课资源。教师借助这些思维导图能够实现与文本的深度碰撞，掌握结构化思考的方法，并在此基础上重新设计教学，引导学生厘清文字之间的逻辑关系，建立文本结构，找准思维路径，习得思维方法。借助这些思维导图，教师可以引领学生在文本的解构过程中实现深度学习，逐渐形成高阶思维能力，解决浅学习、浅思维的问题。

本丛书既是前沿的认知科学理论与新的教育技术转变为教育生产力的一种积极探索，又是科研成果与教学实践对接的一次有效尝试，摸索出了一条促进学生深度学习建构高阶思维的路径，把师生从教与学的困境中解放出来。这无疑给教师的教学提供了一把开启学生思维的金钥匙，为推动“思维型”课堂的建构奉上一份可资借鉴的成熟经验。

北京市朝阳区垂杨柳中心小学金都分校书记

2021 年 5 月

读图说明

本书中的所有思维导图都是按照课文原有的逻辑顺序呈现出来的，为了便于读者阅读，厘清文本的思维脉络，对图中的一些内容作如下说明。

阅读思维导图的顺序应该从右上角开始，按照顺时针的方向，依次阅读。思维导图的中心是课文的标题，右上角第一个分支是课文的第一部分，然后按照顺时针的方向依次往下排列；每一部分由几个自然段组成，在分支上都有标注，如：（1–3）表示第一到第三自然段。读者沿着思维导图的层次顺序，就能够层层剥茧，读懂文本的核心内容和思维路径。

为了便于读者清晰文本在单元中的功能作用，本书的部分思维导图在最后增加了两个分支，一个是文本的人文主题，也是课文育人功能的体现；另一个是语文要素，这是部编版教材的一个突出特点，也是培养学生语言能力的落点。为了使读者在对照课文读思维导图的时候一目了然，我们在有些思维导图中插入了一些“标注”进行特殊说明，详细解剖语文要素在课文中的体现。

本书的每一个单元都有一幅习作思维导图，有的是帮助学生构思用的思维支架；有的是帮助学生写作成文用的作文支架；有的是帮助教师教学用的流程图，读者在阅读的时候也按照顺时针的方向依次阅读即可。

本书的所有思维导图均属原创，如有不妥之处，愿与广大教师共同商榷。

目录

第三部分　四年级下册

第四部分　五年级下册

第五部分：六年级下册

' 综述 '

第一章　亟待聚焦的思维发展与提升

进入 21 世纪以来，随着信息技术的快速发展和广泛应用，推动了涵盖国家政治、经济、文化、科技、教育等各领域的巨大进步，尤其是近几年人工智能的快速迭代，即将给人类的生产、生活、认知和思维带来一场颠覆性的变革。在这场空前的社会变革中，教育位于首位。在现代科学技术日新月异的当下，我们必须沉下心来认真审视现在学校的样子，思考教育的未来在哪里，育人的路径是什么。语文学科作为母语交流的主要语言工具，作为传承中华民族历史文化和立德育人的重要载体，在走向未来的征程中新的使命是什么？

一、聚焦国家战略——创新型人才培养

21 世纪的竞争归根结底是科技的竞争、人才的竞争。进入新时代，世界正经历百年未有之大变局，实现中华民族伟大复兴正处于关键时期。实施创新驱动发展战略，是中国经济从高速发展向高质量发展转型的重要保障，必须把重要领域的科技创新摆在更加突出的地位，补齐科技发展短板，把握科技革命先机。自主创新是我们攀登世界科技高峰的必由之路，实现科技自主自强不能在关键核心技术领域受制于人，新时代需要具有崭新风貌、过硬素质和创新人格的一代新人挺身而出，迎难而上。这是时代向教育发出的召唤，更是中华民族走近世界舞台中央的硬核需要。时代在呼唤，国家在呼唤，未来在呼唤。科技创新已经成为推动我国经济高质量发展的重要支撑，加强基础教育研究，培养创新型人才，也上升为国家战略，成为摆在我们每一位教育人面前的一道崭新命题。

今天，我们迎来了世界新一轮科技革命和产业变革同我国转变发展方式的历史交会期，既面临着千载难逢的历史机遇，又面临着差距拉大的严峻挑战，形势逼人，挑战逼人，使命逼人。我们如何才能跟上国家科技创新的步伐，直面挑战，把握机遇，担当起创新型人才培养的历史重任？值得我们深思并积极付诸行动。

二、聚焦核心素养——思维发展与提升

在创新型人才培养这一国家战略的催生下，作为课程改革的关键、新课标的源头和中高考评价风向标的中国学生发展核心素养于 2016 年 9 月应运而生，为我们确立了学生应具备的适应终身发展和社会发展需要的必备品格和关键能力。

学生发展核心素养是党的教育方针与具体教育教学实践对接

的具体化描述，比较具体地回答了“为谁培养人和培养什么样的人”的根本问题，引领课程改革和育人模式的深入变革。中国学生发展核心素养以培养“全面发展的人”为核心，分为文化基础、自主发展、社会参与三个方面，综合表现为人文底蕴、科学精神、学会学习、健康生活、责任担当、实践创新六大素养。其中的科学精神又细分为理性思维、批判质疑和勇于探究三个具体指标，关于“理性思维”的具体表述为：崇尚真知，能理解和掌握基本的科学原理和方法；尊重事实和证据，有实证意识和严谨的求知态度；逻辑清晰，能运用科学的思维方式认识事物、解决问题、指导行为等。关于“批判质疑”的具体表述为　具有问题意识；能独立思考、独立判断；思维缜密，能多角度、辩证地分析问题，作出选择和决定等。

从这些具体的表述中我们发现思维缜密、逻辑清晰指向的是学生的思维品质，而思维的品质又直接决定着人的创新能力，因此要培养创新型人才，发展与提升思维至关重要。具体到语文学科中发展与提升学生的思维，是指学生在语文学习过程中获得的思维能力发展和思维品质的提升。语言的发展与思维的发展相互依存，相辅相成。因此，思维发展与提升也是学生语文核心素养的重要组成部分，是学生语文素养形成和发展的重要表征之一。

三、聚焦语文课程标准——激发创造潜能

时代的进步、社会的发展需要具有开阔的视野、开放的心态的新型人才，义务教育语文课程标准中也指出语文课程致力于提升学生综合素养，为学生全面发展和终身发展打下坚实基础；语文课程是一门实践性课程，应该着重培养学生的语文实践能力，重视语言文字运用的实践，在实践中丰富语言积累，发展思维，增强民族创造力。

在课程标准总体目标中就有这样的表述：“在发展语言能力的同时，发展思维能力，学习科学的学习方法，逐步养成实事求是、崇尚真知的科学态度；能主动进行探究性学习，激发想象力和创造潜能，在实践中学习和运用语文。”由此可见，义务教育阶段的语文学科承载着国家未来和发展建设的重大需求。尤其在小学阶段是语言学习的基础之基，也是储备积累、丰富认知和运用实践的黄金时期，如何把握最佳时机，激发学生的语文学习兴趣，找到适切的语言学习方法，在语文实践中培养学生的思维能力至关重要。

第二章　语文学科教学中思维培养的问题与困惑

由于语文学科兼具人文性和工具性、实践性和综合性的几大特点，因此语文学科几乎每一次都走在国家教育教学改革的前列，几乎每一次都成为课程改革的切入口和重点实施的落脚点。伴随着国家教育事业的发展，语文往往被人为地赋予太多的内容、任务和要求，恰恰是因为承载得太多，所以也造就了语文学科的不堪重负，致使语文教学实践中存在着诸多难解的问题和不知所终的困惑。

一、负重前行的语文教改

语文学科是以母语的学习与实践为主要内容的学科，其基础性和综合性是其他任何学科所不可替代的，因此它也成为历次教改的重中之重。从课堂教学的方式方法到教学的内容再到新一轮的课程改革，每一次语文学科都位于首位，然而由于传统的语文教学积弊较深，在经历了一次次教改的洗礼之后，我们会发现语文越改内容越多，越改标准越高，越改基层教师越难以驾驭。最简单的例子就是语文课堂上讲什么？讲多少？怎样讲？这样的争论持续了几十年，也改革了几十年，但直到今天语文教学投入的时间最长，教师学生倾注的精力最多，投入和产出最不成正比的问题依然非常突出。尤其是进入新时代以来，从国家到社会再到每一个家庭对教育赋予的使命、对教育给予的期望以及为教育投入的时间和物质成本越来越多，而教育也越来越不堪重负。语文教改一直在负重前行，而且任重道远。

二、高耗低效的语文课堂

如果问基础教育阶段哪个学科最重要，无疑是语文学科。如果问哪个学科的教学效率最低，无疑还是语文学科。语文学科高耗低效的问题已经是老生常谈，积重难返，从 20 世纪的著名汉语语言学家吕叔湘先生到小学语文界的泰斗崔峦先生都曾经多次提出这一问题，也都曾经呼吁过语文课堂教学的改革。所谓“高耗”指的是教师和学生在语文学科的教与学中所付出的时间最长、精力最多；所谓“低效”指的是学生通过课堂学习与语言实践所获得的知识、能力和素养少。这里的“少”是个相对量，通过机械训练而达成的知识和被动接受所获得的信息并不少，少的是这一过程中学生对于知识的渴望、学习的兴趣和探索求知的动力，少的是语言迁移运用的能力、思维品质和创造力。这样的结果恰恰与国家对语文学科设定的目标背道而驰。最突出的表现就是从一年级识字开始，6年的时间，12册教材，到小学毕业的时候有相当多的学生为一篇400字的作文而抓耳挠腮，不是背诵范文对号入座生搬硬套，就是颠三倒四词不达意思维混乱，这种能力低下和创造力尽失不免令人唏嘘，也引人深思。

究其原因主要是以下三点：

其一，语文教学长期沿袭下来的教学形态——“讲读课文”效率太低，从老师满堂灌喋喋不休地讲到教师讲加学生读再到今天的以学生自读自悟为主教师讲为辅，教学的方式方法在逐步改进，但依然没能跳出“讲读课文”的怪圈。学生读什么？怎么读？读出什么？学生悟什么？怎么悟？这些问题估计很多老师自己也说不清楚。仅“读”就有朗读默读、略读精读等多种形式，什么情况下用什么方式读既是教的艺术，又是学的科学。在常见的语文课堂里充斥着朗朗地读、美美地读，热闹而充满激情，但缺少了促进思考发生的环境创设和思维支架，制约了语言的理解和思维的发展。

其二，人文性和工具性二者难以平衡。主要表现在注重立德树人目标的达成，过分强调语文学科的人文性，过度挖掘文本内容，进行人文价值的拓展和延伸，语文课充斥着政治课、历史课的味道。由于过分偏重于人文价值，而语文最基本的属性——工具性就相应地被淡化，这样的课堂说教味道浓厚，而语言的迁移运用和思维发展的空间很小，直接结果就是语言能力和思维能力低下。

其三，语文课堂的感性色彩过于浓厚。我们不能否认语文学科文以载道、以文化人这些天然的属性，但语言文字不仅可感，更具有思维的属性。每一篇文章都是一个自成一体的结构，都蕴含着一个主旨，围绕这一主旨的每一个段落都相互关联，段落之中的每一个句群又都前后承接。一篇课文既有结构、主旨，又有层次、顺序，其中还隐藏着看不见的线索，这一切都是思维和逻辑。因此，语文学科不仅包含感情色彩，更具有思维含量，不仅能起到价值引领的作用，更是对学生进行思维训练、培养学生思维能力进而提升学生创造力的绝好载体。而如何厘清文字背后的逻辑思维，仅靠感性的朗读是难以达成的。

三、积重难返的语文教法

由于旧的教学观念的巨大惯性，兼之语文教材本身的深度束缚，基层的大部分教师至今依然或多或少地沿用着几十年前的教法，从既有经验出发设计教学，导致师生的教与学都困在浅层认知和记忆之中，没有使思维走向深处去的策略和方法，久久被困又久久无解，教师教得累，学生学得苦，师生的投入与学生的实际获得不匹配，出现一定比例的学困生和厌学生。究其原因一是教师不能深度解读文本，没能厘清文字之间的逻辑关系；二是教学设计时没有找到开启学生思维智慧的切入点，更缺乏牵引学生思维行向深处去的抓手、方法和路径；三是教学设计和实施中要么过度品词品句，使文本支离破碎，要么一味强调感悟，蜻蜓点水，不能实现深度思考。这种浅学习和浅思维的问题，普遍存在于课堂中。

第三章　思维可视化支撑下的思维型课堂建构的探索

思维可视化技术支撑下的思维型课堂建构，是前沿的教学理念、教育技术与教学实践的有益探索。教师可以借助思维可视化技术对文本进行解构，实现与文本的深度对话，读懂文字背后的逻辑关系和思维路径，从而找到思维性课堂建构的切入点，并以此为抓手进行“问题链”式的教学设计，以问题为导引进行思辨式课堂教学，在建解构、理关系的过程中引领学生走进文本深处，洞见思维脉络，牵引思维行向最深处。这一研究探索将引领师生从传统的散点式、记忆型课堂中走出来，建构起以知识系统化、思维结构化为标志的思维型课堂。

一、思维型课堂建构研究的意义

多年来基层教师一直受困于高投入低产出的课堂教学，受困于四处寻求突破而不得法，受困于课内不足课外补的恶性循环。如何解决“磨豆腐”式的低效能教学，发展学生思维，培养学生创造力，既是现实中亟待解决的难题，又是时代赋予教育的新使命。借助思维可视化进行文本解构与高阶思维建构的研究探索，意义在于使前沿的认知科学理论和新的教育技术转变为教育生产力，撬动课堂教学的真正变革，探索一条促进学生深度学习建构高阶思维的路径，把师生从教与学的困境中解放出来；在于真正落实新课标和学生核心素养，发展学生思维，释放创造力，为国家培养创新型人才。

（一）核心概念界定

高阶思维与思维型课堂：高阶思维是发生在较高认知水平层次上的心智活动和认知能力。在教学目标分类中表现为分析、综合、评价和创造。传统的教学模式把时间主要用在“感知记忆”层面，不能切入思维层，而思维型课堂是从学生的思维训练入手，以思维导图为抓手，以“问题链”为引领，以共学、互学、自学为方式建构高阶思维。

思维可视化：是把学习过程中的思考方法和思考路径通过图示技术呈现出来。学习过程中的思考方法包括抽象、概括、区分、推理等逻辑思考的方法，还包括发散、聚合、递进、抽具象转化等思考方式，思维路径主要指思考过程中的思维发展线索。利用思维可视化技术可以进行文本解构，抽丝剥茧，将看不见的思维用图呈现出来，使隐含在文字背后的逻辑清晰可见，使学生的思维从表层逐渐深入，最终指向高阶思维。

（二）国内外研究现状

自20世纪60年代开始，在世界范围内研究思维可视化技术的专家学者数不胜数，如英国人东尼·博赞发明了思维导图，另外还有气泡图、鱼骨图、概念图等，这些技术促进了“知识图示化”和“思维可视化”，在教学领域产生了巨大的影响。国内也有很多这样的研究，如北师大“知识工程研究中心”的“知识可视化”理论软件；北师大林崇德教授研究的“思维型课堂”概念和模式；华东师大现代教育研究所刘濯源教授核心团队研究的“学科思维导图”等。这些科研成果，给我们提供了厘清概念之间逻辑关系的一把金钥匙。随着软件技术的发展，我们可以借助绘图软件将思考方法及思维路径以视觉信息的形式呈现出来，将“知识加工”的过程呈现出来，使文字的逻辑和思维的路径清晰可见、一目了然。

二、研究目标及思路

（一）研究目标

构建基于思维可视化的学科教学模式——通过让教师掌握各项思维可视化技术并将其运用到教学实践中，形成聚焦“思维解构与建构”的教学模式，建构指向高阶思维培养的思维型课堂。

学生能够运用思维可视化进行前置性预学、课堂探究式共学、互学和课后拓展延伸性学习等，提高学生自主学习能力；学生能够运用思维可视化技术解读文本，掌握结构化思考的方法，提升学生归纳概括、分析推理、独立判断和辩证思考的能力，最终形成高阶思维能力。

（二）研究思路

语言是思维的载体，思维是语言的内核，失去思维的内核，语言便失去了灵魂，因此离开思维去教语文是捡了芝麻，丢了西瓜，所以提升“思维含量”是解决语文教学高耗低效的关键所在。

如何提升小学语文课堂教学的“思维含量”，我们的研究思路是以前沿的理论理念和科学的技术方法为支撑，聚焦教学中“浅学习、浅思维”的问题，找准切入点，以思维可视化为抓手，撬动教师陈旧保守的观念、固有的思维定式和传统的经验方法，转变教与学的方式，探索指向深度学习和高阶思维的策略和方法。

主要从以下三个层面对课堂教学进行研究探索：其一，教学观念的转变。从“为知识储备积累而教”转变为“为思维发展与提升而教”；从“为学会而教”转变为“为会学而教”。其二，教与学方式的转变。既要改变“教师讲学生记，课上讲课下练”的教师教的方式，又要改变“死记硬背、读得多思考少”的学生学的方式，探索一种以文本解构为抓手，以问题链为引领，使学生自主建构与探究，把思考的权利还给学生，构建“思维型课堂”。其三，教学方法的转变。遵循脑认知科学的规律，借助于思维可视化的技术，以绘制文本的思维导图为支点，使教师摆脱传统教学方法的束缚，从全新的视角去解读教材，设计教学并在课堂上进行实施。

三、借助思维可视化探索思维型课堂建构的策略

遵循语文学科的教学规律，借助思维可视化技术，我们试图

探索建构一种旨在发展学生思维的教学模型，指导学生探究文字背后的逻辑思维；使学生能够借助学科思维导图清晰地把握文本的解构和作者的思维路径，厘清文章脉络，进行字词的理解及深入辨析，全面而深刻地理解文章内涵，形成自主阅读能力。

（一）教师备课环节

1. 深度解读文本

教师对文本的解读是进行教学设计和教学实施的基础之基。思维可视化技术为老师们深度解读文本提供了路径和方法。通过反复读教材、读教参及其他课程资源，绘制出文本的思维导图，将长篇文字通过主干、分支、关键词、备注、标注等线条、符号和精练文字呈现出来，使篇章结构清晰可见，段与段、句与句之间的逻辑关系清晰可见。教师读文和画图的过程就是思维与文字碰撞的过程，也是教师思维品质提升的过程。

2. "问题导向式"教学设计

教师在深度解读文本的基础上，聚焦文本的逻辑和学生的思维基础，进行教学设计，包括教学目标设计、教学方法设计、课堂教学流程设计和作业设计。从大概念出发设计一个主问题，然后依据思维导图的分支设计问题链，搭建起思维支架，引导学生自主学习探究，与文本对话，绘制重点段落的结构图，建立自己的思维路径。如：三年级上册《富饶的西沙群岛》一课，可以从统领全篇的标题出发设计主问题"你能不能给题目加上一个词、减一个词或换一个词，更切合文章的内容？"，这是一个开放式的问题，学生只有在反复读文本，基本把握文本内容的情况下才能找到一个自认为恰当的词汇。在主问题之下设计问题链：为什么用这个词？——根据文本列举理由——换成其他词行不行？理由是什么？——去掉"富饶的"行不行？理由是什么？学生在一连串的追问中进行着概括、综合、辨析，使思维逐渐加深。

（二）教学实施环节

1. 整体感知画框架

在如上教学设计的基础上进行"追问＋思辨"式课堂教学。首先在主问题的引领之下，自主阅读，进行整体感知，粗略把握文本内容，画出文本的基本框架。如四年级上册《观潮》，可以把课后思考题作为主问题"作者按照怎样的顺序描写钱塘江大潮？"，学生在整体感知的基础上用思维导图画出文章的几大分支：潮来之前，潮来之时，潮退之后。这样文章的框架也是作者的思维路径就一目了然了。

2. 聚焦段落细分支

为了使学生的思维逐步深入，教师需要借助追问，让学生去聚焦文本的重点段落，在文本框架的基础上细化分支。如《观潮》一刻的重点段落是"潮来之时"，可以用问题做导引：透过文字，你在作者描绘的画面中看到了什么？从哪些方面突出大潮的壮观？举例说明。学生带着这样的问题去读文本，就能沿着作者的思路，由宏观到微观，从全篇到段落，找到二级分支——观潮人和大潮。

3. 聚焦词句细推敲

再进一步追问"大潮来了，观潮人的反应怎么样？大潮的壮观景象是什么样的？找出文中的词”，引导学生聚焦句群，咀嚼推敲词句，提炼重点信息，如：“沸腾”“人声鼎沸”是观潮人的反应，“一条白线”“一堵水墙”“白浪翻滚”描写了大潮的壮观景象。这样学生的思维就在文本解构的过程中由粗到细，由浅入深。还可以继续追问“你能把沸腾、人声鼎沸换成自己的词汇吗？”。这样学生不仅要咀嚼文本中的词语，还需要调动自己原有的认知和储备，进行进一步推敲辨析，比如“欢呼、惊呼、高喊、兴奋极了”等。这样的课堂是学习真实发生的课堂，是思维不停歇的课堂，真正实现读得懂，解得深，能思辩。

（三）学生学习环节

1. 前置性学习

学生作为学习的主体，首先应该发挥主动性，教师还要给一些任务去驱动，辅之以必要的方法和抓手，前置性学习才能够发生。比如学习《富饶的西沙群岛》之前，教师可以用学习单或任务单的方式，将主问题和聚焦重点段落的问题链给学生，让学生去提前预学，自主阅读，画出文本框架，初步达成整体感知、把握文章大意的目标。这个过程是学生独立思考的过程，形成的文本框架图就是学情的晴雨表，同时又是课堂上合作探究的认知基础。

2. 课堂探究学习

在充分的课前预习基础上，将课堂上的学习作为探究的起点和思辨的热点。可以让学生围绕自己完成的思维导图进行分享，充分交流碰撞。教师重点关注交流过程中的难点、疑点和分歧点，以此作为课堂生成的教学资源，结合问题链的设计，点燃思维的火花，引导学生进行探究和思辨，并适时启发和点拨，引领着学生的思维行向最深处。如《富饶的西沙群岛》，学生可能会加上一个词“美丽”改成《美丽富饶的西沙群岛》，也可能会减掉一个词“富饶”改成《西沙群岛》，也有可能会换一个词改成《魅力西沙群岛》《迷人的西沙群岛》《宝岛西沙》等，学生的分歧越大，生成的资源就越丰富，问题就越有价值，思维也越有含量。

3. 课后延伸学习

课后延伸学习是课堂思辨的延续，教师可以根据学生的学习情况继续进行任务驱动，将课堂上思辨探究的问题与课外学习资源进行连接，比如拓展阅读、课题式社会调研、实践性考察等，打破学习的围墙，使学生走出教室，走向社会，走向生活，使学生的思维更加深入和丰富。

四、未来可期，任重道远

在新一轮课程改革的政策指引之下，在多年积淀的课改经验的沃土之上，在脑认知科学、学习科学和现代教育技术的支撑之下，我们已经踏上了“思维可视化技术支撑下的思维型课堂建构”的研究探索之路。在研究探索的过程中，不仅聚焦了学科规律和思维规律，使思维可视化技术与课堂教学有效融合，而且探究了行之有效的思维建构方法，使学生在学习过程中能够准确提取关键信息，厘清逻辑顺序，呈现思维结构，发展了系统思考能力。这既是科研成果与课堂实践对接的一次有效尝试，又是对高阶思维培养策略的积极探索，必将丰富思维可视化的内涵和适用范围，为落实核心素养推动“思维型”课堂的建构奉上一份可资借鉴的成熟经验。

聚焦思维发展与提升的语文教学探索已经启程，但研究历程依然需要我们克服重重困难。未来值得期待，研究任重道远。

第一部分

二年级下册

第一章　春天（一单元）

1. 古诗二首

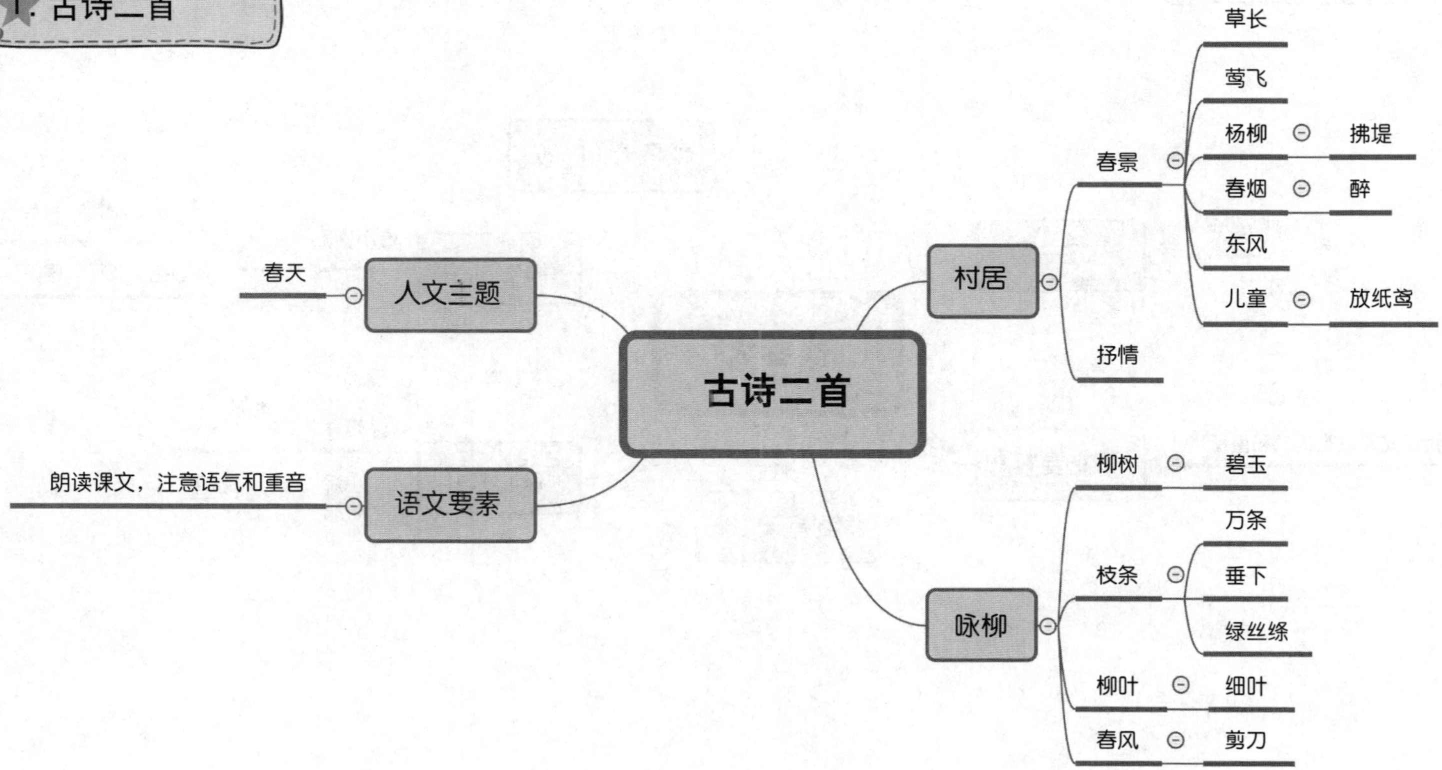

2. 找春天

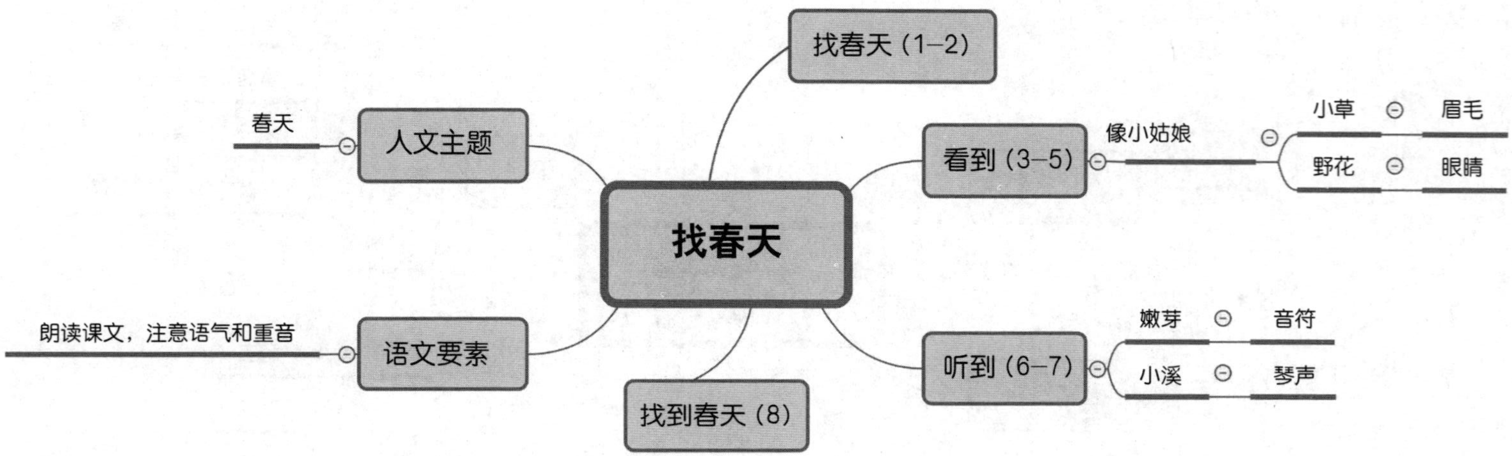
找春天
人文主题
春天
语文要素
朗读课文，注意语气和重音
找春天（1–2）
看到（3–5）
像小姑娘
小草
眉毛
野花
眼睛
听到（6–7）
嫩芽
音符
小溪
琴声
找到春天（8）

3. 开满鲜花的小路

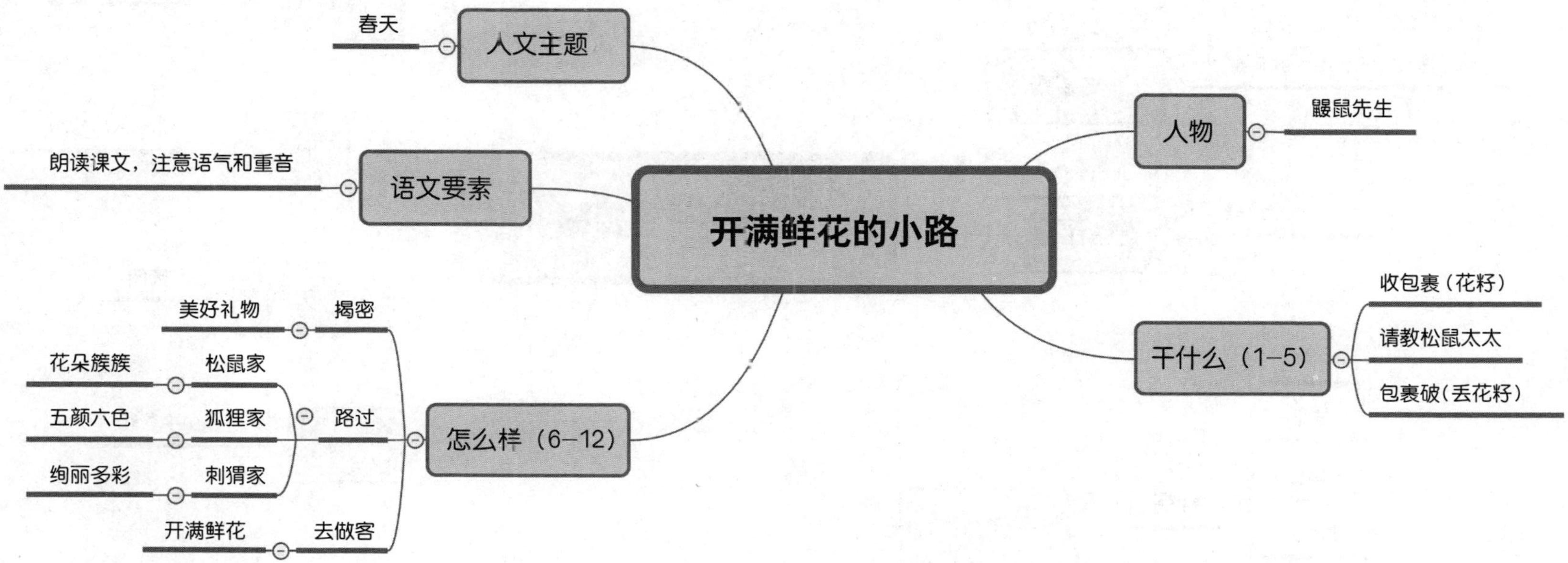
开满鲜花的小路
人文主题
春天
语文要素
朗读课文，注意语气和重音
怎么样（6–12）
揭密
美好礼物
路过
松鼠家
花朵簇簇
狐狸家
五颜六色
刺猬家
绚丽多彩
去做客
开满鲜花
人物
鼹鼠先生
干什么（1–5）
收包裹（花籽）
请教松鼠太太
包裹破（丢花籽）

4. 邓小平爷爷植树

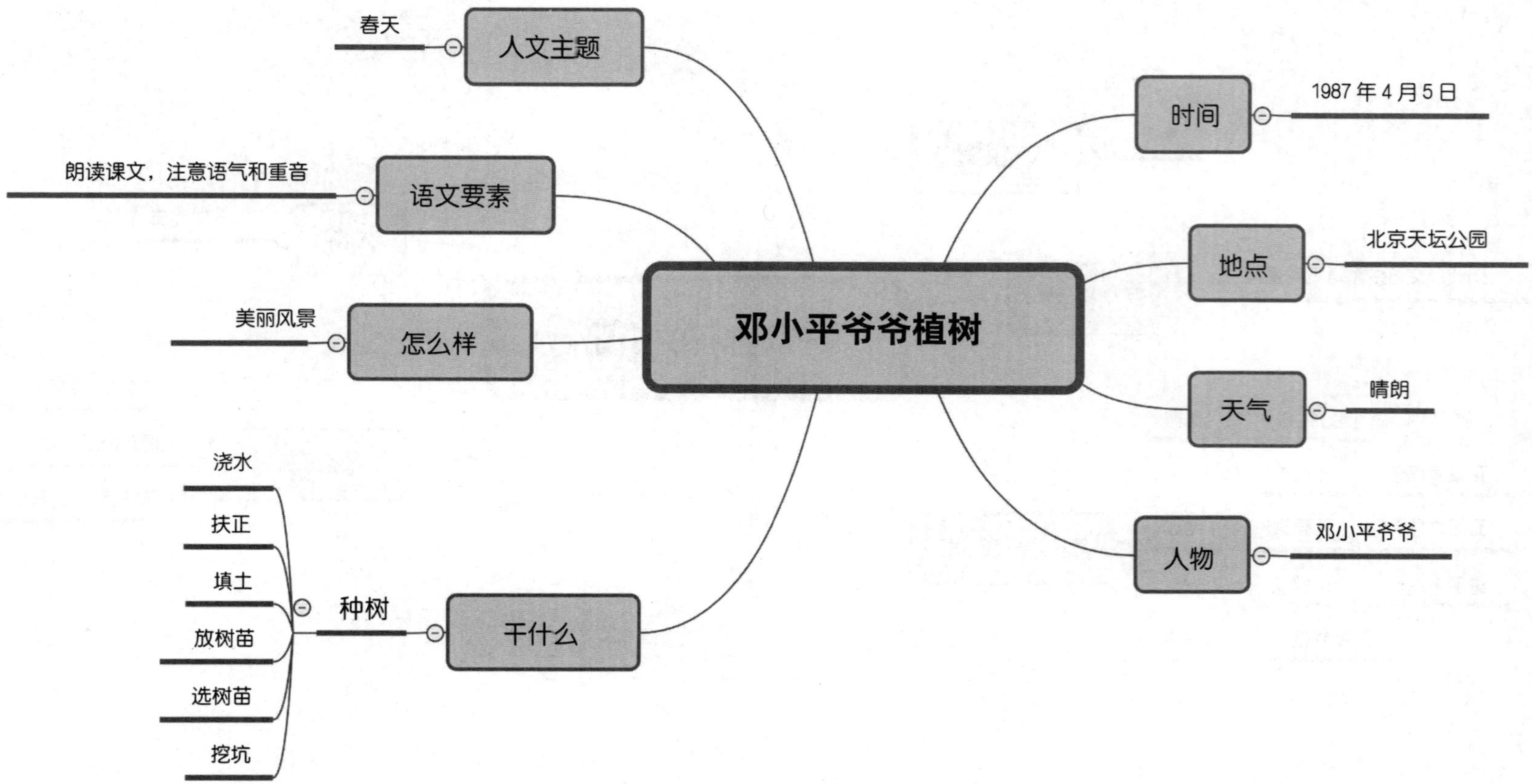
邓小平爷爷植树
人文主题
春天
语文要素
朗读课文，注意语气和重音
怎么样
美丽风景
干什么
种树
浇水
扶正
填土
放树苗
选树苗
挖坑
时间
1987 年 4 月 5 日
地点
北京天坛公园
天气
晴朗
人物
邓小平爷爷

第二章　关爱（二单元）

5. 雷锋叔叔你在哪里

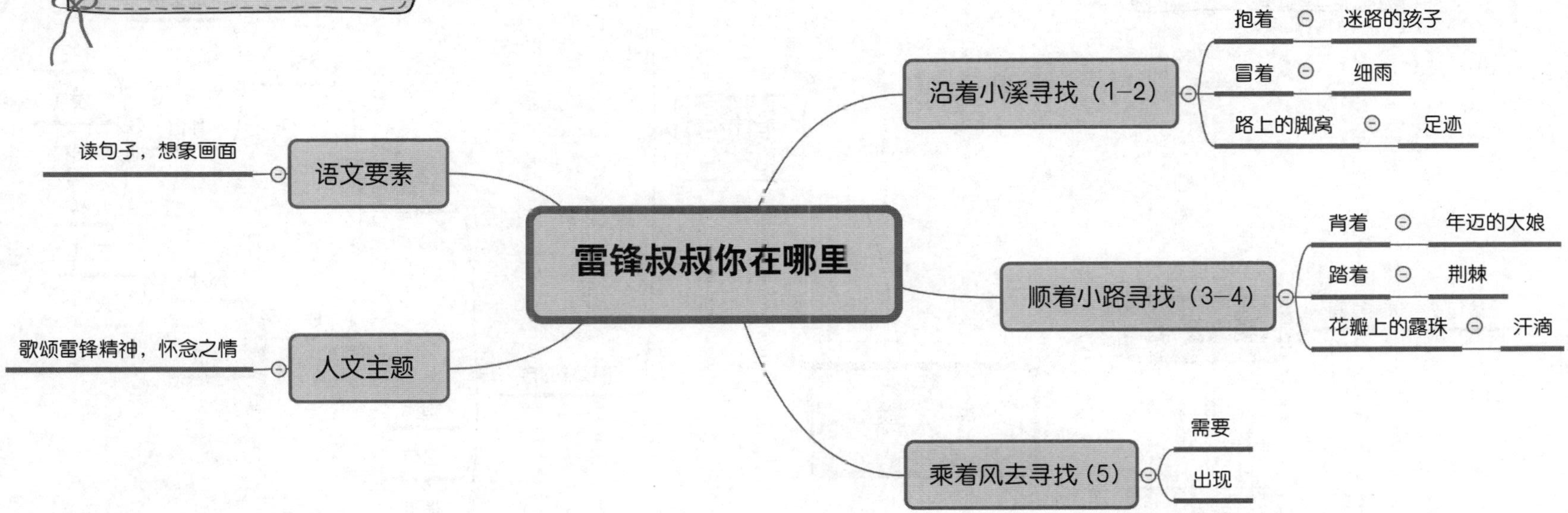

6. 千人糕

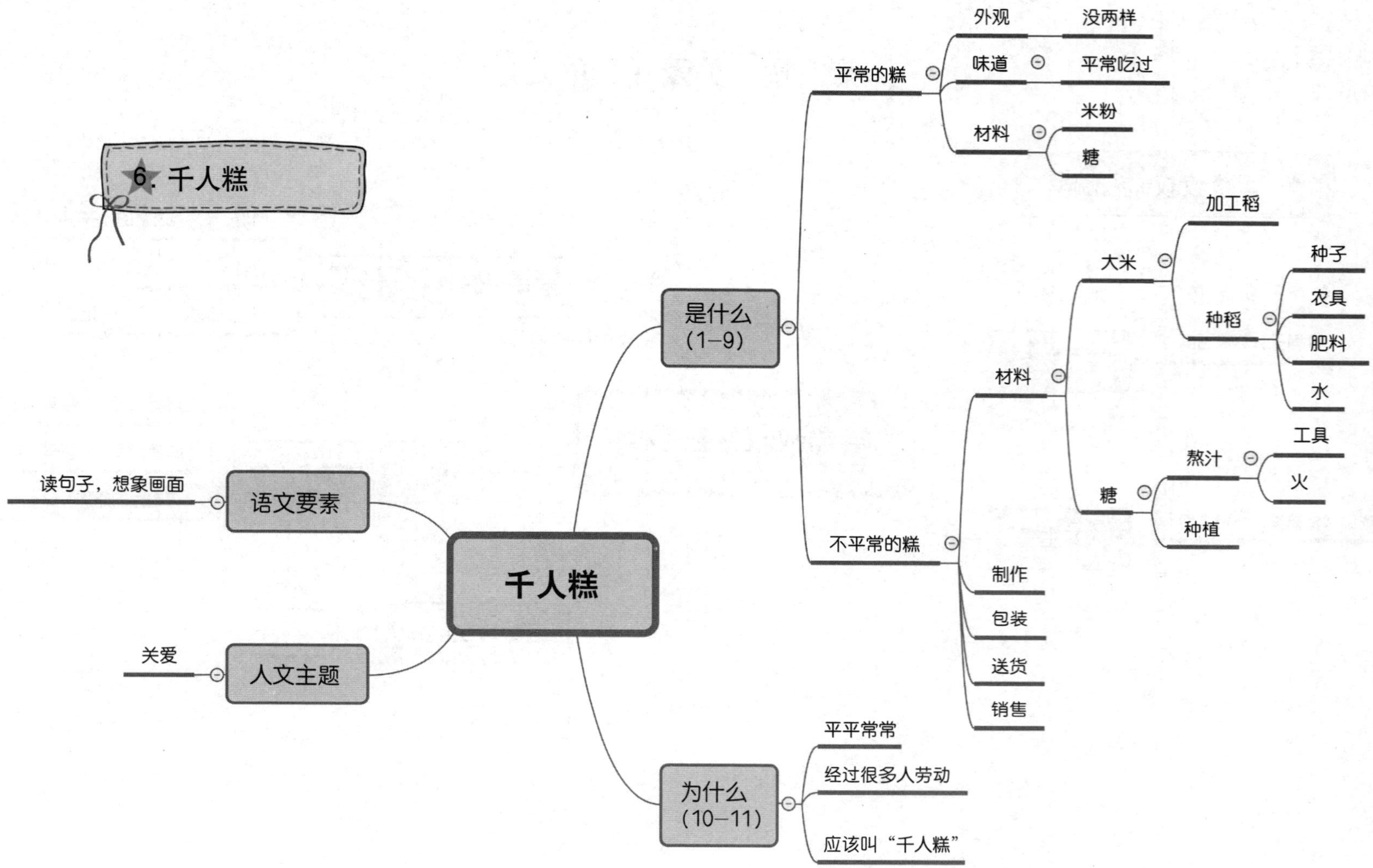
千人糕
语文要素
读句子，想象画面
人文主题
关爱
是什么（1–9）
平常的糕
外观
没两样
味道
平常吃过
材料
米粉
糖
不平常的糕
材料
大米
加工稻
种稻
种子
农具
肥料
水
糖
熬汁
工具
火
种植
制作
包装
送货
销售
为什么（10–11）
平平常常
经过很多人劳动
应该叫“千人糕”

7. 一匹出色的马

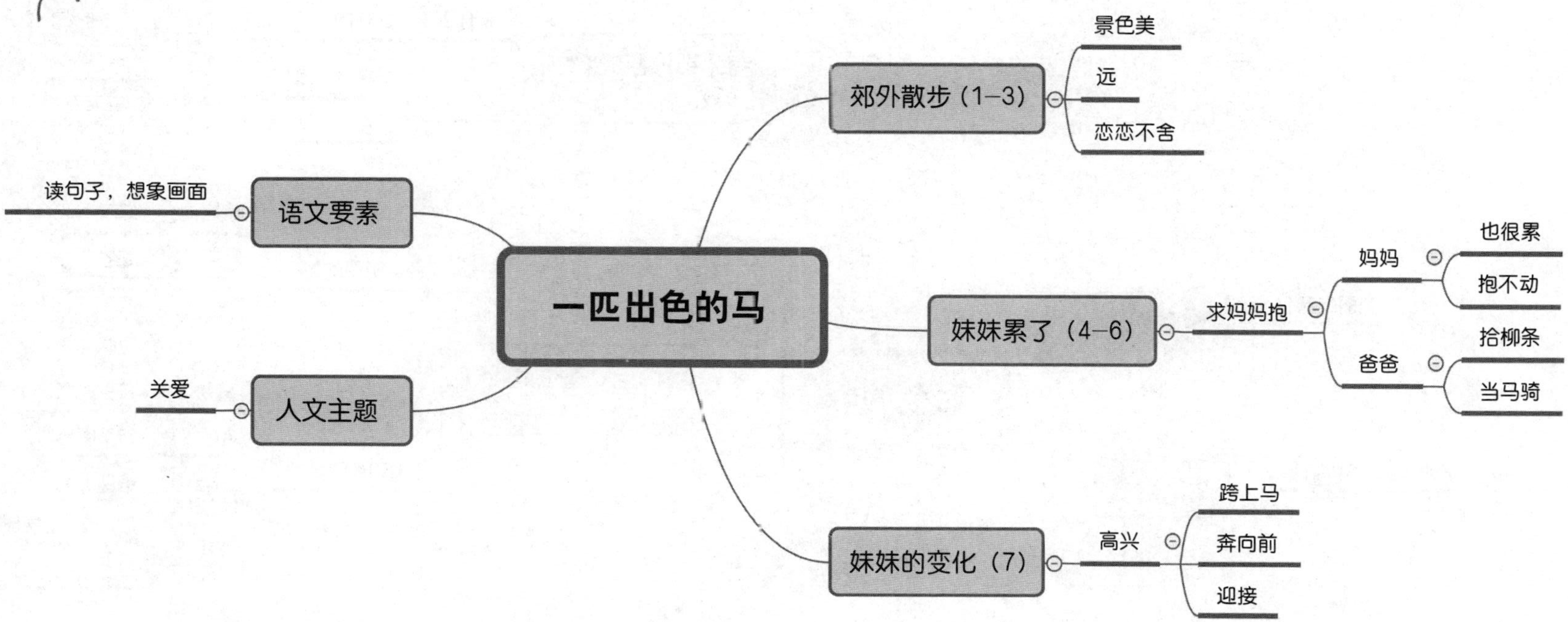
一匹出色的马
语文要素
读句子，想象画面
人文主题
关爱
郊外散步（1—3）
景色美
远
恋恋不舍
妹妹累了（4—6）
求妈妈抱
妈妈
也很累
抱不动
爸爸
拾柳条
当马骑
妹妹的变化（7）
高兴
跨上马
奔向前
迎接

第三章　童心（四单元）

8. 彩色的梦

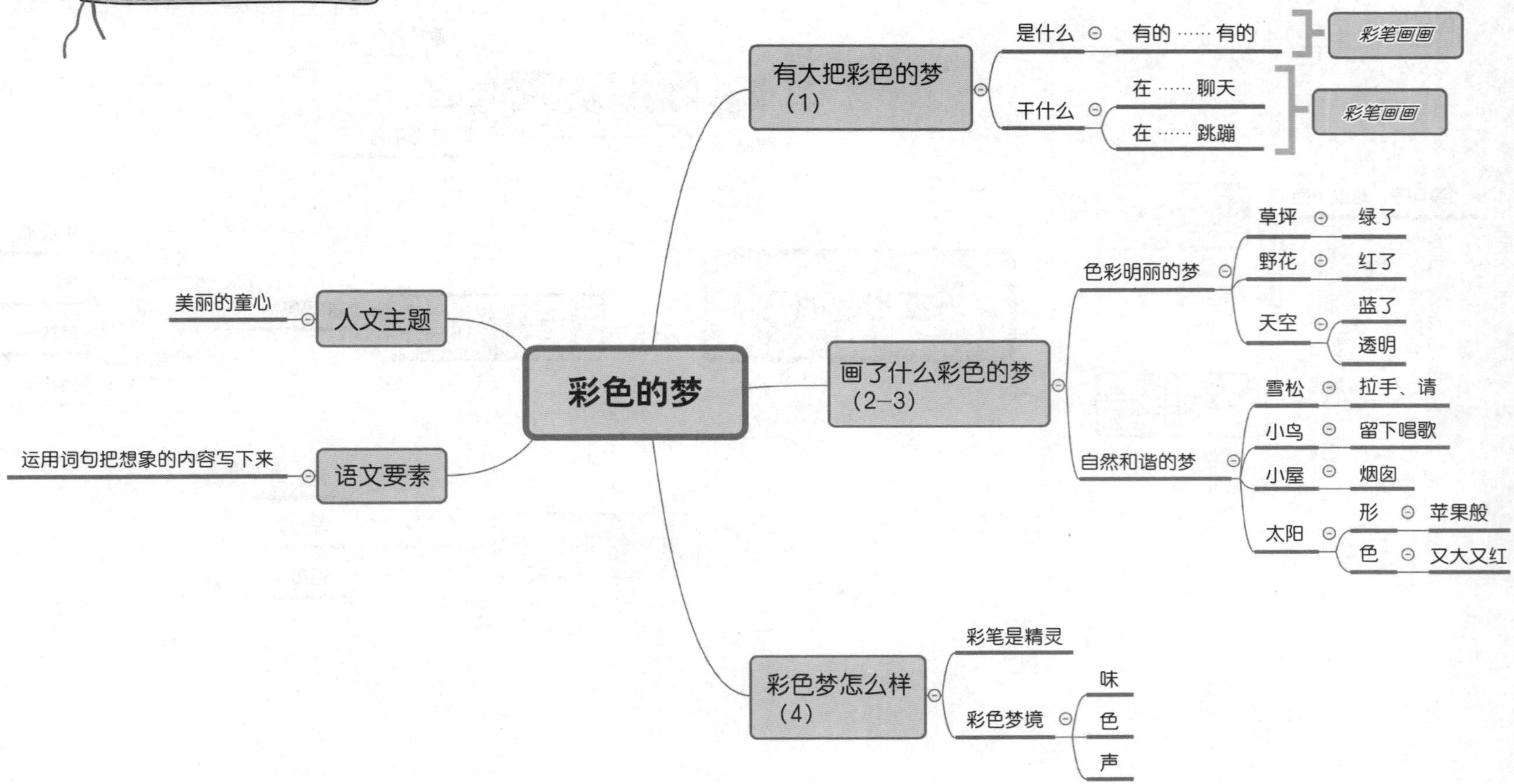

9. 枫树上的喜鹊

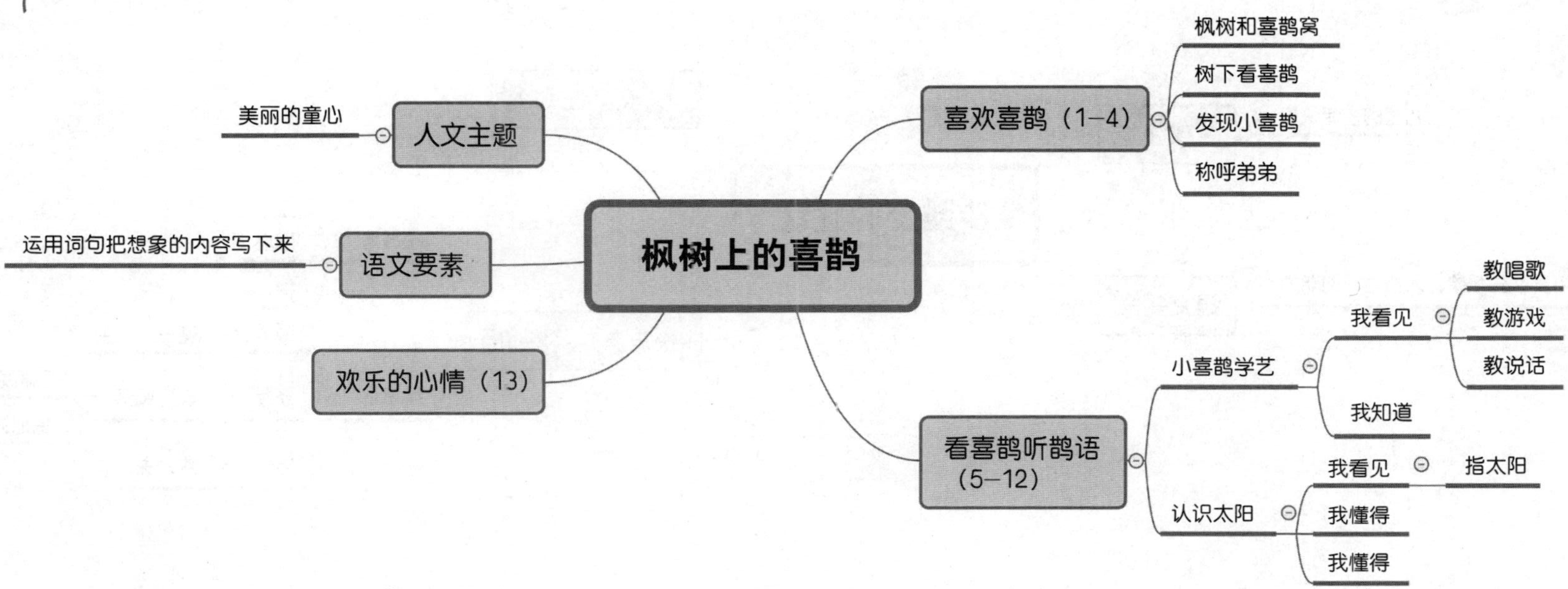
枫树上的喜鹊
人文主题
美丽的童心
语文要素
运用词句把想象的内容写下来
欢乐的心情（13）
喜欢喜鹊（1—4）
枫树和喜鹊窝
树下看喜鹊
发现小喜鹊
称呼弟弟
看喜鹊听鹊语（5—12）
小喜鹊学艺
我看见
教唱歌
教游戏
教说话
我知道
认识太阳
我看见
指太阳
我懂得
我懂得

10. 沙滩上的童话

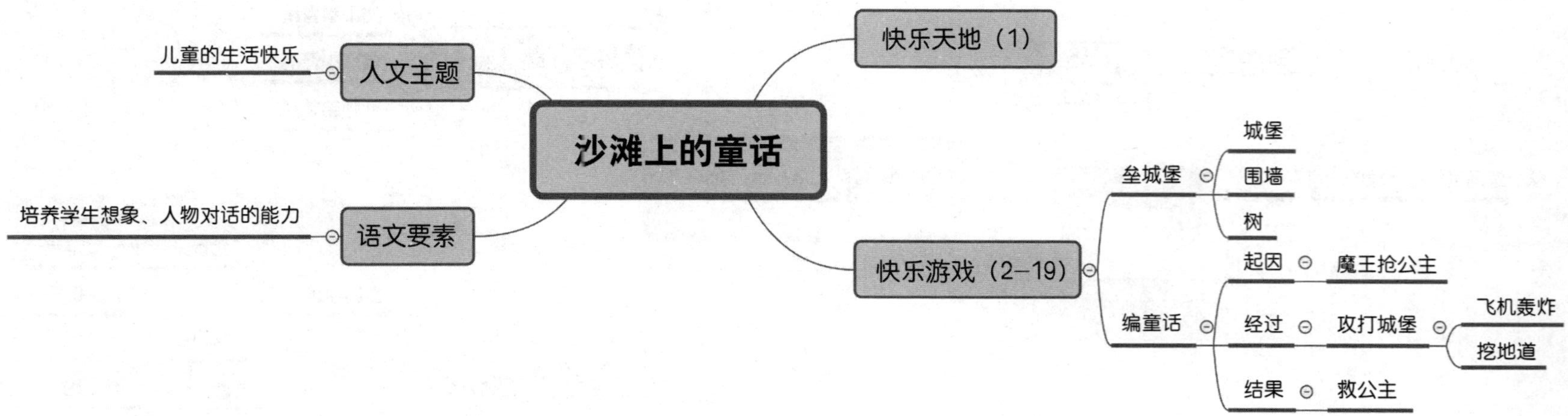
沙滩上的童话
人文主题
儿童的生活快乐
语文要素
培养学生想象、人物对话的能力
快乐天地（1）
快乐游戏（2–19）
垒城堡
城堡
围墙
树
编童话
起因
魔王抢公主
经过
攻打城堡
飞机轰炸
挖地道
结果
救公主

11. 我是一只小虫子

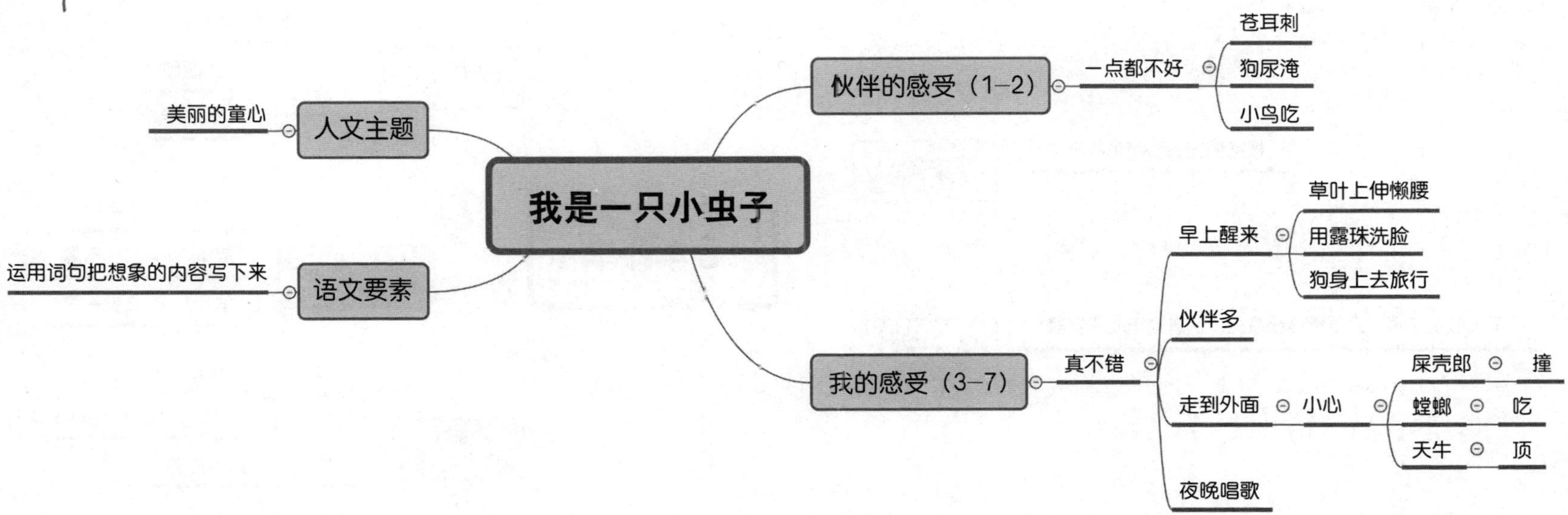
我是一只小虫子
人文主题
美丽的童心
语文要素
运用词句把想象的内容写下来
伙伴的感受（1–2）
一点都不好
苍耳刺
狗尿淹
小鸟吃
我的感受（3–7）
真不错
早上醒来
草叶上伸懒腰
用露珠洗脸
狗身上去旅行
伙伴多
走到外面
小心
屎壳郎
撞
螳螂
吃
天牛
顶
夜晚唱歌

第四章　办法（五单元）

12. 寓言二则

（1）亡羊补牢

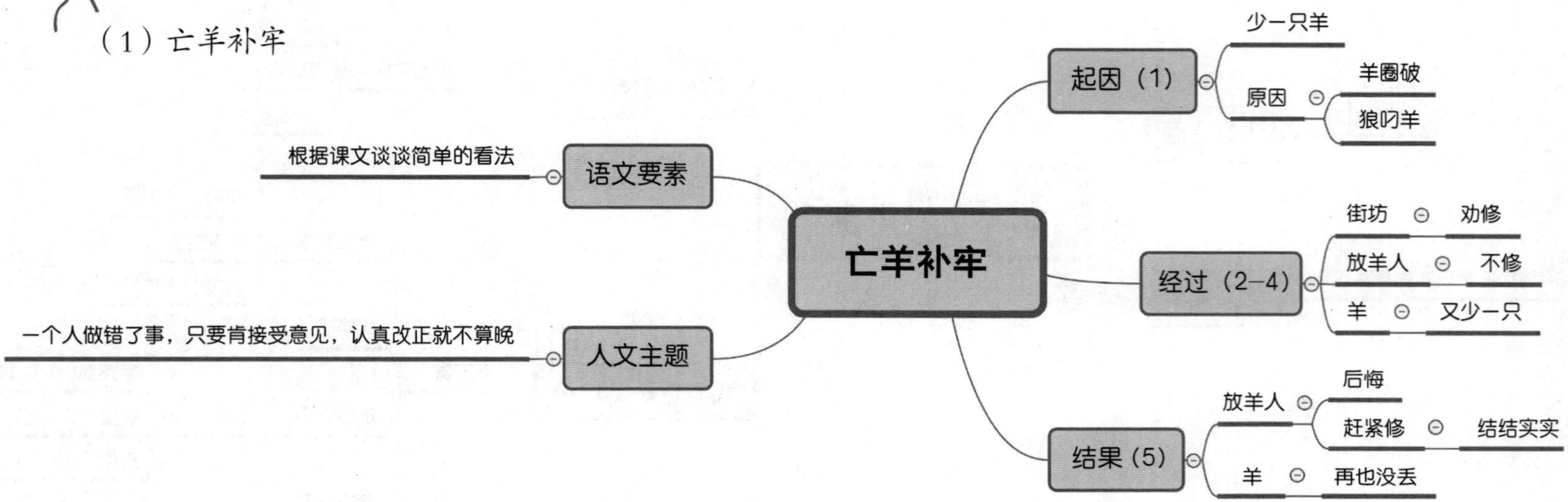

（2）揠苗助长

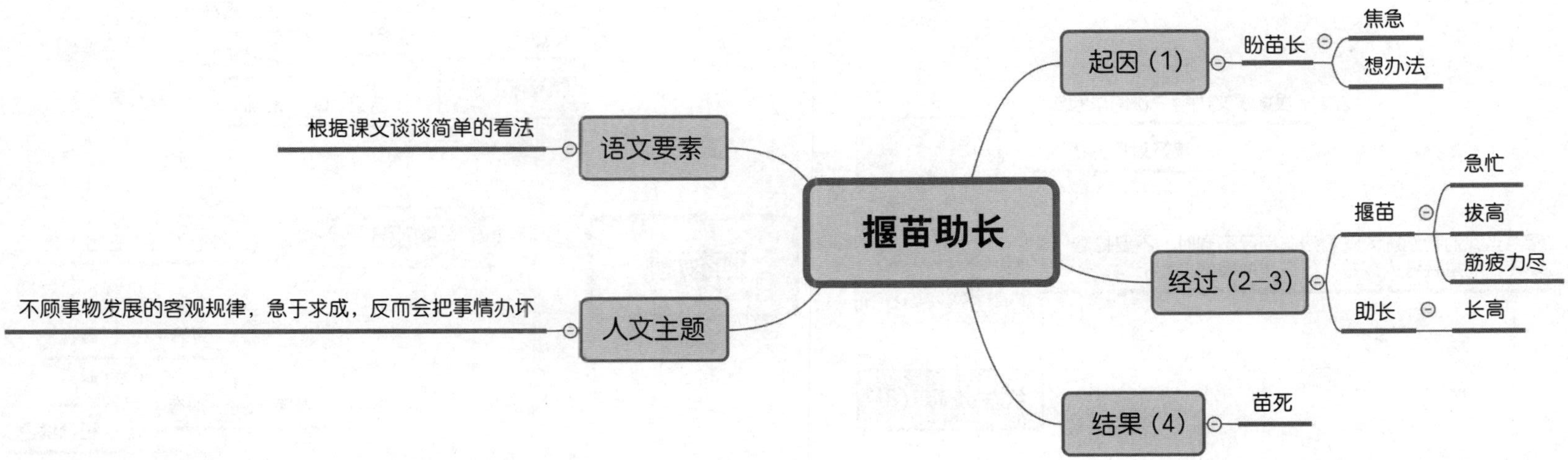
根据课文谈谈简单的看法
语文要素
不顾事物发展的客观规律，急于求成，反而会把事情办坏
人文主题
揠苗助长
起因（1）
盼苗长
焦急
想办法
经过（2—3）
揠苗
急忙
拔高
筋疲力尽
助长
长高
结果（4）
苗死

13. 画杨桃

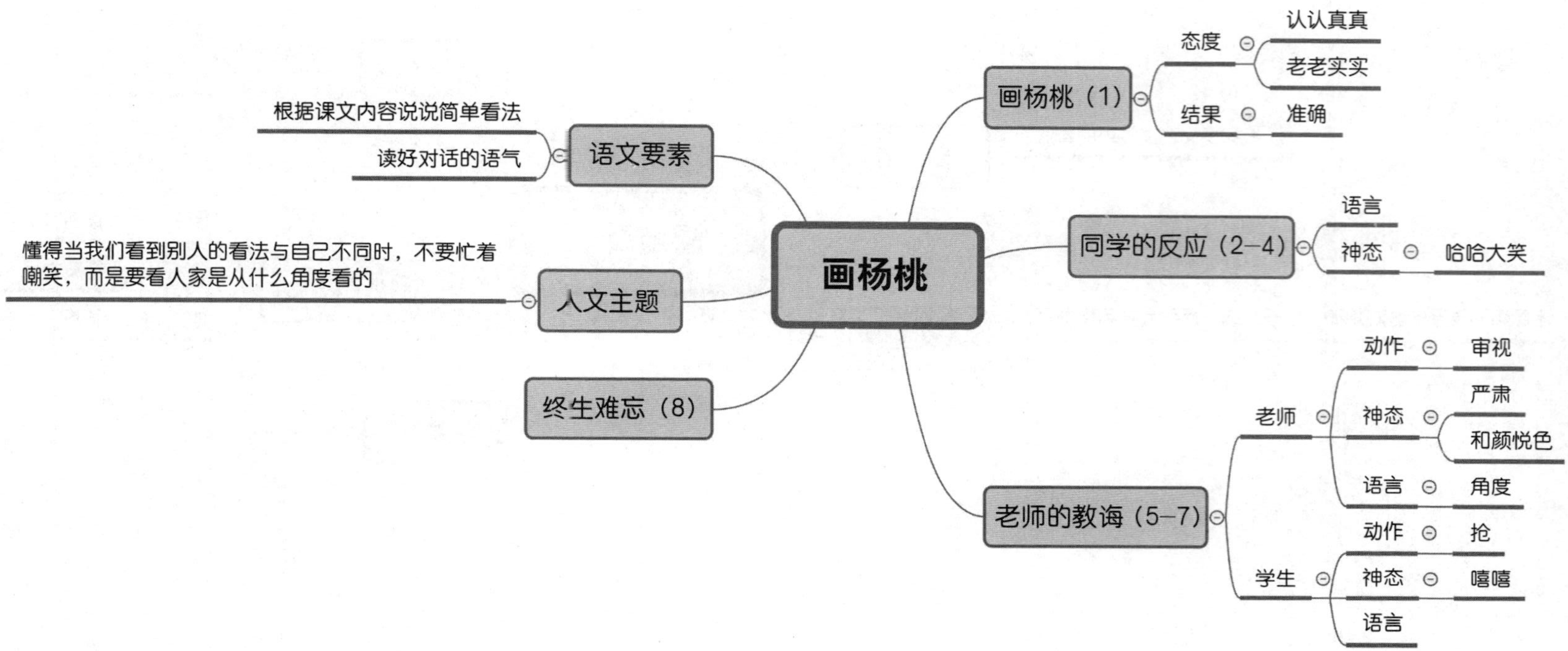
画杨桃
画杨桃（1）
态度
认认真真
老老实实
结果
准确
同学的反应（2–4）
语言
神态
哈哈大笑
老师的教诲（5–7）
老师
动作
审视
神态
严肃
和颜悦色
语言
角度
学生
动作
抢
神态
嘻嘻
语言
语文要素
根据课文内容说说简单看法
读好对话的语气
人文主题
懂得当我们看到别人的看法与自己不同时，不要忙着嘲笑，而是要看人家是从什么角度看的
终生难忘（8）

14. 小马过河

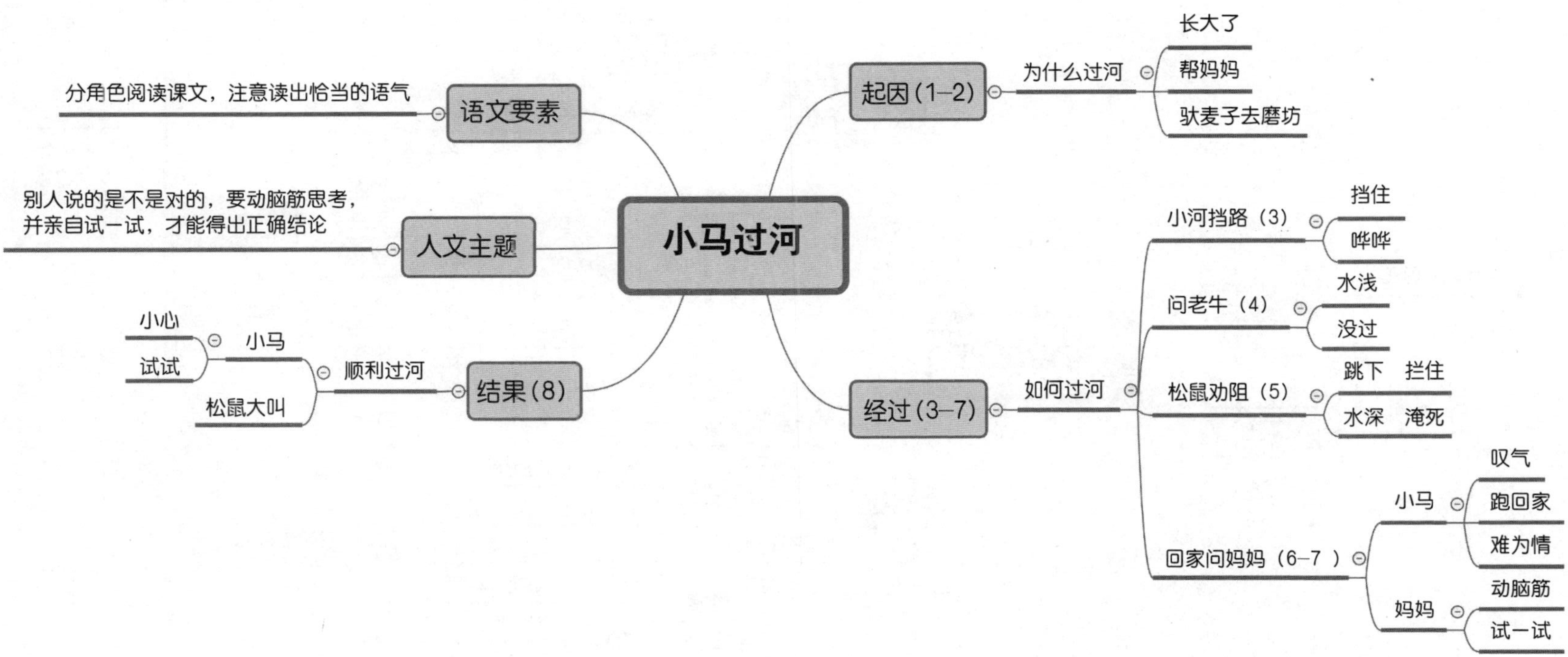
小马过河
语文要素
分角色阅读课文，注意读出恰当的语气
人文主题
别人说的是不是对的，要动脑筋思考，
并亲自试一试，才能得出正确结论
结果（8）
顺利过河
小马
小心
试试
松鼠大叫
起因（1–2）
为什么过河
长大了
帮妈妈
驮麦子去磨坊
经过（3–7）
如何过河
小河挡路（3）
挡住
哗哗
问老牛（4）
水浅
没过
松鼠劝阻（5）
跳下　拦住
水深　淹死
回家问妈妈（6–7）
小马
叹气
跑回家
难为情
妈妈
动脑筋
试一试

第五章　人文（六单元）

15. 古诗二首

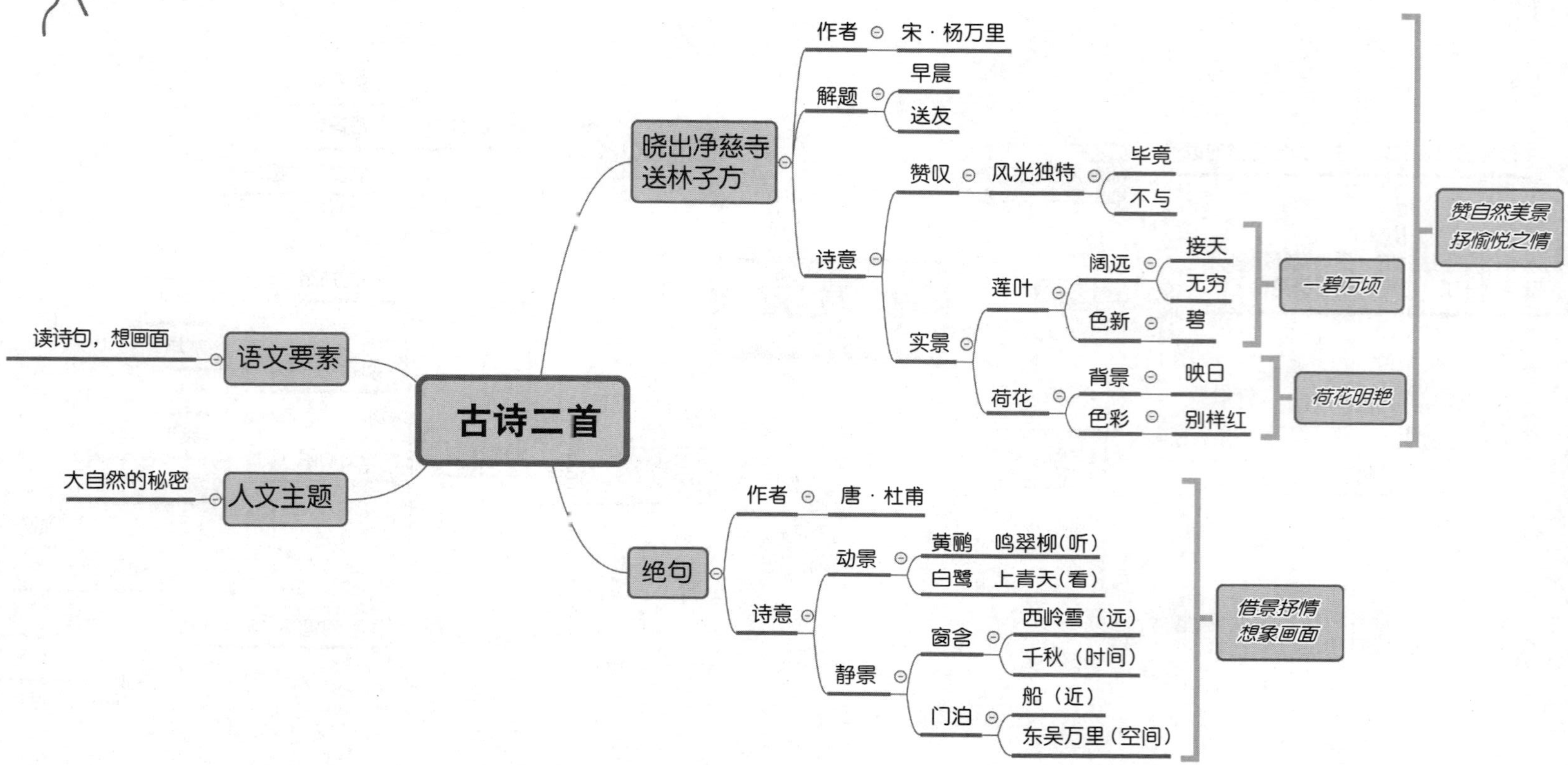

16. 雷雨

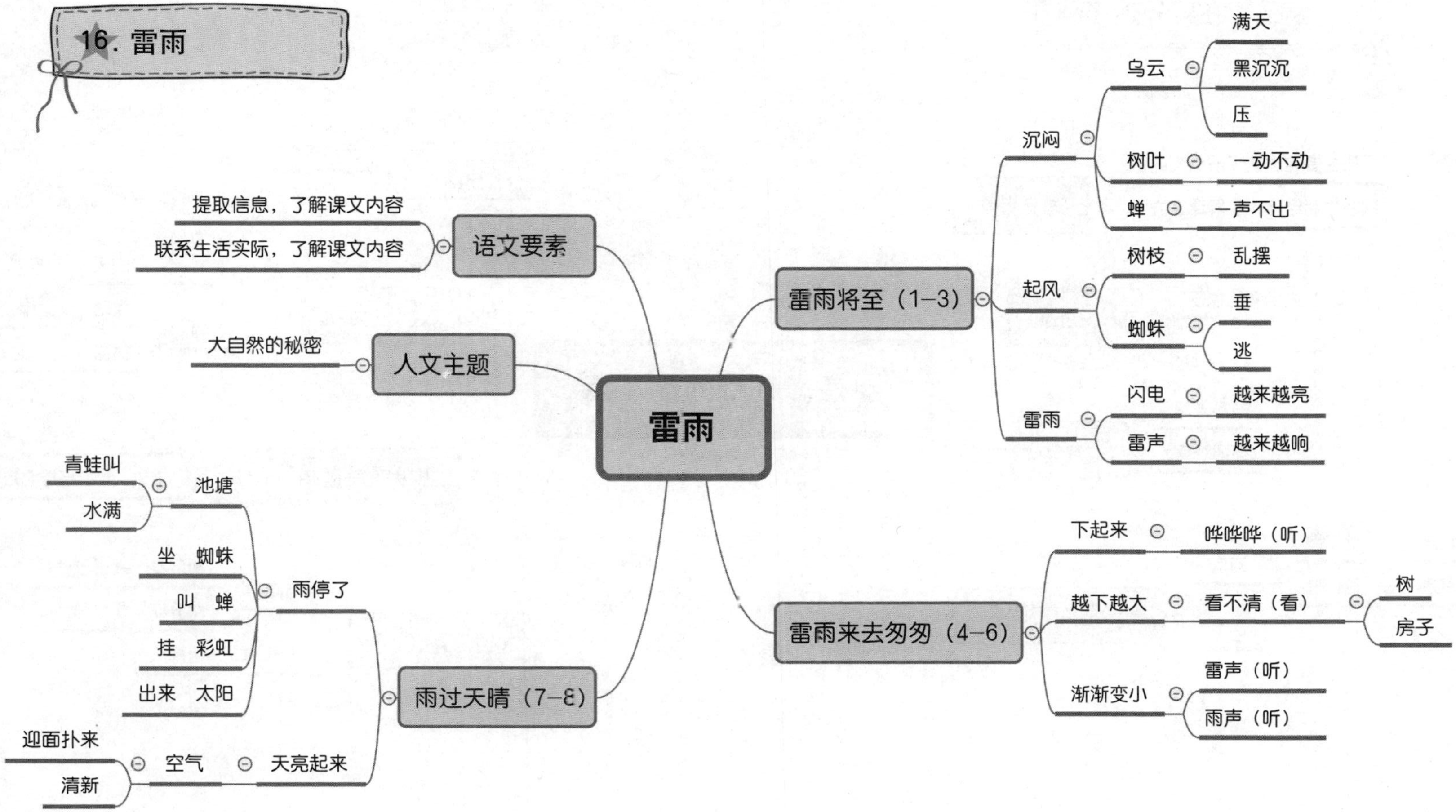
雷雨
雷雨将至（1–3）
沉闷
乌云
满天
黑沉沉
压
树叶
一动不动
蝉
一声不出
起风
树枝
乱摆
蜘蛛
垂
逃
雷雨
闪电
越来越亮
雷声
越来越响
雷雨来去匆匆（4–6）
下起来
哗哗哗（听）
越下越大
看不清（看）
树
房子
渐渐变小
雷声（听）
雨声（听）
雨过天晴（7–8）
雨停了
池塘
青蛙叫
水满
坐　蜘蛛
叫　蝉
挂　彩虹
出来　太阳
天亮起来
空气
迎面扑来
清新
语文要素
提取信息，了解课文内容
联系生活实际，了解课文内容
人文主题
大自然的秘密

17. 要是你在野外迷了路

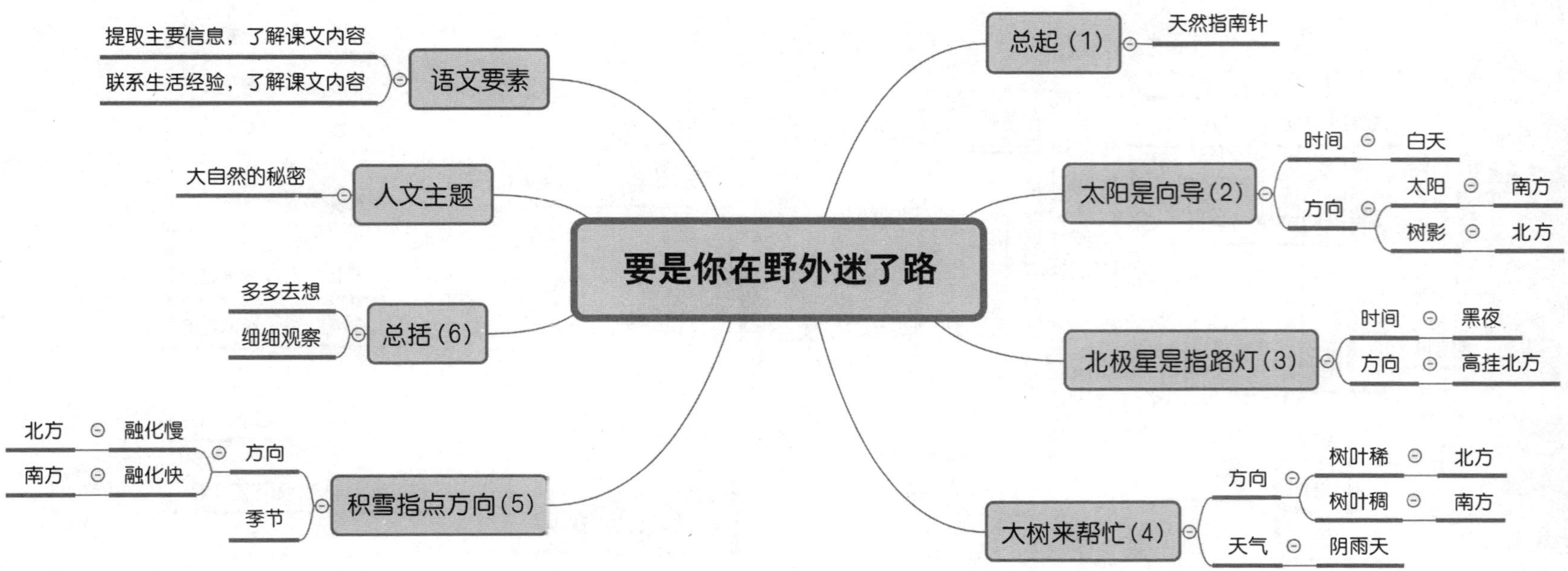

18. 太空生活趣事多

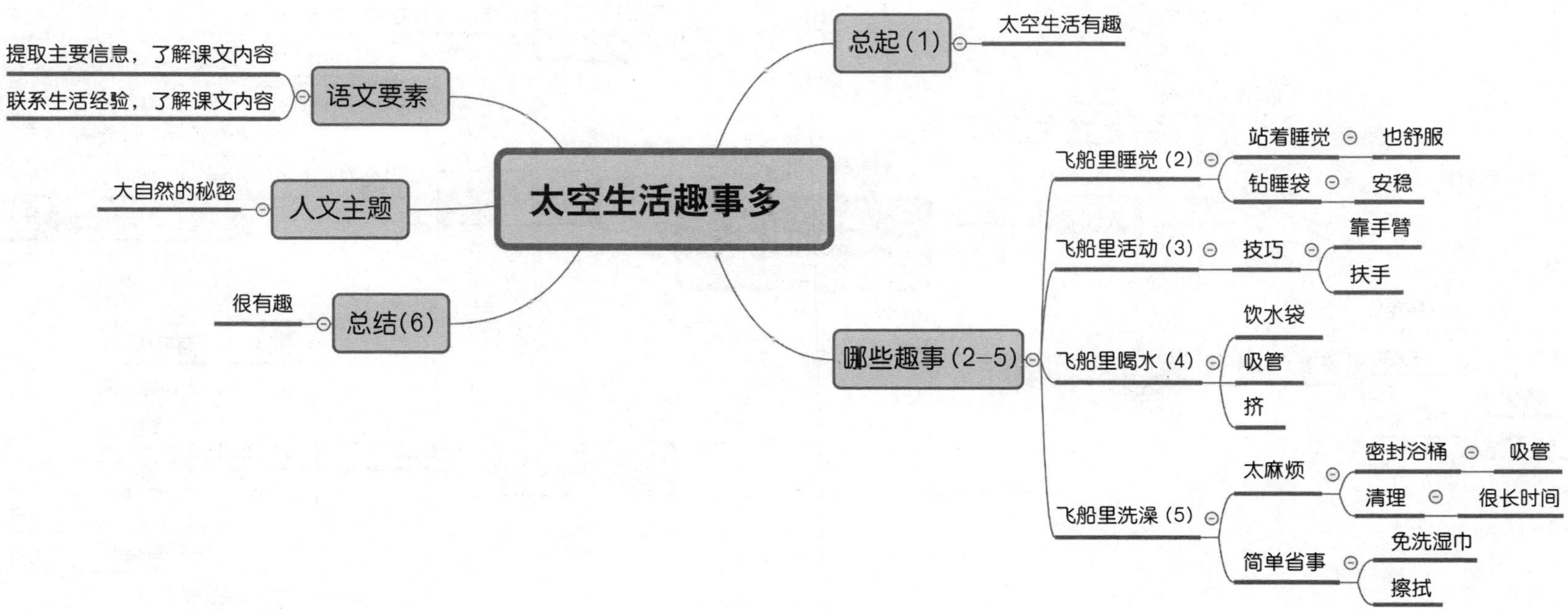
太空生活趣事多
总起（1）
太空生活有趣
哪些趣事（2–5）
飞船里睡觉（2）
站着睡觉
也舒服
钻睡袋
安稳
飞船里活动（3）
技巧
靠手臂
扶手
飞船里喝水（4）
饮水袋
吸管
挤
飞船里洗澡（5）
太麻烦
密封浴桶
吸管
清理
很长时间
简单省事
免洗湿巾
擦拭
语文要素
提取主要信息，了解课文内容
联系生活经验，了解课文内容
人文主题
大自然的秘密
总结(6)
很有趣

第六章　改变（七单元）

19. 大象的耳朵

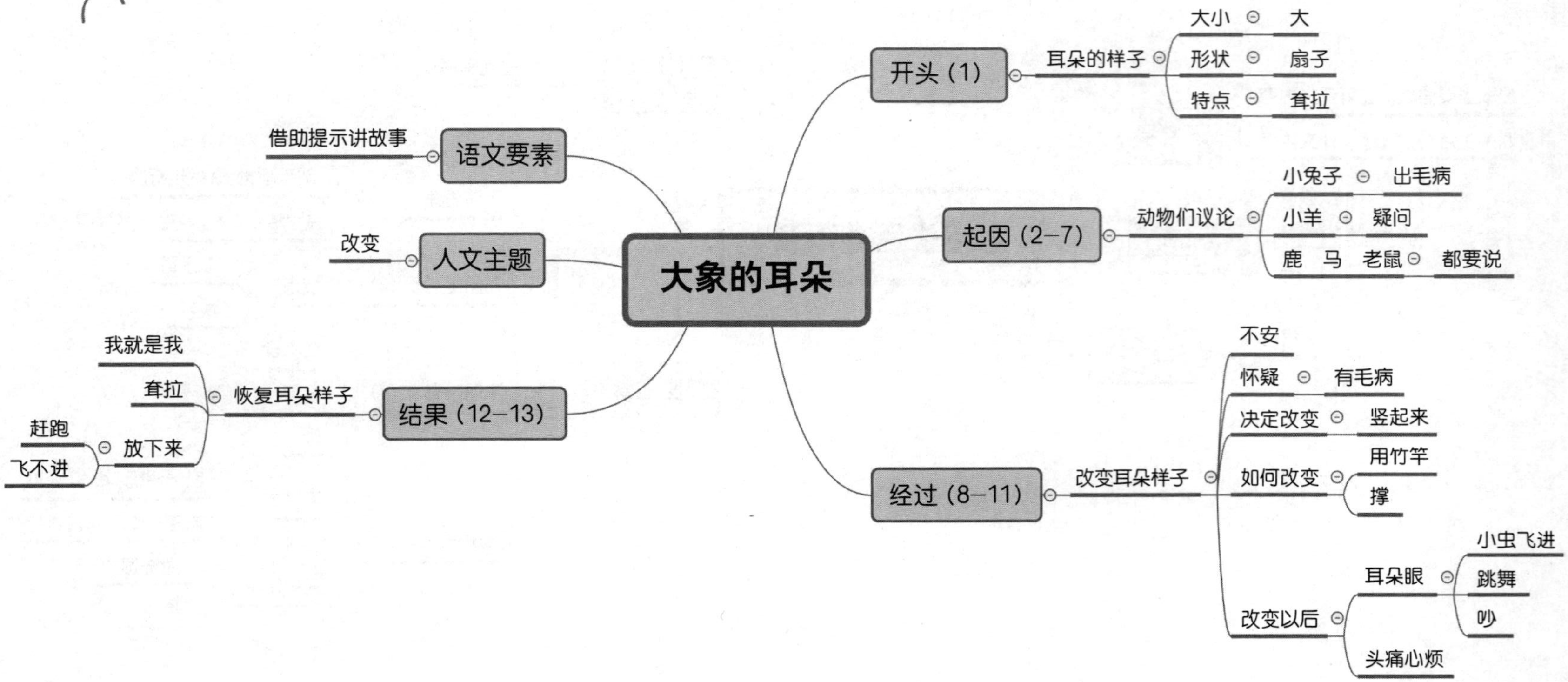

20. 蜘蛛开店

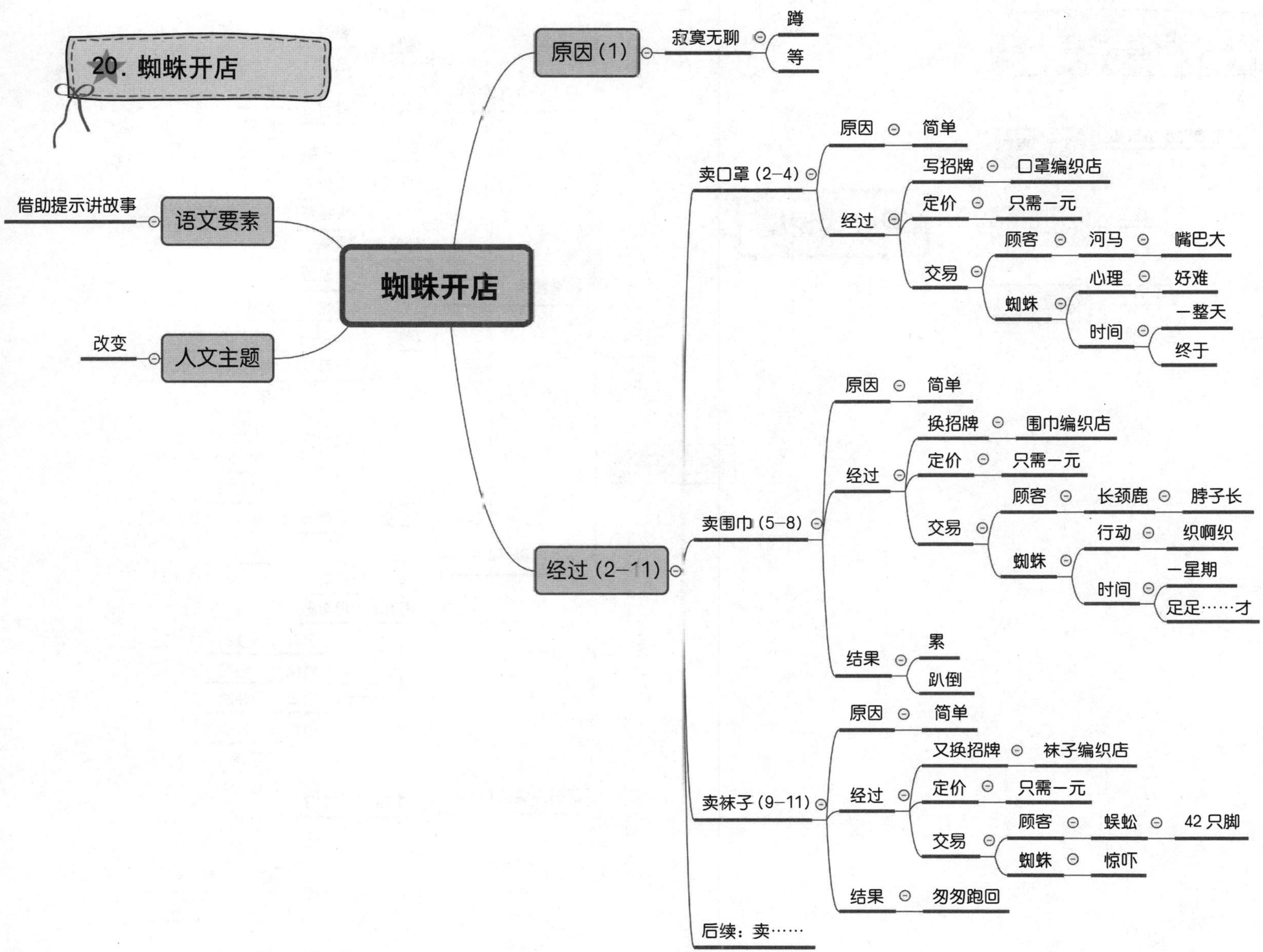
蜘蛛开店
语文要素
借助提示讲故事
人文主题
改变
原因（1）
寂寞无聊
蹲
等
经过（2–11）
卖口罩（2–4）
原因
简单
经过
写招牌
口罩编织店
定价
只需一元
交易
顾客
河马
嘴巴大
蜘蛛
心理
好难
时间
一整天
终于
卖围巾（5–8）
原因
简单
经过
换招牌
围巾编织店
定价
只需一元
交易
顾客
长颈鹿
脖子长
蜘蛛
行动
织啊织
时间
一星期
足足……才
结果
累
趴倒
卖袜子（9–11）
原因
简单
经过
又换招牌
袜子编织店
定价
只需一元
交易
顾客
蜈蚣
42 只脚
蜘蛛
惊吓
结果
匆匆跑回
后续：卖……

21. 青蛙卖泥塘

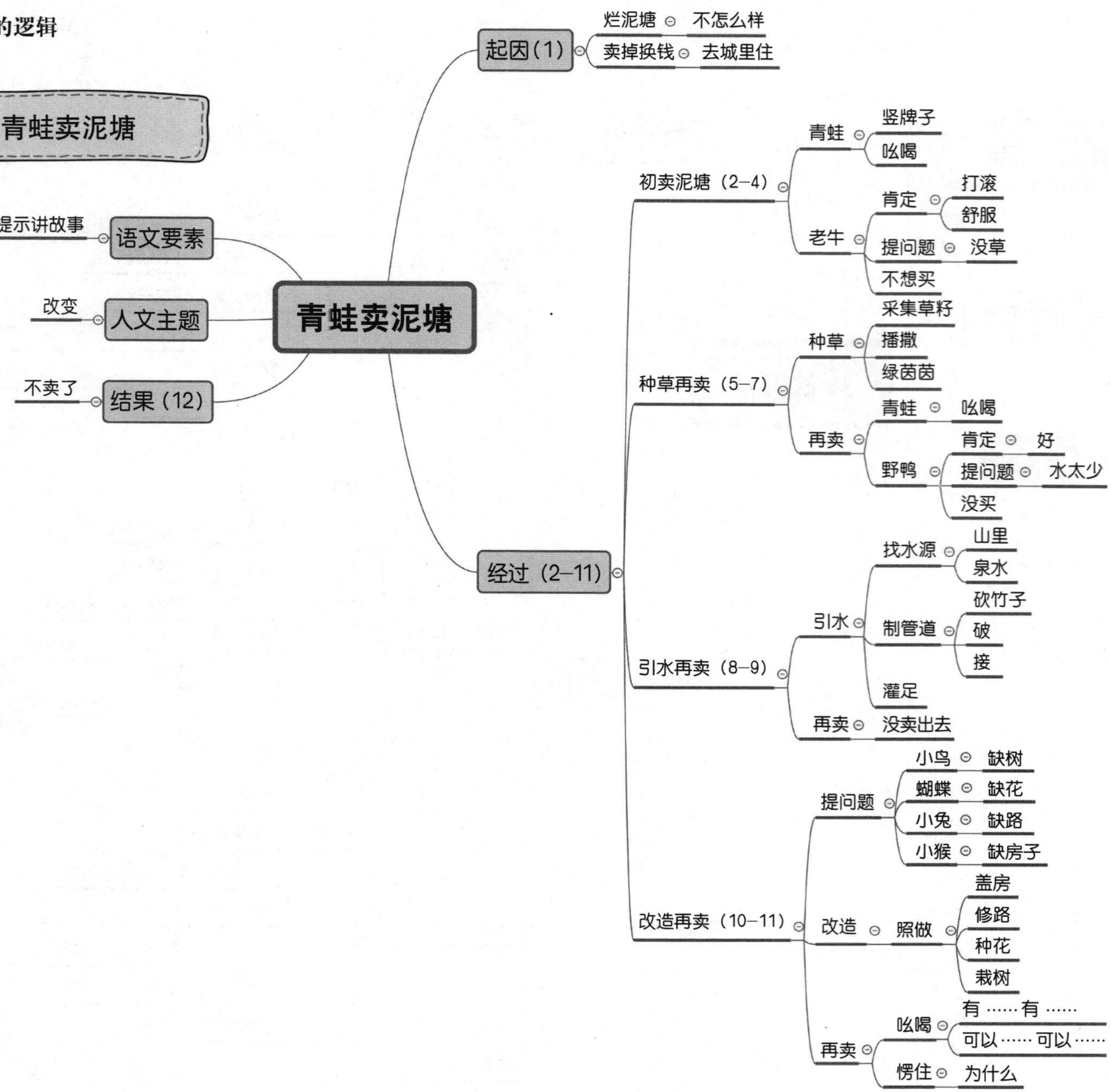
青蛙卖泥塘
语文要素
借助提示讲故事
人文主题
改变
结果（12）
不卖了
起因（1）
烂泥塘
不怎么样
卖掉换钱
去城里住
经过（2–11）
初卖泥塘（2–4）
青蛙
竖牌子
吆喝
老牛
肯定
打滚
舒服
提问题
没草
不想买
种草再卖（5–7）
种草
采集草籽
播撒
绿茵茵
再卖
青蛙
吆喝
野鸭
肯定
好
提问题
水太少
没买
引水再卖（8–9）
引水
找水源
山里
泉水
制管道
砍竹子
破
接
灌足
再卖
没卖出去
改造再卖（10–11）
提问题
小鸟
缺树
蝴蝶
缺花
小兔
缺路
小猴
缺房子
改造
照做
盖房
修路
种花
栽树
再卖
吆喝
有……有……
可以……可以……
愣住
为什么

22. 小毛虫

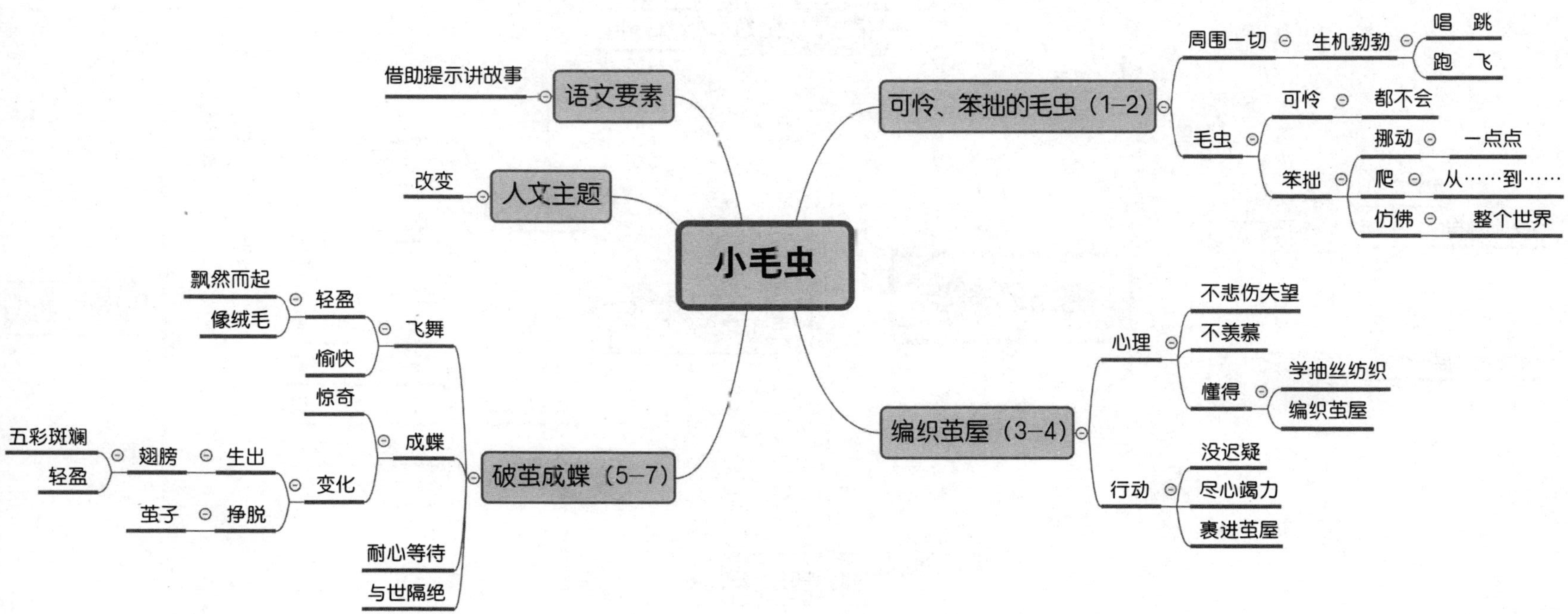
小毛虫
语文要素
借助提示讲故事
人文主题
改变
可怜、笨拙的毛虫（1–2）
周围一切
生机勃勃
唱 跳
跑 飞
毛虫
可怜
都不会
笨拙
挪动
一点点
爬
从……到……
仿佛
整个世界
编织茧屋（3–4）
心理
不悲伤失望
不羡慕
懂得
学抽丝纺织
编织茧屋
行动
没迟疑
尽心竭力
裹进茧屋
破茧成蝶（5–7）
飞舞
轻盈
飘然而起
像绒毛
愉快
成蝶
惊奇
变化
生出
翅膀
五彩斑斓
轻盈
挣脱
茧子
耐心等待
与世隔绝

第七章　世界之初（八单元）

23. 祖先的摇篮

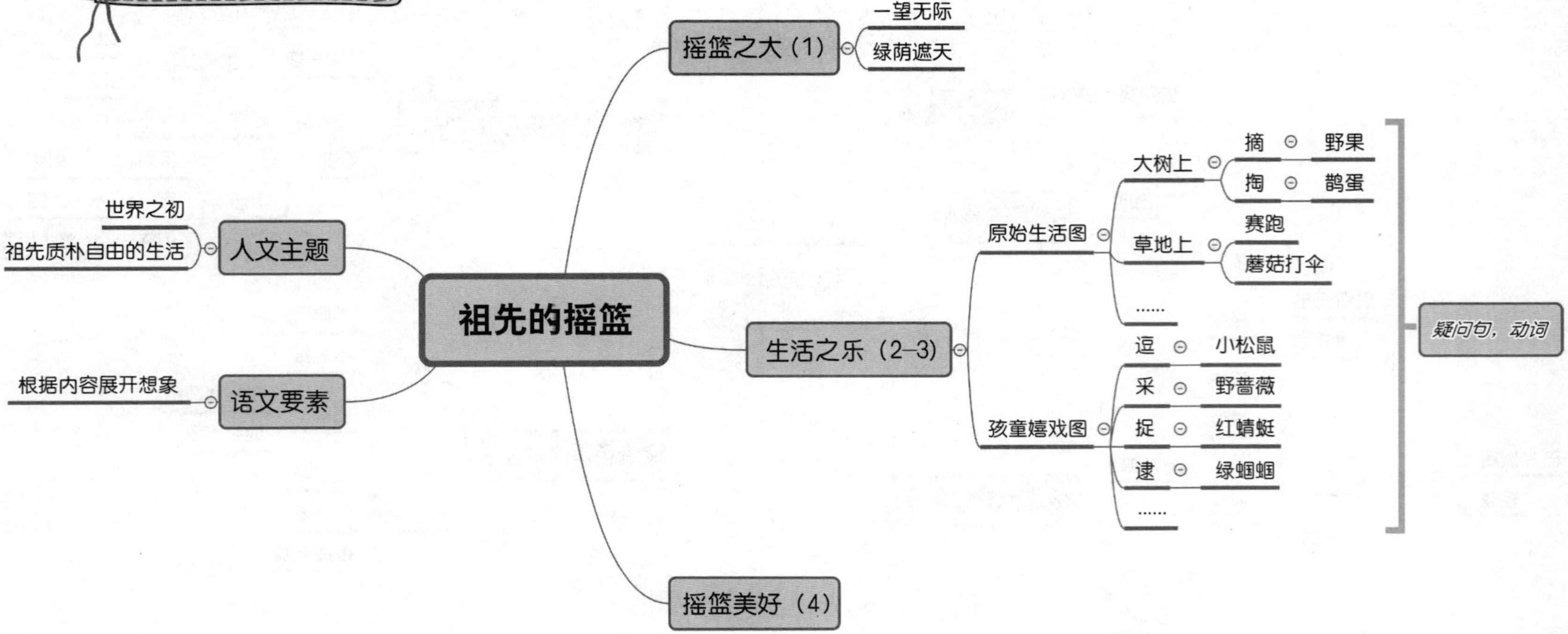

24. 当世界年纪还小的时候

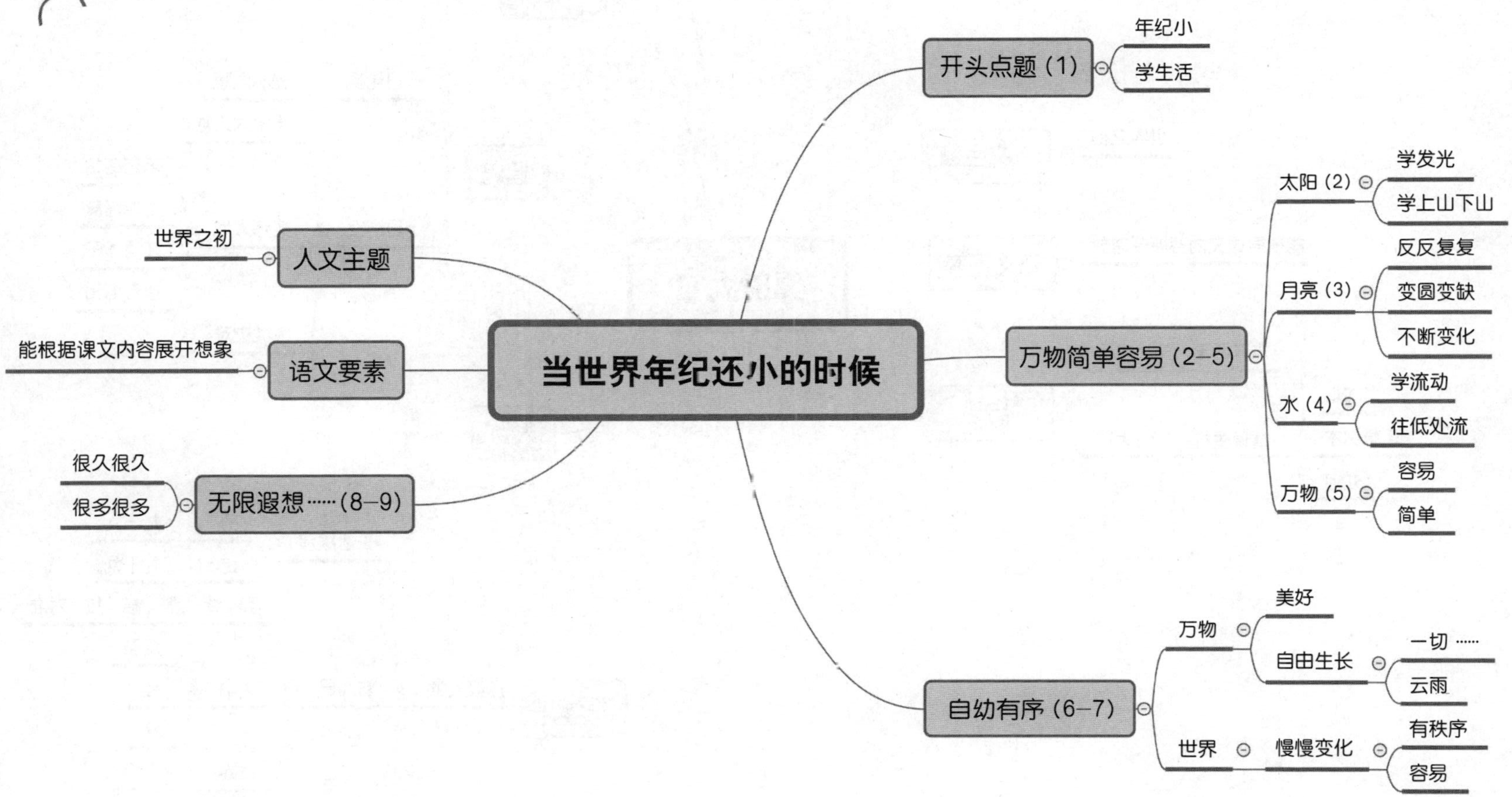

25．羿射九日

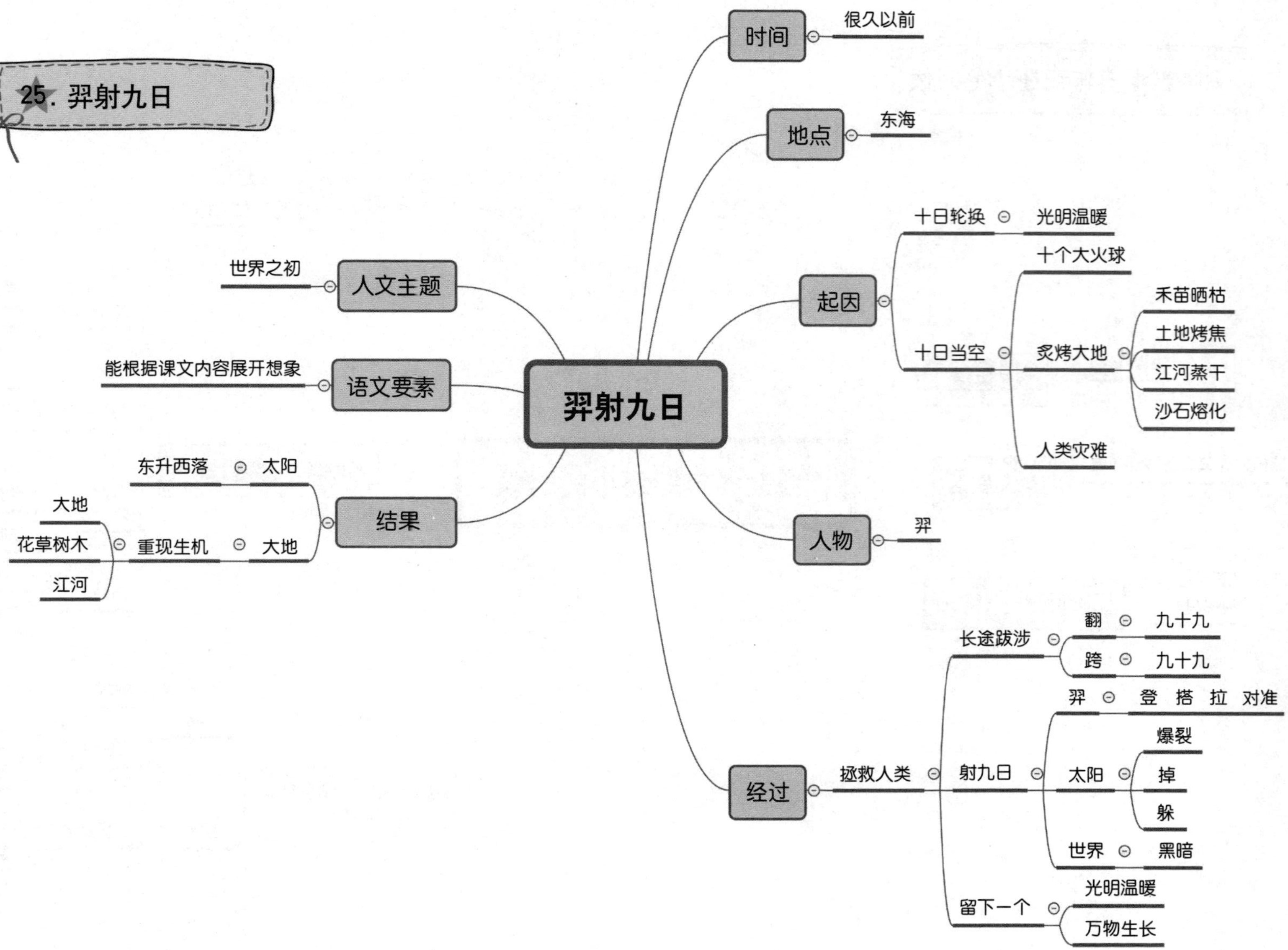
羿射九日
时间
很久以前
地点
东海
起因
十日轮换
光明温暖
十日当空
十个大火球
炙烤大地
禾苗晒枯
土地烤焦
江河蒸干
沙石熔化
人类灾难
人物
羿
经过
拯救人类
长途跋涉
翻
九十九
跨
九十九
射九日
羿
登 搭 拉 对准
太阳
爆裂
掉
躲
世界
黑暗
留下一个
光明温暖
万物生长
人文主题
世界之初
语文要素
能根据课文内容展开想象
结果
太阳
东升西落
大地
重现生机
大地
花草树木
江河

第二部分

三年级下册

第一章　可爱的生灵（一单元）

1. 古诗三首

（1）惠崇春江晚景

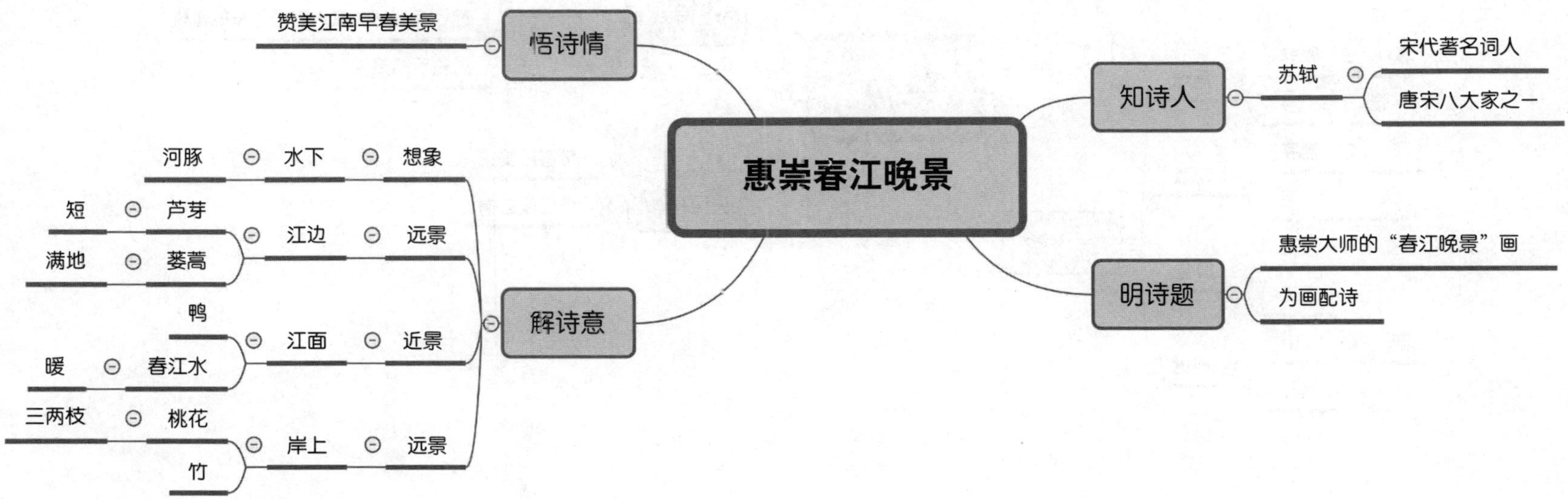

（2）绝句

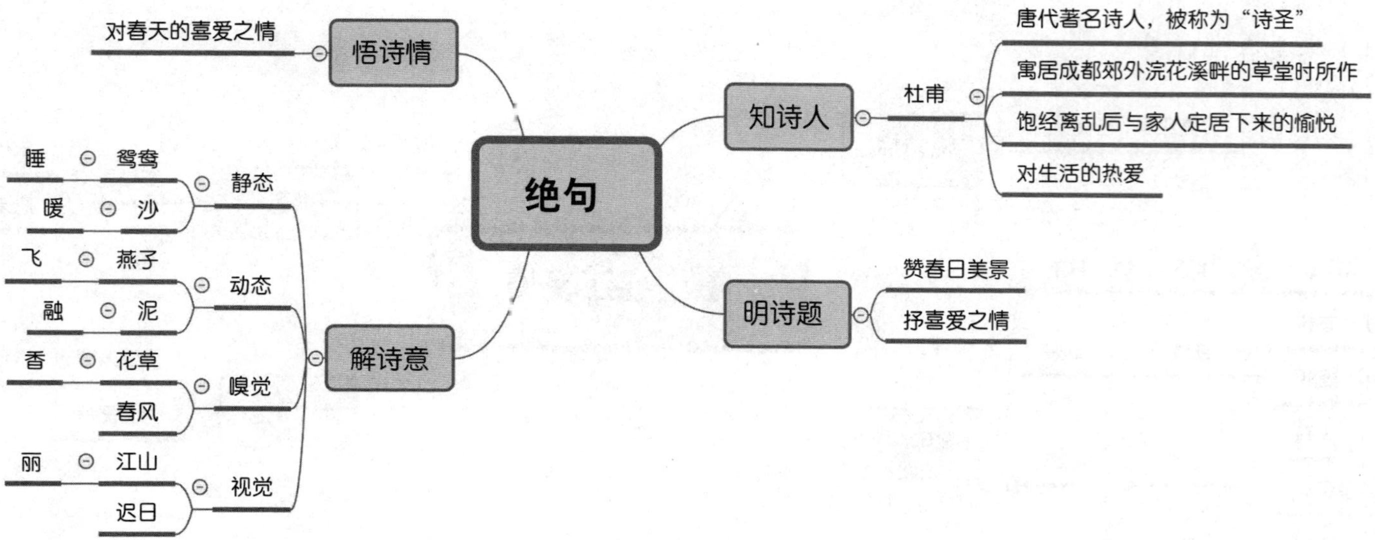
绝句
悟诗情
对春天的喜爱之情
解诗意
静态
鸳鸯
睡
沙
暖
动态
燕子
飞
泥
融
嗅觉
花草
香
春风
视觉
江山
丽
迟日
知诗人
杜甫
唐代著名诗人，被称为“诗圣”
寓居成都郊外浣花溪畔的草堂时所作
饱经离乱后与家人定居下来的愉悦
对生活的热爱
明诗题
赞春日美景
抒喜爱之情

（3）三衢道中

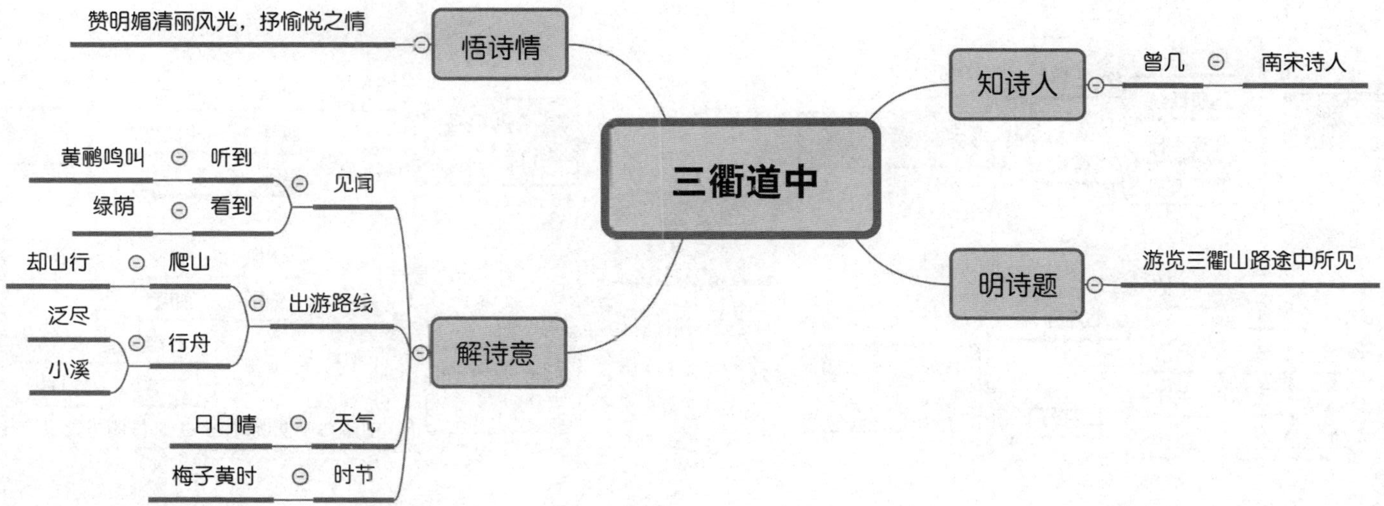
三衢道中
知诗人
曾几
南宋诗人
明诗题
游览三衢山路途中所见
悟诗情
赞明媚清丽风光，抒愉悦之情
解诗意
见闻
听到
黄鹂鸣叫
看到
绿荫
出游路线
爬山
却山行
行舟
泛尽
小溪
天气
日日晴
时节
梅子黄时

2. 燕子

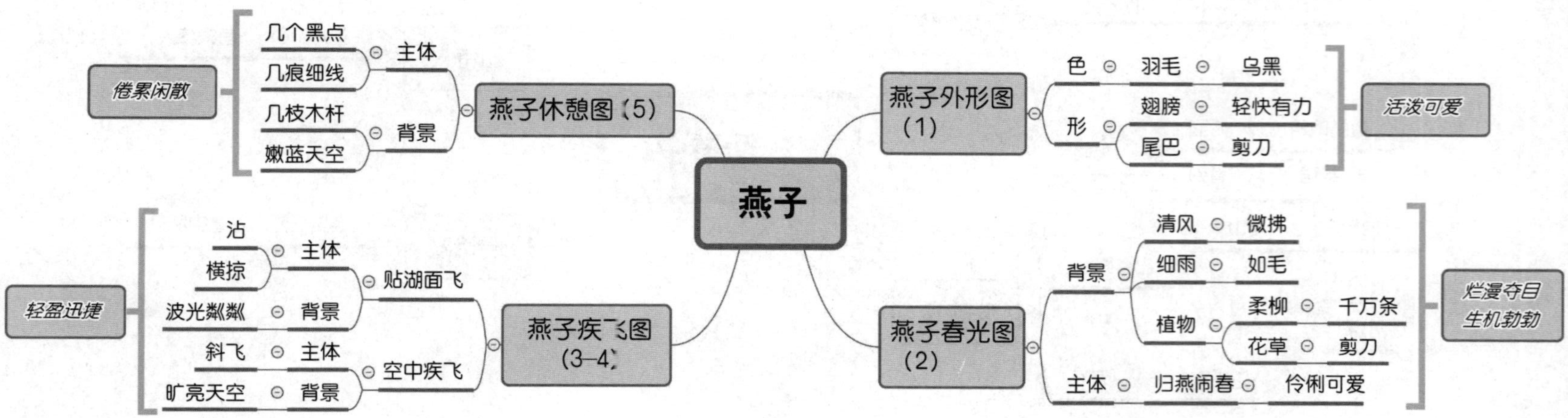
燕子
燕子休憩图（5）
主体
几个黑点
几痕细线
背景
几枝木杆
嫩蓝天空
倦累闲散
燕子疾飞图（3–4）
贴湖面飞
主体
沾
横掠
背景
波光粼粼
空中疾飞
斜飞
主体
旷亮天空
背景
轻盈迅捷
燕子外形图（1）
色
羽毛
乌黑
形
翅膀
轻快有力
尾巴
剪刀
活泼可爱
燕子春光图（2）
背景
清风
微拂
细雨
如毛
植物
柔柳
千万条
花草
剪刀
主体
归燕闹春
伶俐可爱
烂漫夺目
生机勃勃

3. 荷花

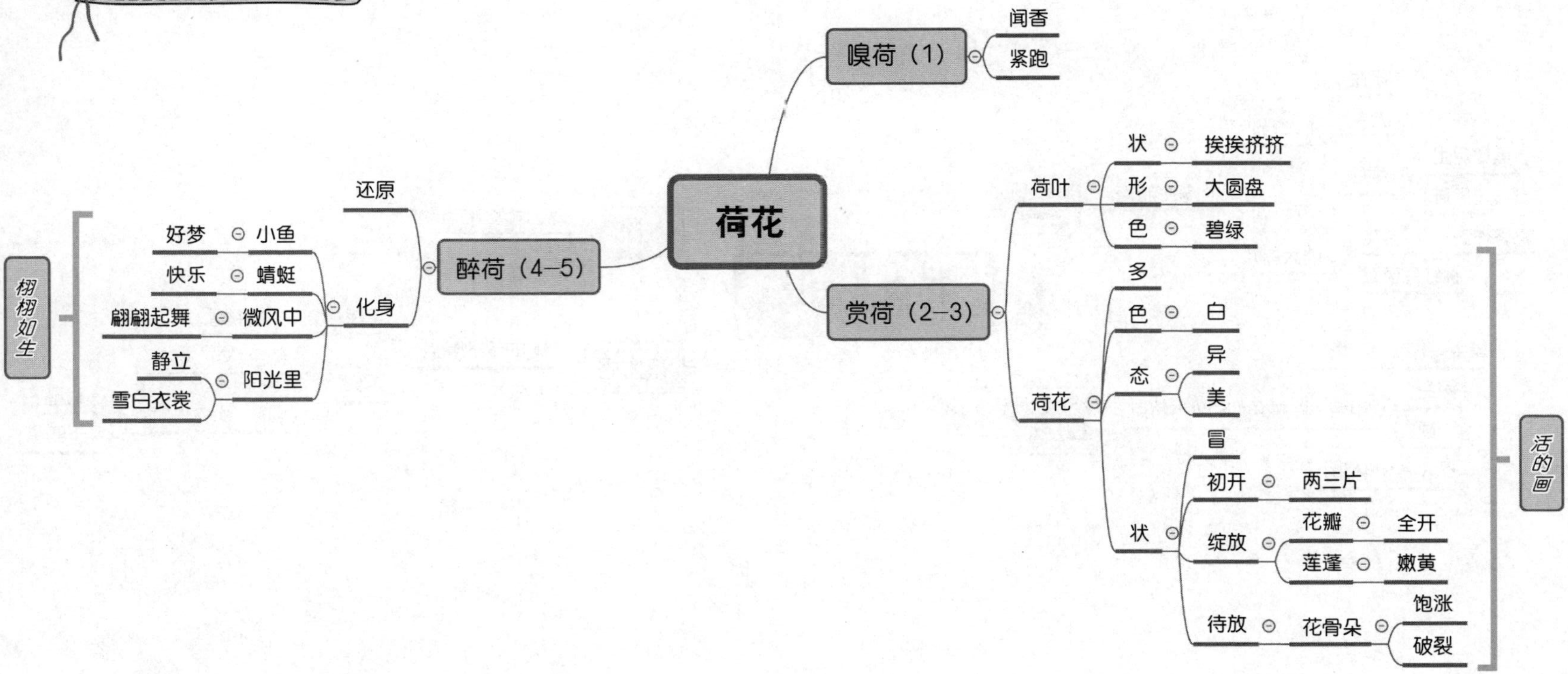

荷花
嗅荷（1）
闻香
紧跑
赏荷（2–3）
荷叶
状
挨挨挤挤
形
大圆盘
色
碧绿
荷花
多
色
白
态
异
美
冒
状
初开
两三片
绽放
花瓣
全开
莲蓬
嫩黄
待放
花骨朵
饱涨
破裂
活的画
醉荷（4–5）
还原
化身
好梦
小鱼
快乐
蜻蜓
翩翩起舞
微风中
静立
雪白衣裳
阳光里
栩栩如生

4. 昆虫备忘录

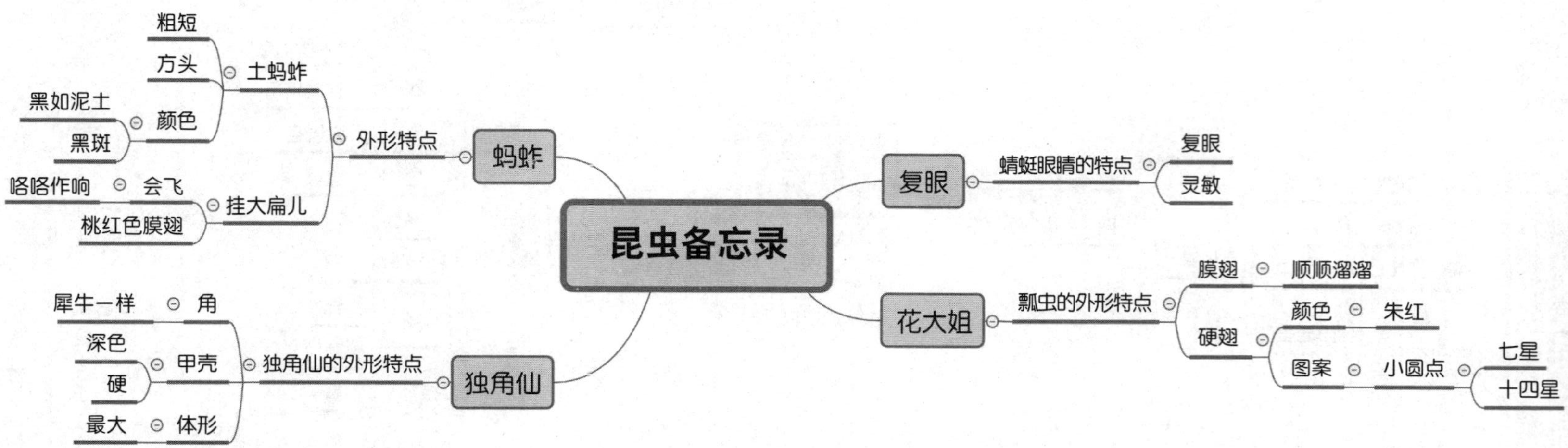
昆虫备忘录
蚂蚱
外形特点
土蚂蚱
粗短
方头
颜色
黑如泥土
黑斑
挂大扁儿
会飞
咯咯作响
桃红色膜翅
独角仙
独角仙的外形特点
角
犀牛一样
甲壳
深色
硬
体形
最大
复眼
蜻蜓眼睛的特点
复眼
灵敏
花大姐
瓢虫的外形特点
膜翅
顺顺溜溜
硬翅
颜色
朱红
图案
小圆点
七星
十四星

习作：我的植物朋友

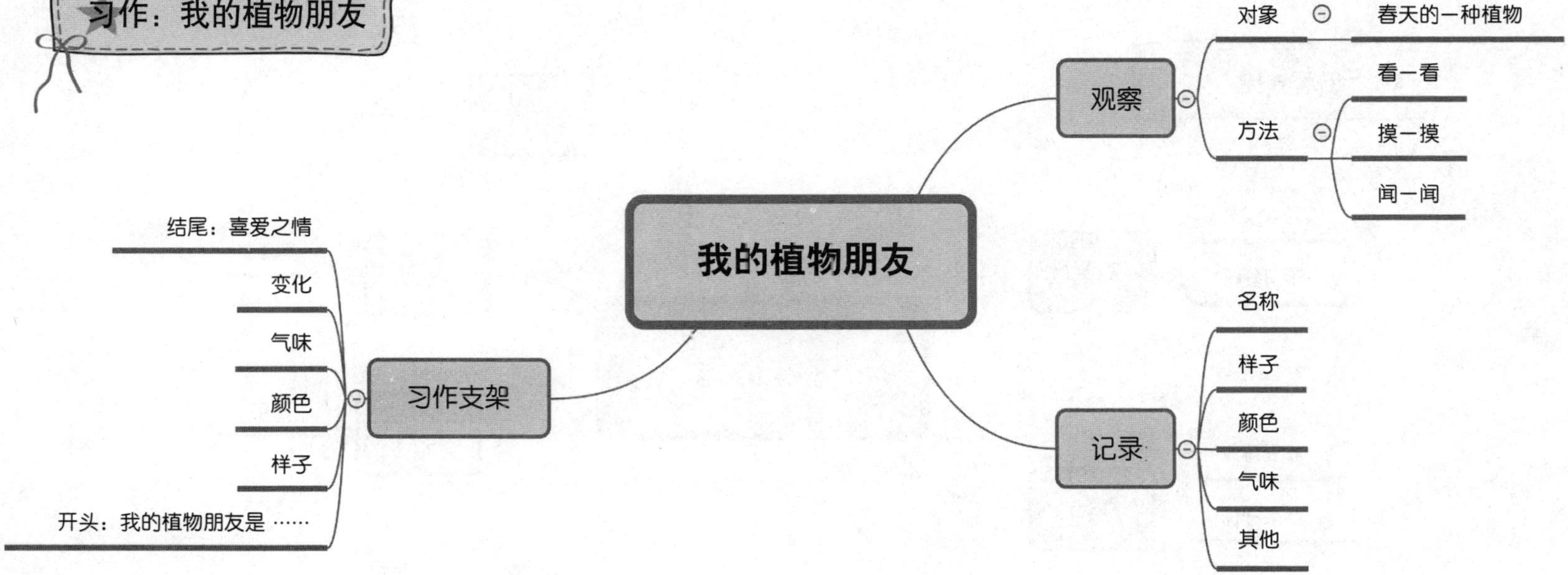
我的植物朋友
观察
对象
春天的一种植物
方法
看一看
摸一摸
闻一闻
记录
名称
样子
颜色
气味
其他
习作支架
结尾：喜爱之情
变化
气味
颜色
样子
开头：我的植物朋友是 ……

第二章 寓言故事（二单元）

5. 守株待兔

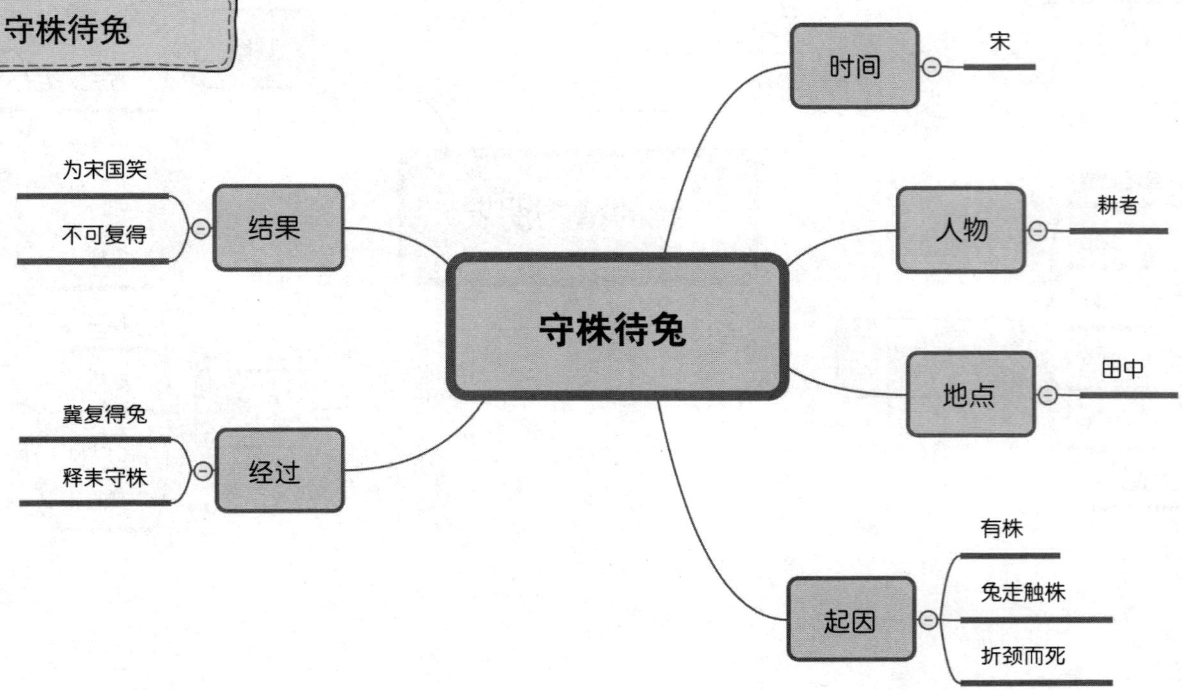

6. 陶罐和铁罐

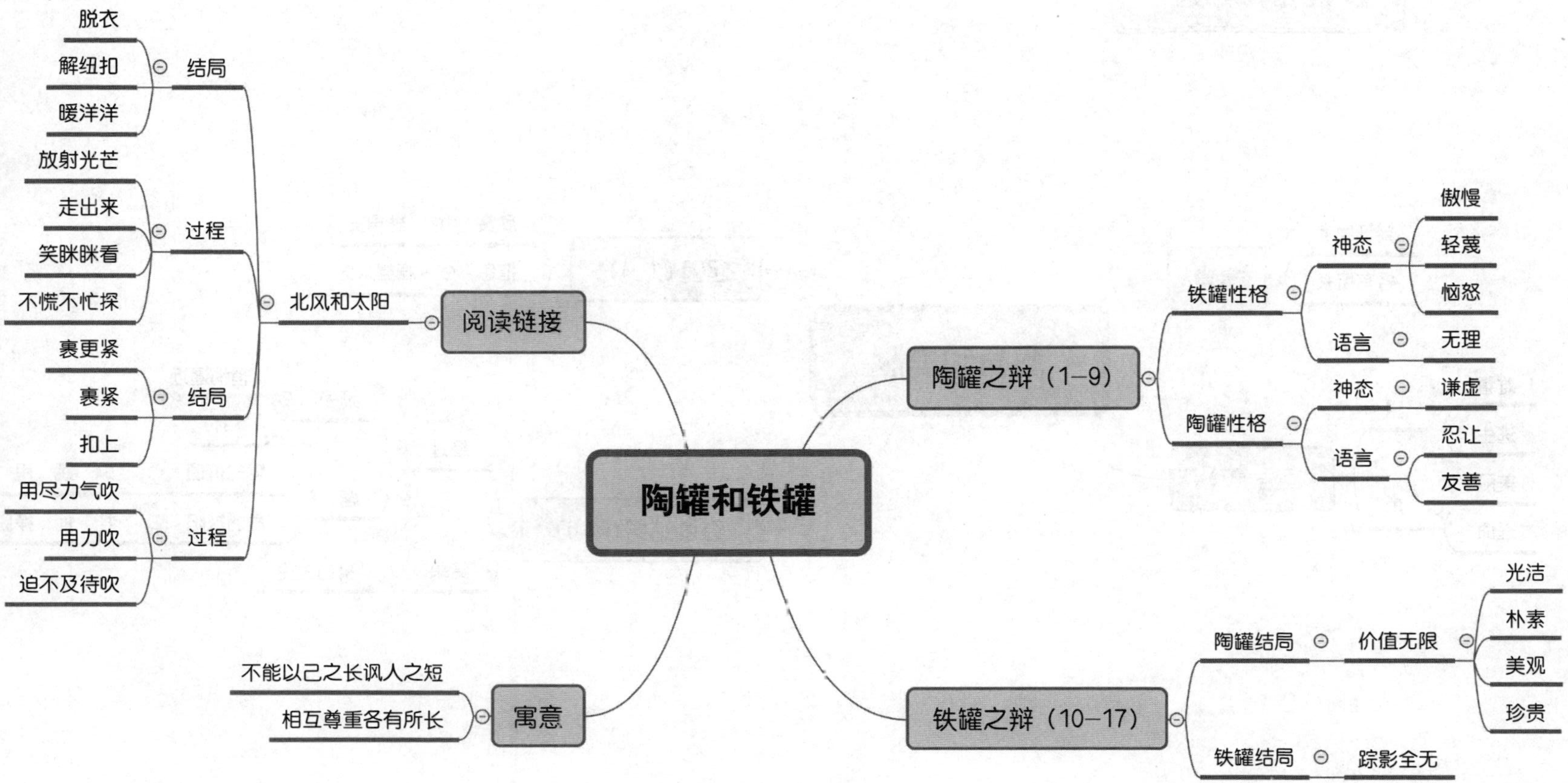
陶罐和铁罐
阅读链接
北风和太阳
结局
脱衣
解纽扣
暖洋洋
过程
放射光芒
走出来
笑眯眯看
不慌不忙探
结局
裹更紧
裹紧
扣上
过程
用尽力气吹
用力吹
迫不及待吹
寓意
不能以己之长讽人之短
相互尊重各有所长
陶罐之辩（1—9）
铁罐性格
神态
傲慢
轻蔑
恼怒
语言
无理
陶罐性格
神态
谦虚
语言
忍让
友善
铁罐之辩（10—17）
陶罐结局
价值无限
光洁
朴素
美观
珍贵
铁罐结局
踪影全无

7. 鹿角和鹿腿

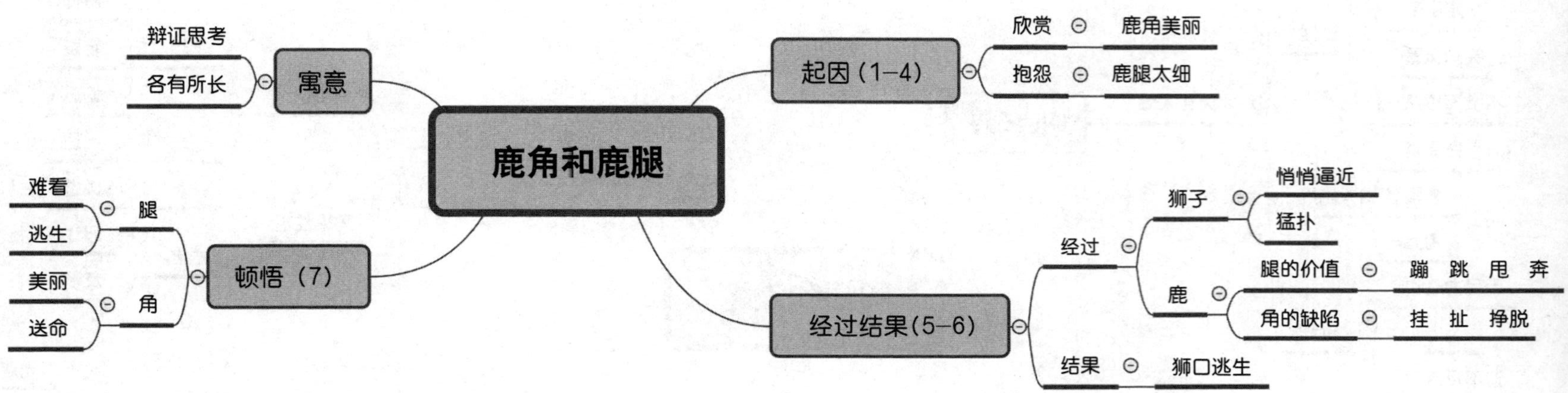
鹿角和鹿腿
起因（1–4）
欣赏
鹿角美丽
抱怨
鹿腿太细
经过结果(5–6)
经过
狮子
悄悄逼近
猛扑
鹿
腿的价值
蹦 跳 甩 奔
角的缺陷
挂 扯 挣脱
结果
狮口逃生
寓意
辩证思考
各有所长
顿悟（7）
腿
难看
逃生
角
美丽
送命

8. 池子与河流

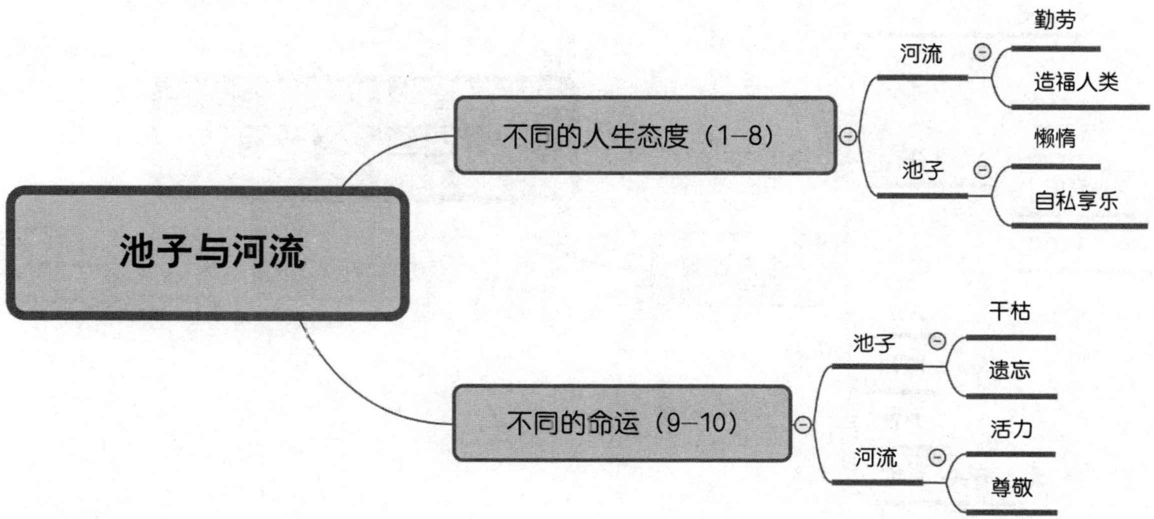
池子与河流
不同的人生态度（1–8）
河流
勤劳
造福人类
池子
懒惰
自私享乐
不同的命运（9–10）
池子
干枯
遗忘
河流
活力
尊敬

习作：看图画，写一写

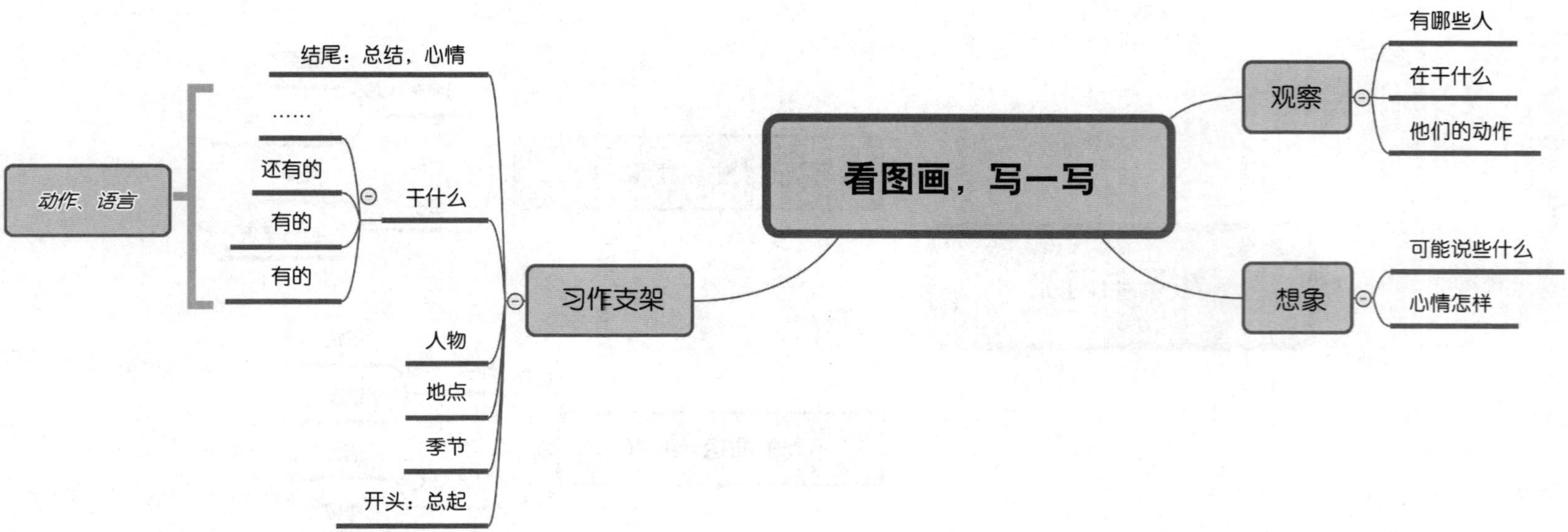
看图画，写一写
观察
有哪些人
在干什么
他们的动作
想象
可能说些什么
心情怎样
习作支架
结尾：总结，心情
干什么
……
还有的
有的
有的
动作、语言
人物
地点
季节
开头：总起

第三章　中华优秀传统文化（三单元）

9. 古诗三首

（1）九月九日忆山东兄弟

（2）清明

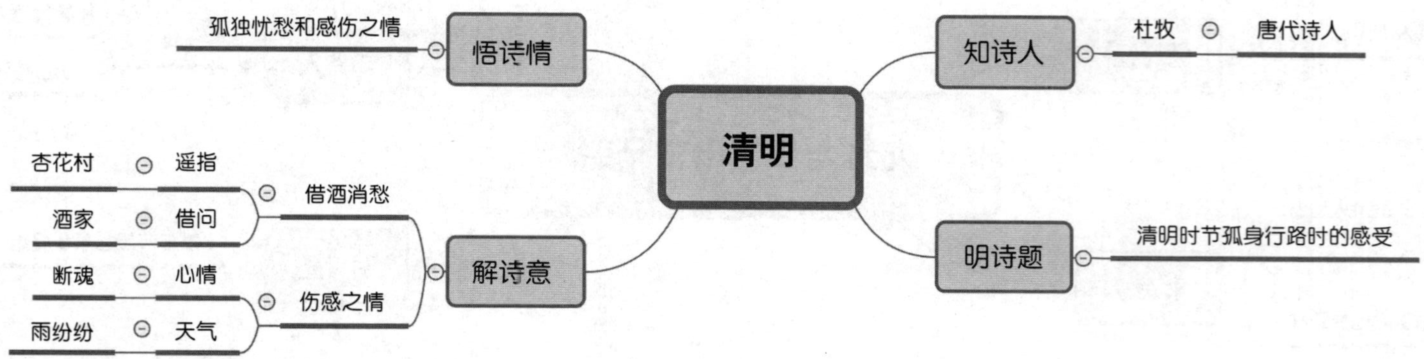
清明
知诗人
杜牧
唐代诗人
明诗题
清明时节孤身行路时的感受
悟诗情
孤独忧愁和感伤之情
解诗意
借酒消愁
遥指
杏花村
借问
酒家
伤感之情
心情
断魂
天气
雨纷纷

（3）元日

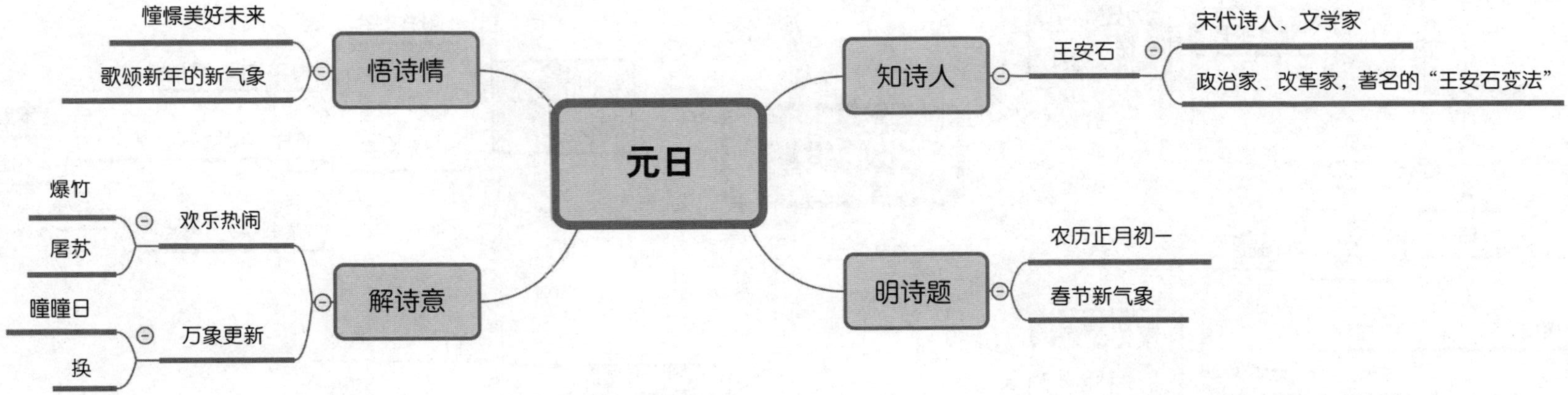
元日
知诗人
王安石
宋代诗人、文学家
政治家、改革家，著名的“王安石变法”
明诗题
农历正月初一
春节新气象
悟诗情
憧憬美好未来
歌颂新年的新气象
解诗意
欢乐热闹
爆竹
屠苏
万象更新
曈曈日
换

10. 纸的发明

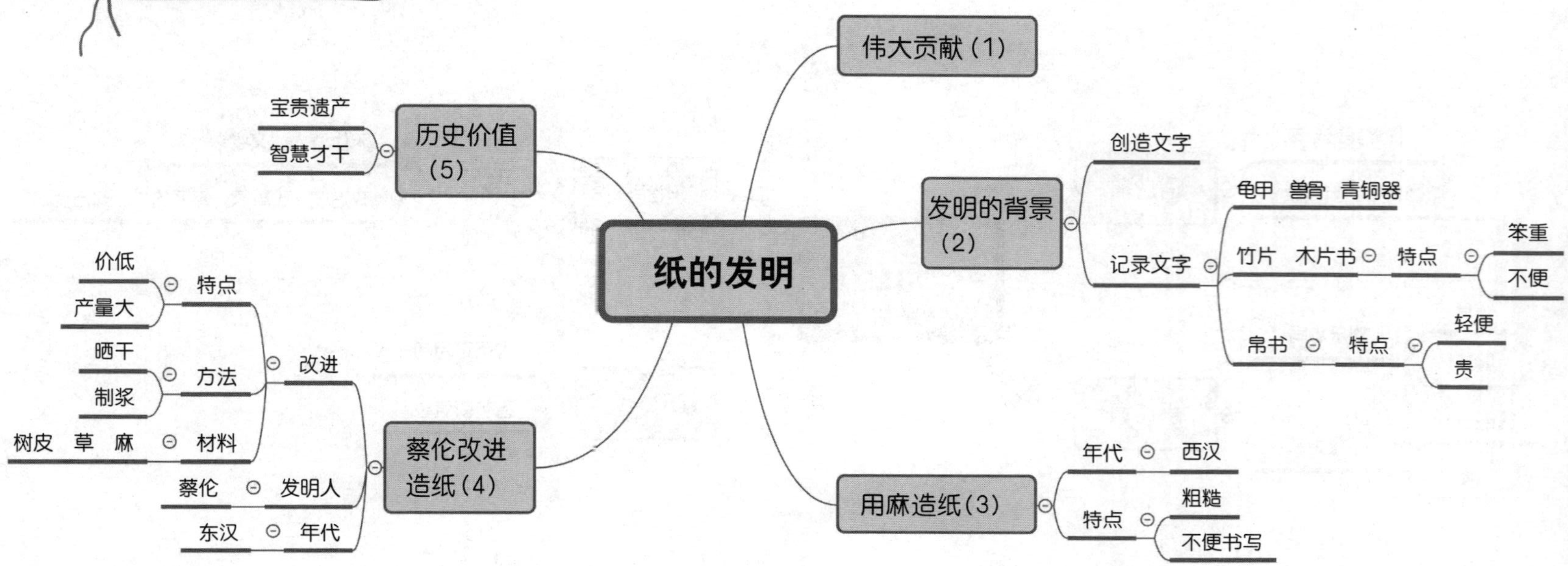
纸的发明
伟大贡献（1）
发明的背景（2）
创造文字
记录文字
龟甲 兽骨 青铜器
竹片 木片书
特点
笨重
不便
帛书
特点
轻便
贵
用麻造纸（3）
年代
西汉
特点
粗糙
不便书写
蔡伦改进造纸（4）
改进
特点
价低
产量大
方法
晒干
制浆
材料
树皮 草 麻
发明人
蔡伦
年代
东汉
历史价值（5）
宝贵遗产
智慧才干

11. 赵州桥

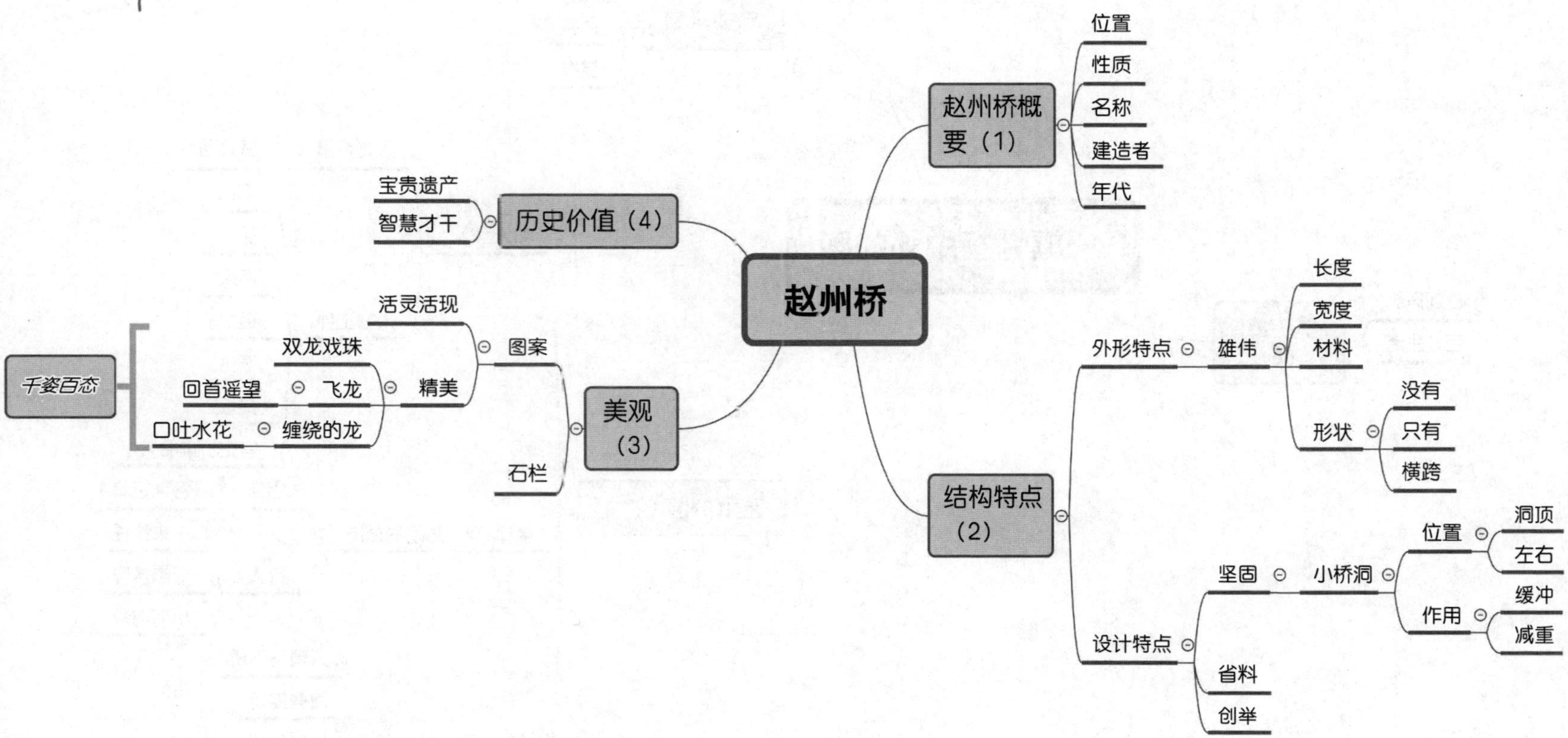
赵州桥
赵州桥概要（1）
位置
性质
名称
建造者
年代
结构特点（2）
外形特点
雄伟
长度
宽度
材料
形状
没有
只有
横跨
设计特点
坚固
小桥洞
位置
洞顶
左右
作用
缓冲
减重
省料
创举
美观（3）
图案
活灵活现
精美
双龙戏珠
飞龙
回首遥望
缠绕的龙
口吐水花
千姿百态
石栏
历史价值（4）
宝贵遗产
智慧才干

12. 一幅名扬中外的画

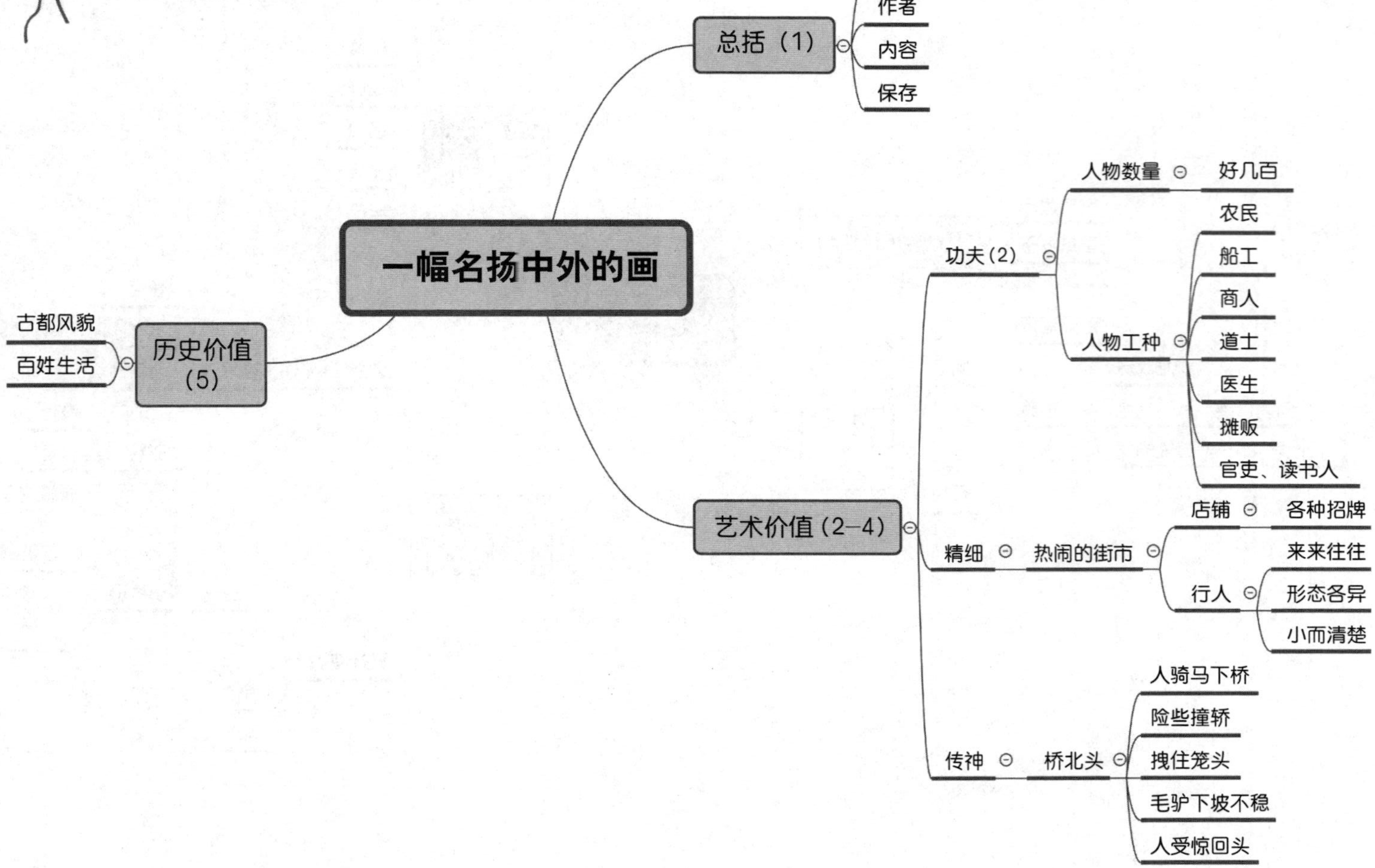
一幅名扬中外的画
总括（1）
年代
作者
内容
保存
艺术价值（2–4）
功夫（2）
人物数量
好几百
人物工种
农民
船工
商人
道士
医生
摊贩
官吏、读书人
精细
热闹的街市
店铺
各种招牌
行人
来来往往
形态各异
小而清楚
传神
桥北头
人骑马下桥
险些撞轿
拽住笼头
毛驴下坡不稳
人受惊回头
历史价值（5）
古都风貌
百姓生活

第四章 观察与发现（四单元）

13. 花钟

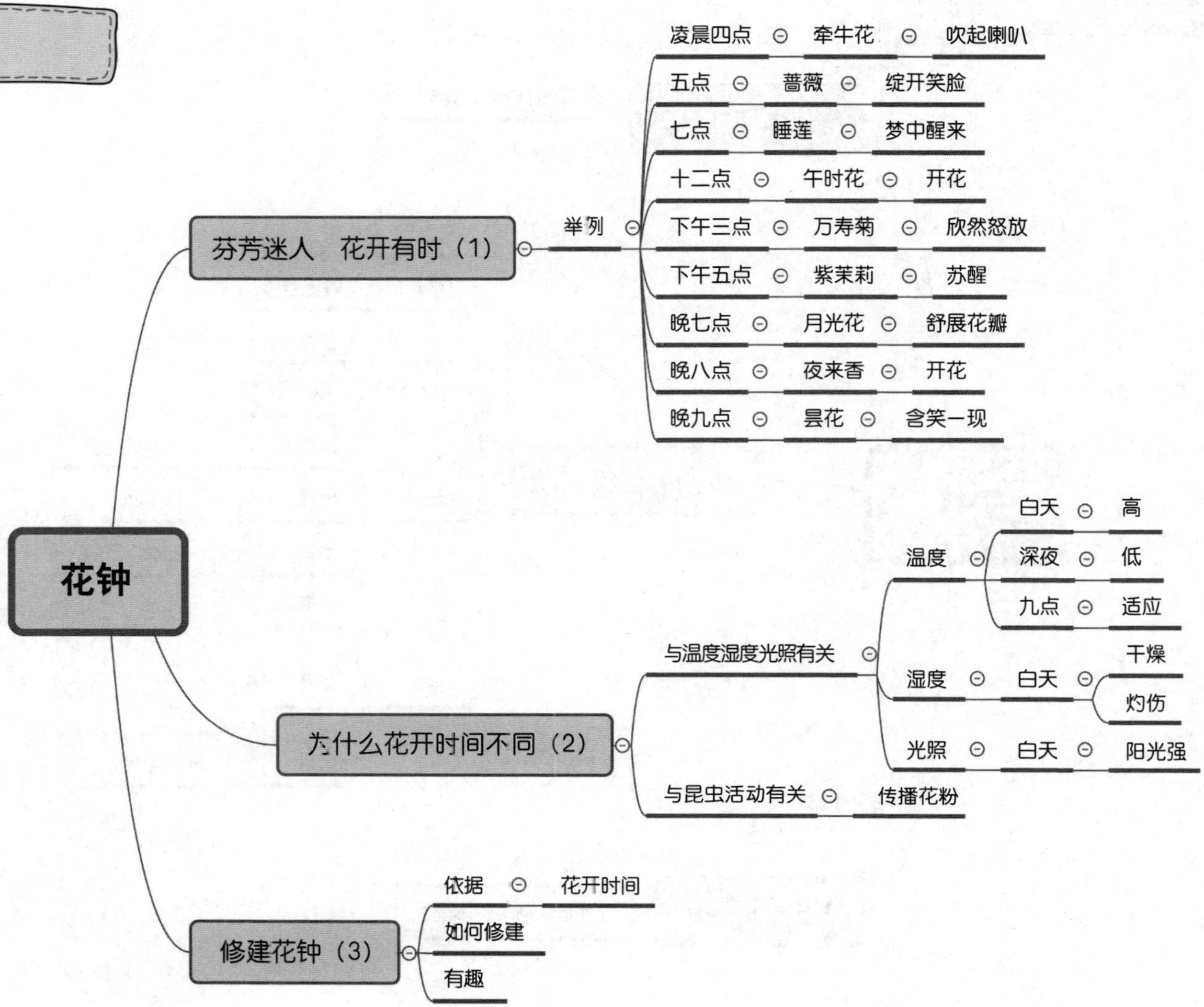

14. 蜜蜂

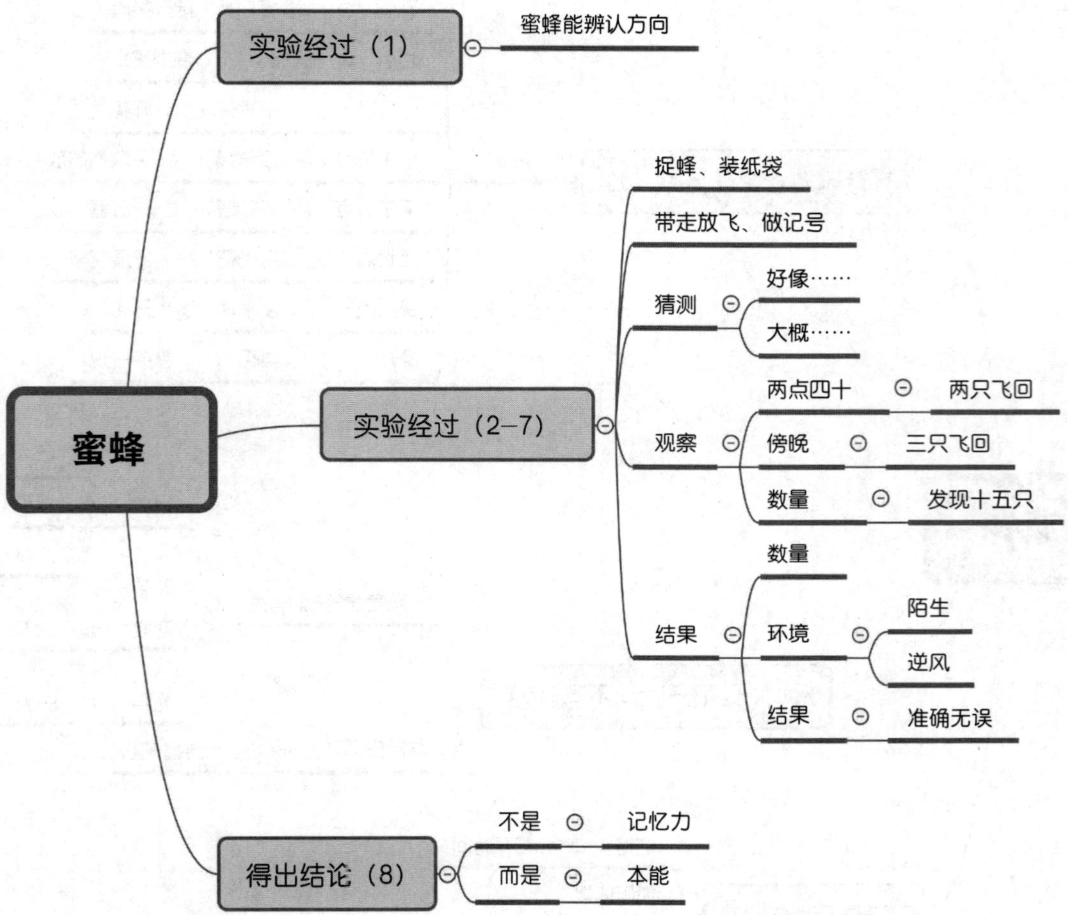
蜜蜂
实验经过（1）
蜜蜂能辨认方向
实验经过（2–7）
捉蜂、装纸袋
带走放飞、做记号
猜测
好像……
大概……
观察
两点四十
两只飞回
傍晚
三只飞回
数量
发现十五只
结果
数量
环境
陌生
逆风
结果
准确无误
得出结论（8）
不是
记忆力
而是
本能

15. 小虾

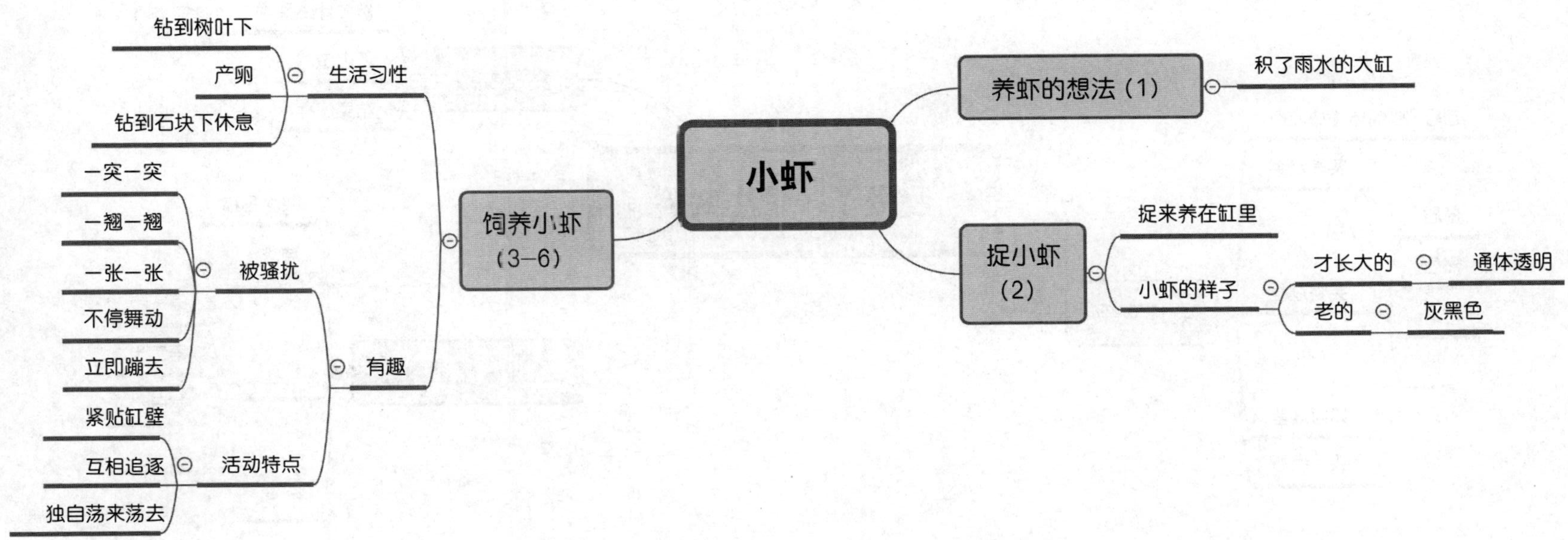
小虾
养虾的想法（1）
积了雨水的大缸
捉小虾
（2）
捉来养在缸里
小虾的样子
才长大的
通体透明
老的
灰黑色
饲养小虾
（3–6）
生活习性
钻到树叶下
产卵
钻到石块下休息
有趣
被骚扰
一突一突
一翘一翘
一张一张
不停舞动
立即蹦去
活动特点
紧贴缸壁
互相追逐
独自荡来荡去

习作：我做了一项小实验

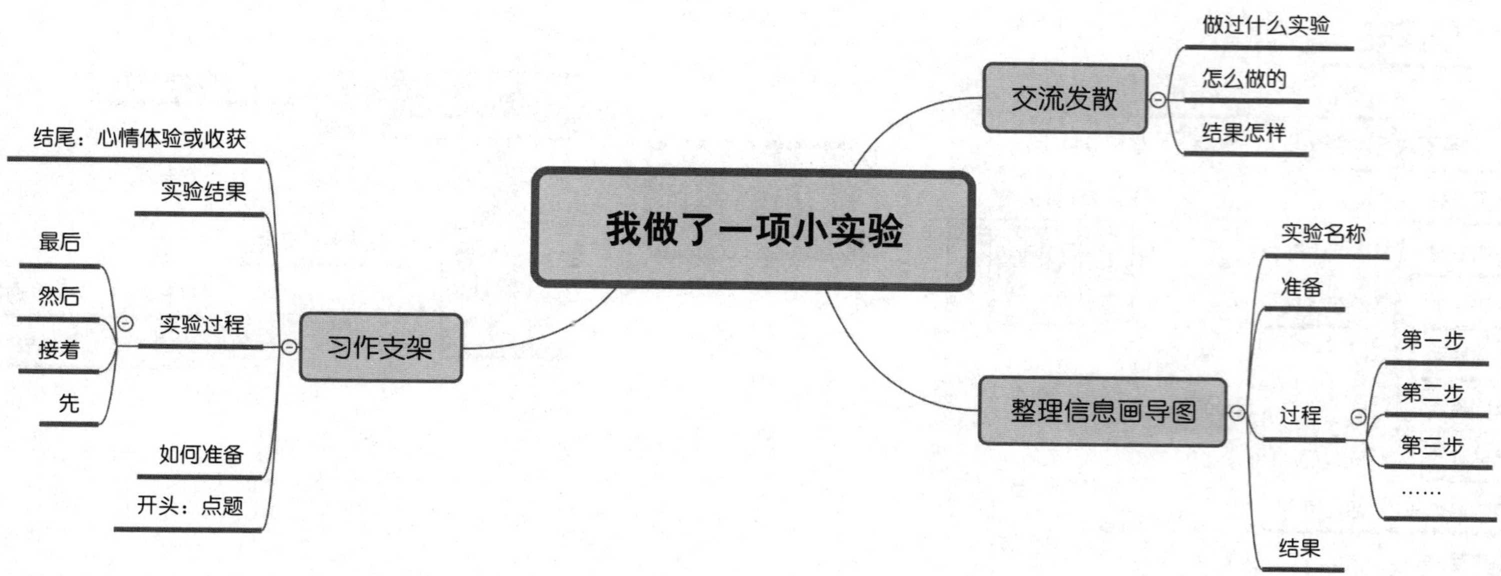
我做了一项小实验
交流发散
做过什么实验
怎么做的
结果怎样
整理信息画导图
实验名称
准备
过程
第一步
第二步
第三步
……
结果
习作支架
结尾：心情体验或收获
实验结果
实验过程
最后
然后
接着
先
如何准备
开头：点题

第五章 大胆想象（五单元）

16. 宇宙的另一边

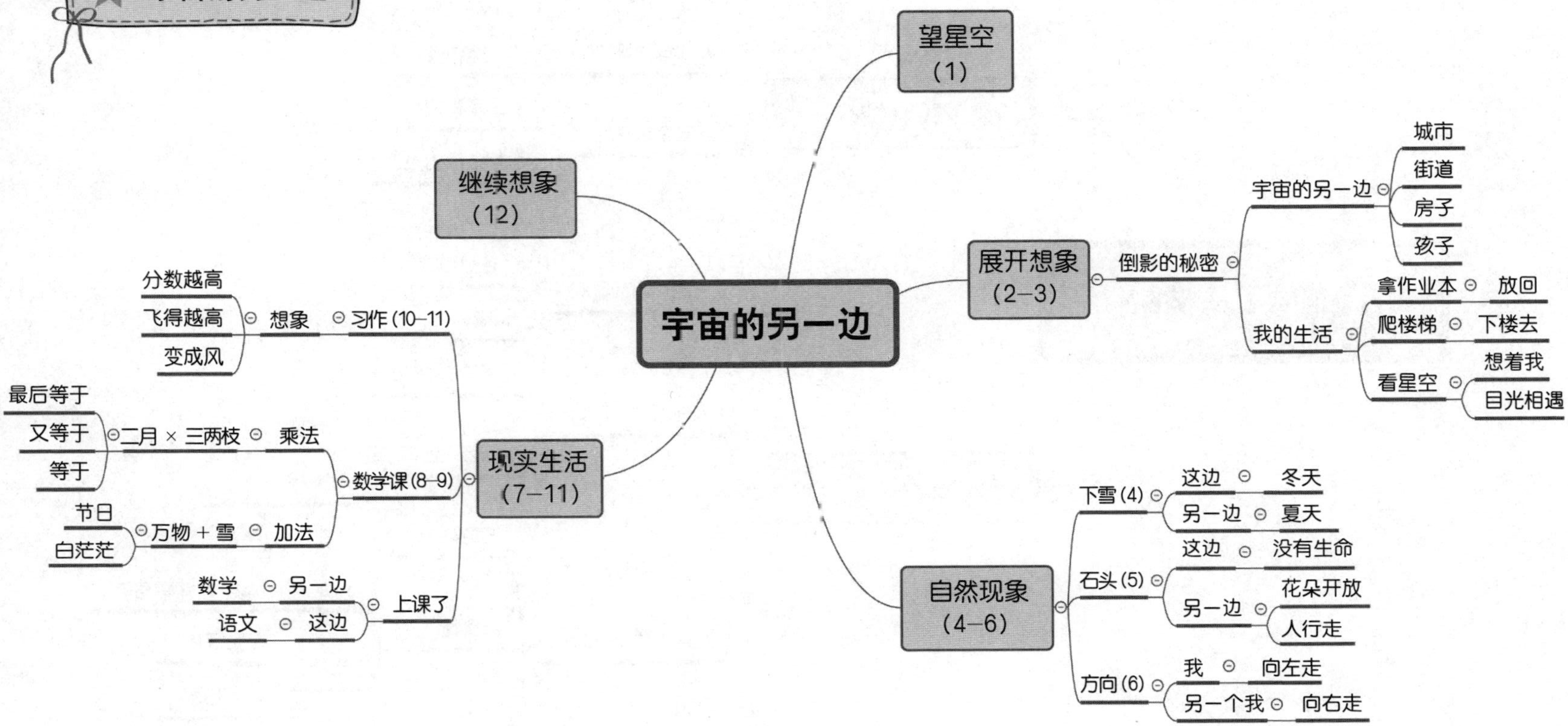

17. 我变成了一棵树

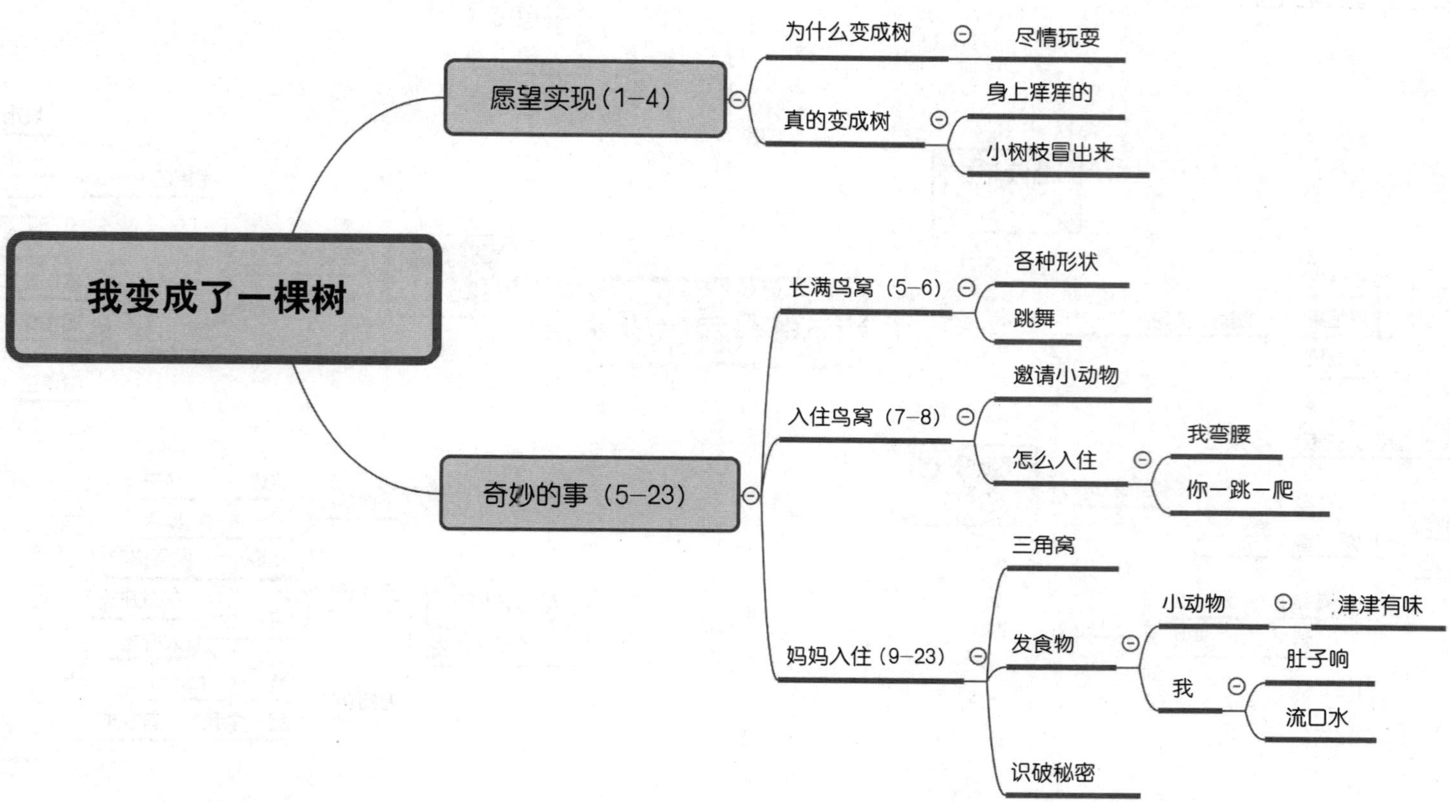
我变成了一棵树
愿望实现（1–4）
为什么变成树
尽情玩耍
真的变成树
身上痒痒的
小树枝冒出来
奇妙的事（5–23）
长满鸟窝（5–6）
各种形状
跳舞
入住鸟窝（7–8）
邀请小动物
怎么入住
我弯腰
你一跳一爬
妈妈入住（9–23）
三角窝
发食物
小动物
津津有味
我
肚子响
流口水
识破秘密

习作：奇妙的想象

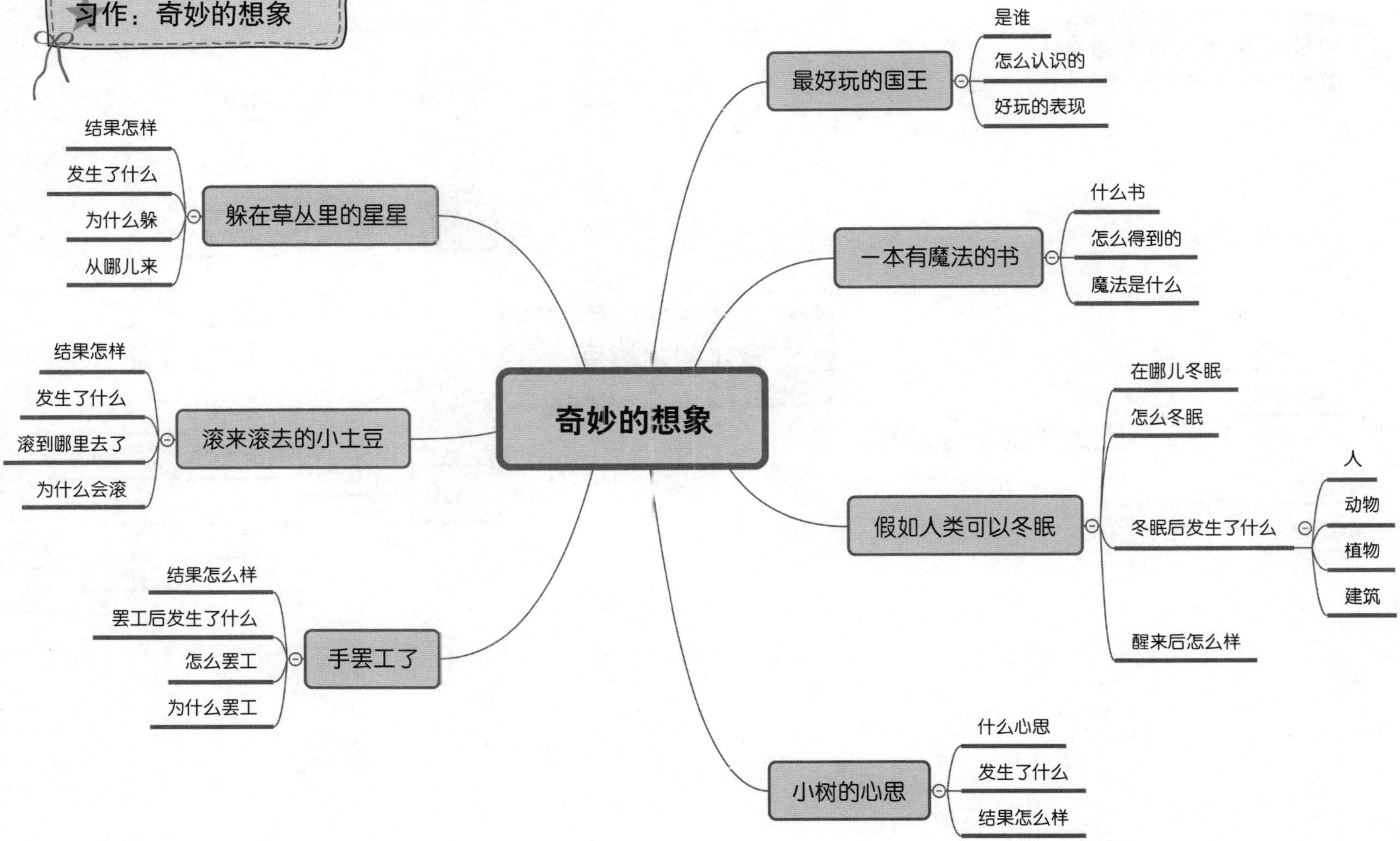
奇妙的想象
躲在草丛里的星星
结果怎样
发生了什么
为什么躲
从哪儿来
滚来滚去的小土豆
结果怎样
发生了什么
滚到哪里去了
为什么会滚
手罢工了
结果怎么样
罢工后发生了什么
怎么罢工
为什么罢工
最好玩的国王
是谁
怎么认识的
好玩的表现
一本有魔法的书
什么书
怎么得到的
魔法是什么
假如人类可以冬眠
在哪儿冬眠
怎么冬眠
冬眠后发生了什么
人
动物
植物
建筑
醒来后怎么样
小树的心思
什么心思
发生了什么
结果怎么样

第六章　多彩童年（六单元）

18. 童年的水墨画

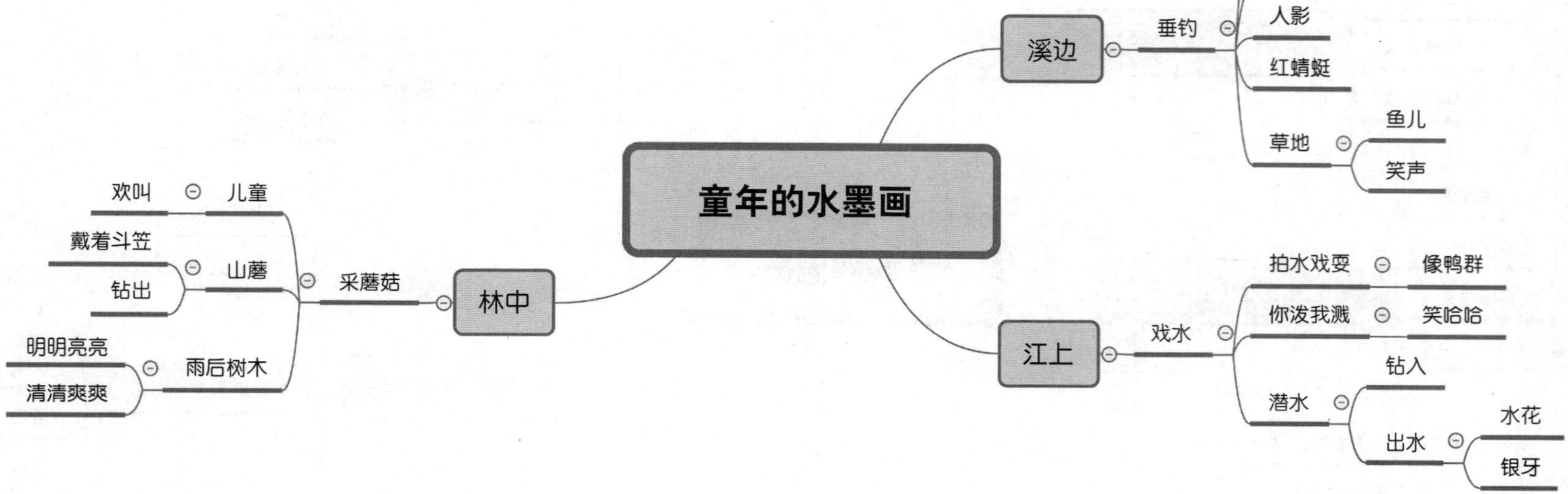

19. 剃头大师

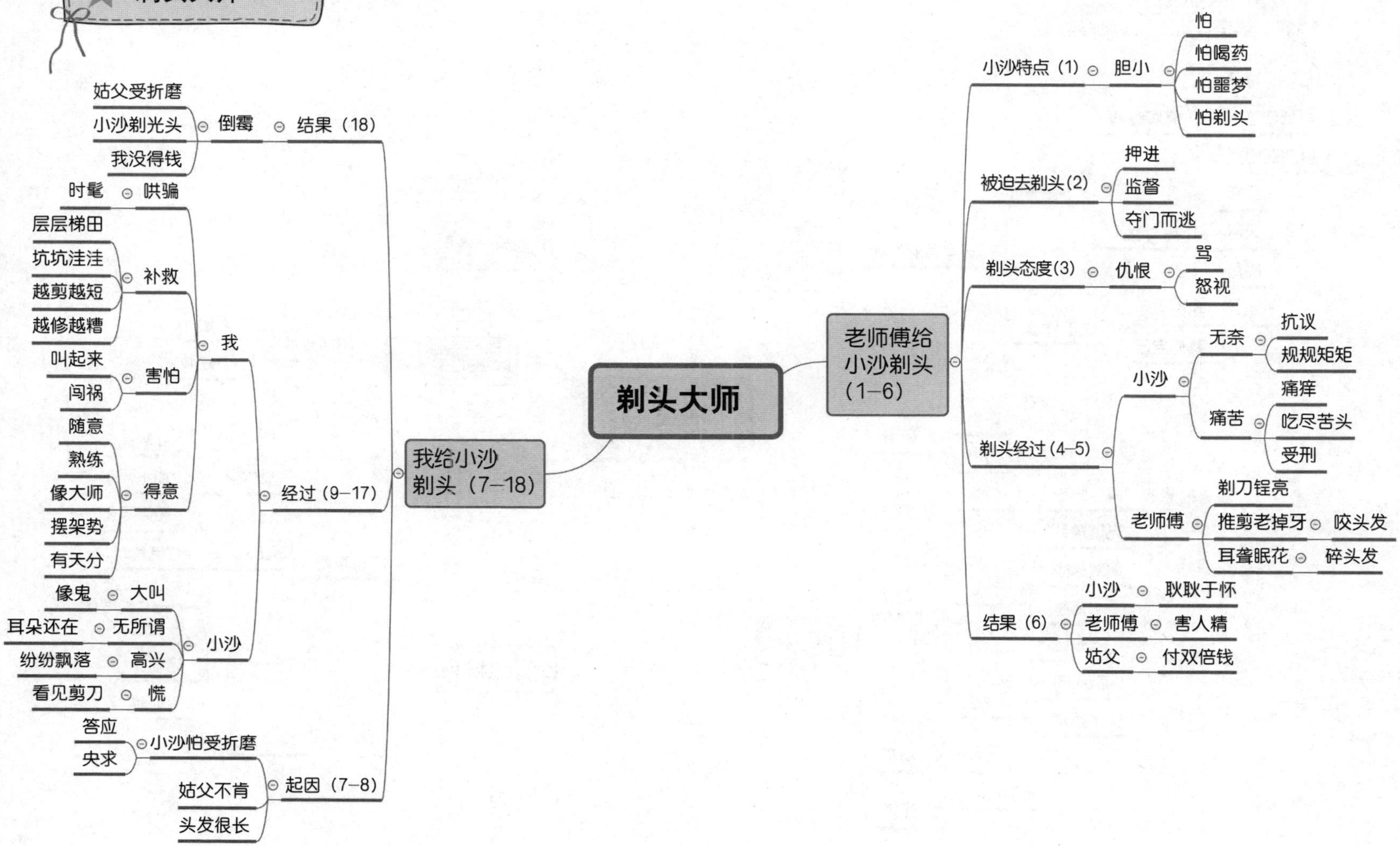
剃头大师
我给小沙剃头（7–18）
结果（18）
倒霉
姑父受折磨
小沙剃光头
我没得钱
经过（9–17）
我
哄骗
时髦
补救
层层梯田
坑坑洼洼
越剪越短
越修越糟
害怕
叫起来
闯祸
得意
随意
熟练
像大师
摆架势
有天分
小沙
大叫
像鬼
无所谓
耳朵还在
高兴
纷纷飘落
慌
看见剪刀
起因（7–8）
小沙怕受折磨
答应
央求
姑父不肯
头发很长
老师傅给小沙剃头（1–6）
小沙特点（1）
胆小
怕
怕喝药
怕噩梦
怕剃头
被迫去剃头(2)
押进
监督
夺门而逃
剃头态度(3)
仇恨
骂
怒视
剃头经过(4–5)
小沙
无奈
抗议
规规矩矩
痛苦
痛痒
吃尽苦头
受刑
老师傅
剃刀铿亮
推剪老掉牙
咬头发
耳聋眼花
碎头发
结果（6）
小沙
耿耿于怀
老师傅
害人精
姑父
付双倍钱

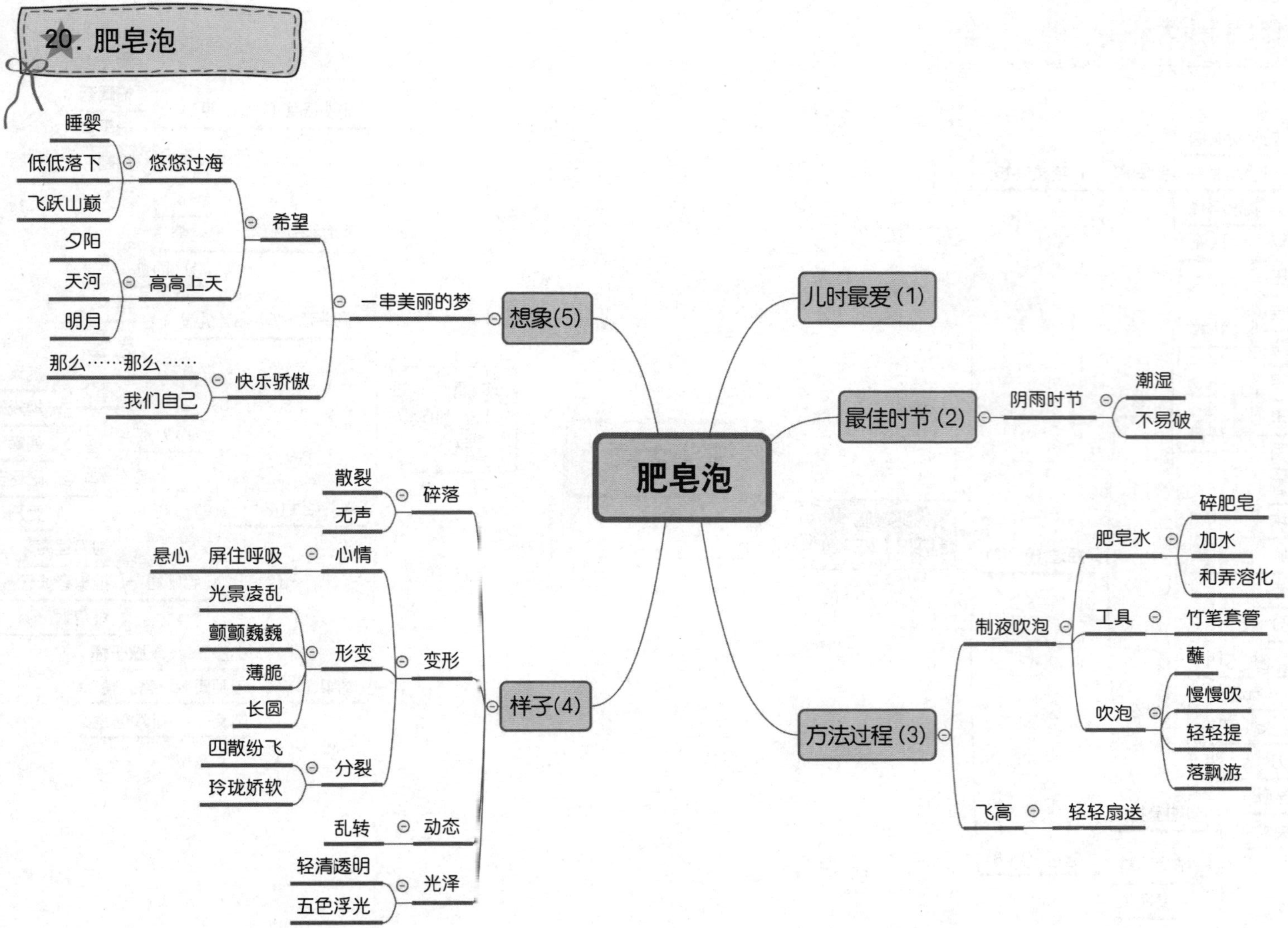
20. 肥皂泡
肥皂泡
想象(5)
一串美丽的梦
希望
悠悠过海
睡婴
低低落下
飞跃山巅
高高上天
夕阳
天河
明月
快乐骄傲
那么……那么……
我们自己
样子(4)
碎落
散裂
无声
变形
心情
悬心
屏住呼吸
形变
光景凌乱
颤颤巍巍
薄脆
长圆
分裂
四散纷飞
玲珑娇软
动态
乱转
光泽
轻清透明
五色浮光
儿时最爱(1)
最佳时节(2)
阴雨时节
潮湿
不易破
方法过程(3)
制液吹泡
肥皂水
碎肥皂
加水
和弄溶化
工具
竹笔套管
吹泡
蘸
慢慢吹
轻轻提
落飘游
飞高
轻轻扇送

21. 我不能失信

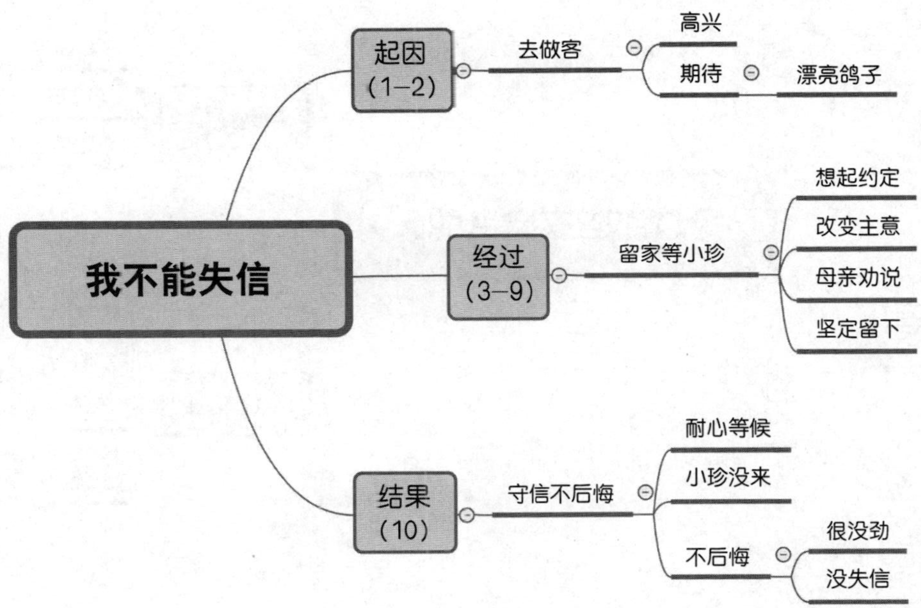
我不能失信
起因（1—2）
去做客
高兴
期待
漂亮鸽子
经过（3—9）
留家等小珍
想起约定
改变主意
母亲劝说
坚定留下
结果（10）
守信不后悔
耐心等候
小珍没来
不后悔
很没劲
没失信

习作：身边那些有特点的人

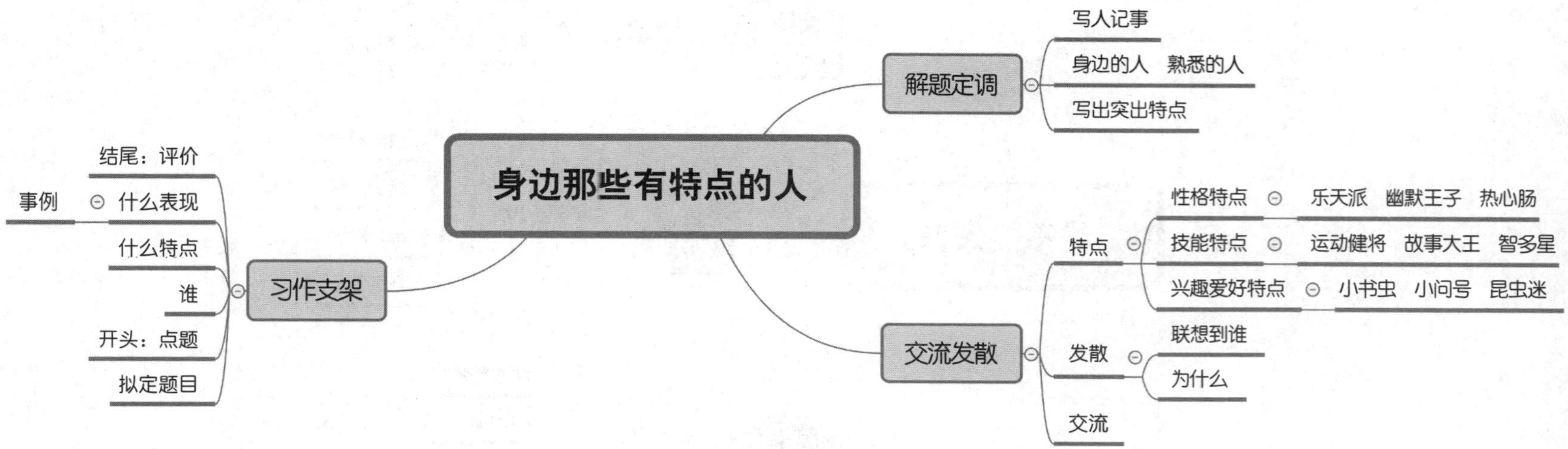

第七章　奇妙世界（七单元）

22. 我们奇妙的世界

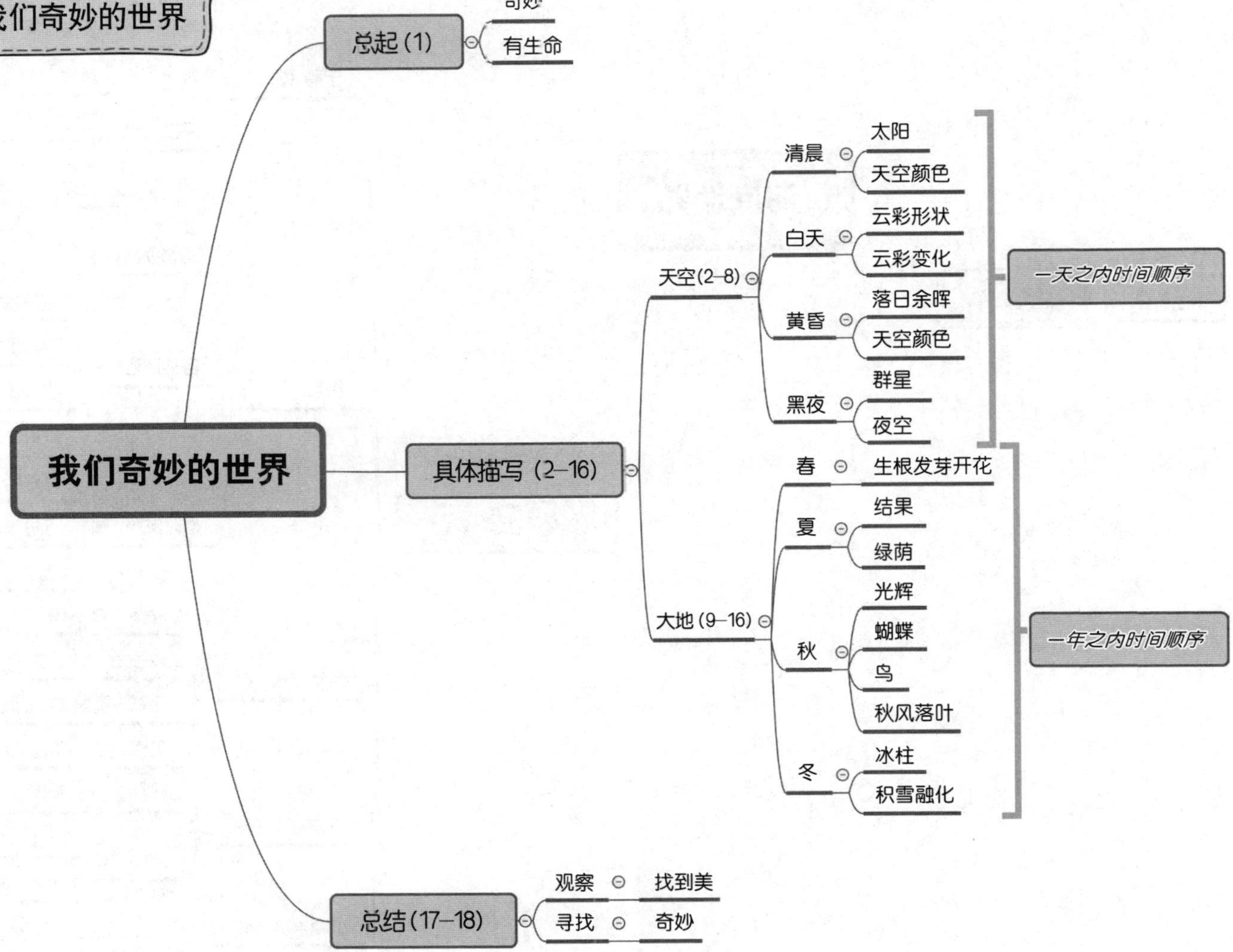

23. 海底世界

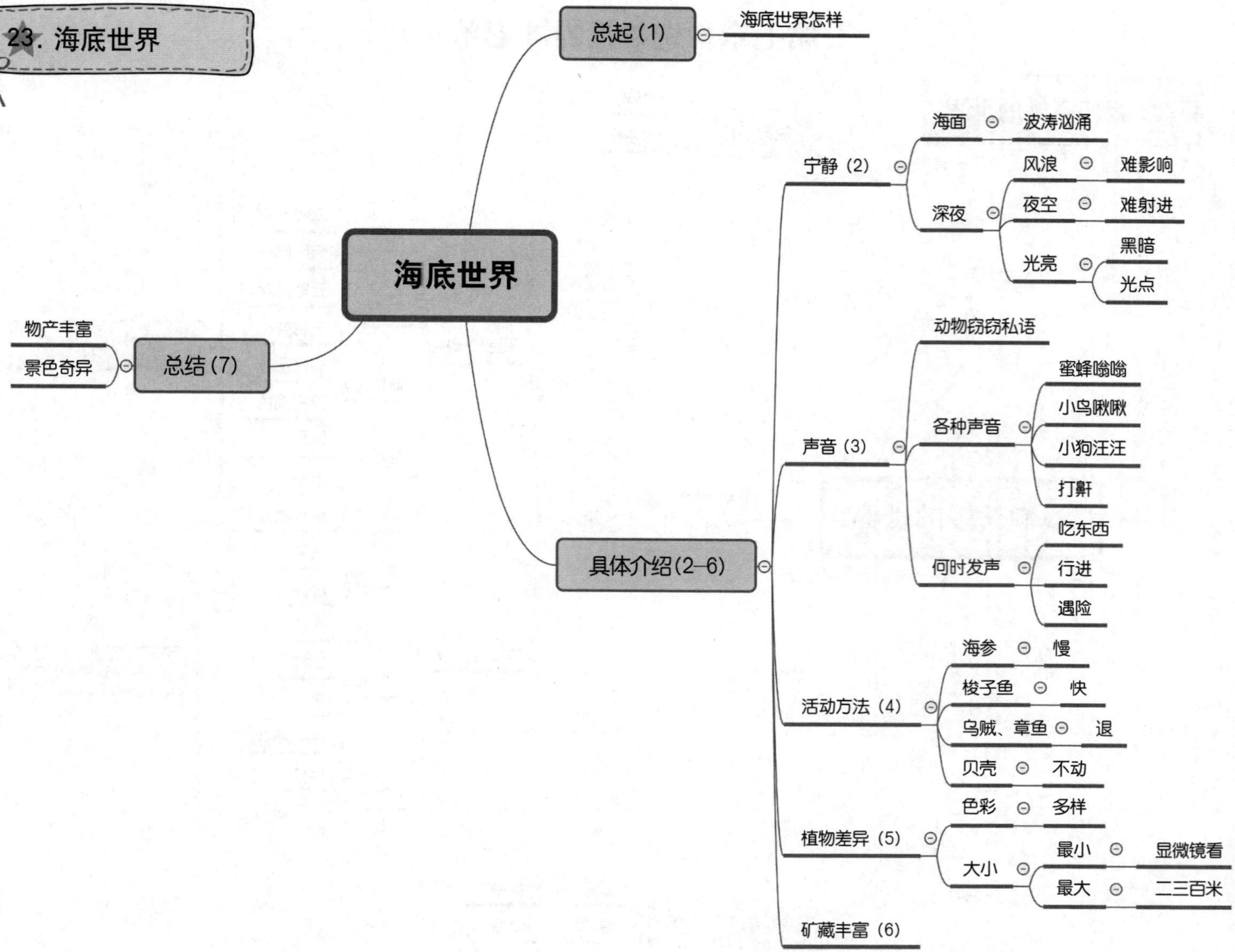
海底世界
总起（1）
海底世界怎样
具体介绍(2–6)
宁静（2）
海面
波涛汹涌
深夜
风浪
难影响
夜空
难射进
光亮
黑暗
光点
声音（3）
动物窃窃私语
各种声音
蜜蜂嗡嗡
小鸟啾啾
小狗汪汪
打鼾
何时发声
吃东西
行进
遇险
活动方法（4）
海参
慢
梭子鱼
快
乌贼、章鱼
退
贝壳
不动
植物差异（5）
色彩
多样
大小
最小
显微镜看
最大
二三百米
矿藏丰富（6）
总结（7）
物产丰富
景色奇异

24. 火烧云

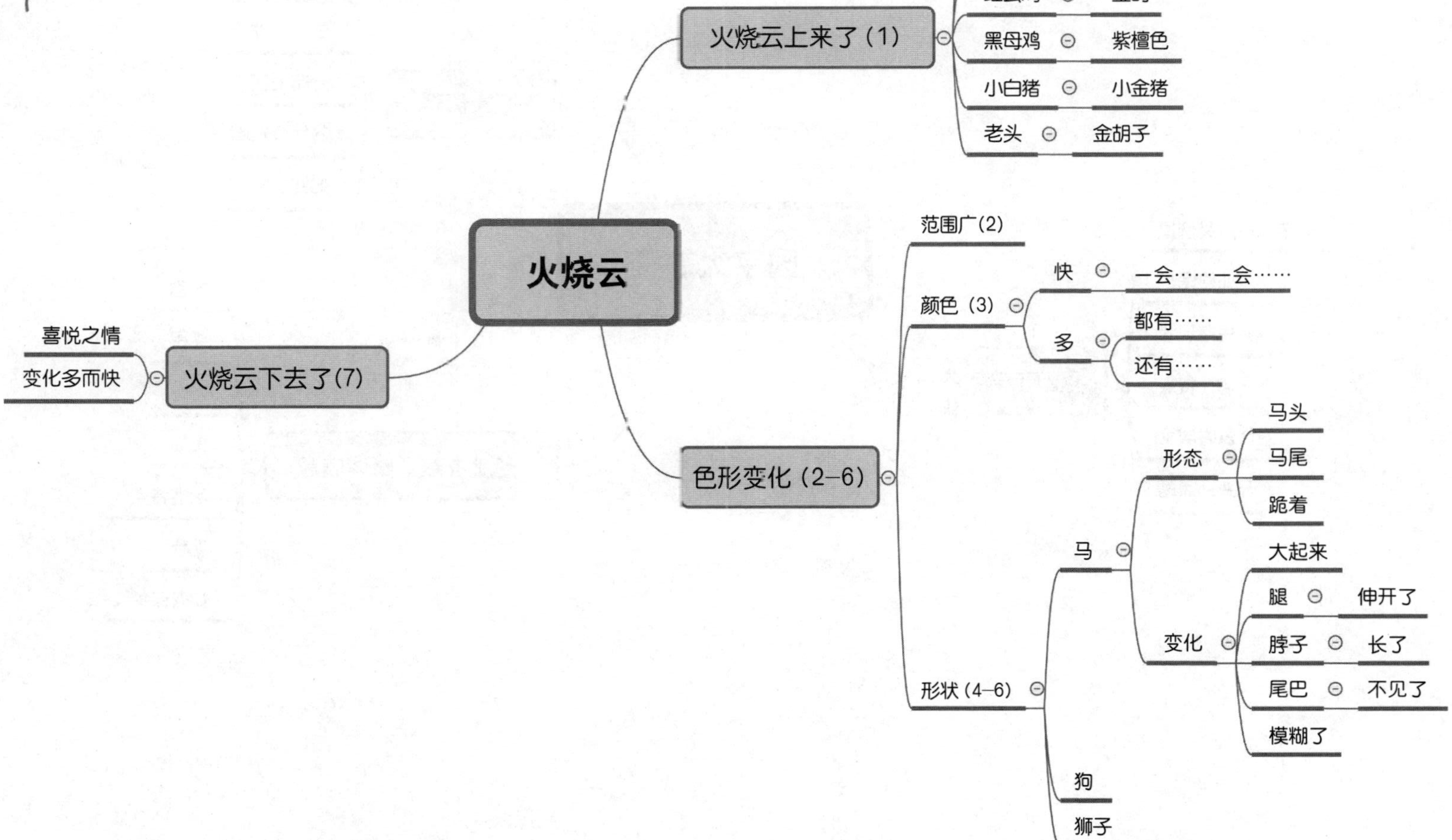
火烧云
火烧云上来了（1）
小孩子的脸 红红的
大白狗 红的
红公鸡 金的
黑母鸡 紫檀色
小白猪 小金猪
老头 金胡子
色形变化（2–6）
范围广（2）
颜色（3）
快 一会……一会……
多
都有……
还有……
形状（4–6）
马
形态
马头
马尾
跪着
变化
大起来
腿 伸开了
脖子 长了
尾巴 不见了
模糊了
狗
狮子
火烧云下去了（7）
喜悦之情
变化多而快

习作：国宝大熊猫

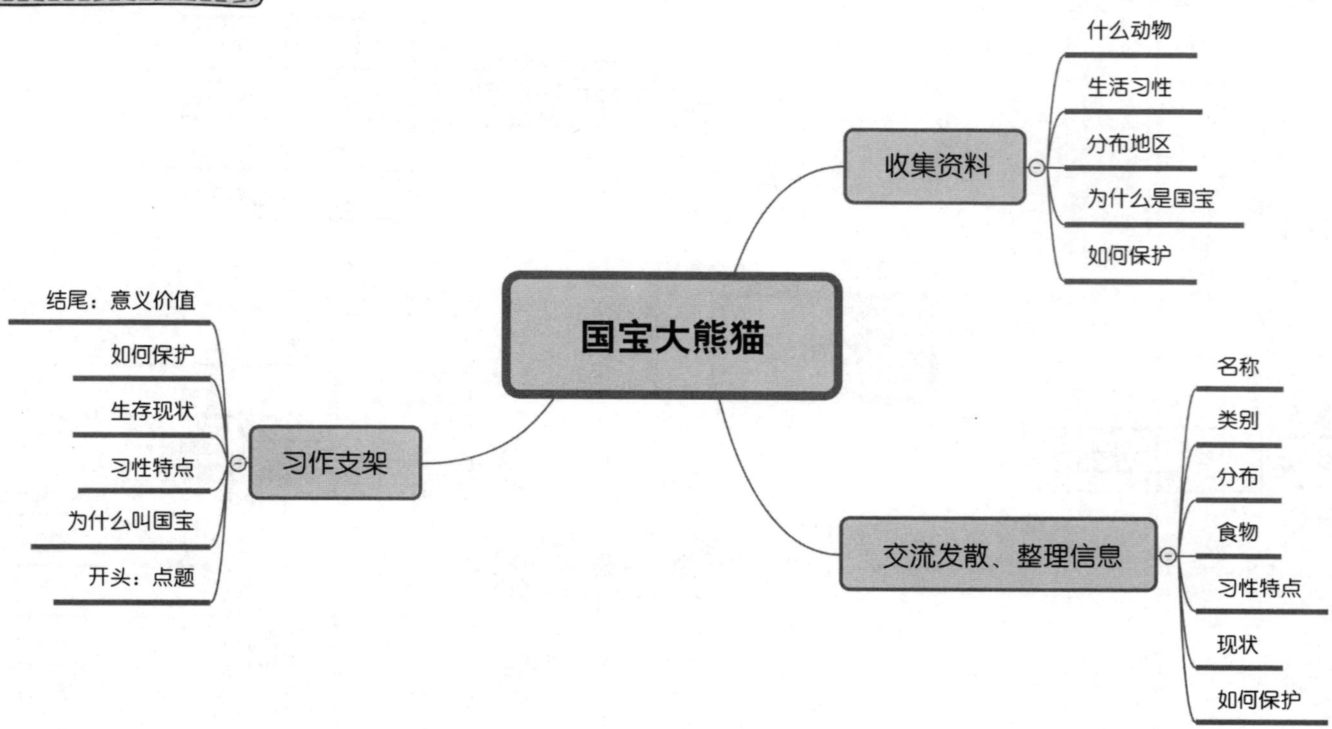
国宝大熊猫
收集资料
什么动物
生活习性
分布地区
为什么是国宝
如何保护
交流发散、整理信息
名称
类别
分布
食物
习性特点
现状
如何保护
习作支架
结尾：意义价值
如何保护
生存现状
习性特点
为什么叫国宝
开头：点题

第八章 有趣的故事（八单元）

25. 慢性子裁缝和急性子顾客

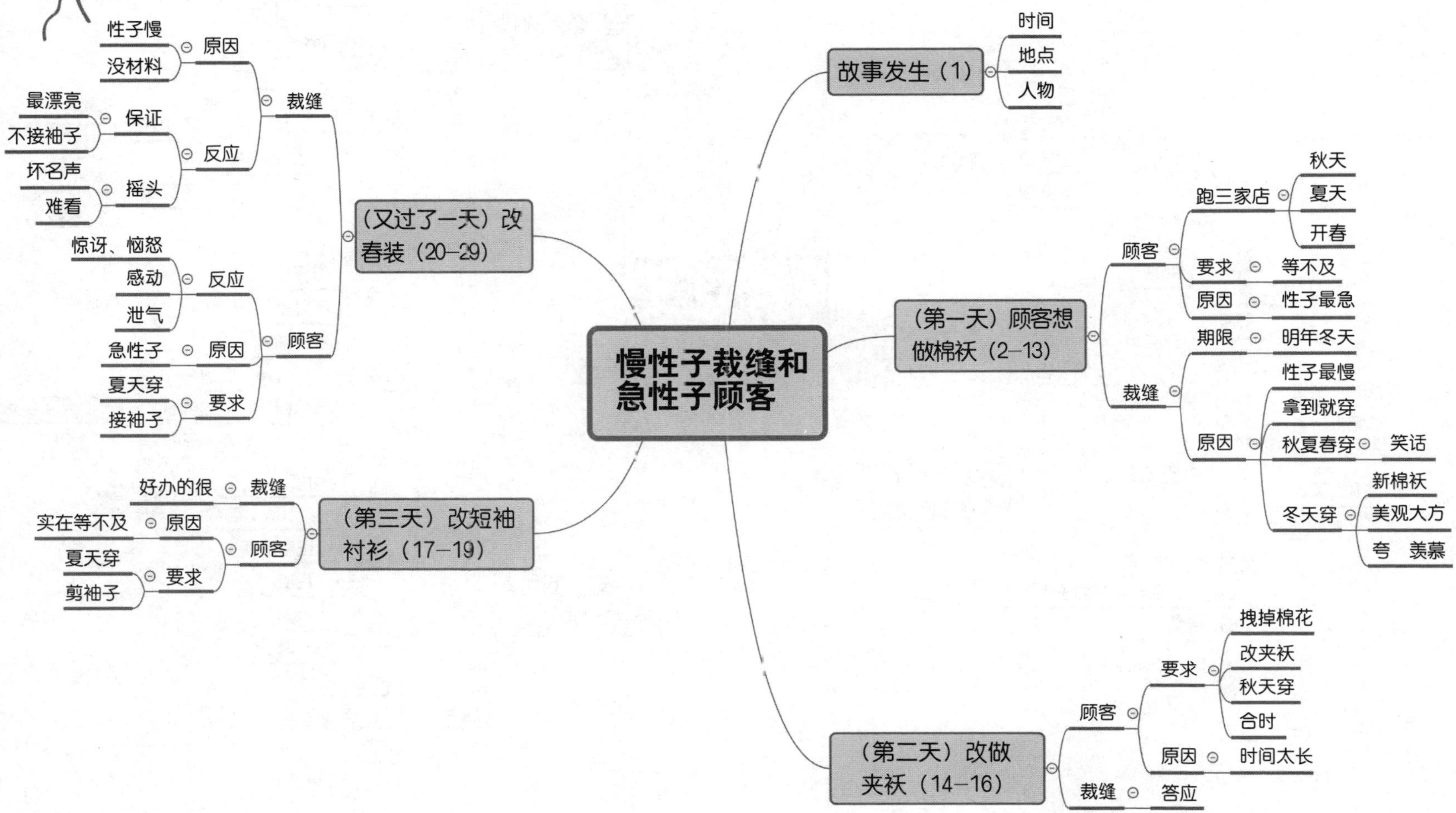

26. 方帽子店

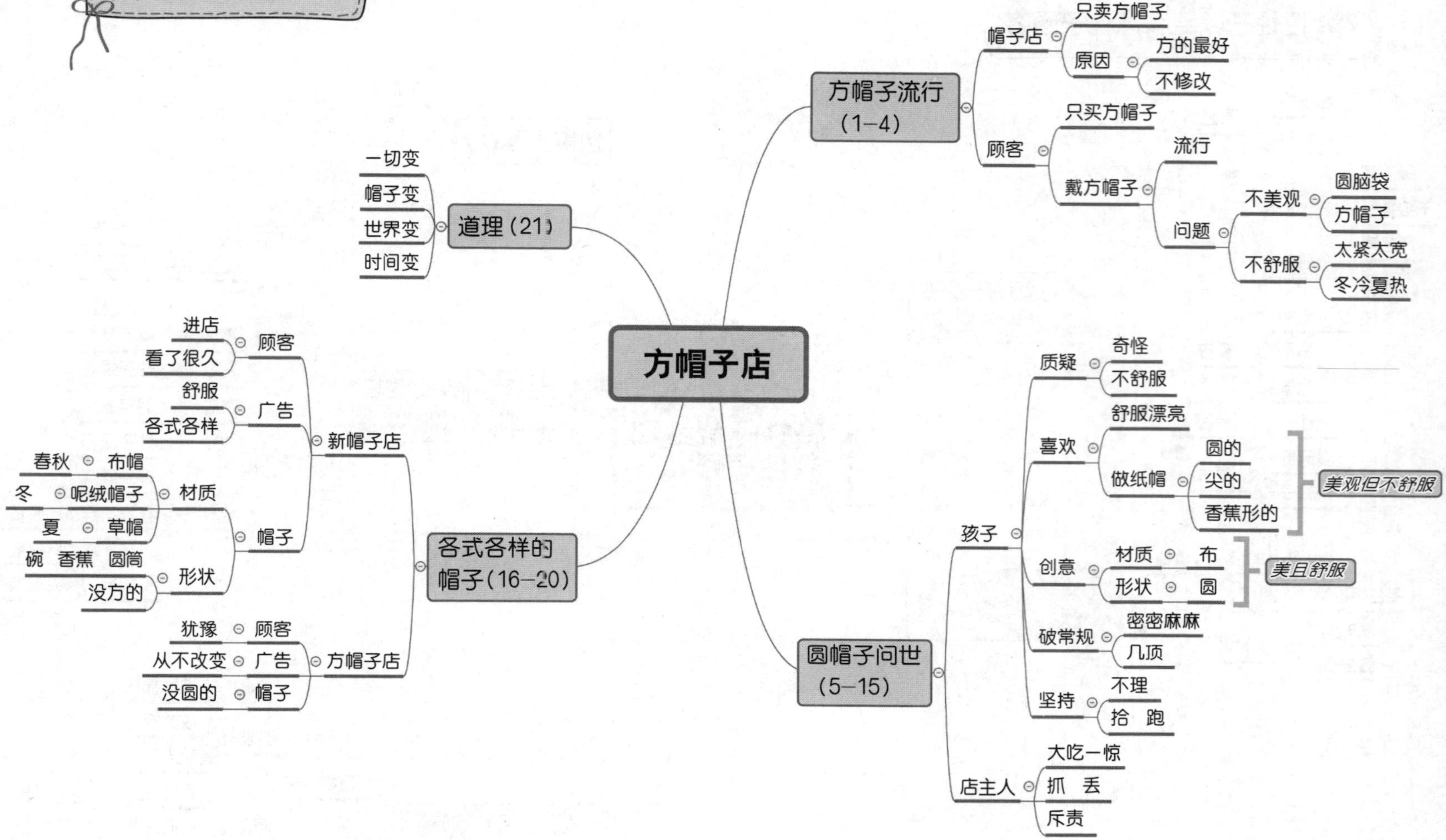
方帽子店
方帽子流行（1–4）
帽子店
只卖方帽子
原因
方的最好
不修改
顾客
只买方帽子
戴方帽子
流行
问题
不美观
圆脑袋
方帽子
不舒服
太紧太宽
冬冷夏热
圆帽子问世（5–15）
孩子
质疑
奇怪
不舒服
喜欢
舒服漂亮
做纸帽
圆的
尖的
香蕉形的
美观但不舒服
创意
材质
布
形状
圆
美且舒服
破常规
密密麻麻
几顶
坚持
不理
拾 跑
店主人
大吃一惊
抓 丢
斥责
道理（21）
一切变
帽子变
世界变
时间变
各式各样的帽子（16–20）
新帽子店
顾客
进店
看了很久
广告
舒服
各式各样
帽子
材质
春秋
布帽
冬
呢绒帽子
夏
草帽
形状
碗 香蕉 圆筒
没方的
方帽子店
顾客
犹豫
广告
从不改变
帽子
没圆的

27. 漏

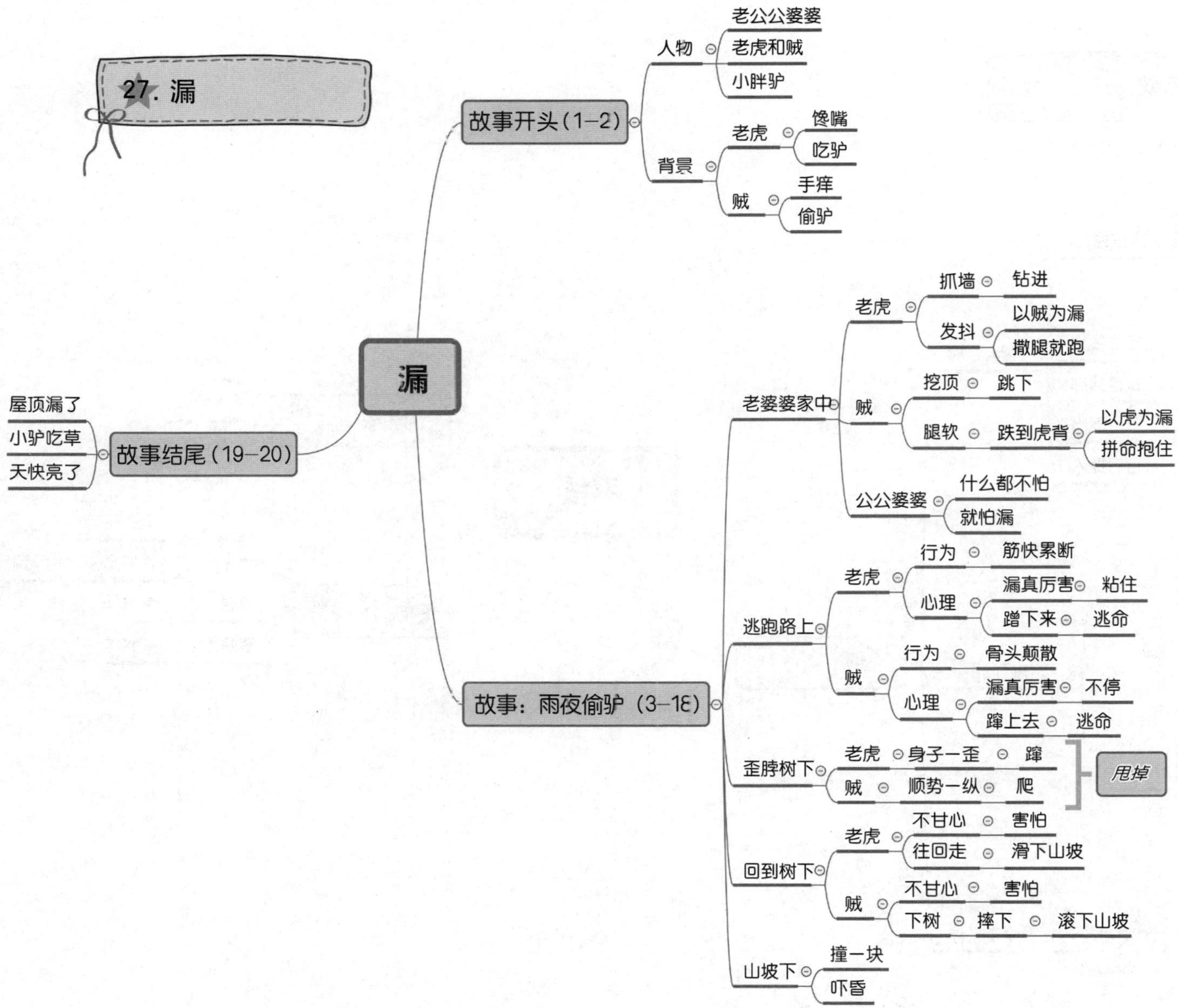
漏
故事开头（1–2）
人物
老公公婆婆
老虎和贼
小胖驴
背景
老虎
馋嘴
吃驴
贼
手痒
偷驴
故事：雨夜偷驴（3–18）
老婆婆家中
老虎
抓墙
钻进
发抖
以贼为漏
撒腿就跑
贼
挖顶
跳下
腿软
跌到虎背
以虎为漏
拼命抱住
公公婆婆
什么都不怕
就怕漏
逃跑路上
老虎
行为
筋快累断
心理
漏真厉害
粘住
蹭下来
逃命
贼
行为
骨头颠散
心理
漏真厉害
不停
蹿上去
逃命
歪脖树下
老虎
身子一歪
蹿
贼
顺势一纵
爬
甩掉
回到树下
老虎
不甘心
害怕
往回走
滑下山坡
贼
不甘心
害怕
下树
摔下
滚下山坡
山坡下
撞一块
吓昏
故事结尾（19–20）
屋顶漏了
小驴吃草
天快亮了

28. 枣核

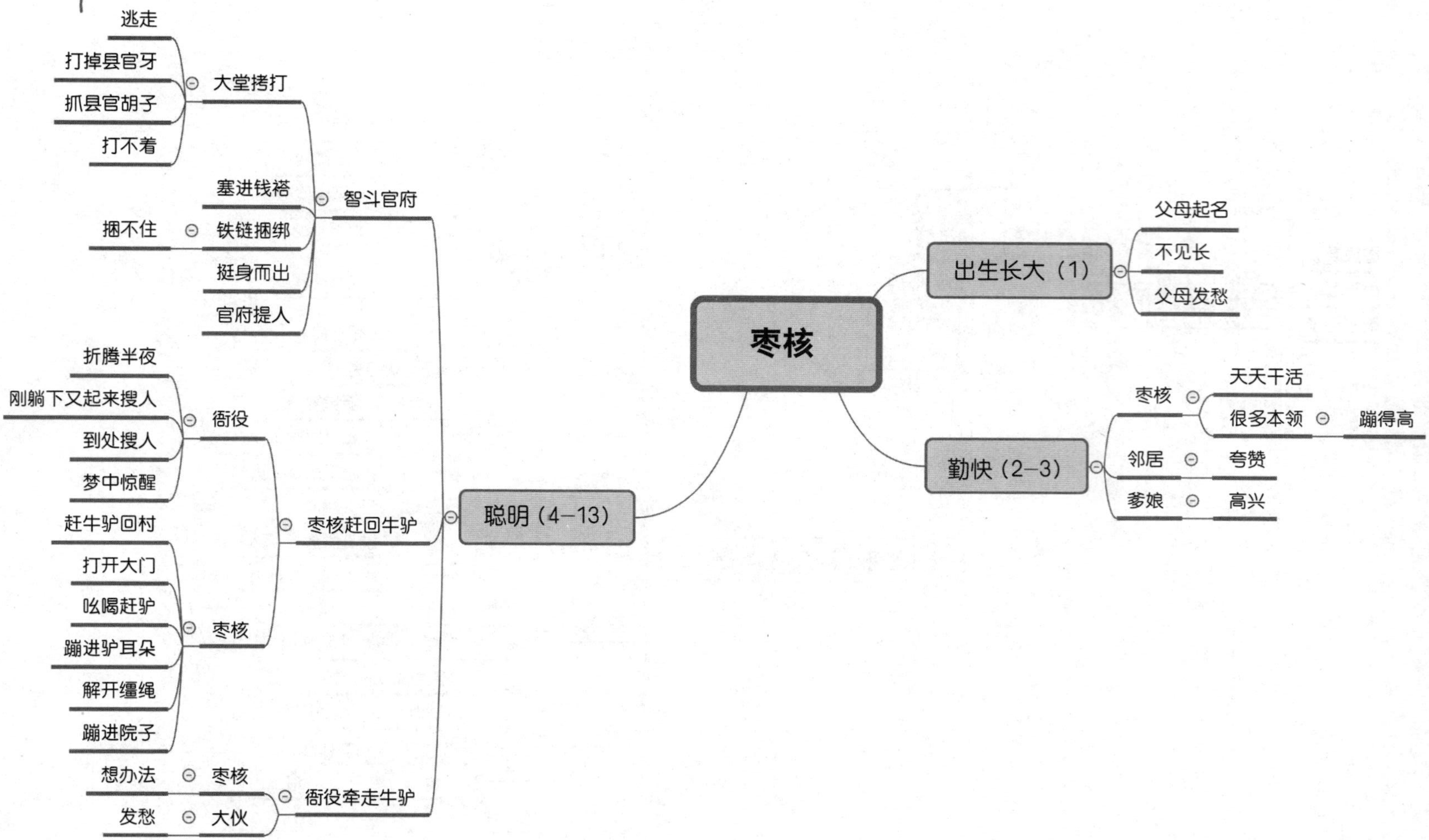
枣核
出生长大（1）
父母起名
不见长
父母发愁
勤快（2—3）
枣核
天天干活
很多本领
蹦得高
邻居
夸赞
爹娘
高兴
聪明（4—13）
智斗官府
大堂拷打
逃走
打掉县官牙
抓县官胡子
打不着
塞进钱褡
铁链捆绑
捆不住
挺身而出
官府提人
枣核赶回牛驴
衙役
折腾半夜
刚躺下又起来搜人
到处搜人
梦中惊醒
枣核
赶牛驴回村
打开大门
吆喝赶驴
蹦进驴耳朵
解开缰绳
蹦进院子
衙役牵走牛驴
枣核
想办法
大伙
发愁

习作：这样想象真有趣

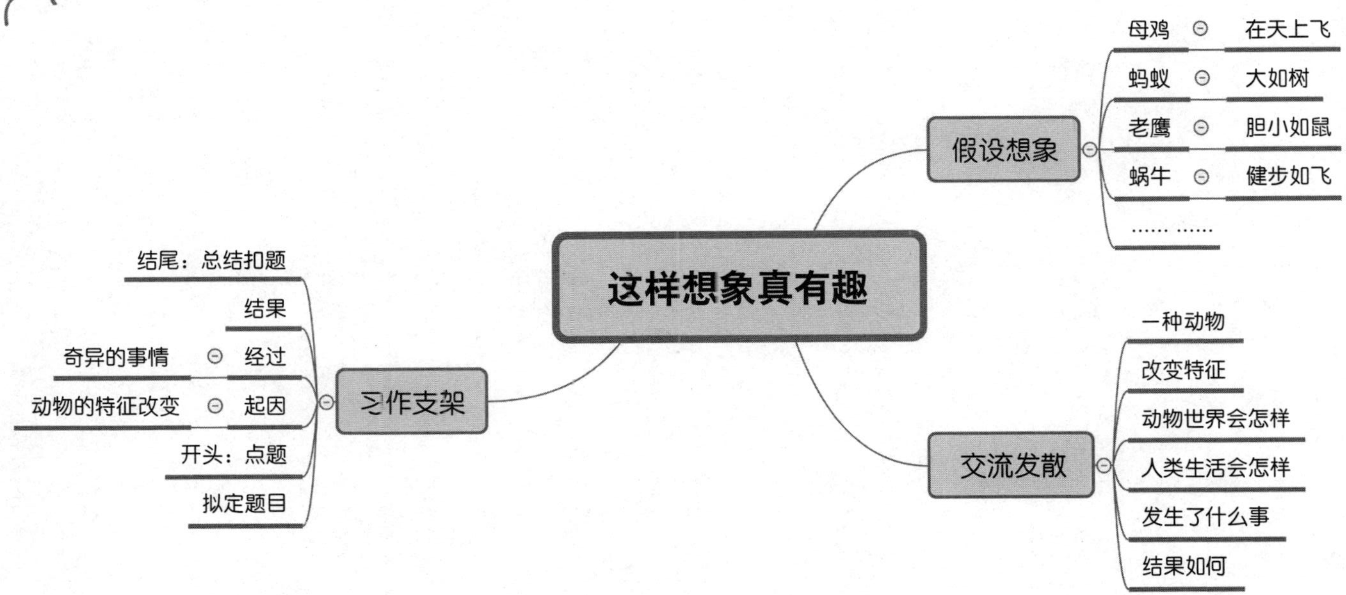
这样想象真有趣
假设想象
母鸡 在天上飞
蚂蚁 大如树
老鹰 胆小如鼠
蜗牛 健步如飞
…… ……
交流发散
一种动物
改变特征
动物世界会怎样
人类生活会怎样
发生了什么事
结果如何
习作支架
结尾：总结扣题
结果
经过 奇异的事情
起因 动物的特征改变
开头：点题
拟定题目

第三部分

四年级下册

第一章 乡村生活（一单元）

1. 古诗三首

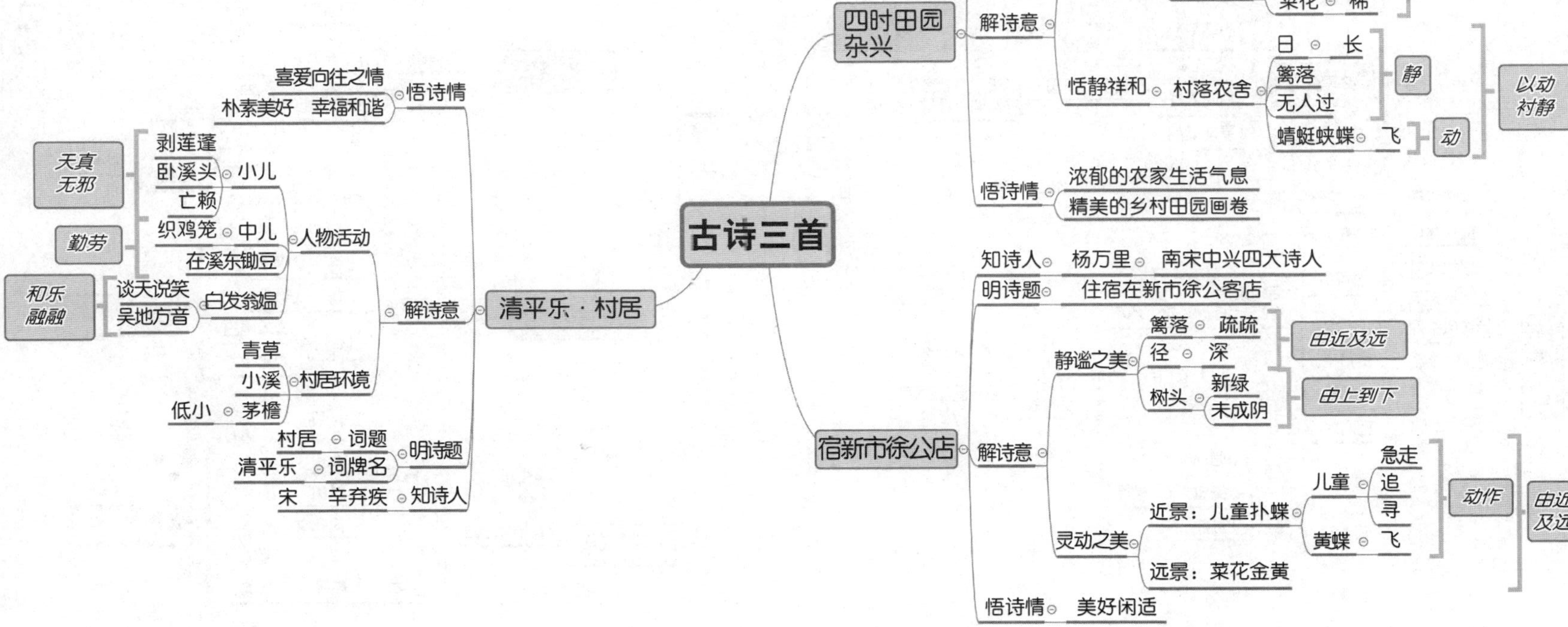

2. 乡下人家

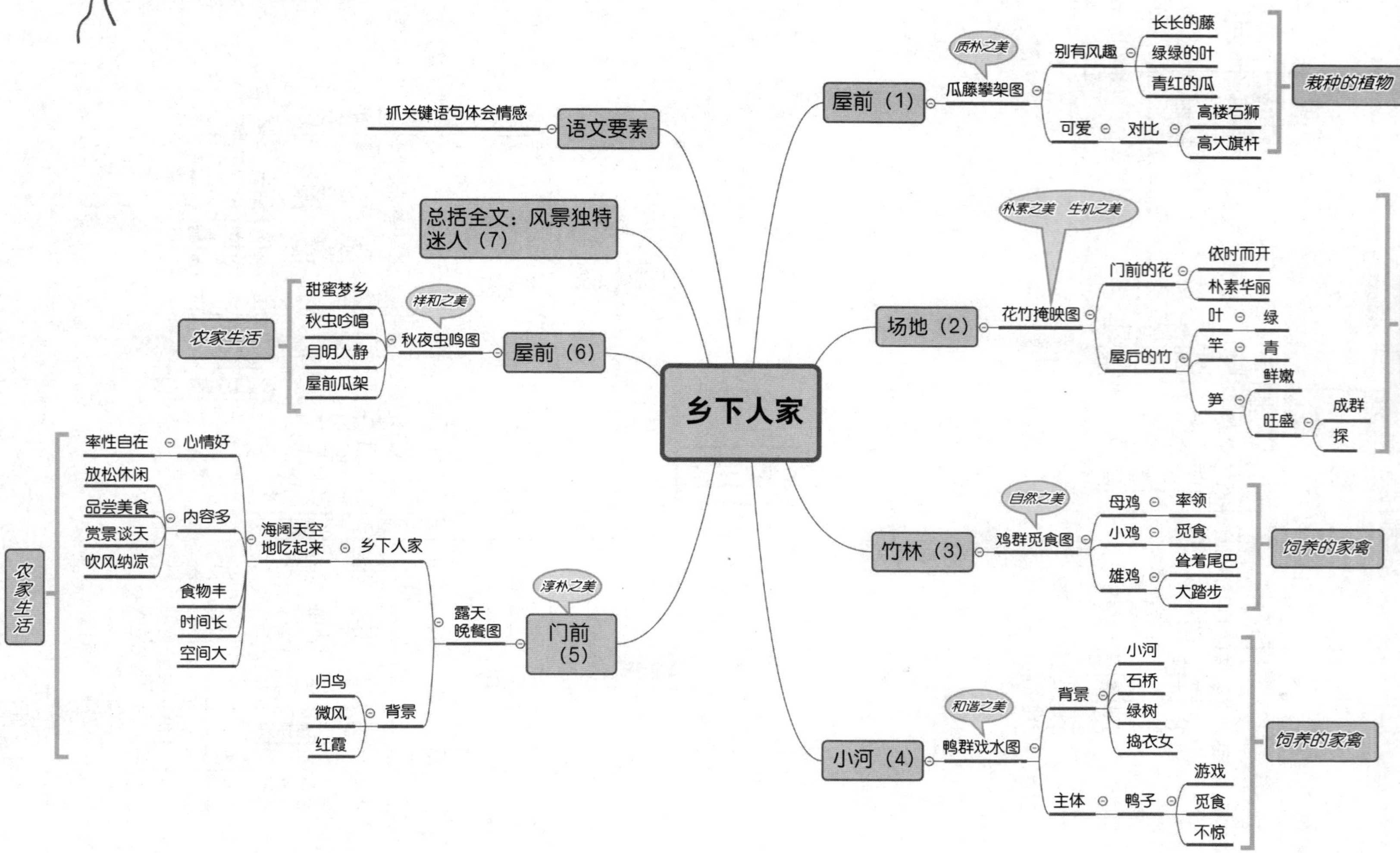
乡下人家
语文要素
抓关键语句体会情感
总括全文：风景独特迷人（7）
屋前（6）
秋夜虫鸣图
祥和之美
甜蜜梦乡
秋虫吟唱
月明人静
屋前瓜架
农家生活
门前（5）
淳朴之美
露天晚餐图
乡下人家
海阔天空地吃起来
心情好
率性自在
内容多
放松休闲
品尝美食
赏景谈天
吹风纳凉
食物丰
时间长
空间大
背景
归鸟
微风
红霞
农家生活
屋前（1）
瓜藤攀架图
质朴之美
别有风趣
长长的藤
绿绿的叶
青红的瓜
可爱
对比
高楼石狮
高大旗杆
栽种的植物
场地（2）
花竹掩映图
朴素之美 生机之美
门前的花
依时而开
朴素华丽
屋后的竹
叶
绿
竿
青
笋
鲜嫩
旺盛
成群
探
栽种的植物
竹林（3）
鸡群觅食图
自然之美
母鸡
率领
小鸡
觅食
雄鸡
耸着尾巴
大踏步
饲养的家禽
小河（4）
鸭群戏水图
和谐之美
背景
小河
石桥
绿树
捣衣女
主体
鸭子
游戏
觅食
不惊
饲养的家禽

3. 天窗

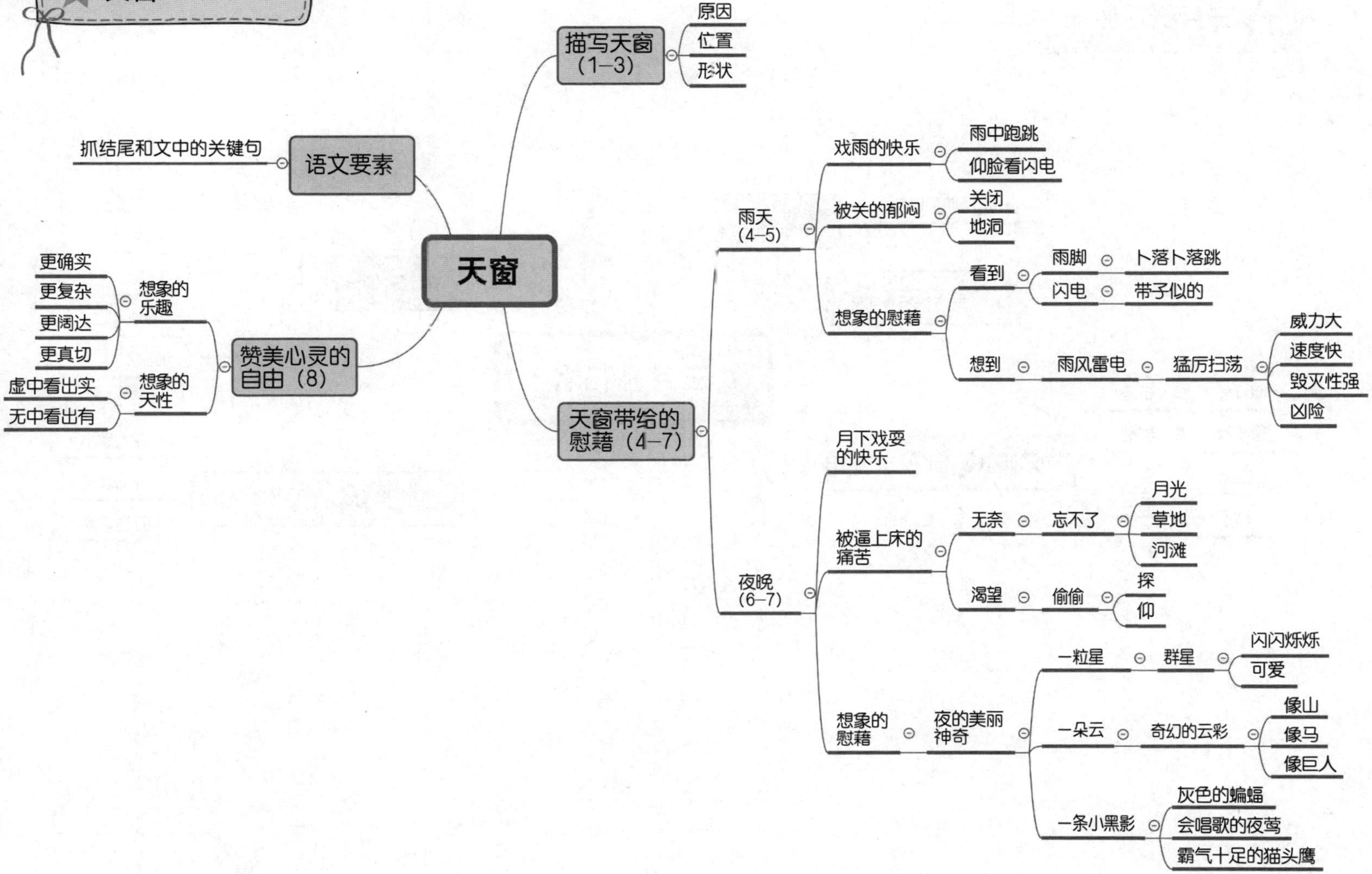
天窗
描写天窗（1—3）
原因
位置
形状
语文要素
抓结尾和文中的关键句
赞美心灵的自由（8）
想象的乐趣
更确实
更复杂
更阔达
更真切
想象的天性
虚中看出实
无中看出有
天窗带给的慰藉（4—7）
雨天（4—5）
戏雨的快乐
雨中跑跳
仰脸看闪电
被关的郁闷
关闭
地洞
想象的慰藉
看到
雨脚
卜落卜落跳
闪电
带子似的
想到
雨风雷电
猛厉扫荡
威力大
速度快
毁灭性强
凶险
夜晚（6—7）
月下戏耍的快乐
被逼上床的痛苦
无奈
忘不了
月光
草地
河滩
渴望
偷偷
探
仰
想象的慰藉
夜的美丽神奇
一粒星
群星
闪闪烁烁
可爱
一朵云
奇幻的云彩
像山
像马
像巨人
一条小黑影
灰色的蝙蝠
会唱歌的夜莺
霸气十足的猫头鹰

4. 三月桃花水

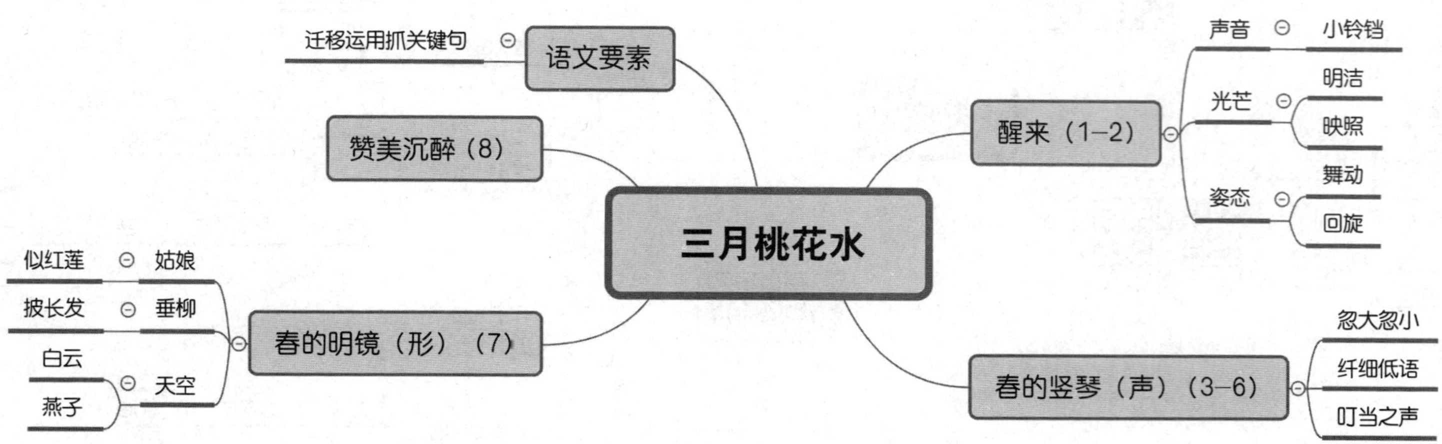
三月桃花水
语文要素
迁移运用抓关键句
赞美沉醉（8）
春的明镜（形）（7）
姑娘
似红莲
垂柳
披长发
天空
白云
燕子
醒来（1–2）
声音
小铃铛
光芒
明洁
映照
姿态
舞动
回旋
春的竖琴（声）（3–6）
忽大忽小
纤细低语
叮当之声

习作：我的乐园

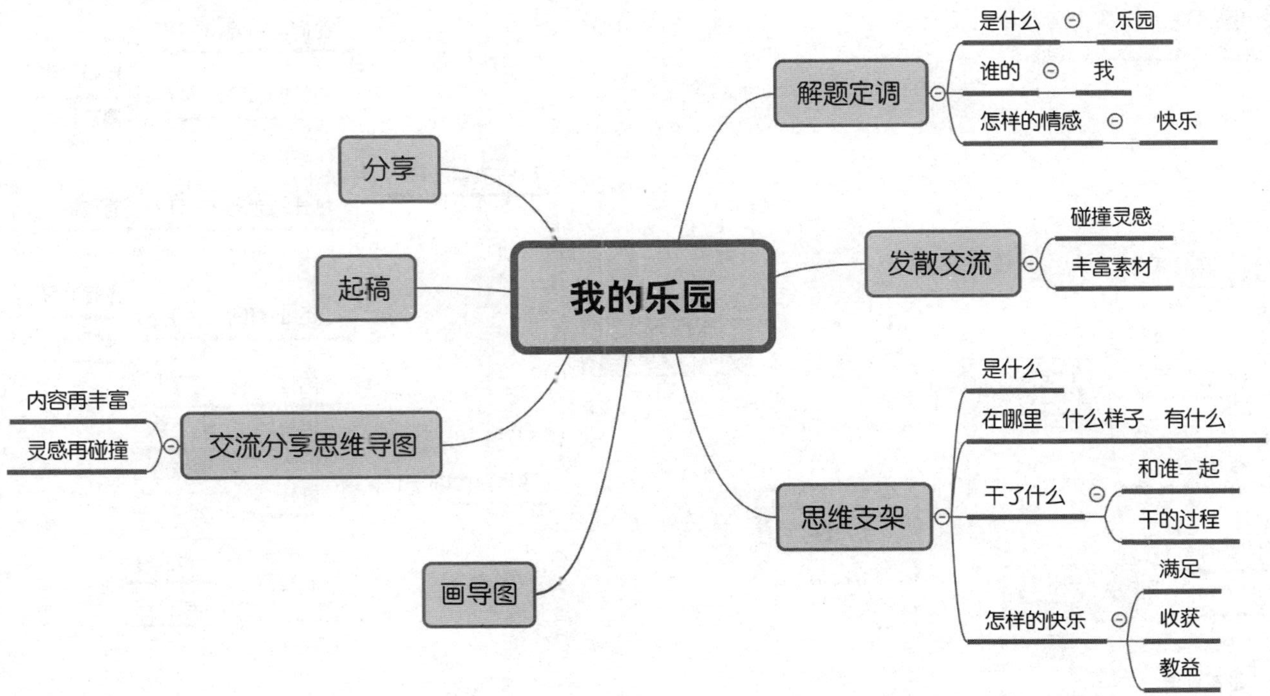
我的乐园
解题定调
是什么
乐园
谁的
我
怎样的情感
快乐
发散交流
碰撞灵感
丰富素材
思维支架
是什么
在哪里　什么样子　有什么
干了什么
和谁一起
干的过程
怎样的快乐
满足
收获
教益
画导图
交流分享思维导图
内容再丰富
灵感再碰撞
起稿
分享

第二章 自然与科技（二单元）

5. 琥珀

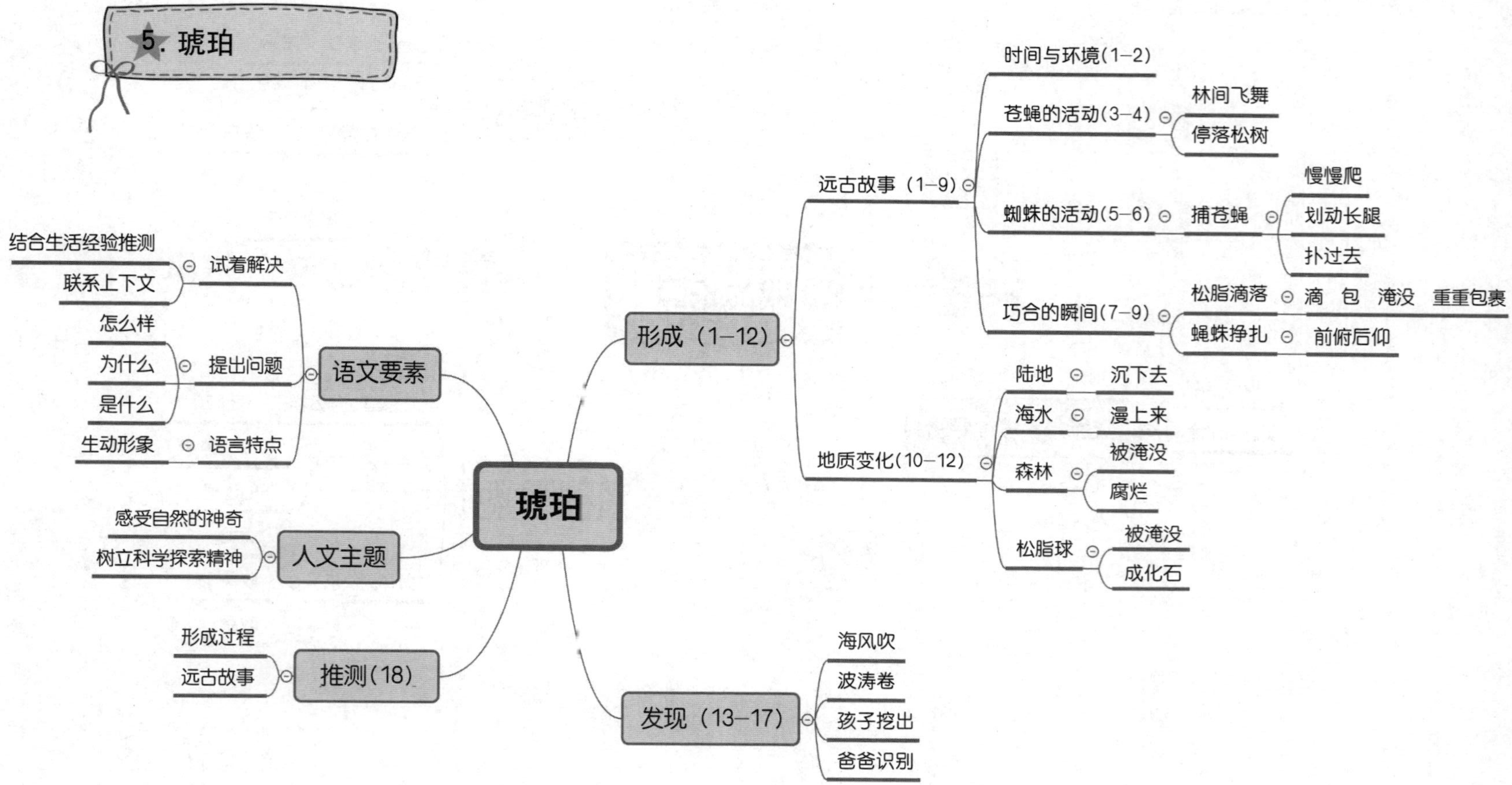

6. 飞向蓝天的恐龙

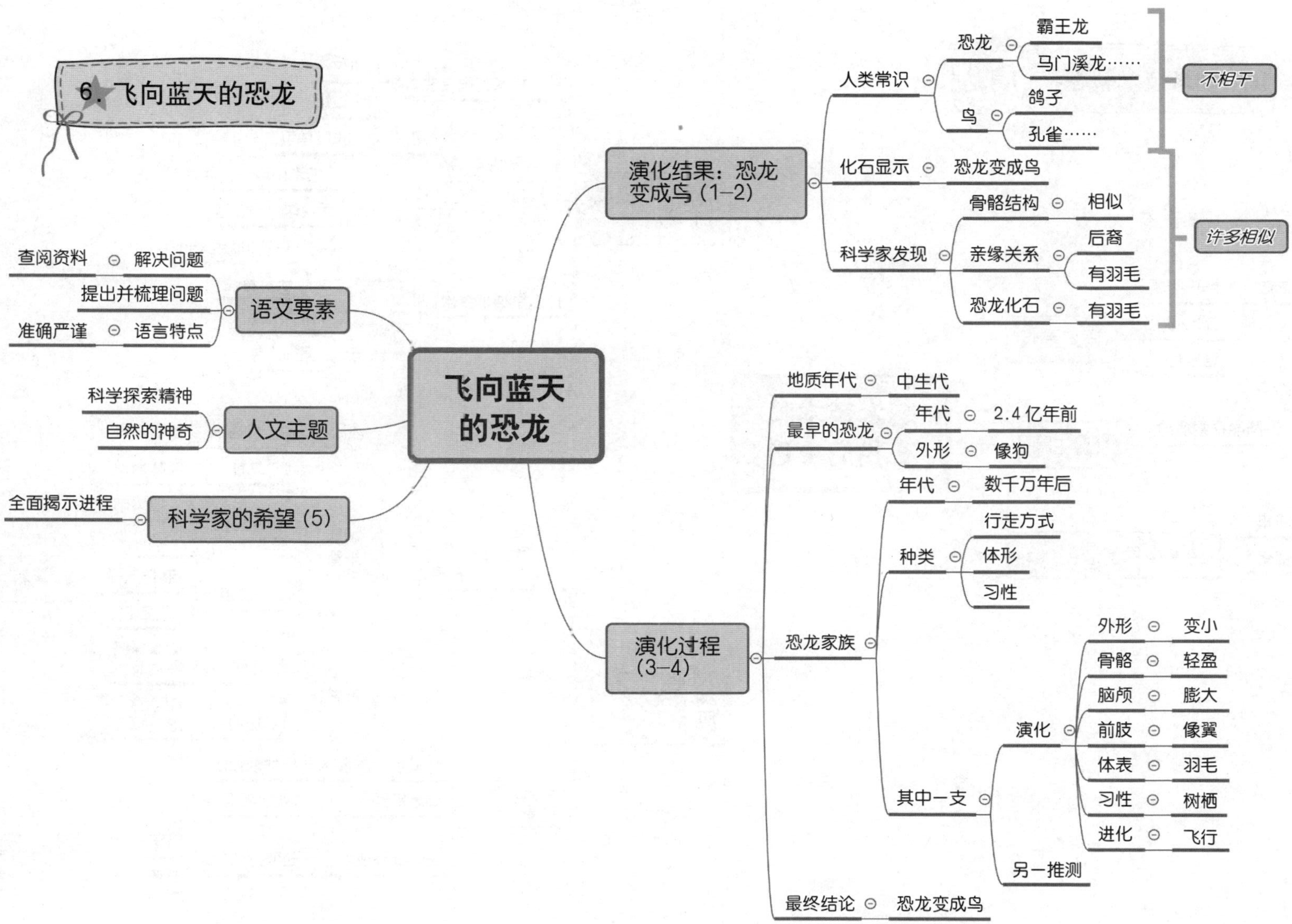
飞向蓝天的恐龙
演化结果：恐龙变成鸟（1–2）
人类常识
恐龙
霸王龙
马门溪龙……
鸟
鸽子
孔雀……
不相干
化石显示
恐龙变成鸟
科学家发现
骨骼结构
相似
亲缘关系
后裔
有羽毛
恐龙化石
有羽毛
许多相似
演化过程（3–4）
地质年代
中生代
最早的恐龙
年代
2.4 亿年前
外形
像狗
恐龙家族
年代
数千万年后
种类
行走方式
体形
习性
其中一支
演化
外形
变小
骨骼
轻盈
脑颅
膨大
前肢
像翼
体表
羽毛
习性
树栖
进化
飞行
另一推测
最终结论
恐龙变成鸟
语文要素
查阅资料
解决问题
提出并梳理问题
准确严谨
语言特点
人文主题
科学探索精神
自然的神奇
科学家的希望（5）
全面揭示进程

7. 纳米技术就在我们身边

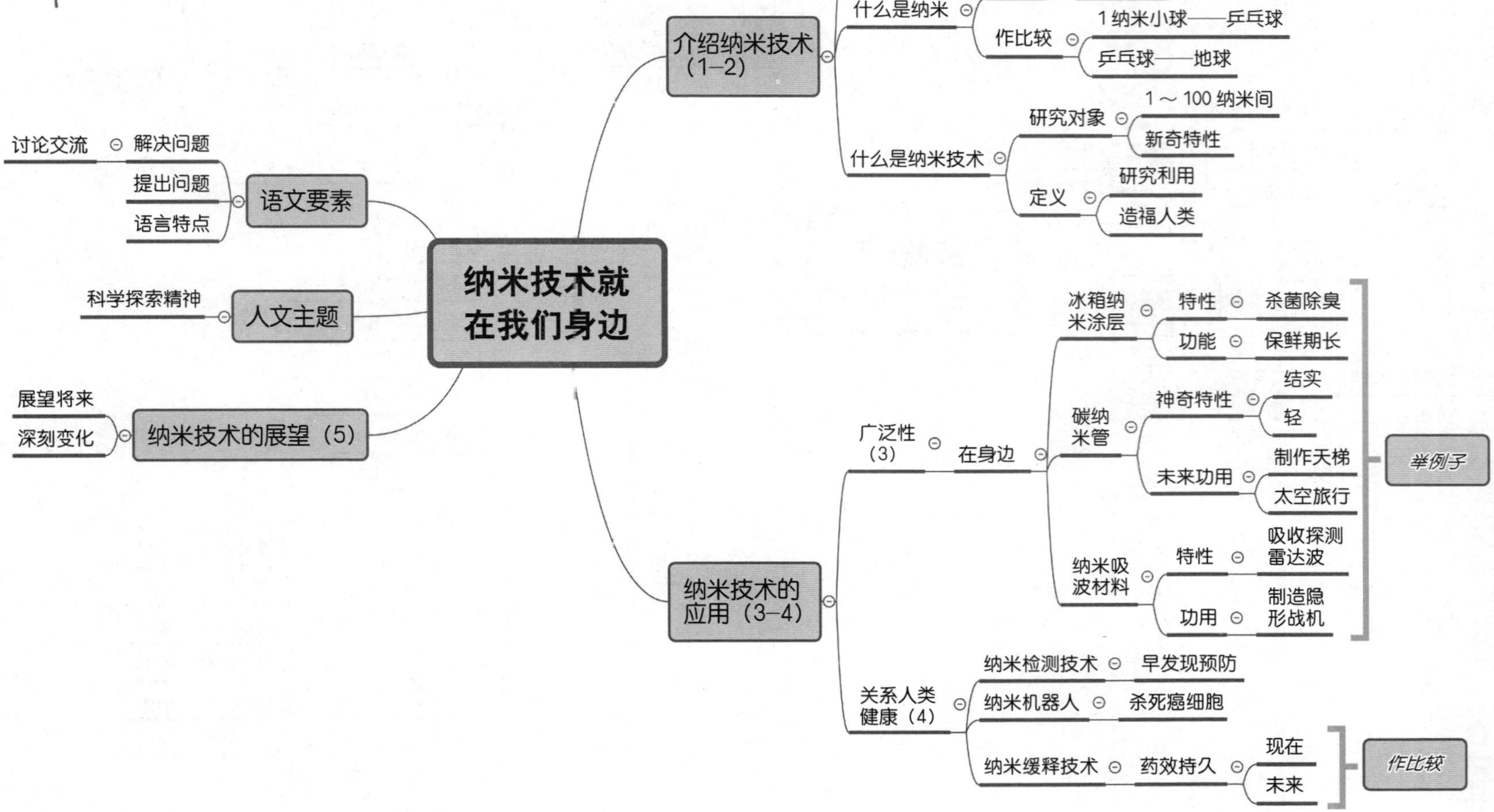

8. 千年梦圆在今朝

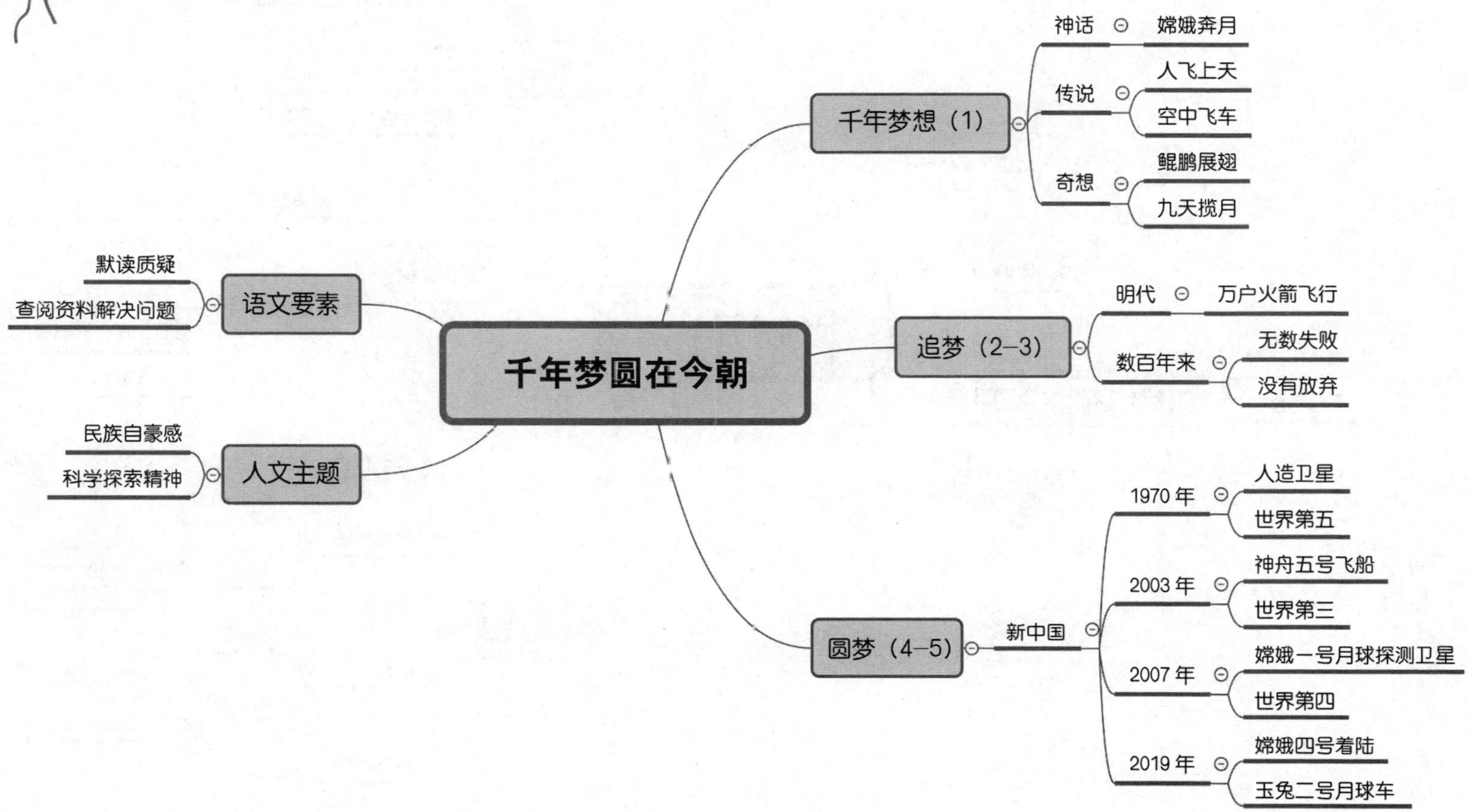
千年梦圆在今朝
千年梦想（1）
神话
嫦娥奔月
传说
人飞上天
空中飞车
奇想
鲲鹏展翅
九天揽月
追梦（2–3）
明代
万户火箭飞行
数百年来
无数失败
没有放弃
圆梦（4–5）
新中国
1970 年
人造卫星
世界第五
2003 年
神舟五号飞船
世界第三
2007 年
嫦娥一号月球探测卫星
世界第四
2019 年
嫦娥四号着陆
玉兔二号月球车
语文要素
默读质疑
查阅资料解决问题
人文主题
民族自豪感
科学探索精神

习作：我的奇思妙想

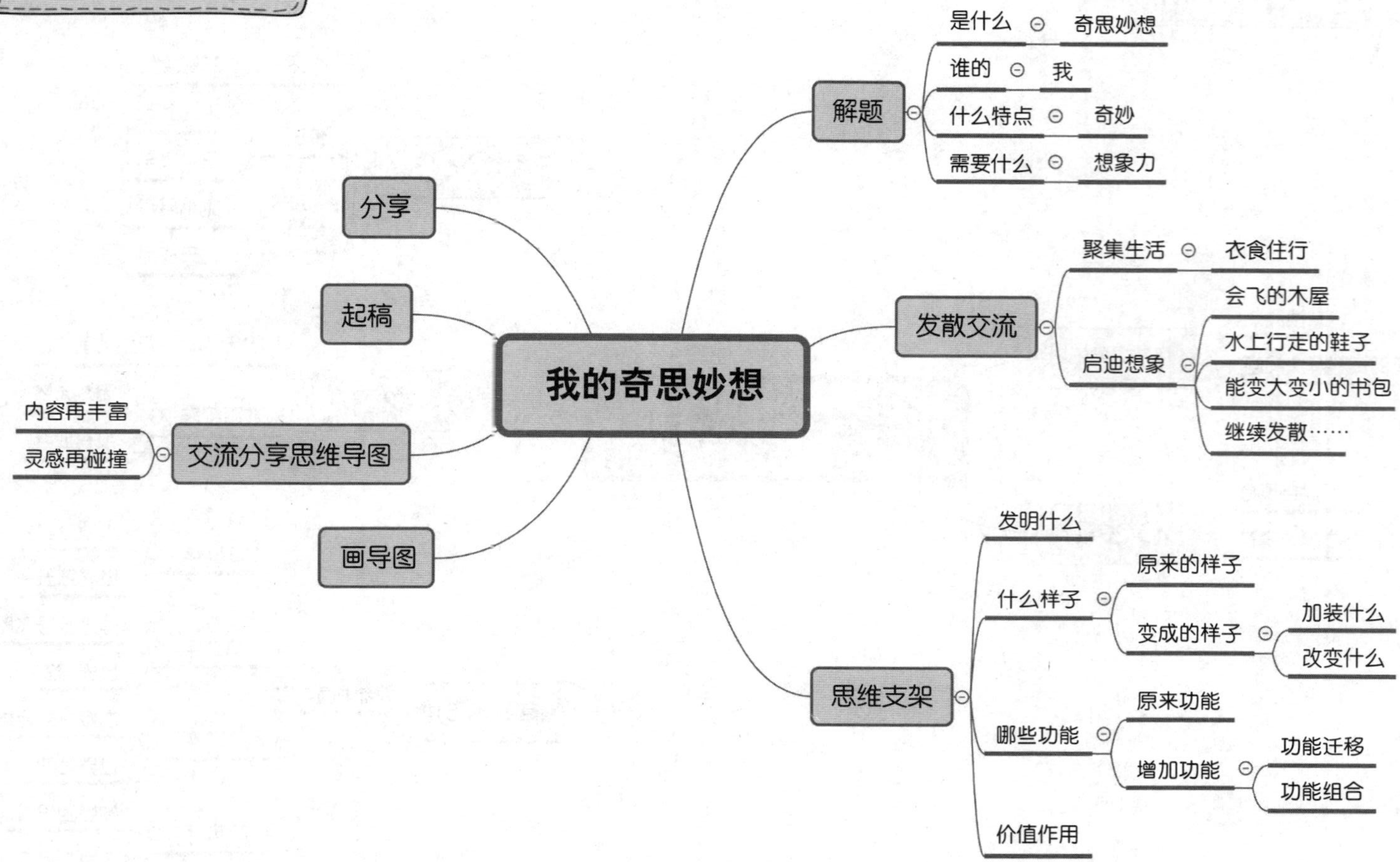

我的奇思妙想
解题
是什么
奇思妙想
谁的
我
什么特点
奇妙
需要什么
想象力
发散交流
聚集生活
衣食住行
启迪想象
会飞的木屋
水上行走的鞋子
能变大变小的书包
继续发散……
思维支架
发明什么
什么样子
原来的样子
变成的样子
加装什么
改变什么
哪些功能
原来功能
增加功能
功能迁移
功能组合
价值作用
分享
起稿
交流分享思维导图
内容再丰富
灵感再碰撞
画导图

第三章　诗歌（三单元）

9. 短诗三首

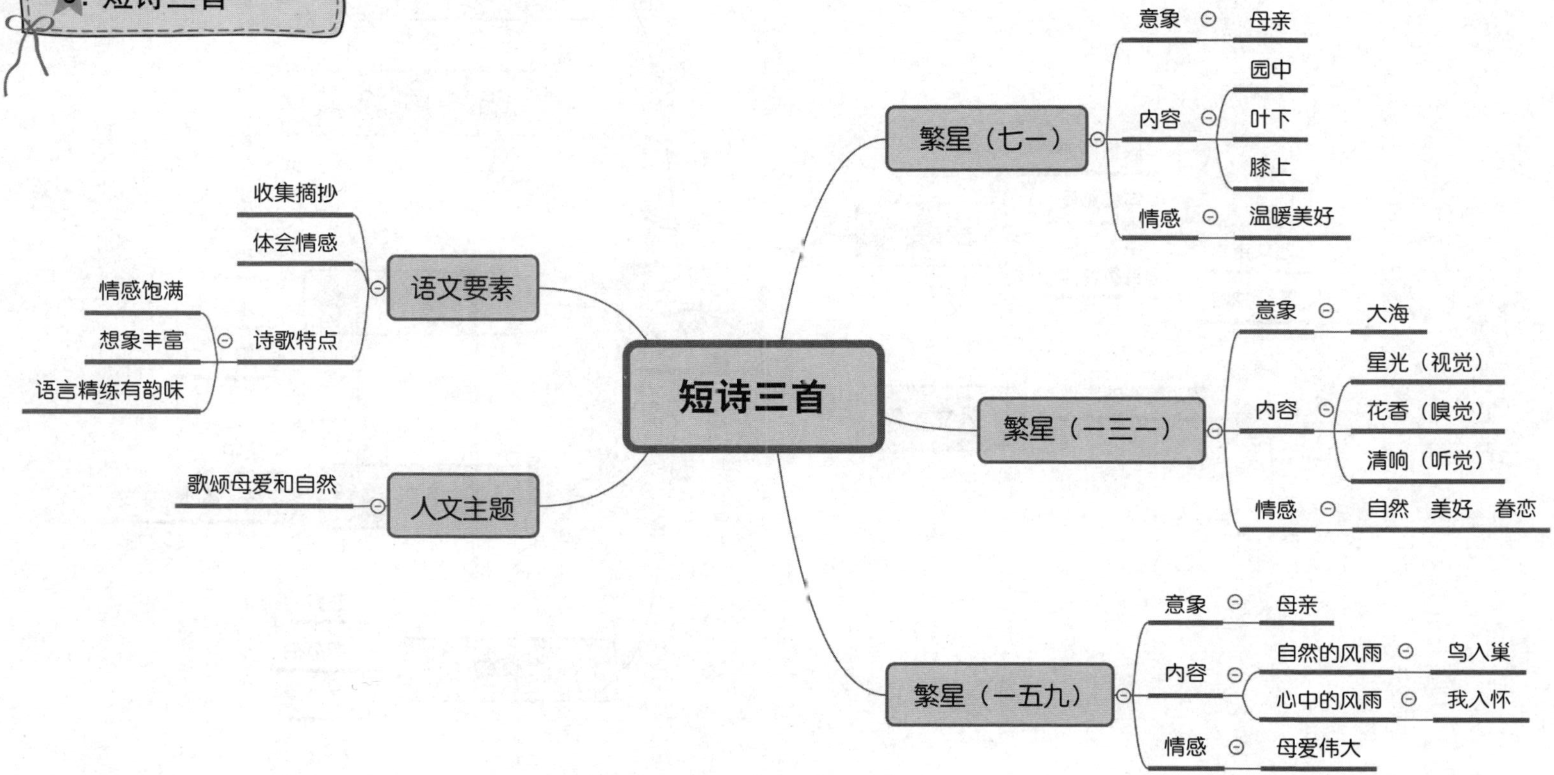

10. 绿

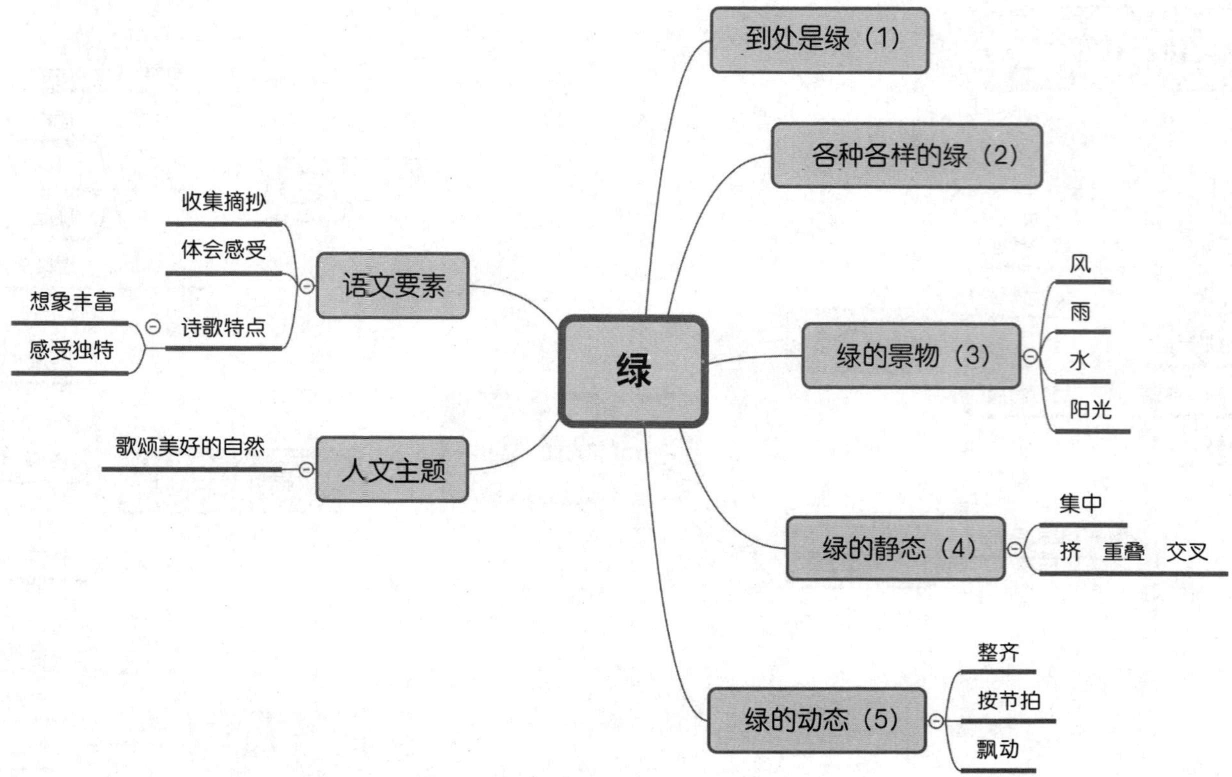

绿
语文要素
收集摘抄
体会感受
诗歌特点
想象丰富
感受独特
人文主题
歌颂美好的自然
到处是绿（1）
各种各样的绿（2）
绿的景物（3）
风
雨
水
阳光
绿的静态（4）
集中
挤 重叠 交叉
绿的动态（5）
整齐
按节拍
飘动

11. 白桦

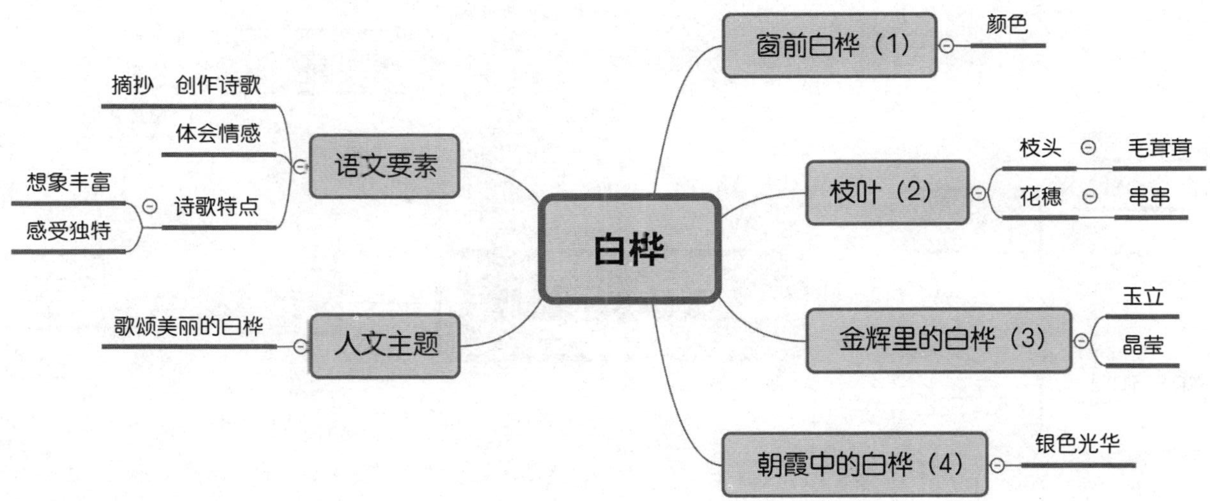
白桦
窗前白桦（1）
颜色
枝叶（2）
枝头
毛茸茸
花穗
串串
金辉里的白桦（3）
玉立
晶莹
朝霞中的白桦（4）
银色光华
语文要素
摘抄
创作诗歌
体会情感
诗歌特点
想象丰富
感受独特
人文主题
歌颂美丽的白桦

12. 在天晴了的时候

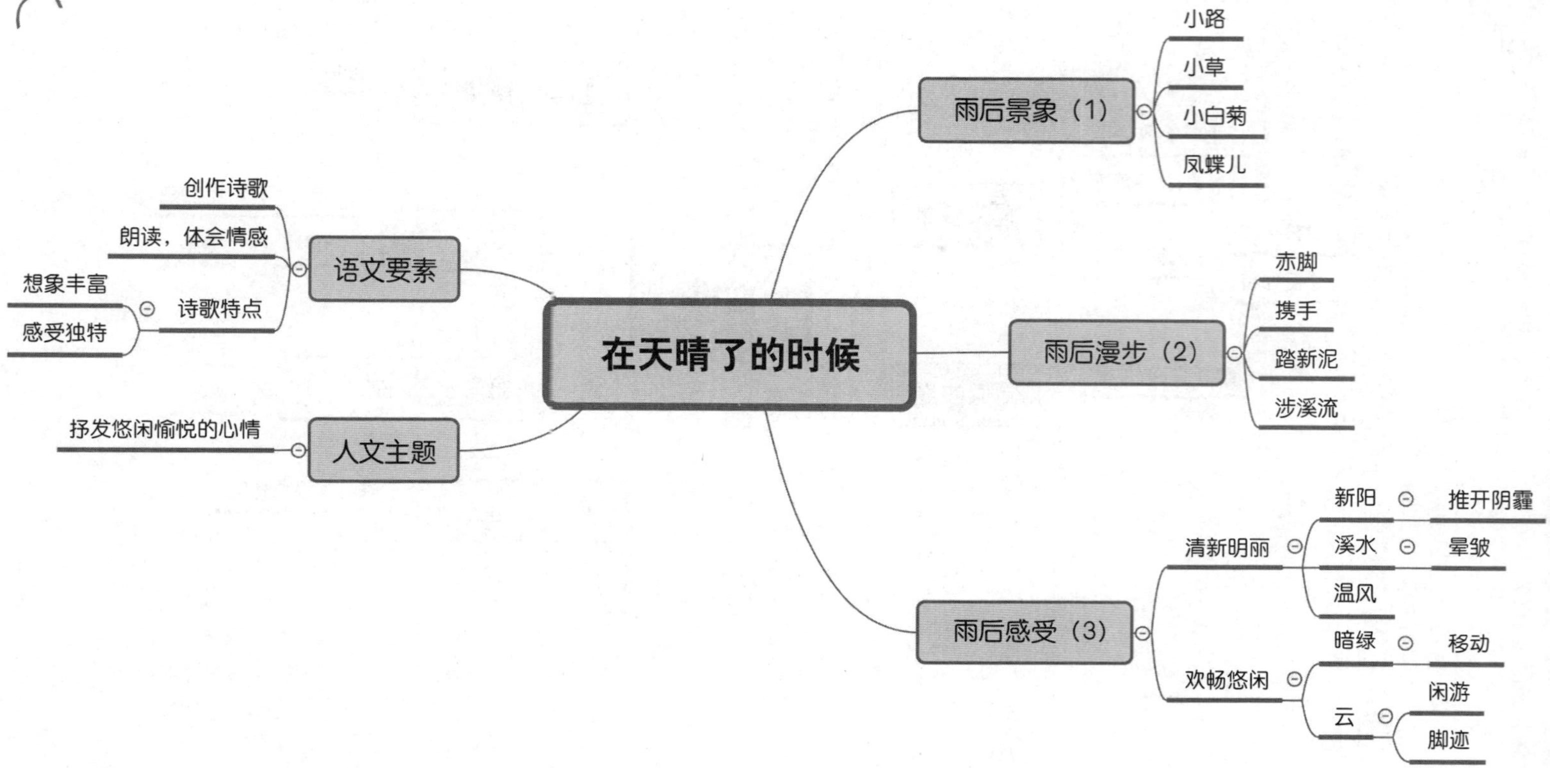
在天晴了的时候
语文要素
创作诗歌
朗读，体会情感
诗歌特点
想象丰富
感受独特
人文主题
抒发悠闲愉悦的心情
雨后景象（1）
小路
小草
小白菊
凤蝶儿
雨后漫步（2）
赤脚
携手
踏新泥
涉溪流
雨后感受（3）
清新明丽
新阳
推开阴霾
溪水
皱
温风
欢畅悠闲
暗绿
移动
云
闲游
脚迹

第四章 作家笔下的动物（四单元）

13. 猫

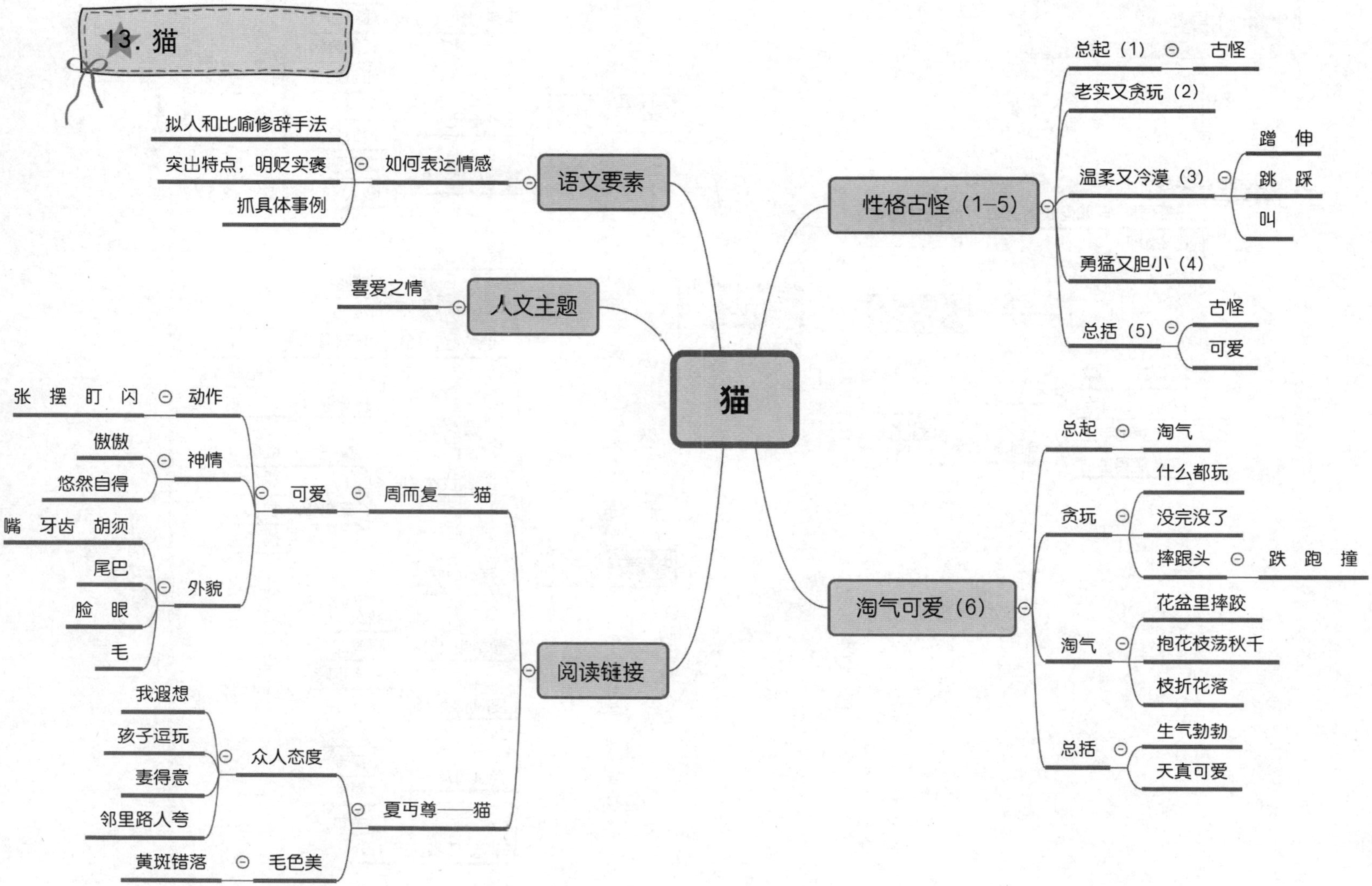

14. 母鸡

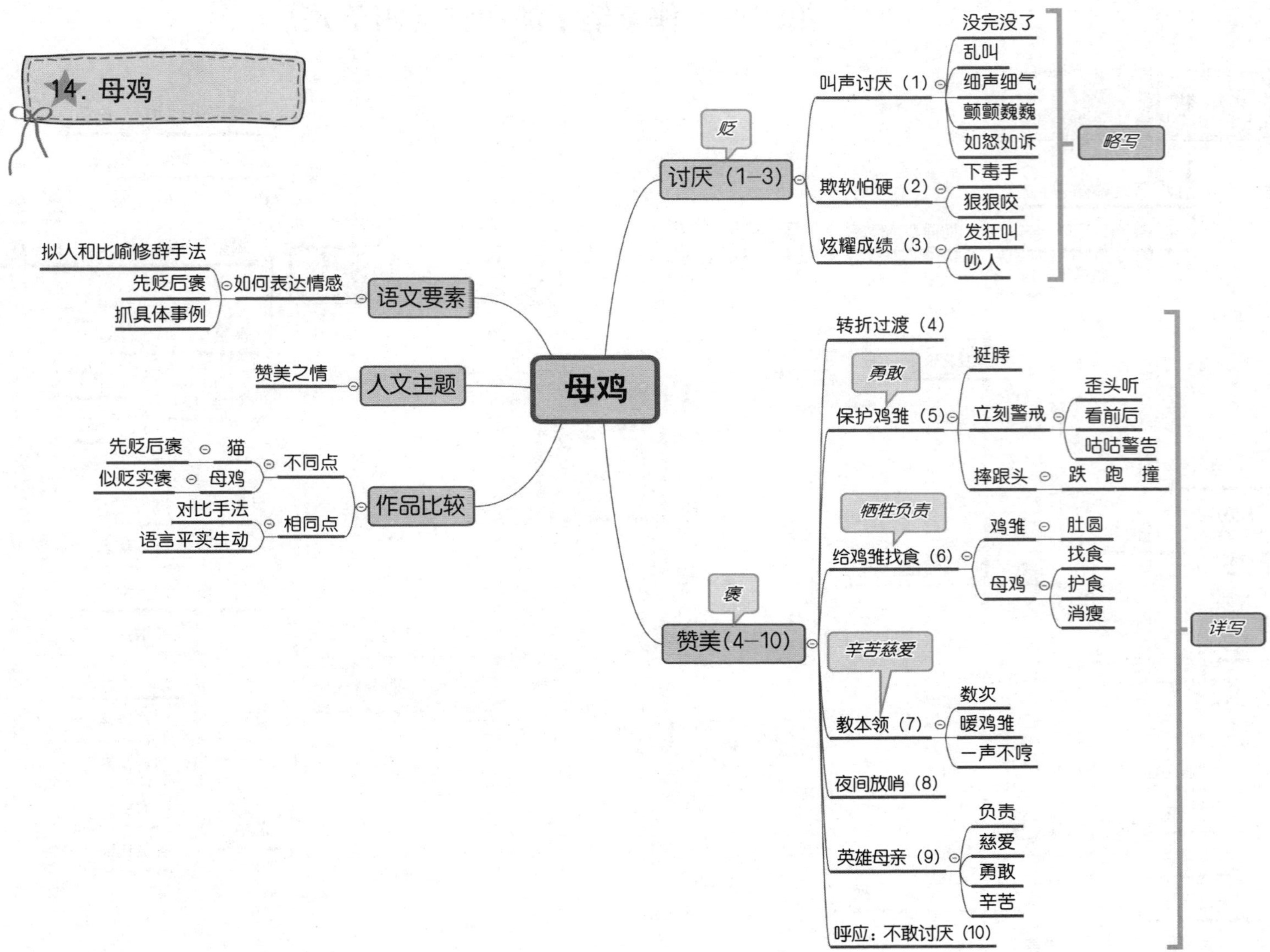
母鸡
语文要素
如何表达情感
拟人和比喻修辞手法
先贬后褒
抓具体事例
人文主题
赞美之情
作品比较
不同点
猫
先贬后褒
母鸡
似贬实褒
相同点
对比手法
语言平实生动
讨厌（1–3）
贬
叫声讨厌（1）
没完没了
乱叫
细声细气
颤颤巍巍
如怒如诉
欺软怕硬（2）
下毒手
狠狠咬
炫耀成绩（3）
发狂叫
吵人
略写
赞美(4–10)
褒
转折过渡（4）
保护鸡雏（5）
勇敢
挺脖
立刻警戒
歪头听
看前后
咕咕警告
摔跟头
跌 跑 撞
给鸡雏找食（6）
牺牲负责
鸡雏
肚圆
母鸡
找食
护食
消瘦
教本领（7）
辛苦慈爱
数次
暖鸡雏
一声不哼
夜间放哨（8）
英雄母亲（9）
负责
慈爱
勇敢
辛苦
呼应：不敢讨厌（10）
详写

15. 白鹅

- 白鹅
  - 语文要素
    - 如何表达情感
      - 语言特点：活泼风趣准确
      - 对比手法 明贬实褒
      - 抓具体事例 突出特点
  - 人文主题
    - 喜爱之情
  - 阅读链接
    - 白公鹅
      - 具体表现（2–6）
        - 耀武扬威(5–6)
        - 引人注目(3–4)
        - 走路（2）
      - 总起：上将派头（1）
  - 高傲形象（1）
    - 伸长头颈
    - 左顾右盼
  - 高傲表现（2–7）
    - 过渡(2)
    - 叫声(3)
      - 音调
        - 严肃郑重
        - 厉声呵斥
      - 音量
        - 厉声叫嚣
        - 引吭大叫
    - 步态(4)
      - 鸭
        - 急速
        - 局促不安
      - 鹅
        - 步态
          - 步调从容
          - 大模大样
          - 净角出场
        - 态度
          - 傲然站着
          - 毫不相让
          - 咬你一口
    - 吃饭(5–7)
      - 吃法可笑
        - 三板一眼
          - 冷饭
          - 水 泥 草
        - 一丝不苟
          - 先……再……然后再……
      - 吃相可笑
        - 从容不迫
        - 大踏步
      - 侍候吃饭
        - 人侍候
          - 不胜其烦
        - 狗偷吃
          - 躲 窥伺
          - 敏捷 跑
          - 努力吃
          - 立刻逃
          - 蹲 静候
        - 鹅老爷派头十足
          - 跨方步
          - 厉声叫嚣
          - 昂首大叫
          - 责备

第五章　习作（五单元）

16. 海上日出

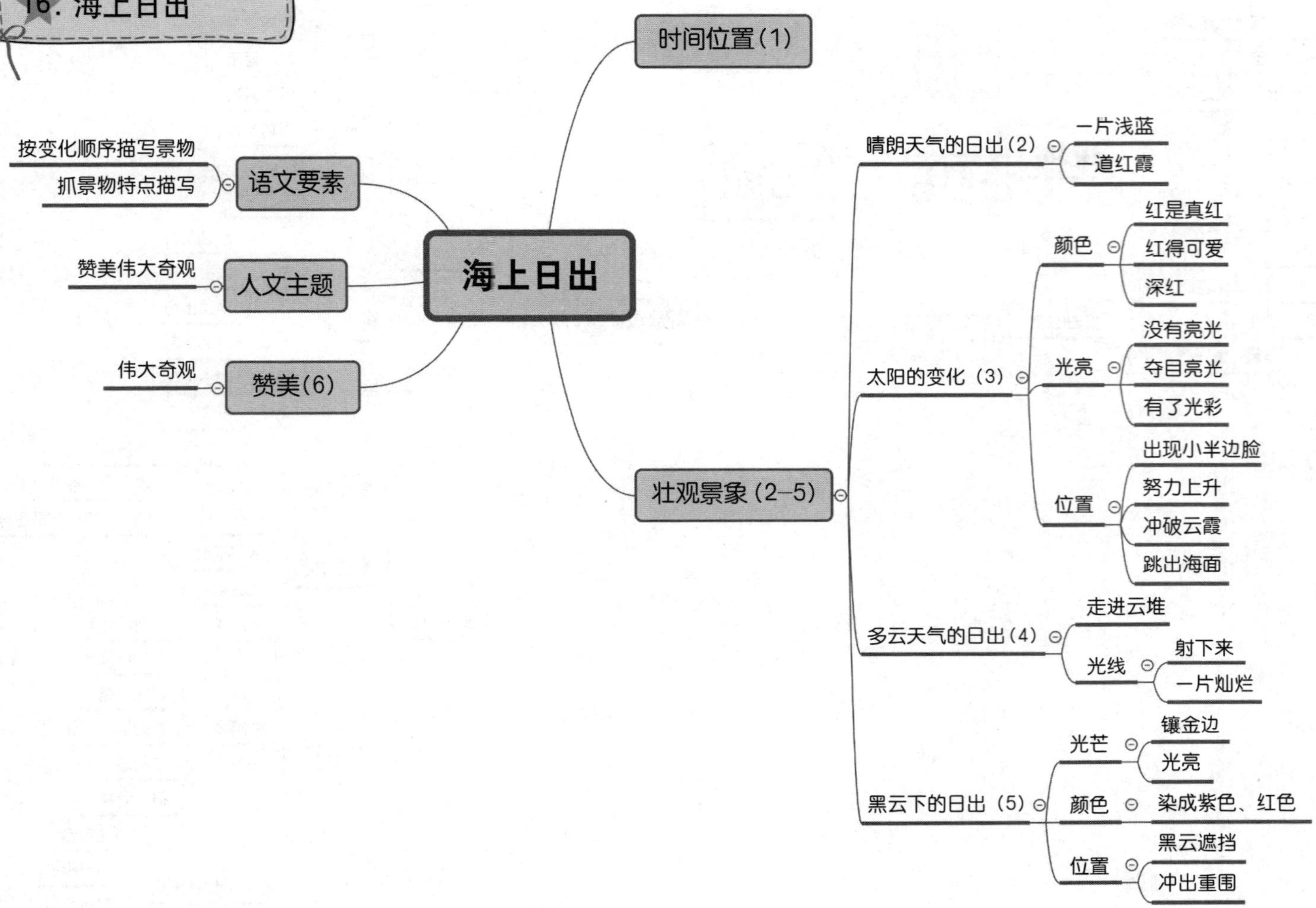

17. 记金华的双龙洞

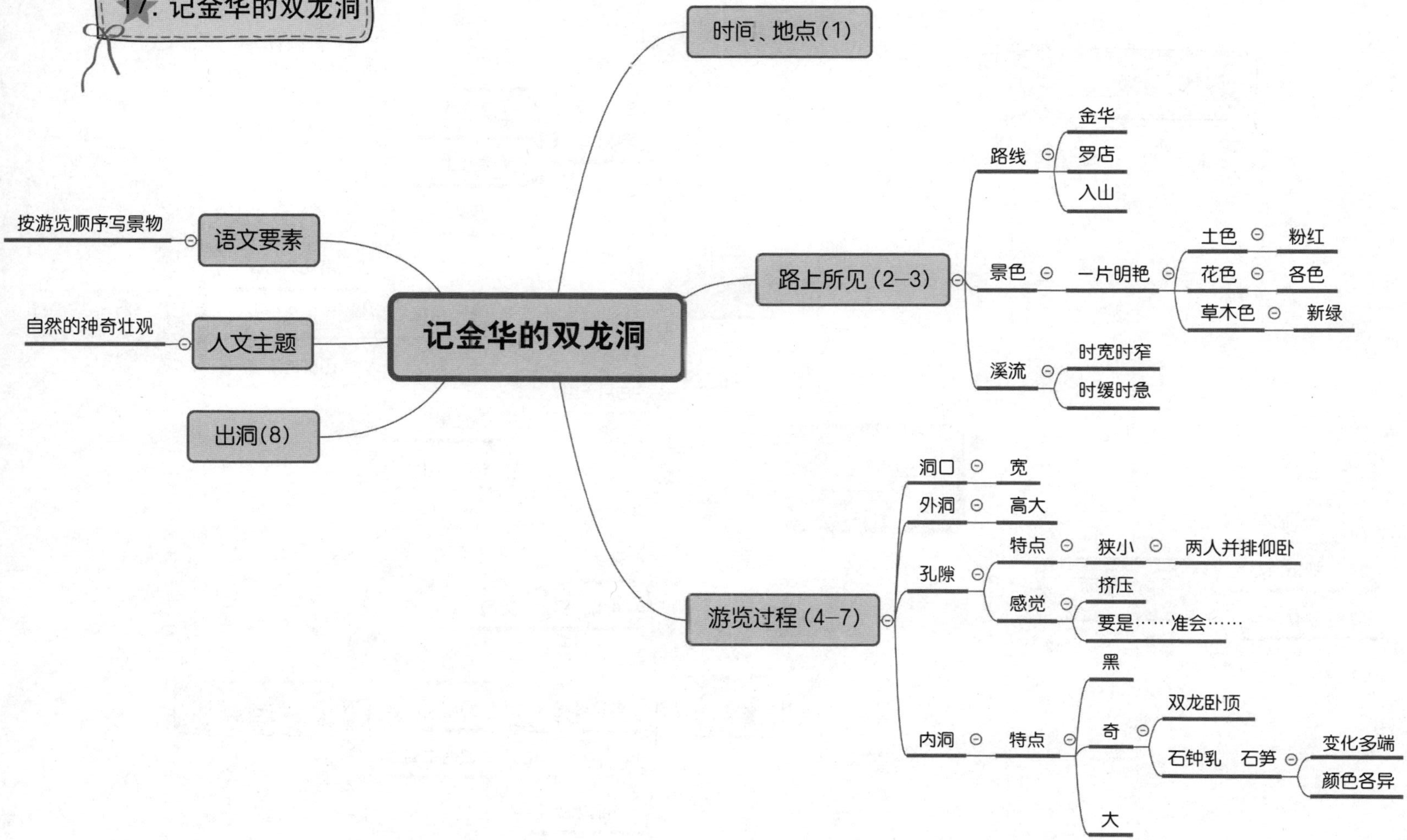
记金华的双龙洞
时间、地点（1）
路上所见（2–3）
路线
金华
罗店
入山
景色
一片明艳
土色
粉红
花色
各色
草木色
新绿
溪流
时宽时窄
时缓时急
游览过程（4–7）
洞口
宽
外洞
高大
孔隙
特点
狭小
两人并排仰卧
感觉
挤压
要是……准会……
内洞
特点
黑
奇
双龙卧顶
石钟乳　石笋
变化多端
颜色各异
大
语文要素
按游览顺序写景物
人文主题
自然的神奇壮观
出洞（8）

习作：游____

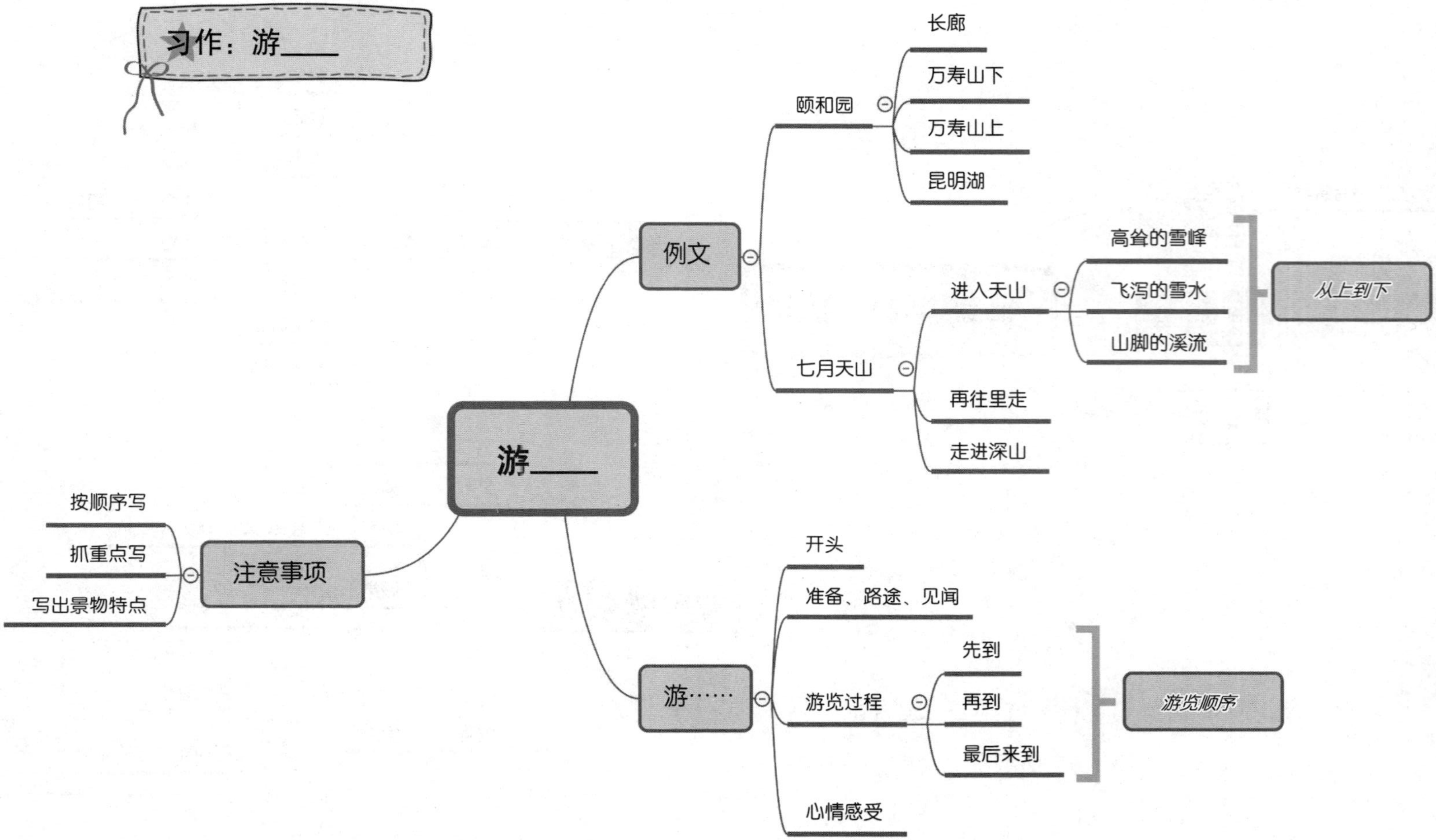
游____
例文
颐和园
长廊
万寿山下
万寿山上
昆明湖
七月天山
进入天山
高耸的雪峰
飞泻的雪水
山脚的溪流
从上到下
再往里走
走进深山
注意事项
按顺序写
抓重点写
写出景物特点
游……
开头
准备、路途、见闻
游览过程
先到
再到
最后来到
游览顺序
心情感受

第六章 成长（六单元）

18. 小英雄雨来

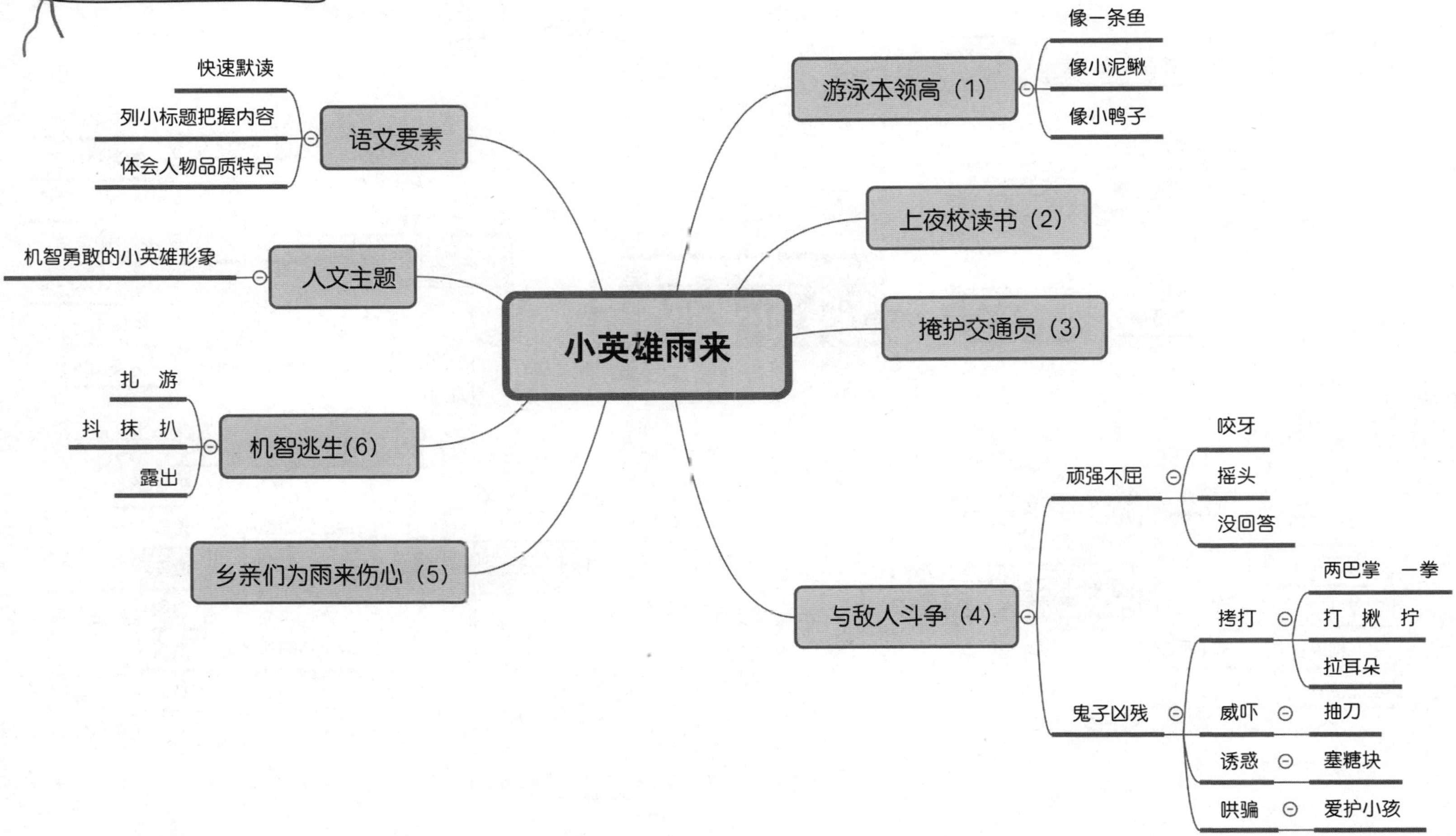

19. 我们家的男子汉

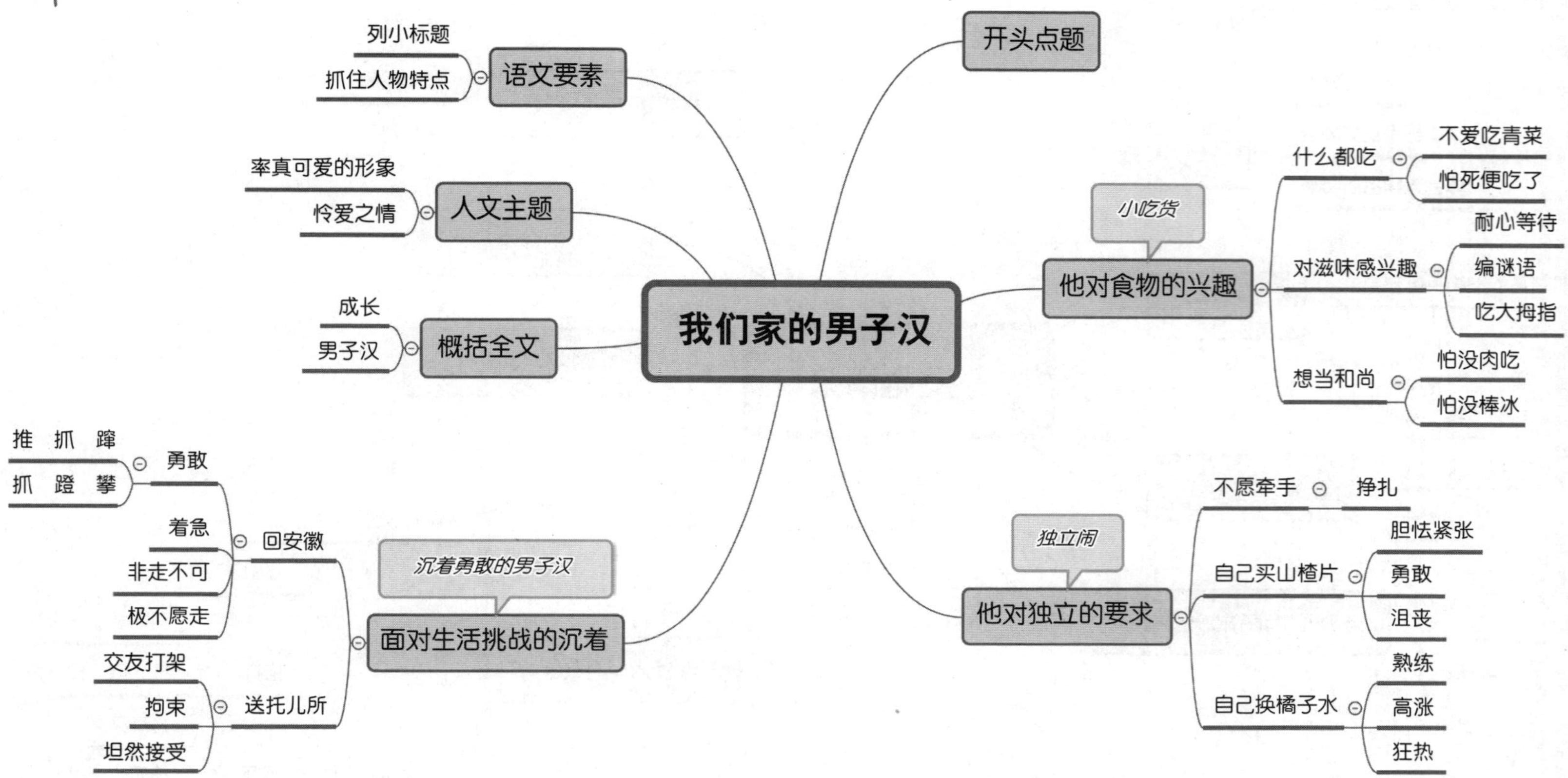
我们家的男子汉
语文要素
列小标题
抓住人物特点
人文主题
率真可爱的形象
怜爱之情
概括全文
成长
男子汉
面对生活挑战的沉着
沉着勇敢的男子汉
回安徽
勇敢
推 抓 蹿
抓 蹬 攀
着急
非走不可
极不愿走
送托儿所
交友打架
拘束
坦然接受
开头点题
他对食物的兴趣
小吃货
什么都吃
不爱吃青菜
怕死便吃了
对滋味感兴趣
耐心等待
编谜语
吃大拇指
想当和尚
怕没肉吃
怕没棒冰
他对独立的要求
独立闹
不愿牵手
挣扎
自己买山楂片
胆怯紧张
勇敢
沮丧
自己换橘子水
熟练
高涨
狂热

20. 芦花鞋

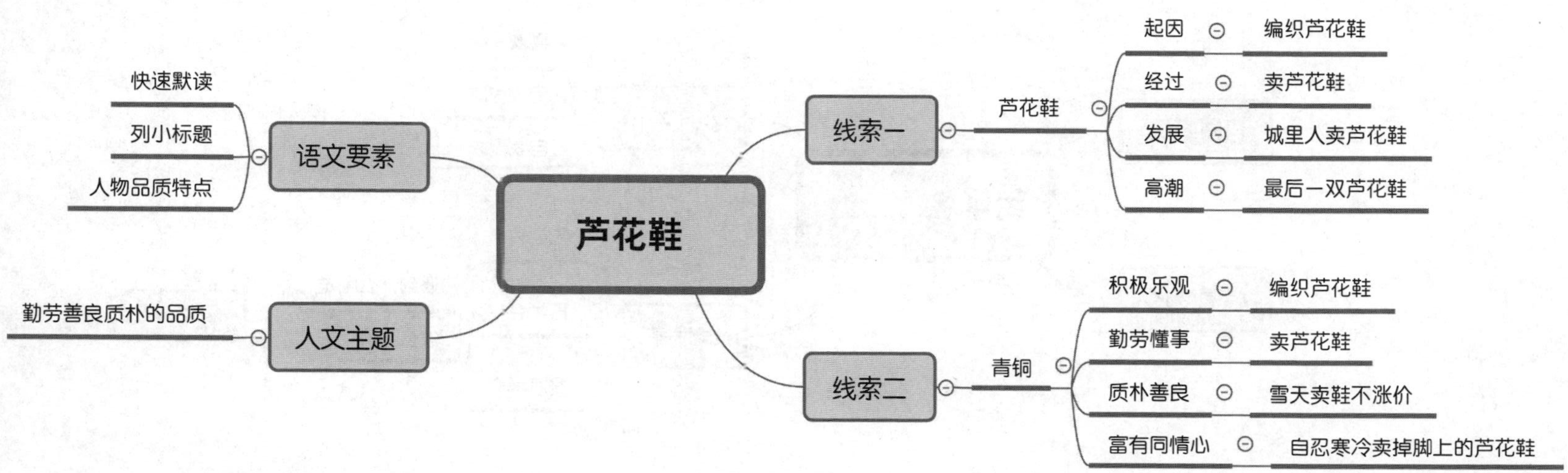
芦花鞋
语文要素
快速默读
列小标题
人物品质特点
人文主题
勤劳善良质朴的品质
线索一
芦花鞋
起因
编织芦花鞋
经过
卖芦花鞋
发展
城里人卖芦花鞋
高潮
最后一双芦花鞋
线索二
青铜
积极乐观
编织芦花鞋
勤劳懂事
卖芦花鞋
质朴善良
雪天卖鞋不涨价
富有同情心
自忍寒冷卖掉脚上的芦花鞋

习作：我学会了____

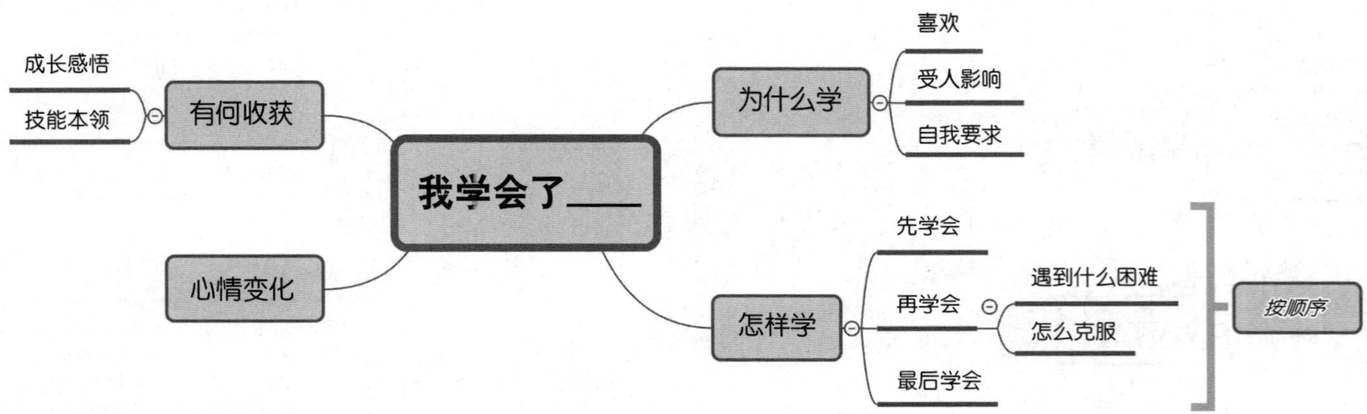
我学会了____
有何收获
成长感悟
技能本领
心情变化
为什么学
喜欢
受人影响
自我要求
怎样学
先学会
再学会
遇到什么困难
怎么克服
最后学会
按顺序

第七章　人物品质（七单元）

21. 古诗三首

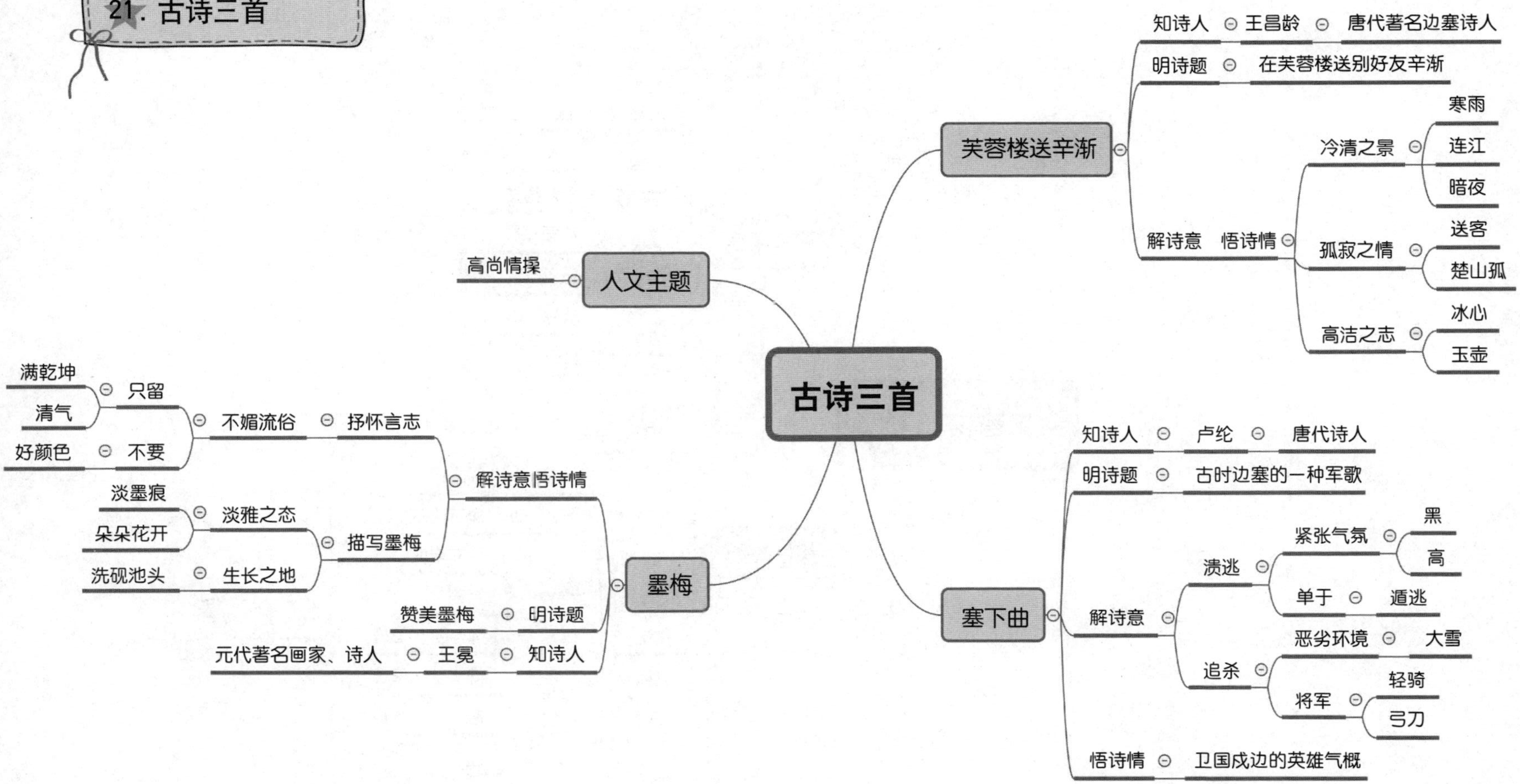

22. 文言文二则

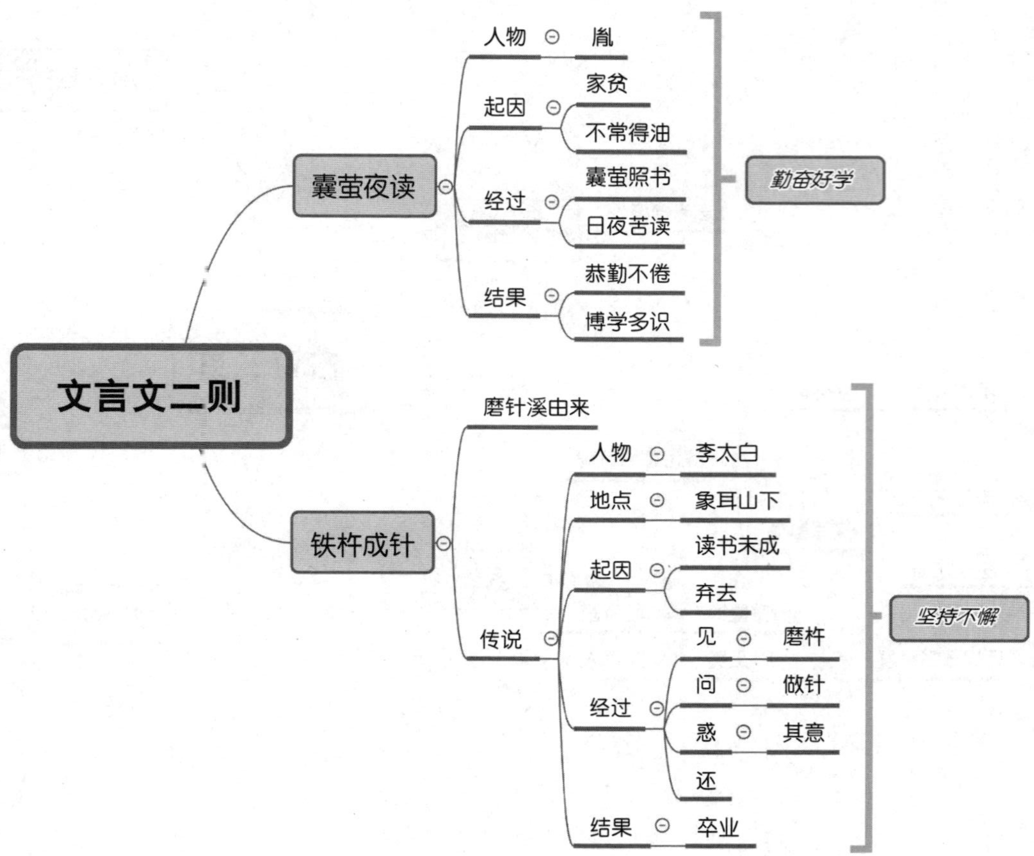
文言文二则
囊萤夜读
人物
胤
起因
家贫
不常得油
经过
囊萤照书
日夜苦读
结果
恭勤不倦
博学多识
勤奋好学
铁杵成针
磨针溪由来
传说
人物
李太白
地点
象耳山下
起因
读书未成
弃去
经过
见
磨杵
问
做针
惑
其意
还
结果
卒业
坚持不懈

23.“诺曼底号”遇难记

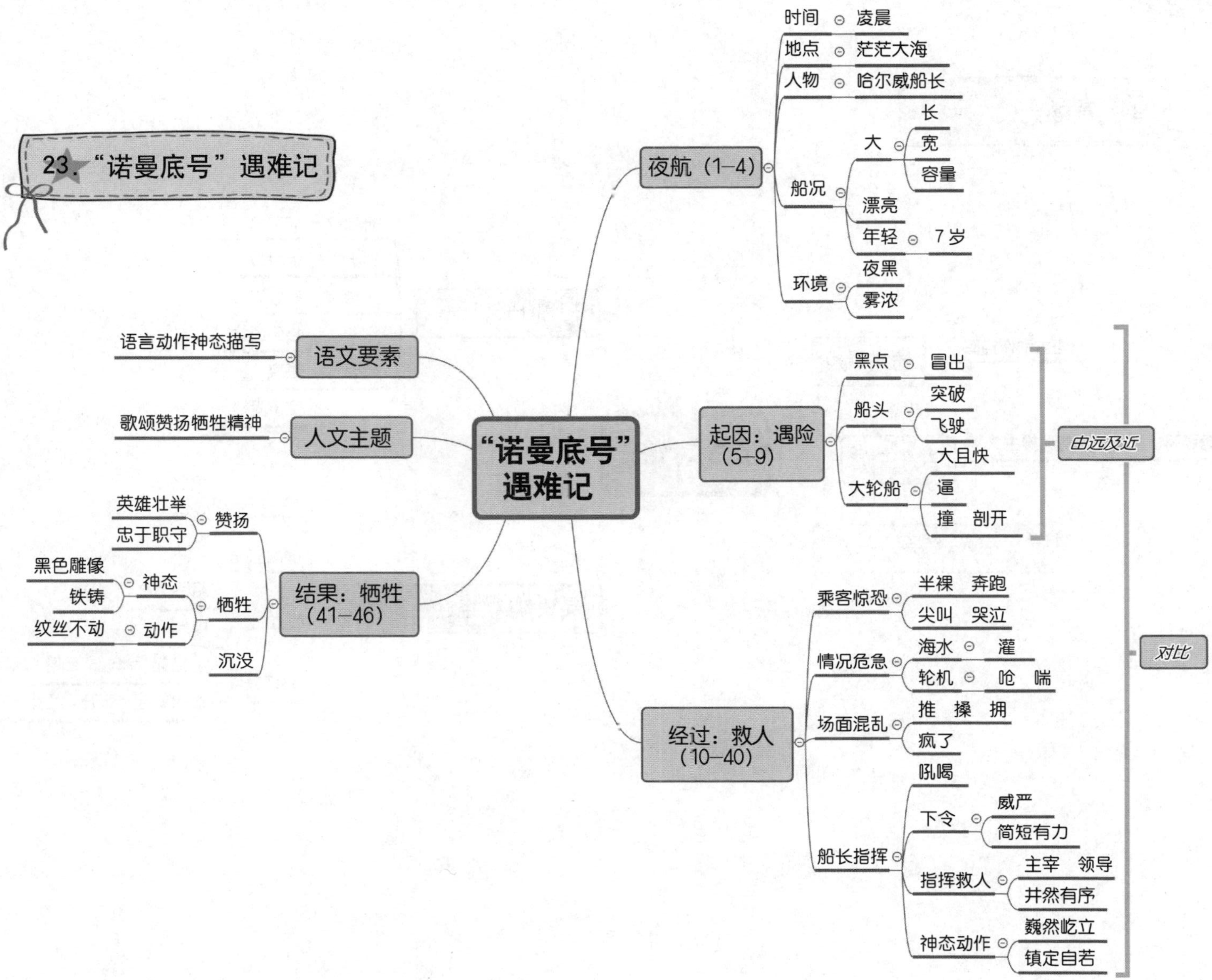
“诺曼底号”遇难记
夜航（1–4）
时间 凌晨
地点 茫茫大海
人物 哈尔威船长
船况
大
长
宽
容量
漂亮
年轻 7岁
环境
夜黑
雾浓
起因：遇险（5–9）
黑点 冒出
船头
突破
飞驶
大轮船
大且快
逼
撞 剖开
由远及近
经过：救人（10–40）
乘客惊恐
半裸 奔跑
尖叫 哭泣
情况危急
海水 灌
轮机 呛 喘
场面混乱
推 搡 拥
疯了
船长指挥
吼喝
下令
威严
简短有力
指挥救人
主宰 领导
井然有序
神态动作
巍然屹立
镇定自若
对比
结果：牺牲（41–46）
赞扬
英雄壮举
忠于职守
牺牲
神态
黑色雕像
铁铸
动作
纹丝不动
沉没
语文要素
语言动作神态描写
人文主题
歌颂赞扬牺牲精神

24. 黄继光

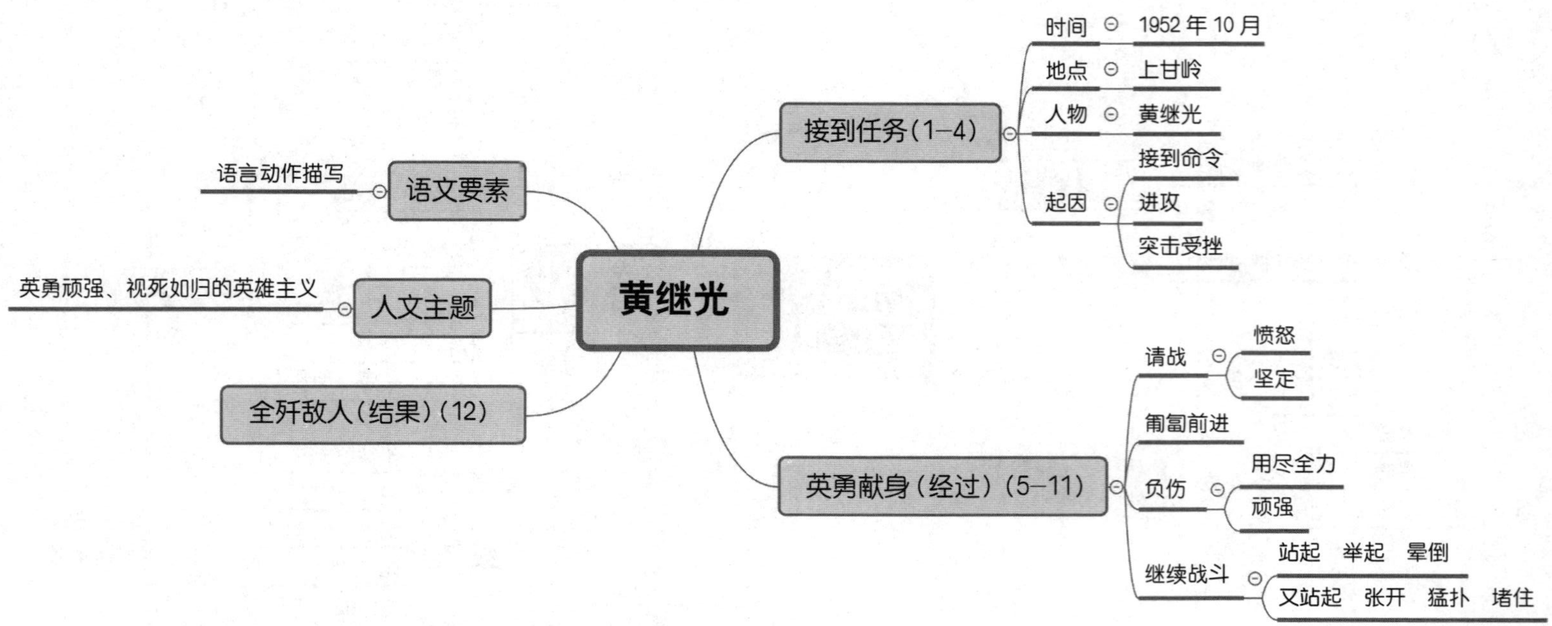
黄继光
接到任务(1–4)
时间
1952 年 10 月
地点
上甘岭
人物
黄继光
起因
接到命令
进攻
突击受挫
英勇献身(经过)(5–11)
请战
愤怒
坚定
匍匐前进
负伤
用尽全力
顽强
继续战斗
站起　举起　晕倒
又站起　张开　猛扑　堵住
语文要素
语言动作描写
人文主题
英勇顽强、视死如归的英雄主义
全歼敌人(结果)(12)

习作：我的“自画像”

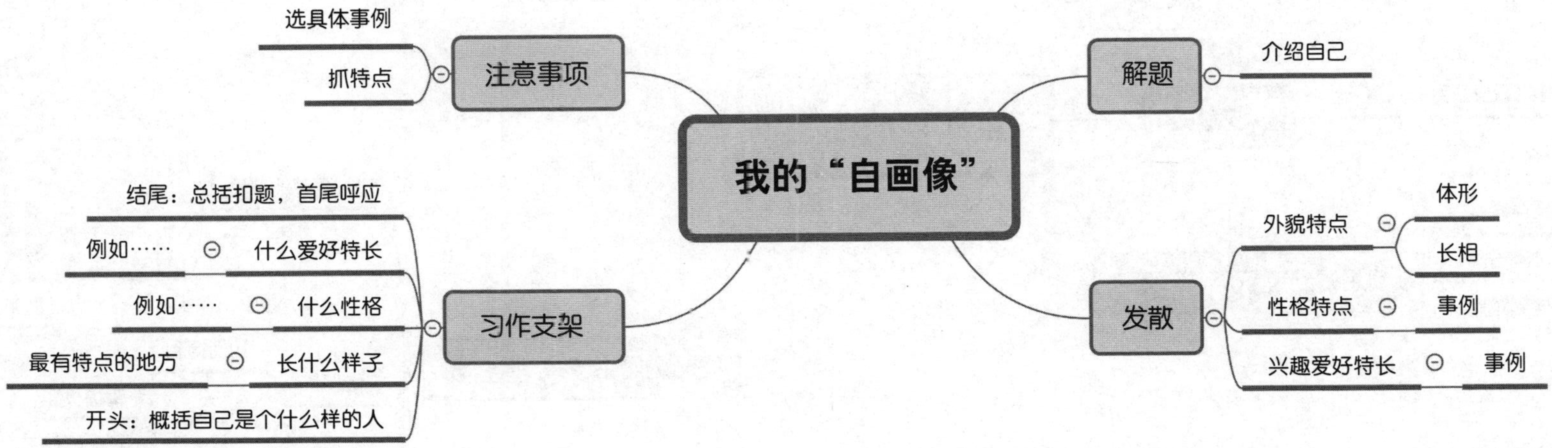
我的“自画像”
解题
介绍自己
发散
外貌特点
体形
长相
性格特点
事例
兴趣爱好特长
事例
注意事项
选具体事例
抓特点
习作支架
结尾：总括扣题，首尾呼应
什么爱好特长
例如……
什么性格
例如……
长什么样子
最有特点的地方
开头：概括自己是个什么样的人

第八章　中外经典童话（八单元）

25. 宝葫芦的秘密

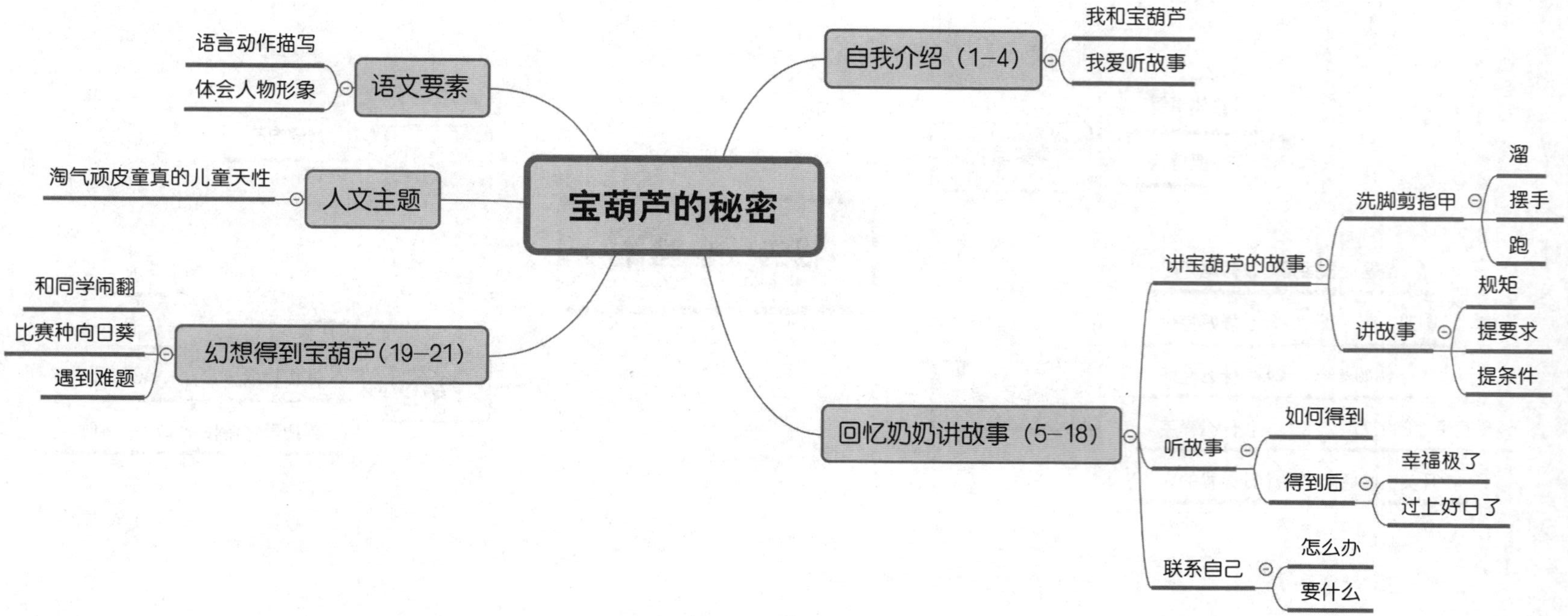

26. 巨人的花园

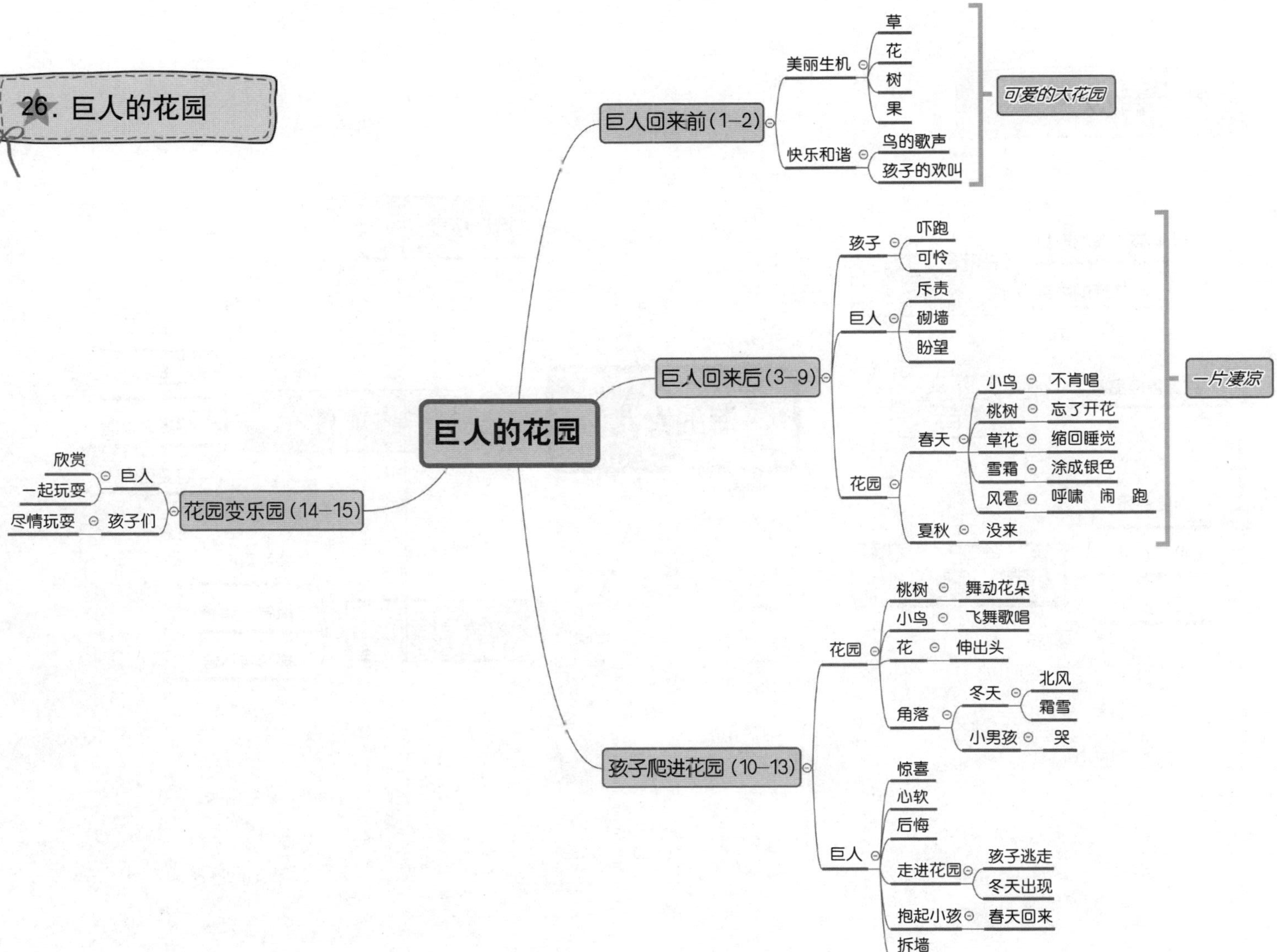
巨人的花园
巨人回来前（1–2）
美丽生机
草
花
树
果
快乐和谐
鸟的歌声
孩子的欢叫
可爱的大花园
巨人回来后（3–9）
孩子
吓跑
可怜
巨人
斥责
砌墙
盼望
花园
春天
小鸟
不肯唱
桃树
忘了开花
草花
缩回睡觉
雪霜
涂成银色
风雹
呼啸　闹　跑
夏秋
没来
一片凄凉
孩子爬进花园（10–13）
花园
桃树
舞动花朵
小鸟
飞舞歌唱
花
伸出头
角落
冬天
北风
霜雪
小男孩
哭
巨人
惊喜
心软
后悔
走进花园
孩子逃走
冬天出现
抱起小孩
春天回来
拆墙
花园变乐园（14–15）
巨人
欣赏
一起玩耍
孩子们
尽情玩耍

27. 海的女儿

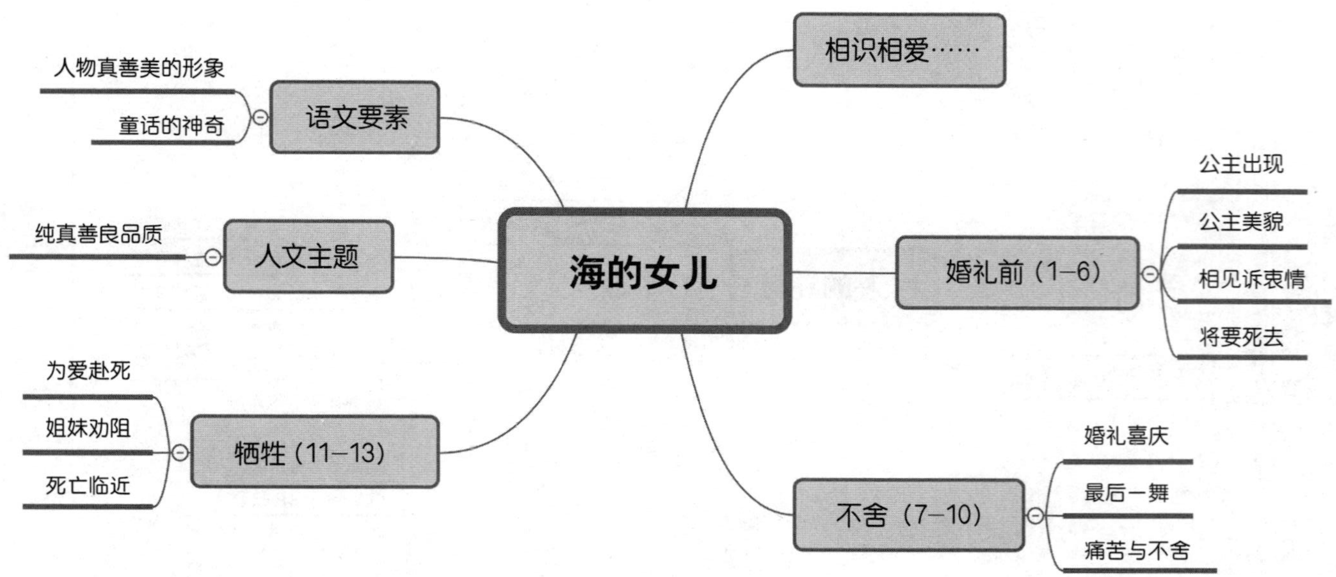
海的女儿
语文要素
人物真善美的形象
童话的神奇
人文主题
纯真善良品质
牺牲（11—13）
为爱赴死
姐妹劝阻
死亡临近
相识相爱……
婚礼前（1—6）
公主出现
公主美貌
相见诉衷情
将要死去
不舍（7—10）
婚礼喜庆
最后一舞
痛苦与不舍

习作：故事新编

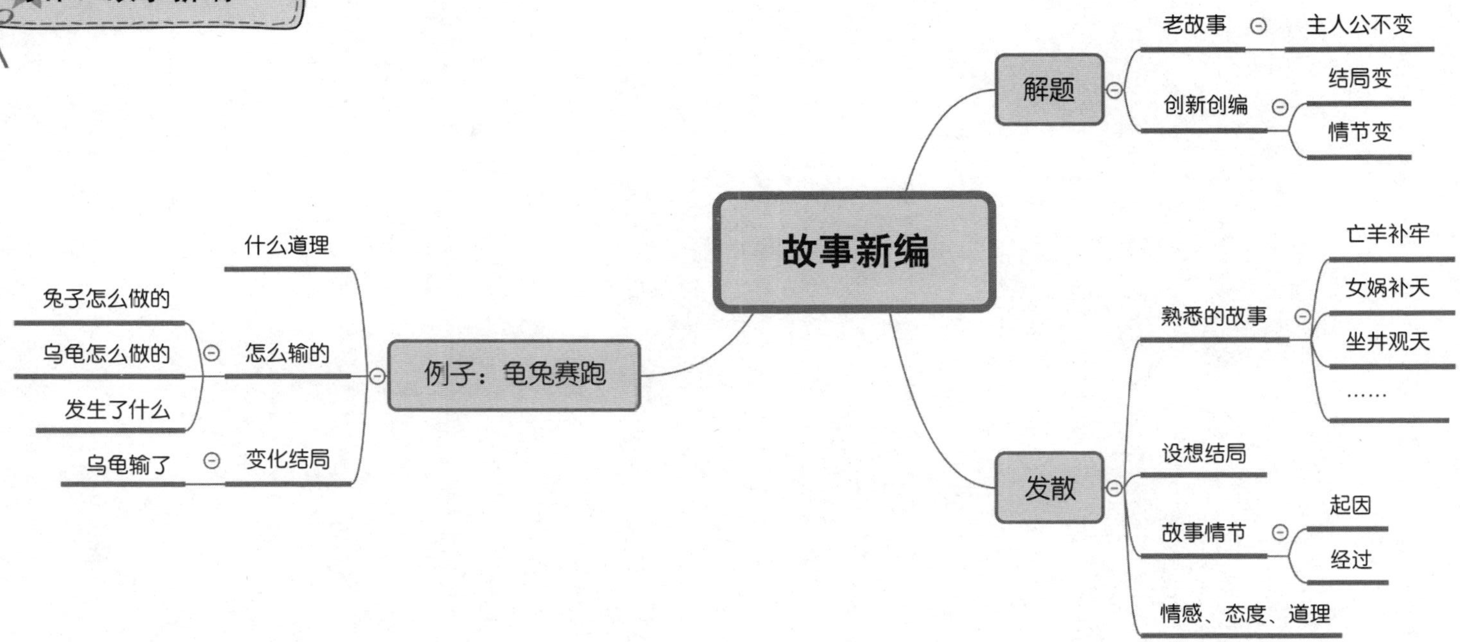
故事新编
解题
老故事
主人公不变
创新创编
结局变
情节变
发散
熟悉的故事
亡羊补牢
女娲补天
坐井观天
……
设想结局
故事情节
起因
经过
情感、态度、道理
例子：龟兔赛跑
什么道理
怎么输的
兔子怎么做的
乌龟怎么做的
发生了什么
变化结局
乌龟输了

第四部分

五年级下册

第一章　童年往事（一单元）

1. 古诗三首

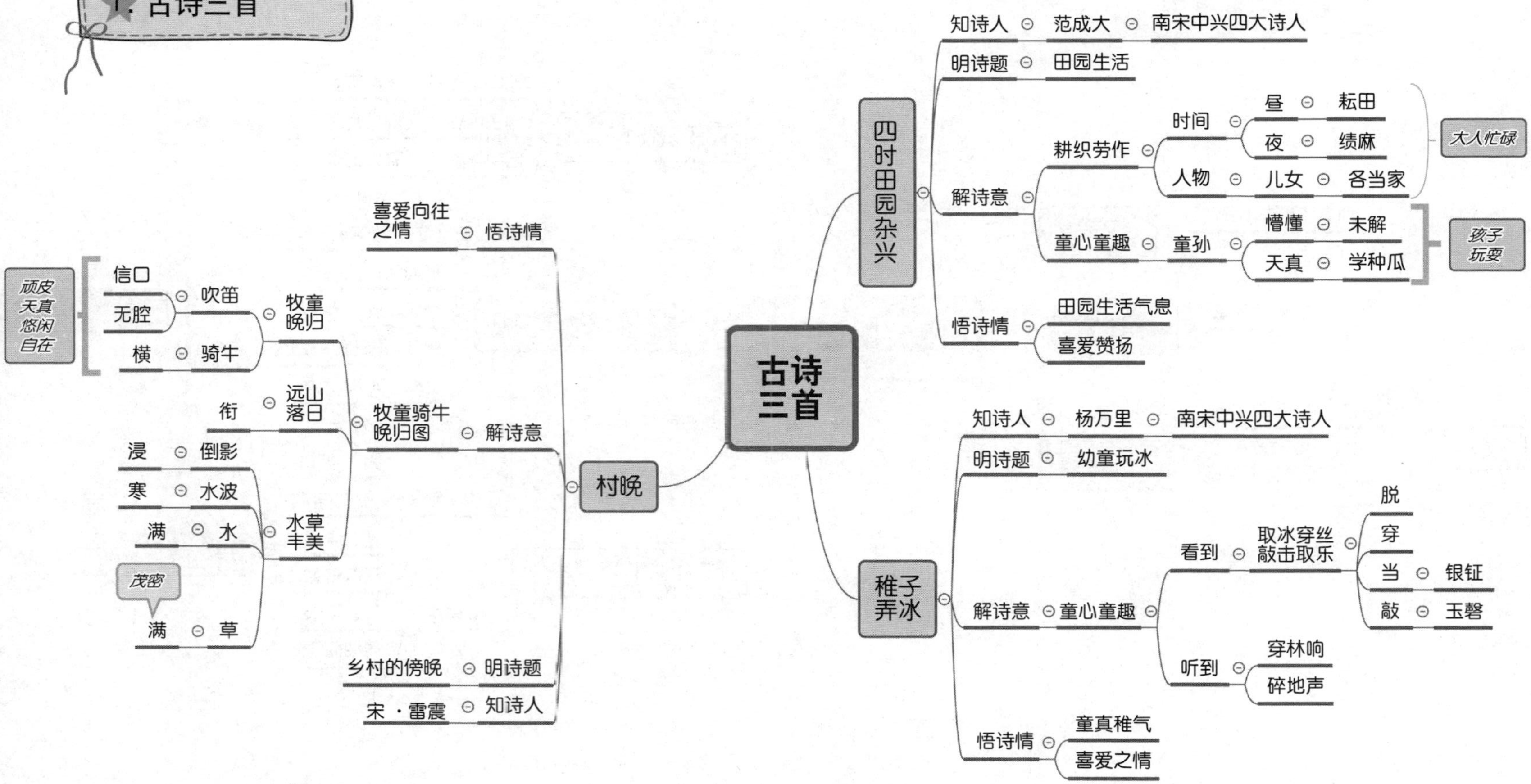

2. 祖父的园子

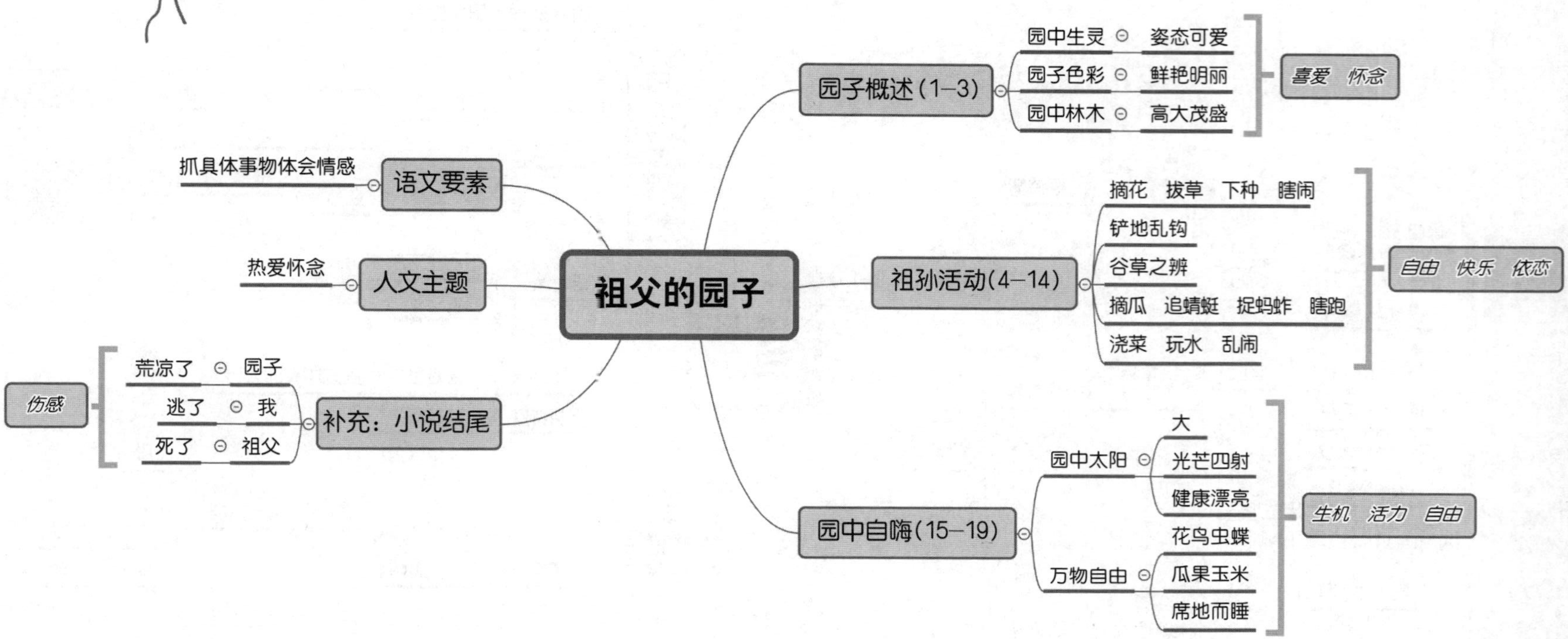

祖父的园子
语文要素
抓具体事物体会情感
人文主题
热爱怀念
补充：小说结尾
荒凉了 园子
逃了 我
死了 祖父
伤感
园子概述（1—3）
园中生灵 姿态可爱
园子色彩 鲜艳明丽
园中林木 高大茂盛
喜爱 怀念
祖孙活动（4—14）
摘花 拔草 下种 瞎闹
铲地乱钩
谷草之辨
摘瓜 追蜻蜓 捉蚂蚱 瞎跑
浇菜 玩水 乱闹
自由 快乐 依恋
园中自嗨（15—19）
园中太阳
大
光芒四射
健康漂亮
万物自由
花鸟虫蝶
瓜果玉米
席地而睡
生机 活力 自由

3. 月是故乡明

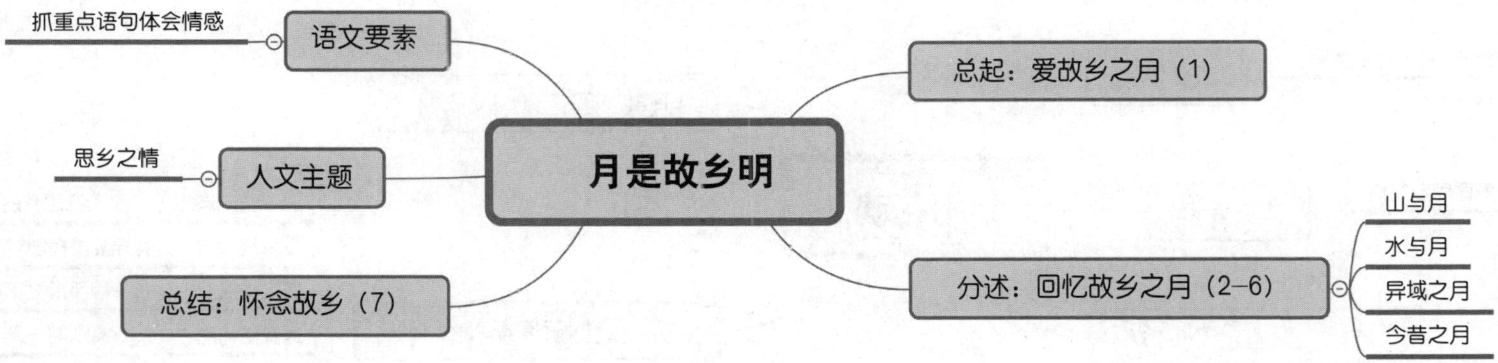
抓重点语句体会情感
语文要素
思乡之情
人文主题
总结：怀念故乡（7）
月是故乡明
总起：爱故乡之月（1）
分述：回忆故乡之月（2–6）
山与月
水与月
异域之月
今昔之月

4. 梅花魂

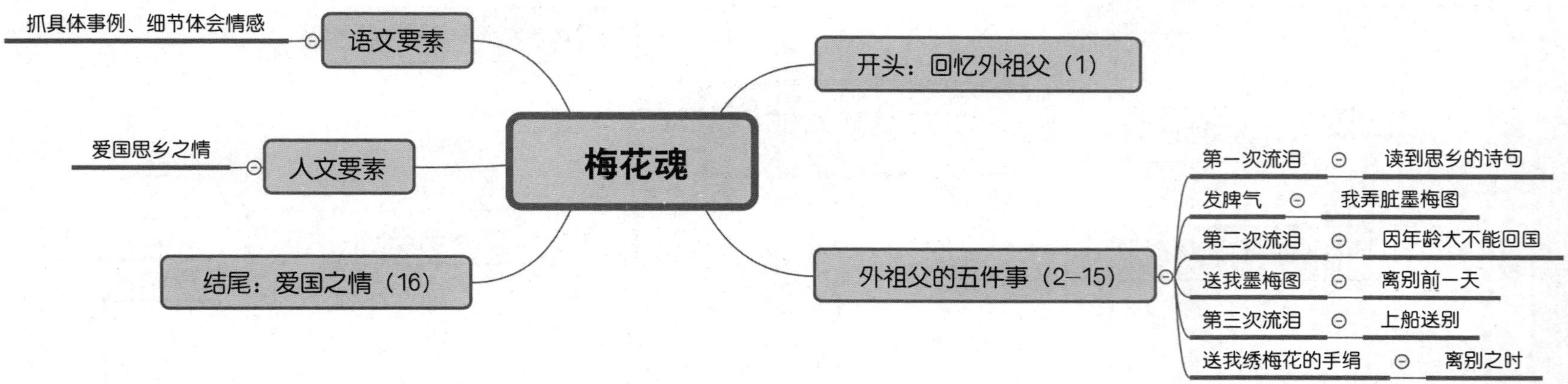
梅花魂
语文要素
抓具体事例、细节体会情感
人文要素
爱国思乡之情
结尾：爱国之情（16）
开头：回忆外祖父（1）
外祖父的五件事（2–15）
第一次流泪
读到思乡的诗句
发脾气
我弄脏墨梅图
第二次流泪
因年龄大不能回国
送我墨梅图
离别前一天
第三次流泪
上船送别
送我绣梅花的手绢
离别之时

习作：那一刻，我长大了

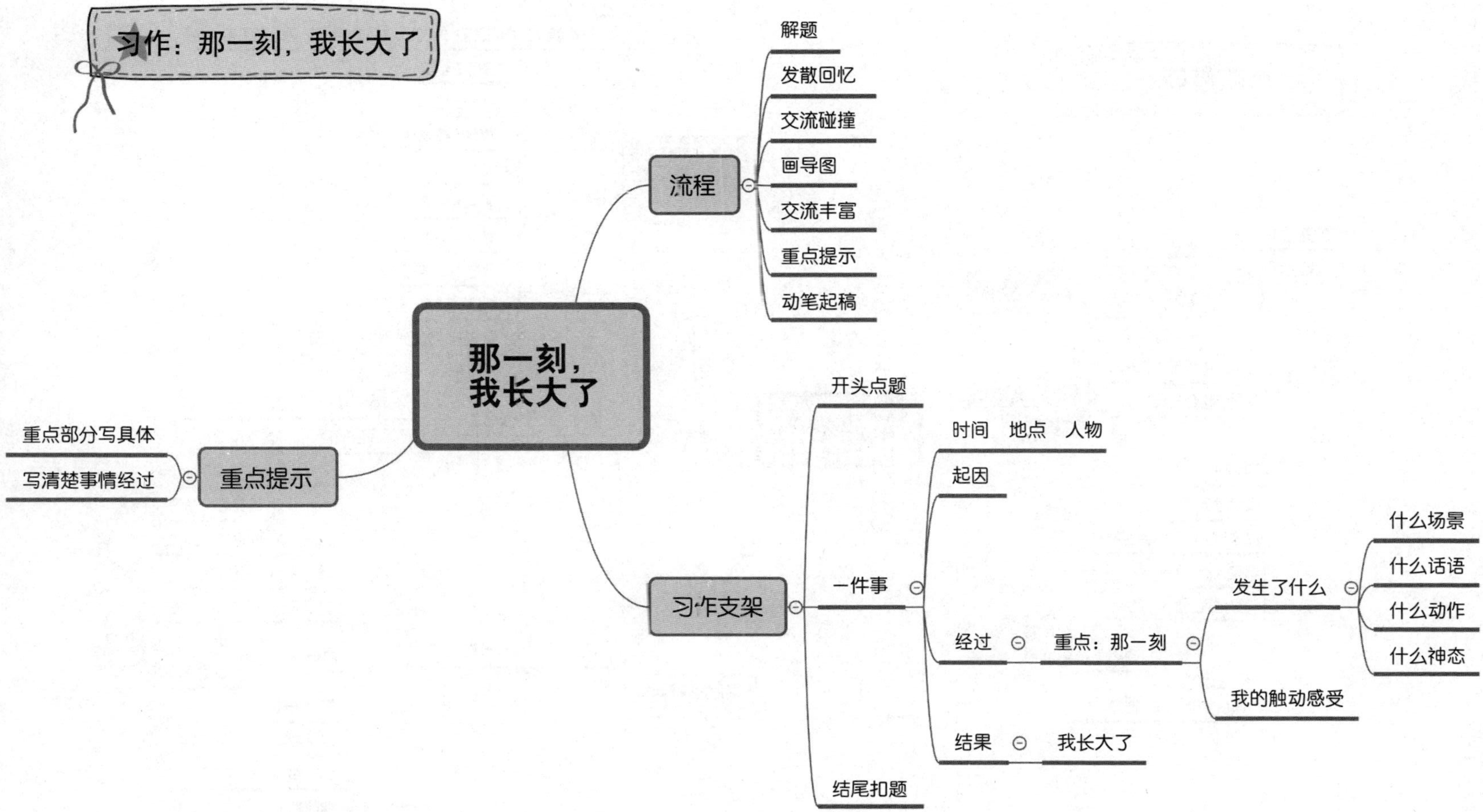
那一刻，我长大了
流程
解题
发散回忆
交流碰撞
画导图
交流丰富
重点提示
动笔起稿
习作支架
开头点题
一件事
时间　地点　人物
起因
经过
重点：那一刻
发生了什么
什么场景
什么话语
什么动作
什么神态
我的触动感受
结果
我长大了
结尾扣题
重点提示
重点部分写具体
写清楚事情经过

第二章 走近中国古典名著（二单元）

5. 草船借箭

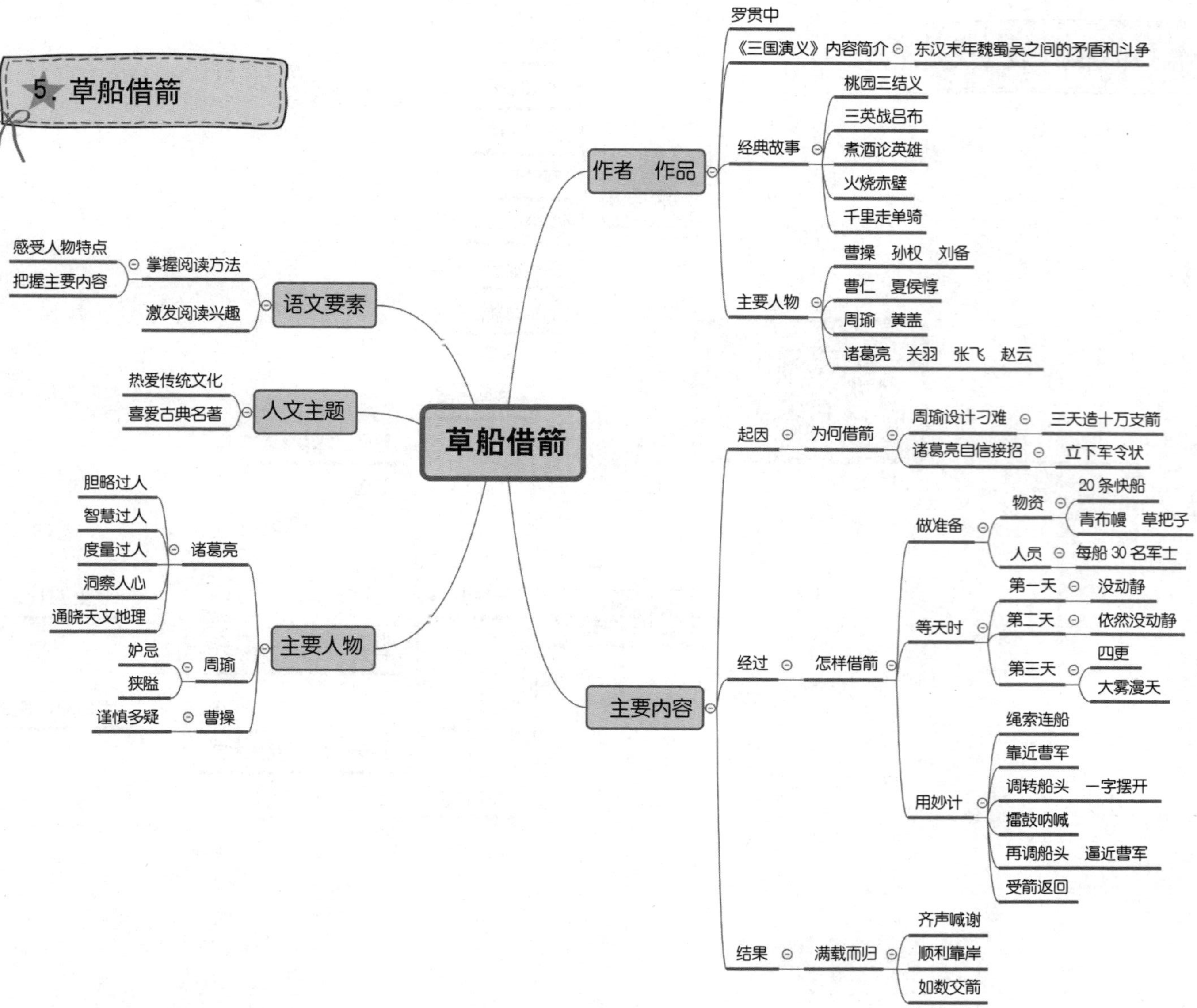

6. 景阳冈

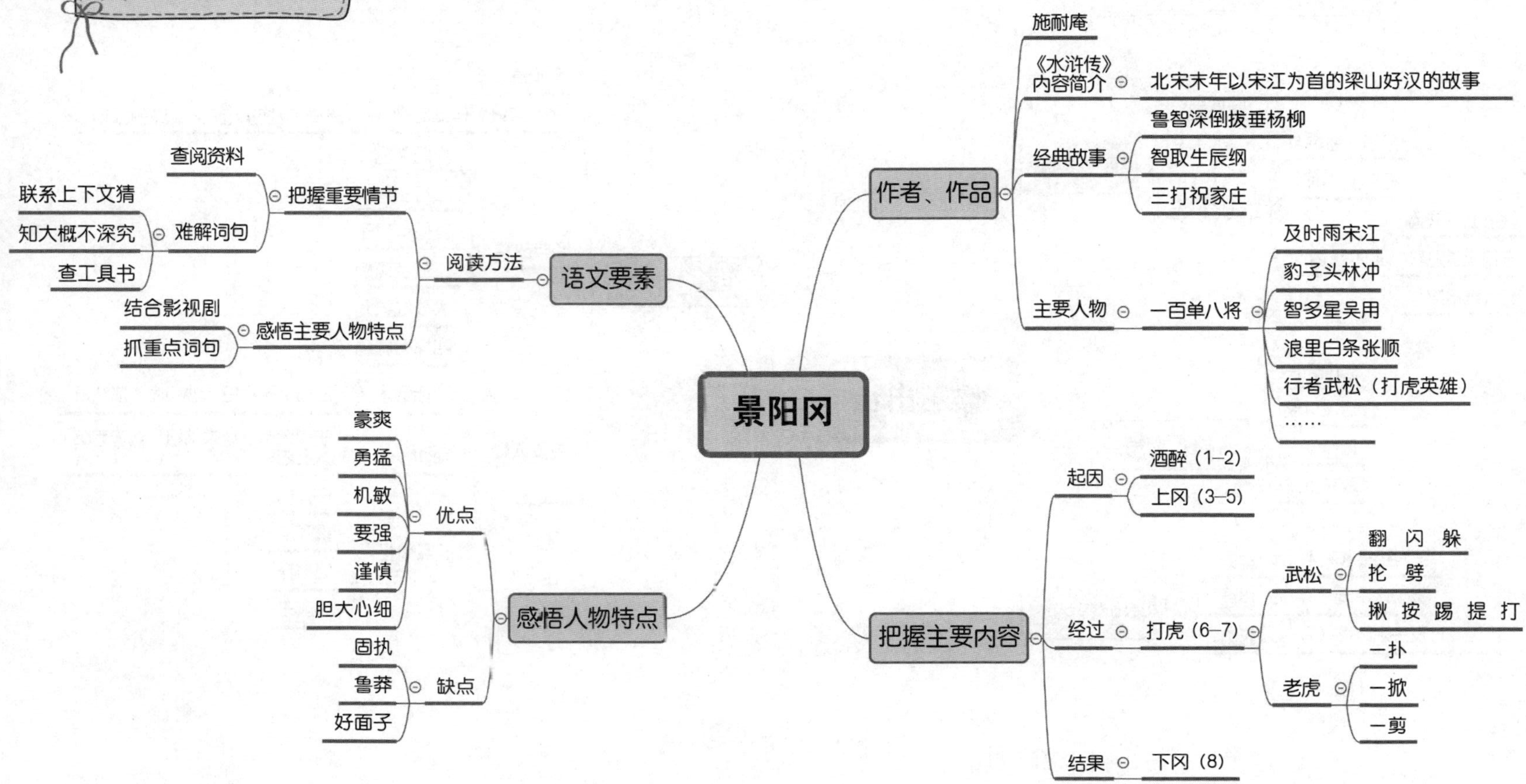
景阳冈
作者、作品
施耐庵
《水浒传》内容简介
北宋末年以宋江为首的梁山好汉的故事
经典故事
鲁智深倒拔垂杨柳
智取生辰纲
三打祝家庄
主要人物
一百单八将
及时雨宋江
豹子头林冲
智多星吴用
浪里白条张顺
行者武松（打虎英雄）
……
把握主要内容
起因
酒醉（1–2）
上冈（3–5）
经过
打虎（6–7）
武松
翻 闪 躲
抡 劈
揪 按 踢 提 打
老虎
一扑
一掀
一剪
结果
下冈（8）
语文要素
阅读方法
把握重要情节
查阅资料
难解词句
联系上下文猜
知大概不深究
查工具书
感悟主要人物特点
结合影视剧
抓重点词句
感悟人物特点
优点
豪爽
勇猛
机敏
要强
谨慎
胆大心细
缺点
固执
鲁莽
好面子

7. 猴王出世

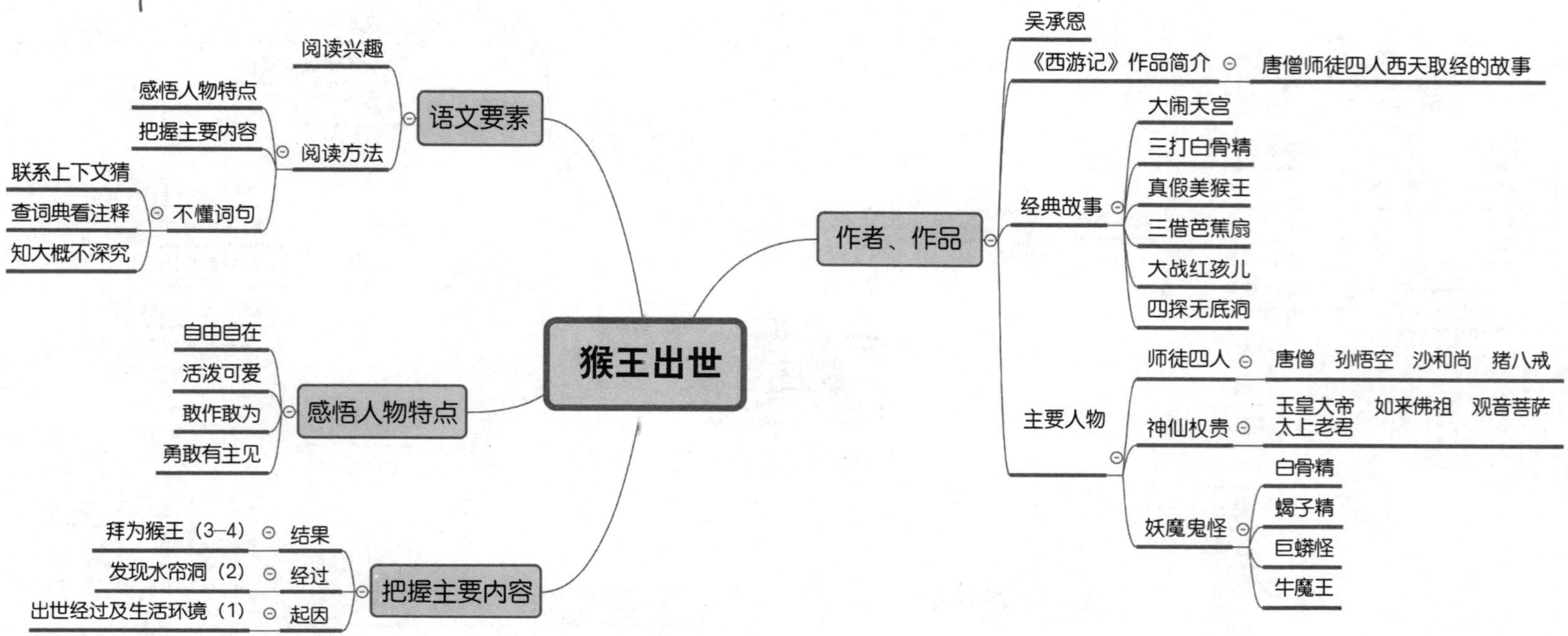
猴王出世
语文要素
阅读兴趣
阅读方法
感悟人物特点
把握主要内容
不懂词句
联系上下文猜
查词典看注释
知大概不深究
感悟人物特点
自由自在
活泼可爱
敢作敢为
勇敢有主见
把握主要内容
结果
拜为猴王（3–4）
经过
发现水帘洞（2）
起因
出世经过及生活环境（1）
作者、作品
吴承恩
《西游记》作品简介
唐僧师徒四人西天取经的故事
经典故事
大闹天宫
三打白骨精
真假美猴王
三借芭蕉扇
大战红孩儿
四探无底洞
主要人物
师徒四人
唐僧　孙悟空　沙和尚　猪八戒
神仙权贵
玉皇大帝　如来佛祖　观音菩萨
太上老君
妖魔鬼怪
白骨精
蝎子精
巨蟒怪
牛魔王

8. 红楼春趣

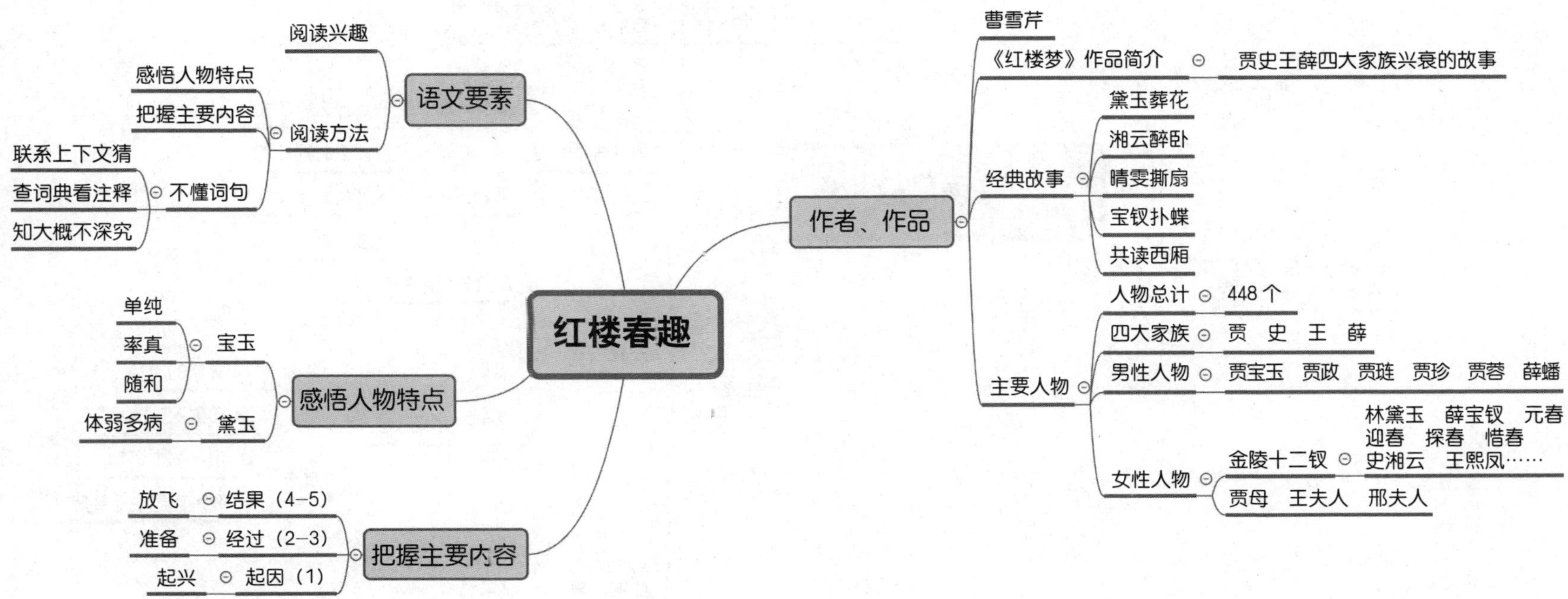
红楼春趣
语文要素
阅读兴趣
阅读方法
感悟人物特点
把握主要内容
不懂词句
联系上下文猜
查词典看注释
知大概不深究
感悟人物特点
宝玉
单纯
率真
随和
黛玉
体弱多病
把握主要内容
结果（4—5）
放飞
经过（2—3）
准备
起因（1）
起兴
作者、作品
曹雪芹
《红楼梦》作品简介
贾史王薛四大家族兴衰的故事
经典故事
黛玉葬花
湘云醉卧
晴雯撕扇
宝钗扑蝶
共读西厢
主要人物
人物总计
448 个
四大家族
贾 史 王 薛
男性人物
贾宝玉 贾政 贾琏 贾珍 贾蓉 薛蟠
女性人物
金陵十二钗
林黛玉 薛宝钗 元春
迎春 探春 惜春
史湘云 王熙凤……
贾母 王夫人 邢夫人

习作：写读后感

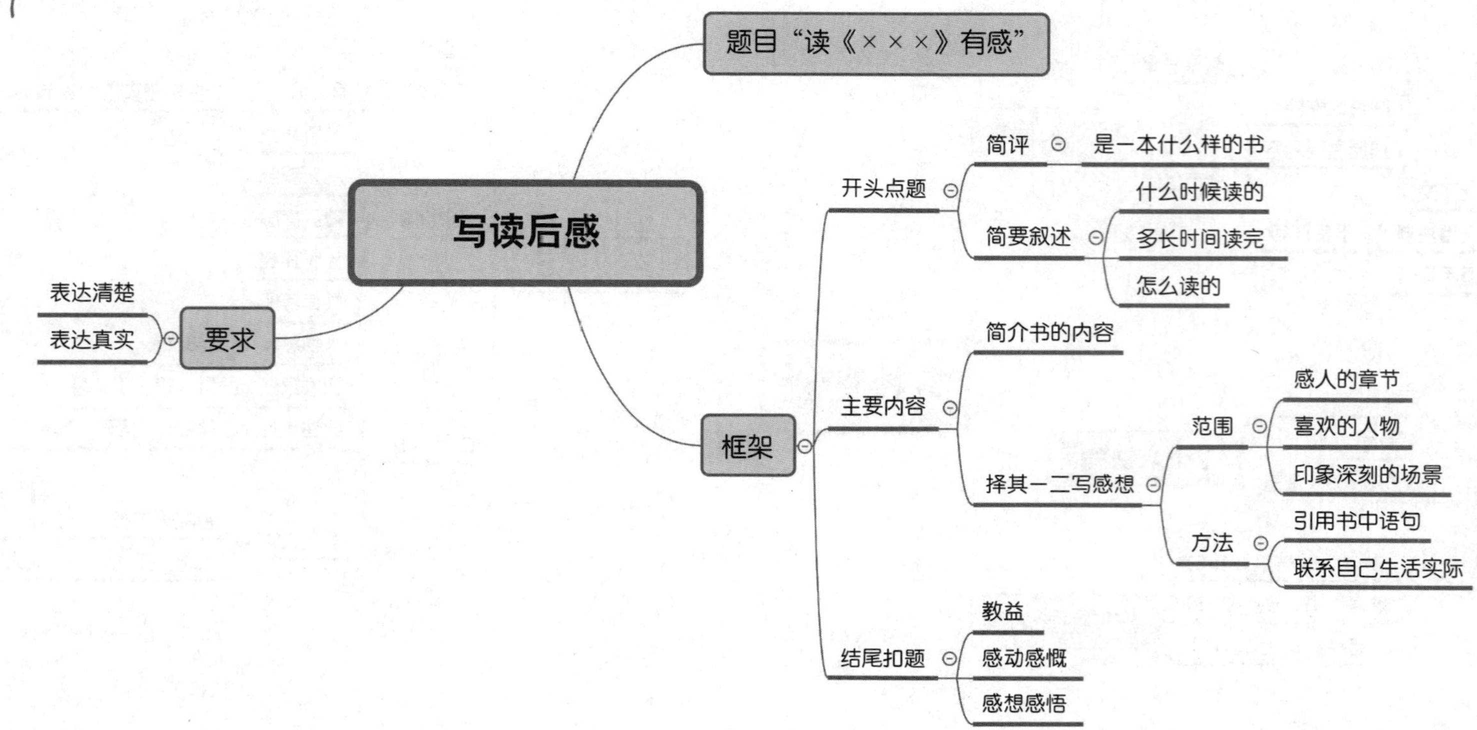
写读后感
题目“读《×××》有感”
要求
表达清楚
表达真实
框架
开头点题
简评
是一本什么样的书
简要叙述
什么时候读的
多长时间读完
怎么读的
主要内容
简介书的内容
择其一二写感想
范围
感人的章节
喜欢的人物
印象深刻的场景
方法
引用书中语句
联系自己生活实际
结尾扣题
教益
感动感慨
感想感悟

第三章　爱国（四单元）

9. 古诗三首

（1）从军行

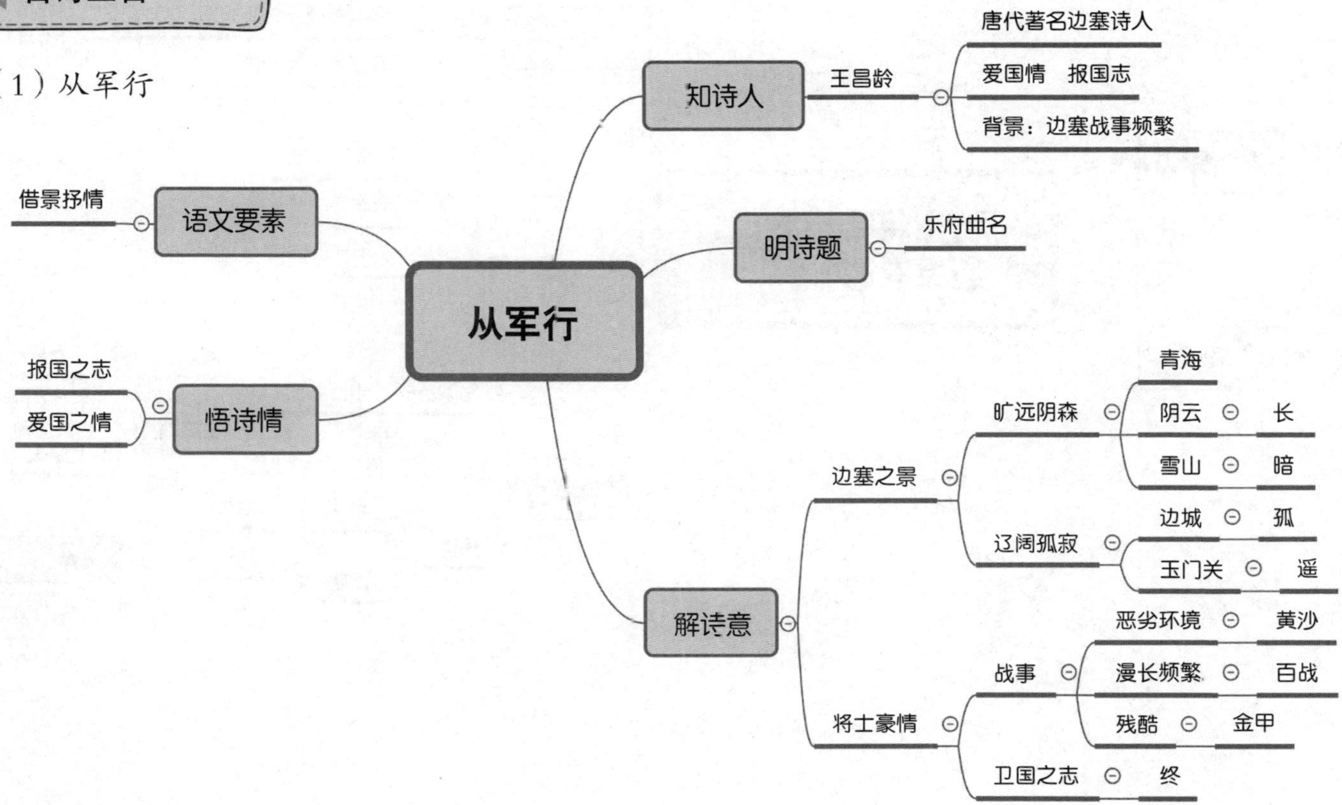

（2）秋夜将晓出篱门迎凉有感

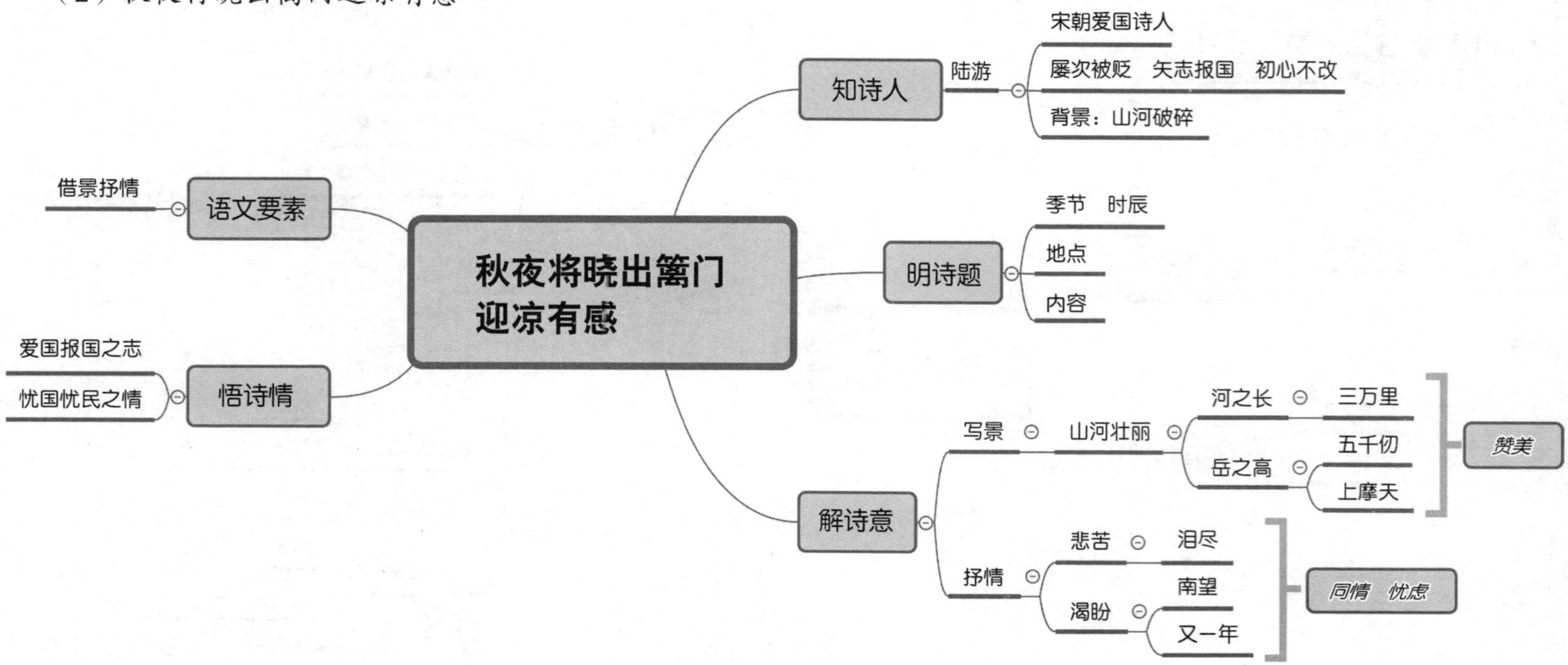

（3）闻官军收河南河北

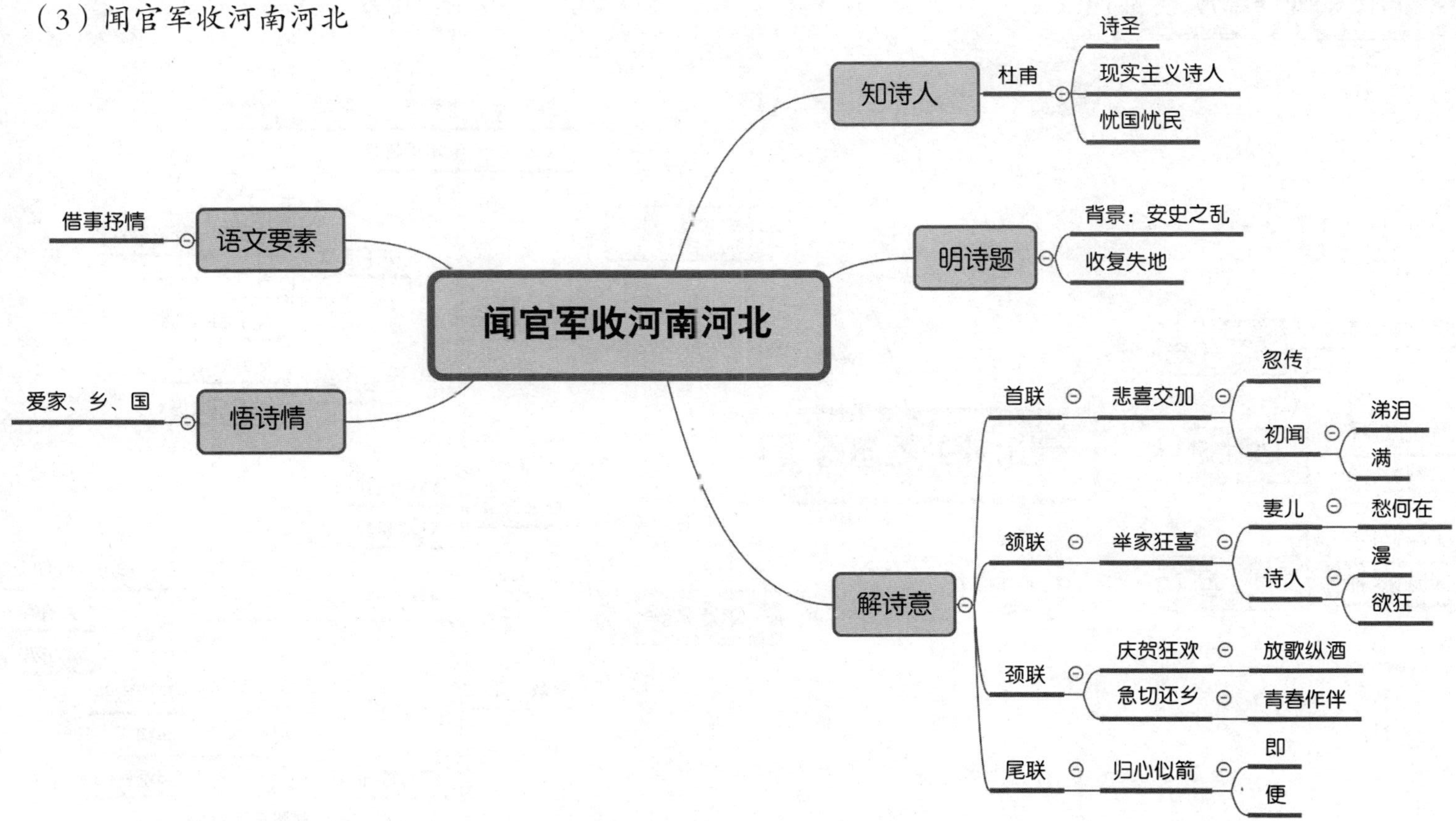
闻官军收河南河北
知诗人
杜甫
诗圣
现实主义诗人
忧国忧民
明诗题
背景：安史之乱
收复失地
解诗意
首联
悲喜交加
忽传
初闻
涕泪
满
颔联
举家狂喜
妻儿
愁何在
诗人
漫
欲狂
颈联
庆贺狂欢
放歌纵酒
急切还乡
青春作伴
尾联
归心似箭
即
便
语文要素
借事抒情
悟诗情
爱家、乡、国

10. 青山处处埋忠骨

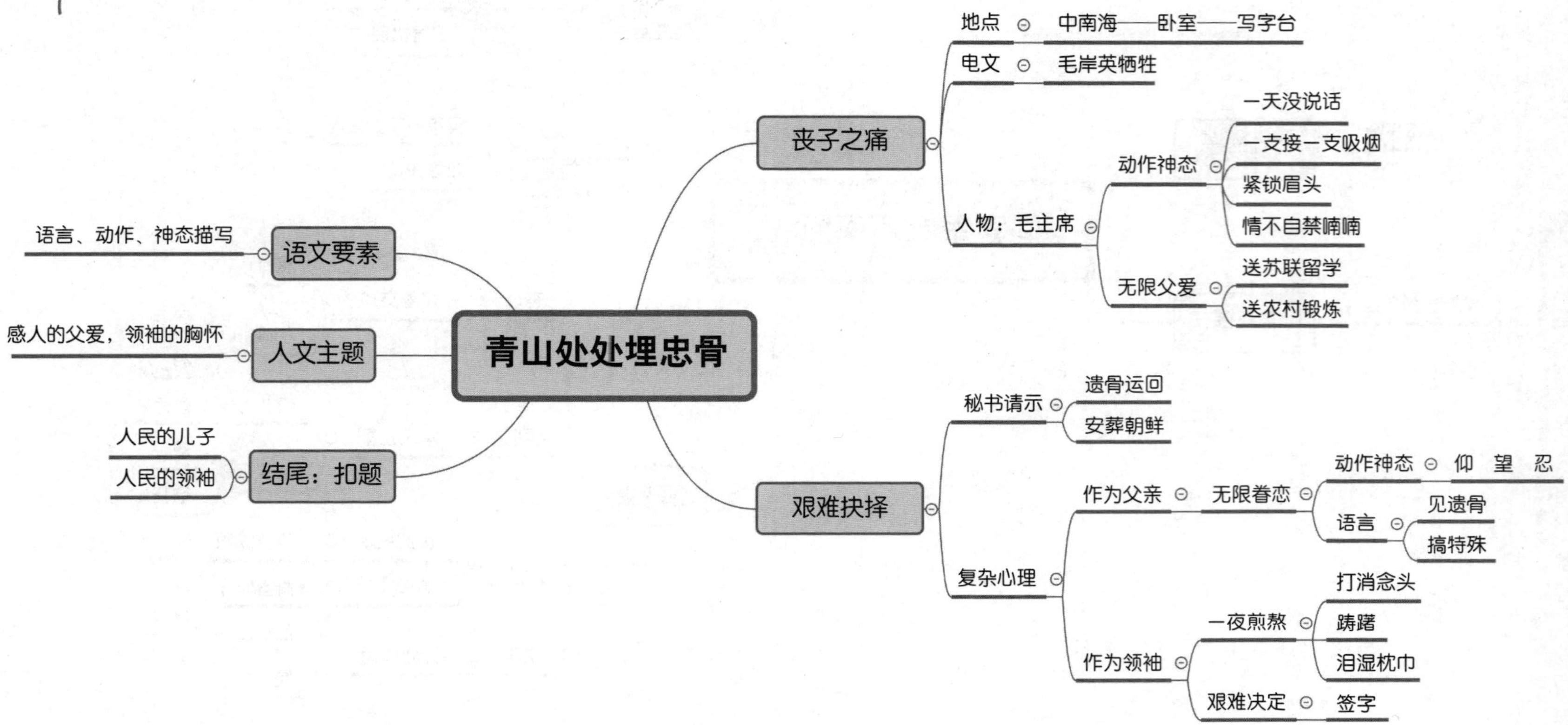

青山处处埋忠骨
语文要素
语言、动作、神态描写
人文主题
感人的父爱，领袖的胸怀
结尾：扣题
人民的儿子
人民的领袖
丧子之痛
地点
中南海——卧室——写字台
电文
毛岸英牺牲
人物：毛主席
动作神态
一天没说话
一支接一支吸烟
紧锁眉头
情不自禁喃喃
无限父爱
送苏联留学
送农村锻炼
艰难抉择
秘书请示
遗骨运回
安葬朝鲜
复杂心理
作为父亲
无限眷恋
动作神态
仰 望 忍
语言
见遗骨
搞特殊
作为领袖
一夜煎熬
打消念头
踌躇
泪湿枕巾
艰难决定
签字

11. 军神

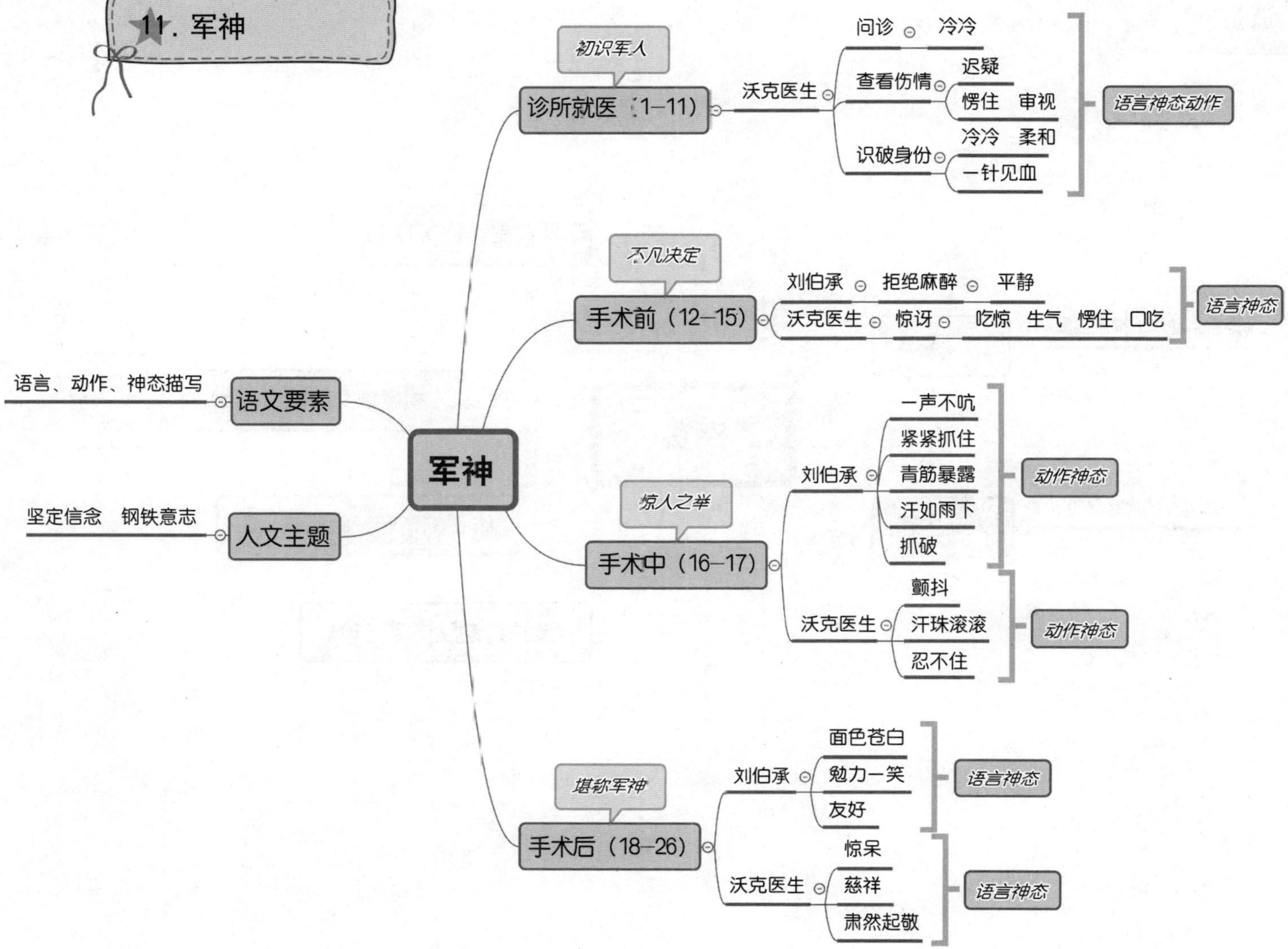
军神
诊所就医（1–11）
初识军人
沃克医生
问诊
冷冷
查看伤情
迟疑
愣住　审视
识破身份
冷冷　柔和
一针见血
语言神态动作
手术前（12–15）
不凡决定
刘伯承
拒绝麻醉
平静
沃克医生
惊讶
吃惊　生气　愣住　口吃
语言神态
手术中（16–17）
惊人之举
刘伯承
一声不吭
紧紧抓住
青筋暴露
汗如雨下
抓破
动作神态
沃克医生
颤抖
汗珠滚滚
忍不住
动作神态
手术后（18–26）
堪称军神
刘伯承
面色苍白
勉力一笑
友好
语言神态
沃克医生
惊呆
慈祥
肃然起敬
语言神态
语文要素
语言、动作、神态描写
人文主题
坚定信念　钢铁意志

12. 清贫

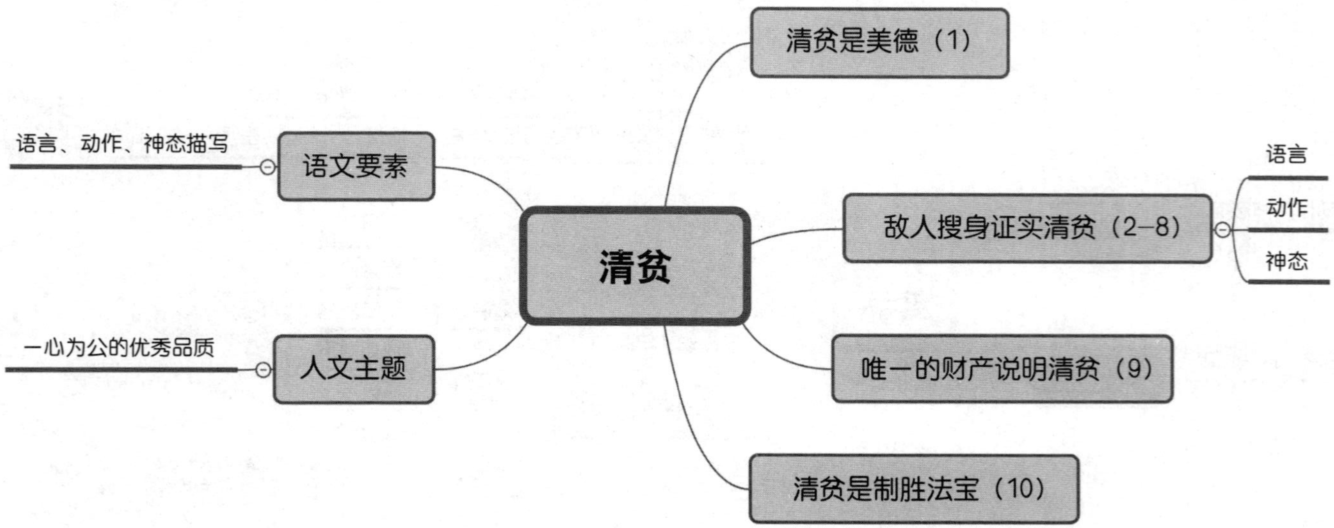
清贫
语文要素
语言、动作、神态描写
人文主题
一心为公的优秀品质
清贫是美德（1）
敌人搜身证实清贫（2–8）
语言
动作
神态
唯一的财产说明清贫（9）
清贫是制胜法宝（10）

习作：他____了

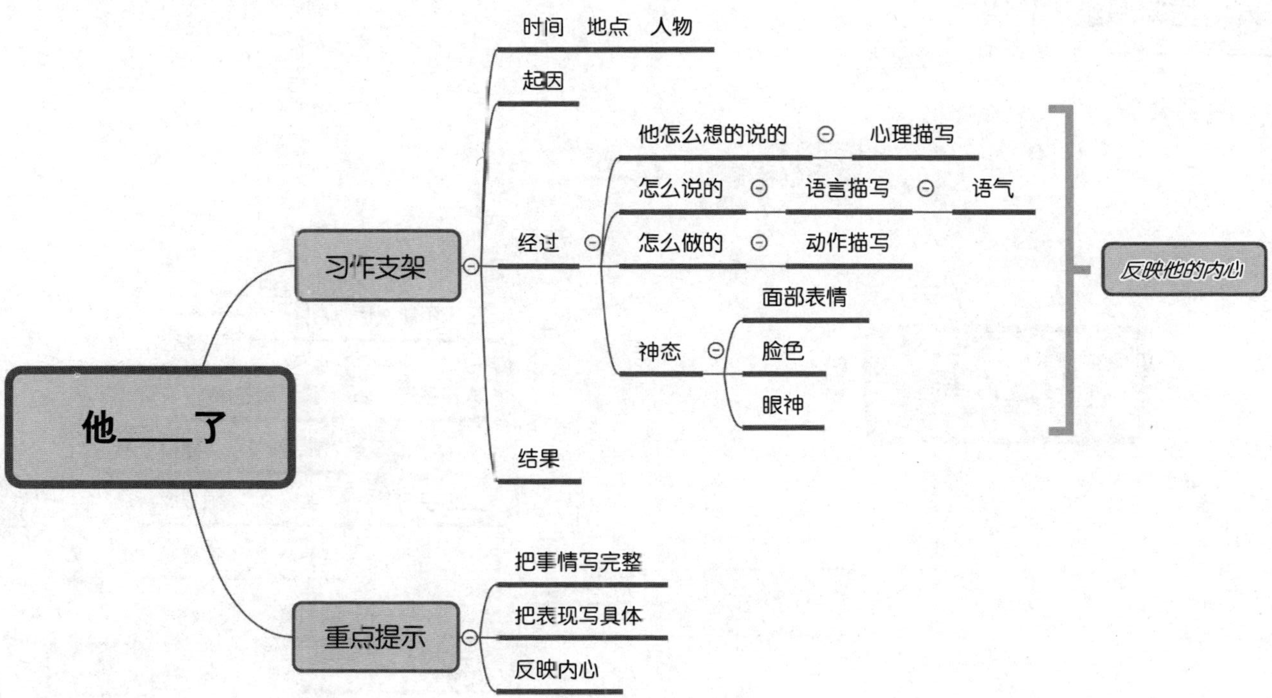
他____了
习作支架
时间　地点　人物
起因
经过
他怎么想的说的
心理描写
怎么说的
语言描写
语气
怎么做的
动作描写
神态
面部表情
脸色
眼神
结果
反映他的内心
重点提示
把事情写完整
把表现写具体
反映内心

第四章　习作（五单元）

13. 人物描写一组

（1）两茎灯草

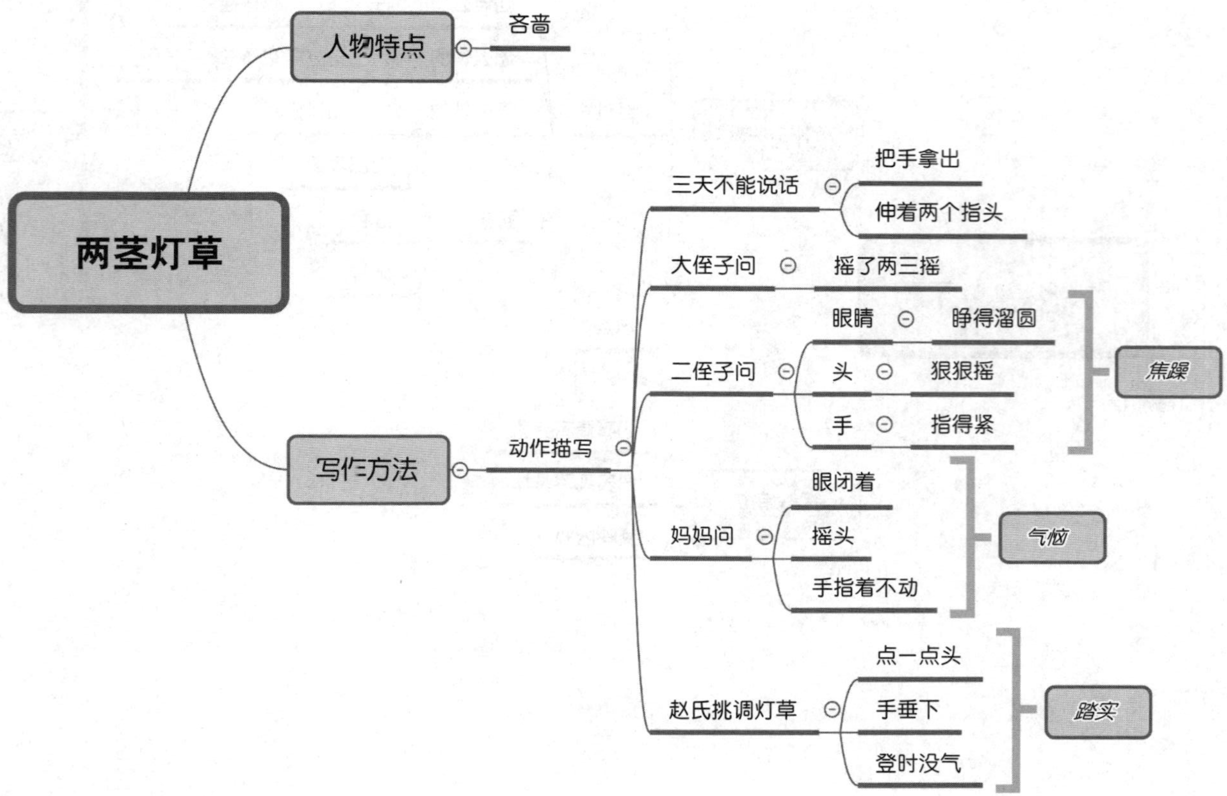

（2）摔跤

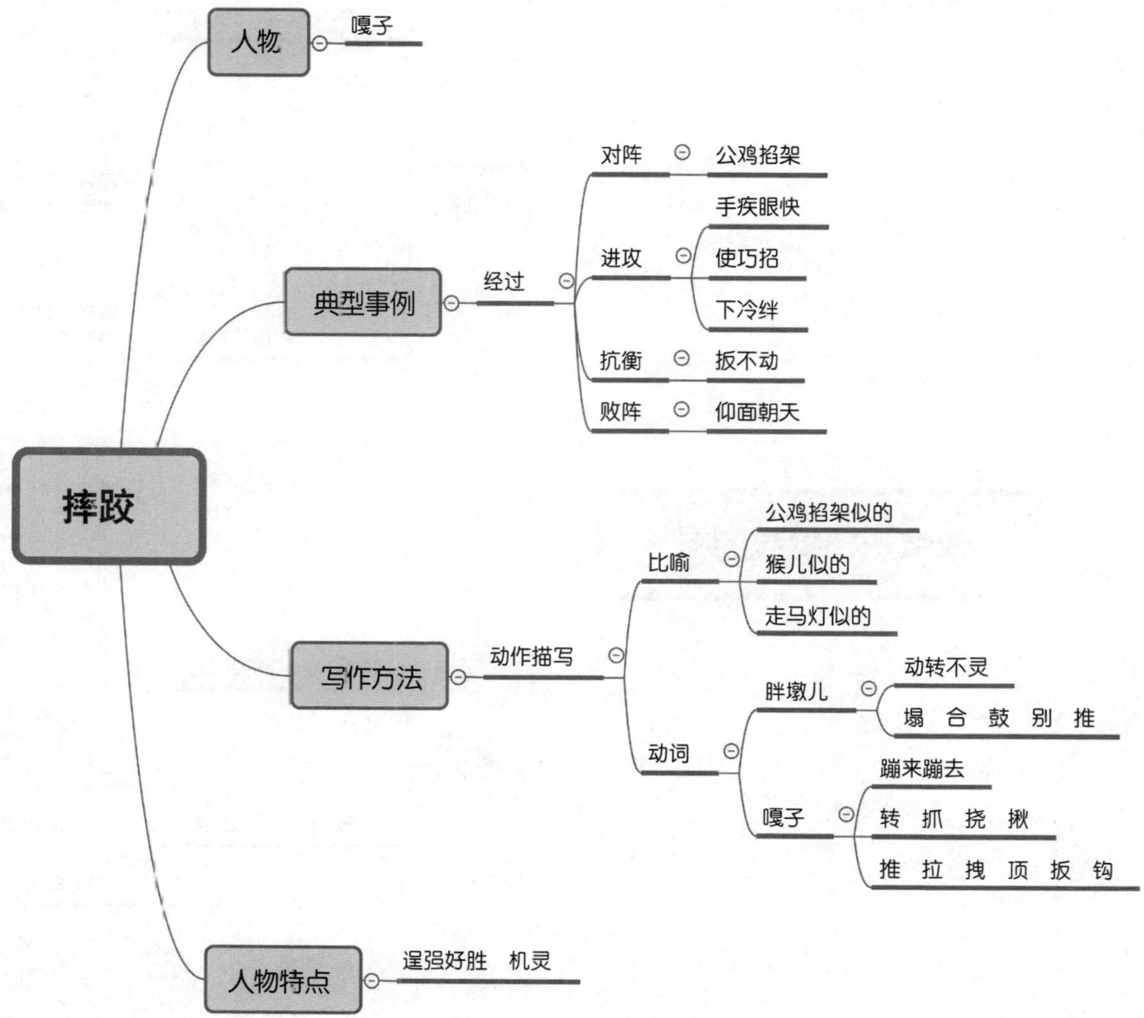
摔跤
人物
嘎子
典型事例
经过
对阵
公鸡招架
进攻
手疾眼快
使巧招
下冷绊
抗衡
扳不动
败阵
仰面朝天
写作方法
动作描写
比喻
公鸡招架似的
猴儿似的
走马灯似的
动词
胖墩儿
动转不灵
塌　合　鼓　别　推
嘎子
蹦来蹦去
转　抓　挠　揪
推　拉　拽　顶　扳　钩
人物特点
逞强好胜　机灵

（3）他像一棵挺脱的树

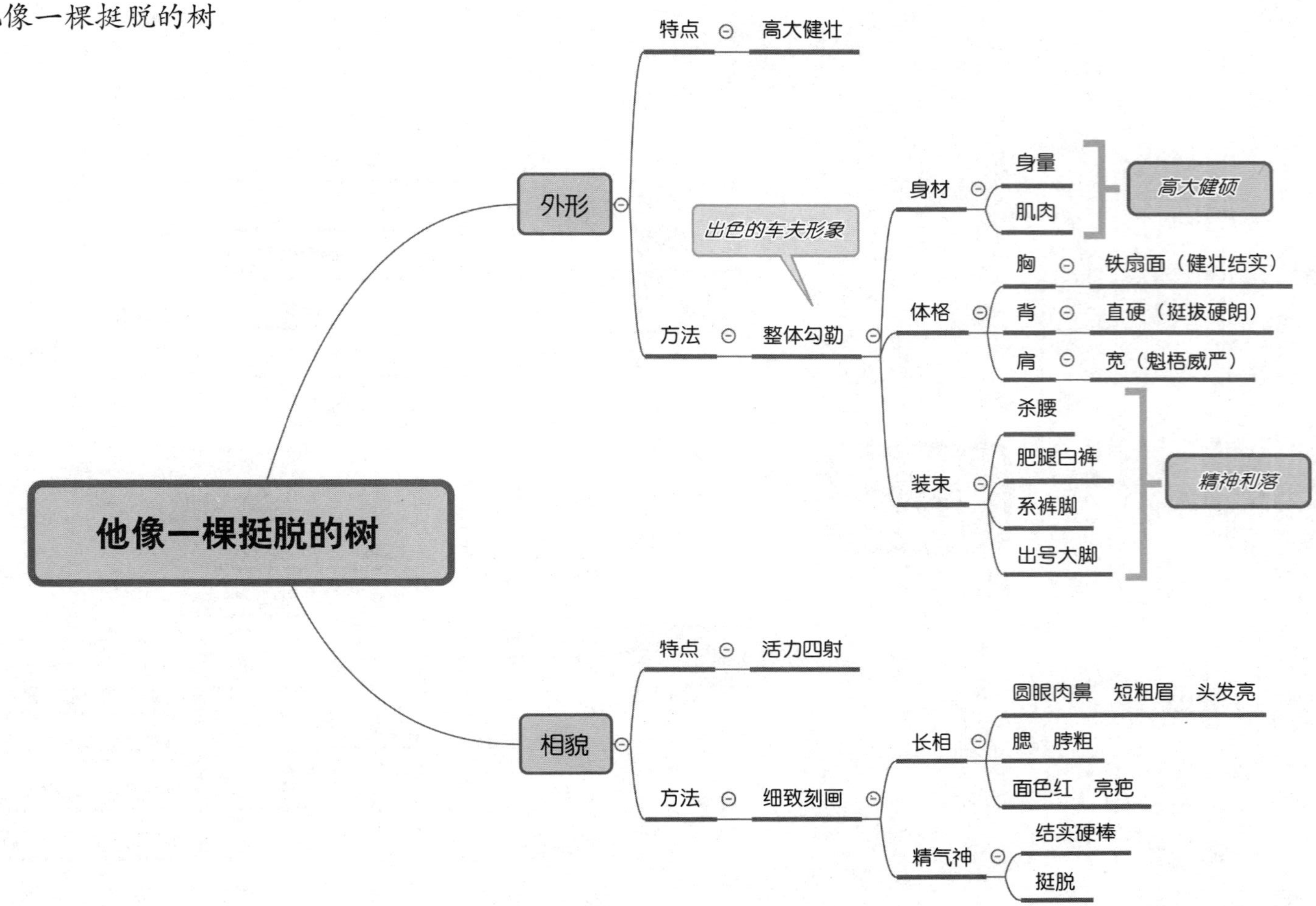
他像一棵挺脱的树
外形
特点
高大健壮
方法
整体勾勒
出色的车夫形象
身材
身量
肌肉
高大健硕
体格
胸
铁扇面（健壮结实）
背
直硬（挺拔硬朗）
肩
宽（魁梧威严）
装束
杀腰
肥腿白裤
系裤脚
出号大脚
精神利落
相貌
特点
活力四射
方法
细致刻画
长相
圆眼肉鼻 短粗眉 头发亮
腮 脖粗
面色红 亮疤
精气神
结实硬棒
挺脱

14. 刷子李

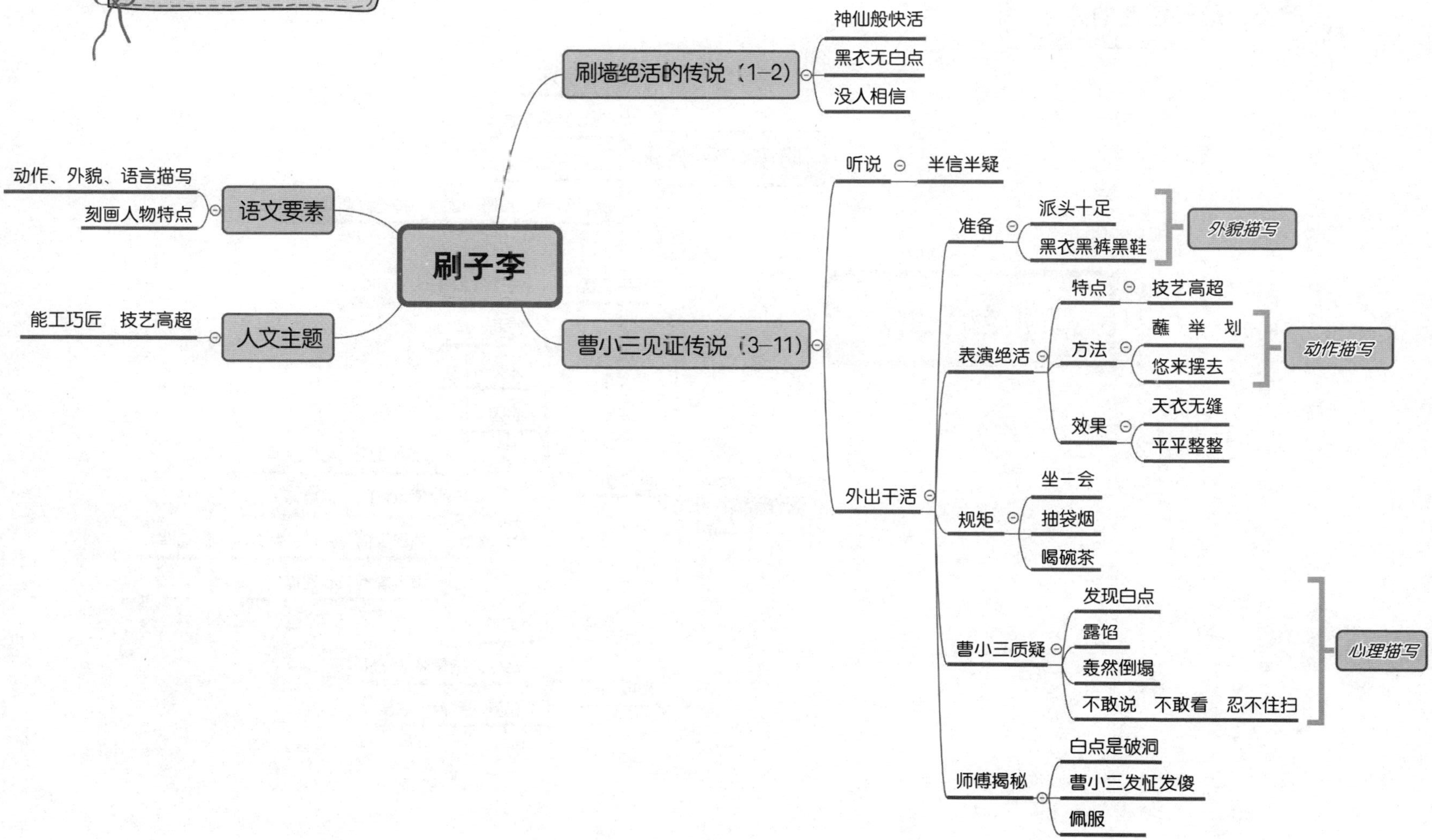
刷子李
语文要素
动作、外貌、语言描写
刻画人物特点
人文主题
能工巧匠　技艺高超
刷墙绝活的传说（1–2）
神仙般快活
黑衣无白点
没人相信
曹小三见证传说（3–11）
听说
半信半疑
外出干活
准备
派头十足
黑衣黑裤黑鞋
外貌描写
表演绝活
特点
技艺高超
方法
蘸　举　划
悠来摆去
动作描写
效果
天衣无缝
平平整整
规矩
坐一会
抽袋烟
喝碗茶
曹小三质疑
发现白点
露馅
轰然倒塌
不敢说　不敢看　忍不住扫
心理描写
师傅揭秘
白点是破洞
曹小三发怔发傻
佩服

习作：形形色色的人

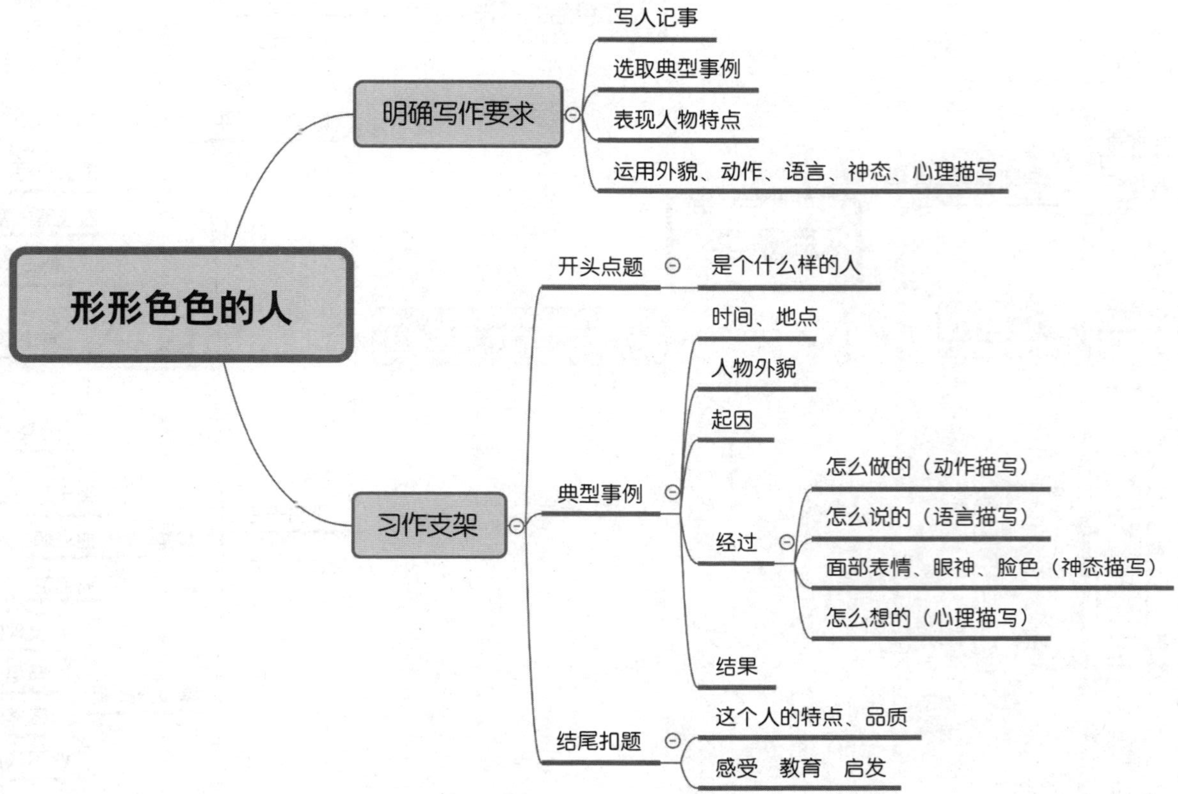
形形色色的人
明确写作要求
写人记事
选取典型事例
表现人物特点
运用外貌、动作、语言、神态、心理描写
习作支架
开头点题
是个什么样的人
典型事例
时间、地点
人物外貌
起因
经过
怎么做的（动作描写）
怎么说的（语言描写）
面部表情、眼神、脸色（神态描写）
怎么想的（心理描写）
结果
结尾扣题
这个人的特点、品质
感受　教育　启发

第五章　思维的火花（六单元）

15. 自相矛盾

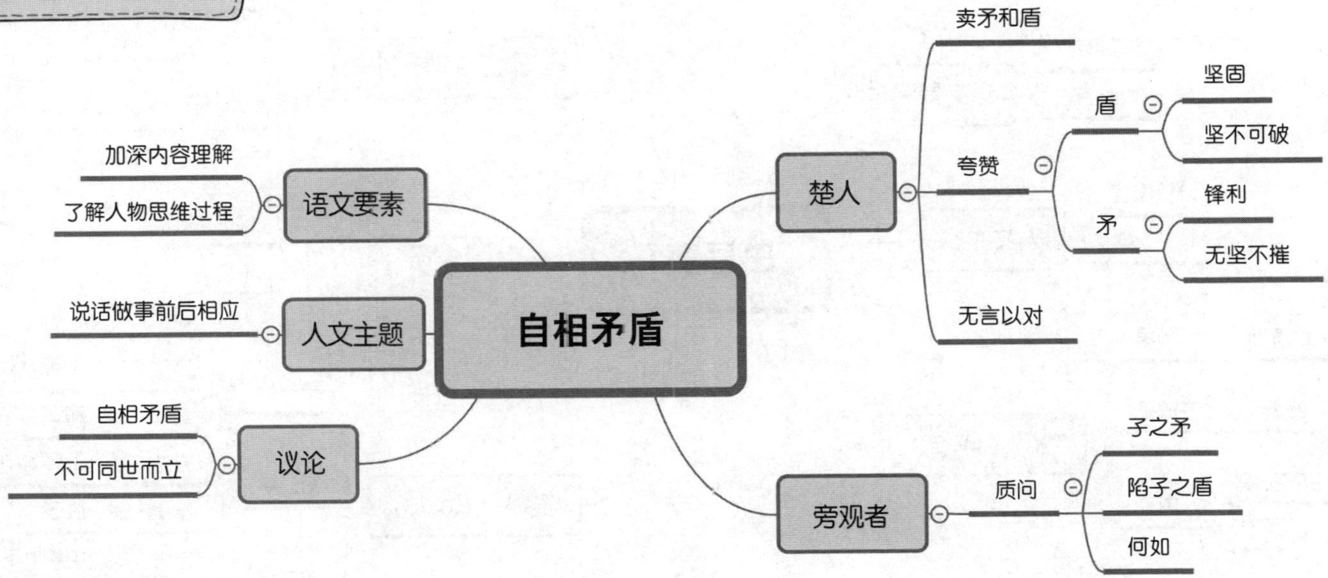

16. 田忌赛马

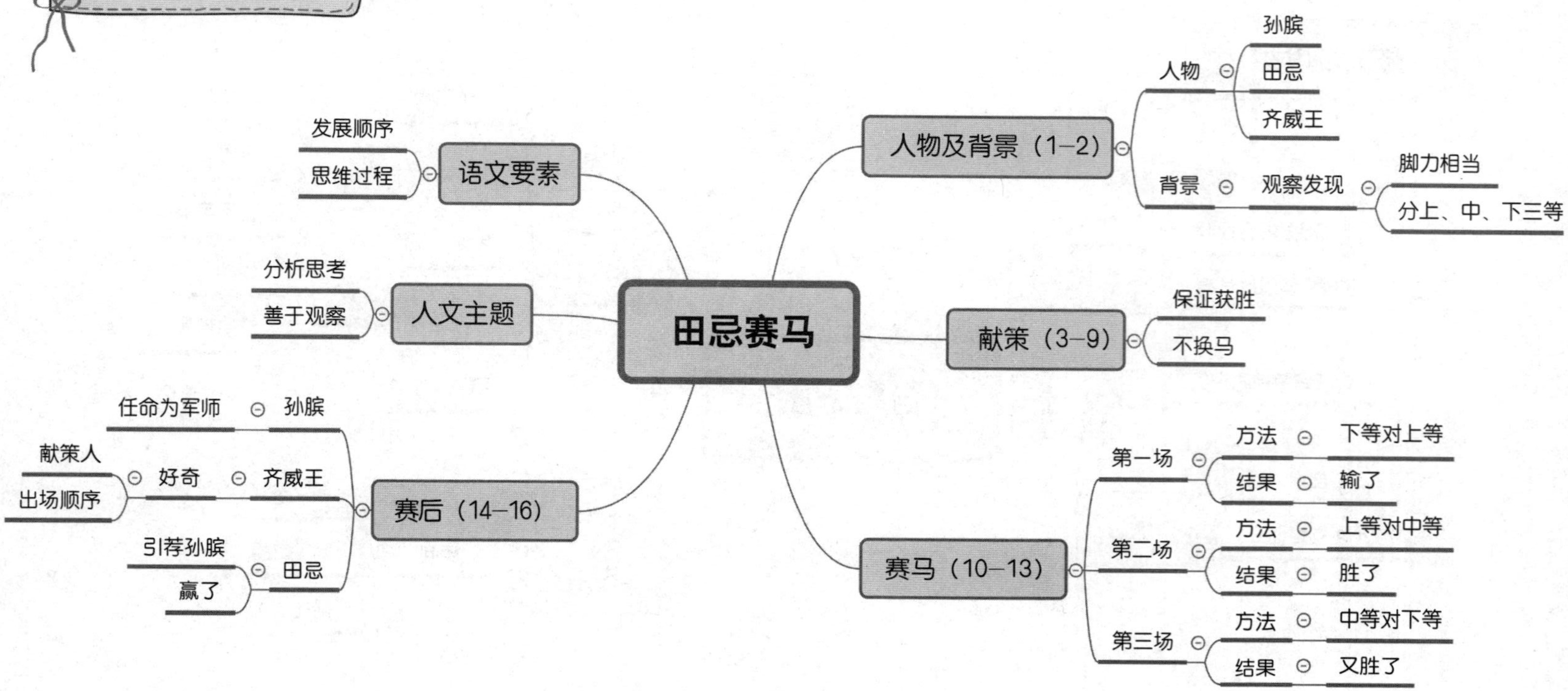
田忌赛马
语文要素
发展顺序
思维过程
人文主题
分析思考
善于观察
赛后（14—16）
孙膑
任命为军师
齐威王
好奇
献策人
出场顺序
田忌
引荐孙膑
赢了
人物及背景（1—2）
人物
孙膑
田忌
齐威王
背景
观察发现
脚力相当
分上、中、下三等
献策（3—9）
保证获胜
不换马
赛马（10—13）
第一场
方法
下等对上等
结果
输了
第二场
方法
上等对中等
结果
胜了
第三场
方法
中等对下等
结果
又胜了

17. 跳水

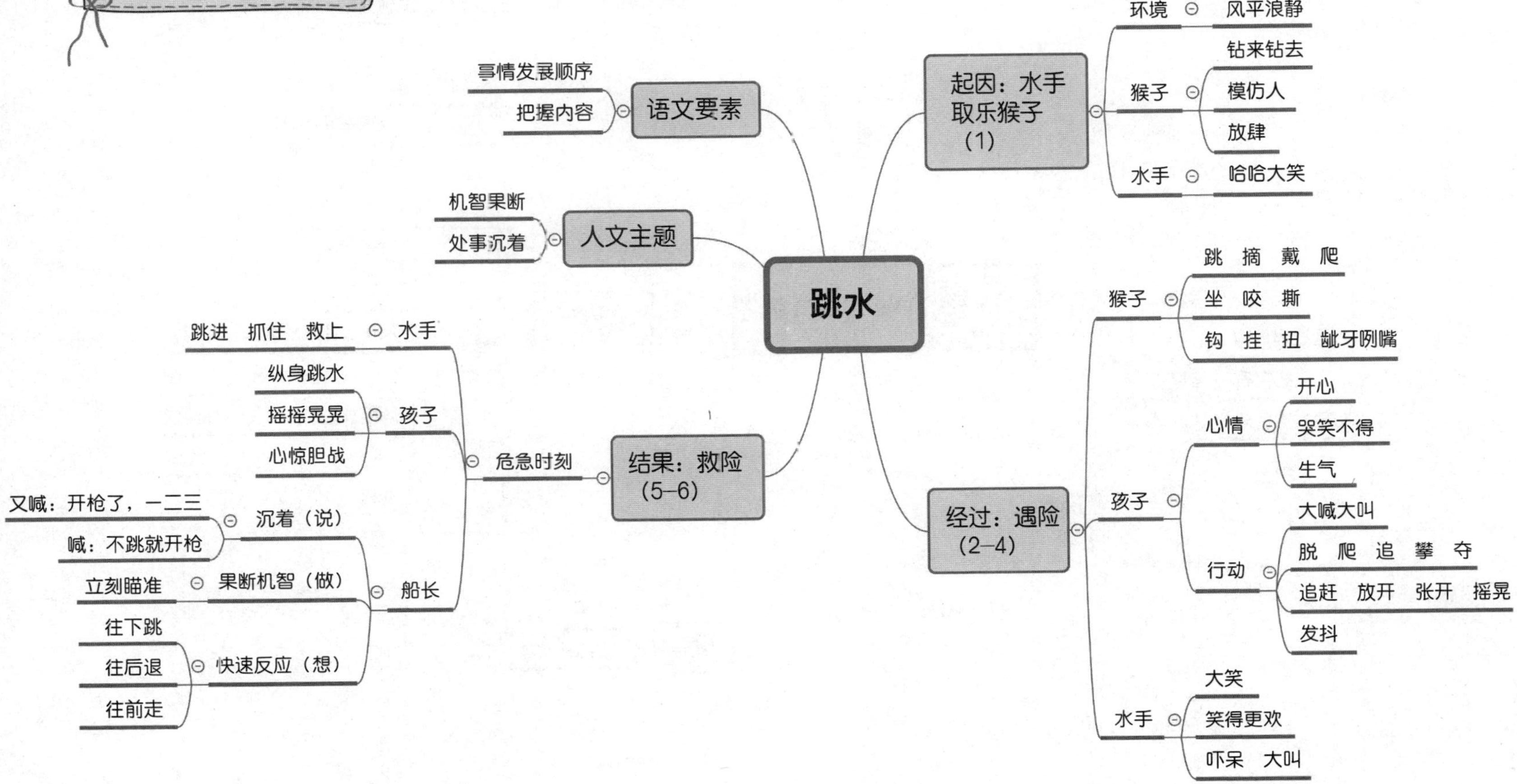
跳水
起因：水手取乐猴子（1）
环境
风平浪静
猴子
钻来钻去
模仿人
放肆
水手
哈哈大笑
经过：遇险（2–4）
猴子
跳 摘 戴 爬
坐 咬 撕
钩 挂 扭 龇牙咧嘴
孩子
心情
开心
哭笑不得
生气
行动
大喊大叫
脱 爬 追 攀 夺
追赶 放开 张开 摇晃
发抖
水手
大笑
笑得更欢
吓呆 大叫
结果：救险（5–6）
危急时刻
水手
跳进 抓住 救上
孩子
纵身跳水
摇摇晃晃
心惊胆战
船长
沉着（说）
又喊：开枪了，一二三
喊：不跳就开枪
果断机智（做）
立刻瞄准
快速反应（想）
往下跳
往后退
往前走
人文主题
机智果断
处事沉着
语文要素
事情发展顺序
把握内容

习作：神奇的探险之旅

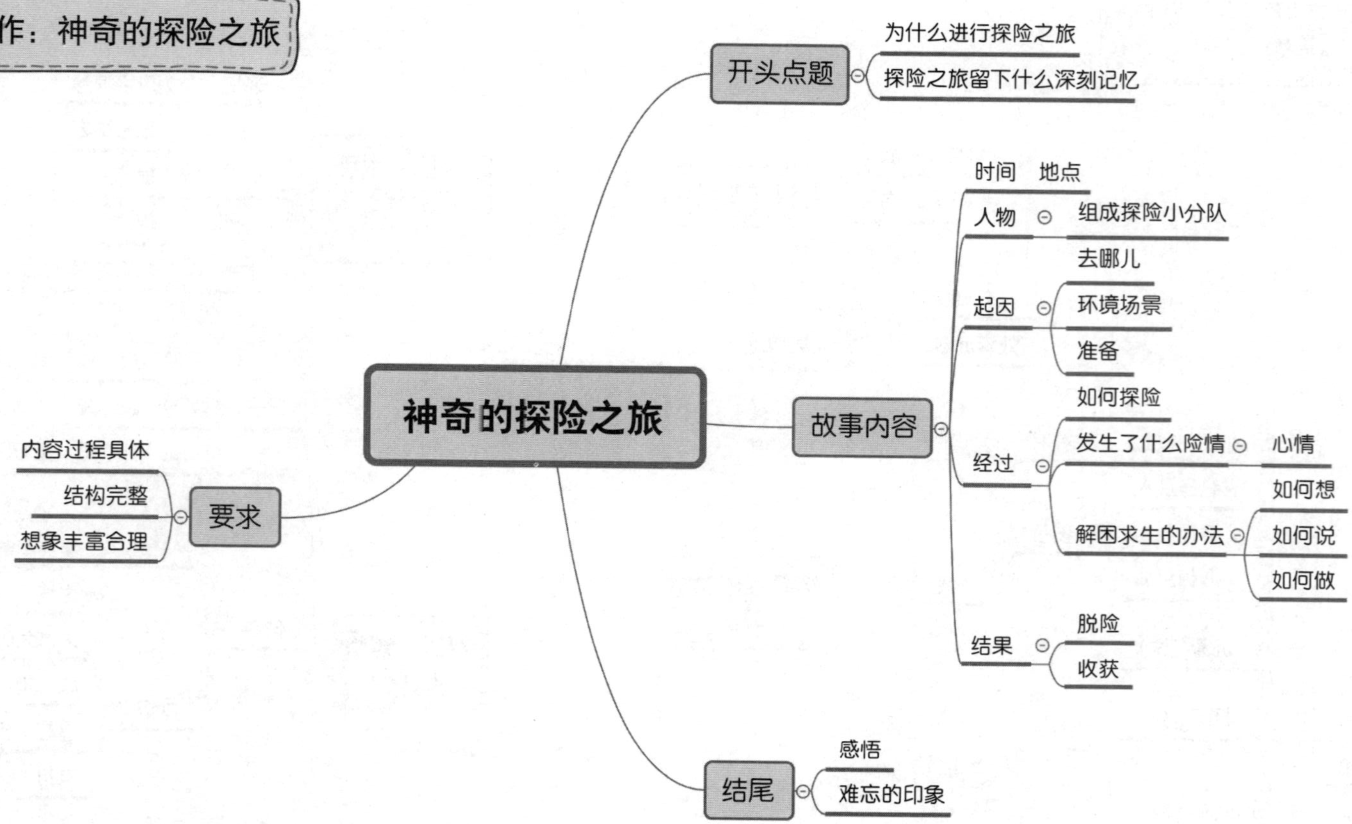
神奇的探险之旅
开头点题
为什么进行探险之旅
探险之旅留下什么深刻记忆
故事内容
时间　地点
人物
组成探险小分队
起因
去哪儿
环境场景
准备
经过
如何探险
发生了什么险情
心情
解困求生的办法
如何想
如何说
如何做
结果
脱险
收获
结尾
感悟
难忘的印象
要求
内容过程具体
结构完整
想象丰富合理

第六章 世界各地（七单元）

18. 威尼斯的小艇

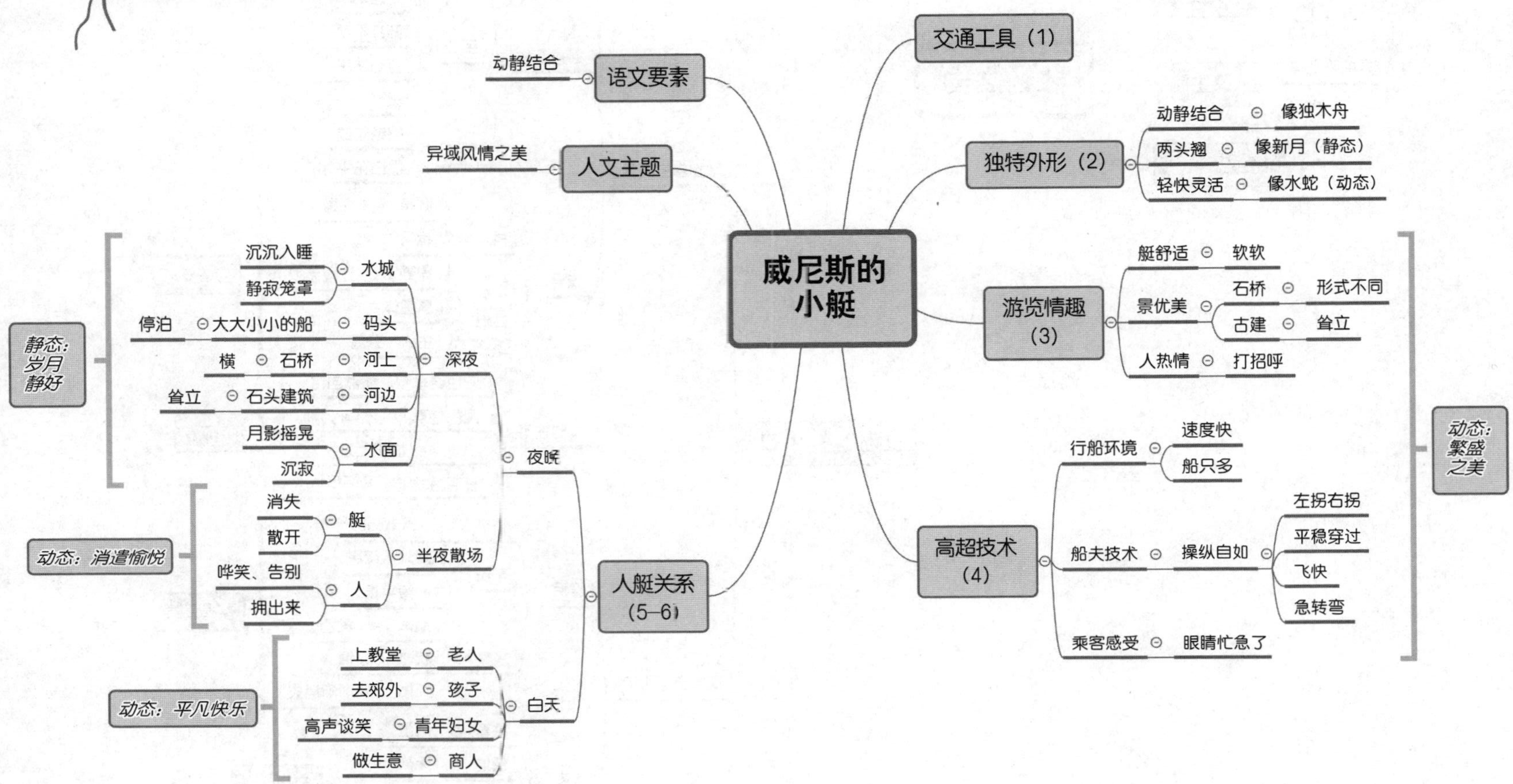

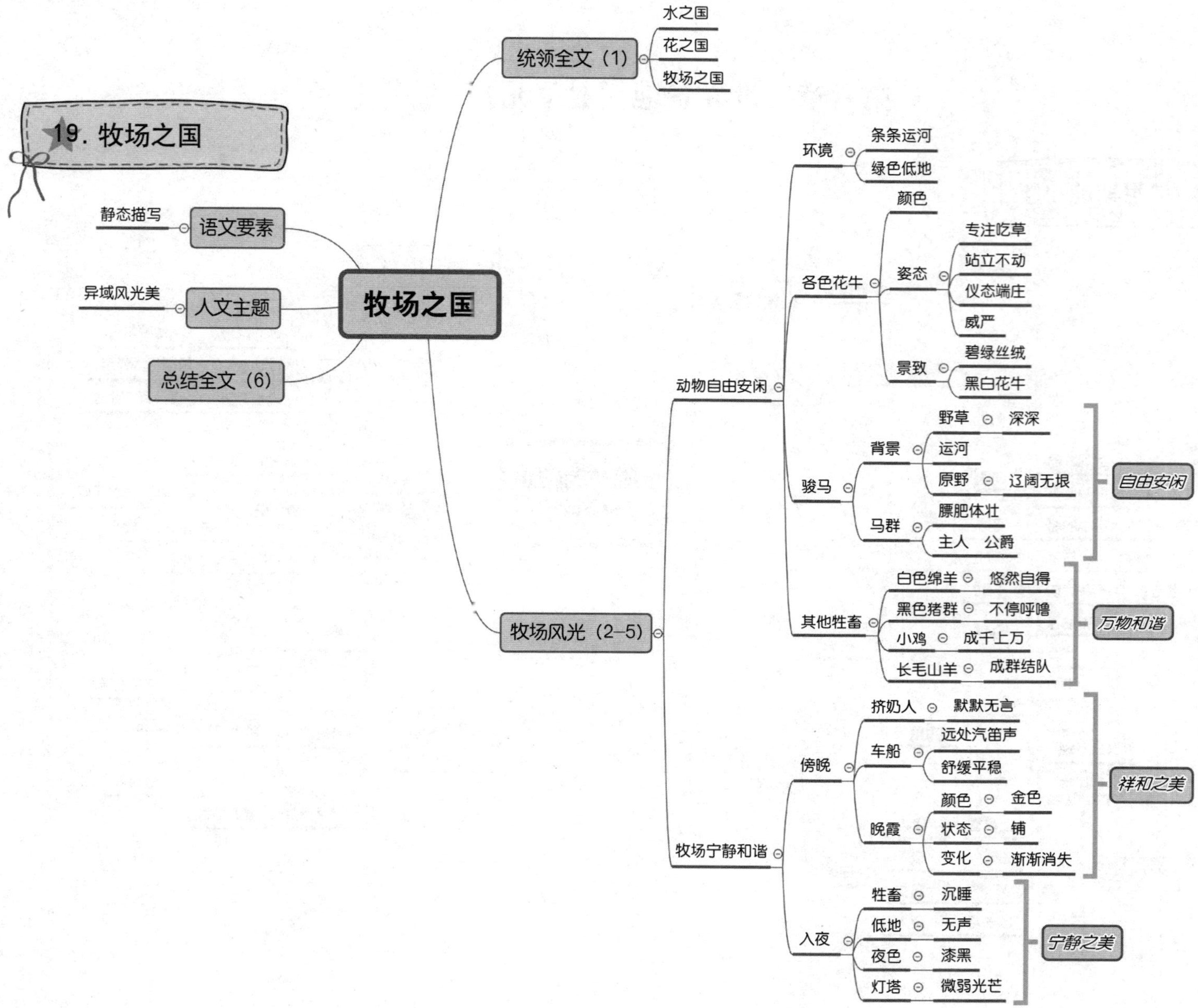
19. 牧场之国
牧场之国
语文要素
静态描写
人文主题
异域风光美
总结全文（6）
统领全文（1）
水之国
花之国
牧场之国
牧场风光（2–5）
动物自由安闲
环境
条条运河
绿色低地
各色花牛
颜色
姿态
专注吃草
站立不动
仪态端庄
威严
景致
碧绿丝绒
黑白花牛
骏马
背景
野草
深深
运河
原野
辽阔无垠
马群
膘肥体壮
主人
公爵
其他牲畜
白色绵羊
悠然自得
黑色猪群
不停呼噜
小鸡
成千上万
长毛山羊
成群结队
自由安闲
万物和谐
牧场宁静和谐
傍晚
挤奶人
默默无言
车船
远处汽笛声
舒缓平稳
晚霞
颜色
金色
状态
铺
变化
渐渐消失
入夜
牲畜
沉睡
低地
无声
夜色
漆黑
灯塔
微弱光芒
祥和之美
宁静之美

20. 金字塔

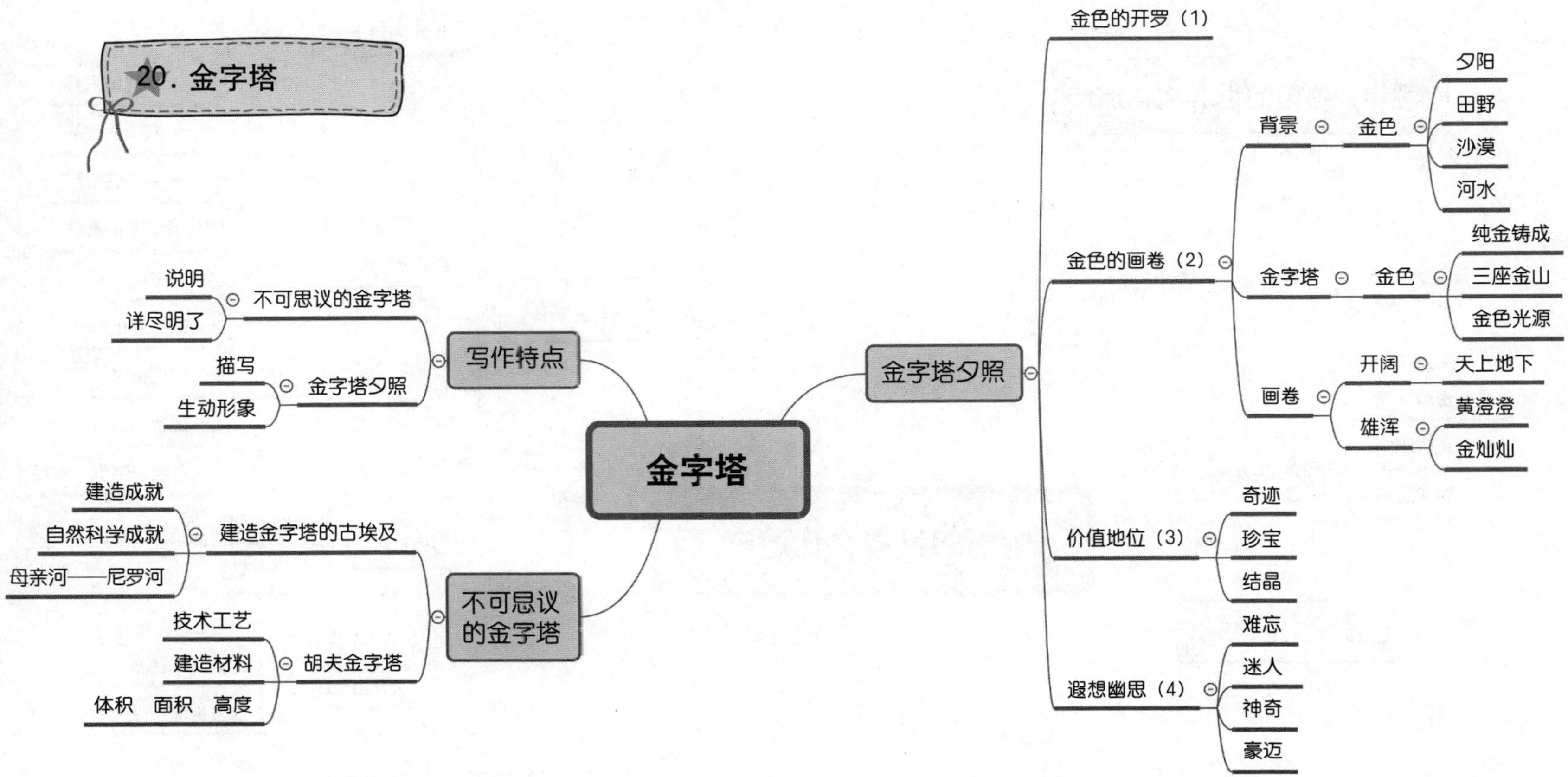
金字塔
写作特点
不可思议的金字塔
说明
详尽明了
金字塔夕照
描写
生动形象
不可思议的金字塔
建造金字塔的古埃及
建造成就
自然科学成就
母亲河——尼罗河
胡夫金字塔
技术工艺
建造材料
体积　面积　高度
金字塔夕照
金色的开罗（1）
金色的画卷（2）
背景
金色
夕阳
田野
沙漠
河水
金字塔
金色
纯金铸成
三座金山
金色光源
画卷
开阔
天上地下
雄浑
黄澄澄
金灿灿
价值地位（3）
奇迹
珍宝
结晶
遐想幽思（4）
难忘
迷人
神奇
豪迈

习作：中国的世界文化遗产

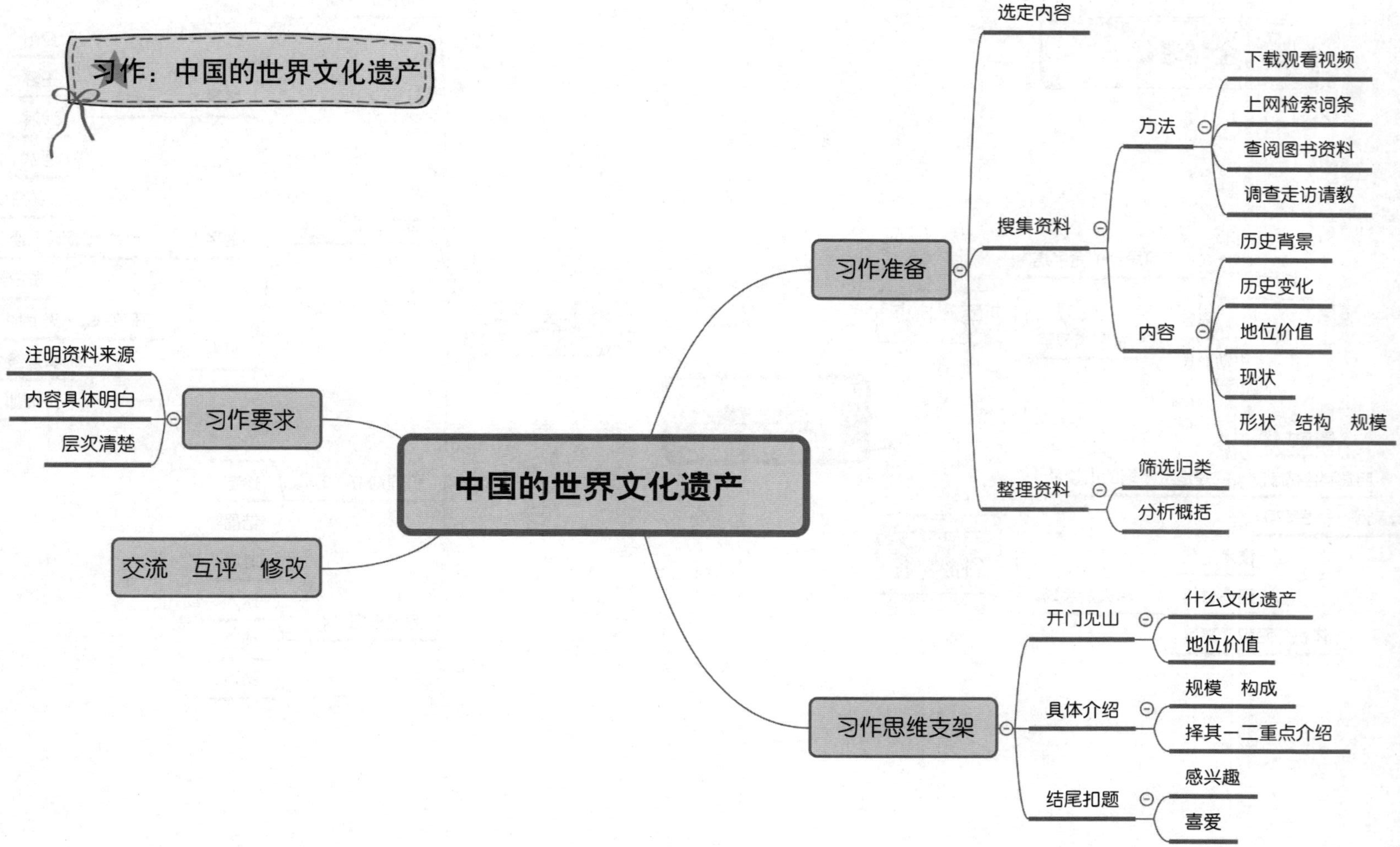

第七章 幽默与风趣（八单元）

21. 杨氏之子

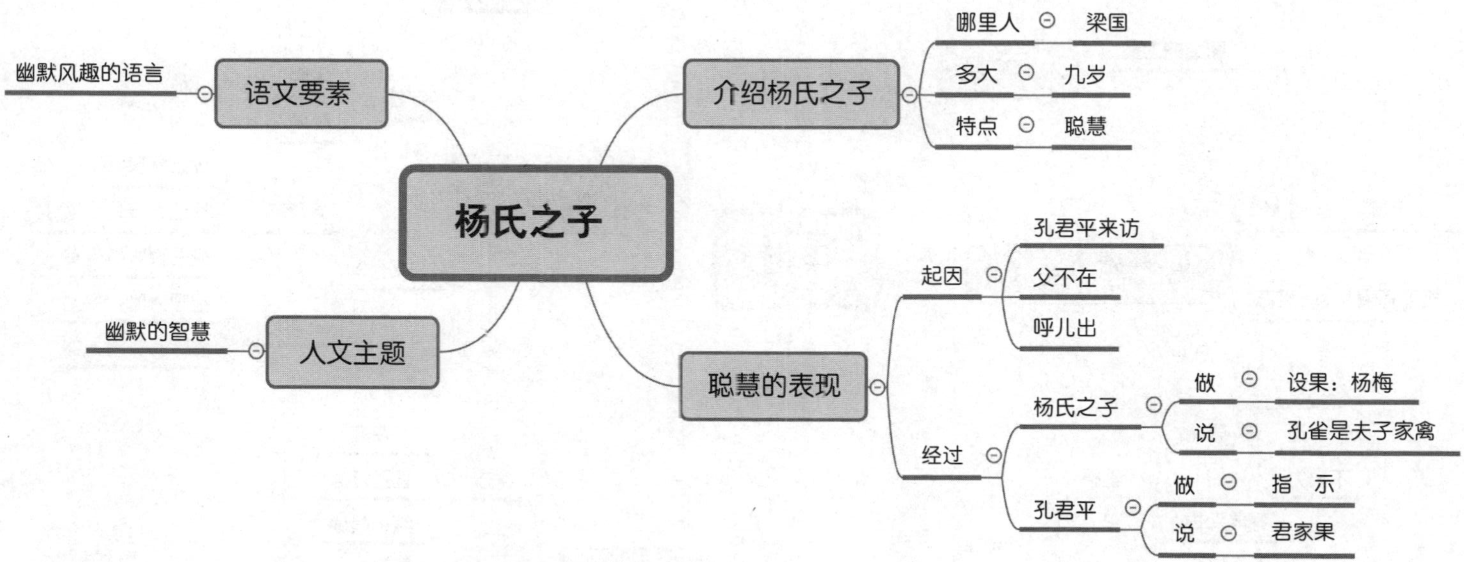

22. 手指

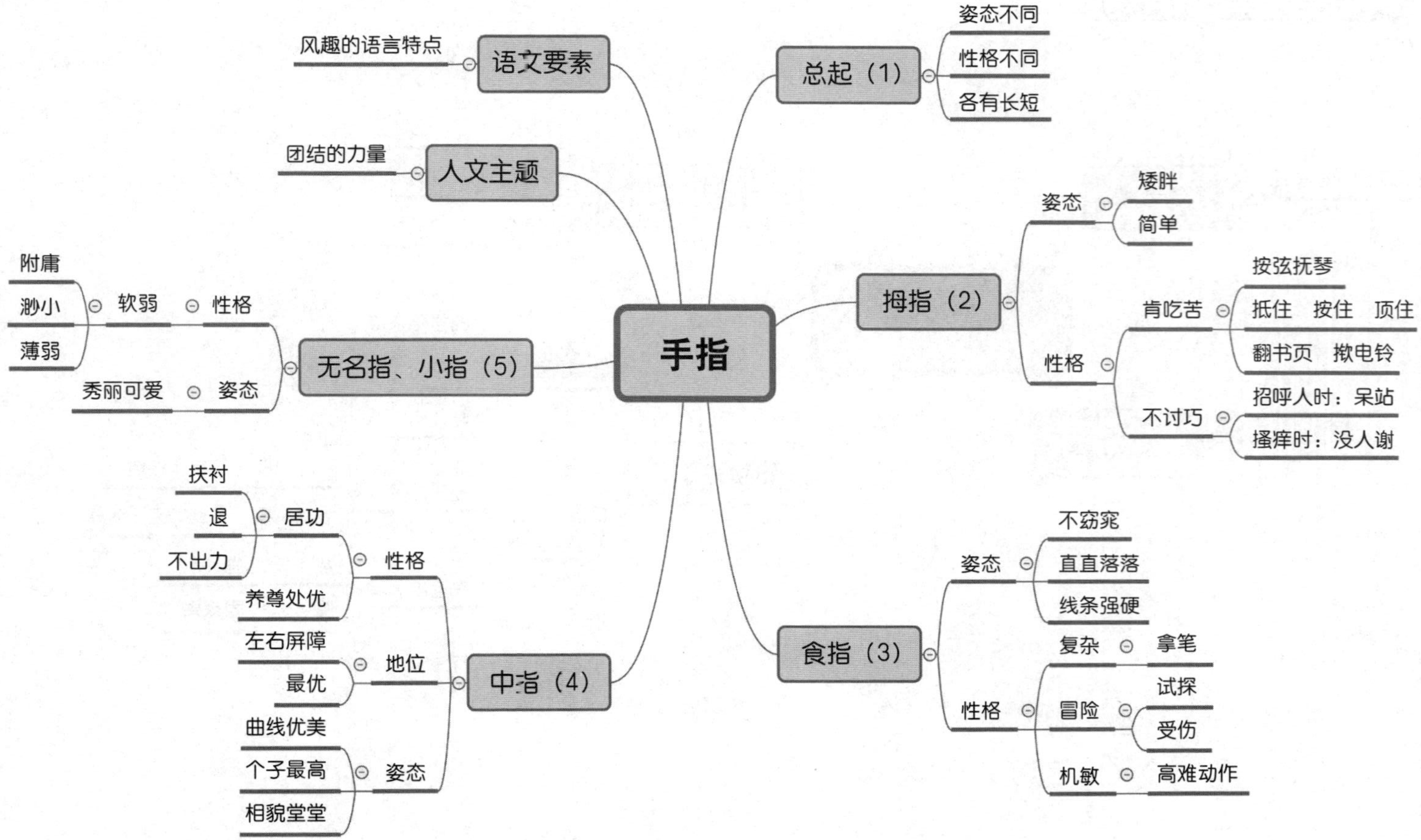
手指
语文要素
风趣的语言特点
人文主题
团结的力量
无名指、小指（5）
性格
软弱
附庸
渺小
薄弱
姿态
秀丽可爱
中指（4）
性格
居功
扶衬
退
不出力
养尊处优
地位
左右屏障
最优
姿态
曲线优美
个子最高
相貌堂堂
总起（1）
姿态不同
性格不同
各有长短
拇指（2）
姿态
矮胖
简单
性格
肯吃苦
按弦抚琴
抵住 按住 顶住
翻书页 揿电铃
不讨巧
招呼人时：呆站
搔痒时：没人谢
食指（3）
姿态
不窈窕
直直落落
线条强硬
性格
复杂
拿笔
冒险
试探
受伤
机敏
高难动作

23. 童年的发现

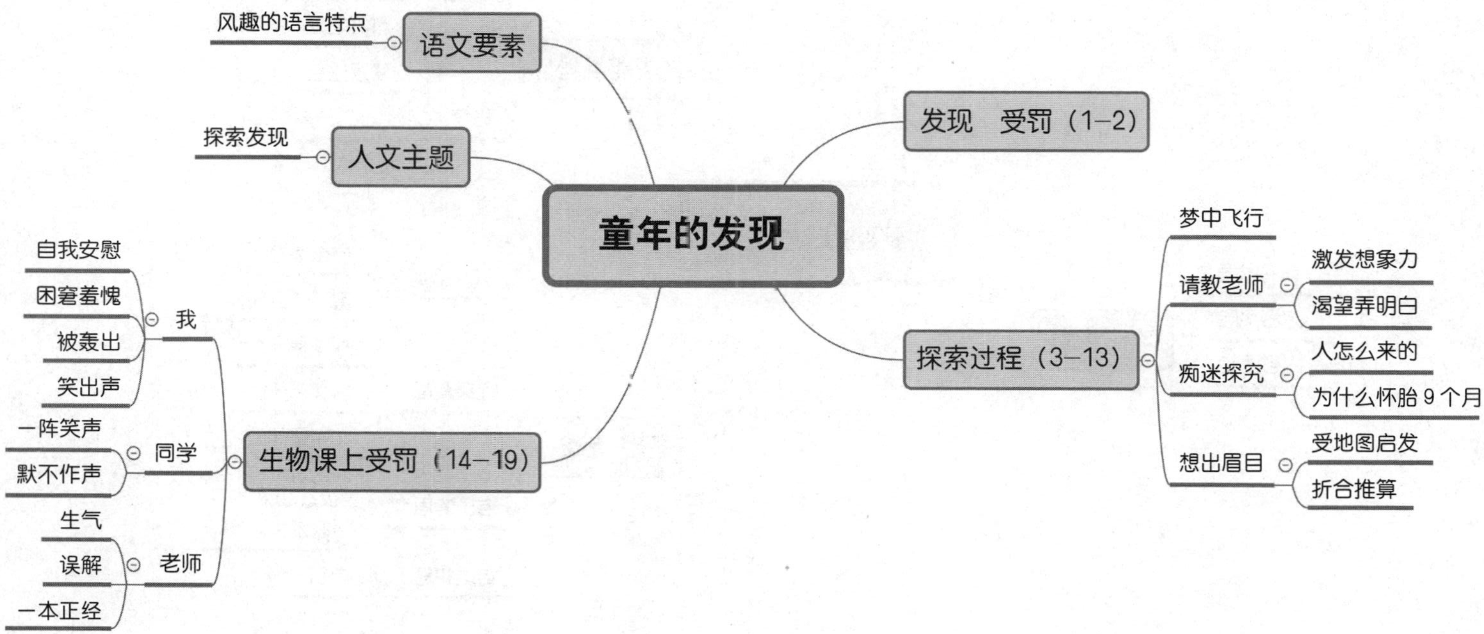
童年的发现
语文要素
风趣的语言特点
人文主题
探索发现
生物课上受罚（14—19）
我
自我安慰
困窘羞愧
被轰出
笑出声
同学
一阵笑声
默不作声
老师
生气
误解
一本正经
发现　受罚（1—2）
探索过程（3—13）
梦中飞行
请教老师
激发想象力
渴望弄明白
痴迷探究
人怎么来的
为什么怀胎 9 个月
想出眉目
受地图启发
折合推算

习作：漫画的启示

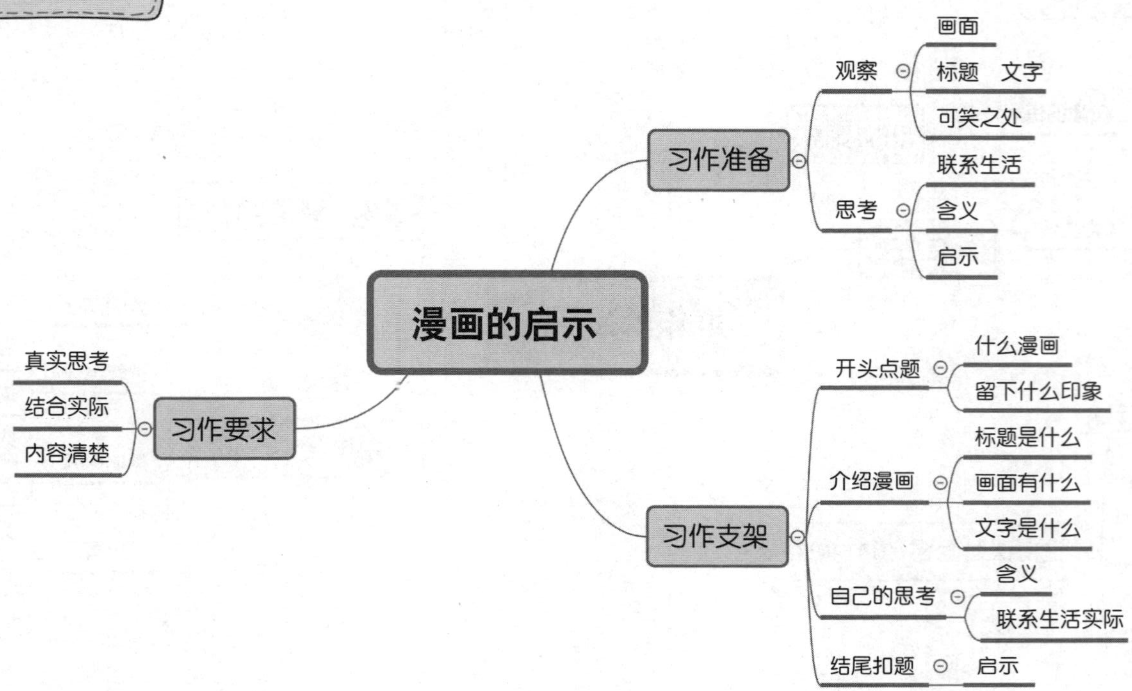

漫画的启示
习作准备
观察
画面
标题　文字
可笑之处
思考
联系生活
含义
启示
习作支架
开头点题
什么漫画
留下什么印象
介绍漫画
标题是什么
画面有什么
文字是什么
自己的思考
含义
联系生活实际
结尾扣题
启示
习作要求
真实思考
结合实际
内容清楚

第五部分

六年级下册

第一章　民风民俗（一单元）

1. 北京的春节

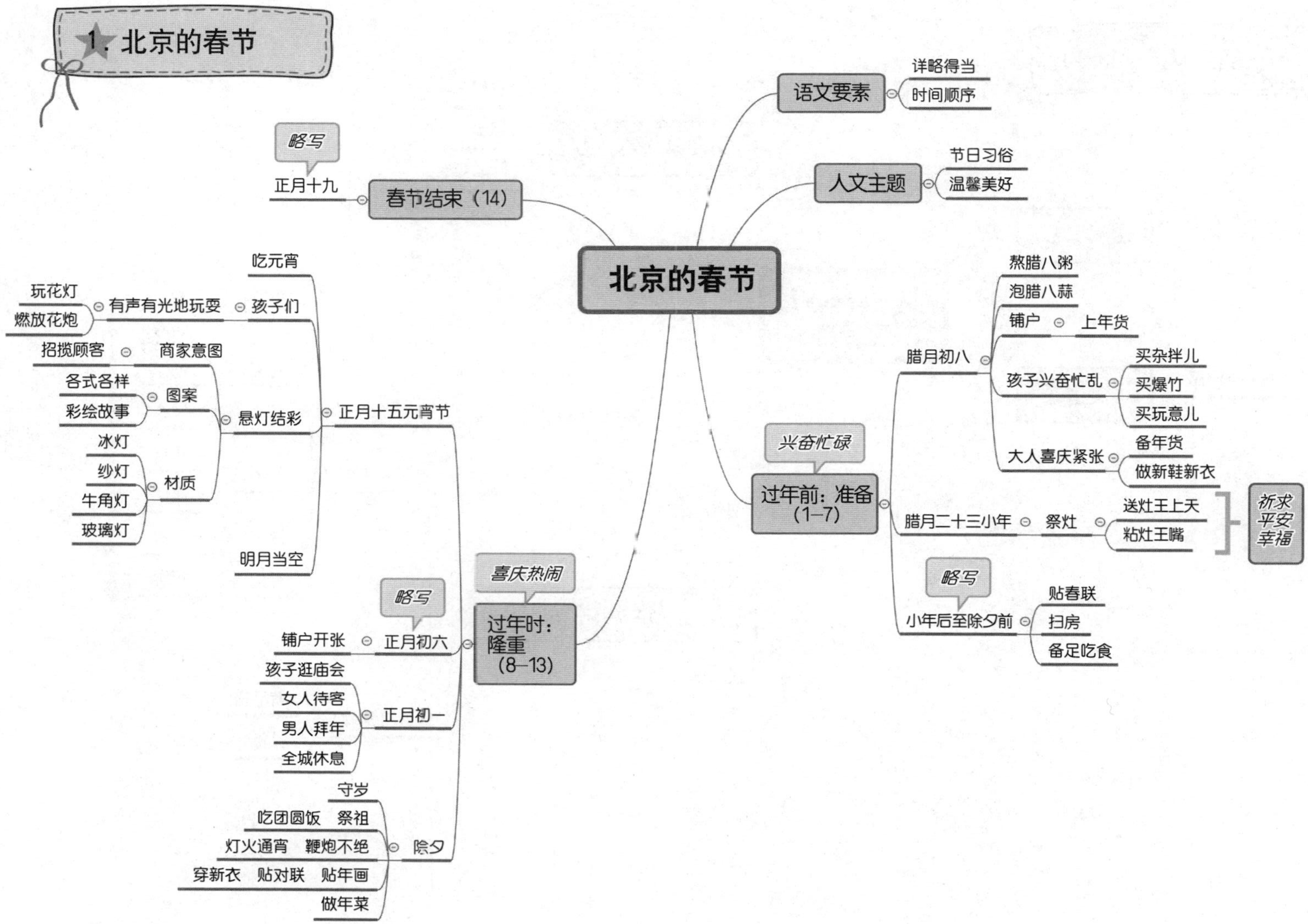

2. 腊八粥

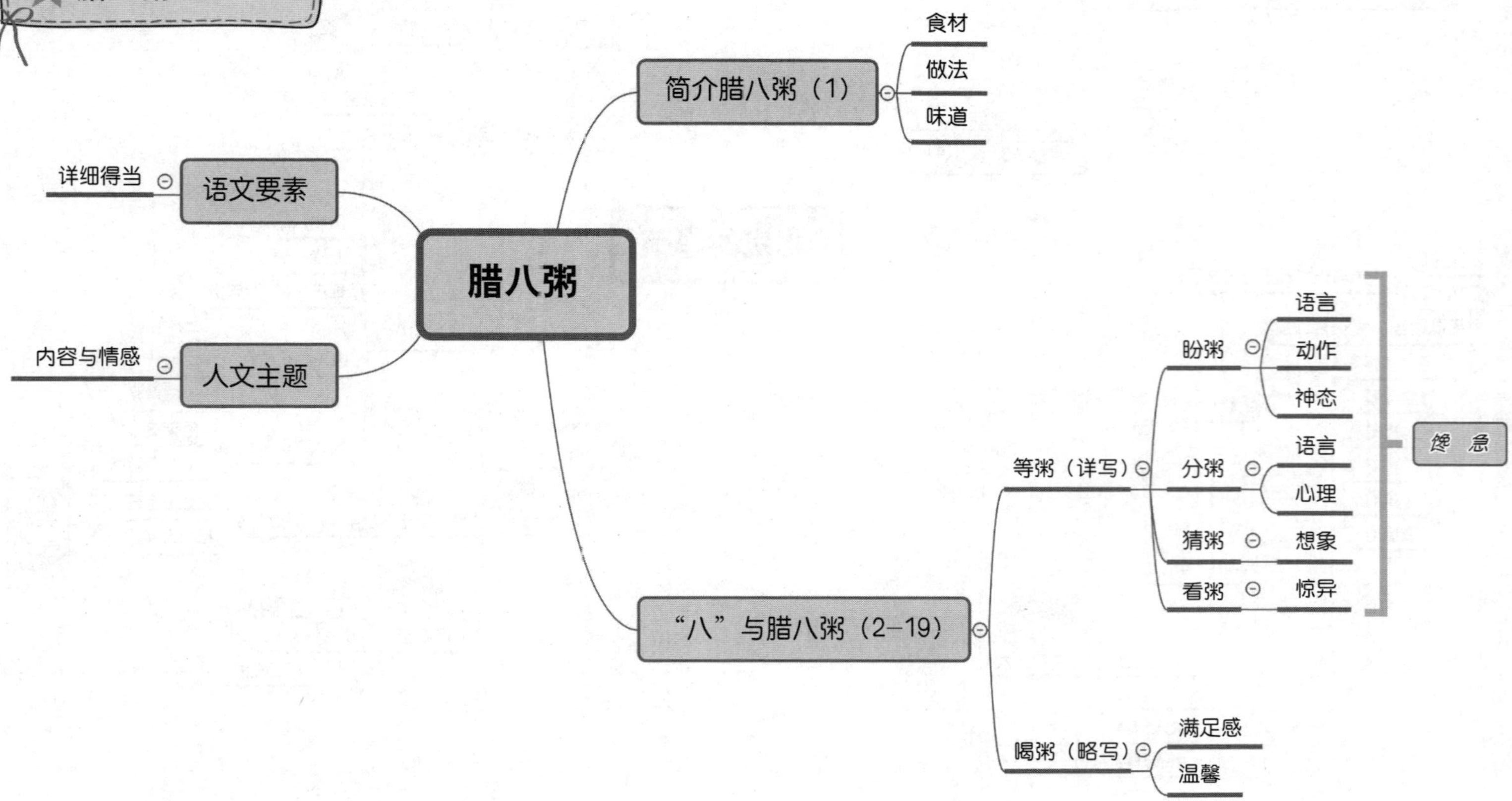
腊八粥
语文要素
详细得当
人文主题
内容与情感
简介腊八粥（1）
食材
做法
味道
“八”与腊八粥（2–19）
等粥（详写）
盼粥
语言
动作
神态
分粥
语言
心理
猜粥
想象
看粥
惊异
馋 急
喝粥（略写）
满足感
温馨

3. 古诗三首

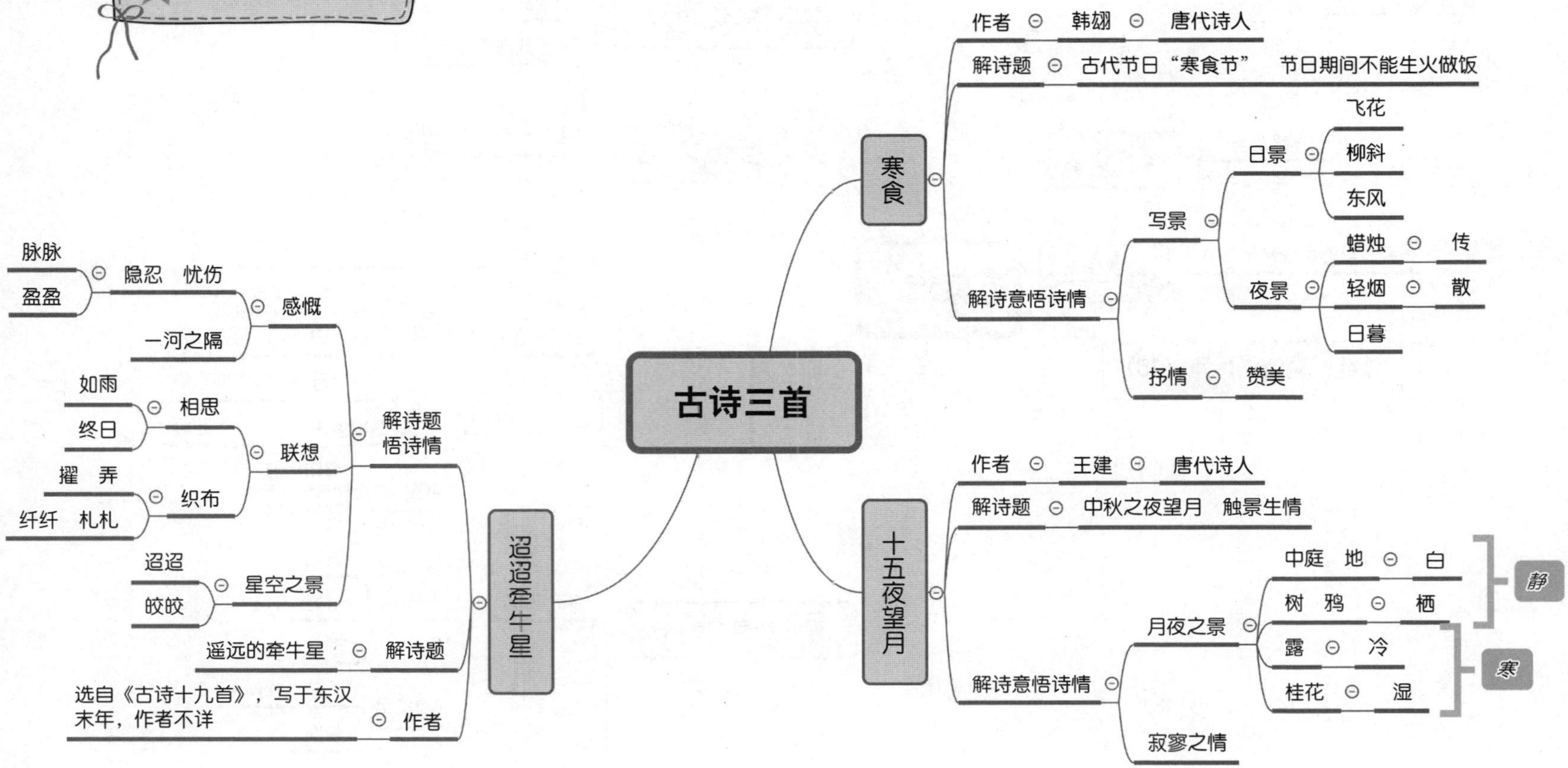
古诗三首
寒食
作者
韩翃
唐代诗人
解诗题
古代节日“寒食节”
节日期间不能生火做饭
解诗意悟诗情
写景
日景
飞花
柳斜
东风
夜景
蜡烛
传
轻烟
散
日暮
抒情
赞美
十五夜望月
作者
王建
唐代诗人
解诗题
中秋之夜望月
触景生情
解诗意悟诗情
月夜之景
中庭 地
白
树 鸦
栖
静
露
冷
桂花
湿
寒
寂寥之情
迢迢牵牛星
解诗题
悟诗情
感慨
隐忍 忧伤
脉脉
盈盈
一河之隔
联想
相思
如雨
终日
织布
擢 弄
纤纤 札札
星空之景
迢迢
皎皎
解诗题
遥远的牵牛星
作者
选自《古诗十九首》，写于东汉末年，作者不详

4. 藏戏

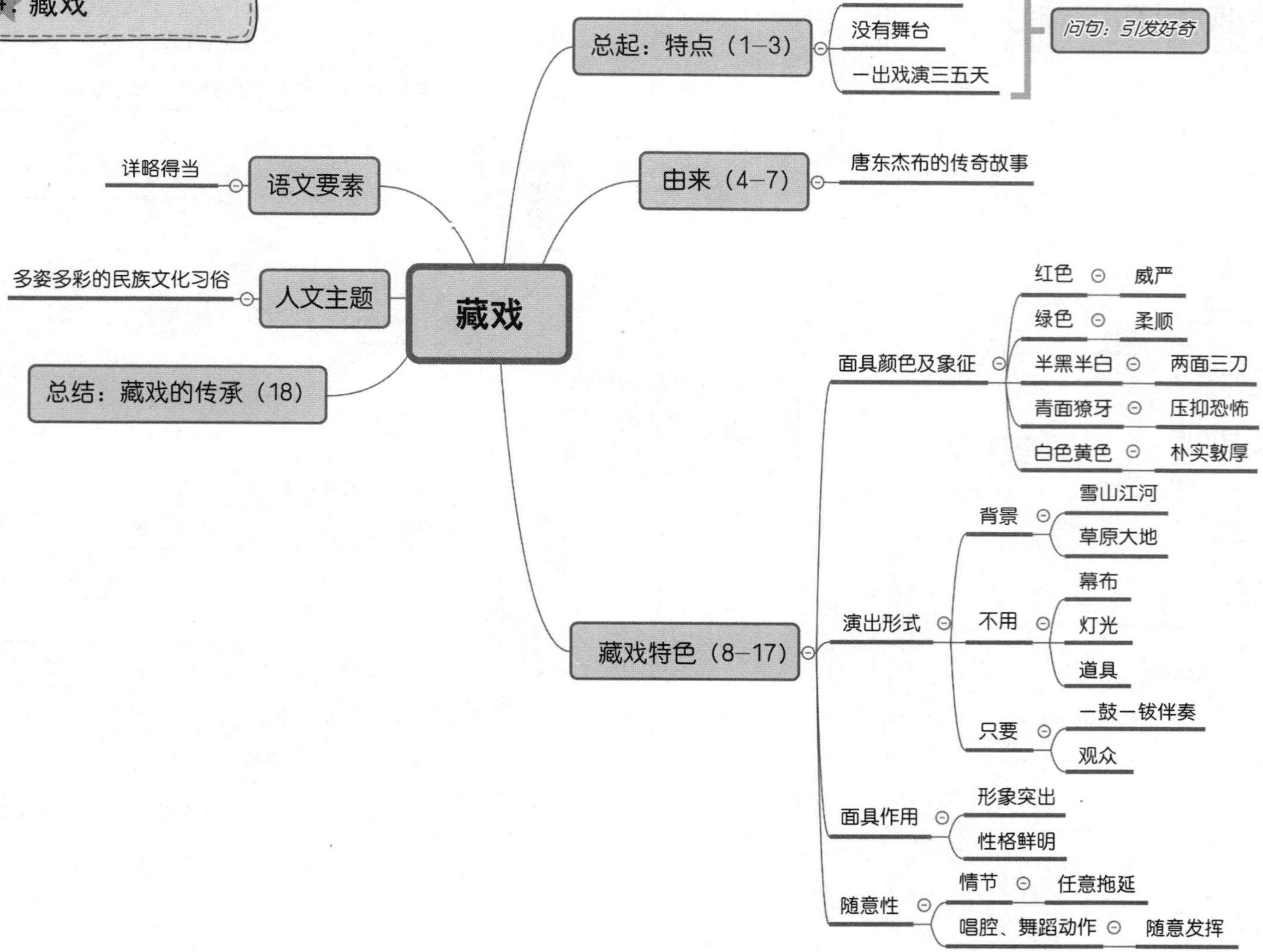
藏戏
总起：特点（1–3）
戴面具演出
没有舞台
一出戏演三五天
问句：引发好奇
由来（4–7）
唐东杰布的传奇故事
藏戏特色（8–17）
面具颜色及象征
红色
威严
绿色
柔顺
半黑半白
两面三刀
青面獠牙
压抑恐怖
白色黄色
朴实敦厚
演出形式
背景
雪山江河
草原大地
不用
幕布
灯光
道具
只要
一鼓一钹伴奏
观众
面具作用
形象突出
性格鲜明
随意性
情节
任意拖延
唱腔、舞蹈动作
随意发挥
语文要素
详略得当
人文主题
多姿多彩的民族文化习俗
总结：藏戏的传承（18）

习作：家乡的风俗

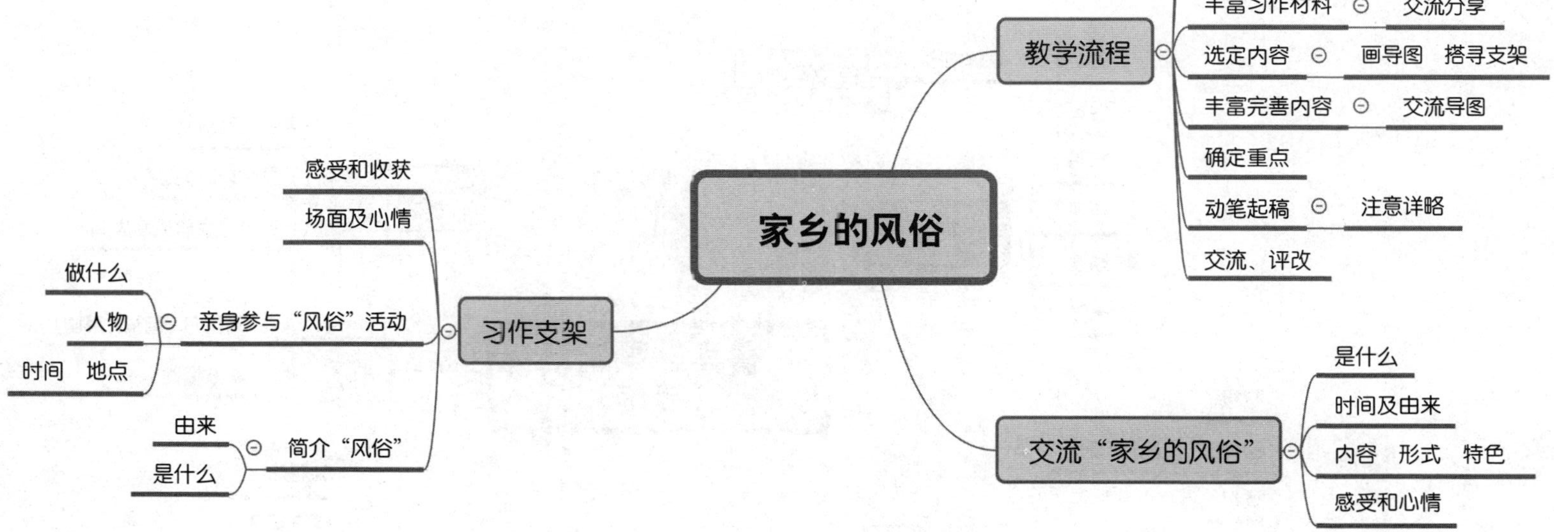
家乡的风俗
教学流程
解题
收集习作材料
回忆
查阅
访谈
丰富习作材料
交流分享
选定内容
画导图　搭寻支架
丰富完善内容
交流导图
确定重点
动笔起稿
注意详略
交流、评改
交流“家乡的风俗”
是什么
时间及由来
内容　形式　特色
感受和心情
习作支架
感受和收获
场面及心情
亲身参与“风俗”活动
做什么
人物
时间　地点
简介“风俗”
由来
是什么

第二章　外国文学名著（二单元）

5. 鲁宾逊漂流记（节选）

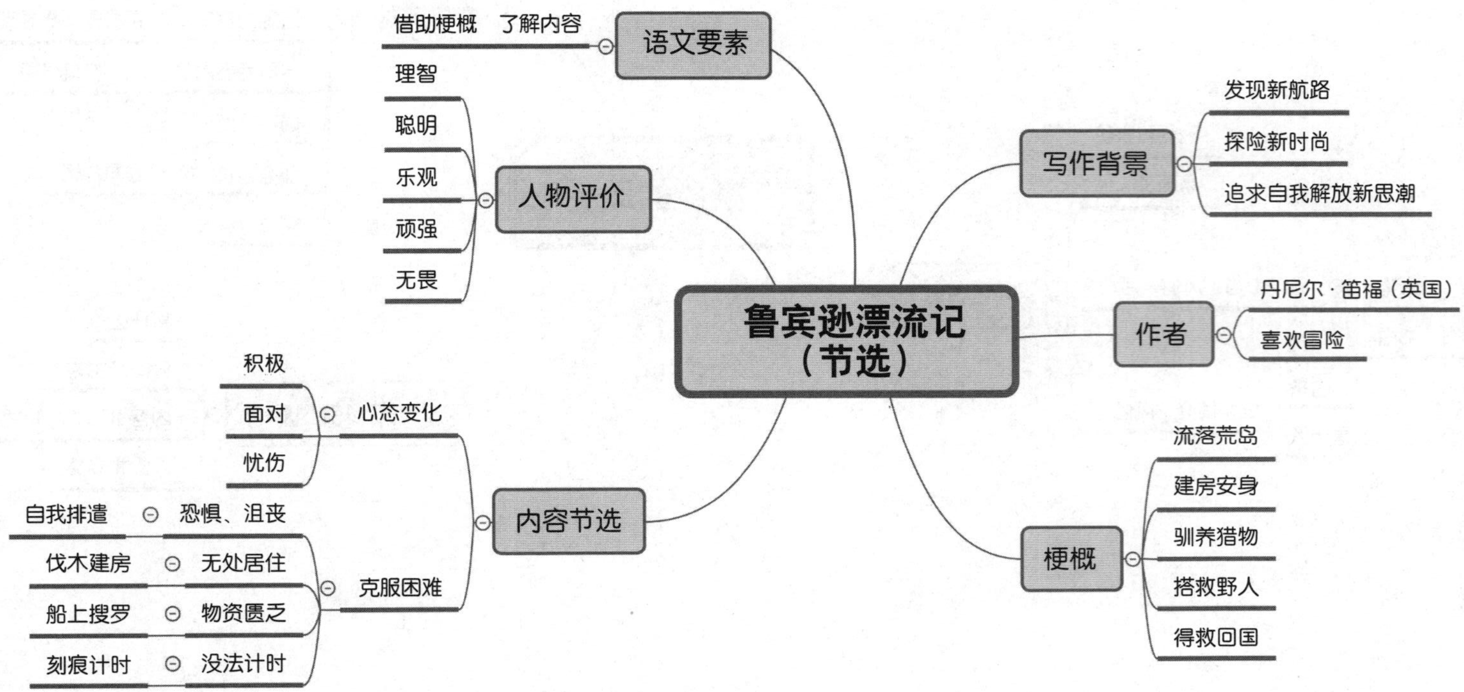

6. 骑鹅旅行记（节选）

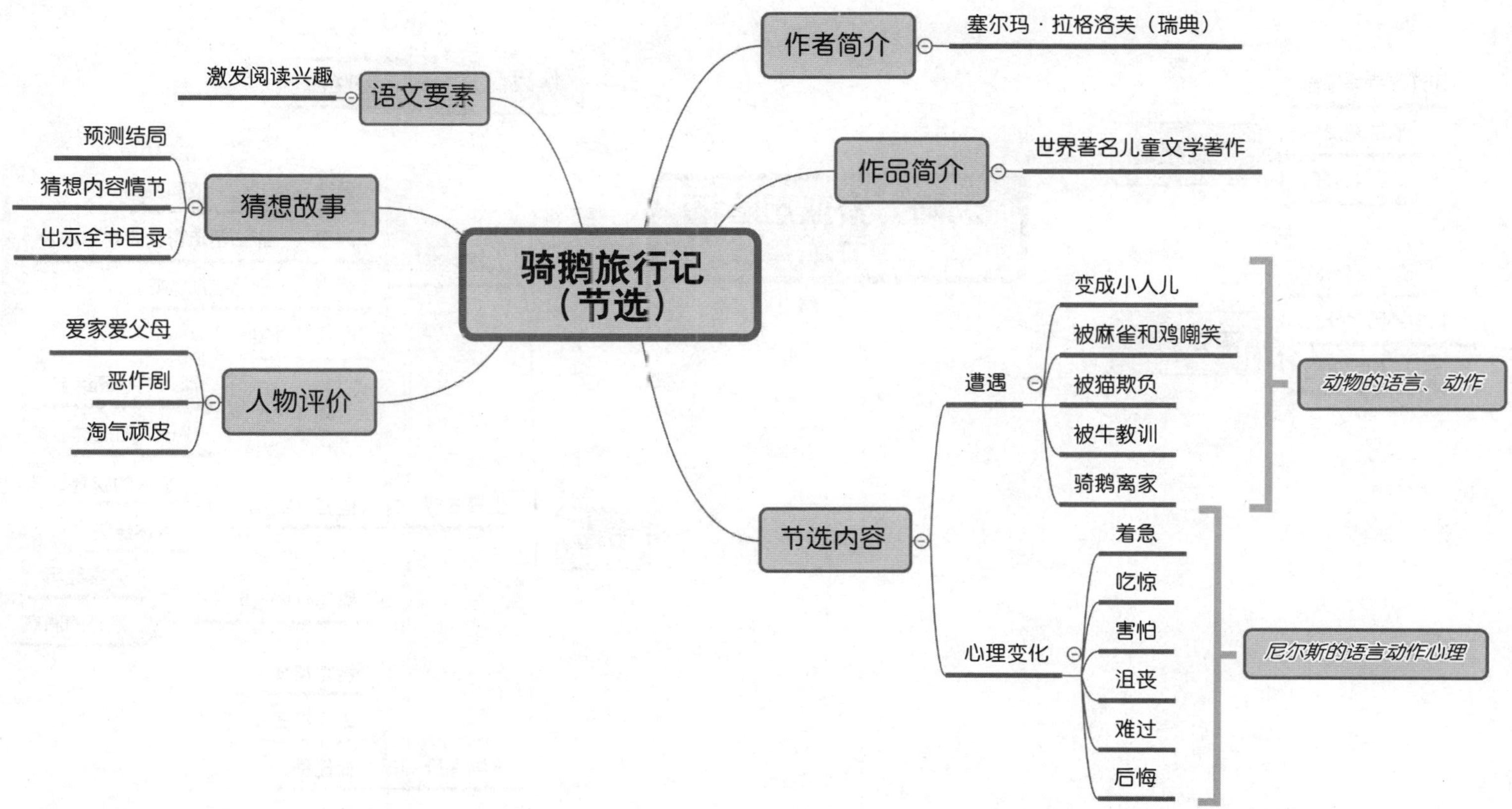
骑鹅旅行记（节选）
语文要素
激发阅读兴趣
猜想故事
预测结局
猜想内容情节
出示全书目录
人物评价
爱家爱父母
恶作剧
淘气顽皮
作者简介
塞尔玛 · 拉格洛芙（瑞典）
作品简介
世界著名儿童文学著作
节选内容
遭遇
变成小人儿
被麻雀和鸡嘲笑
被猫欺负
被牛教训
骑鹅离家
动物的语言、动作
心理变化
着急
吃惊
害怕
沮丧
难过
后悔
尼尔斯的语言动作心理

7. 汤姆·索亚历险记（节选）

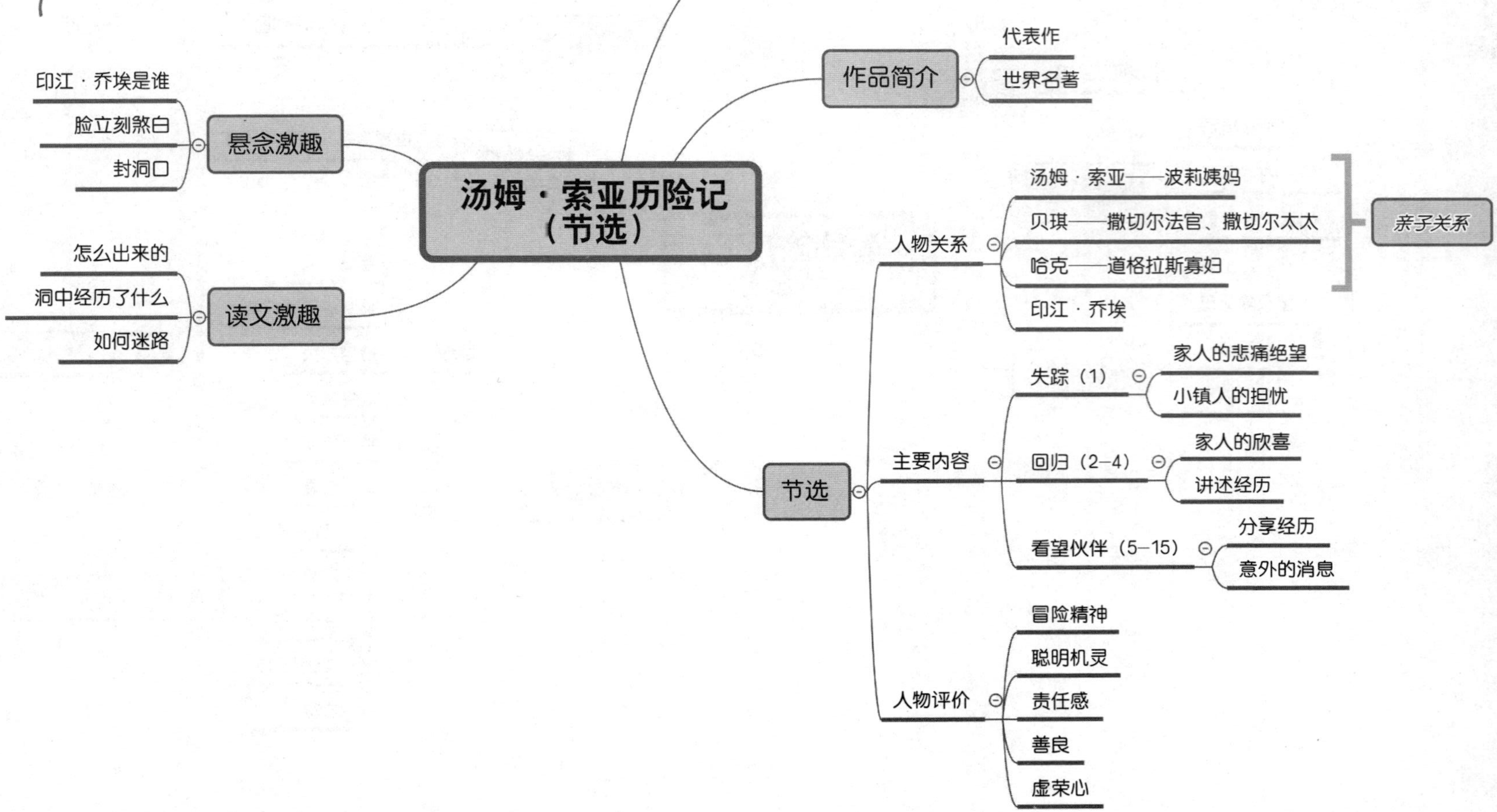
汤姆·索亚历险记（节选）
作者
马克·吐温（美国）
作品简介
代表作
世界名著
节选
人物关系
汤姆·索亚——波莉姨妈
贝琪——撒切尔法官、撒切尔太太
哈克——道格拉斯寡妇
印江·乔埃
亲子关系
主要内容
失踪（1）
家人的悲痛绝望
小镇人的担忧
回归（2–4）
家人的欣喜
讲述经历
看望伙伴（5–15）
分享经历
意外的消息
人物评价
冒险精神
聪明机灵
责任感
善良
虚荣心
悬念激趣
印江·乔埃是谁
脸立刻煞白
封洞口
读文激趣
怎么出来的
洞中经历了什么
如何迷路

习作：写作品梗概

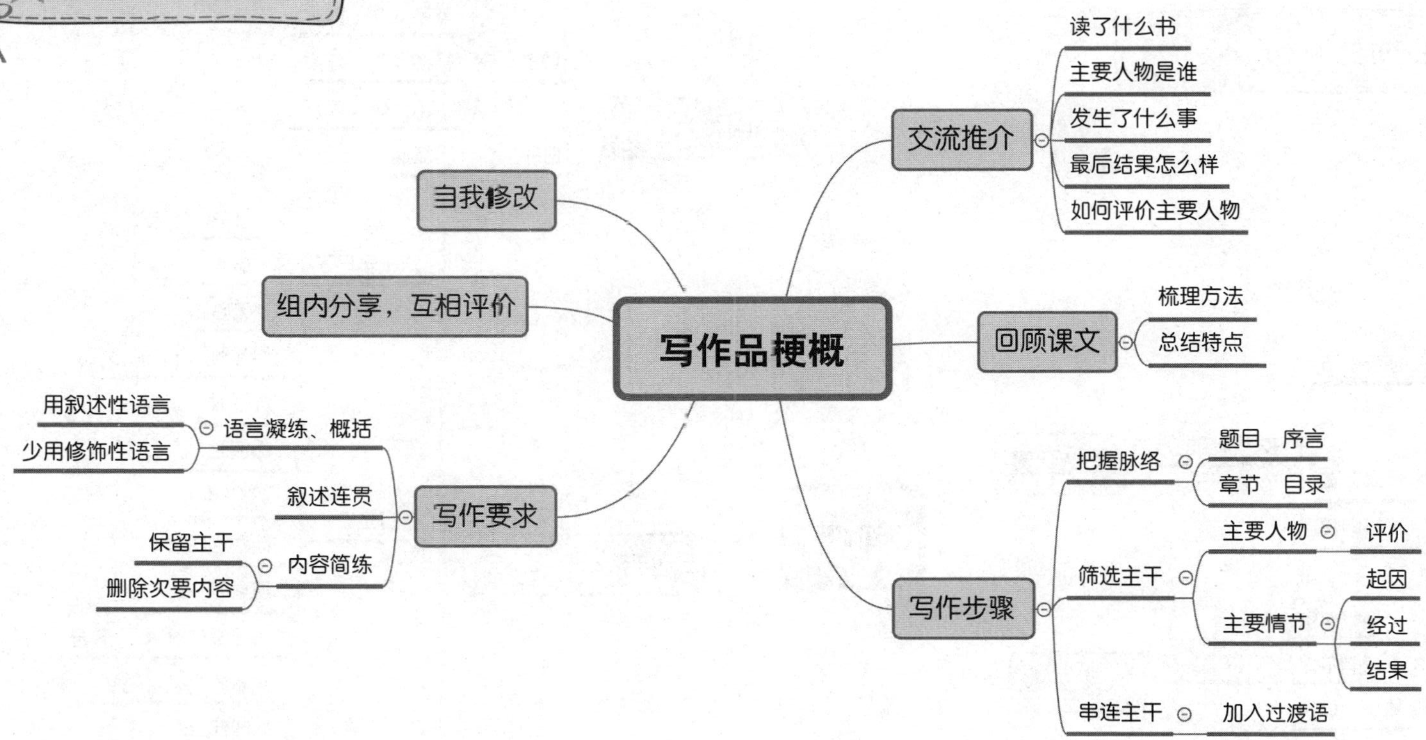
写作品梗概
交流推介
读了什么书
主要人物是谁
发生了什么事
最后结果怎么样
如何评价主要人物
回顾课文
梳理方法
总结特点
写作步骤
把握脉络
题目　序言
章节　目录
筛选主干
主要人物
评价
主要情节
起因
经过
结果
串连主干
加入过渡语
自我修改
组内分享，互相评价
写作要求
语言凝练、概括
用叙述性语言
少用修饰性语言
叙述连贯
内容简练
保留主干
删除次要内容

第三章　习作（三单元）

8. 匆匆

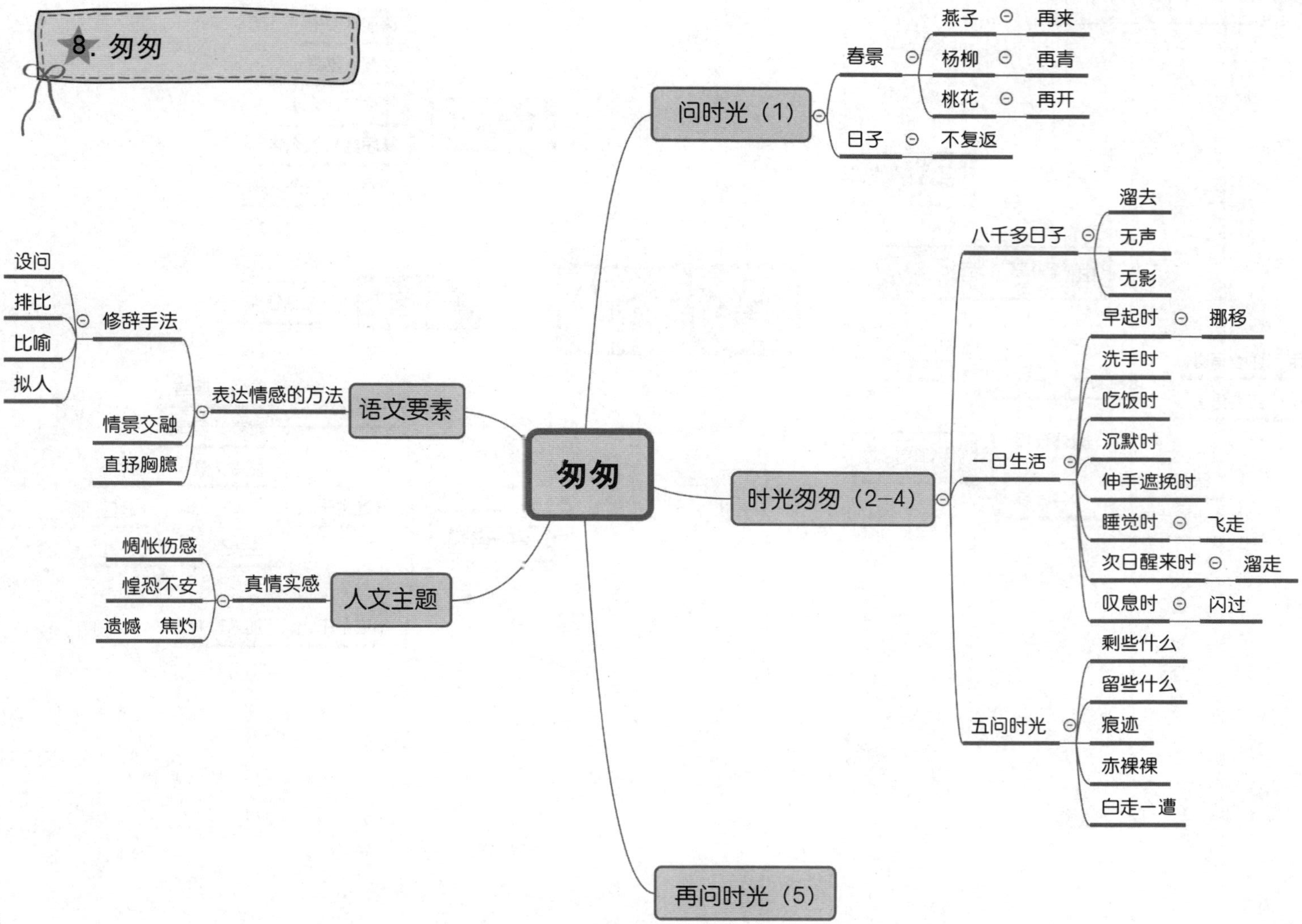

9. 那个星期天

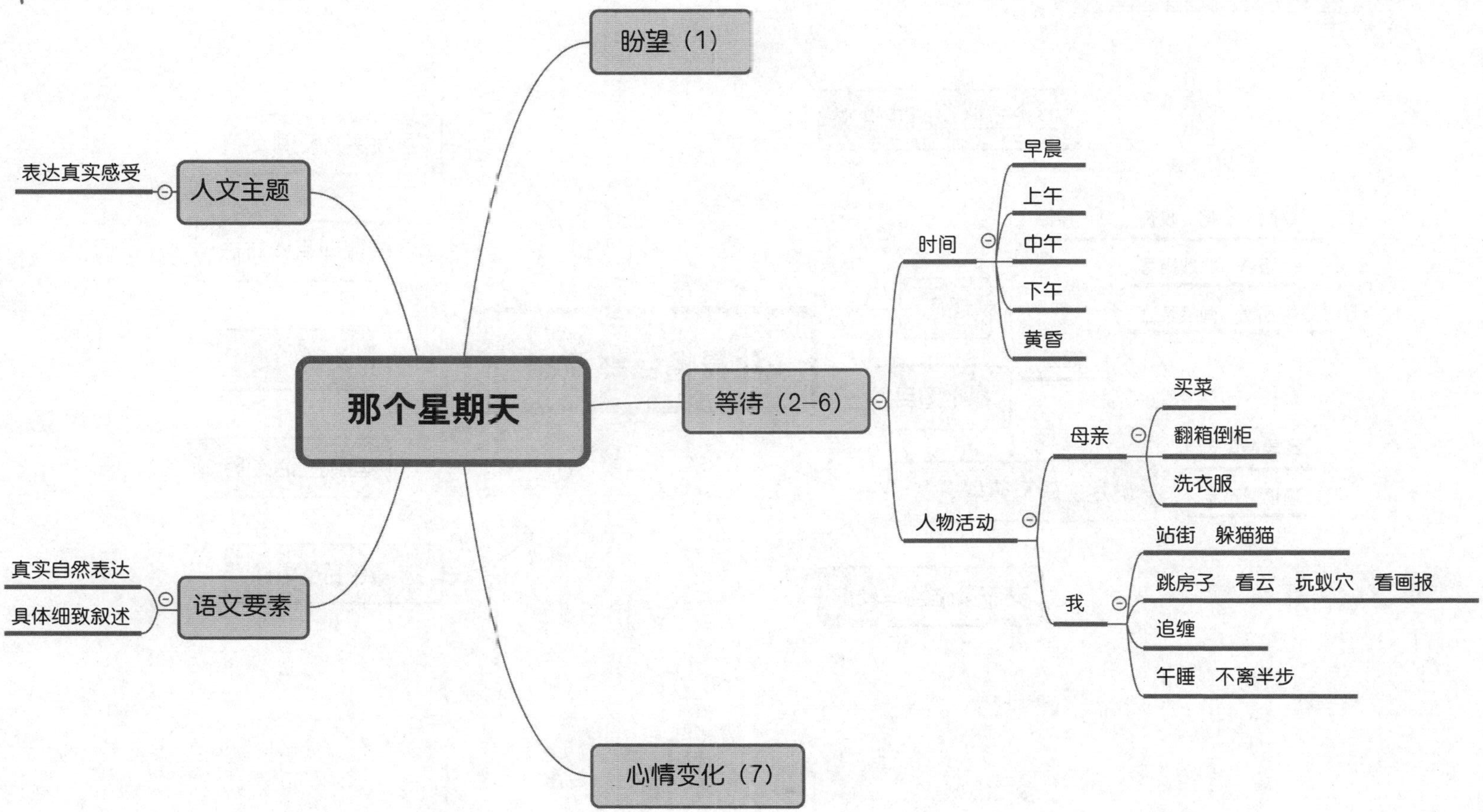
那个星期天
人文主题
表达真实感受
语文要素
真实自然表达
具体细致叙述
盼望（1）
等待（2–6）
时间
早晨
上午
中午
下午
黄昏
人物活动
母亲
买菜
翻箱倒柜
洗衣服
我
站街 躲猫猫
跳房子 看云 玩蚁穴 看画报
追缠
午睡 不离半步
心情变化（7）

习作：让真情自然流露

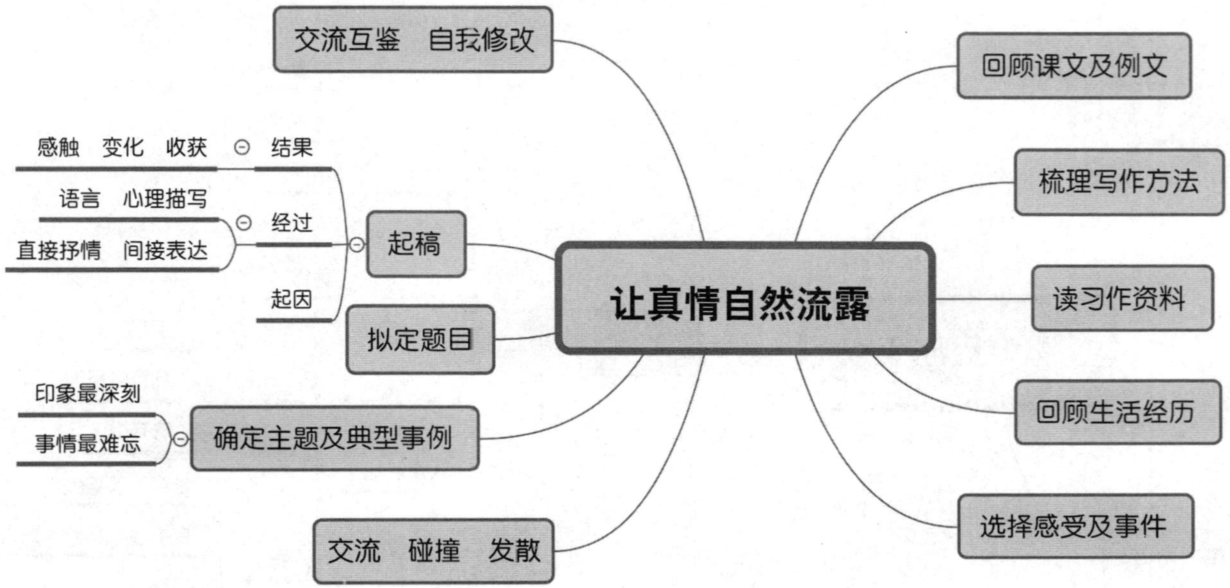
让真情自然流露
回顾课文及例文
梳理写作方法
读习作资料
回顾生活经历
选择感受及事件
交流 碰撞 发散
确定主题及典型事例
印象最深刻
事情最难忘
拟定题目
起稿
起因
经过
语言 心理描写
直接抒情 间接表达
结果
感触 变化 收获
交流互鉴 自我修改

第四章　理想和信念（四单元）

10. 古诗三首

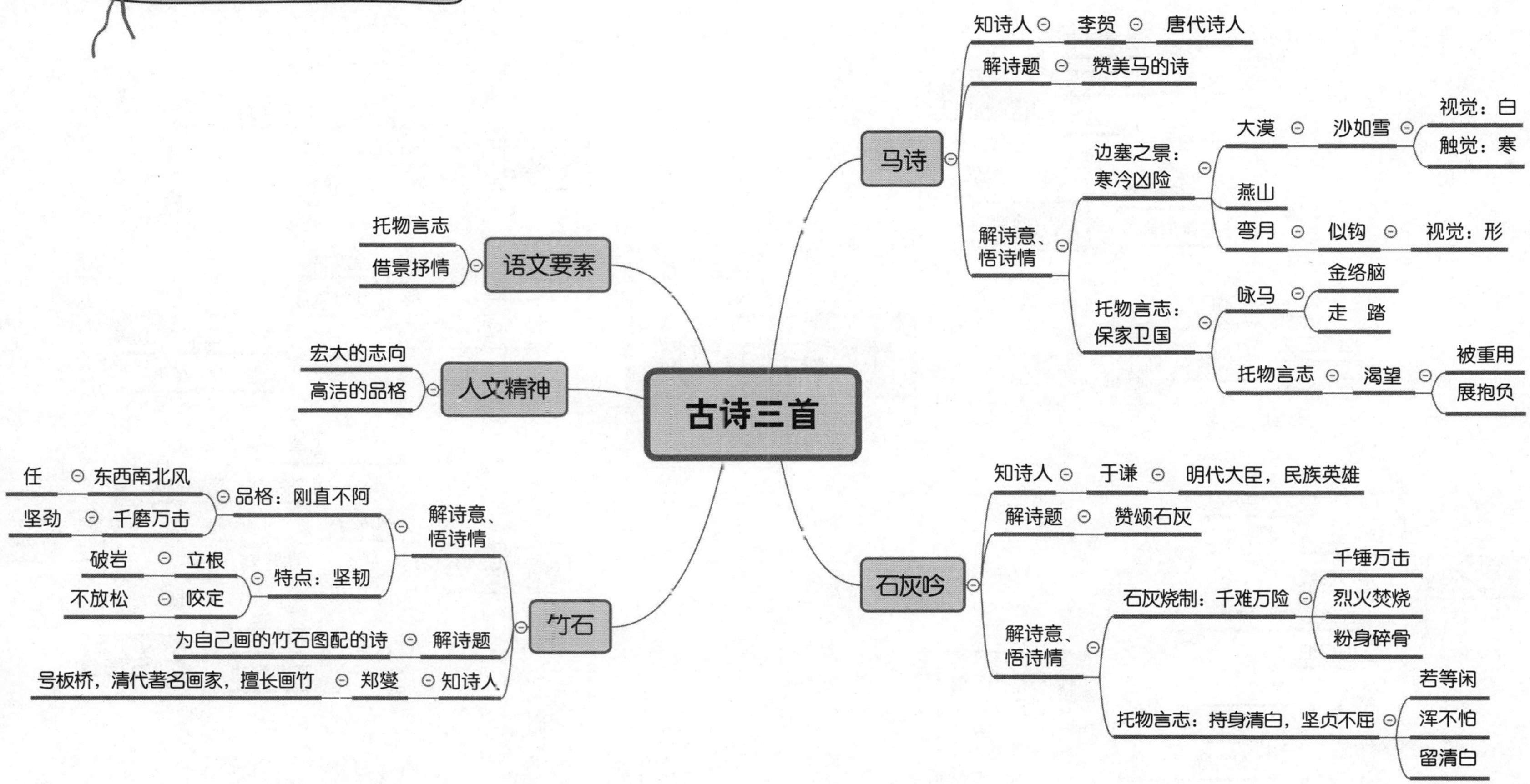

11. 十六年前的回忆

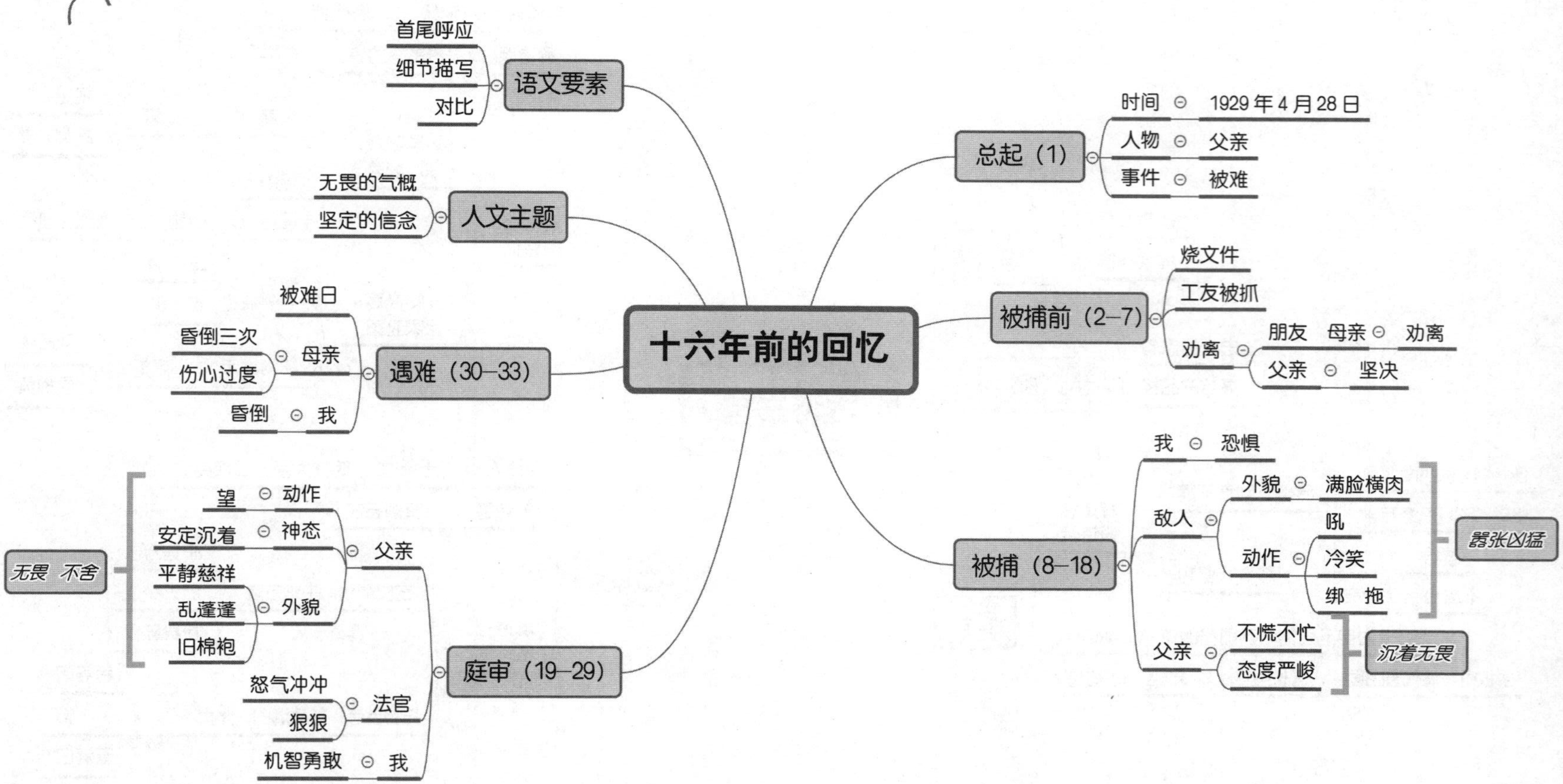
十六年前的回忆
语文要素
首尾呼应
细节描写
对比
人文主题
无畏的气概
坚定的信念
遇难（30–33）
被难日
母亲
昏倒三次
伤心过度
我
昏倒
庭审（19–29）
父亲
动作
望
神态
安定沉着
外貌
平静慈祥
乱蓬蓬
旧棉袍
法官
怒气冲冲
狠狠
我
机智勇敢
无畏 不舍
总起（1）
时间
1929年4月28日
人物
父亲
事件
被难
被捕前（2–7）
烧文件
工友被抓
劝离
朋友
母亲
劝离
父亲
坚决
被捕（8–18）
我
恐惧
敌人
外貌
满脸横肉
动作
吼
冷笑
绑 拖
嚣张凶猛
父亲
不慌不忙
态度严峻
沉着无畏

12. 为人民服务

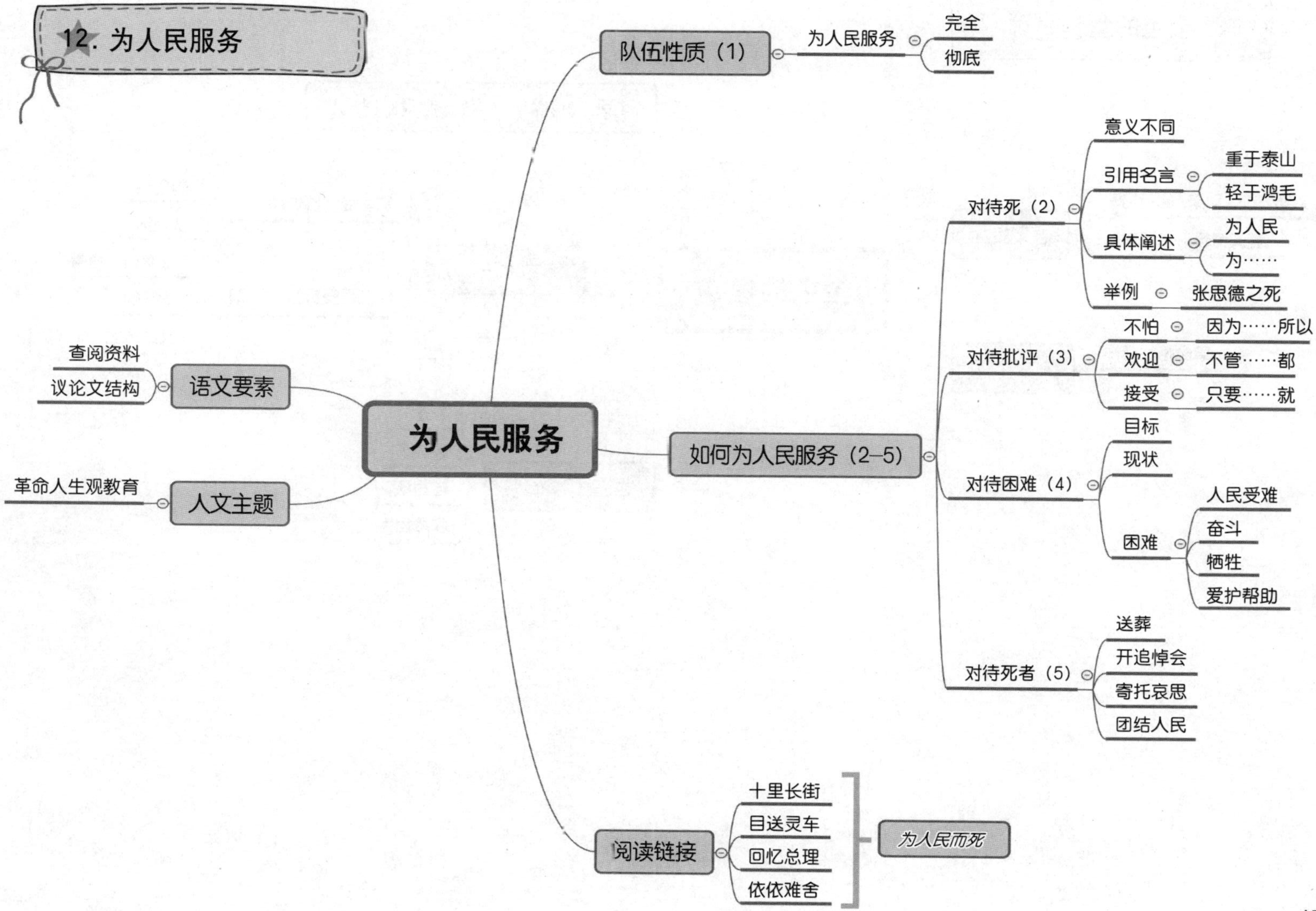
为人民服务
队伍性质（1）
为人民服务
完全
彻底
如何为人民服务（2–5）
对待死（2）
意义不同
引用名言
重于泰山
轻于鸿毛
具体阐述
为人民
为……
举例
张思德之死
对待批评（3）
不怕
因为……所以
欢迎
不管……都
接受
只要……就
对待困难（4）
目标
现状
困难
人民受难
奋斗
牺牲
爱护帮助
对待死者（5）
送葬
开追悼会
寄托哀思
团结人民
阅读链接
十里长街
目送灵车
回忆总理
依依难舍
为人民而死
语文要素
查阅资料
议论文结构
人文主题
革命人生观教育

13. 金色的鱼钩

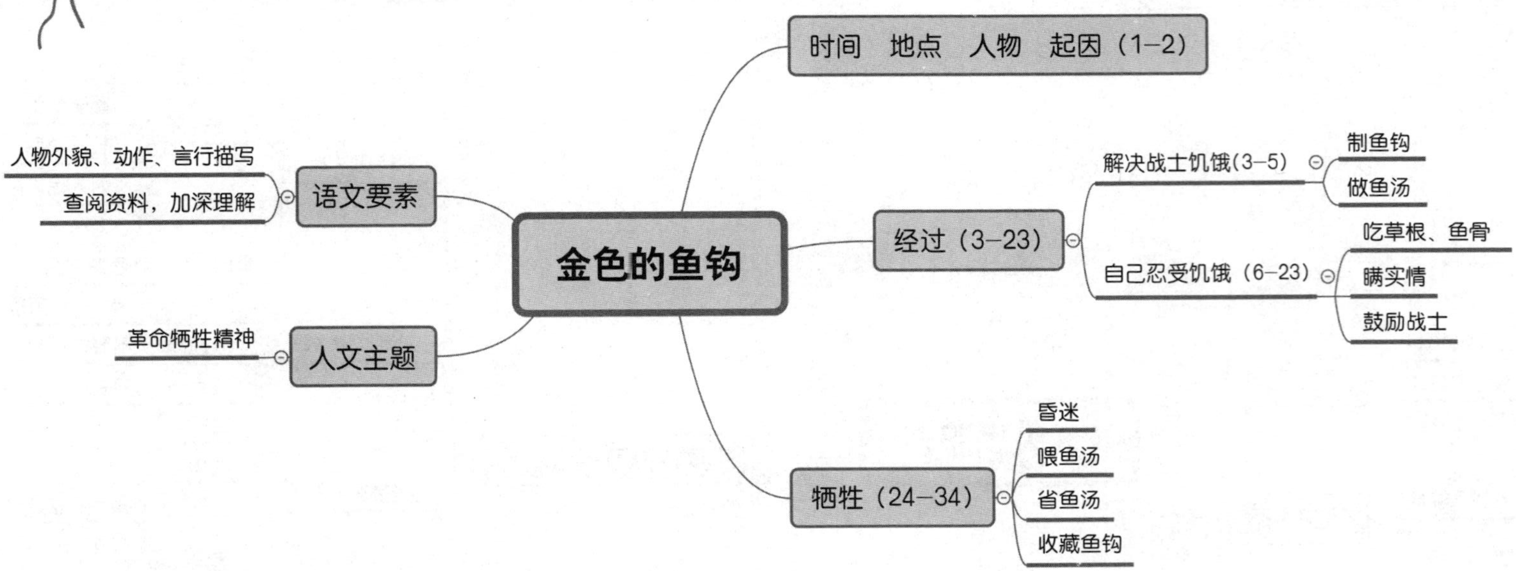
金色的鱼钩
时间　地点　人物　起因（1–2）
经过（3–23）
解决战士饥饿(3–5)
制鱼钩
做鱼汤
自己忍受饥饿（6–23）
吃草根、鱼骨
瞒实情
鼓励战士
牺牲（24–34）
昏迷
喂鱼汤
省鱼汤
收藏鱼钩
语文要素
人物外貌、动作、言行描写
查阅资料，加深理解
人文主题
革命牺牲精神

习作：心愿

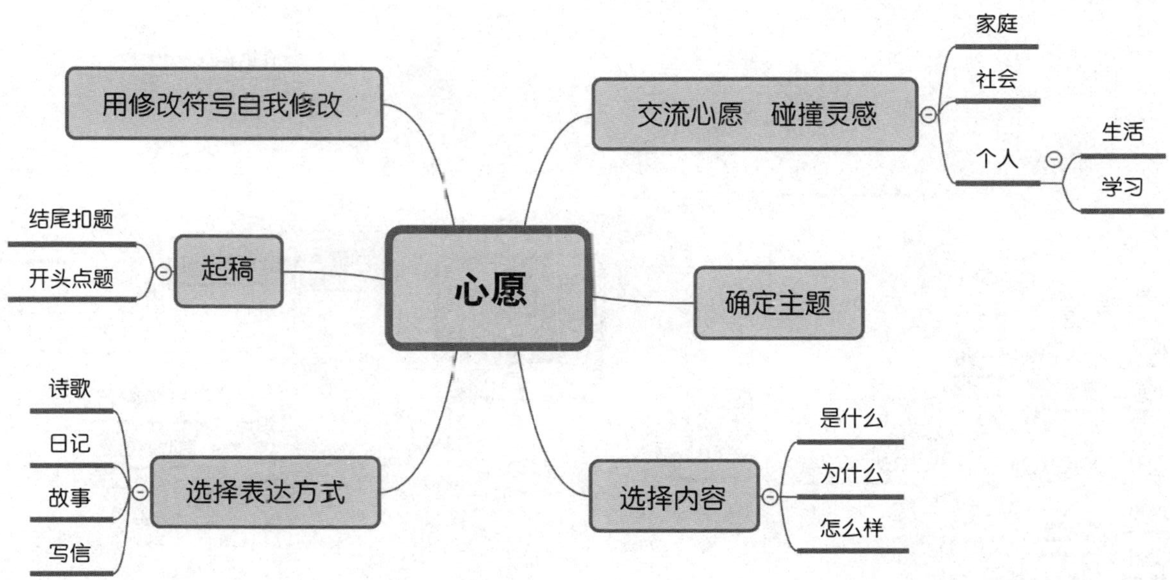
心愿
交流心愿 碰撞灵感
家庭
社会
个人
生活
学习
确定主题
选择内容
是什么
为什么
怎么样
选择表达方式
诗歌
日记
故事
写信
起稿
结尾扣题
开头点题
用修改符号自我修改

第五章　科学精神（五单元）

14. 文言文二则

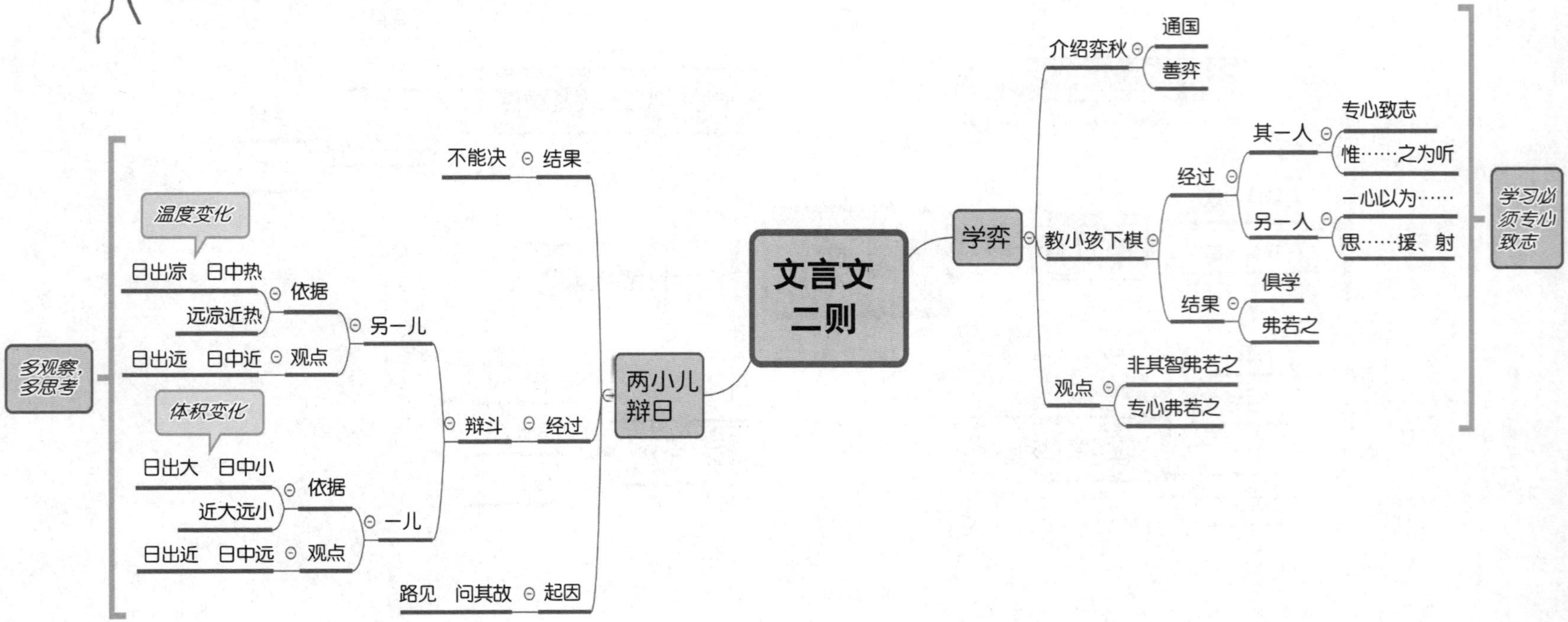

15. 真理诞生于一百个问号之后

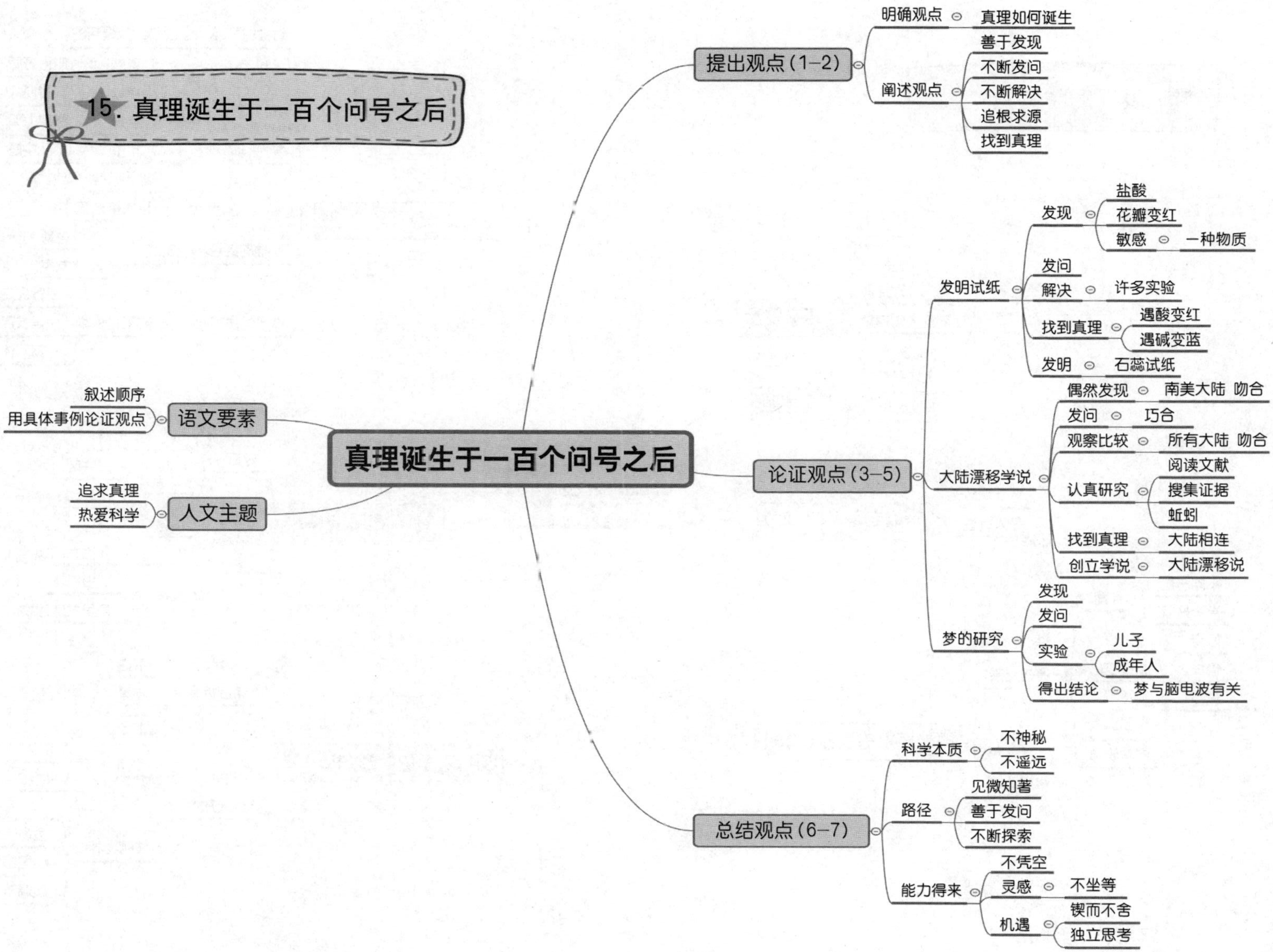

16. 表里的生物

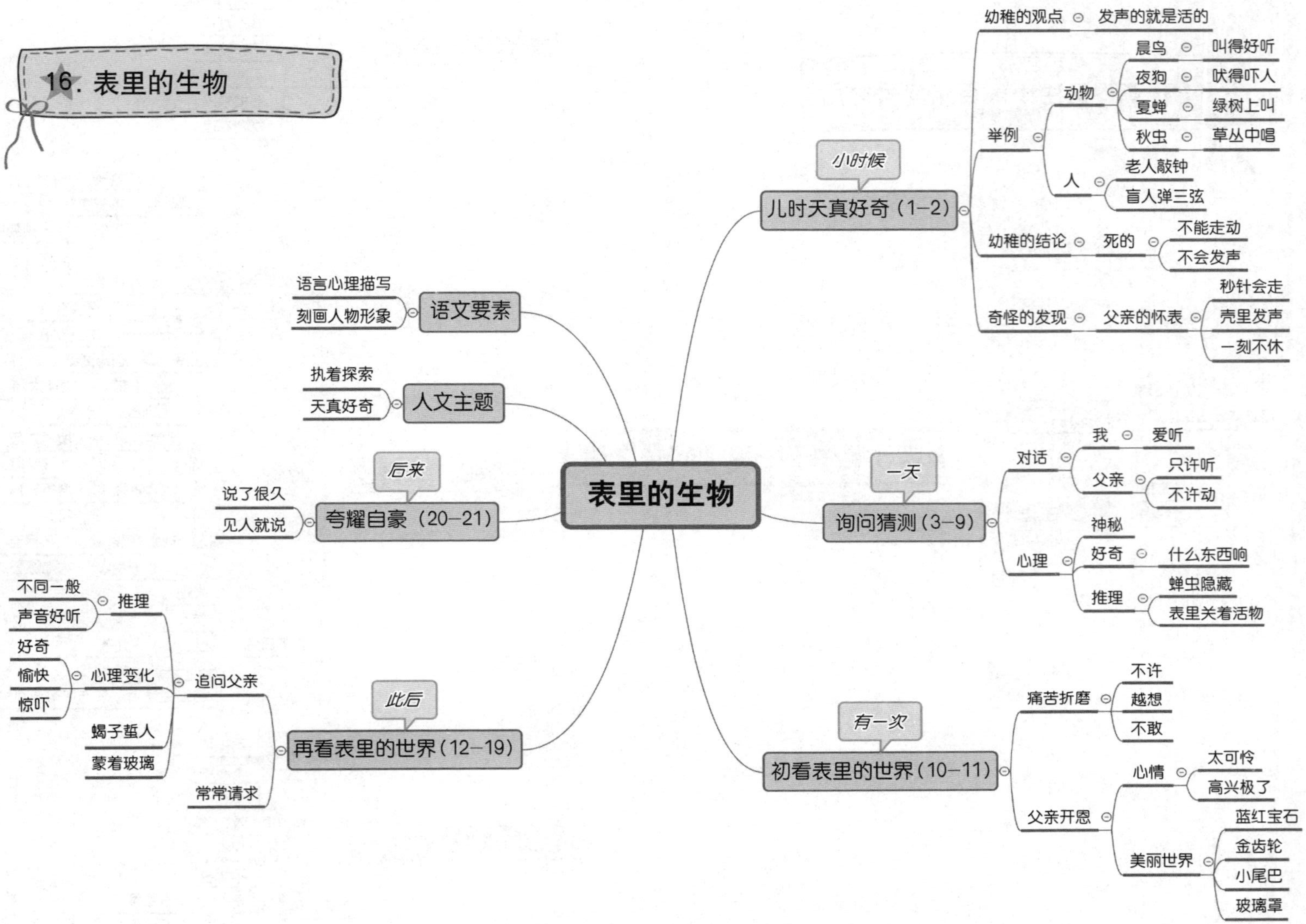
表里的生物
小时候
儿时天真好奇（1–2）
幼稚的观点
发声的就是活的
举例
动物
晨鸟
叫得好听
夜狗
吠得吓人
夏蝉
绿树上叫
秋虫
草丛中唱
人
老人敲钟
盲人弹三弦
幼稚的结论
死的
不能走动
不会发声
奇怪的发现
父亲的怀表
秒针会走
壳里发声
一刻不休
一天
询问猜测（3–9）
对话
我
爱听
父亲
只许听
不许动
心理
神秘
好奇
什么东西响
推理
蝉虫隐藏
表里关着活物
有一次
初看表里的世界（10–11）
痛苦折磨
不许
越想
不敢
父亲开恩
心情
太可怜
高兴极了
美丽世界
蓝红宝石
金齿轮
小尾巴
玻璃罩
语文要素
语言心理描写
刻画人物形象
人文主题
执着探索
天真好奇
后来
夸耀自豪（20–21）
说了很久
见人就说
此后
再看表里的世界（12–19）
追问父亲
推理
不同一般
声音好听
心理变化
好奇
愉快
惊吓
蝎子蜇人
蒙着玻璃
常常请求

17. 他们那时候多有趣啊

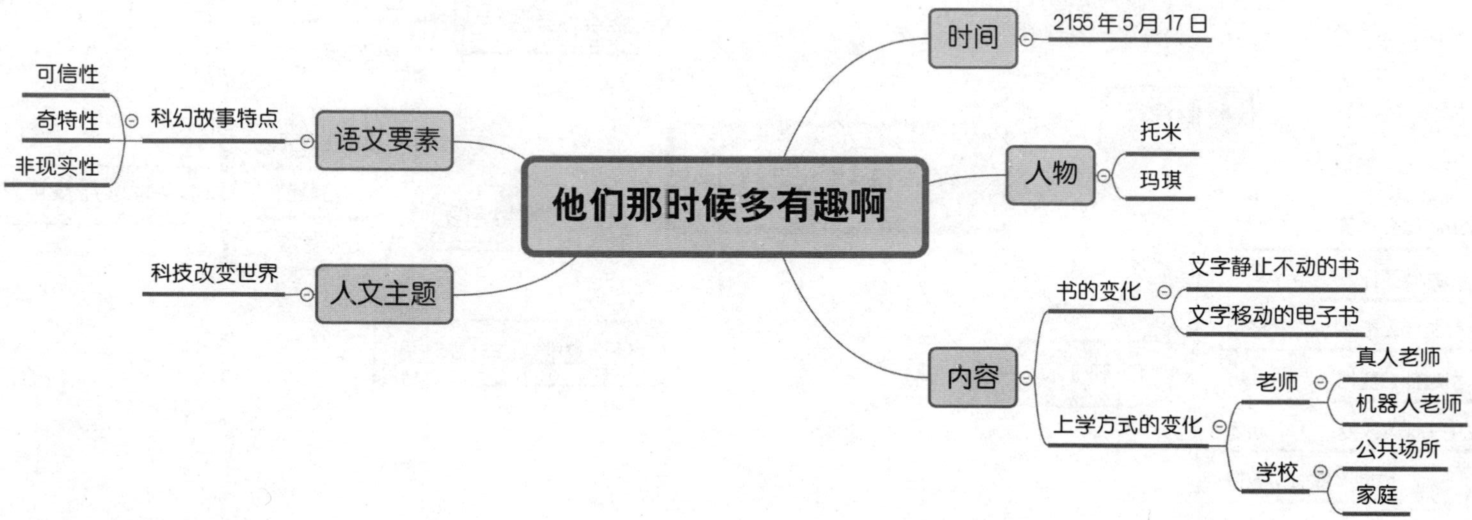

习作：写科幻故事

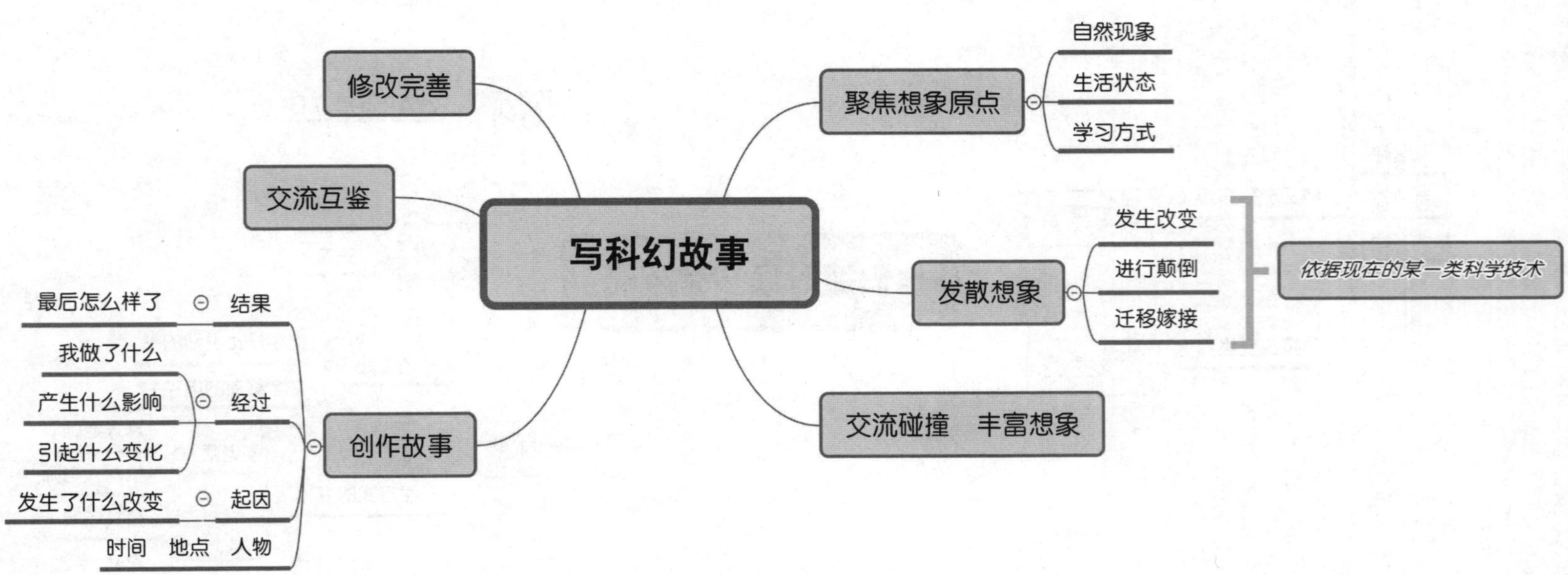
写科幻故事
修改完善
交流互鉴
创作故事
结果
最后怎么样了
经过
我做了什么
产生什么影响
引起什么变化
起因
发生了什么改变
人物
地点
时间
聚焦想象原点
自然现象
生活状态
学习方式
发散想象
发生改变
进行颠倒
迁移嫁接
依据现在的某一类科学技术
交流碰撞　丰富想象

思维的密码

厘清文字之间的关系

LIQING WENZI ZHIJIAN DE GUANXI

北京市朝阳区垂杨柳中心小学金都分校“利用思维可视化实现文本解构与高阶思维建构的研究”项目组　著

中国社会出版社
国家一级出版社 · 全国百佳图书出版单位

图书在版编目（CIP）数据

厘清文字之间的关系 / 北京市朝阳区垂杨柳中心小学金都分校“利用思维可视化实现文本解构与高阶思维建构的研究”项目组著 .—北京：中国社会出版社，2021. 8

（思维的密码；1）

ISBN 978-7-5087-6582-2

Ⅰ. ①厘…　Ⅱ. ①北…　Ⅲ. ①小学语文课—教学参考资料　Ⅳ. ①G623. 203

中国版本图书馆 CIP 数据核字（2021）第 144111 号

丛 书 名： 思维的密码

书　　名： 厘清文字之间的关系

著　　者： 北京市朝阳区垂阳柳中心小学金都分校“利用思维可视化实现文本解构与高阶思维建构的研究”项目组

出 版 人： 浦善新　　**终审人：** 李　浩　　**责任编辑：** 杨春岩

出版发行： 中国社会出版社　**邮政编码：** 100032

通联方式： 北京市西城区二龙路甲 33 号

电　　话： 编辑室：（010）58124829　　销售部：（010）58124845

网　　址： shcbs. mca. gov. cn　　**经销：** 各地新华书店

中国社会出版社天猫旗舰店

印刷装订： 河北鑫兆源印刷有限公司

开　　本： 185mm×260mm　1/16

印　　张： 13. 25　　**字数：** 130 千字

版　　次： 2021 年 8 月第 1 版　　**印次：** 2021 年 8 月第 1 次印刷

定　　价： 78. 00 元（全 2 册）

中国社会出版社微信公众号

北京市朝阳区垂杨柳中心小学金都分校“利用思维可视化实现文本解构与高阶思维建构的研究”项目组

组　　长：王文娟

副 组 长：于　娜　舒　琦

成　　员：刘淑霞　岳　莹　王　云　刘　宁　刘　玲　杨　洋　张　岩　贾俊玮

曹　雪　齐　佳　刘子超　周　帆　冯　欣　李晓春　王　健　武昕鑫

门爱静　宋春梅　赵　倩　张嘉伊　王腊祎　刘晓萌

开一扇“思维可视”的窗，发现文本背后的精彩世界

——为《思维的密码》作序

在语文学科素养中，“思维发展与提升”这一维度是语文教学实践活动中亟待突破的难点。王文娟老师带领北京市朝阳区垂杨柳中心小学金都分校“利用思维可视化实现文本解构与高阶思维建构的研究”项目组经过不断研究及探索，运用思维可视化策略及工具帮学生打开一扇“思维可视”的窗，引领学生发现文本背后的精彩世界，在知识建构和技能训练的过程中使学生的“思维肌肉”得到锻炼，突破了语文教学在“思维发展与提升”这一维度上的瓶颈，有效撬动了语文教学改革。

在语文教学中，学生思维品质的发展指向大体可概括为六个方面：深刻性、独创性、系统性、灵活性、批判性以及敏捷性。实际上，这些品质都是建立在逻辑性的基础之上，逻辑是思维的规则——无逻辑，非思考。那么，如何在阅读理解教学中有效促进学生逻辑思维的发展？这套著作做了有价值的探索及示范——运用“结构化思考”梳理文本背后的逻辑线索，借助“可视化图示”呈现思维的路径及结果。结构化思考是一种通用性思维，是打开学科知识体系大门的万能钥匙，经过长期的教学实践及理论探索，我提炼出结构化思考六步流程：定方向—提要素—理关系—建结构—明功能—练迁移。掌握这一思维训练的主线，再借助可视化图示，把本来不可见的思维方法、路径、结构呈现出来，我们把这种教学策略称之为“思维可视化教学”，这可以一举三得：第一，降低学习者的工作记忆负荷，提高了信息编码质量，促进长时记忆的形成；第二，能够将“思维留痕”，便于复习及改进；第三，促进学生高阶思维的发展，提升学生的理解力、表达力、知识建构力。

同时，基于“可视化＋结构化”的思维可视化教学还是支持深度学习发生的重要手段——它可以在深度学习的四个维度上（知

识建构的深、思维发生的深、情感唤醒的深、社会合作的深）产生正向效果——对知识进行精细化加工和完整建构，促进思维的结构化运动，挖掘文本中蕴藏的细腻而深邃的情感，“以图为媒”充分暴露问题、发现问题，进而改进问题，促进师生之间、生生之间的深度合作。

在这套著作中，王文娟老师和她的团队很好地将“结构化 + 可视化”与小学语文阅读教学融合起来，使语文教学中的“促进学生思维的发展”不再是随机的、不可言说的、无从下手的朦胧愿景，而是有目的、有方法、有工具支持地展开。

需特别说明的是这套著作中的思维导图已不是被广泛传播的“博赞思维导图”（20 世纪 60 年代由英国人东尼·博赞发明的一种笔记形式或思考工具）。博赞思维导图中过度强调色彩、图像及自由联想（一种无须费力、自由发散的思维方式），这与学科教学逻辑以及学生核心素养（尤其是高阶思维）的发展指向是相背的。由此我们对“博赞思维导图”进行了“转基因”改造——将其背后的理论支架从“全脑理论”转向“系统论”和“建构主义”，这种经过“转基因”的思维导图称为“学科思维导图”，它借鉴了博赞思维导图的外形特征，但其更关注逻辑、结构及学科思维，其内在神髓更贴近学科教学宗旨。

世界上并不存在完美的工具和方法，也不存在完美的作品，同样这套著作也不可能尽善尽美，尤其是在“语文神髓”的挖掘和表达上尚不够充分，当然这也给读者留下了很大的自主二次创作空间，如果您在阅读此书时抱持一种“借鉴—汲取—拓展—改进”的心态，那么您的阅读收获也会超出本书所给予您的价值。

刘濯源

南京濯源心智文化发展研究院院长

思维可视化教学体系建构者

学科思维导图概念提出者

2021 年 6 月 5 日于上海

前　言

多年来，基层教师对脑认知科学和学习科学知之甚少，更多的是从既有经验出发设计教学，指导学习；或者从感知、品味等情感认知出发解读文本，导致师生的教与学受困于浅层认知和记忆之中，受困于课内不足课外补的恶性循环之中，没有使思维走向深处去的策略和方法，久久被困又久久无解。教师教得累，学生学得苦，师生的投入与学生的实际获得不匹配。如何读懂文字背后的逻辑，发展学生的思维力，落实核心素养，既是现实中亟待解决的难题，又是时代赋予教育的新使命。

语文特级教师王文娟在"学生学习力培养"方面进行了多年的持续研究，积累了比较丰富的经验和做法，在此基础上又借鉴了刘濯源（原华东师范大学现代教育技术研究所思维可视化教学实验中心主任）在"思维可视化技术与学科整合的理论和实践研究"课题研究中的相关成果，借助思维可视化进行文本解构，培养学生的思维力，取得了一系列研究成果。2019年王文娟带领垂杨柳中心小学金都分校的干部教师组建了"利用思维可视化实现文本解构与高阶思维建构的研究"项目组，进行更进一步的研究。根据部编版语文教材，结合单元人文主题和语文要素，利用思维可视化技术绘制思维导图，进行文本解构。本丛书包括《厘清文字之间的关系》和《读懂文字背后的逻辑》两本，其中《读懂文字背后的逻辑》由王文娟独立完成，以此为样本带领老师们深入解读教材，走进文本深处，洞见思维路径，找到培养学生思维的切入点；《厘清文字之间的关系》由王文娟和老师们共同绘制，是项目组共同教研的智慧结晶。本丛书内容既是每篇课文主要内容的最精练呈现，又是作者思维路径的最直观呈现。每篇课文一张图，每张图都由主干、分支、关键词、备注、标注等线条、符号和精练文字构成，使篇章结构清晰可见，使段与段、句与句之间的逻辑关系清晰可见。

对文本进行深度解读是教师进行教学设计和教学实施的基础之基。本丛书为一线教师深度解读文本提供了路径、方法和参考，是教师手边方便实用的备课资源。教师借助这些思维导图能够实现与文本的深度碰撞，掌握结构化思考的方法，并在此基础上重新设计教学，引导学生厘清文字之间的逻辑关系，建立文本结构，找准思维路径，习得思维方法。借助这些思维导图，教师可以引领学生在文本的解构过程中实现深度学习，逐渐形成高阶思维能力，解决浅学习、浅思维的问题。

本丛书既是前沿的认知科学理论与新的教育技术转变为教育生产力的一种积极探索，又是科研成果与教学实践对接的一次有效尝试，摸索出了一条促进学生深度学习建构高阶思维的路径，把师生从教与学的困境中解放出来。这无疑给教师的教学提供了一把开启学生思维的金钥匙，为推动“思维型”课堂的建构奉上一份可资借鉴的成熟经验。

北京市朝阳区垂杨柳中心小学金都分校书记

2021 年 5 月

读图说明

本书中的所有思维导图都是按照课文原有的逻辑顺序呈现出来的，为了便于读者阅读，厘清文本的思维脉络，对图中的一些内容作如下说明。

阅读思维导图的顺序应该从右上角开始，按照顺时针的方向，依次阅读。思维导图的中心是课文的标题，右上角第一个分支是课文的第一部分，然后按照顺时针的方向依次往下排列；每一部分由几个自然段组成，在分支上都有标注，如：（1–3）表示第一到第三自然段。读者沿着思维导图的层次顺序，就能够层层剥茧，读懂文本的核心内容和思维路径。

为了便于读者清晰文本在单元中的功能作用，本书的部分思维导图在最后增加了两个分支，一个是文本的人文主题，也是课文育人功能的体现；另一个是语文要素，这是部编版教材的一个突出特点，也是培养学生语言能力的落点。为了使读者在对照课文读思维导图的时候一目了然，我们在有些思维导图中插入了一些“标注”进行特殊说明，详细解剖语文要素在课文中的体现。

本书的每一个单元都有一幅习作思维导图，有的是帮助学生构思用的思维支架；有的是帮助学生写作成文用的作文支架；有的是帮助教师教学用的流程图，读者在阅读的时候也按照顺时针的方向依次阅读即可。

本书的所有思维导图均属原创，如有不妥之处，愿与广大教师共同商榷。

目录

第三部分　四年级上册

第一部分

二年级上册

第一章　大自然的秘密（一单元）

1. 小蝌蚪找妈妈

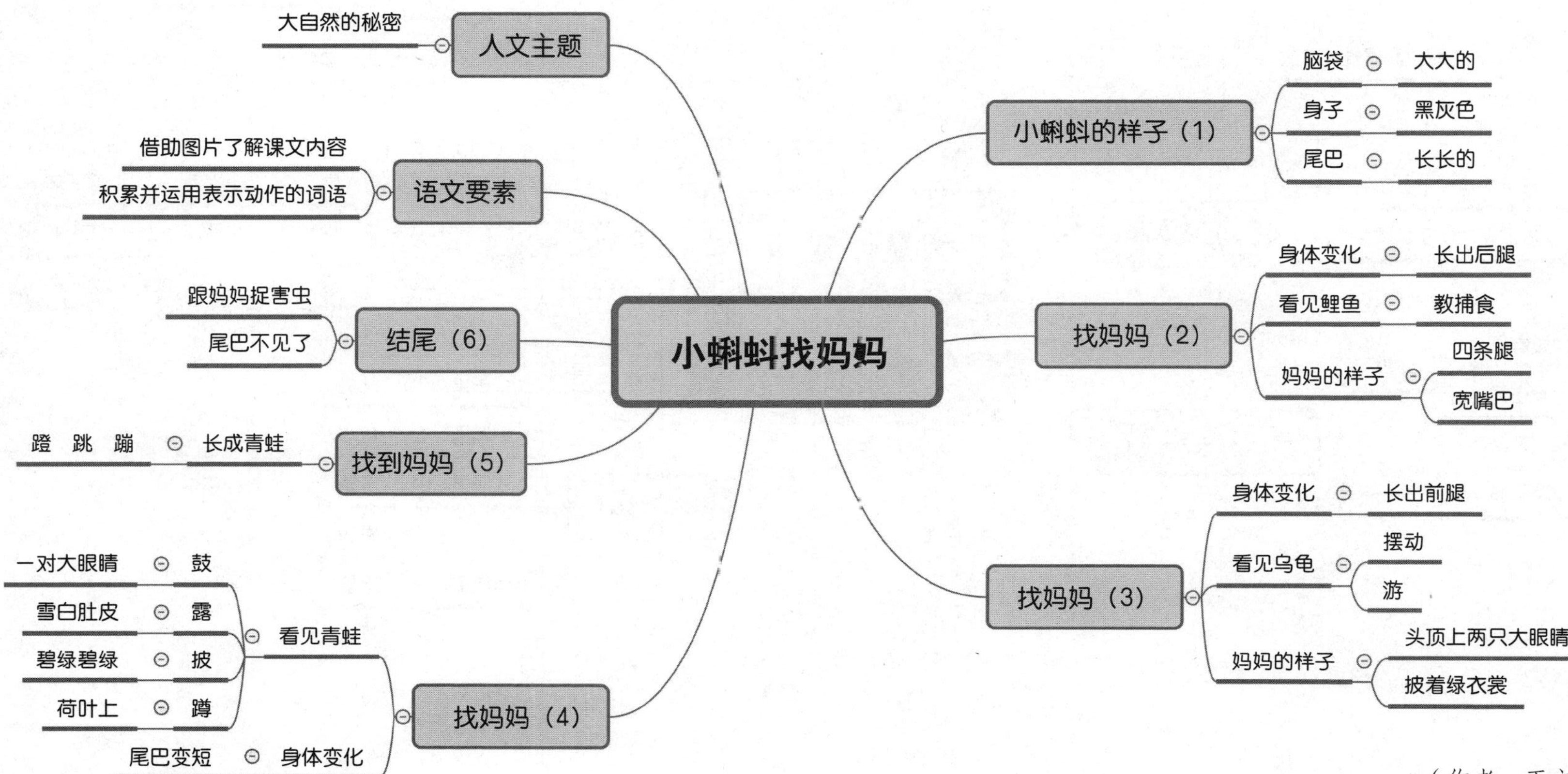

（作者：王文娟）

2. 我是什么

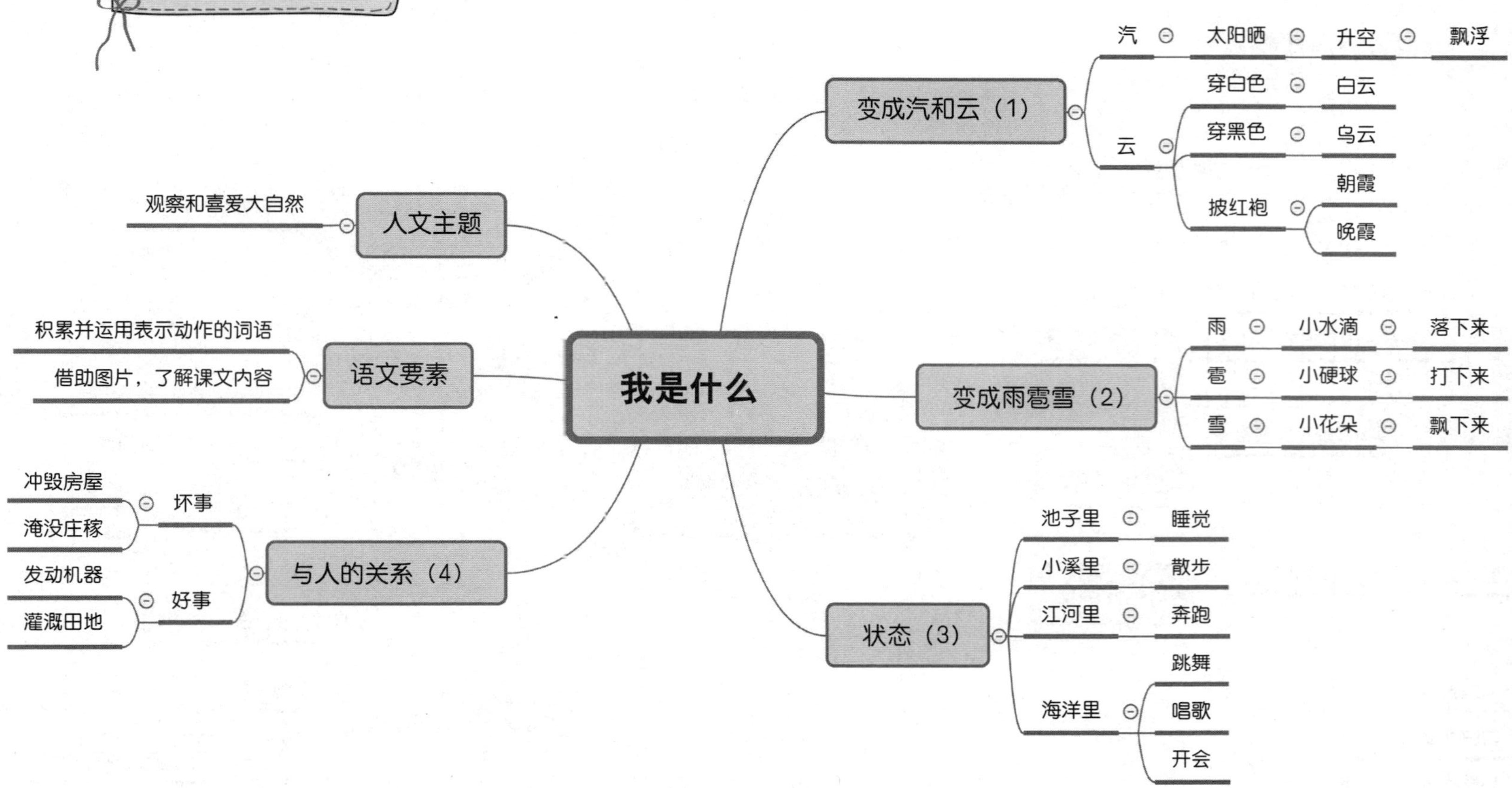
我是什么
人文主题
观察和喜爱大自然
语文要素
积累并运用表示动作的词语
借助图片，了解课文内容
与人的关系（4）
坏事
冲毁房屋
淹没庄稼
好事
发动机器
灌溉田地
变成汽和云（1）
汽
太阳晒
升空
飘浮
云
穿白色
白云
穿黑色
乌云
披红袍
朝霞
晚霞
变成雨雹雪（2）
雨
小水滴
落下来
雹
小硬球
打下来
雪
小花朵
飘下来
状态（3）
池子里
睡觉
小溪里
散步
江河里
奔跑
海洋里
跳舞
唱歌
开会

（作者：王文娟）

3. 植物妈妈有办法

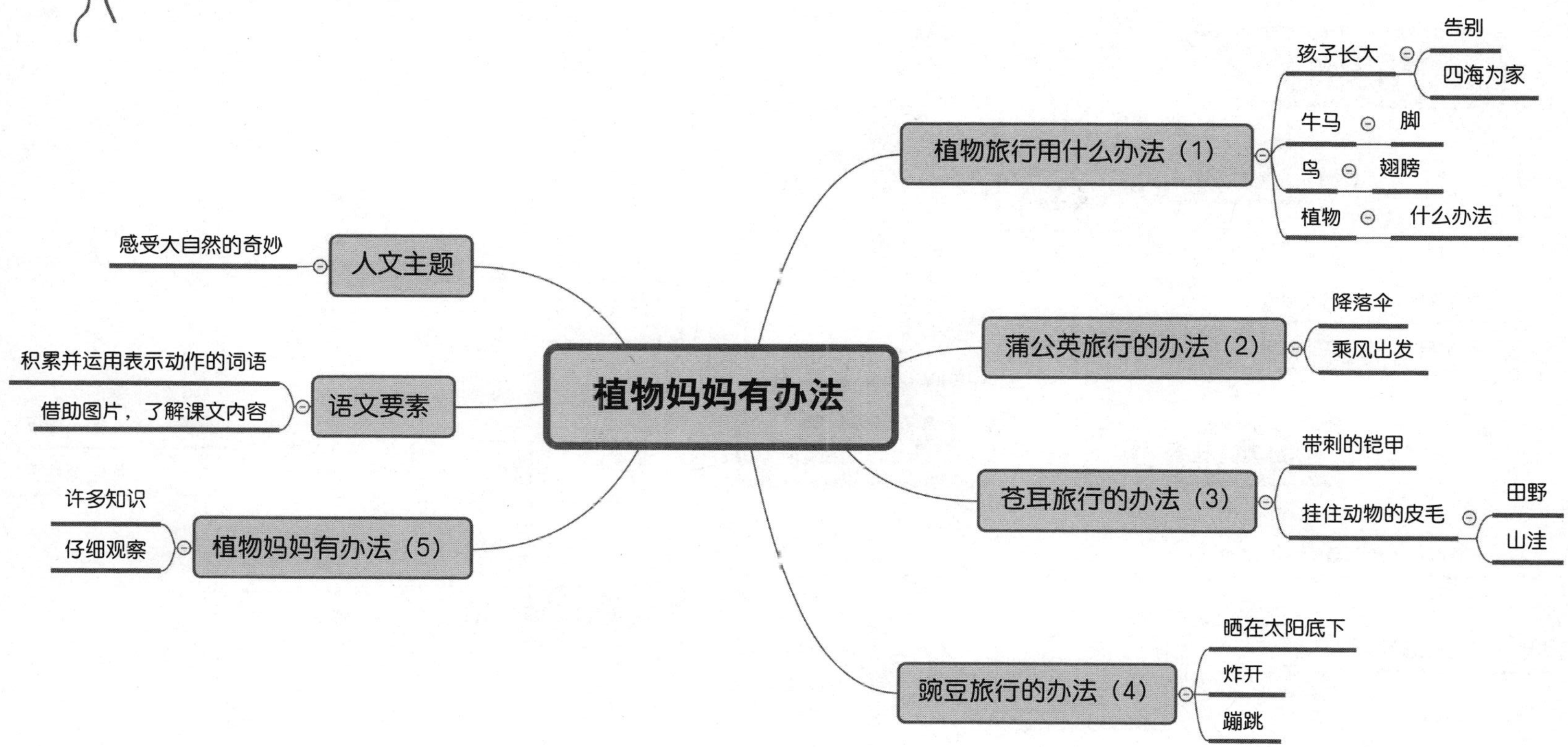

（作者：王文娟）

第二章　儿童生活（三单元）

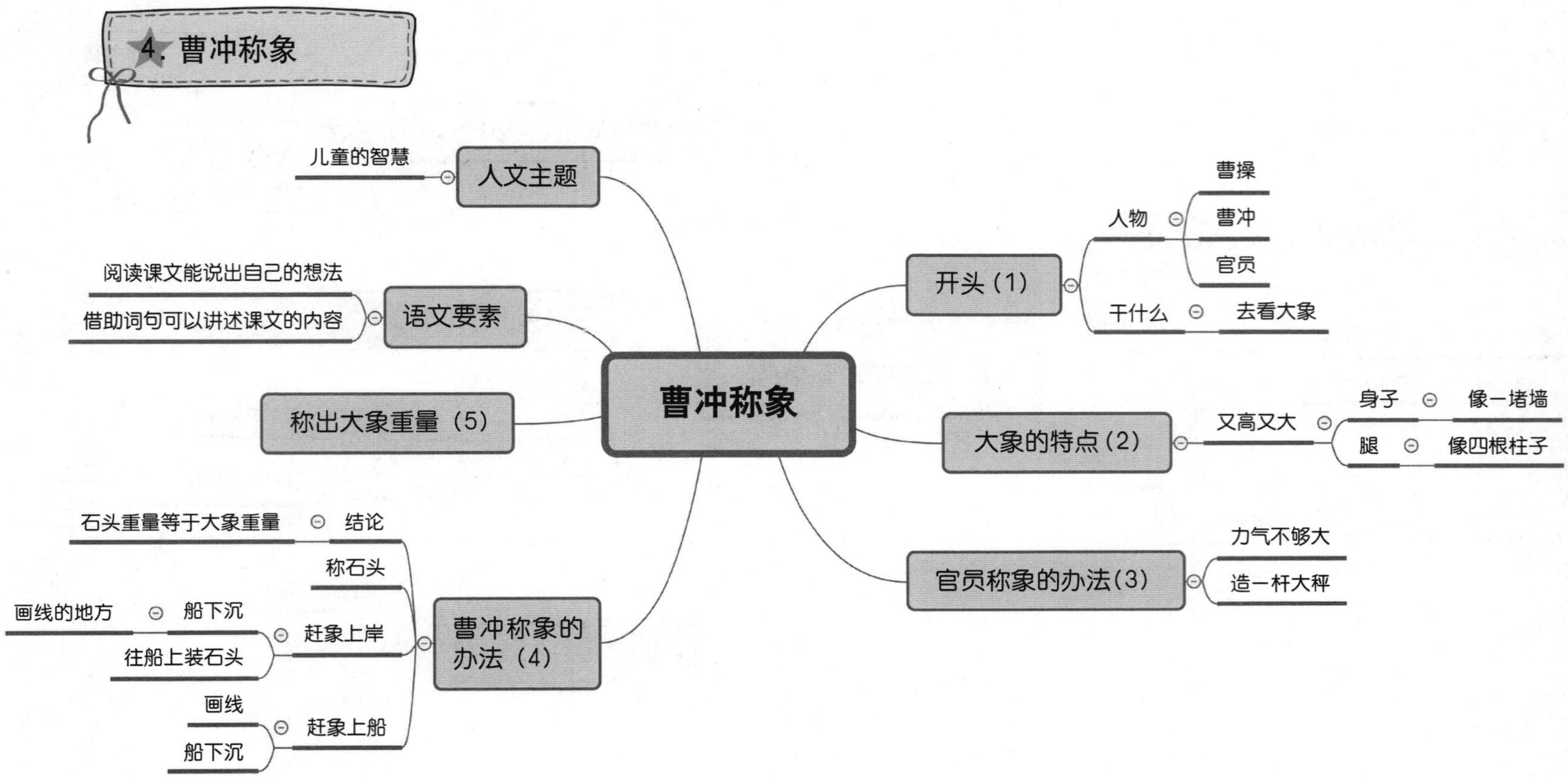

（作者：贾俊玮）

5. 玲玲的画

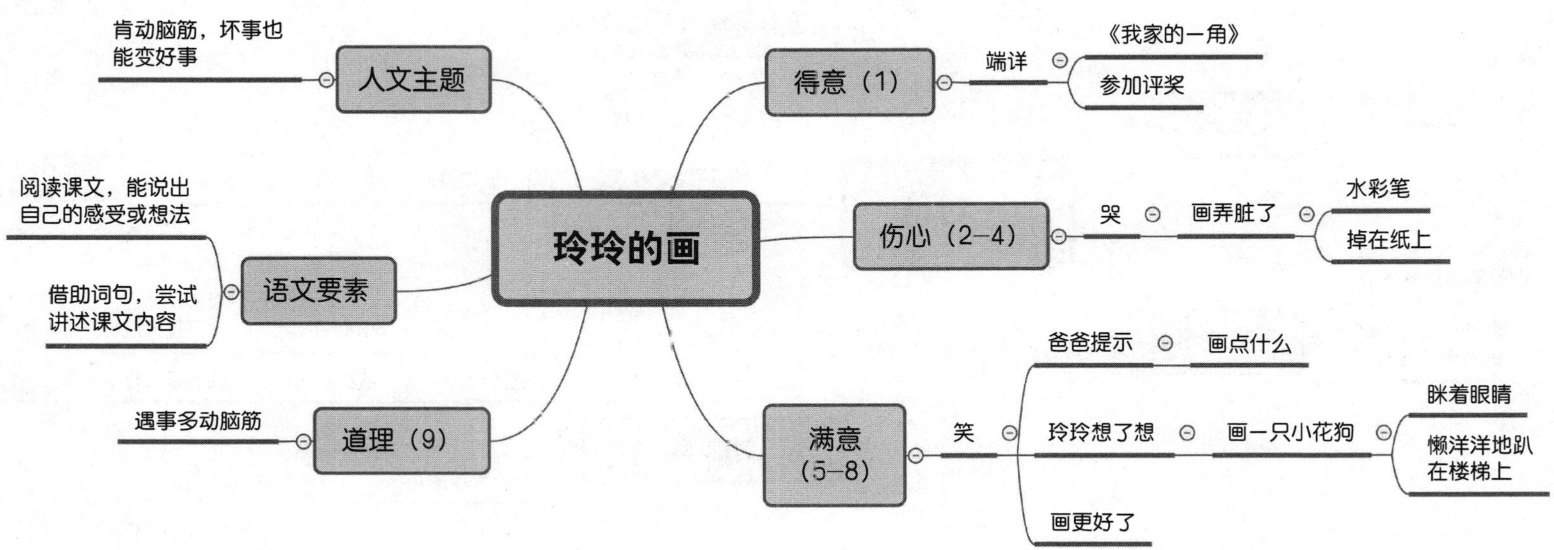
玲玲的画
人文主题
肯动脑筋，坏事也能变好事
语文要素
阅读课文，能说出自己的感受或想法
借助词句，尝试讲述课文内容
道理（9）
遇事多动脑筋
得意（1）
端详
《我家的一角》
参加评奖
伤心（2—4）
哭
画弄脏了
水彩笔
掉在纸上
满意（5—8）
笑
爸爸提示
画点什么
玲玲想了想
画一只小花狗
眯着眼睛
懒洋洋地趴在楼梯上
画更好了

（作者：贾俊玮）

6. 一封信

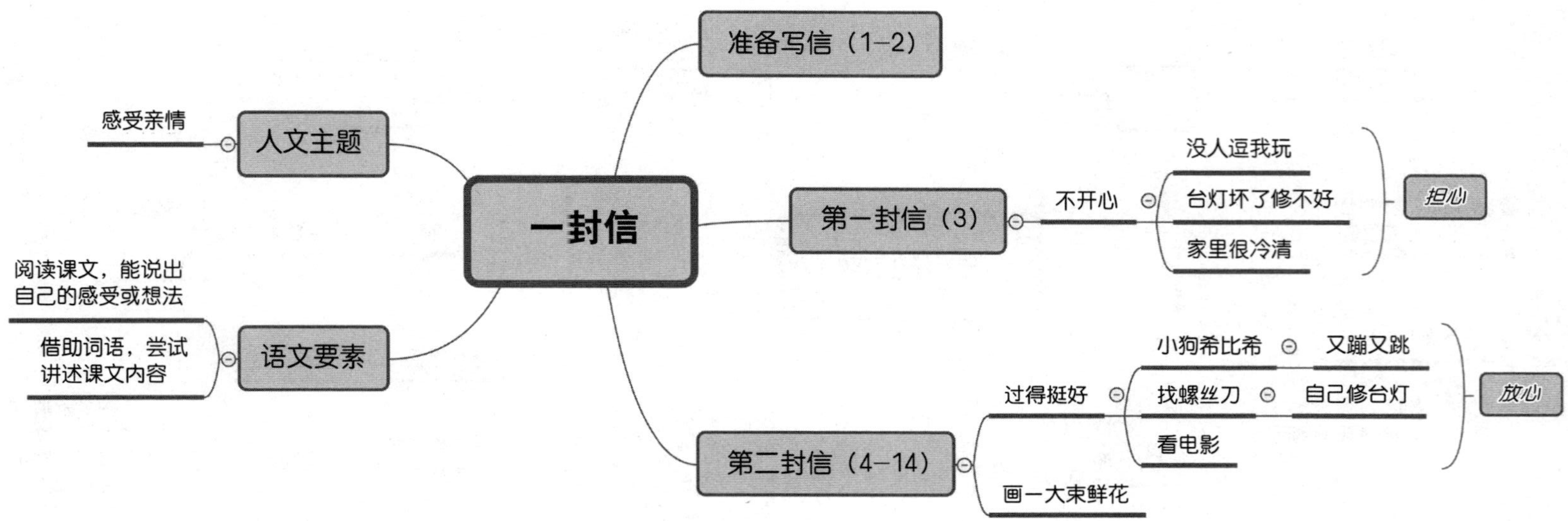
一封信
人文主题
感受亲情
语文要素
阅读课文，能说出自己的感受或想法
借助词语，尝试讲述课文内容
准备写信（1–2）
第一封信（3）
不开心
没人逗我玩
台灯坏了修不好
家里很冷清
担心
第二封信（4–14）
过得挺好
小狗希比希
又蹦又跳
找螺丝刀
自己修台灯
看电影
画一大束鲜花
放心

（作者：赵倩）

7. 妈妈睡了

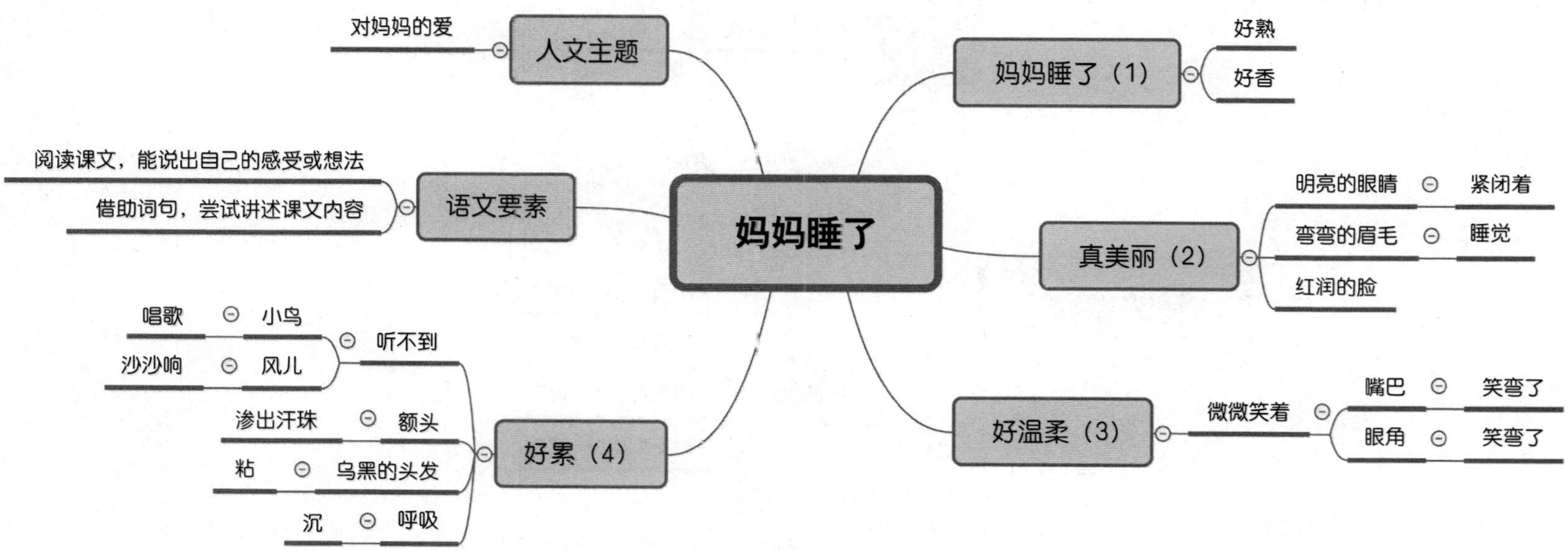
妈妈睡了
人文主题
对妈妈的爱
语文要素
阅读课文，能说出自己的感受或想法
借助词句，尝试讲述课文内容
妈妈睡了（1）
好熟
好香
真美丽（2）
明亮的眼睛
紧闭着
弯弯的眉毛
睡觉
红润的脸
好温柔（3）
微微笑着
嘴巴
笑弯了
眼角
笑弯了
好累（4）
听不到
小鸟
唱歌
风儿
沙沙响
额头
渗出汗珠
乌黑的头发
粘
呼吸
沉

（作者：宋春梅）

第三章　家乡（四单元）

8. 古诗二首

（1）登鹳雀楼

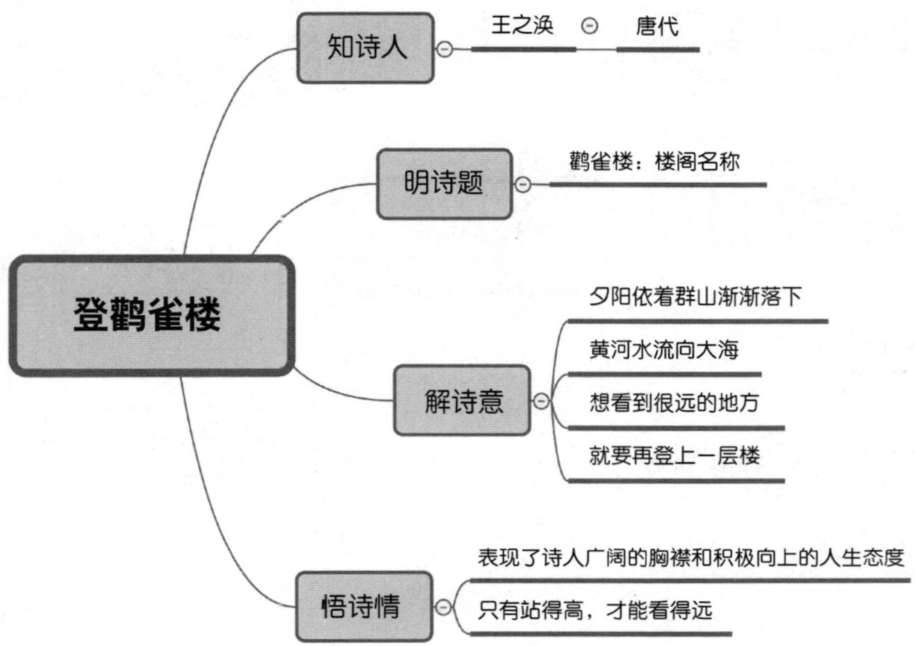

（作者：赵倩）

（2）望庐山瀑布

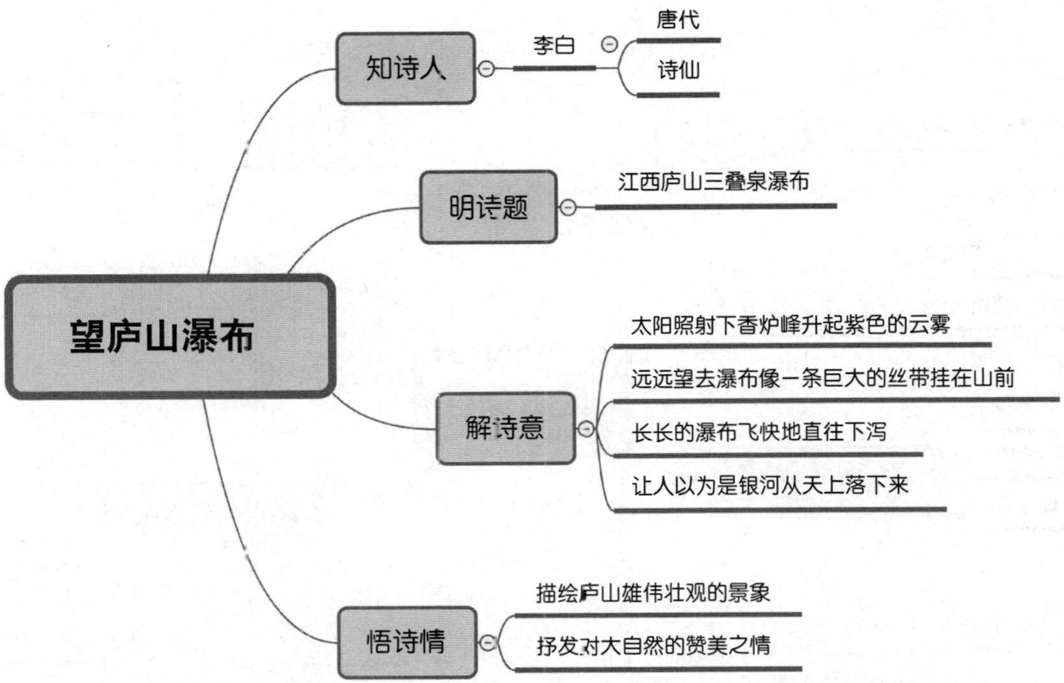
望庐山瀑布
知诗人
李白
唐代
诗仙
明诗题
江西庐山三叠泉瀑布
解诗意
太阳照射下香炉峰升起紫色的云雾
远远望去瀑布像一条巨大的丝带挂在山前
长长的瀑布飞快地直往下泻
让人以为是银河从天上落下来
悟诗情
描绘庐山雄伟壮观的景象
抒发对大自然的赞美之情

（作者：赵倩）

9. 黄山奇石

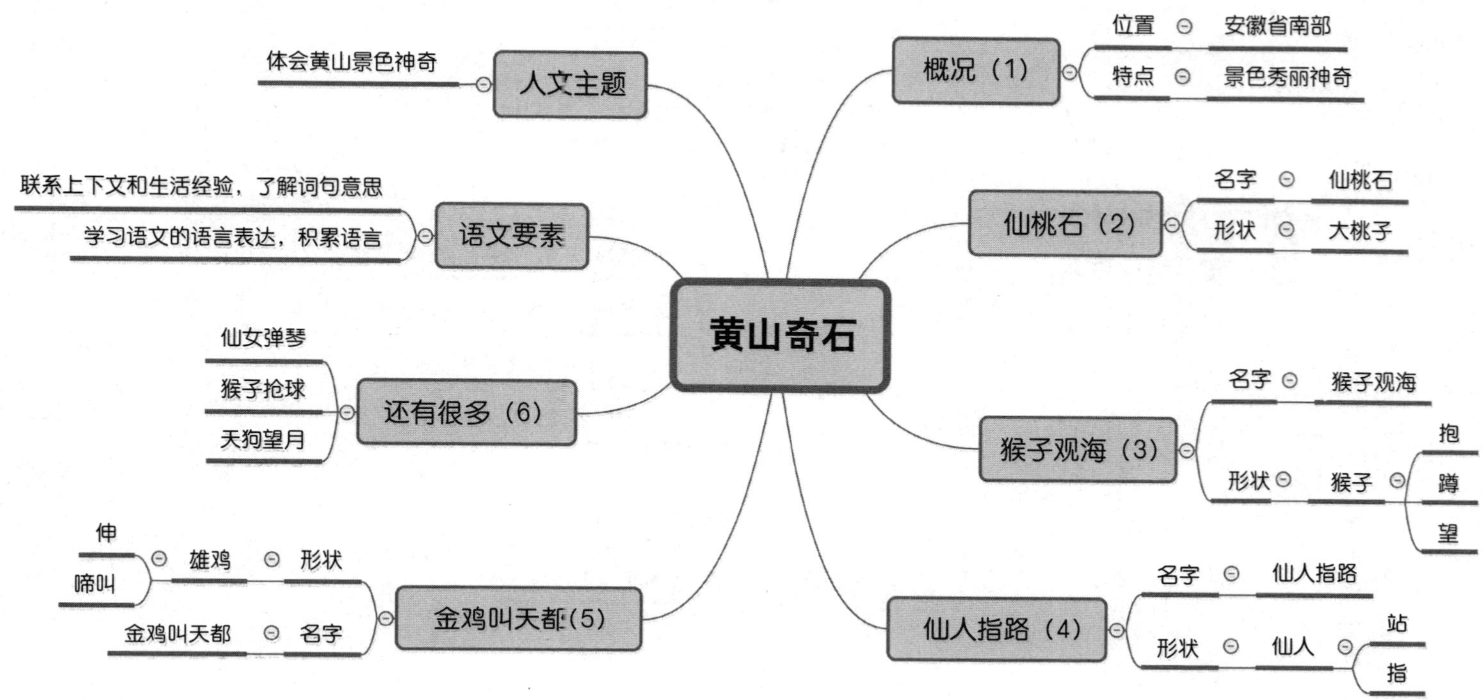
黄山奇石
人文主题
体会黄山景色神奇
语文要素
联系上下文和生活经验，了解词句意思
学习语文的语言表达，积累语言
还有很多（6）
仙女弹琴
猴子抢球
天狗望月
金鸡叫天都（5）
形状
雄鸡
伸
啼叫
名字
金鸡叫天都
概况（1）
位置
安徽省南部
特点
景色秀丽神奇
仙桃石（2）
名字
仙桃石
形状
大桃子
猴子观海（3）
名字
猴子观海
形状
猴子
抱
蹲
望
仙人指路（4）
名字
仙人指路
形状
仙人
站
指

（作者：王文娟）

10. 日月潭

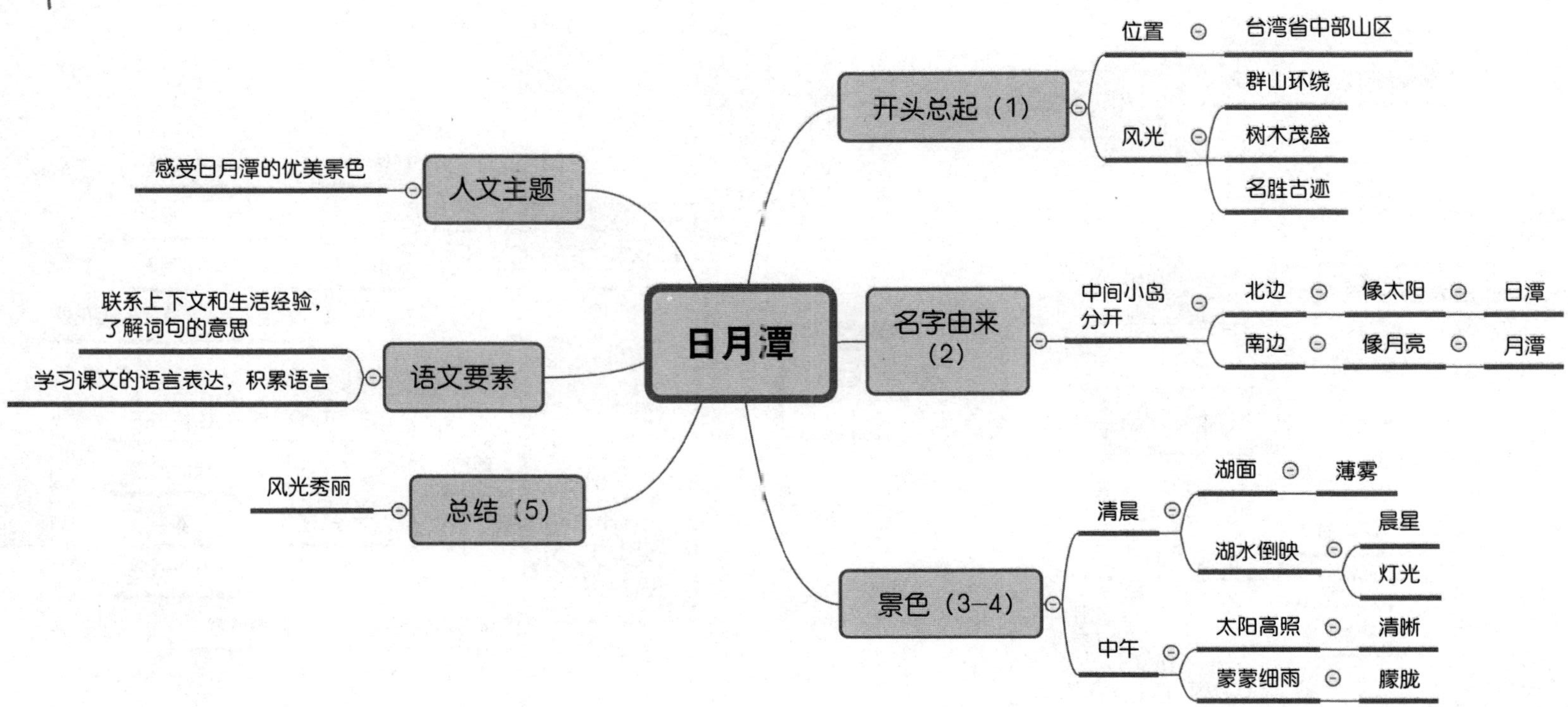
日月潭
开头总起（1）
位置
台湾省中部山区
风光
群山环绕
树木茂盛
名胜古迹
名字由来（2）
中间小岛分开
北边
像太阳
日潭
南边
像月亮
月潭
景色（3–4）
清晨
湖面
薄雾
湖水倒映
晨星
灯光
中午
太阳高照
清晰
蒙蒙细雨
朦胧
人文主题
感受日月潭的优美景色
语文要素
联系上下文和生活经验，了解词句的意思
学习课文的语言表达，积累语言
总结（5）
风光秀丽

（作者：王文娟）

11．葡萄沟

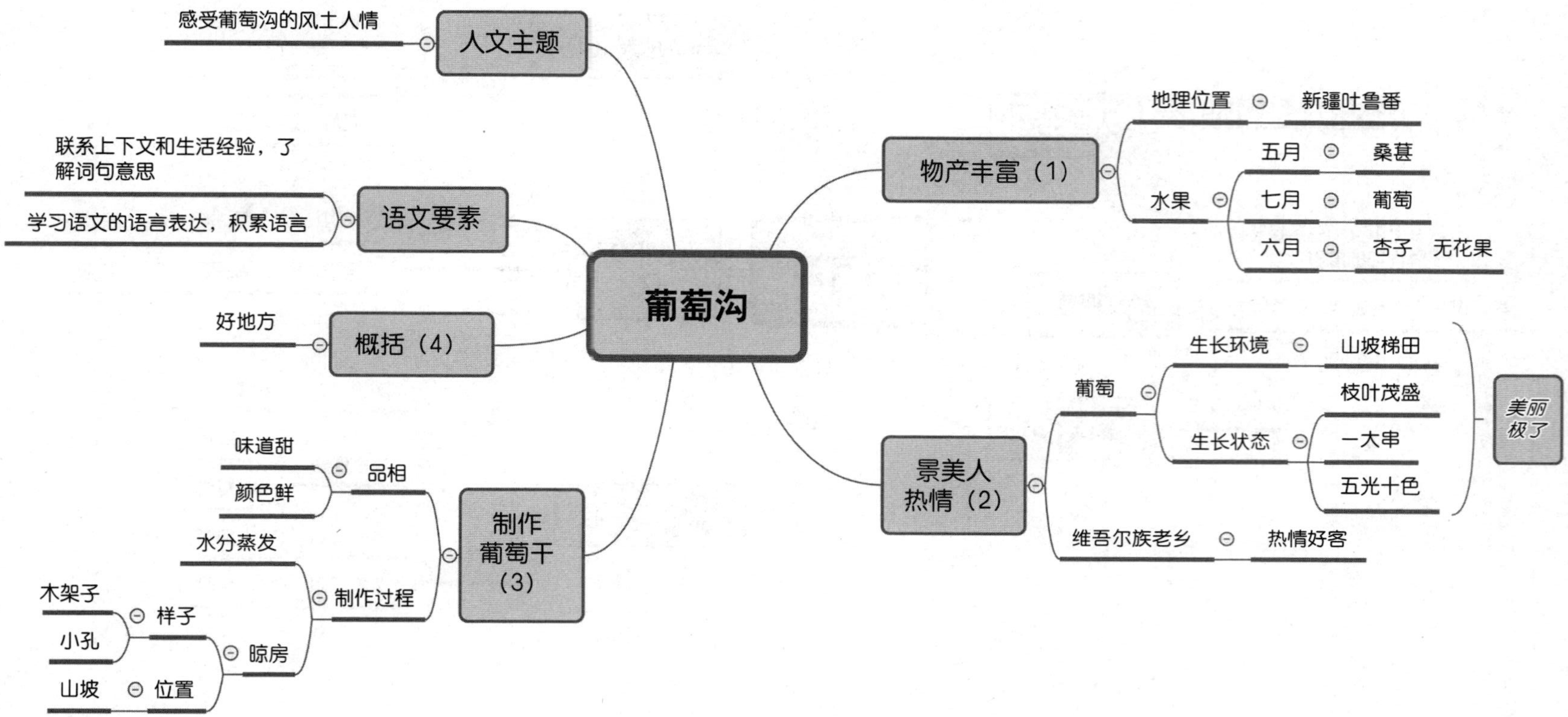

葡萄沟
人文主题
感受葡萄沟的风土人情
语文要素
联系上下文和生活经验，了解词句意思
学习语文的语言表达，积累语言
概括（4）
好地方
制作葡萄干（3）
品相
味道甜
颜色鲜
制作过程
水分蒸发
晾房
样子
木架子
小孔
位置
山坡
物产丰富（1）
地理位置
新疆吐鲁番
水果
五月
桑葚
七月
葡萄
六月
杏子 无花果
景美人热情（2）
葡萄
生长环境
山坡梯田
生长状态
枝叶茂盛
一大串
五光十色
美丽极了
维吾尔族老乡
热情好客

（作者：王文娟）

第四章 思维方法（五单元）

12. 坐井观天

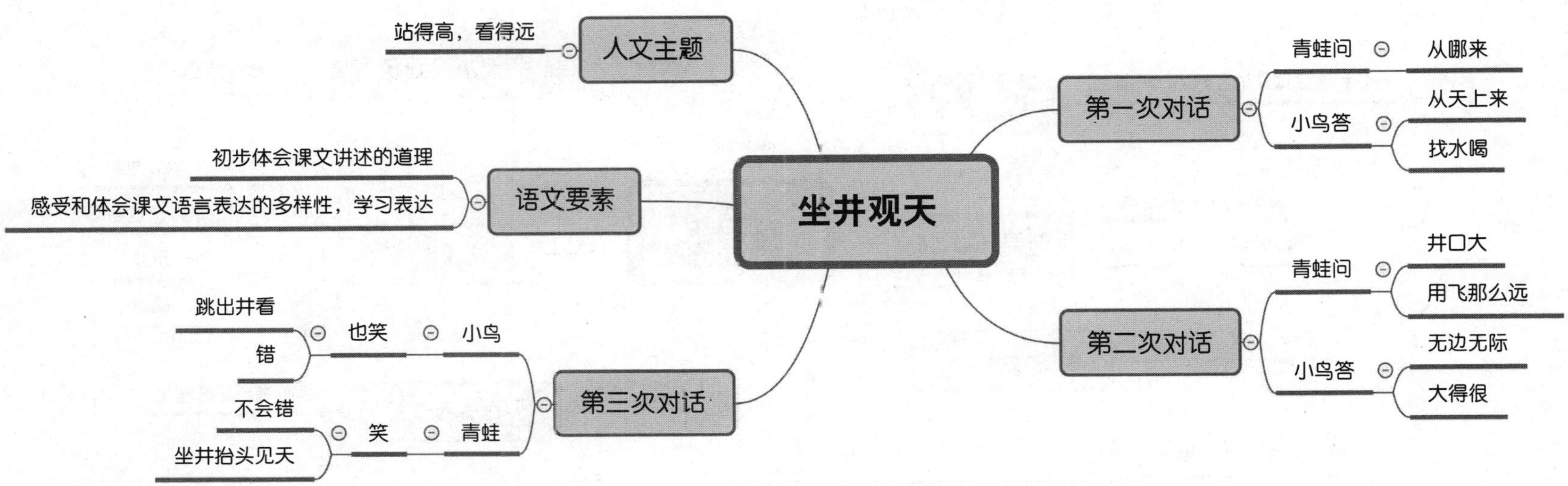

（作者：贾俊玮）

13. 寒号鸟

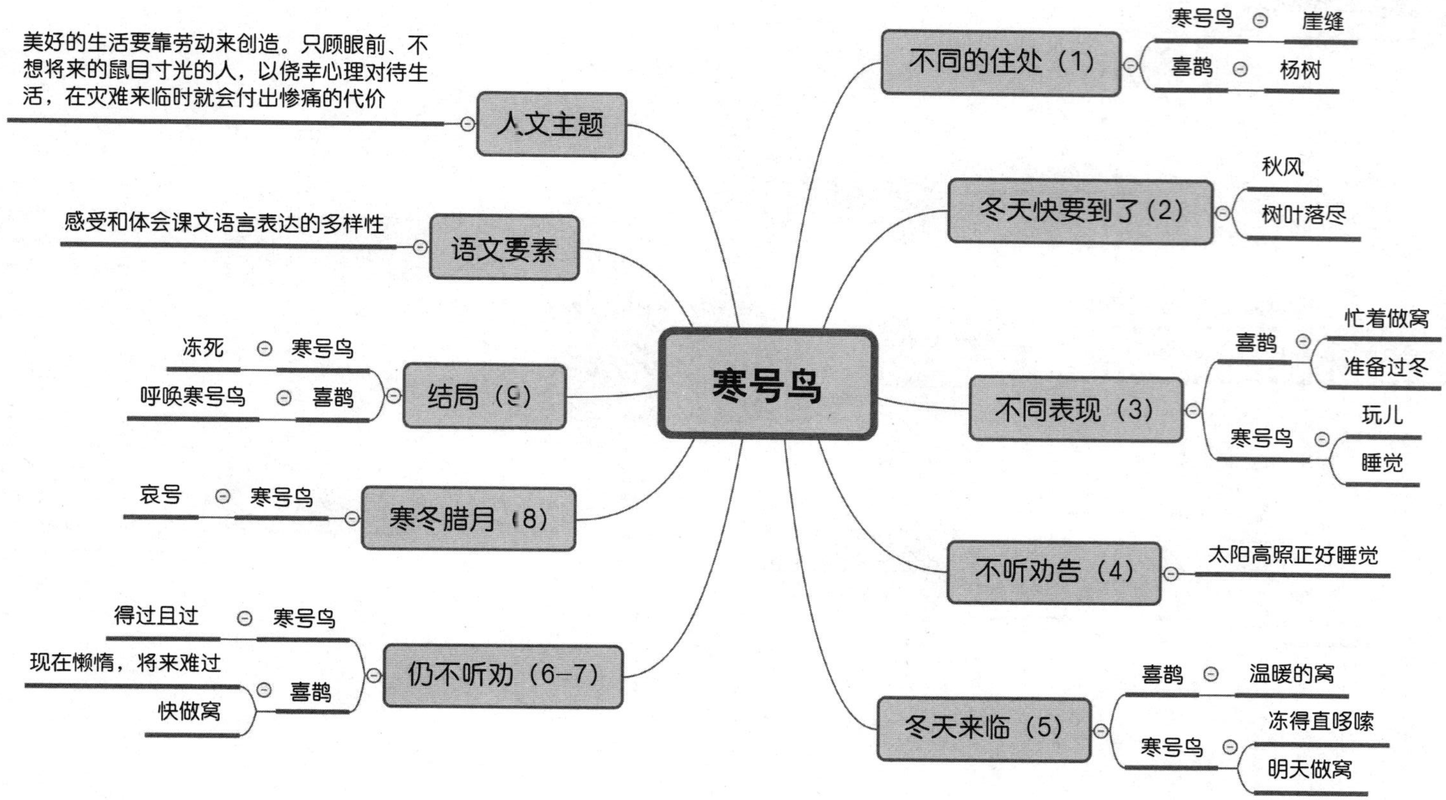
寒号鸟
人文主题
美好的生活要靠劳动来创造。只顾眼前、不想将来的鼠目寸光的人，以侥幸心理对待生活，在灾难来临时就会付出惨痛的代价
语文要素
感受和体会课文语言表达的多样性
结局（9）
冻死
寒号鸟
呼唤寒号鸟
喜鹊
寒冬腊月（8）
哀号
寒号鸟
仍不听劝（6–7）
得过且过
寒号鸟
现在懒惰，将来难过
快做窝
喜鹊
不同的住处（1）
寒号鸟
崖缝
喜鹊
杨树
冬天快要到了（2）
秋风
树叶落尽
不同表现（3）
喜鹊
忙着做窝
准备过冬
寒号鸟
玩儿
睡觉
不听劝告（4）
太阳高照正好睡觉
冬天来临（5）
喜鹊
温暖的窝
寒号鸟
冻得直哆嗦
明天做窝

（作者：宋春梅）

14. 我要的是葫芦

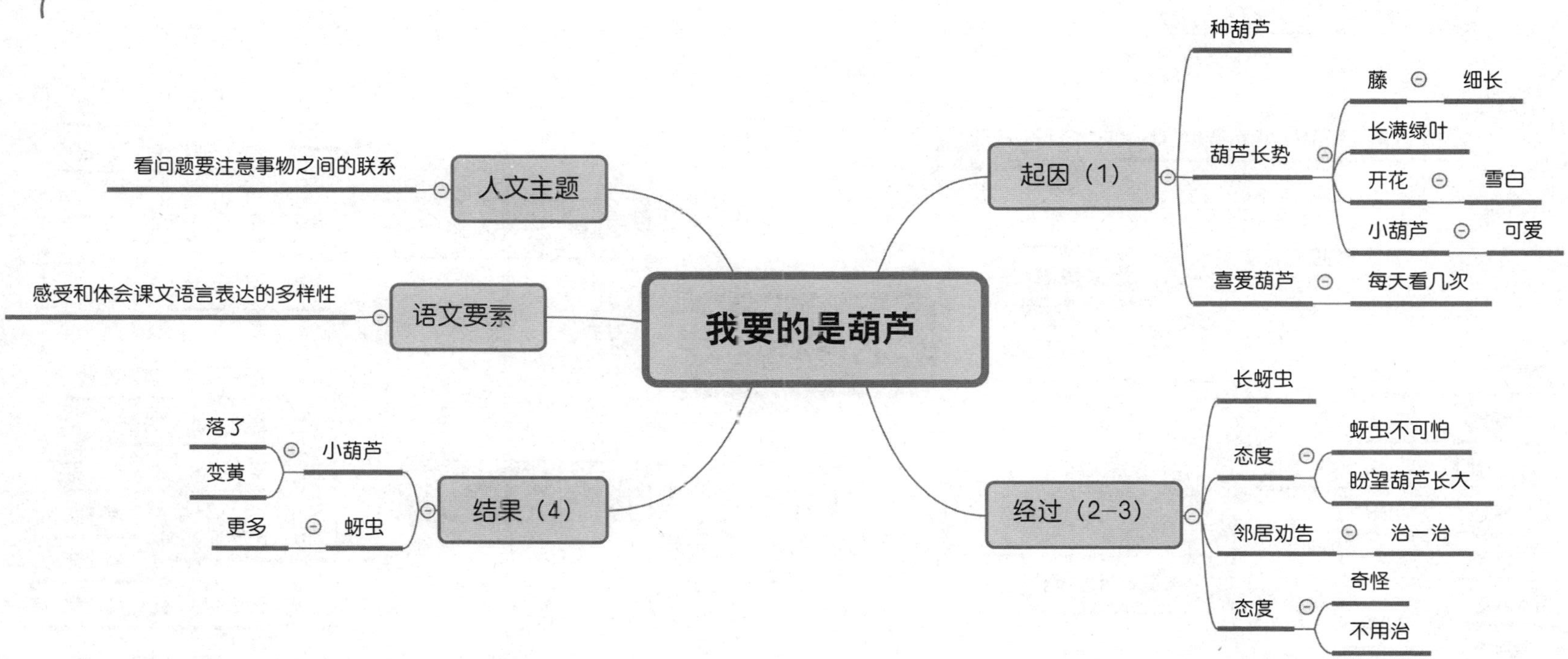

（作者：赵倩）

第五章　伟人（六单元）

15. 大禹治水

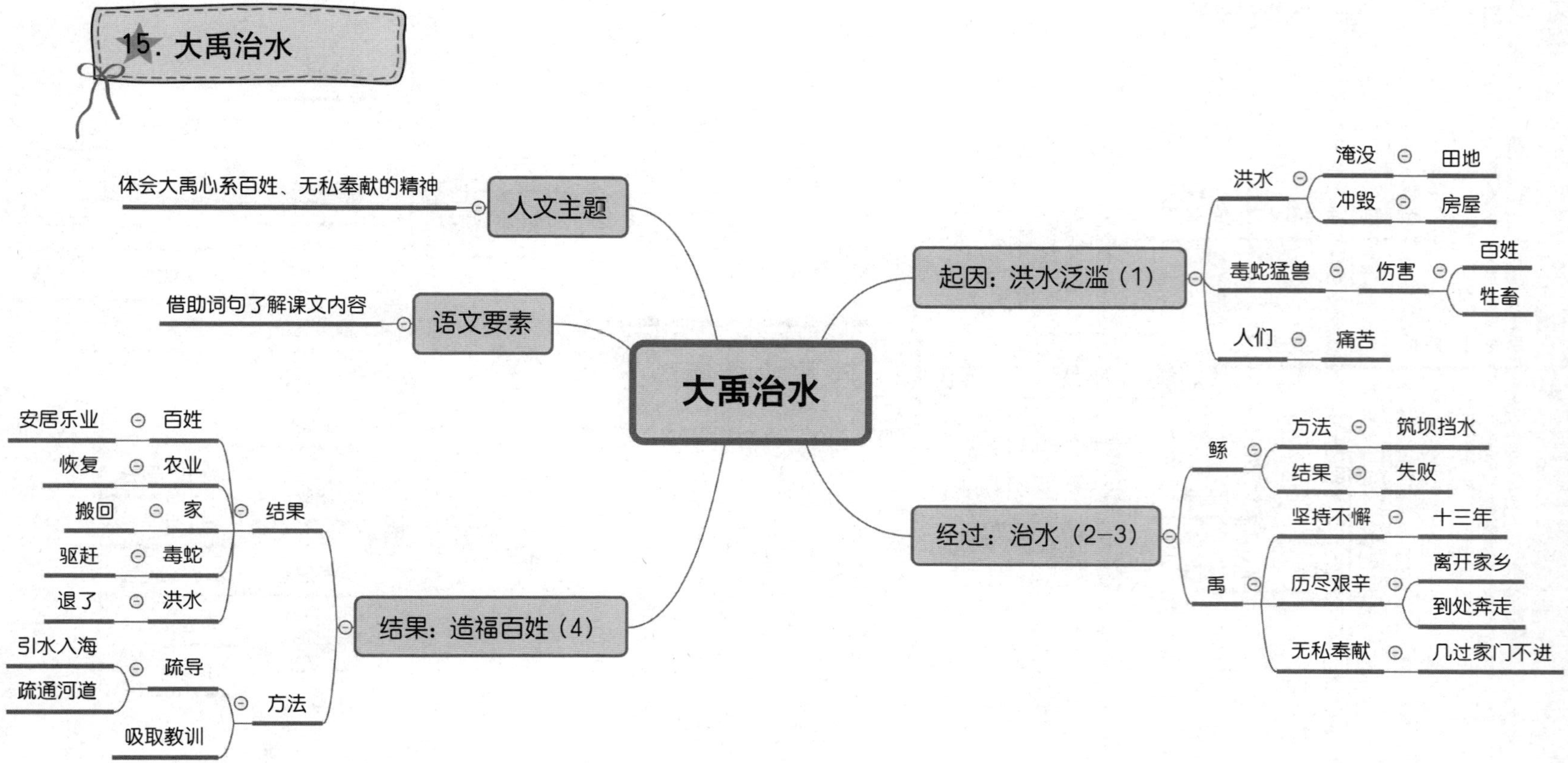

（作者：赵倩）

16. 朱德的扁担

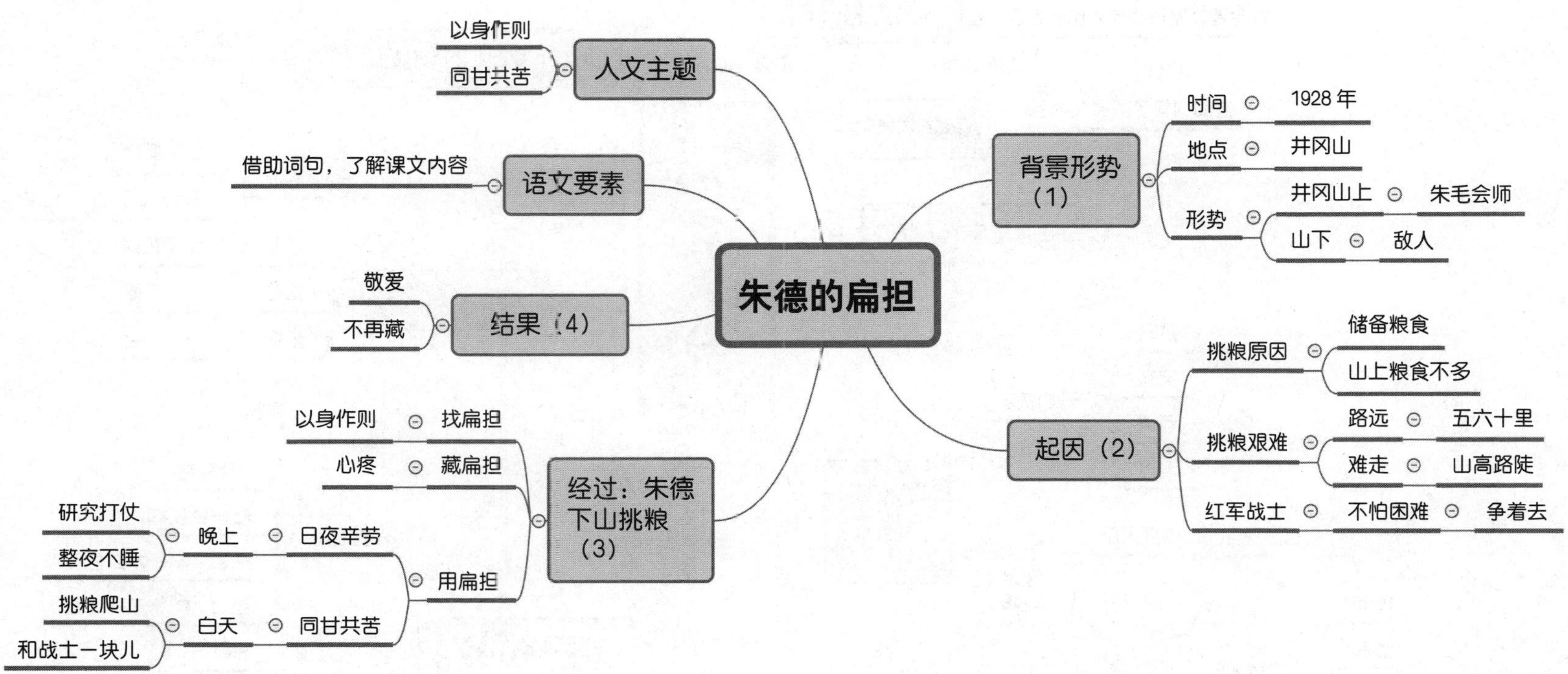

（作者：王文娟）

17. 难忘的泼水节

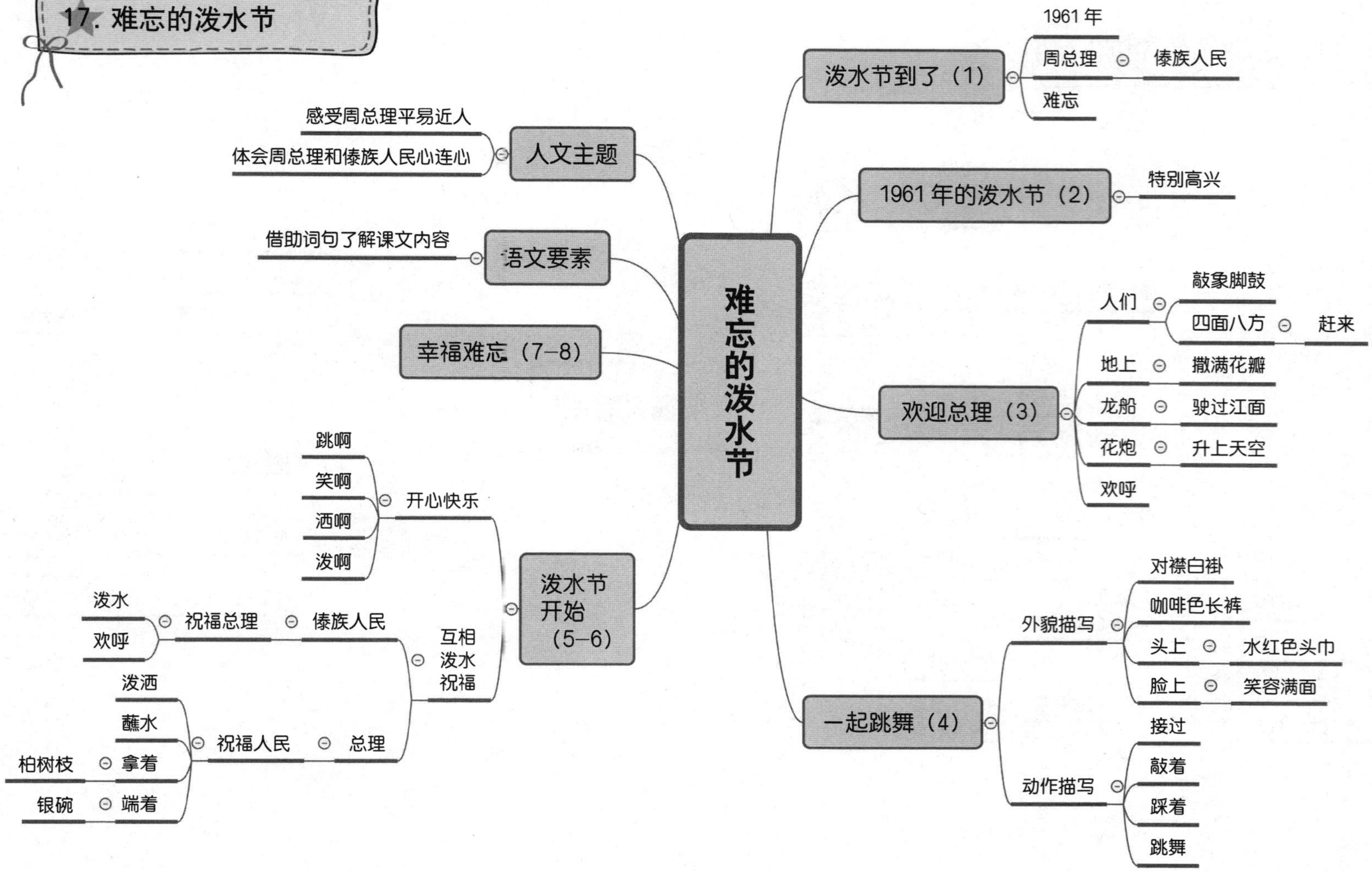

（作者：王文娟）

第六章　想象（七单元）

18. 古诗二首

（1）夜宿山寺

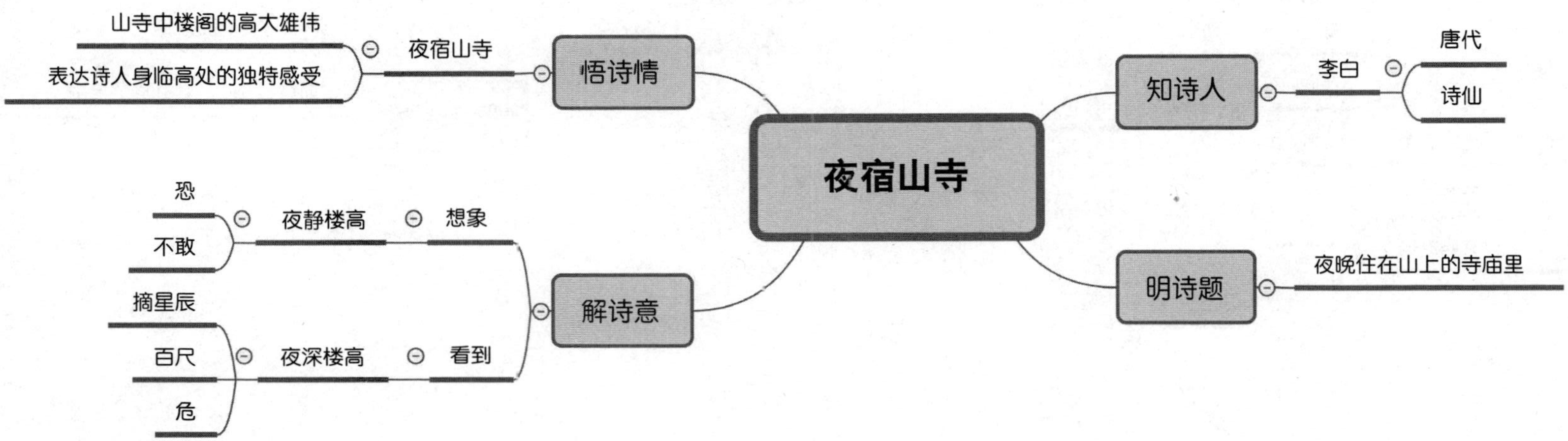

（作者：王文娟）

（2）敕勒歌

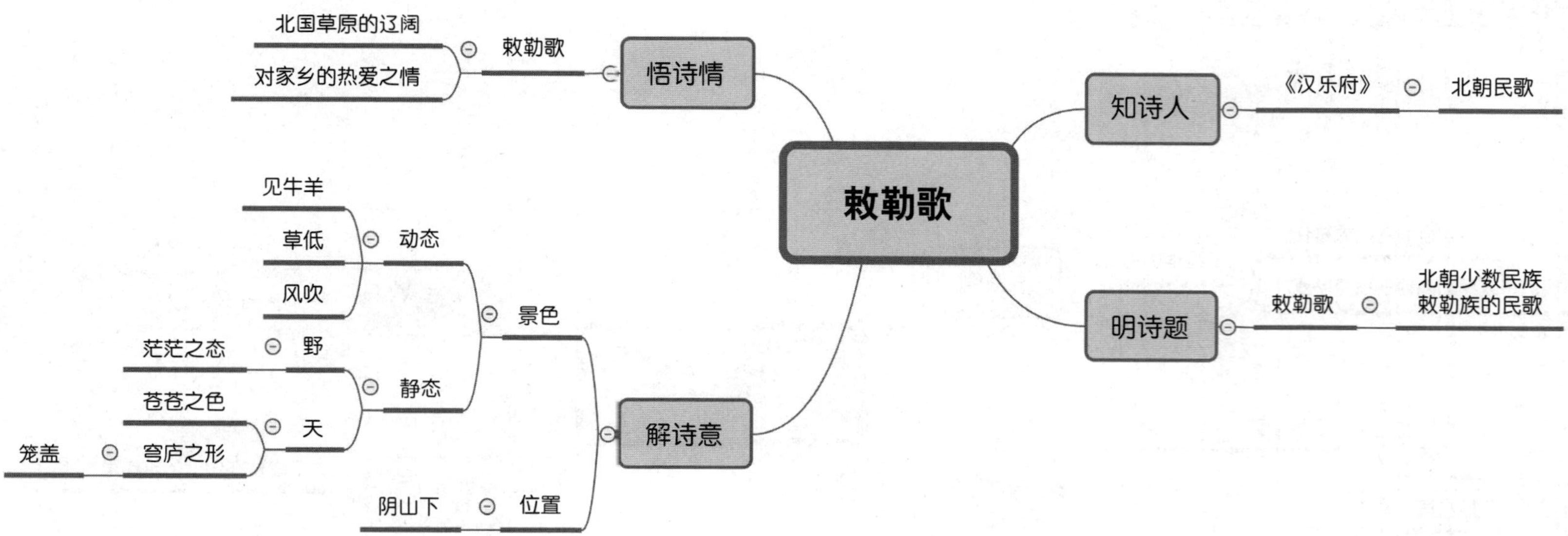
敕勒歌
知诗人
《汉乐府》
北朝民歌
明诗题
敕勒歌
北朝少数民族敕勒族的民歌
悟诗情
敕勒歌
北国草原的辽阔
对家乡的热爱之情
解诗意
景色
动态
见牛羊
草低
风吹
静态
野
茫茫之态
天
苍苍之色
穹庐之形
笼盖
位置
阴山下

（作者：王文娟）

19. 雾在哪里

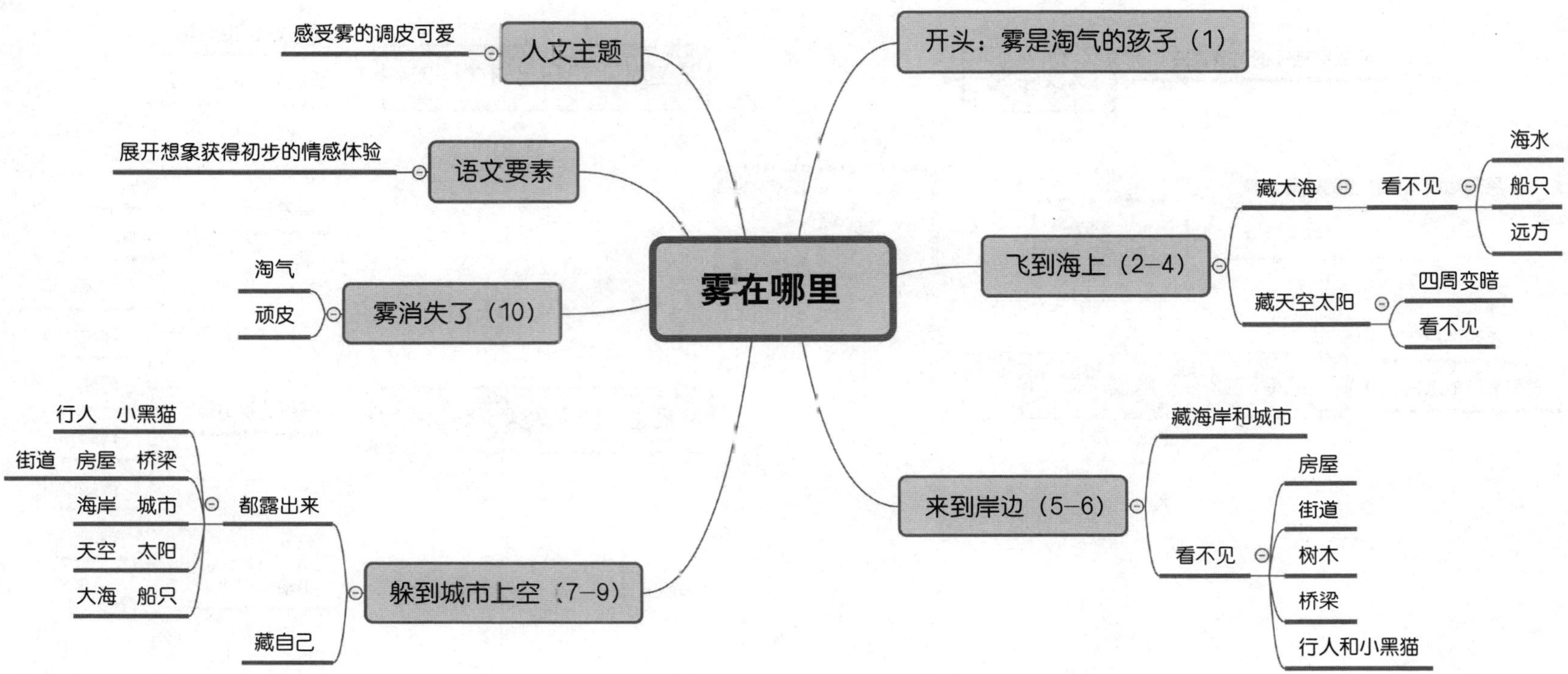

（作者：王文娟）

20. 雪孩子

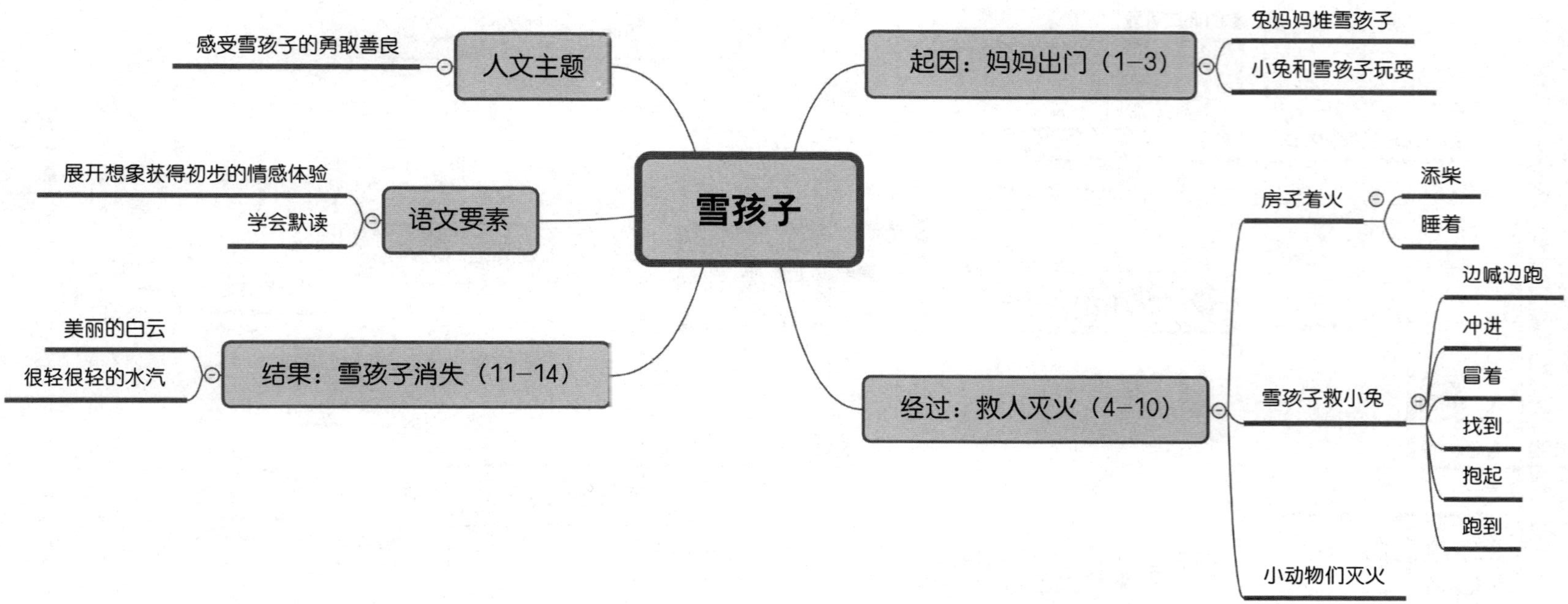
雪孩子
人文主题
感受雪孩子的勇敢善良
语文要素
展开想象获得初步的情感体验
学会默读
结果：雪孩子消失（11—14）
美丽的白云
很轻很轻的水汽
起因：妈妈出门（1—3）
兔妈妈堆雪孩子
小兔和雪孩子玩耍
经过：救人灭火（4—10）
房子着火
添柴
睡着
雪孩子救小兔
边喊边跑
冲进
冒着
找到
抱起
跑到
小动物们灭火

（作者：王文娟）

第七章　相处（八单元）

21. 狐假虎威

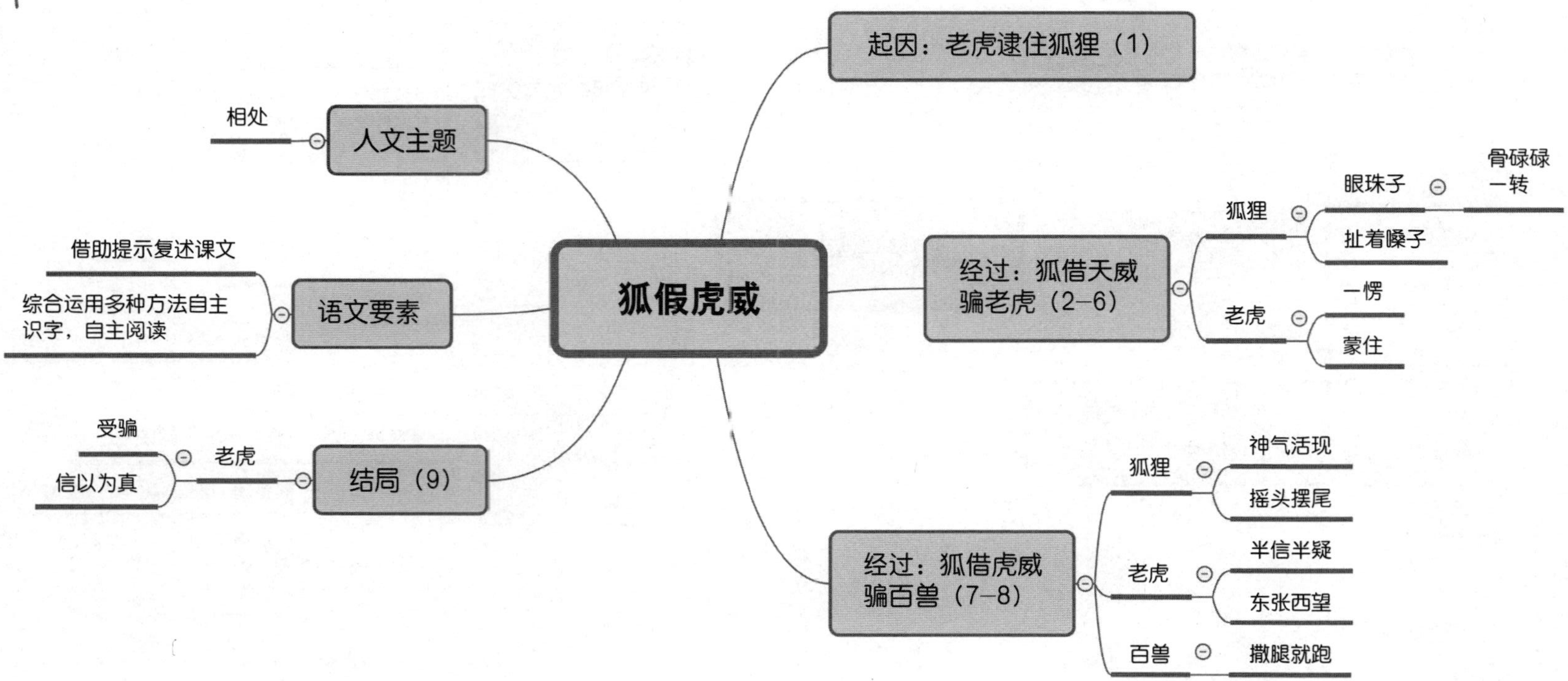

（作者：王文娟）

22. 狐狸分奶酪

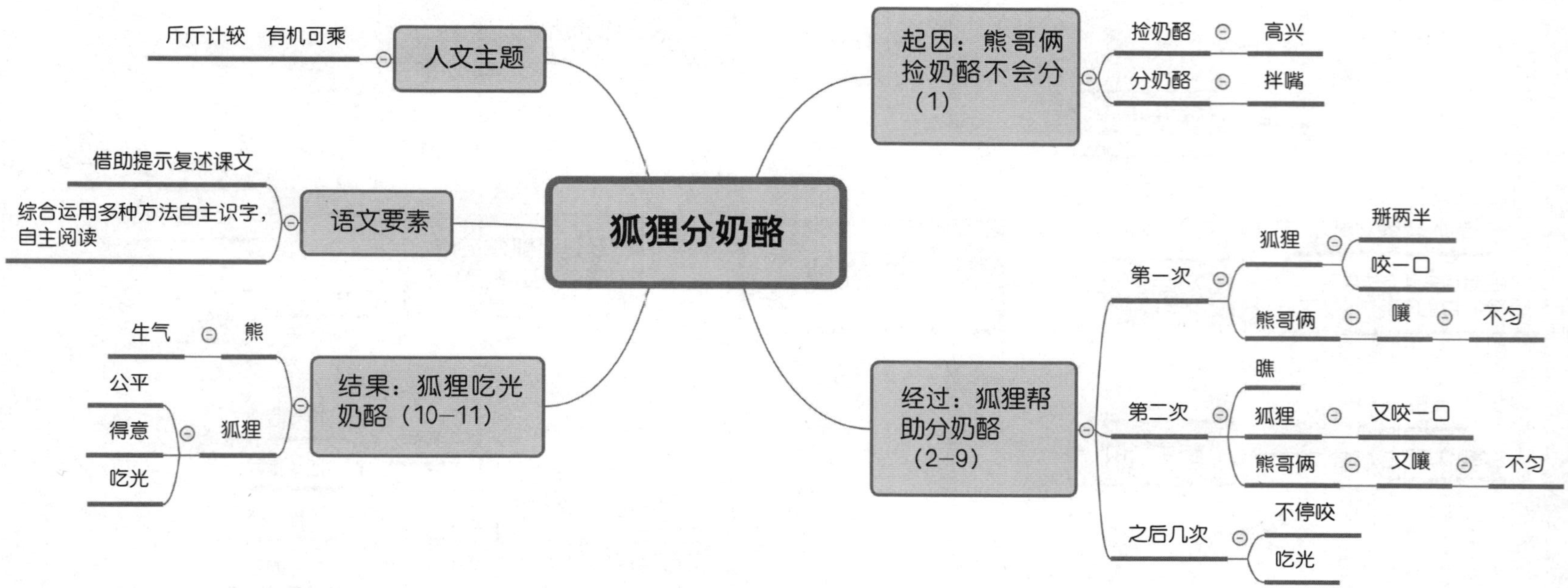

（作者：王文娟）

23. 纸船和风筝

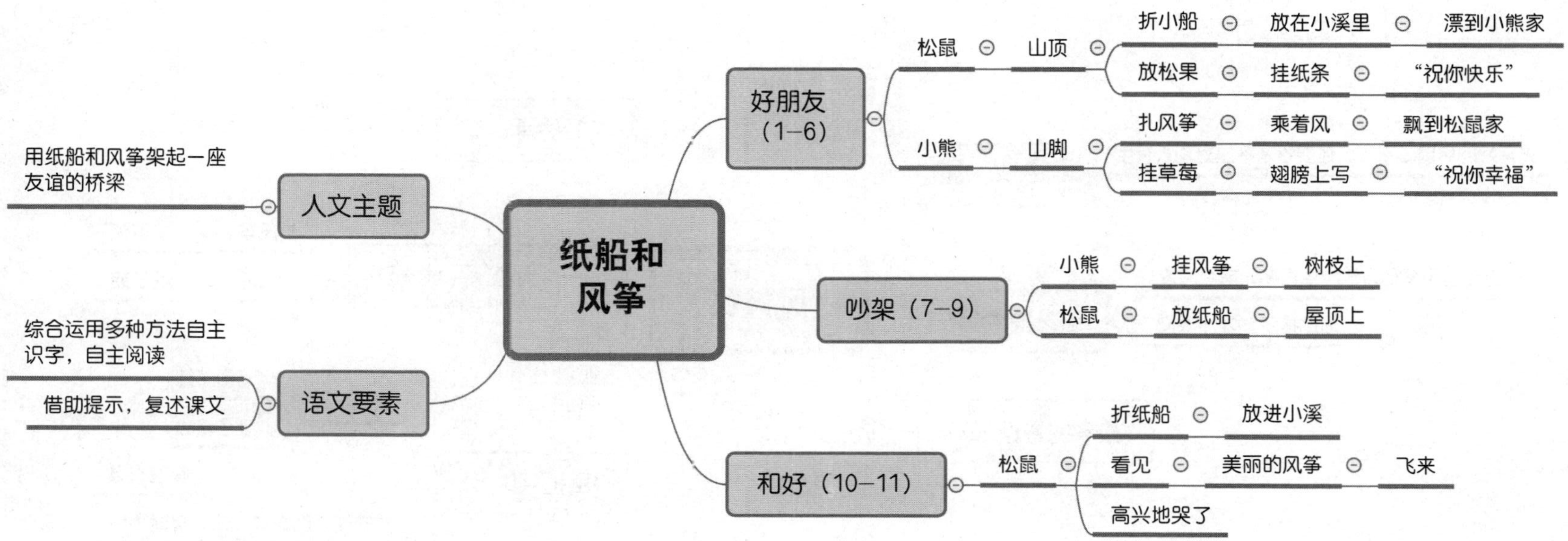

（作者：赵倩）

24. 风娃娃

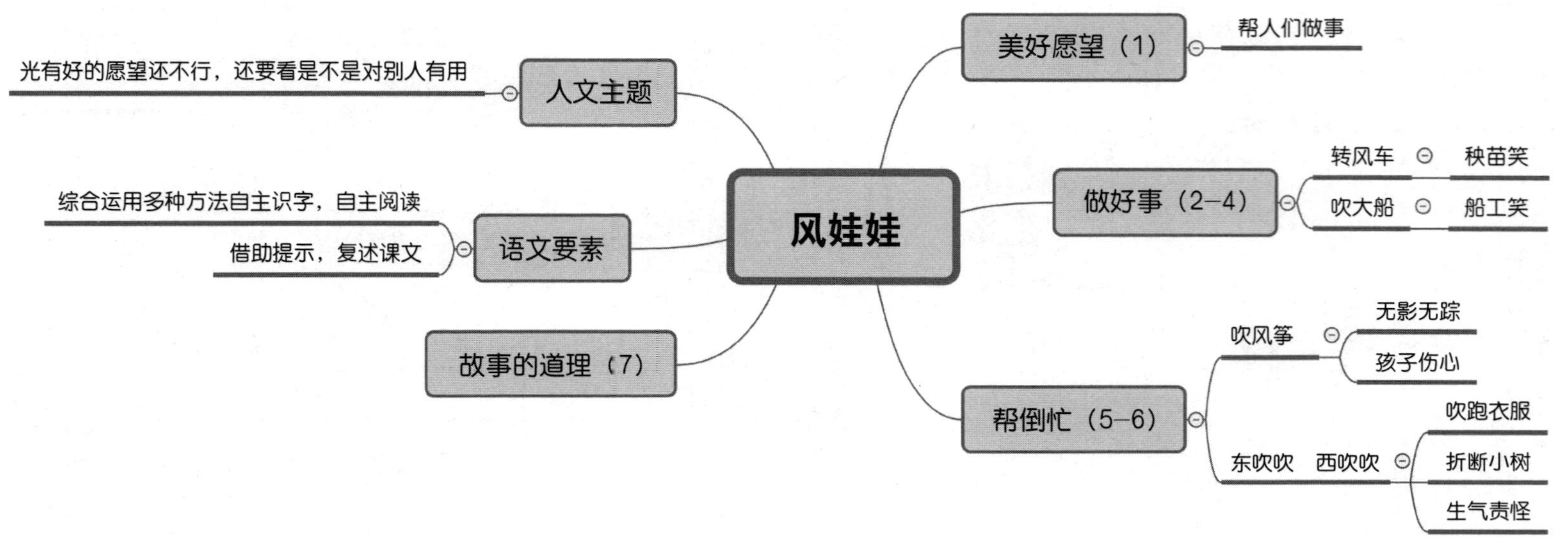
风娃娃
人文主题
光有好的愿望还不行，还要看是不是对别人有用
语文要素
综合运用多种方法自主识字，自主阅读
借助提示，复述课文
故事的道理（7）
美好愿望（1）
帮人们做事
做好事（2–4）
转风车
秧苗笑
吹大船
船工笑
帮倒忙（5–6）
吹风筝
无影无踪
孩子伤心
东吹吹 西吹吹
吹跑衣服
折断小树
生气责怪

（作者：贾俊玮）

第二部分

三年级上册

第一章　学校生活（一单元）

1. 大青树下的小学

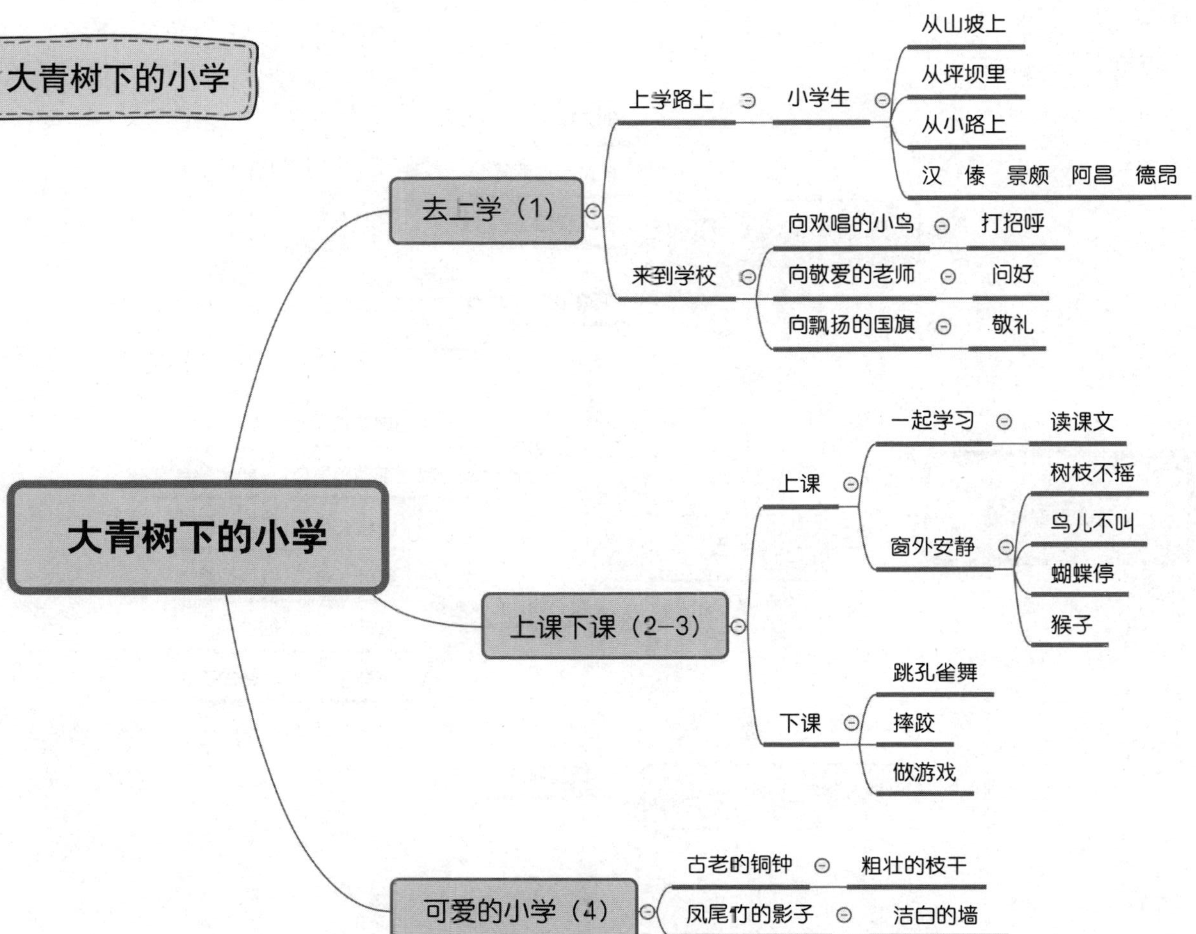

（作者：张岩）

2. 花的学校

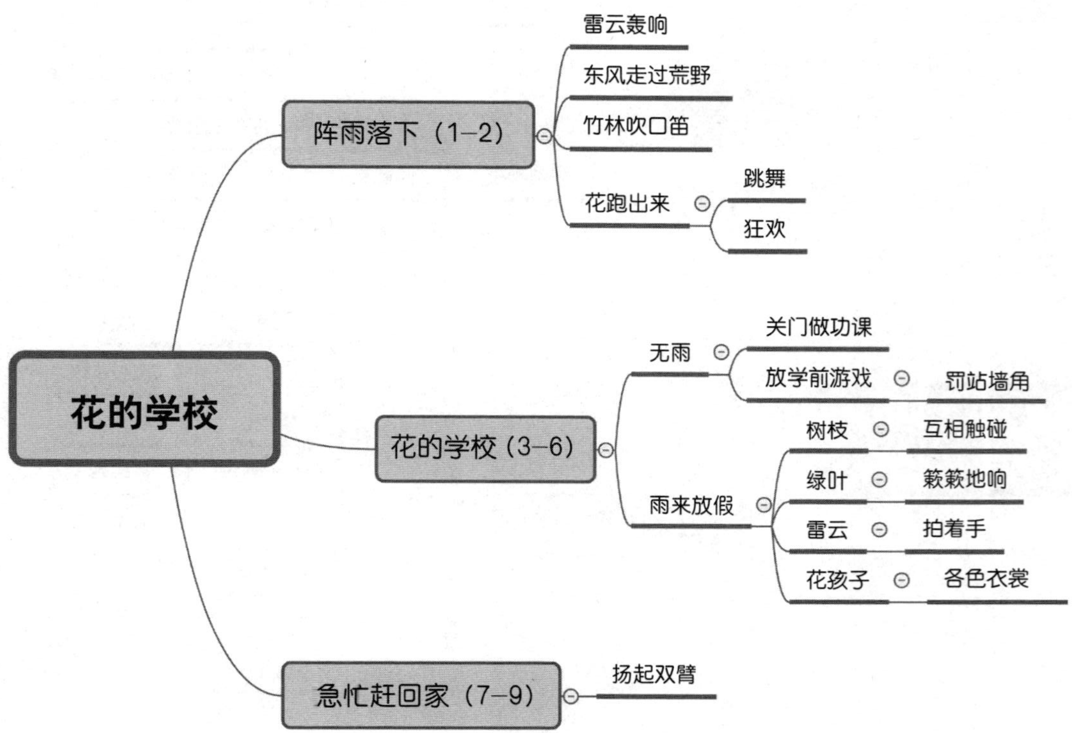
花的学校
阵雨落下（1—2）
雷云轰响
东风走过荒野
竹林吹口笛
花跑出来
跳舞
狂欢
花的学校（3—6）
无雨
关门做功课
放学前游戏
罚站墙角
雨来放假
树枝
互相触碰
绿叶
簌簌地响
雷云
拍着手
花孩子
各色衣裳
急忙赶回家（7—9）
扬起双臂

（作者：张岩）

3. 不懂就要问

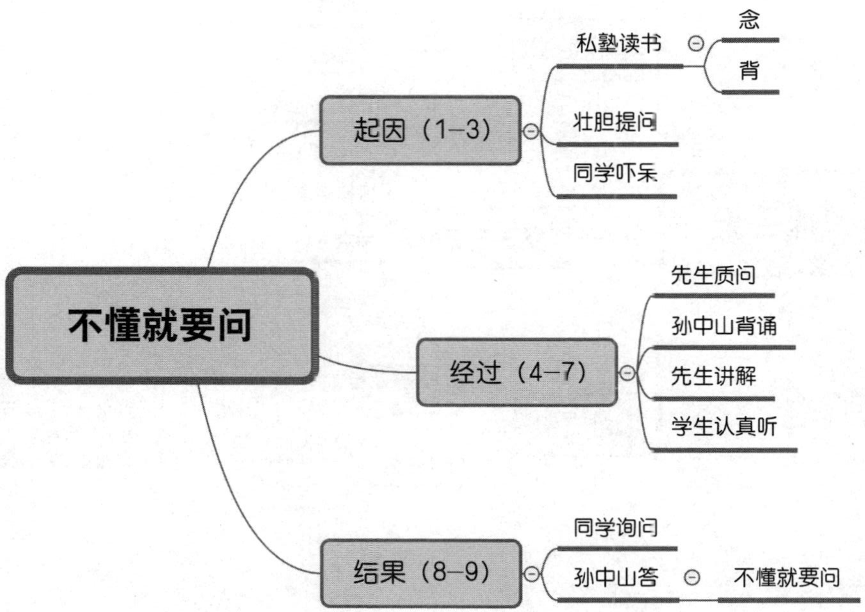
不懂就要问
起因（1–3）
私塾读书
念
背
壮胆提问
同学吓呆
经过（4–7）
先生质问
孙中山背诵
先生讲解
学生认真听
结果（8–9）
同学询问
孙中山答
不懂就要问

（作者：张岩）

习作：猜猜他是谁

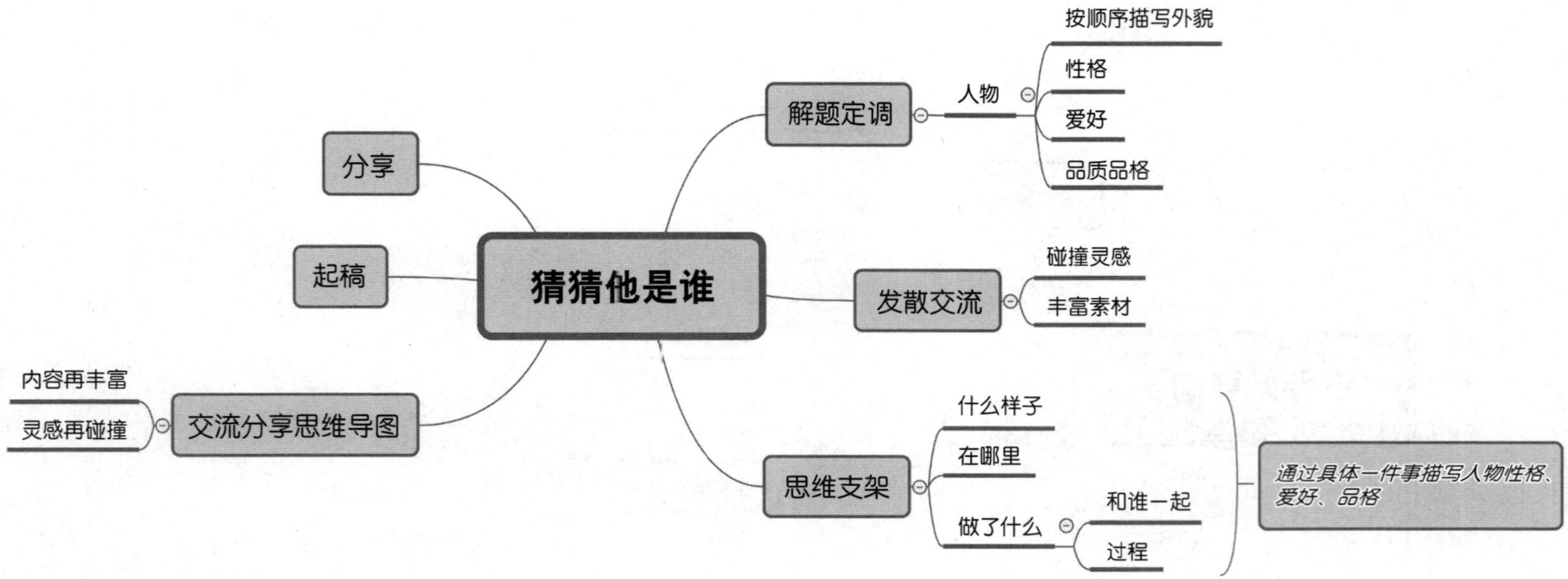

（作者：门爱静）

第二章　金秋时节（二单元）

4. 古诗三首

（1）山行

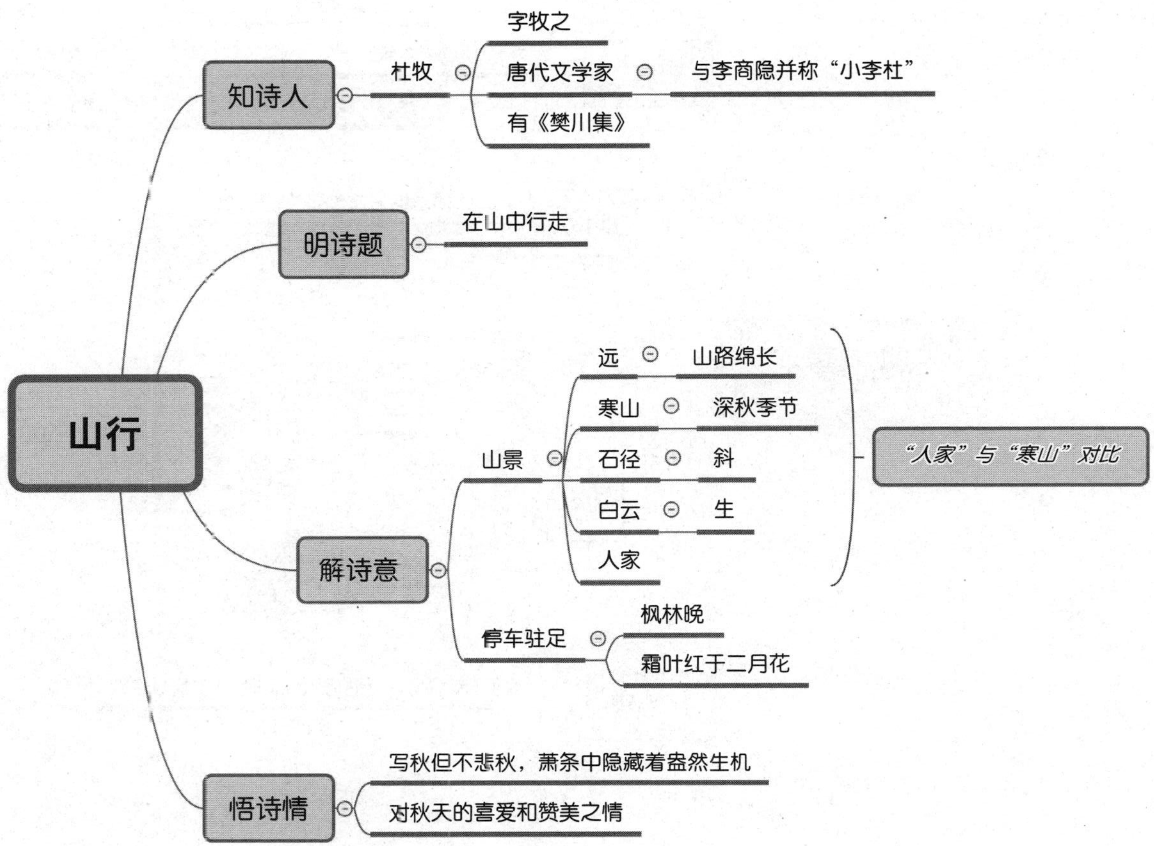

（作者：张岩）

（2）赠刘景文

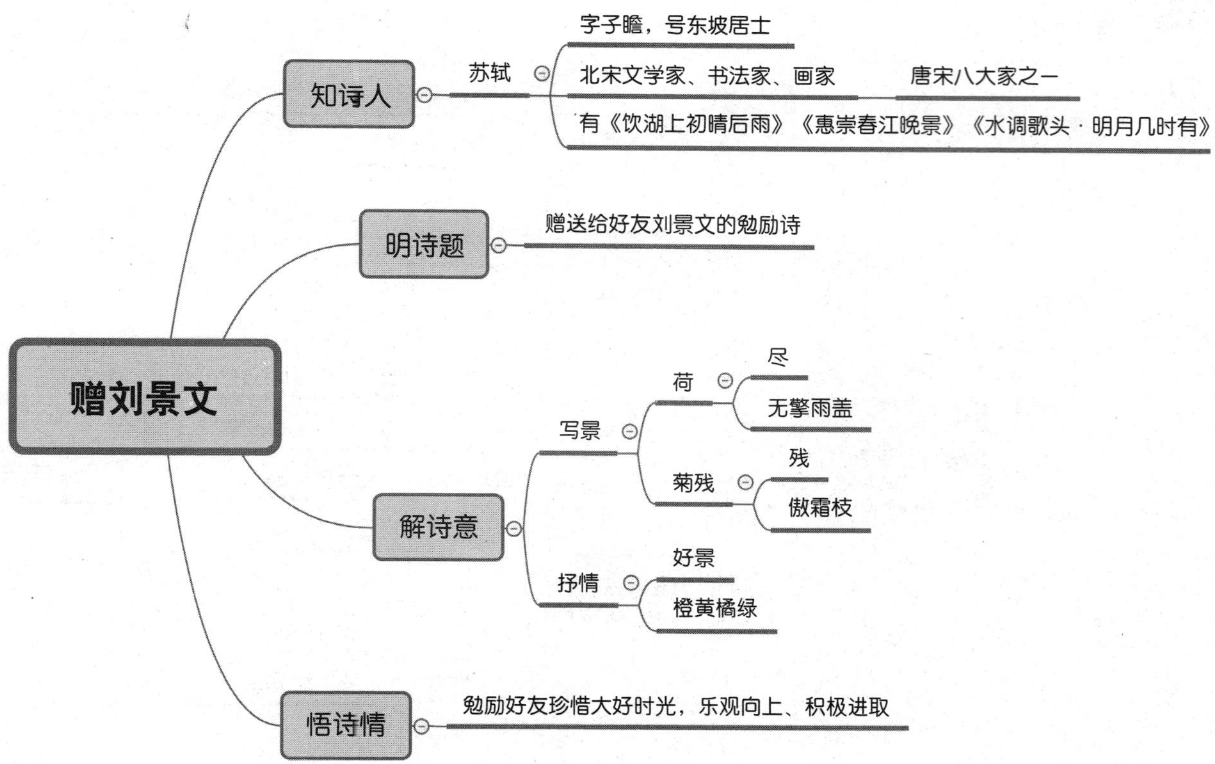
赠刘景文
知诗人
苏轼
字子瞻，号东坡居士
北宋文学家、书法家、画家
唐宋八大家之一
有《饮湖上初晴后雨》《惠崇春江晚景》《水调歌头·明月几时有》
明诗题
赠送给好友刘景文的勉励诗
解诗意
写景
荷
尽
无擎雨盖
菊残
残
傲霜枝
抒情
好景
橙黄橘绿
悟诗情
勉励好友珍惜大好时光，乐观向上、积极进取

（作者：张岩）

（3）夜书所见

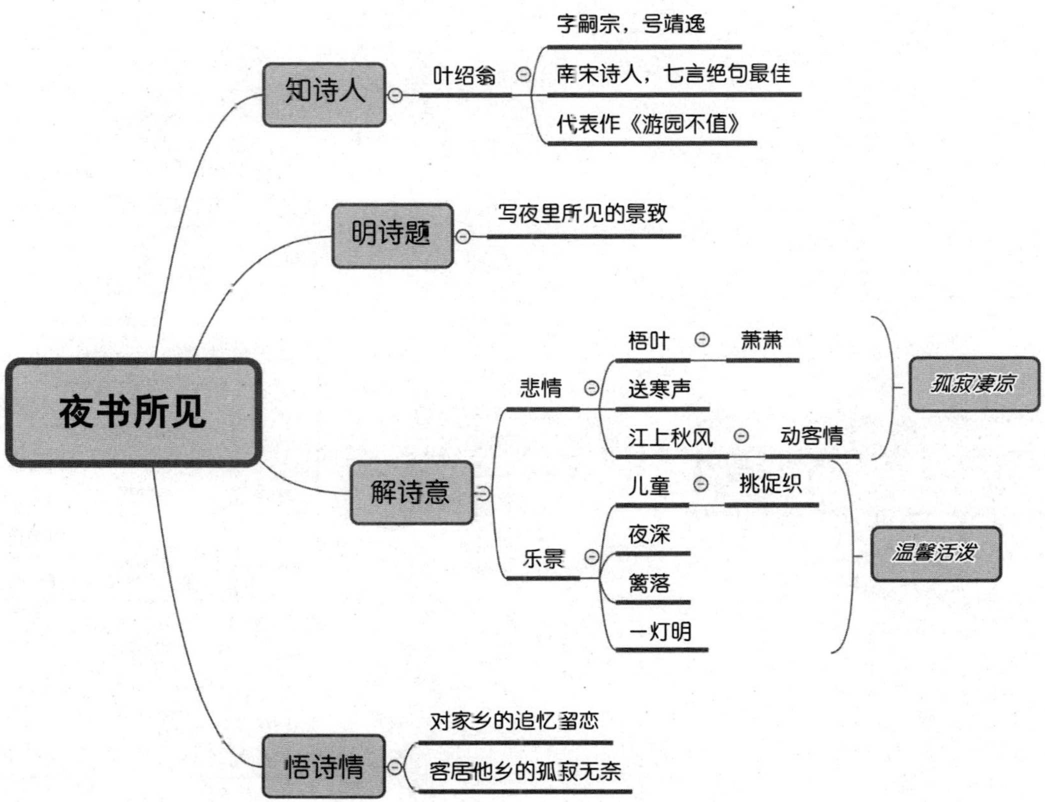
夜书所见
知诗人
叶绍翁
字嗣宗，号靖逸
南宋诗人，七言绝句最佳
代表作《游园不值》
明诗题
写夜里所见的景致
解诗意
悲情
梧叶
萧萧
送寒声
江上秋风
动客情
孤寂凄凉
乐景
儿童
挑促织
夜深
篱落
一灯明
温馨活泼
悟诗情
对家乡的追忆留恋
客居他乡的孤寂无奈

（作者：张岩）

5. 铺满金色巴掌的水泥道

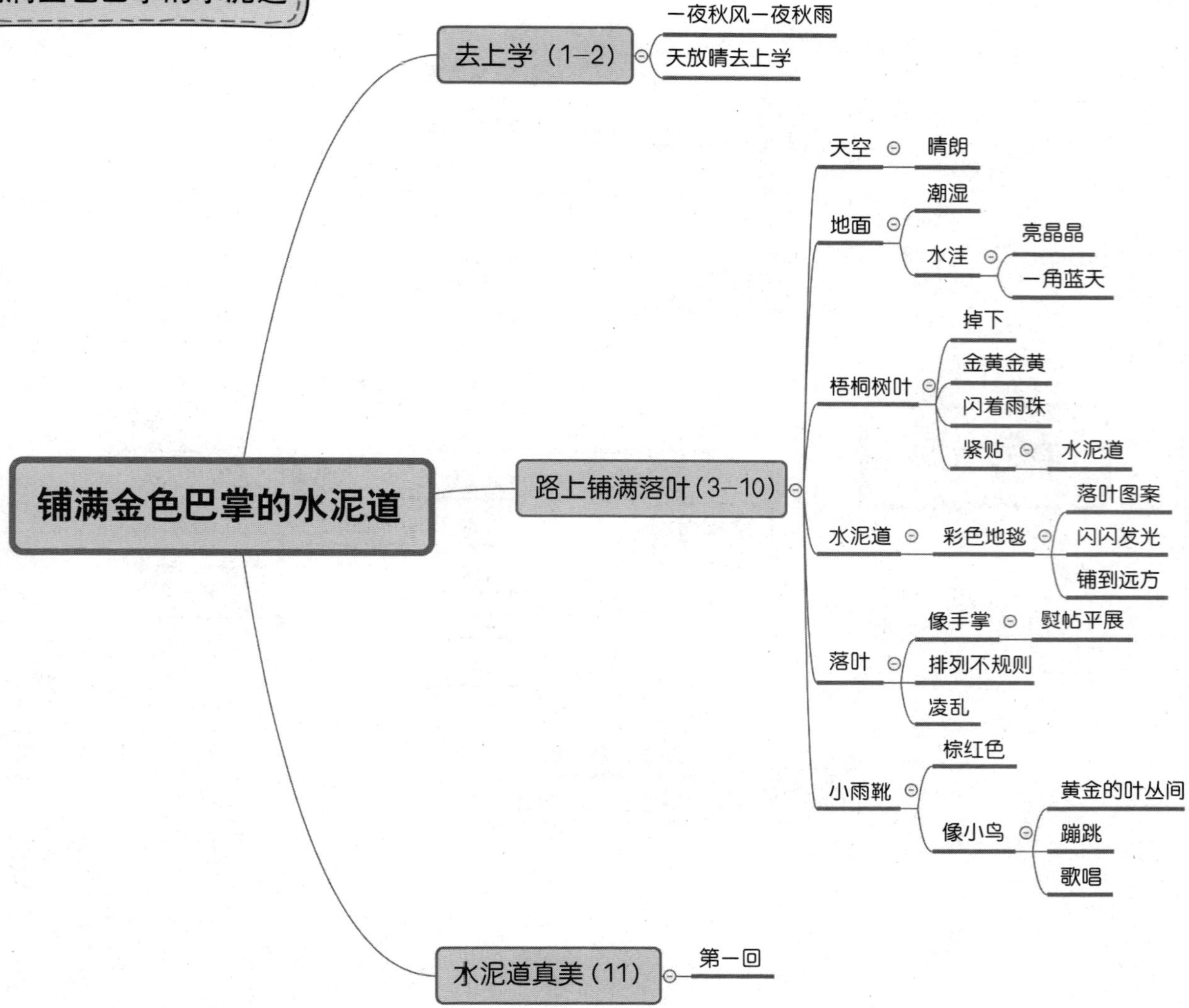

（作者：张岩）

6. 秋天的雨

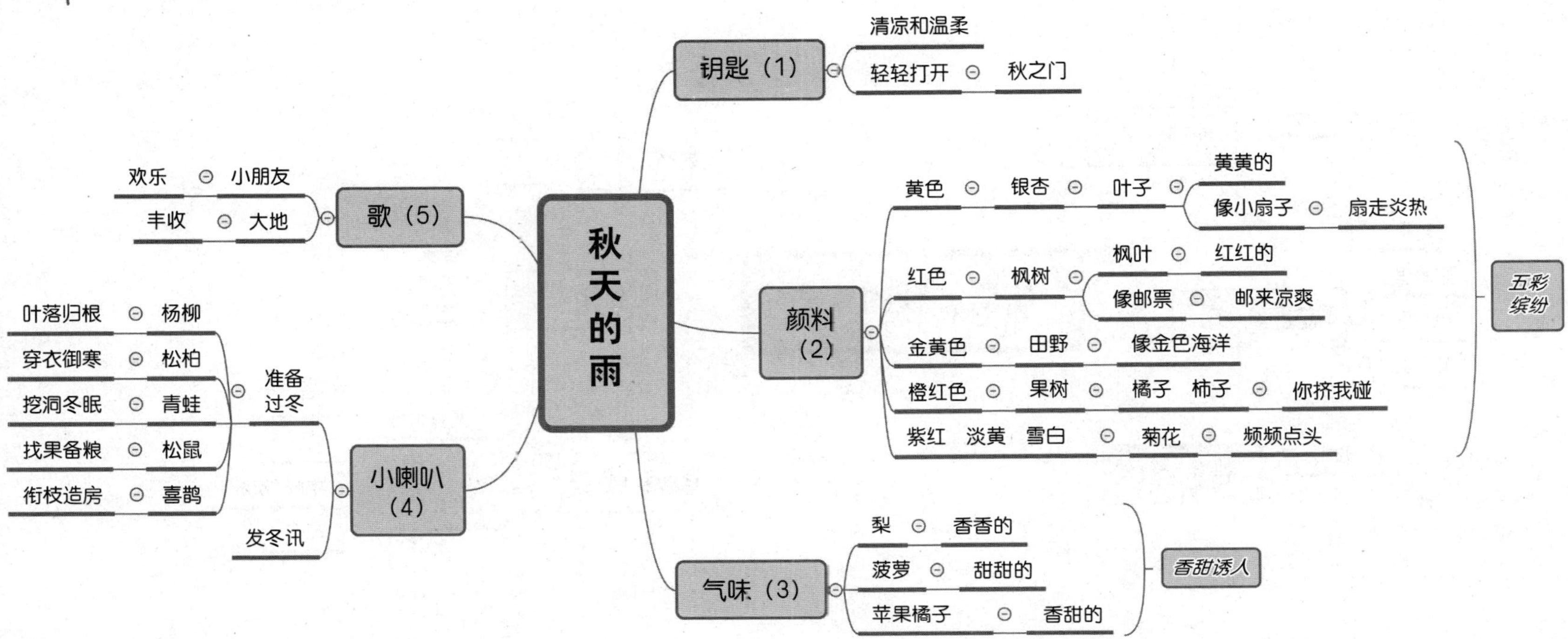
秋天的雨
钥匙（1）
清凉和温柔
轻轻打开
秋之门
颜料（2）
黄色
银杏
叶子
黄黄的
像小扇子
扇走炎热
红色
枫树
枫叶
红红的
像邮票
邮来凉爽
金黄色
田野
像金色海洋
橙红色
果树
橘子　柿子
你挤我碰
紫红　淡黄　雪白
菊花
频频点头
五彩缤纷
气味（3）
梨
香香的
菠萝
甜甜的
苹果橘子
香甜的
香甜诱人
小喇叭（4）
准备过冬
叶落归根
杨柳
穿衣御寒
松柏
挖洞冬眠
青蛙
找果备粮
松鼠
衔枝造房
喜鹊
发冬讯
歌（5）
欢乐
小朋友
丰收
大地

（作者：张岩）

7. 听听，秋的声音

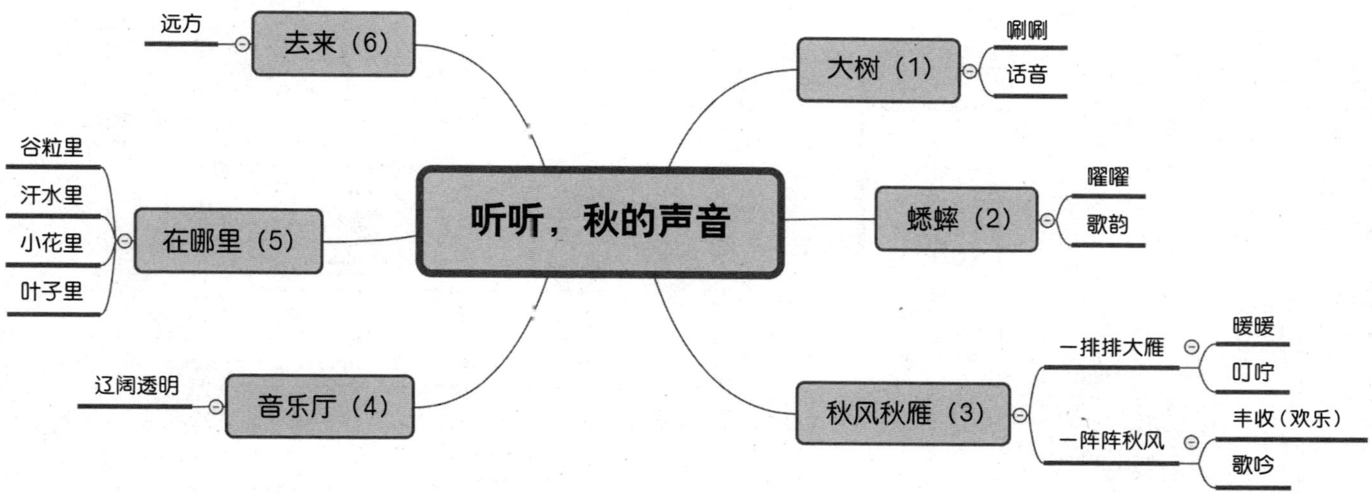

（作者：张岩）

习作：写日记

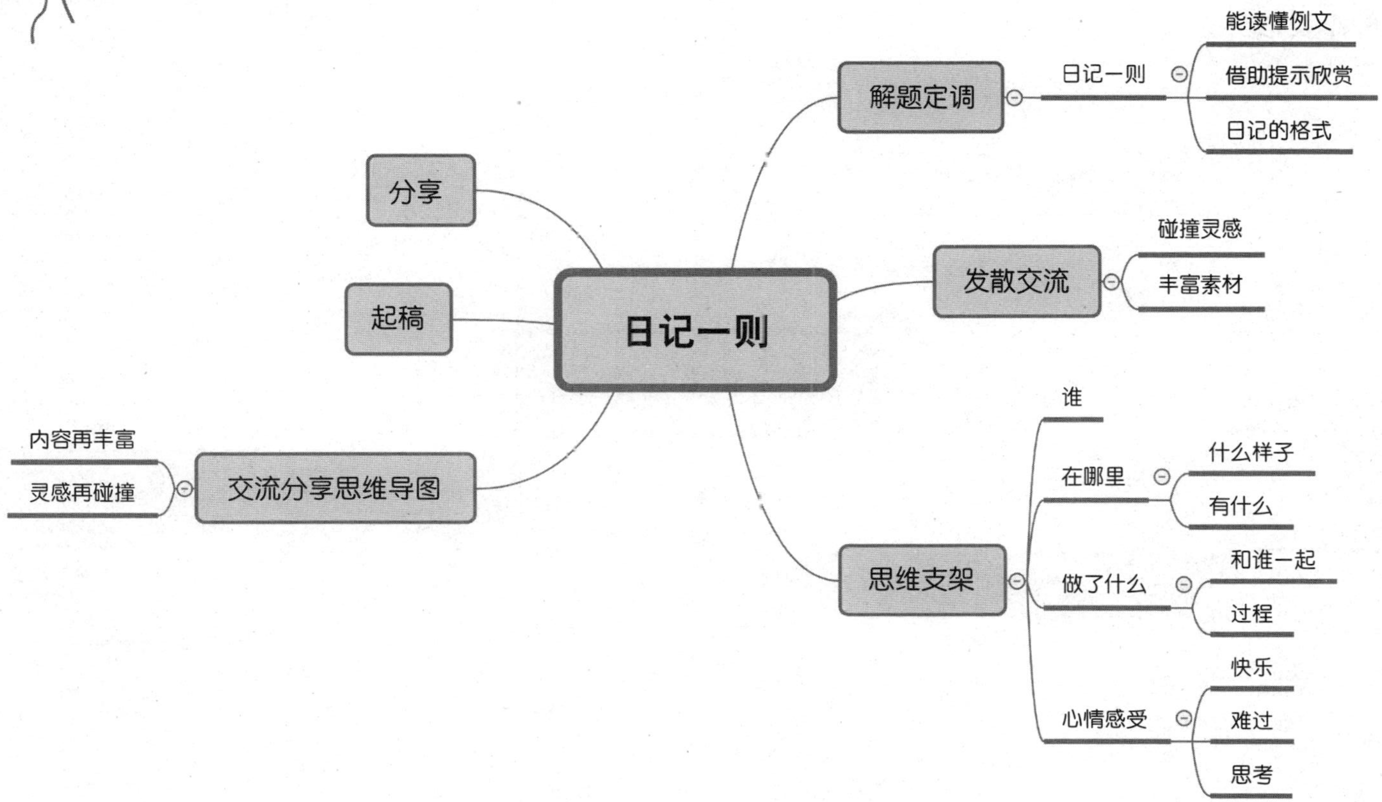
日记一则
解题定调
日记一则
能读懂例文
借助提示欣赏
日记的格式
发散交流
碰撞灵感
丰富素材
思维支架
谁
在哪里
什么样子
有什么
做了什么
和谁一起
过程
心情感受
快乐
难过
思考
分享
起稿
交流分享思维导图
内容再丰富
灵感再碰撞

（作者：门爱静）

第三章　中外童话（三单元）

8. 卖火柴的小女孩

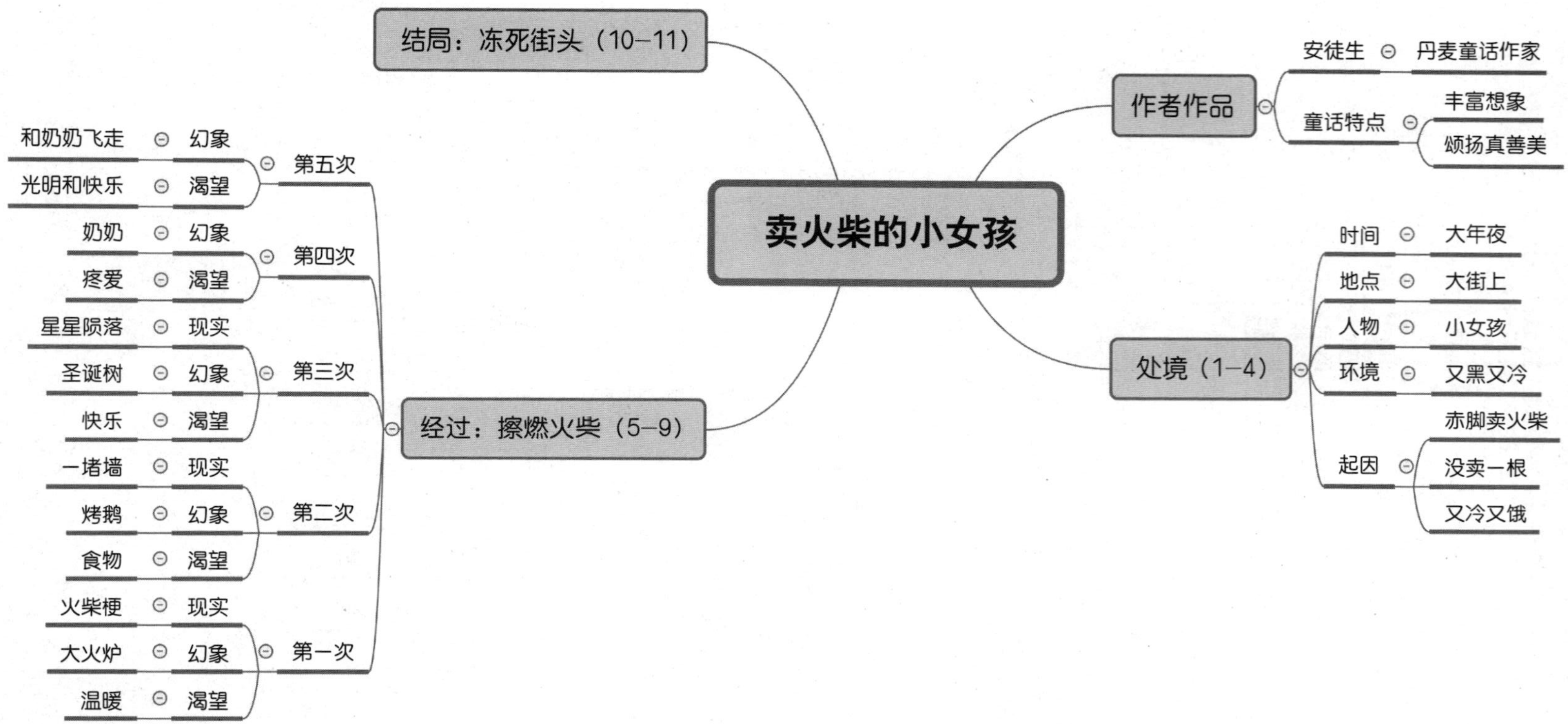

（作者：王文娟）

9. 那一定会很好

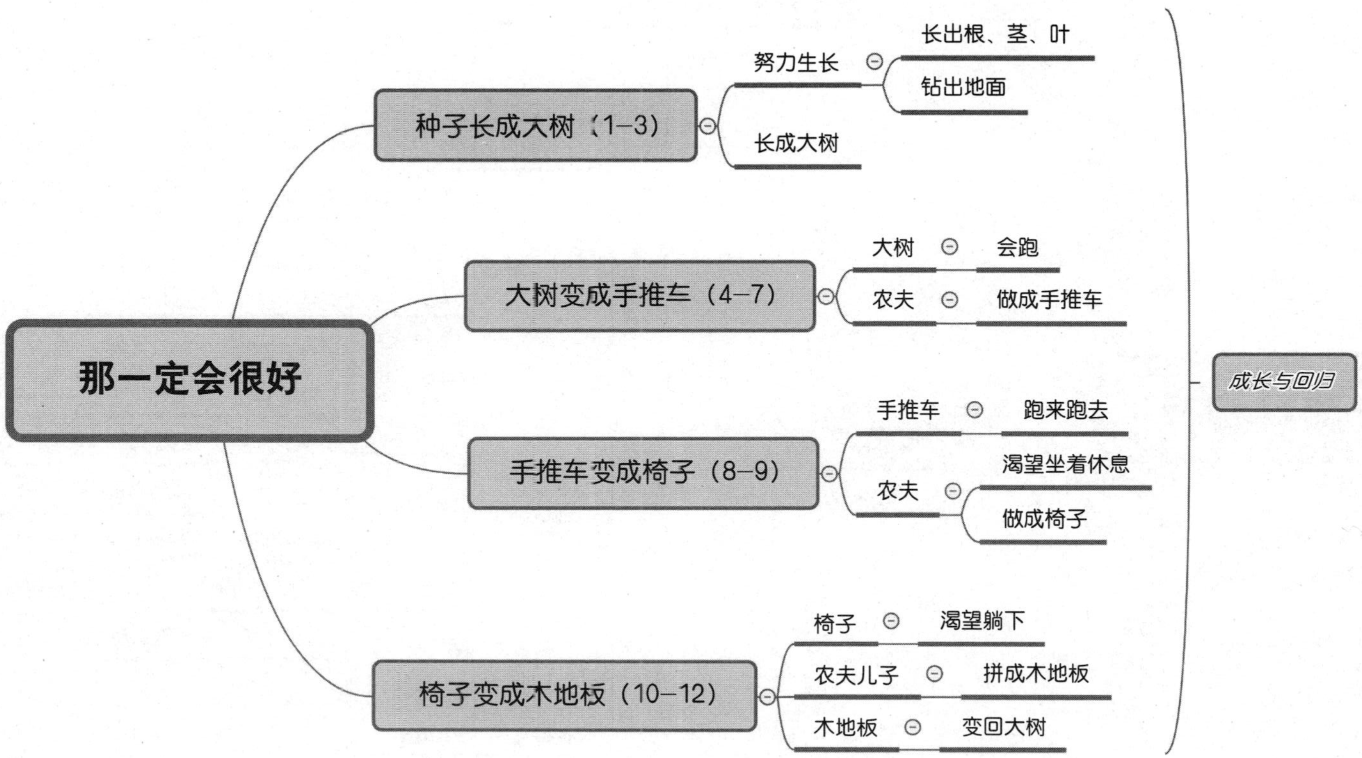

（作者：武昕鑫）

10. 在牛肚子里旅行

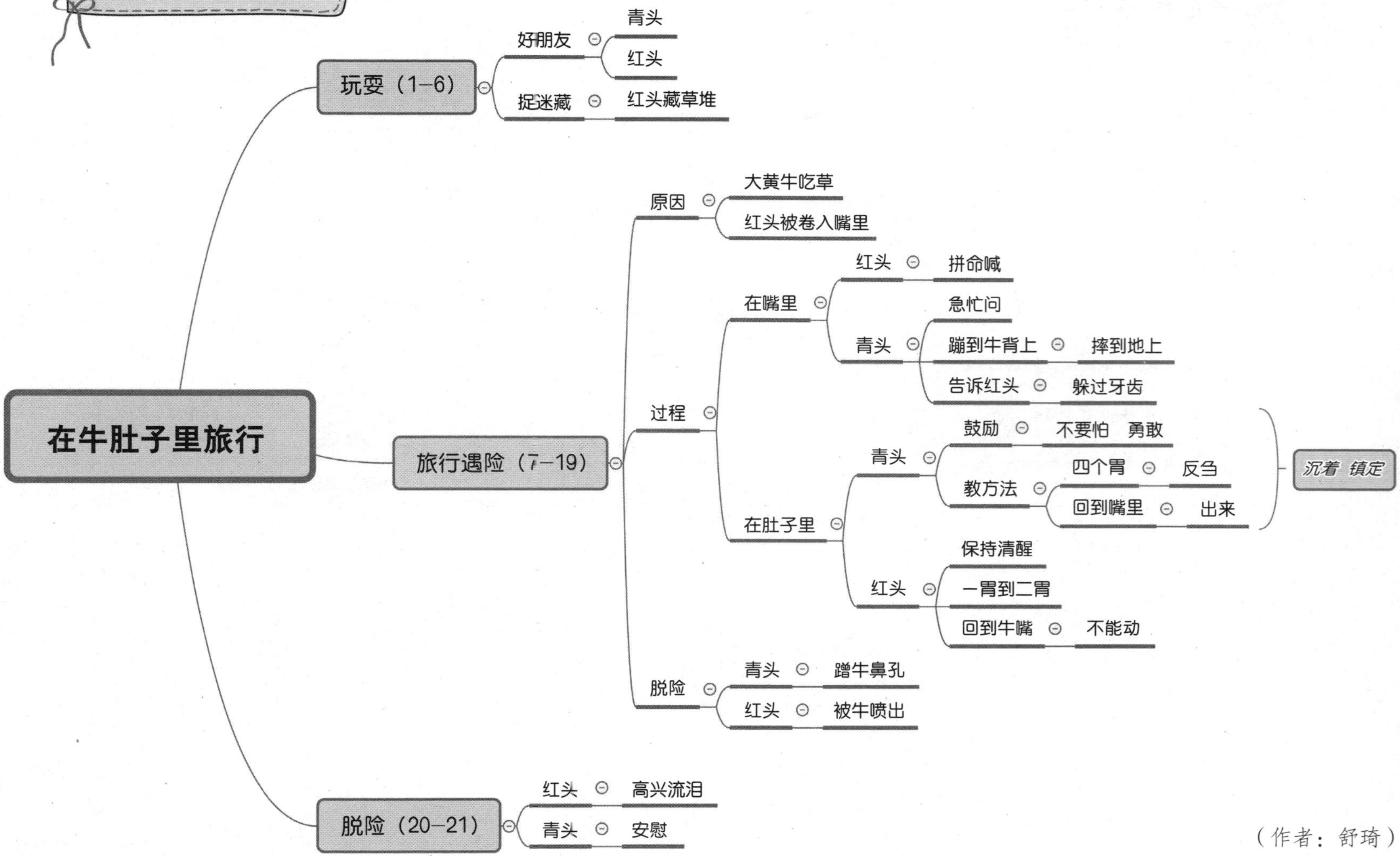

（作者：舒琦）

11．一块奶酪

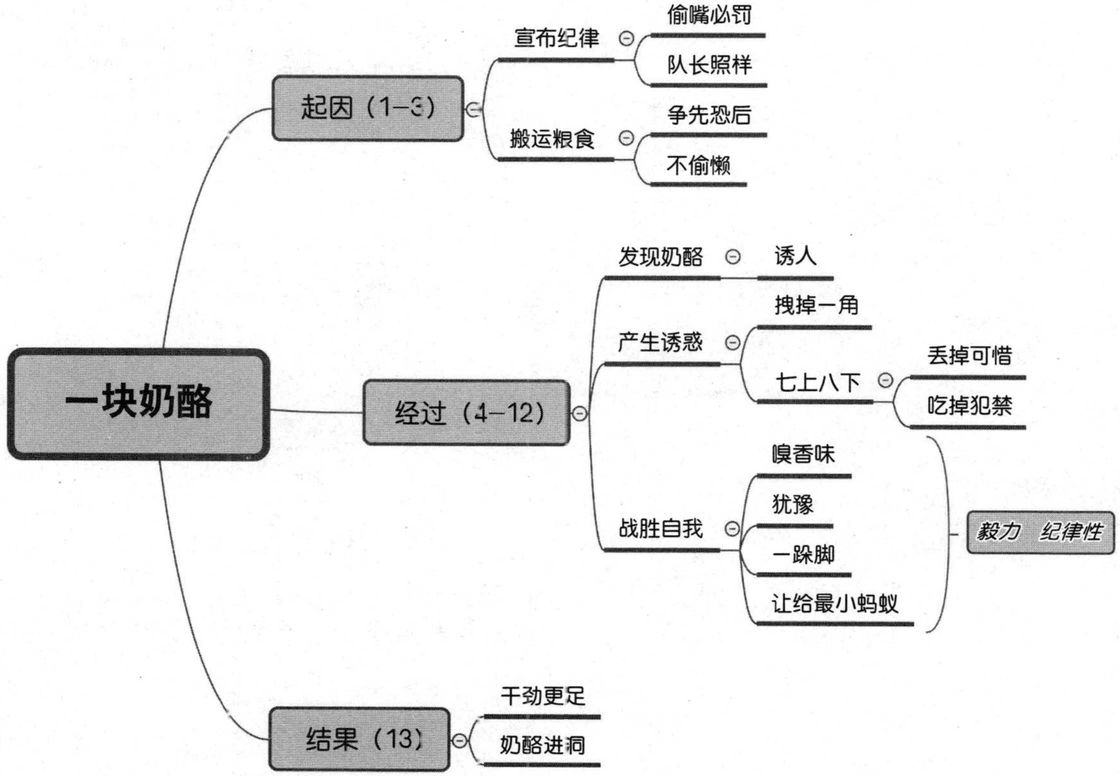

（作者：王文娟）

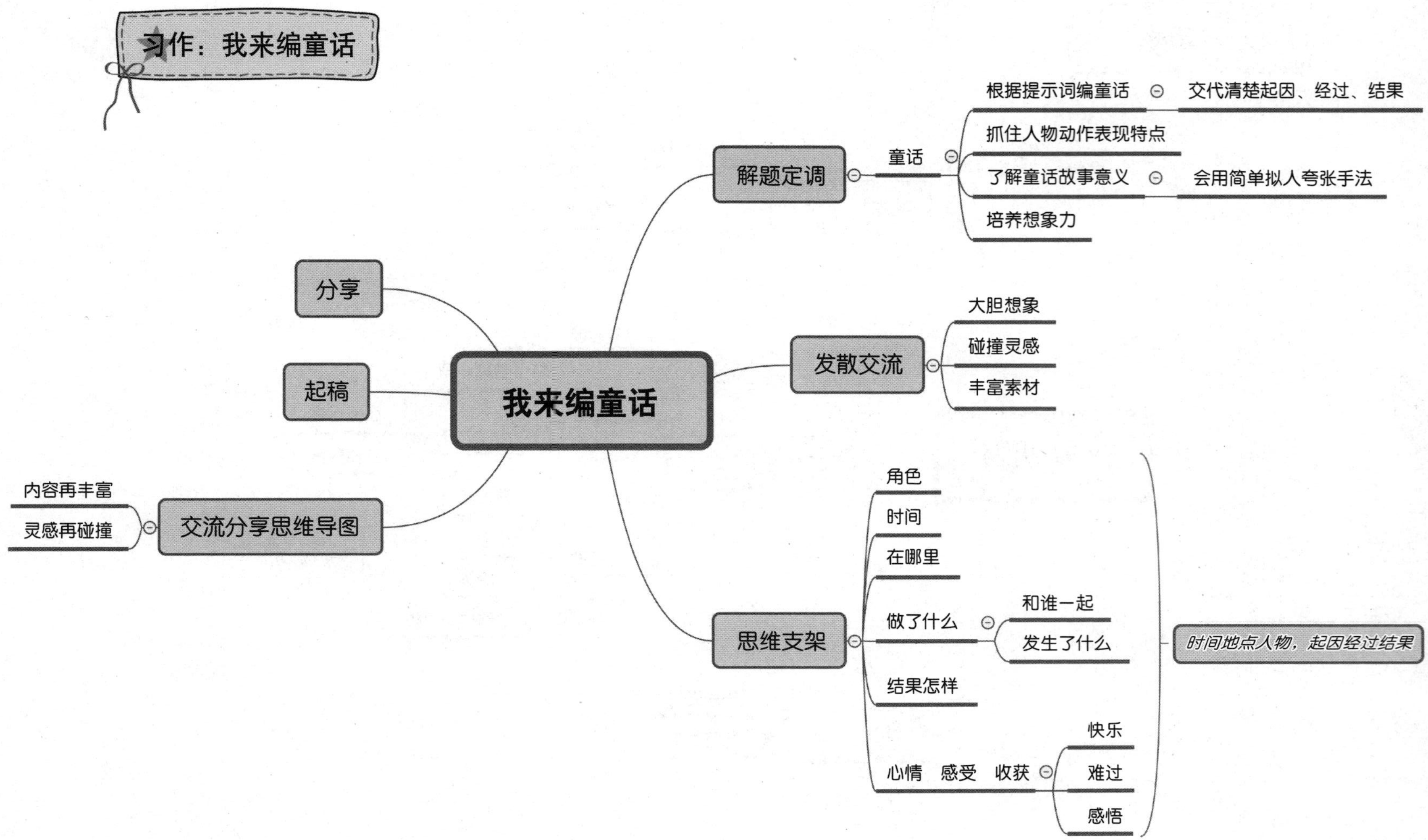
习作：我来编童话
我来编童话
解题定调
童话
根据提示词编童话
交代清楚起因、经过、结果
抓住人物动作表现特点
了解童话故事意义
会用简单拟人夸张手法
培养想象力
发散交流
大胆想象
碰撞灵感
丰富素材
思维支架
角色
时间
在哪里
做了什么
和谁一起
发生了什么
结果怎样
心情 感受 收获
快乐
难过
感悟
时间地点人物，起因经过结果
分享
起稿
交流分享思维导图
内容再丰富
灵感再碰撞

（作者：王文娟）

第四章　阅读策略（四单元）

12. 总也倒不了的老屋

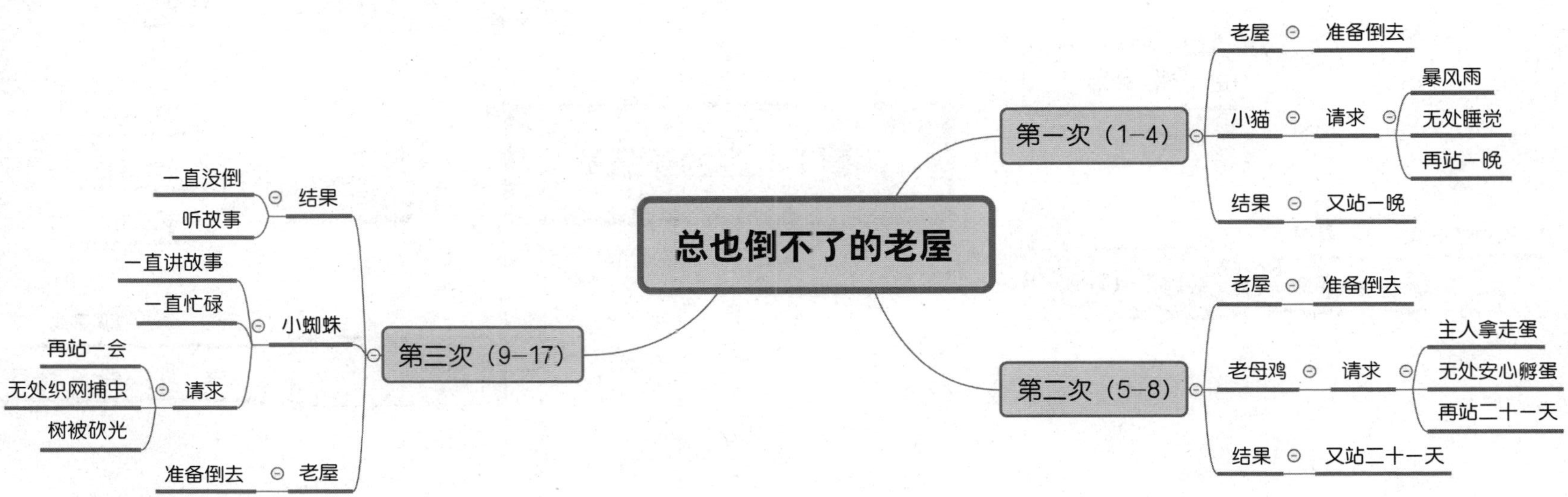

（作者：王文娟）

13. 胡萝卜先生的长胡子

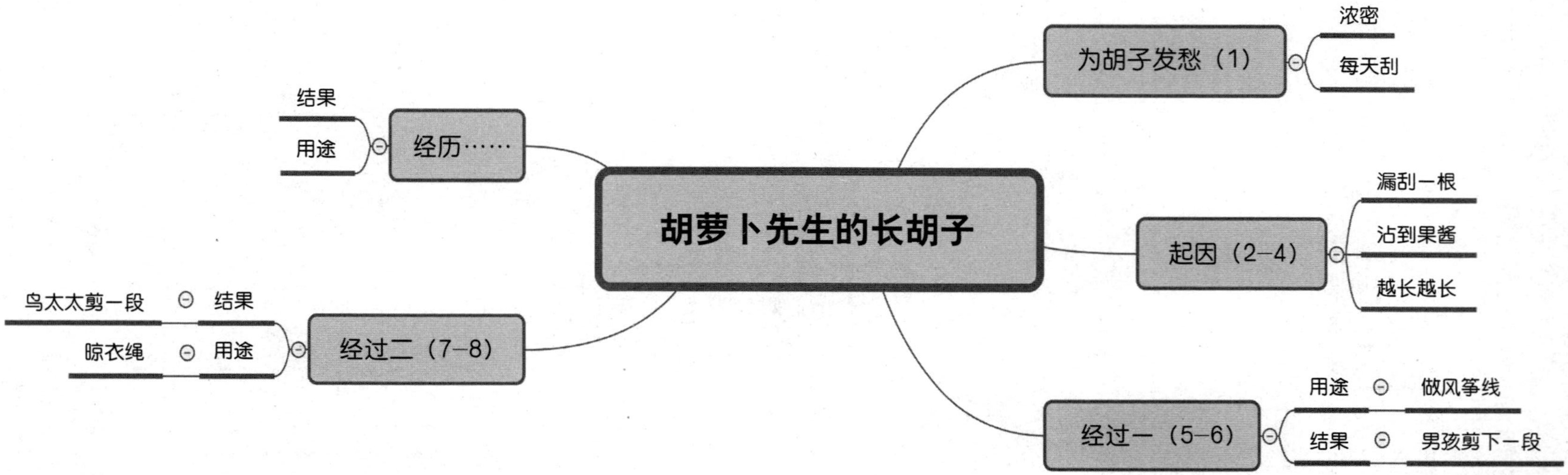

（作者：门爱静）

14. 小狗学叫

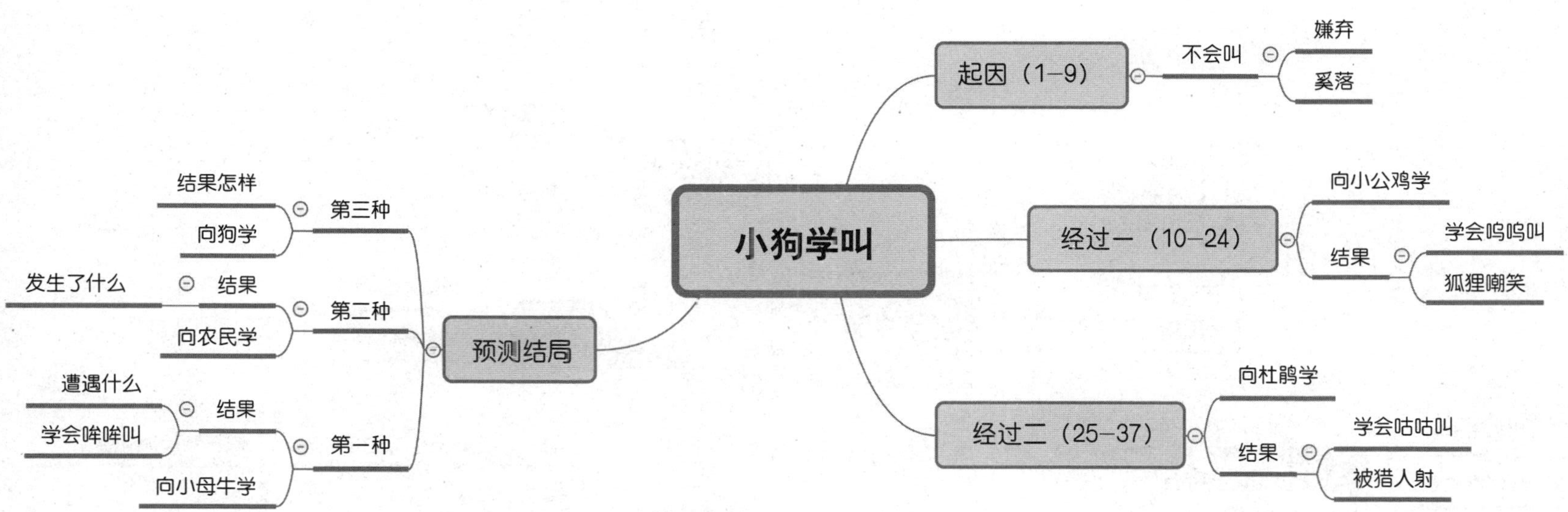

（作者：王文娟）

习作：续写故事

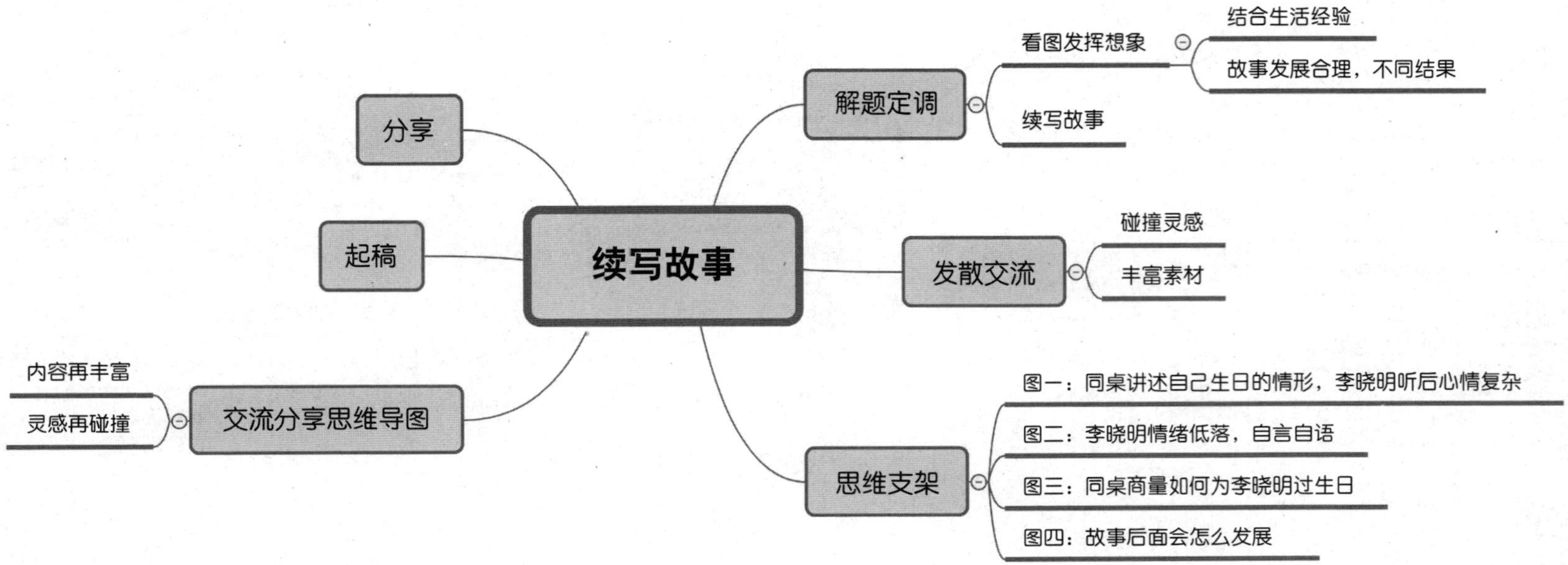

（作者：武昕鑫）

第五章 留心观察（五单元）

15. 搭船的鸟

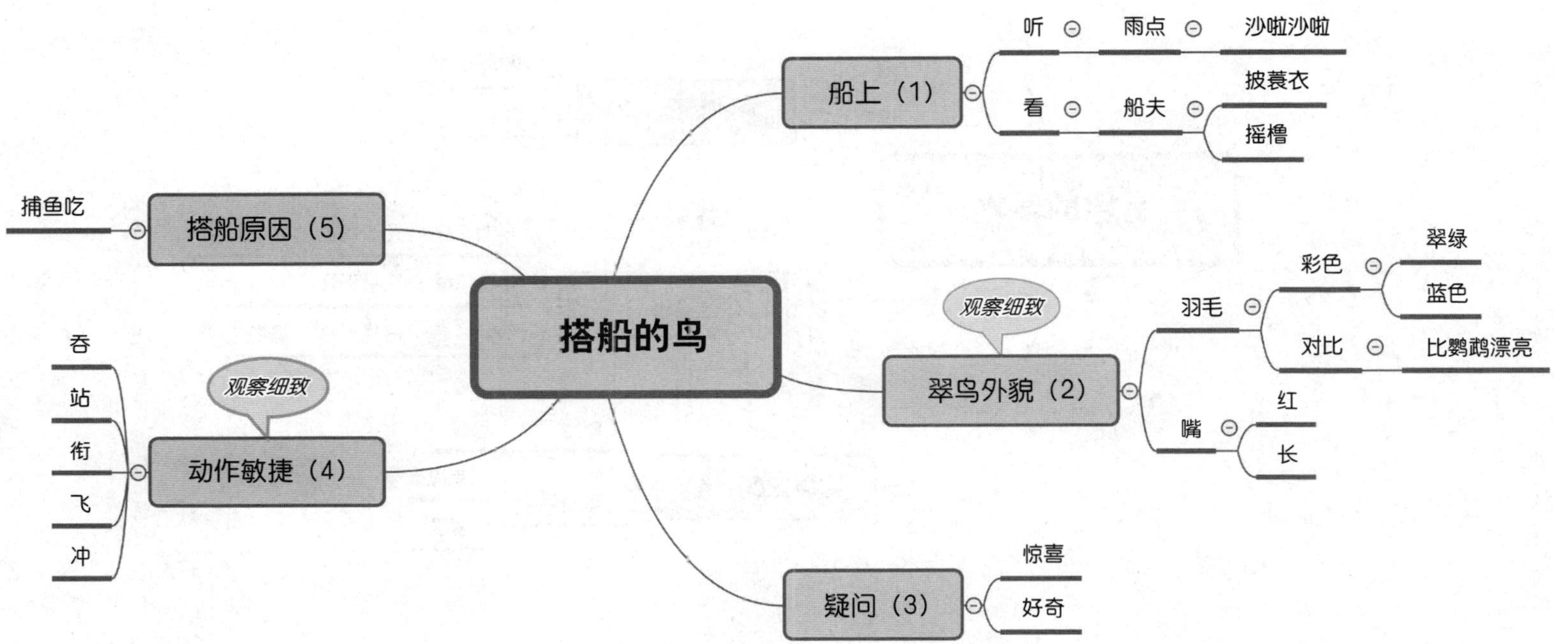

（作者：王腊祎）

16. 金色的草地

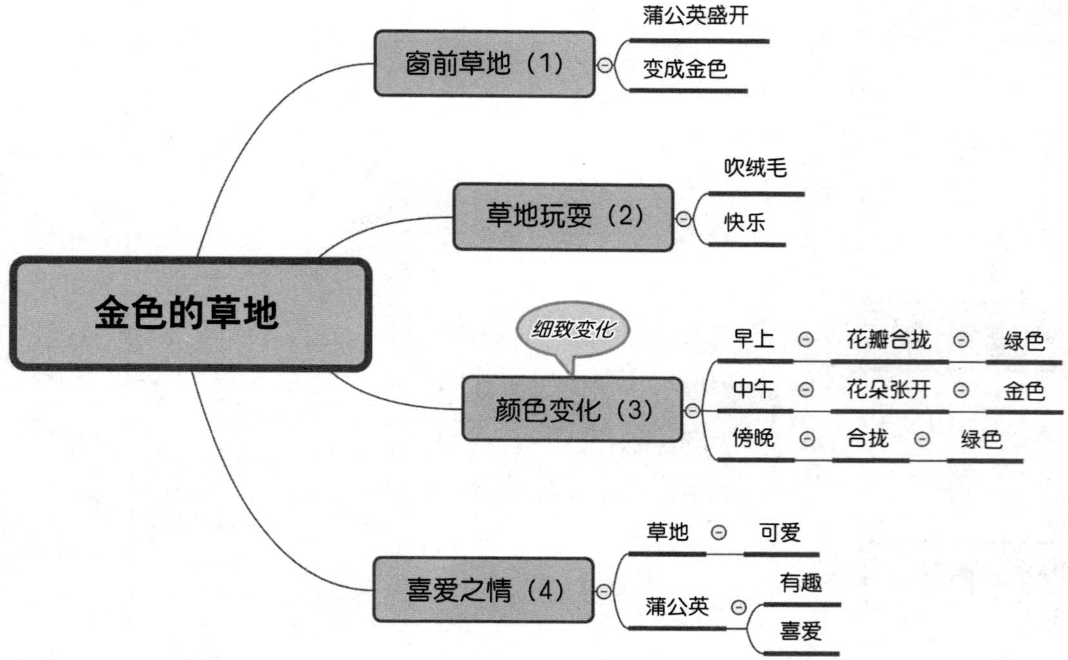

（作者：武昕鑫）

习作：我们眼中的缤纷世界

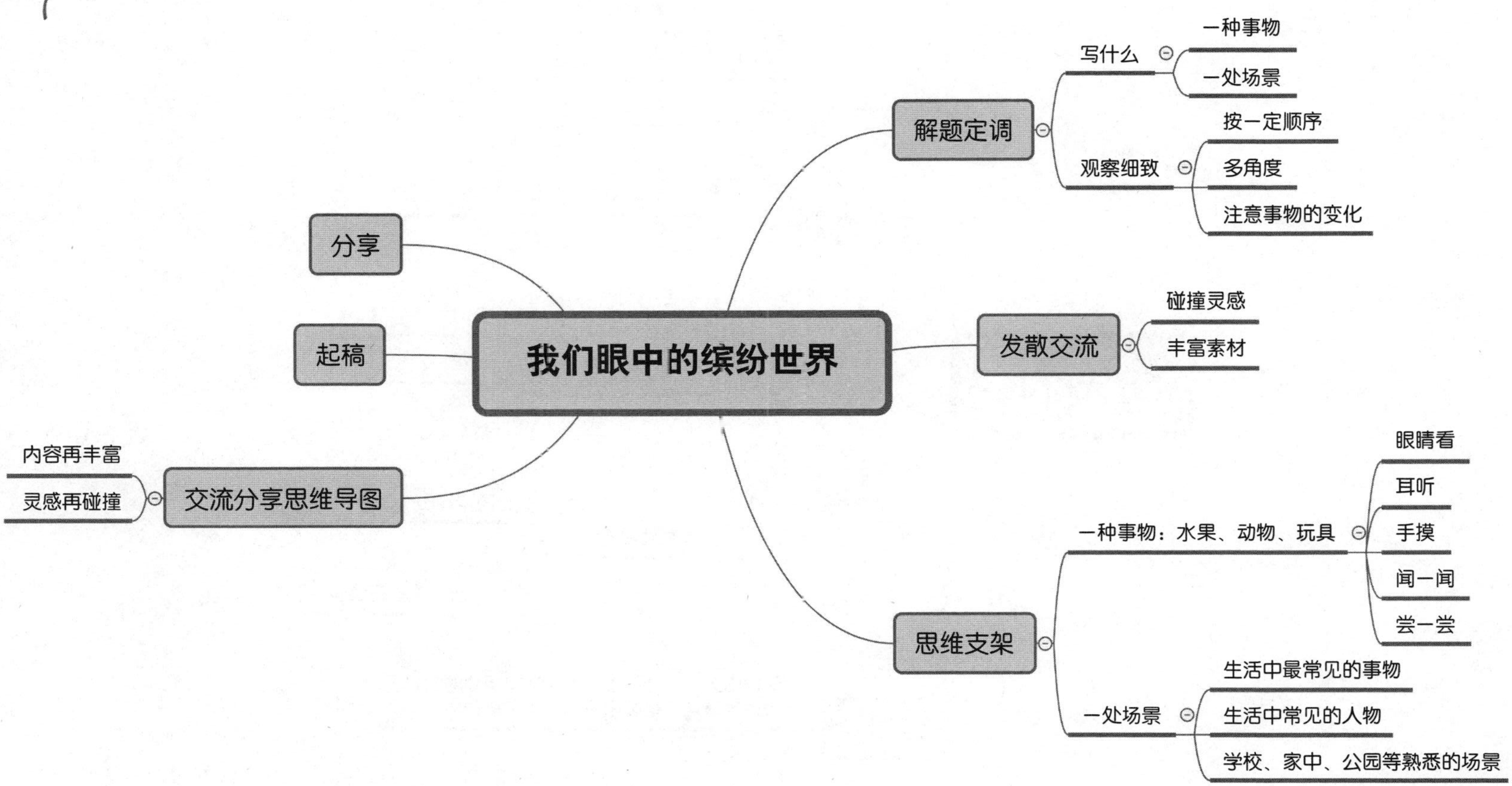

（作者：武昕鑫）

第六章　祖国山河（六单元）

17. 古诗三首

（1）望天门山

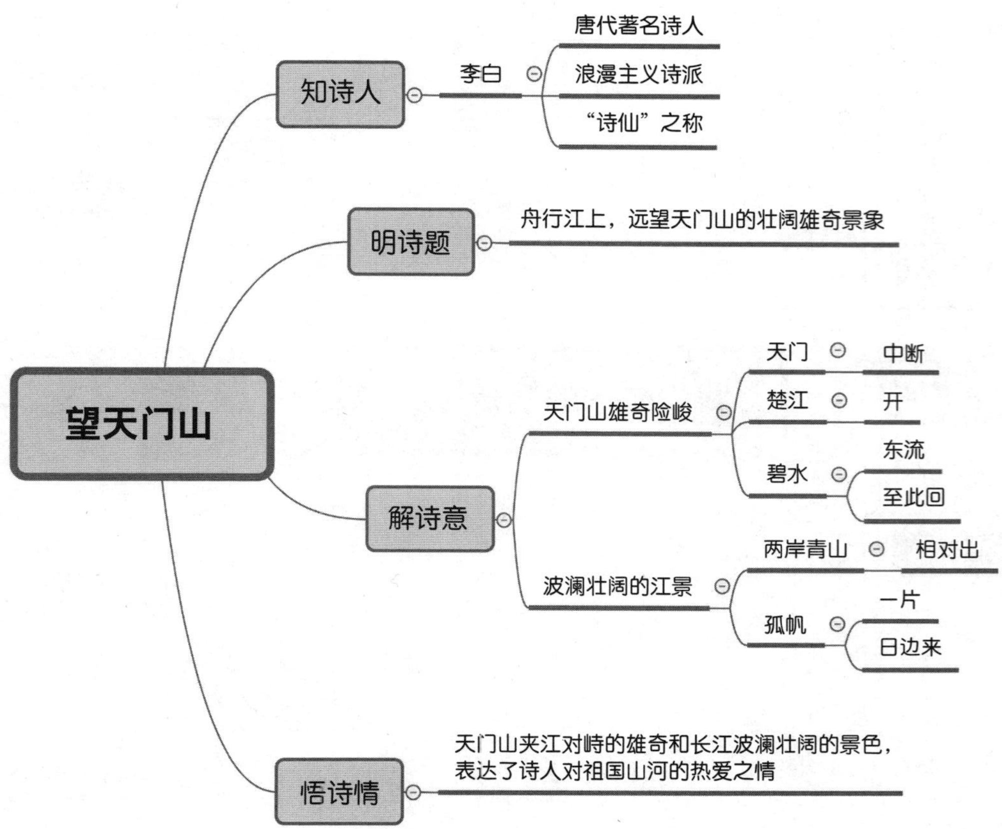

（作者：武昕鑫）

（2）饮湖上初晴后雨

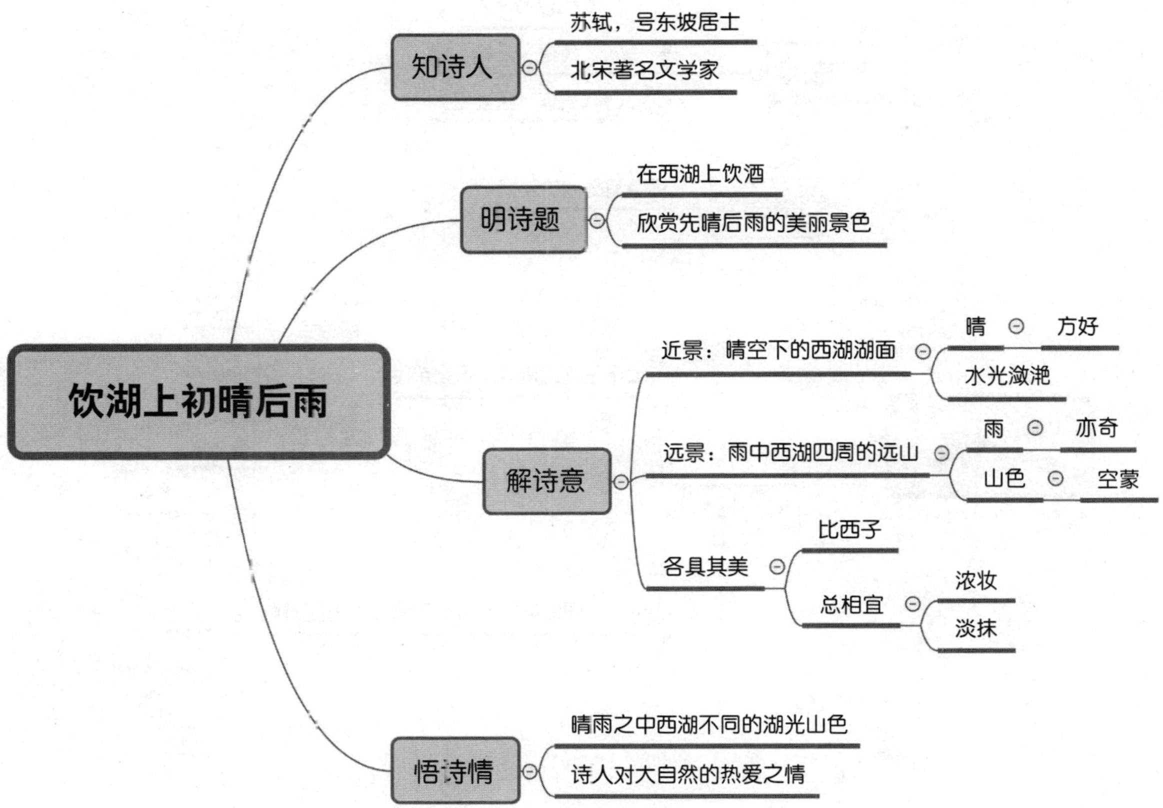

（作者：武昕鑫）

（3）望洞庭

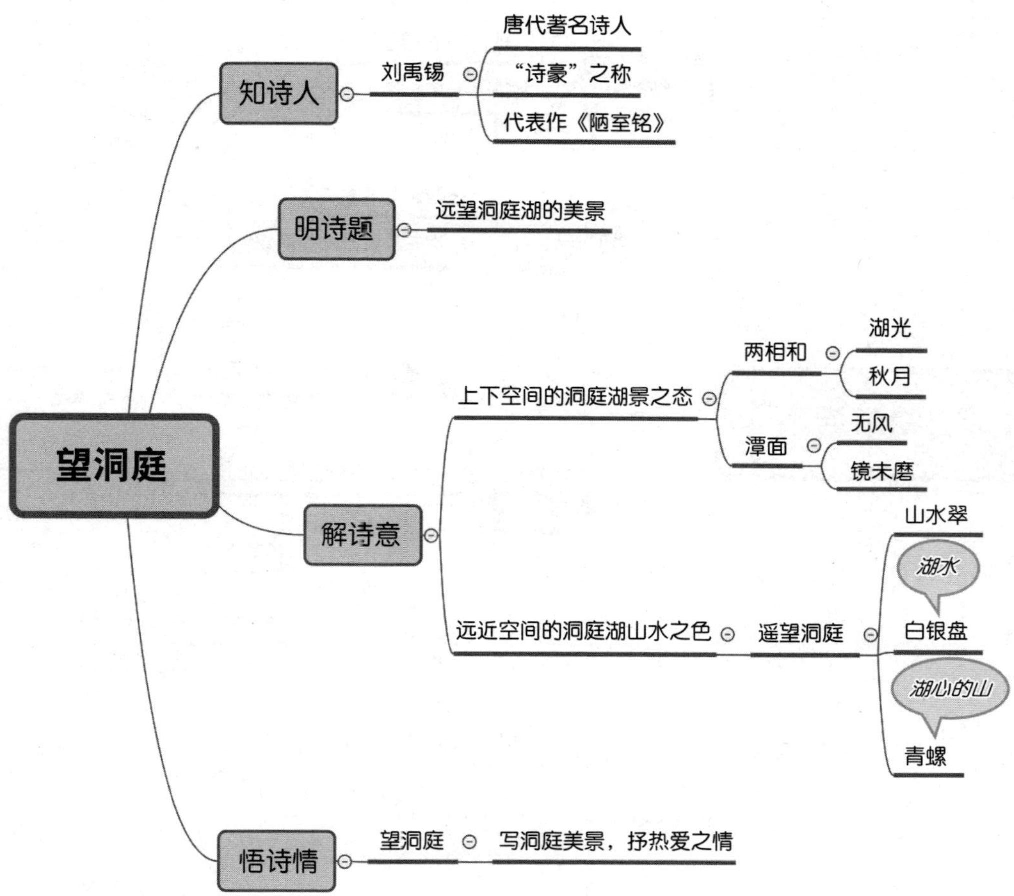
望洞庭
知诗人
刘禹锡
唐代著名诗人
“诗豪”之称
代表作《陋室铭》
明诗题
远望洞庭湖的美景
解诗意
上下空间的洞庭湖景之态
两相和
湖光
秋月
潭面
无风
镜未磨
远近空间的洞庭湖山水之色
遥望洞庭
山水翠
湖水
白银盘
湖心的山
青螺
悟诗情
望洞庭
写洞庭美景，抒热爱之情

（作者：武昕鑫）

18. 富饶的西沙群岛

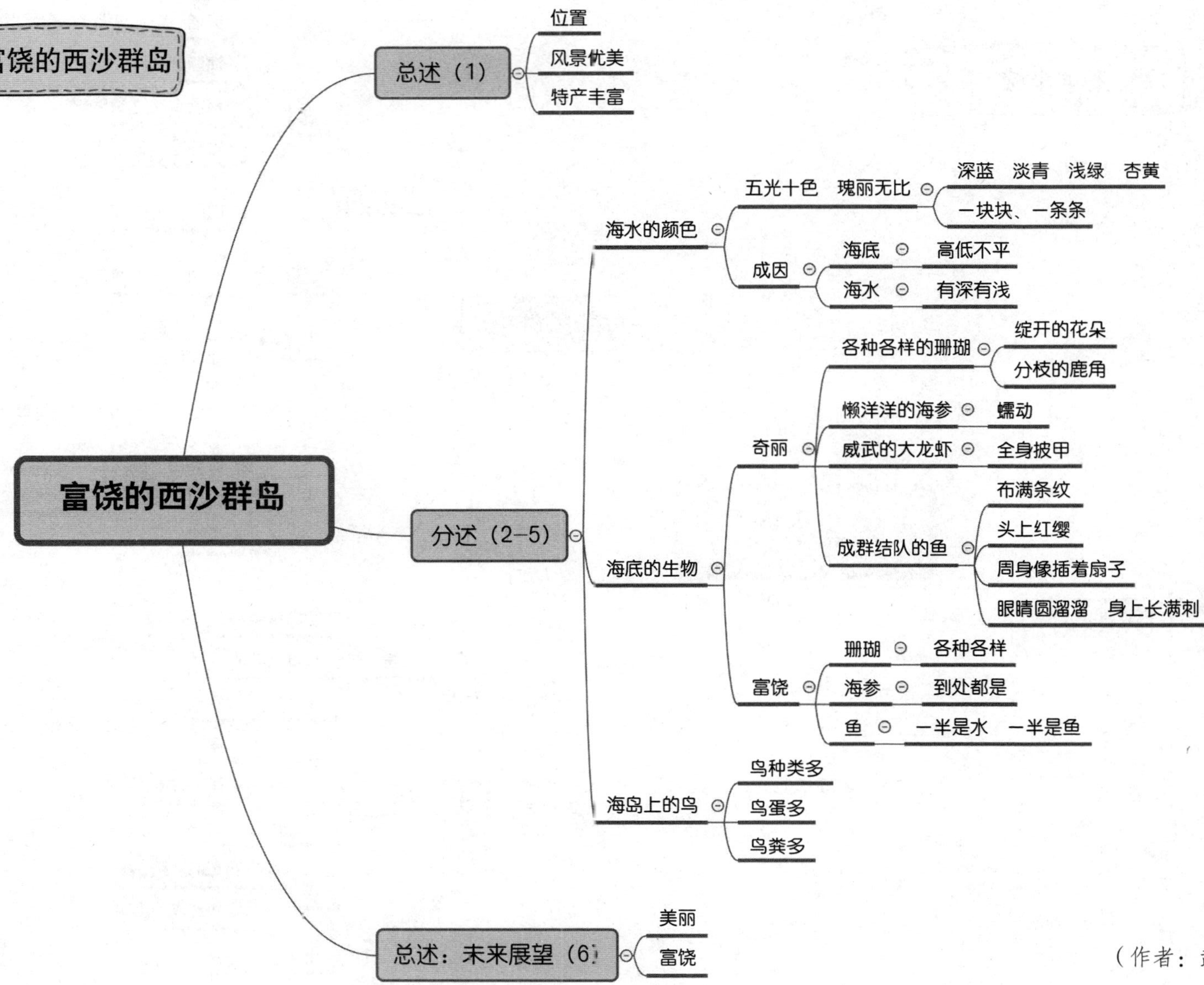

（作者：武昕鑫）

19. 海滨小城

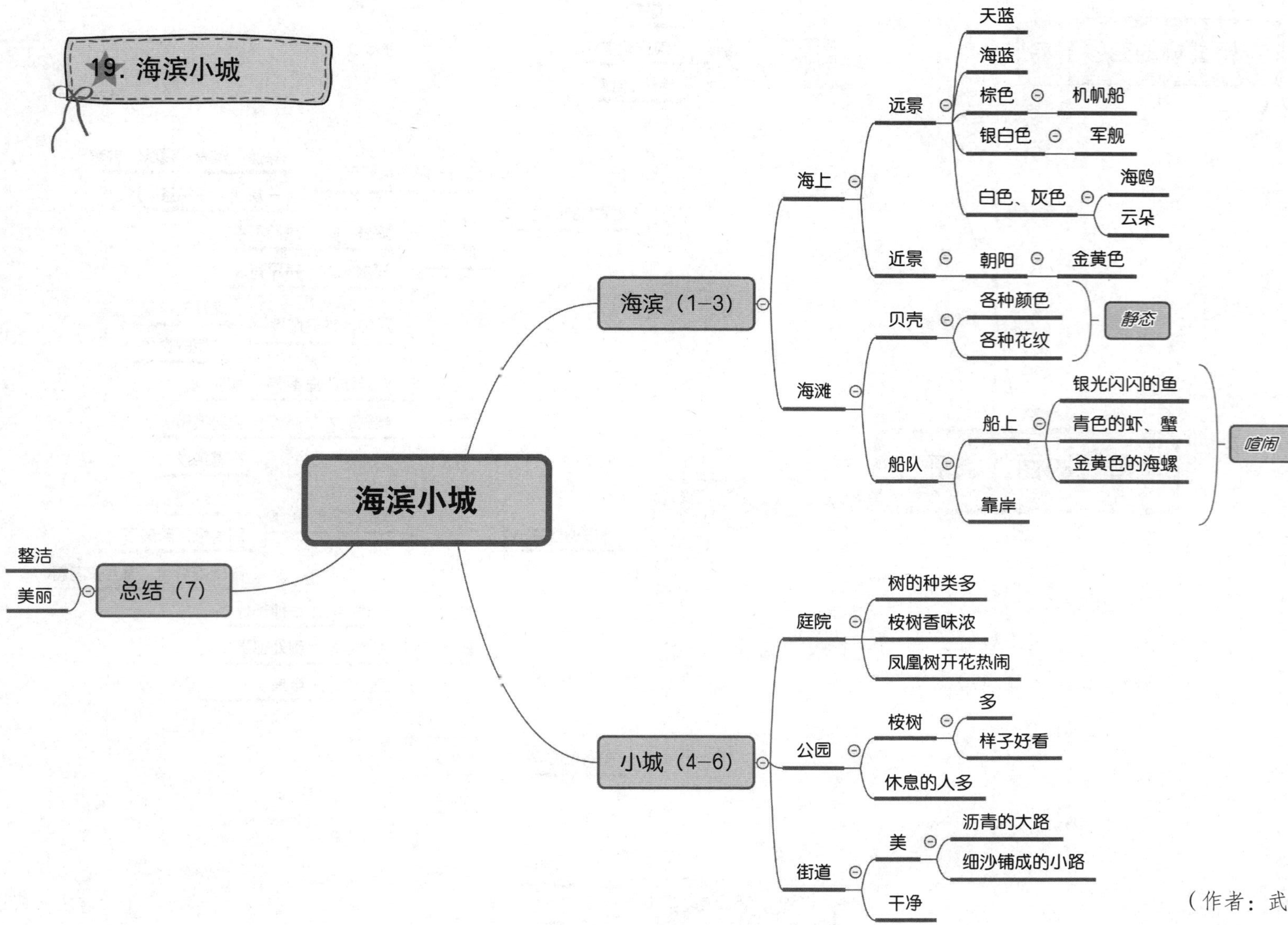

（作者：武昕鑫）

20. 美丽的小兴安岭

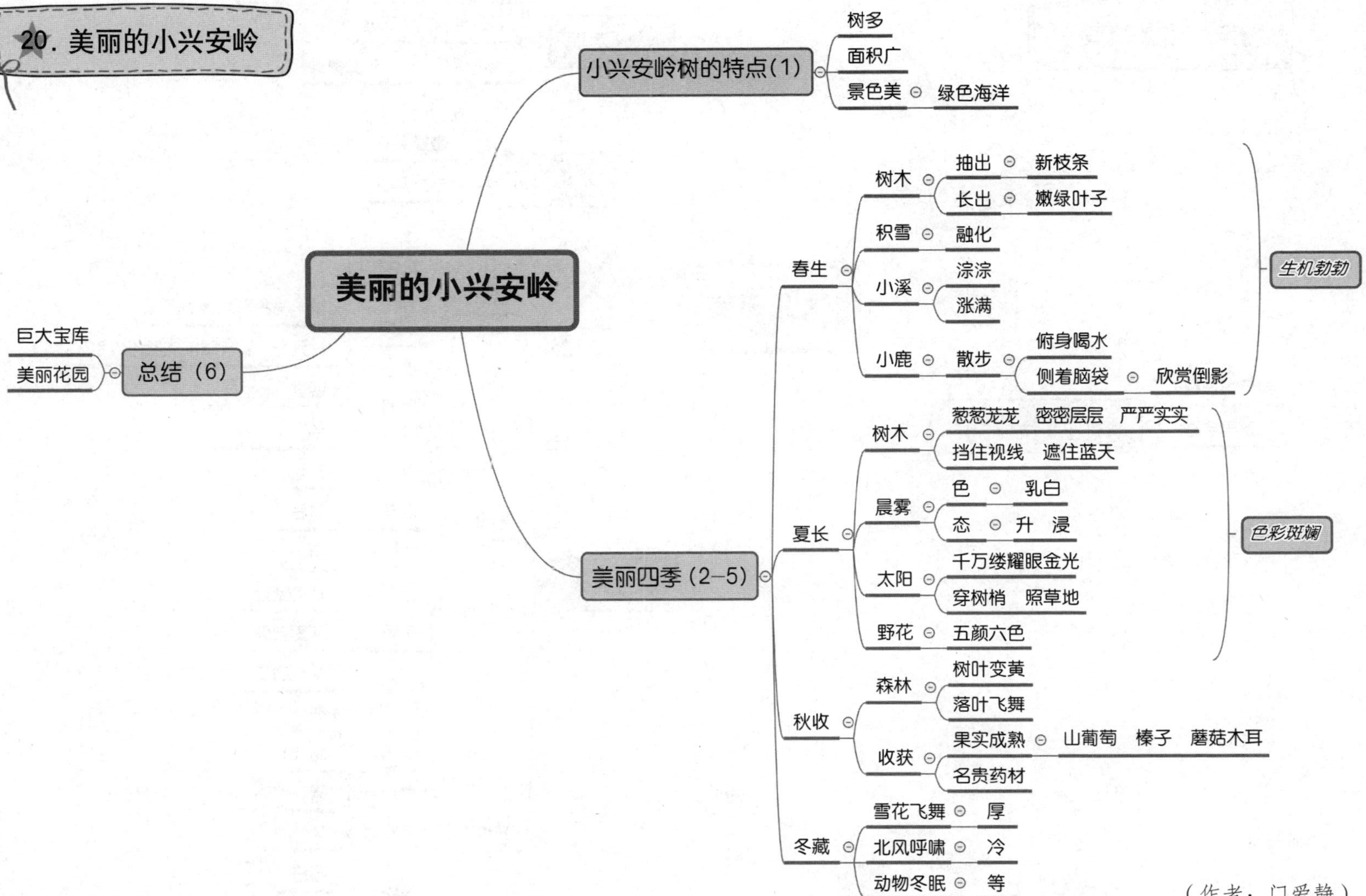

（作者：门爱静）

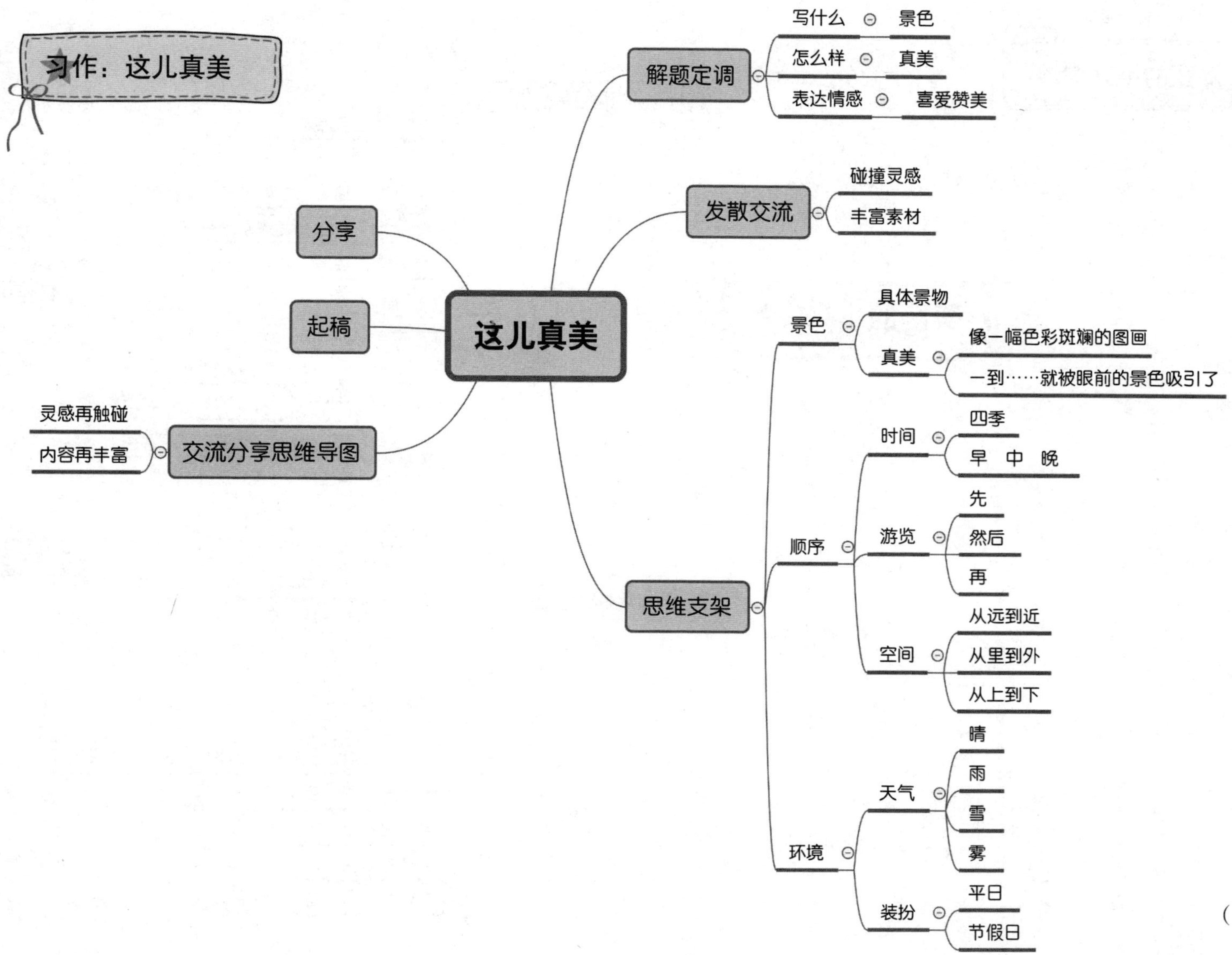
习作：这儿真美
这儿真美
解题定调
写什么
景色
怎么样
真美
表达情感
喜爱赞美
发散交流
碰撞灵感
丰富素材
分享
起稿
思维支架
景色
具体景物
真美
像一幅色彩斑斓的图画
一到……就被眼前的景色吸引了
顺序
时间
四季
早　中　晚
游览
先
然后
再
空间
从远到近
从里到外
从上到下
环境
天气
晴
雨
雪
雾
装扮
平日
节假日
交流分享思维导图
灵感再触碰
内容再丰富

（作者：张岩）

第七章　我与自然（七单元）

21. 大自然的声音

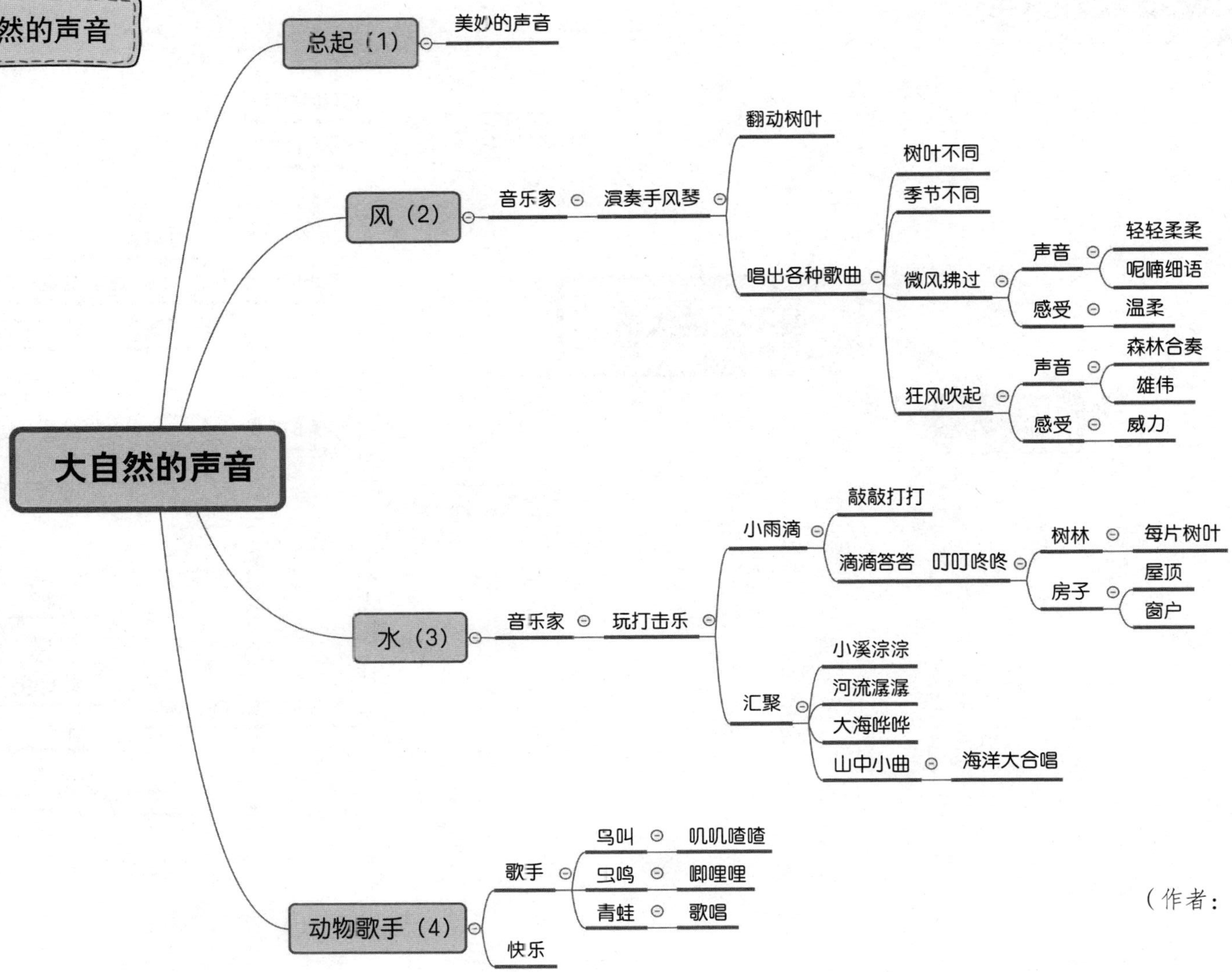

（作者：王文娟）

22. 读不完的大书

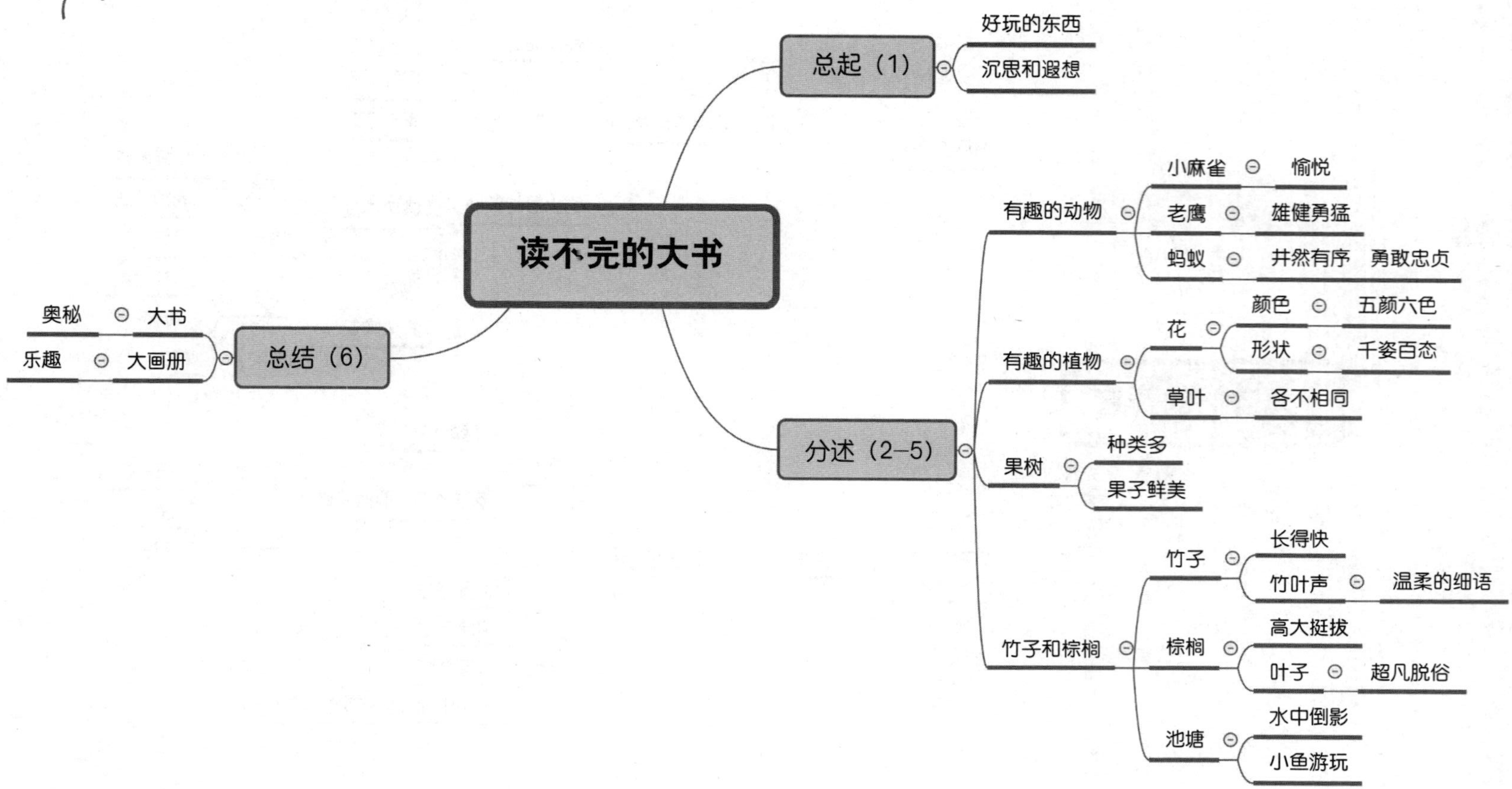

（作者：门爱静）

23. 父亲、树林和鸟

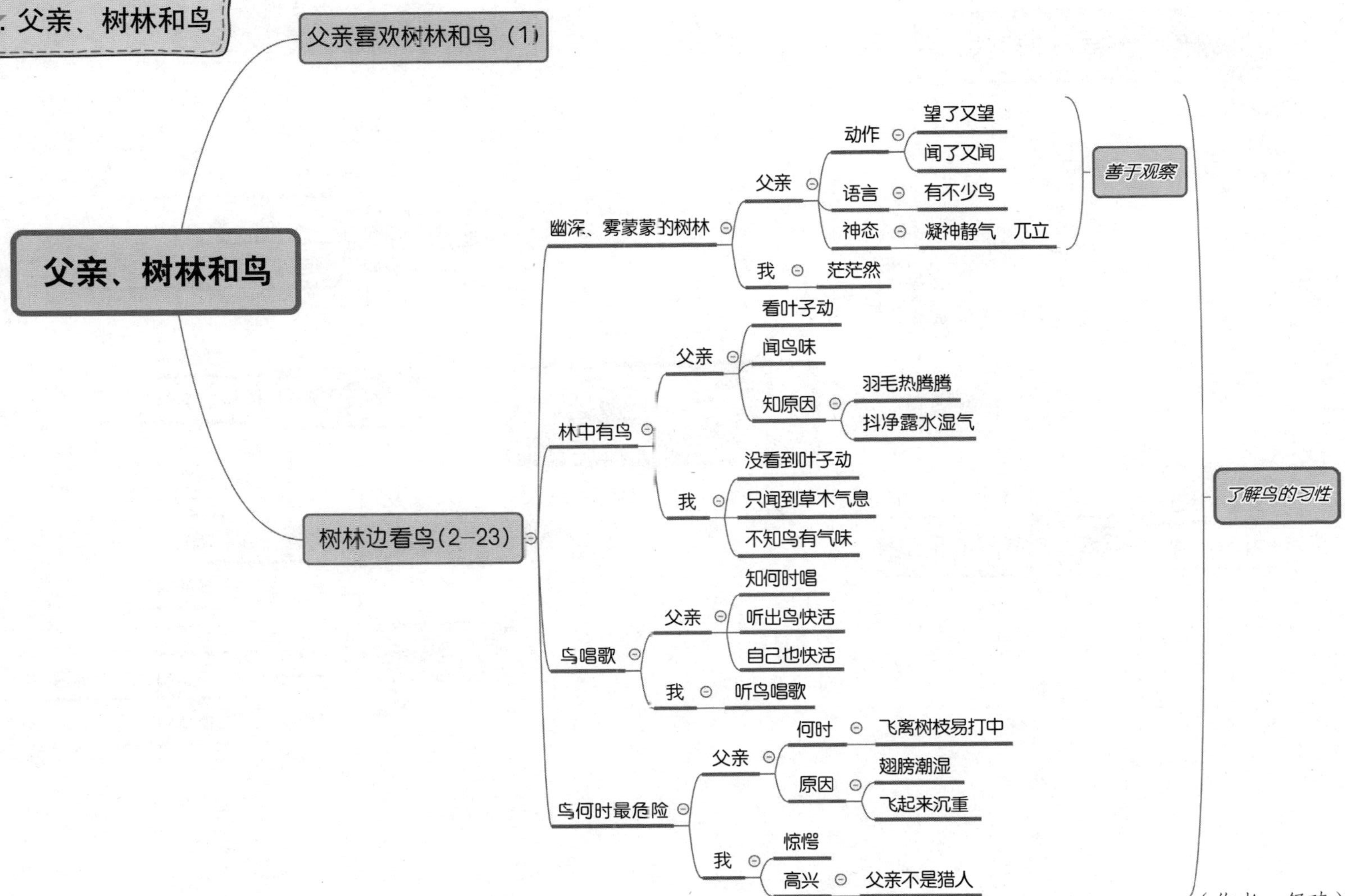

（作者：舒琦）

习作：我有一个想法

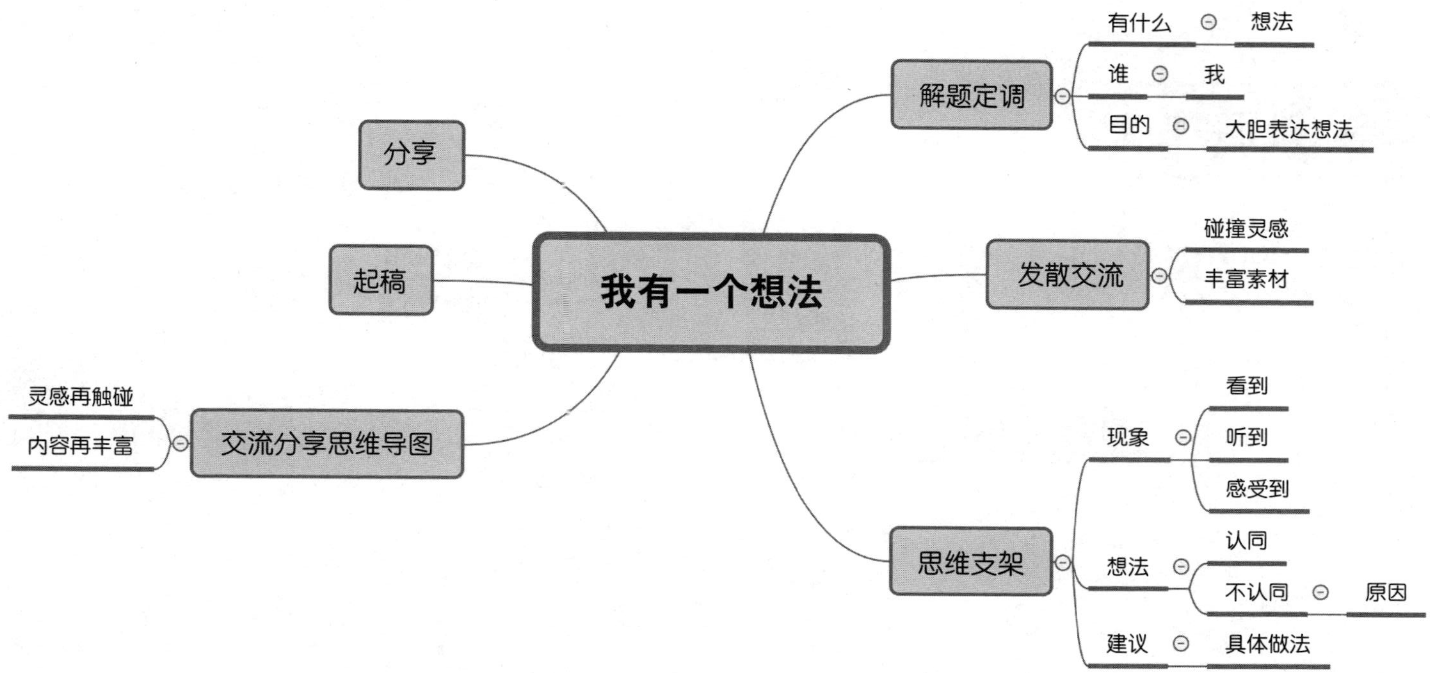

（作者：张岩）

第八章　美好品质（八单元）

24. 司马光

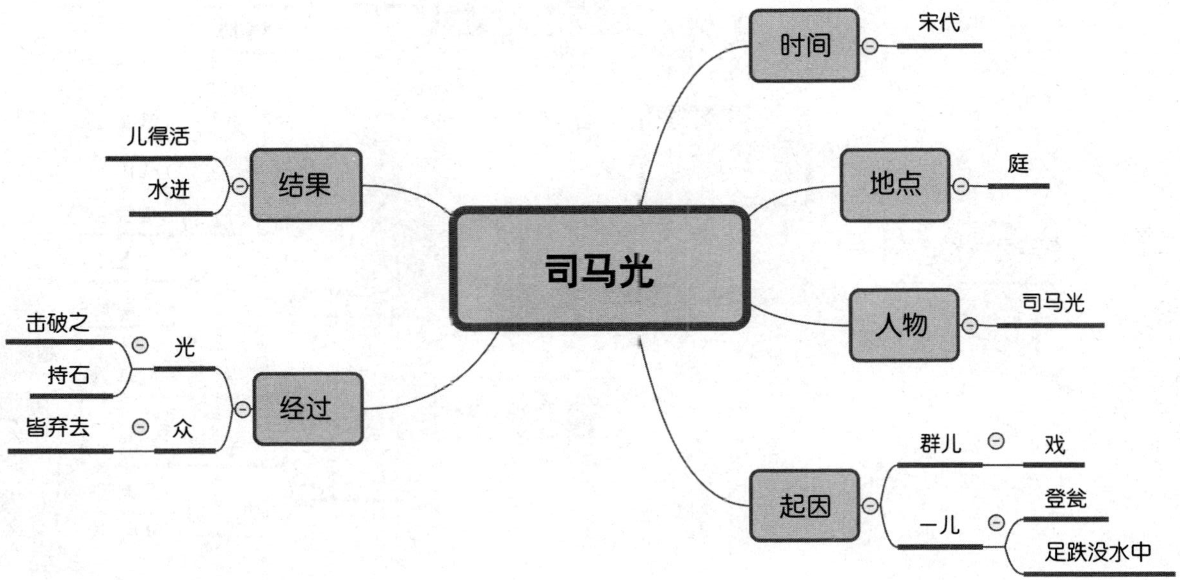

（作者：门爱静）

25. 掌声

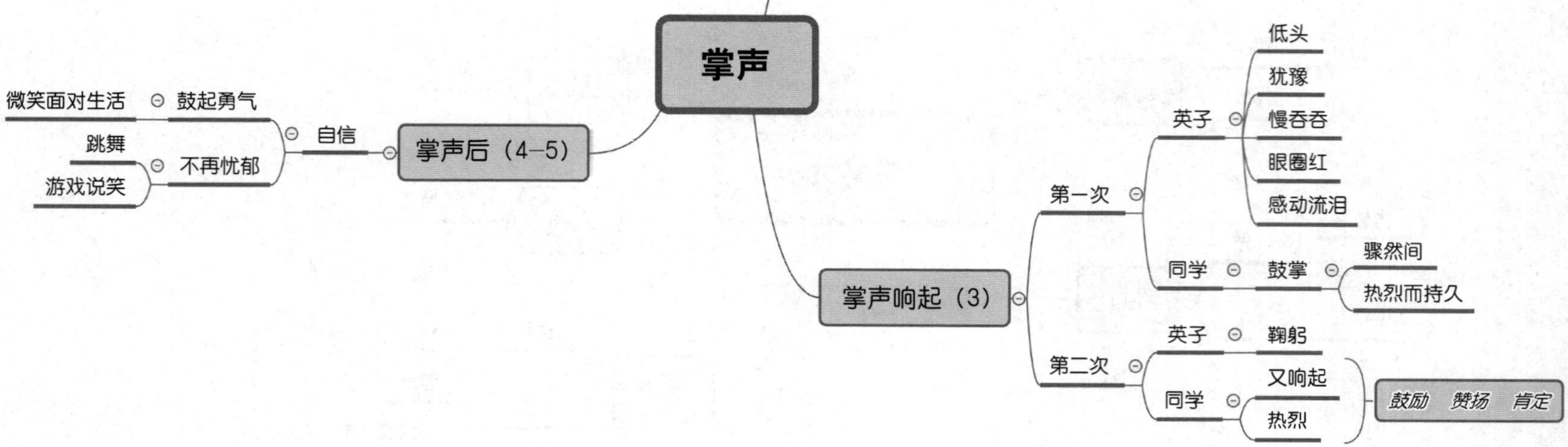
掌声
掌声前（1–2）
自卑
文静
默默地
早早地
掌声响起（3）
第一次
英子
低头
犹豫
慢吞吞
眼圈红
感动流泪
同学
鼓掌
骤然间
热烈而持久
第二次
英子
鞠躬
同学
又响起
热烈
鼓励 赞扬 肯定
掌声后（4–5）
自信
鼓起勇气
微笑面对生活
不再忧郁
跳舞
游戏说笑

（作者：门爱静）

26. 灰雀

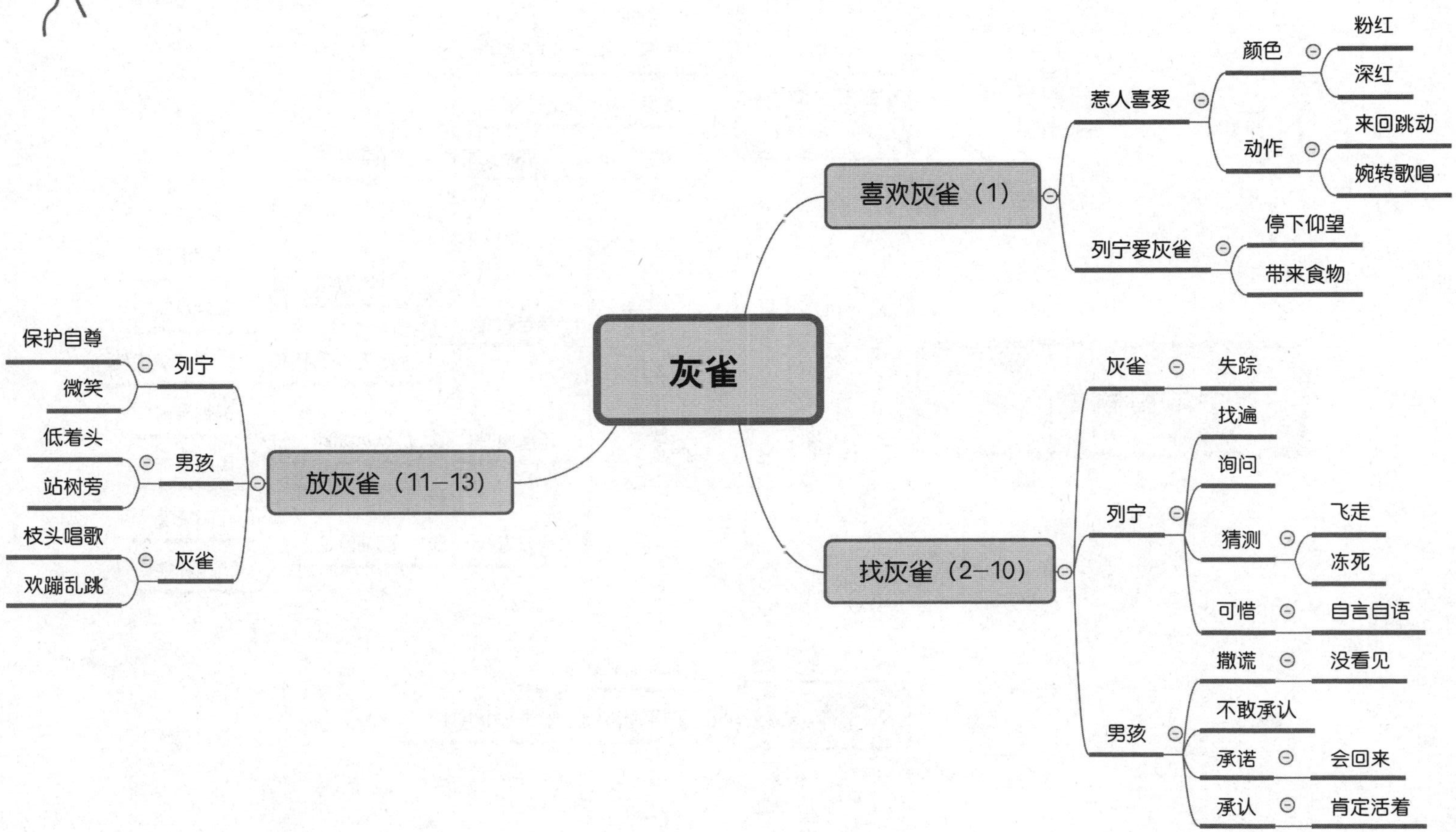
灰雀
喜欢灰雀（1）
惹人喜爱
颜色
粉红
深红
动作
来回跳动
婉转歌唱
列宁爱灰雀
停下仰望
带来食物
找灰雀（2—10）
灰雀
失踪
列宁
找遍
询问
猜测
飞走
冻死
可惜
自言自语
男孩
撒谎
没看见
不敢承认
承诺
会回来
承认
肯定活着
放灰雀（11—13）
列宁
保护自尊
微笑
男孩
低着头
站树旁
灰雀
枝头唱歌
欢蹦乱跳

（作者：王文娟）

27. 手术台就是阵地

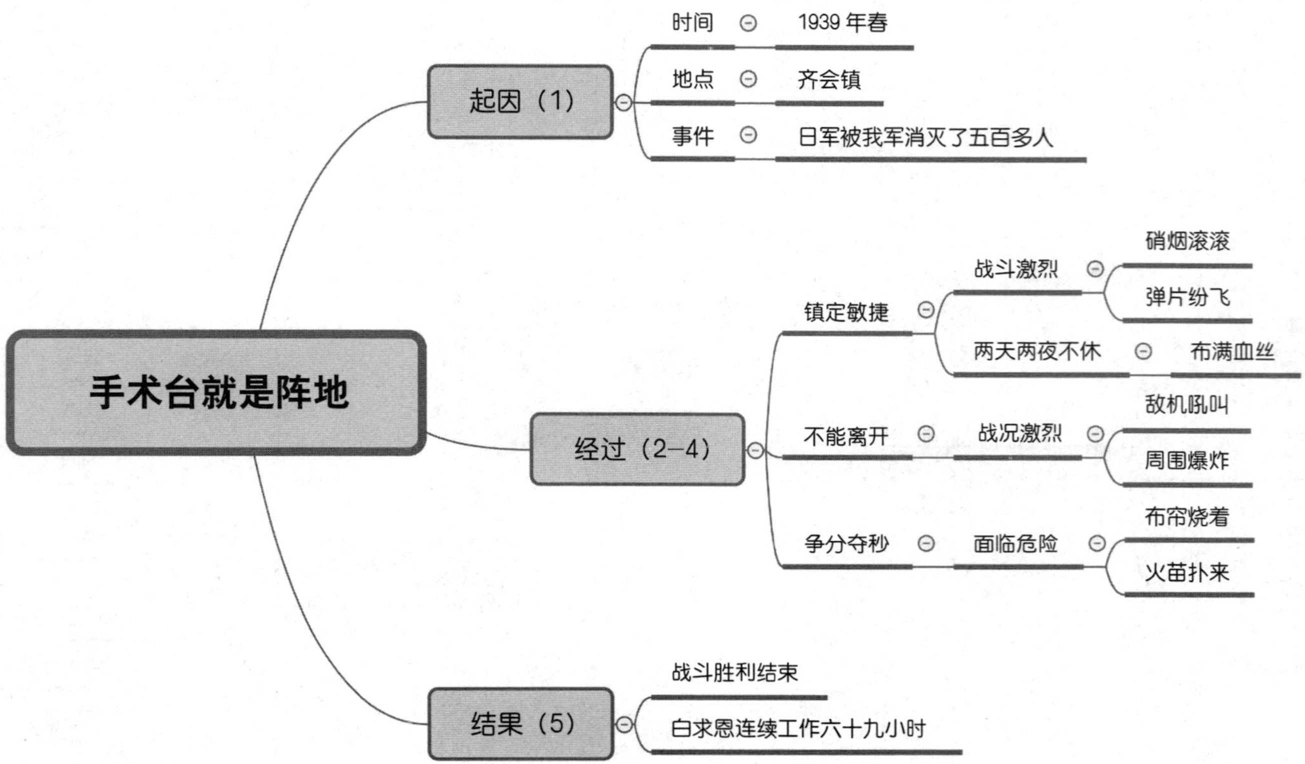

（作者：张岩）

习作：那次玩得真高兴

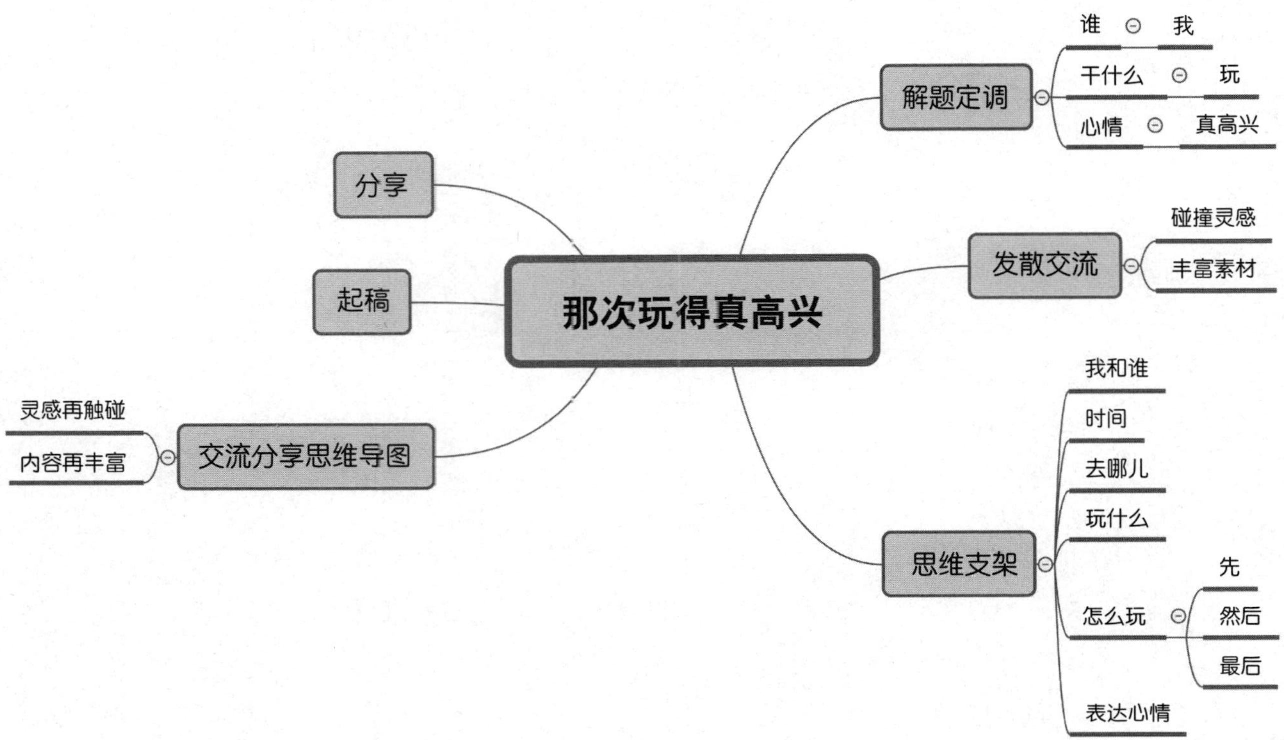

（作者：王文娟）

第三部分

四年级上册

第一章　自然之美（一单元）

1. 观潮

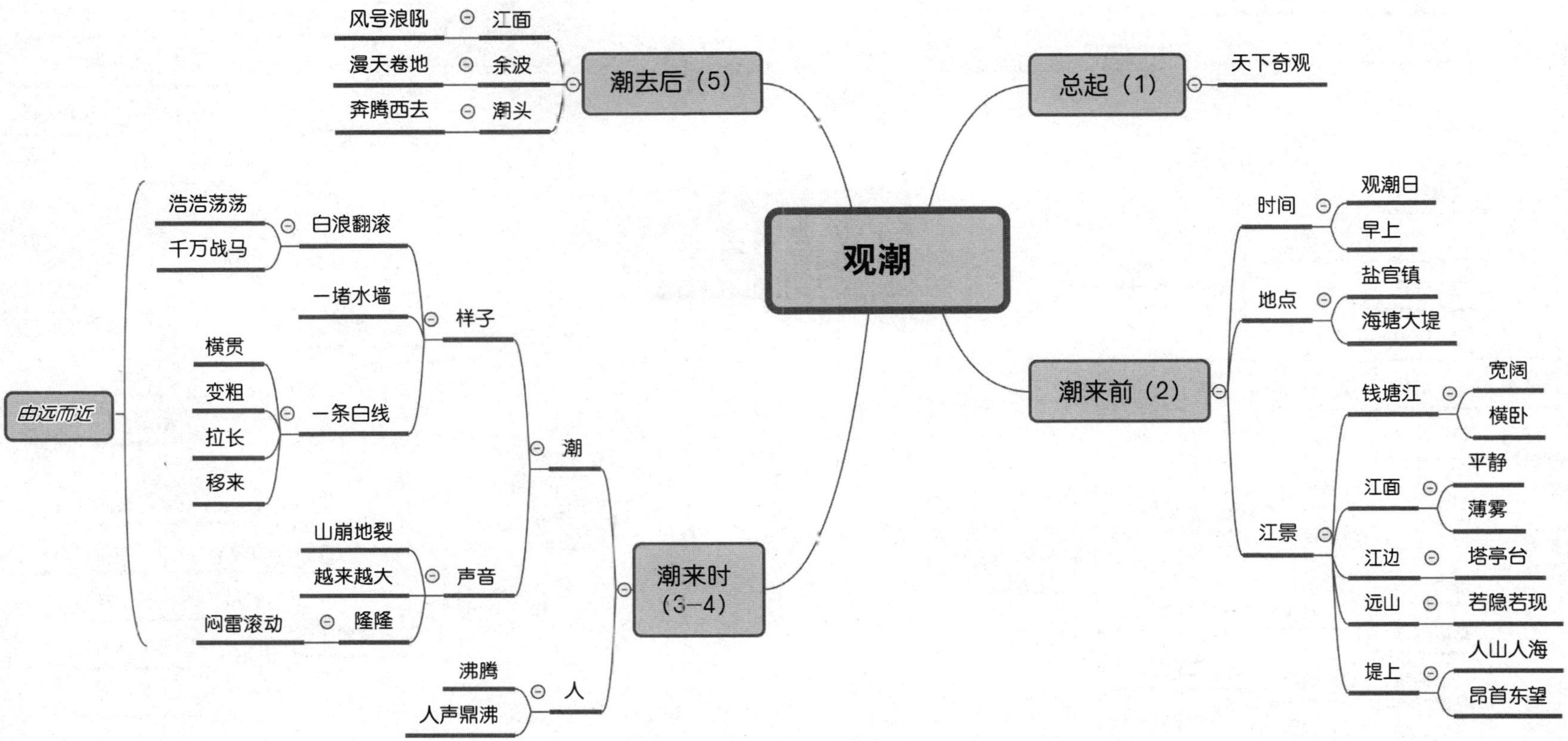

（作者：王文娟）

2. 走月亮

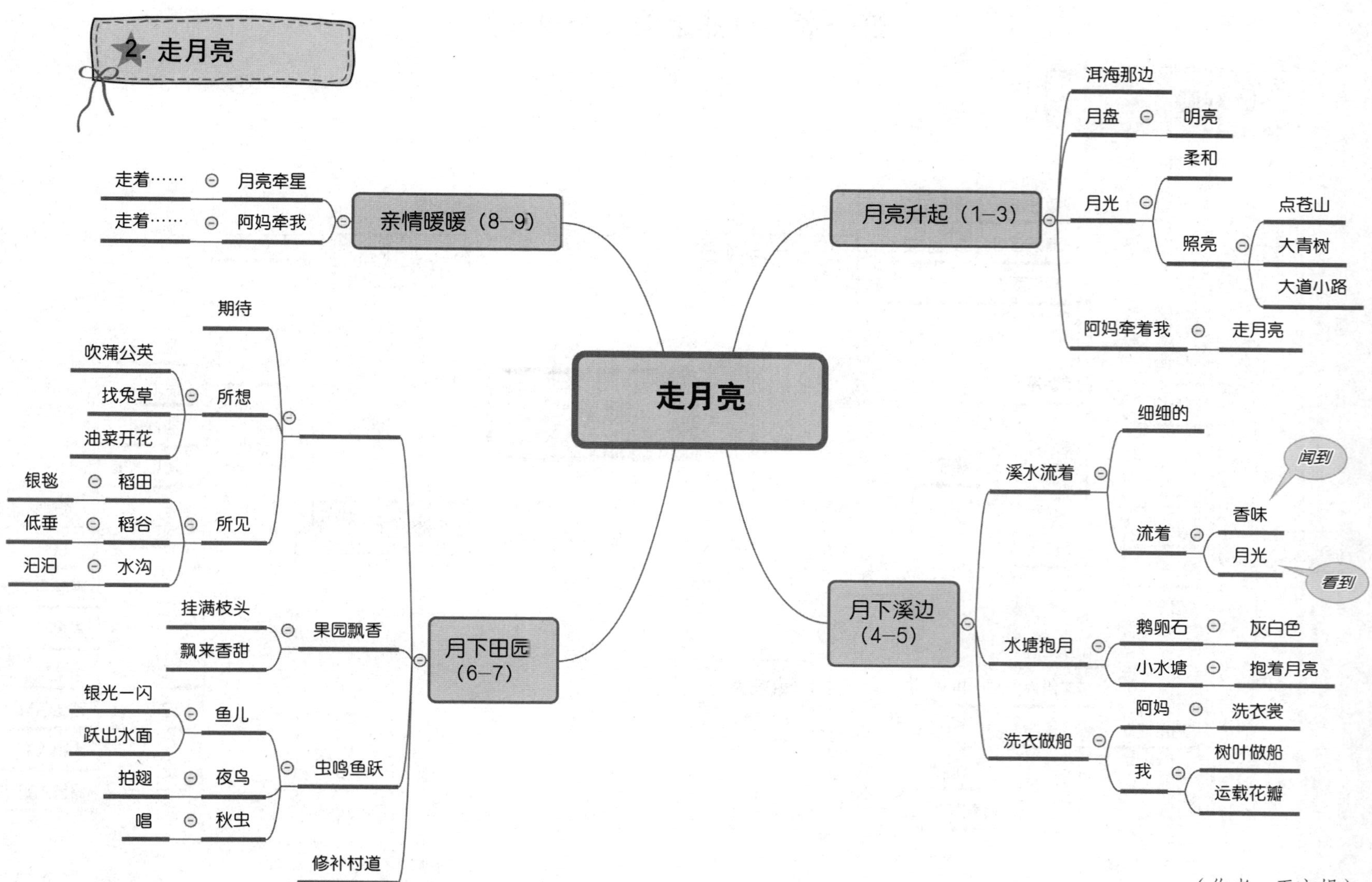
走月亮
月亮升起（1–3）
洱海那边
月盘
明亮
月光
柔和
照亮
点苍山
大青树
大道小路
阿妈牵着我
走月亮
月下溪边（4–5）
溪水流着
细细的
流着
香味
闻到
月光
看到
水塘抱月
鹅卵石
灰白色
小水塘
抱着月亮
洗衣做船
阿妈
洗衣裳
我
树叶做船
运载花瓣
亲情暖暖（8–9）
走着……
月亮牵星
走着……
阿妈牵我
月下田园（6–7）
期待
所想
吹蒲公英
找兔草
油菜开花
所见
银毯
稻田
低垂
稻谷
汩汩
水沟
果园飘香
挂满枝头
飘来香甜
虫鸣鱼跃
鱼儿
银光一闪
跃出水面
夜鸟
拍翅
秋虫
唱
修补村道

（作者：王文娟）

3. 现代诗二首

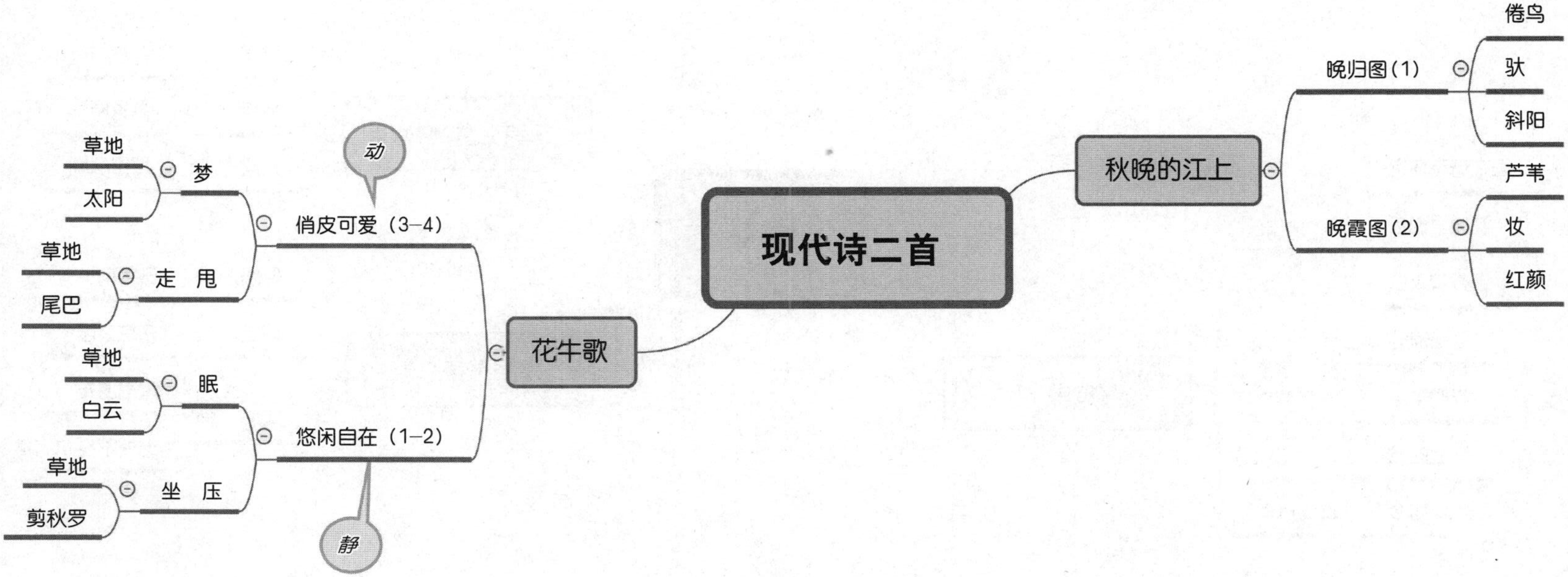

（作者：李晓春）

4. 繁星

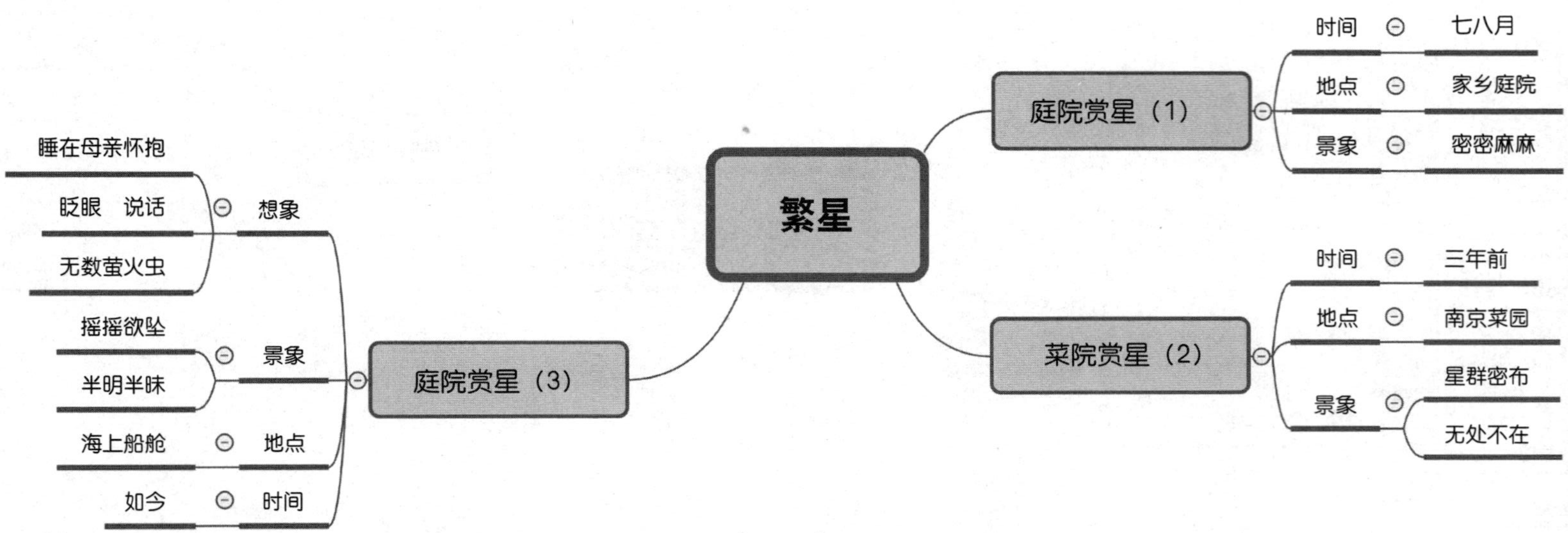

繁星
庭院赏星（1）
时间
七八月
地点
家乡庭院
景象
密密麻麻
菜院赏星（2）
时间
三年前
地点
南京菜园
景象
星群密布
无处不在
庭院赏星（3）
想象
睡在母亲怀抱
眨眼　说话
无数萤火虫
景象
摇摇欲坠
半明半昧
地点
海上船舱
时间
如今

（作者：李晓春）

习作：推荐一个好地方

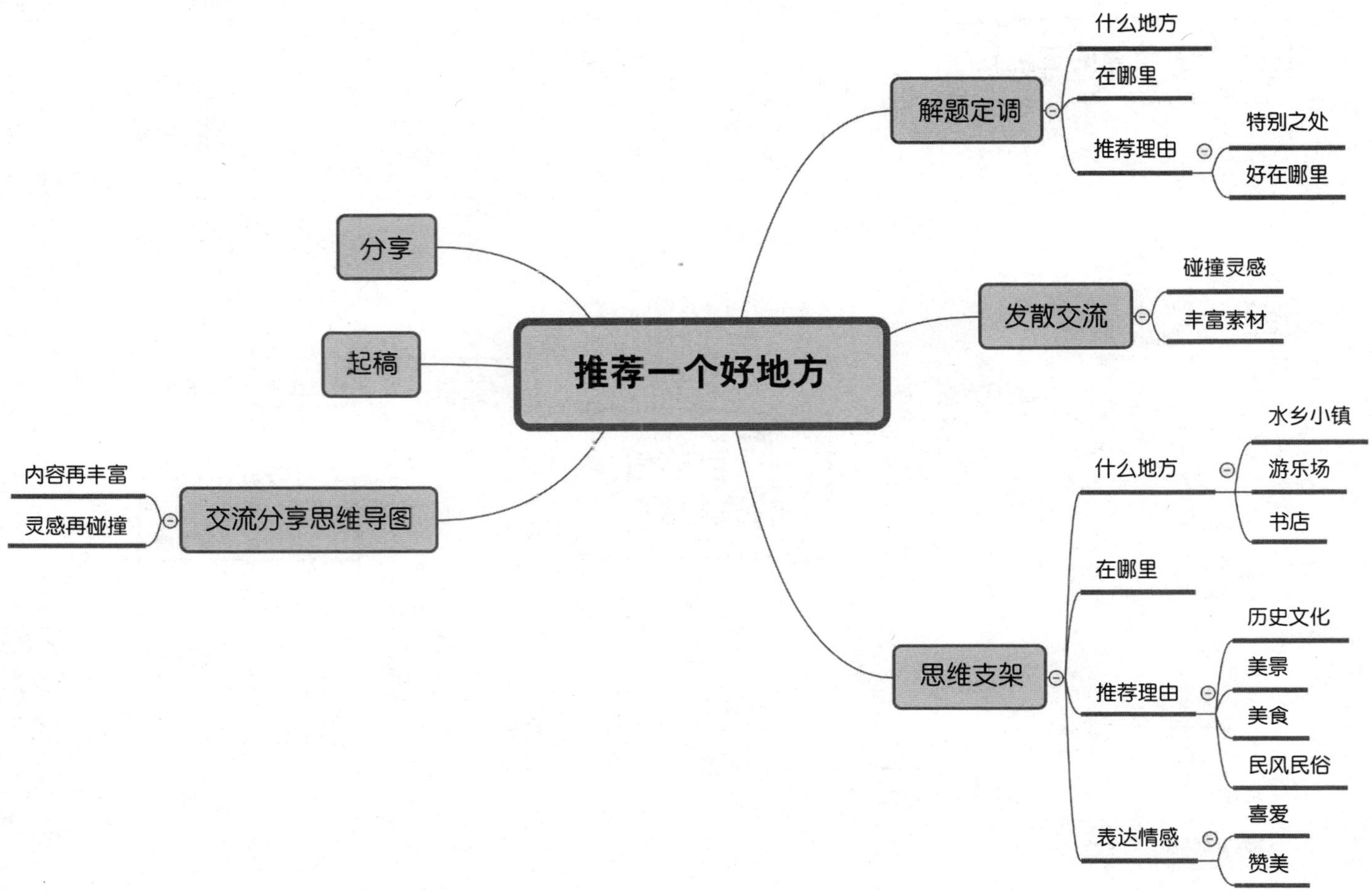

（作者：李晓春）

第二章　提问（二单元）

5. 一个豆荚里的五粒豆

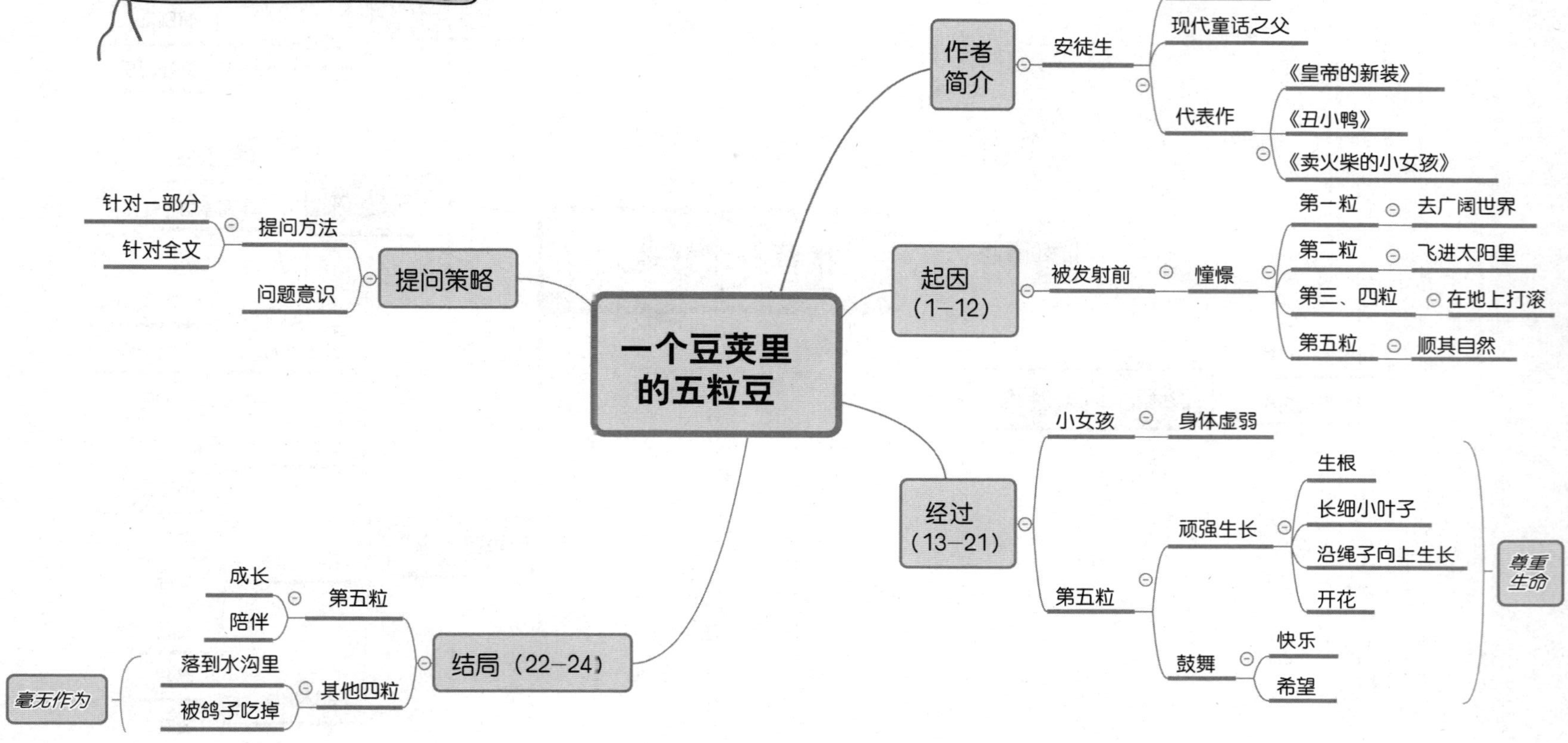

（作者：李晓春）

6. 夜间飞行的秘密

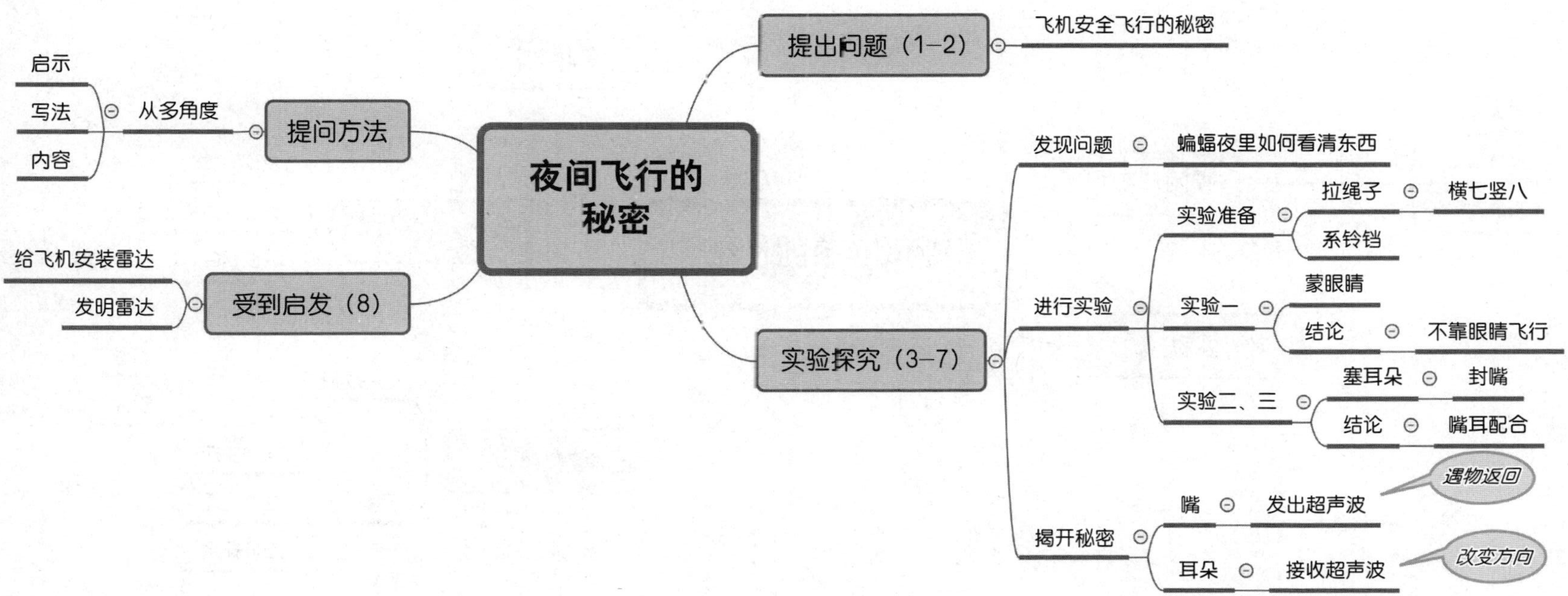

（作者：李晓春）

7. 呼风唤雨的世纪

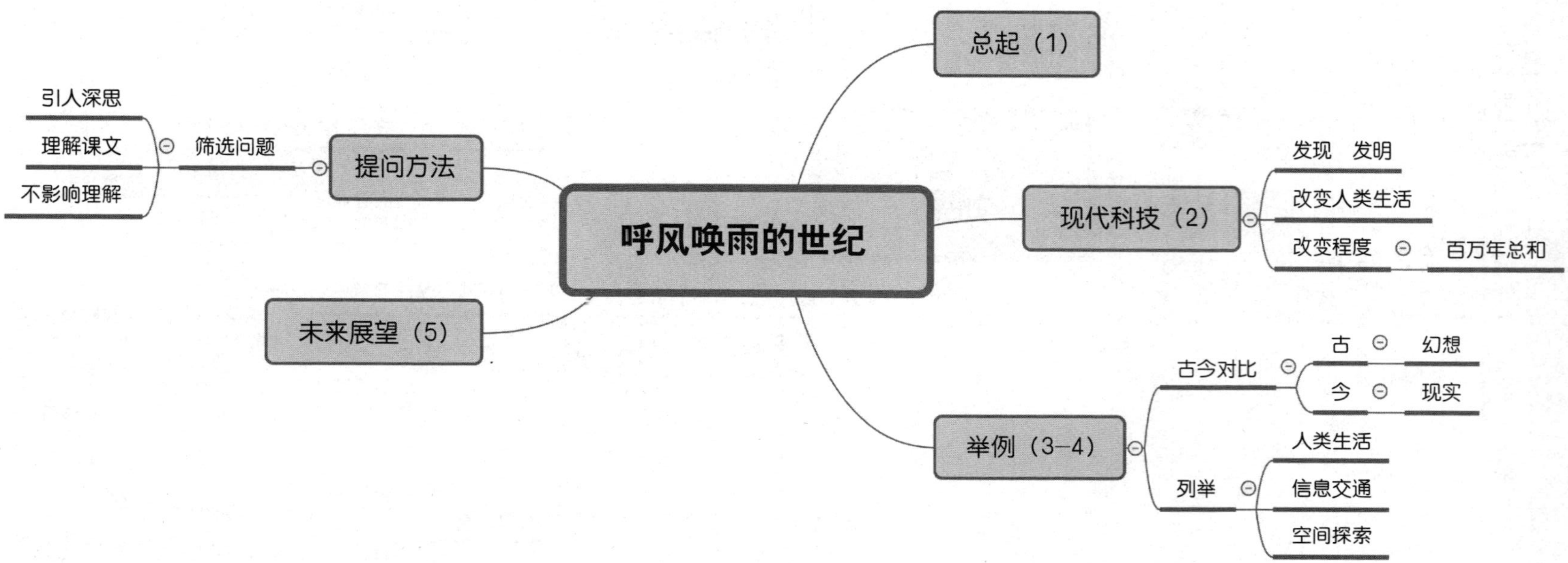

（作者：李晓春）

8. 蝴蝶的家

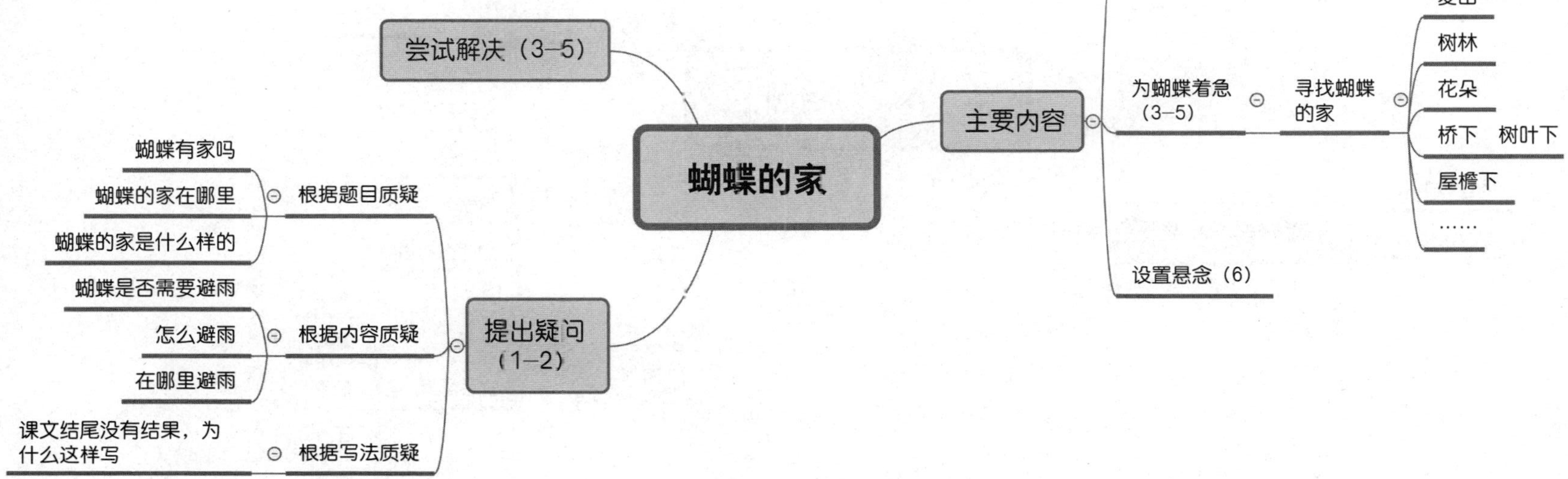
蝴蝶的家
尝试解决（3–5）
提出疑问（1–2）
根据题目质疑
蝴蝶有家吗
蝴蝶的家在哪里
蝴蝶的家是什么样的
根据内容质疑
蝴蝶是否需要避雨
怎么避雨
在哪里避雨
根据写法质疑
课文结尾没有结果，为什么这样写
主要内容
为蝴蝶担忧（1–2）
弱小的蝴蝶
猛烈的风雨
为蝴蝶着急（3–5）
寻找蝴蝶的家
麦田
树林
花朵
桥下
树叶下
屋檐下
……
设置悬念（6）

（作者：王文娟）

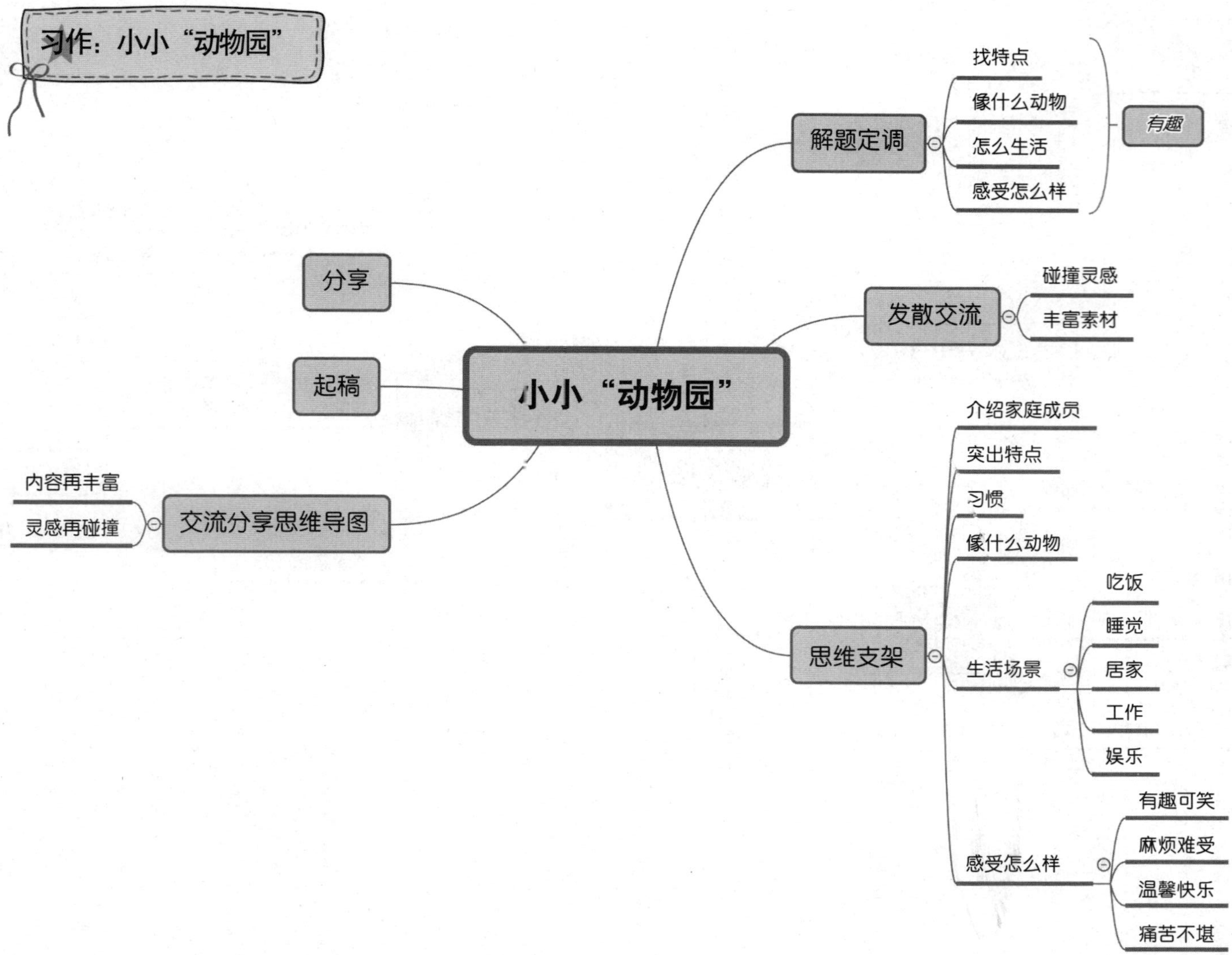

习作：小小“动物园”
小小“动物园”
解题定调
找特点
像什么动物
怎么生活
感受怎么样
有趣
发散交流
碰撞灵感
丰富素材
思维支架
介绍家庭成员
突出特点
习惯
像什么动物
生活场景
吃饭
睡觉
居家
工作
娱乐
感受怎么样
有趣可笑
麻烦难受
温馨快乐
痛苦不堪
分享
起稿
交流分享思维导图
内容再丰富
灵感再碰撞

（作者：王文娟）

第三章　连续观察（三单元）

9. 古诗三首

（1）暮江吟

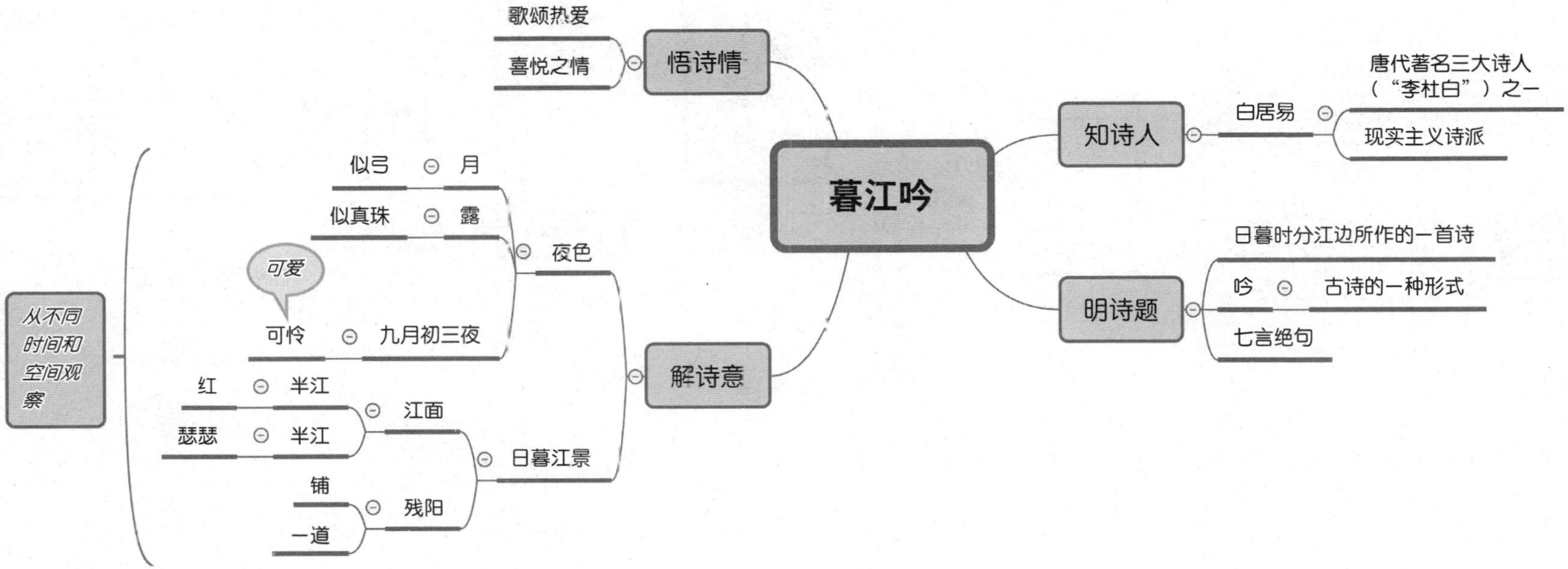

（作者：王文娟）

（2）题西林壁

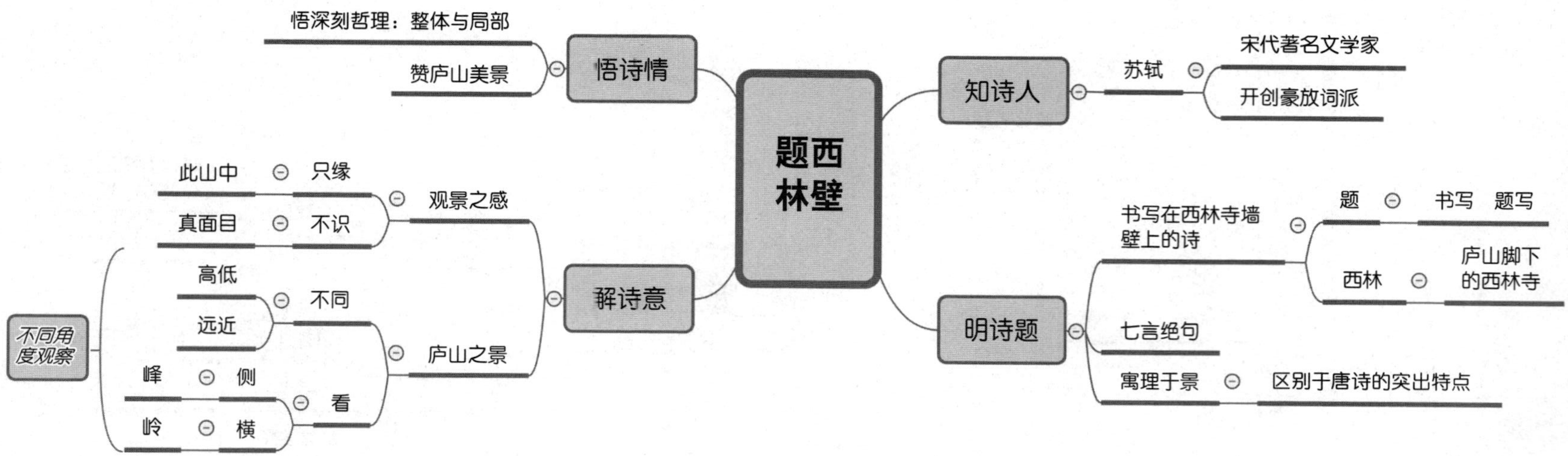
题西林壁
悟诗情
悟深刻哲理：整体与局部
赞庐山美景
解诗意
观景之感
此山中
只缘
真面目
不识
庐山之景
高低
远近
不同
峰
侧
岭
横
看
不同角度观察
知诗人
苏轼
宋代著名文学家
开创豪放词派
明诗题
书写在西林寺墙壁上的诗
题
书写　题写
西林
庐山脚下的西林寺
七言绝句
寓理于景
区别于唐诗的突出特点

（作者：王文娟）

（3）雪梅

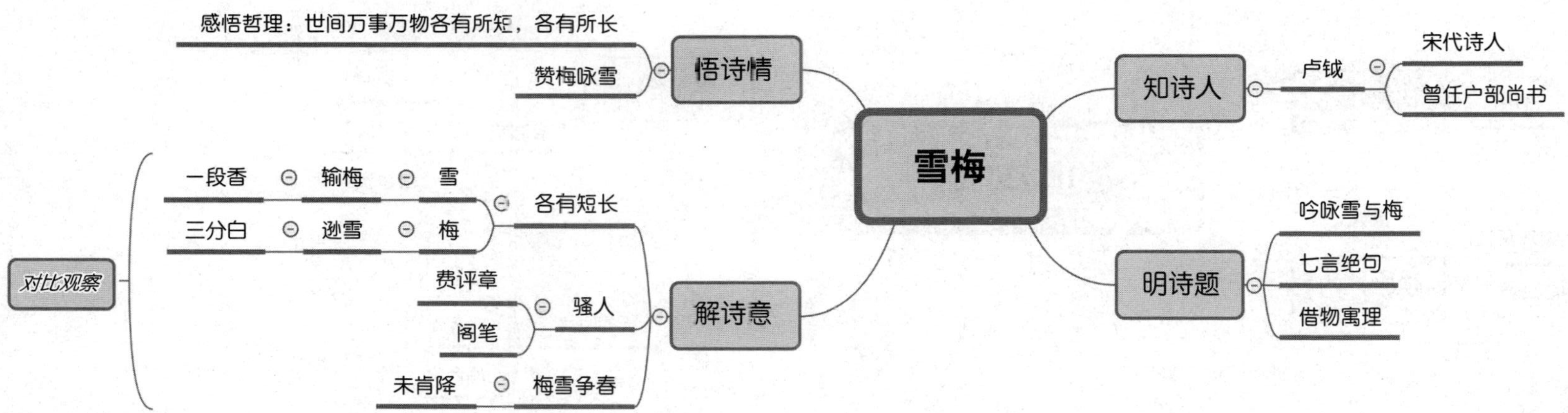
雪梅
知诗人
卢钺
宋代诗人
曾任户部尚书
明诗题
吟咏雪与梅
七言绝句
借物寓理
悟诗情
感悟哲理：世间万事万物各有所短，各有所长
赞梅咏雪
解诗意
各有短长
一段香
输梅
雪
三分白
逊雪
梅
骚人
费评章
阁笔
梅雪争春
未肯降
对比观察

（作者：王文娟）

10. 爬山虎的脚

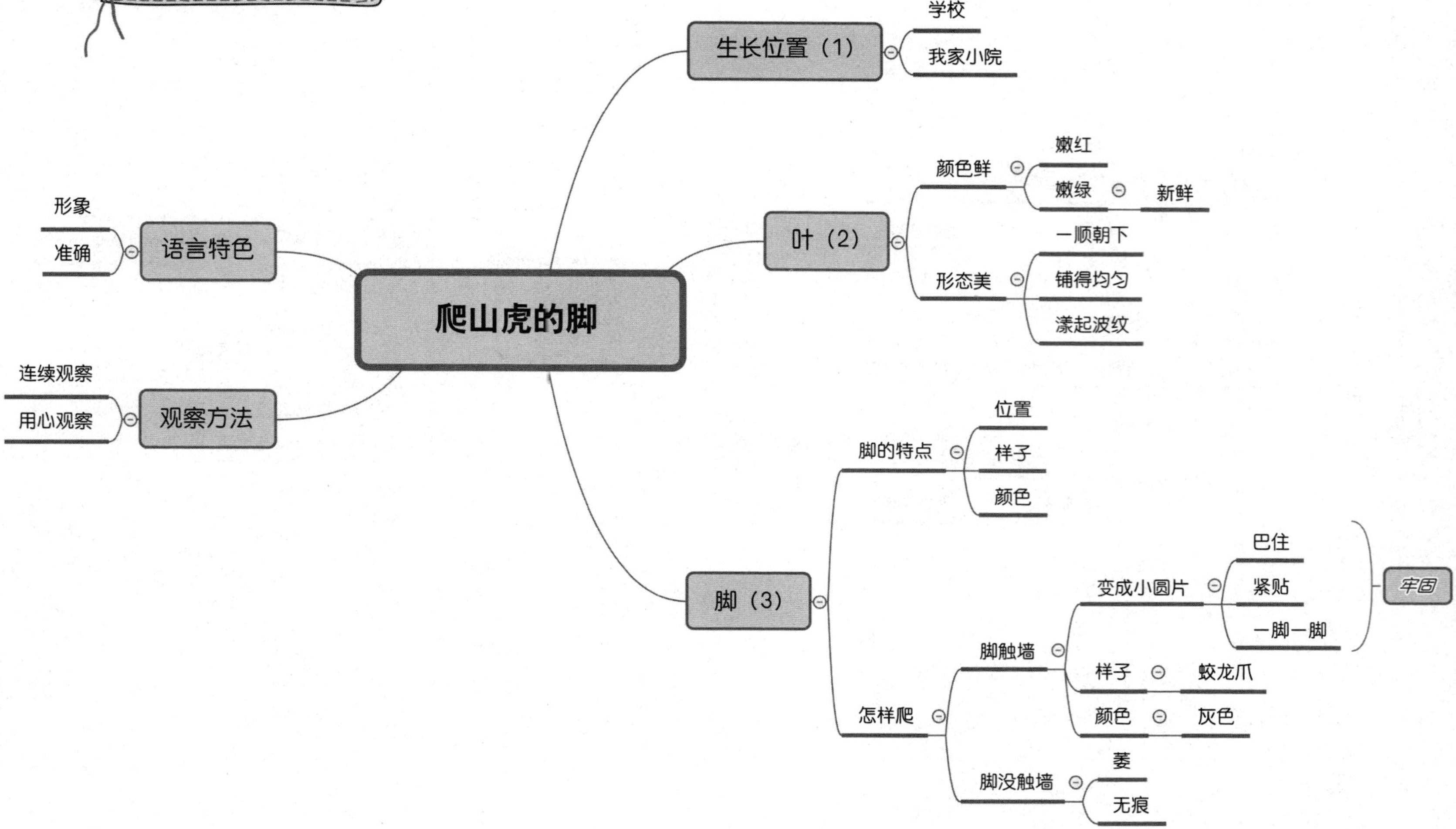

（作者：王文娟）

11. 蟋蟀的住宅

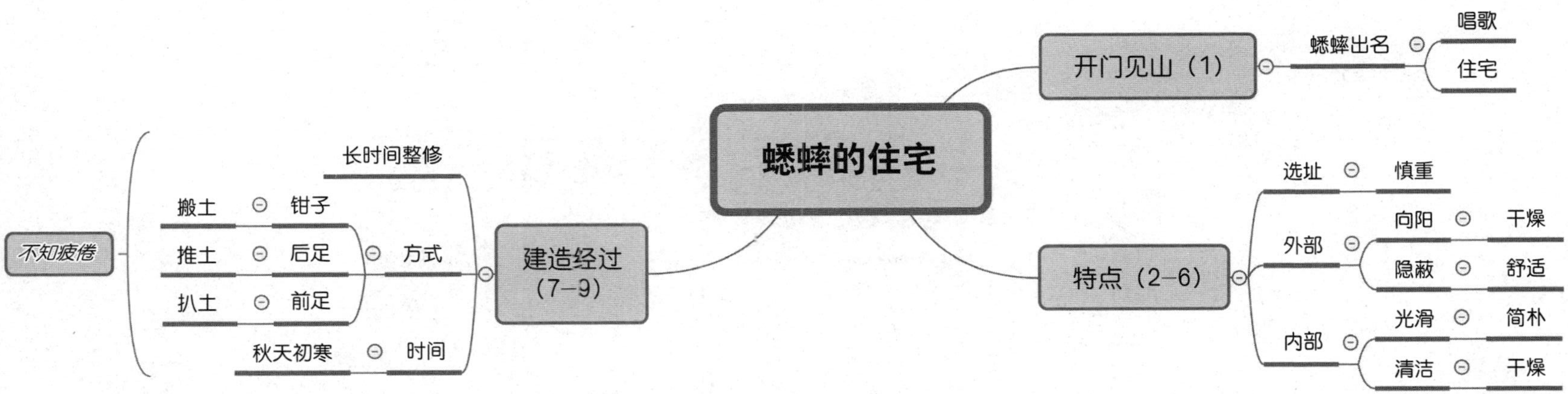

（作者：李晓春）

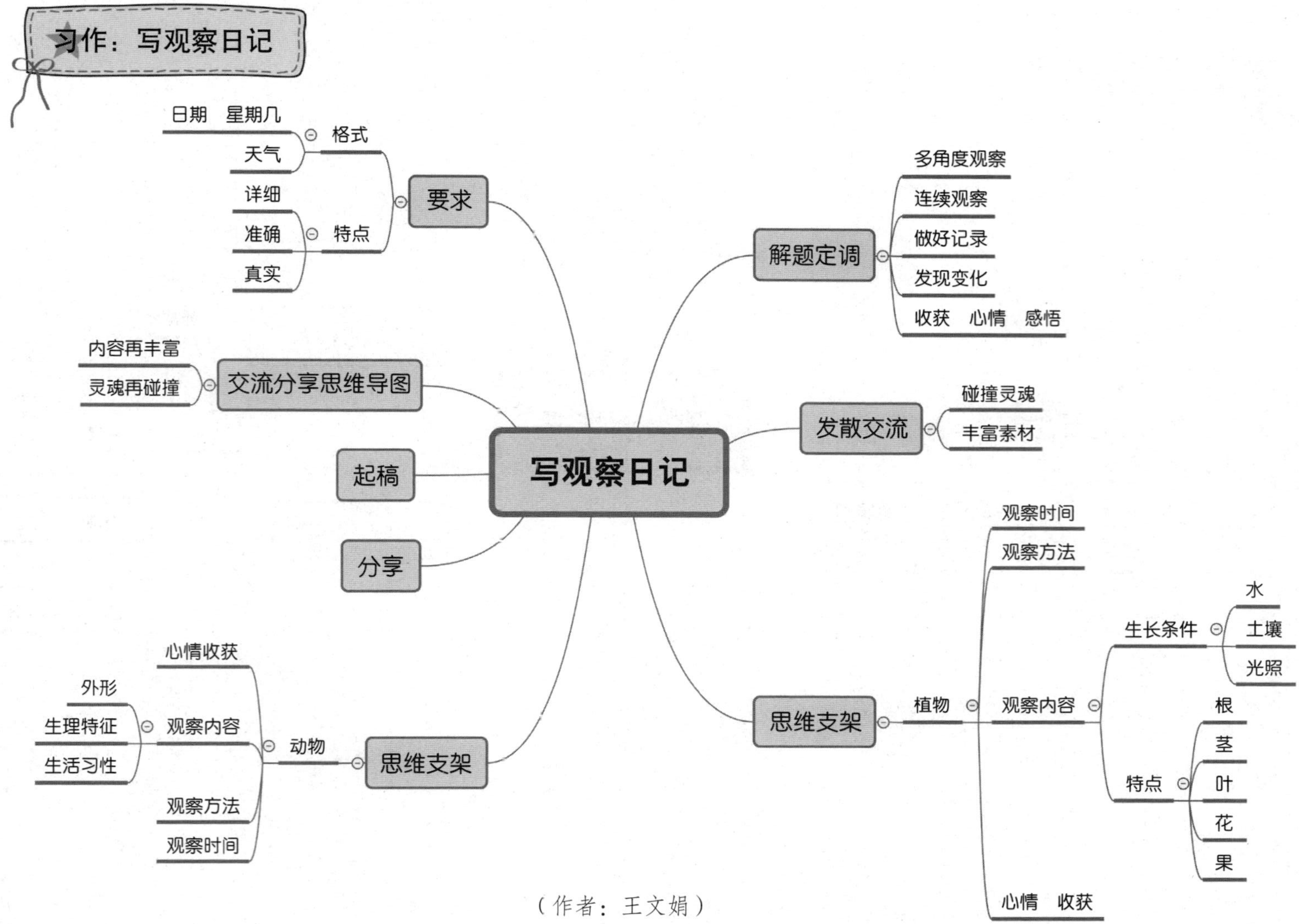
习作：写观察日记
写观察日记
要求
格式
日期　星期几
天气
特点
详细
准确
真实
交流分享思维导图
内容再丰富
灵魂再碰撞
起稿
分享
思维支架
动物
心情收获
观察内容
外形
生理特征
生活习性
观察方法
观察时间
解题定调
多角度观察
连续观察
做好记录
发现变化
收获　心情　感悟
发散交流
碰撞灵魂
丰富素材
思维支架
植物
观察时间
观察方法
观察内容
生长条件
水
土壤
光照
特点
根
茎
叶
花
果
心情　收获

（作者：王文娟）

第四章 神话故事（四单元）

12. 盘古开天地

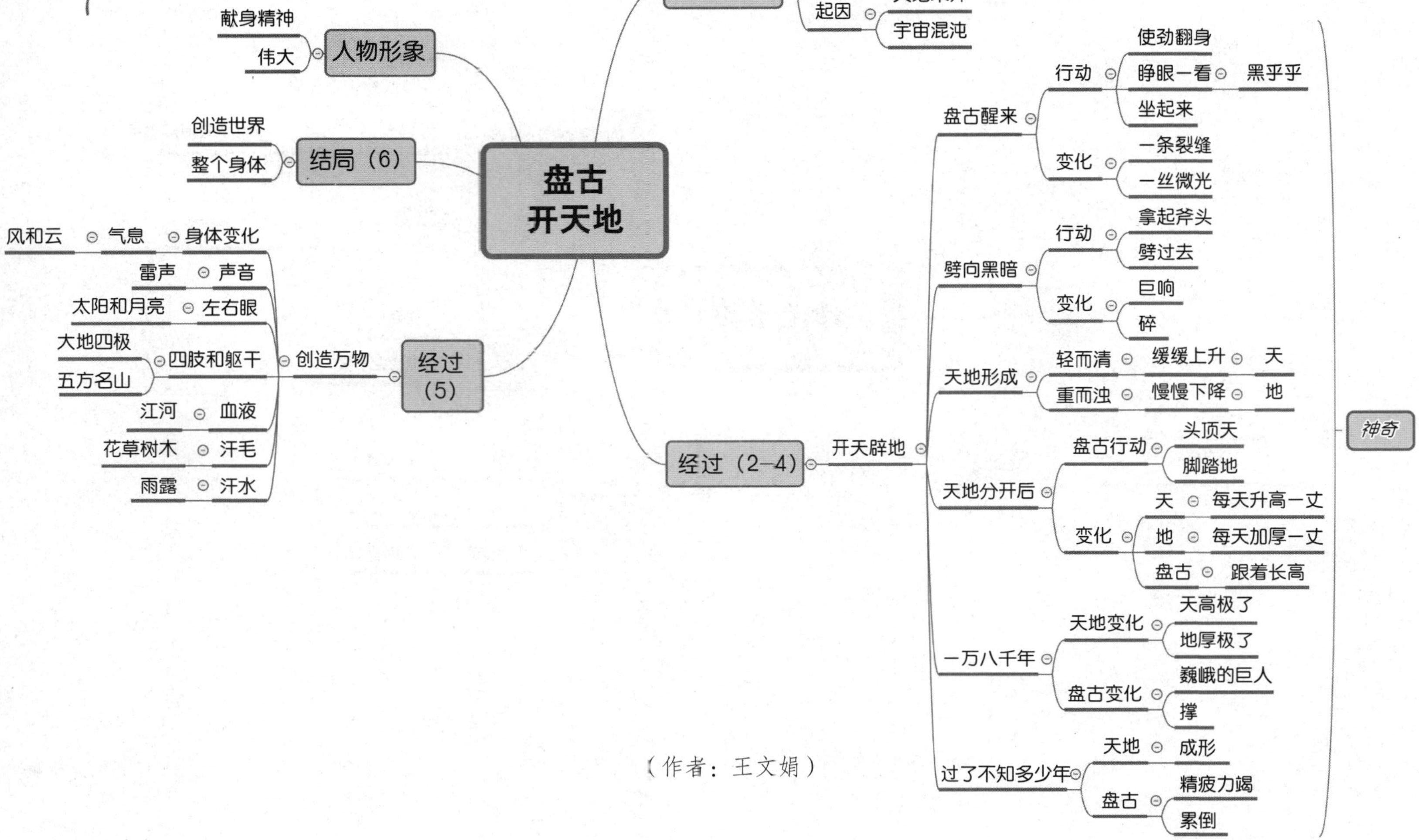

（作者：王文娟）

13. 精卫填海

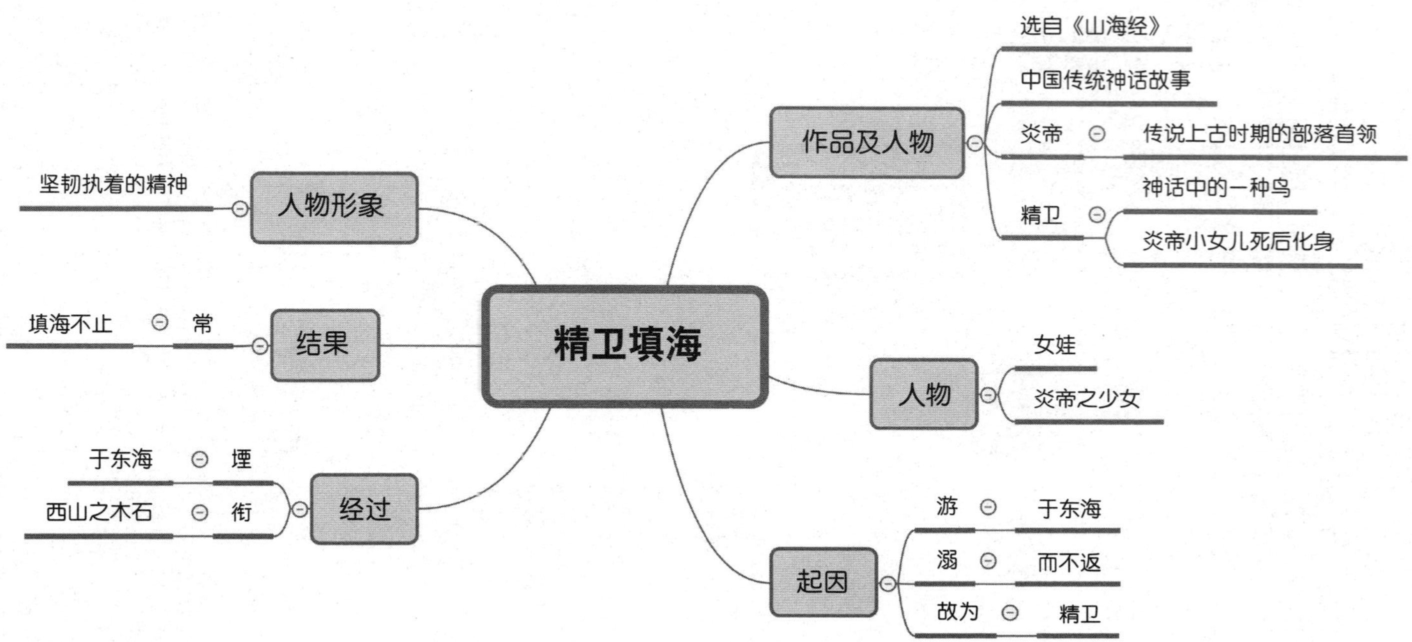
精卫填海
作品及人物
选自《山海经》
中国传统神话故事
炎帝
传说上古时期的部落首领
精卫
神话中的一种鸟
炎帝小女儿死后化身
人物
女娃
炎帝之少女
起因
游
于东海
溺
而不返
故为
精卫
人物形象
坚韧执着的精神
结果
填海不止
常
经过
于东海
堙
西山之木石
衔

（作者：王健）

14. 普罗米修斯

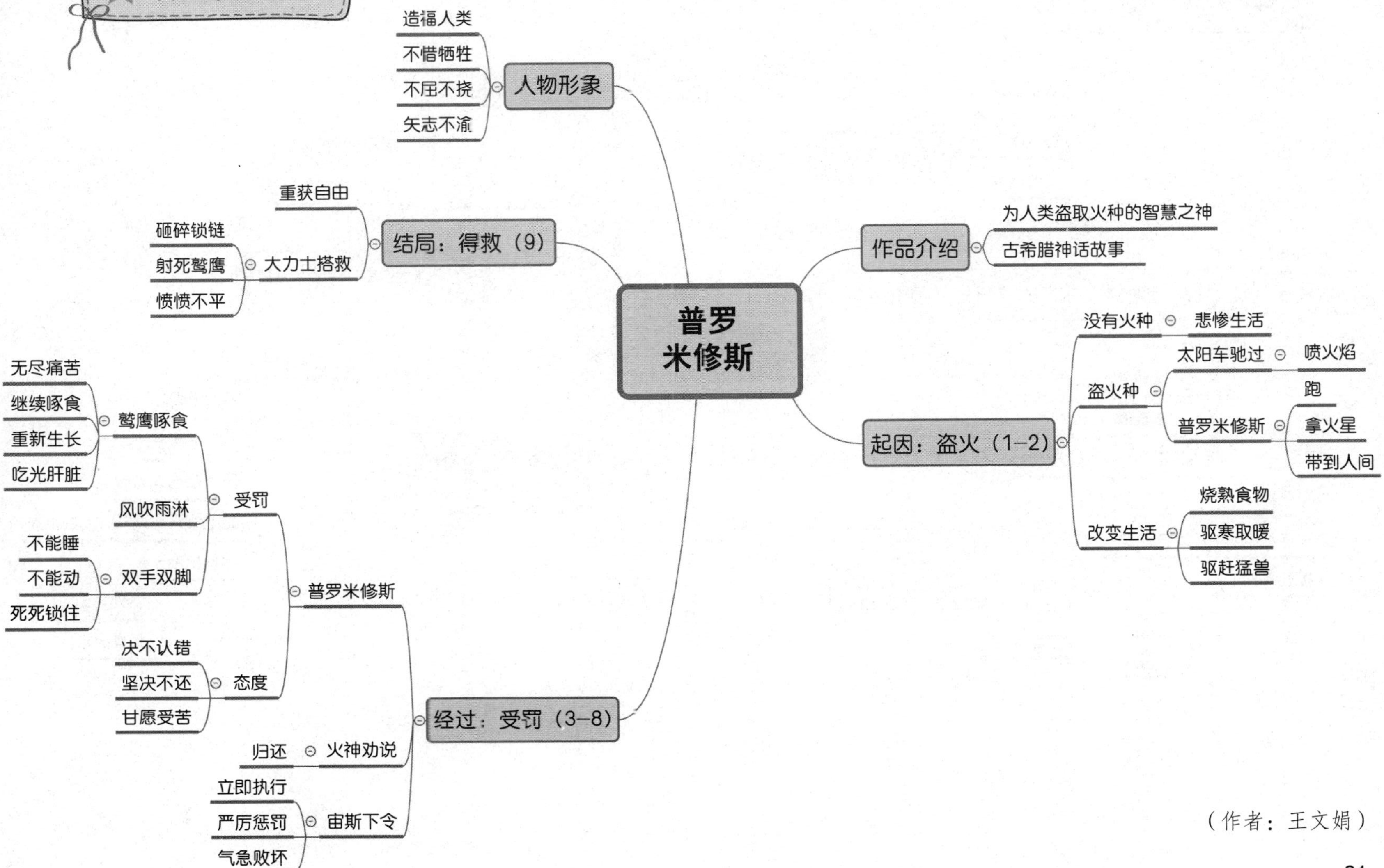

（作者：王文娟）

15. 女娲补天

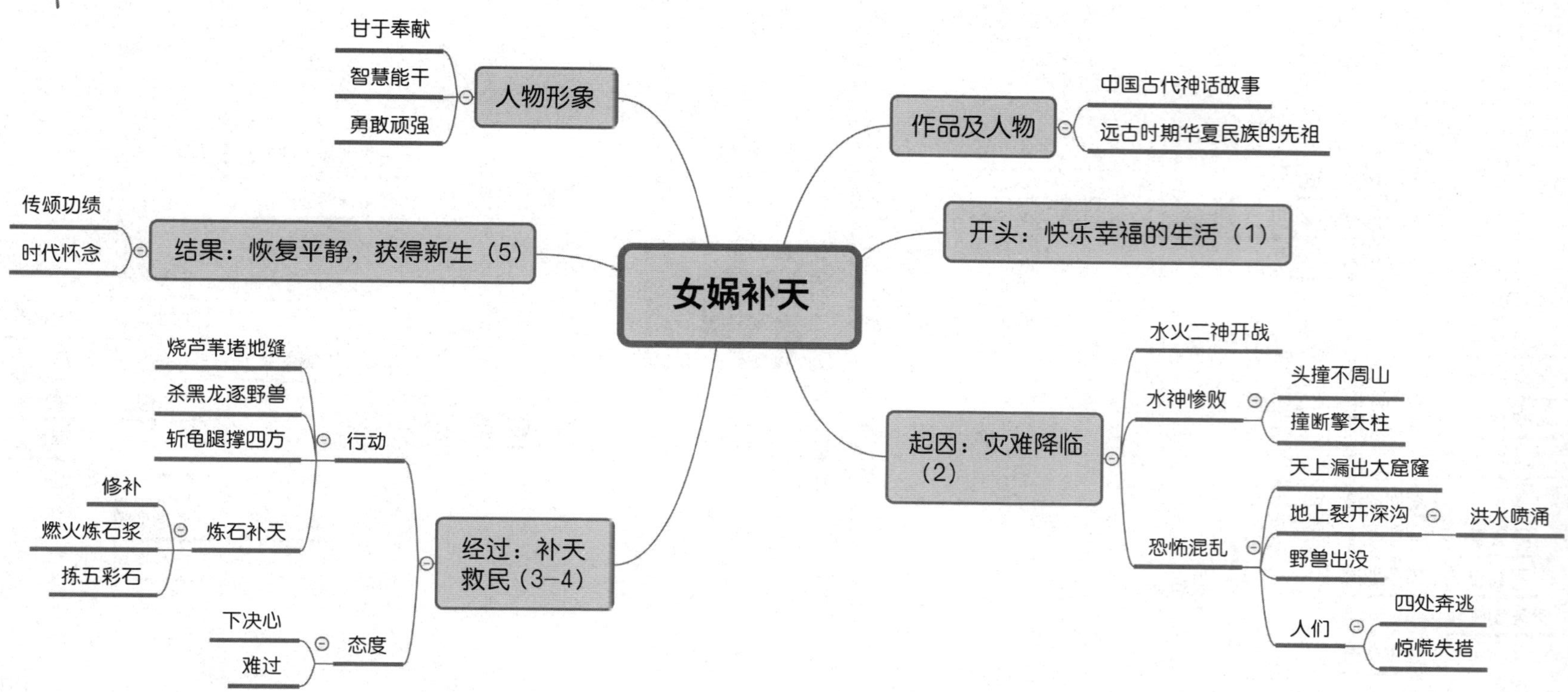

（作者：王文娟）

习作：我和_____过一天

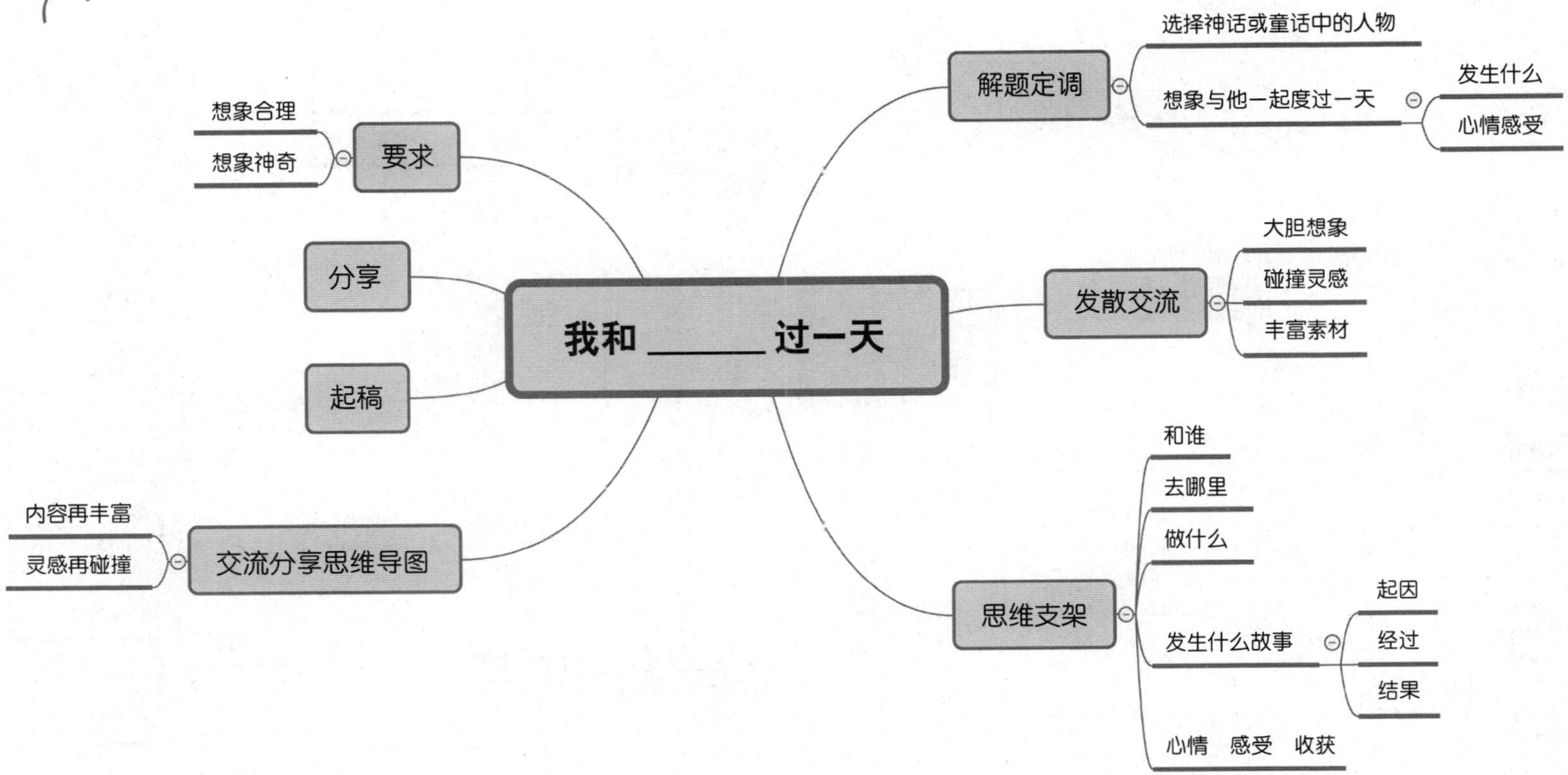

（作者：王健）

第五章　习作（五单元）

16. 麻雀

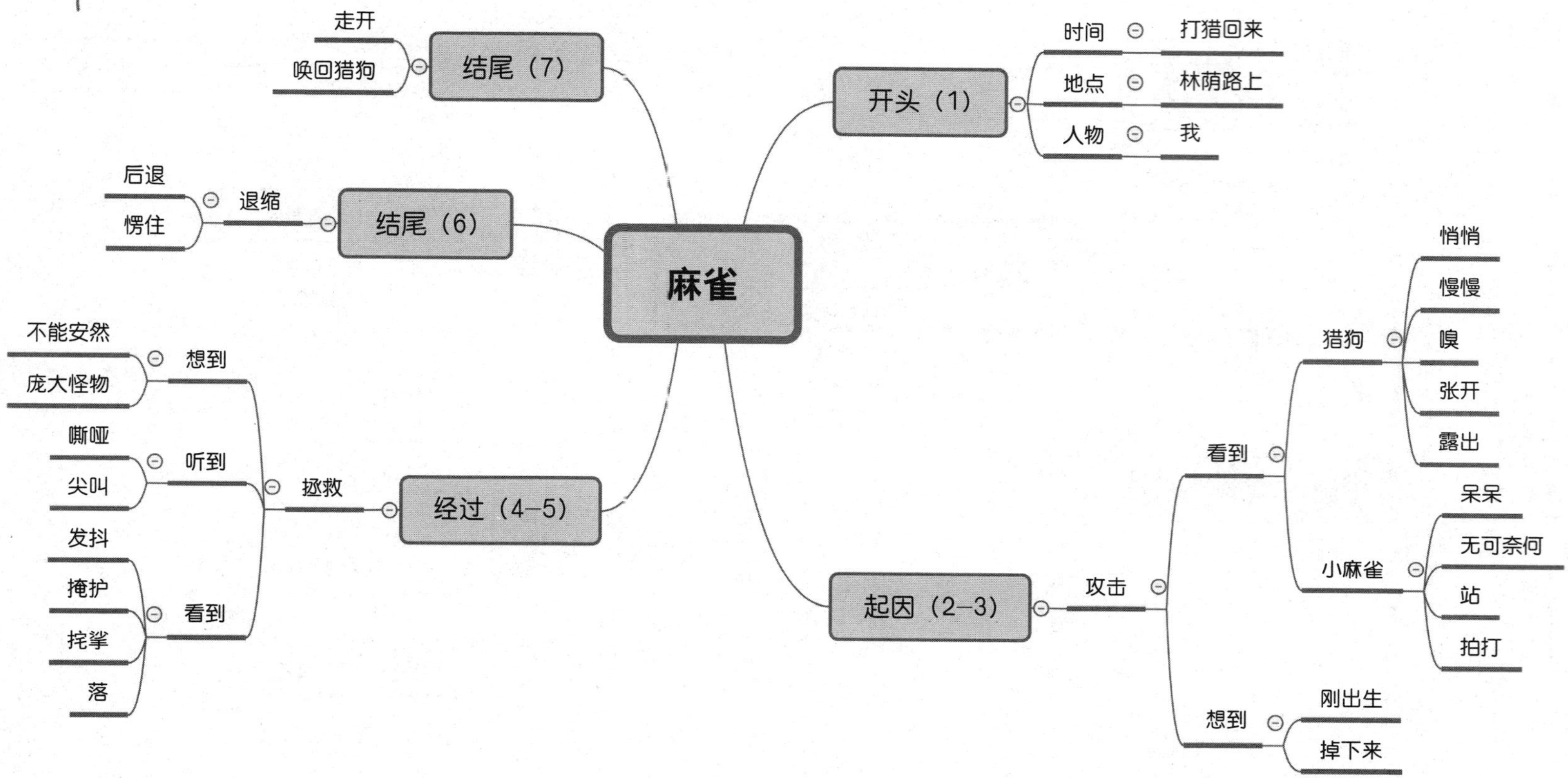

（作者：王文娟）

17. 爬天都峰

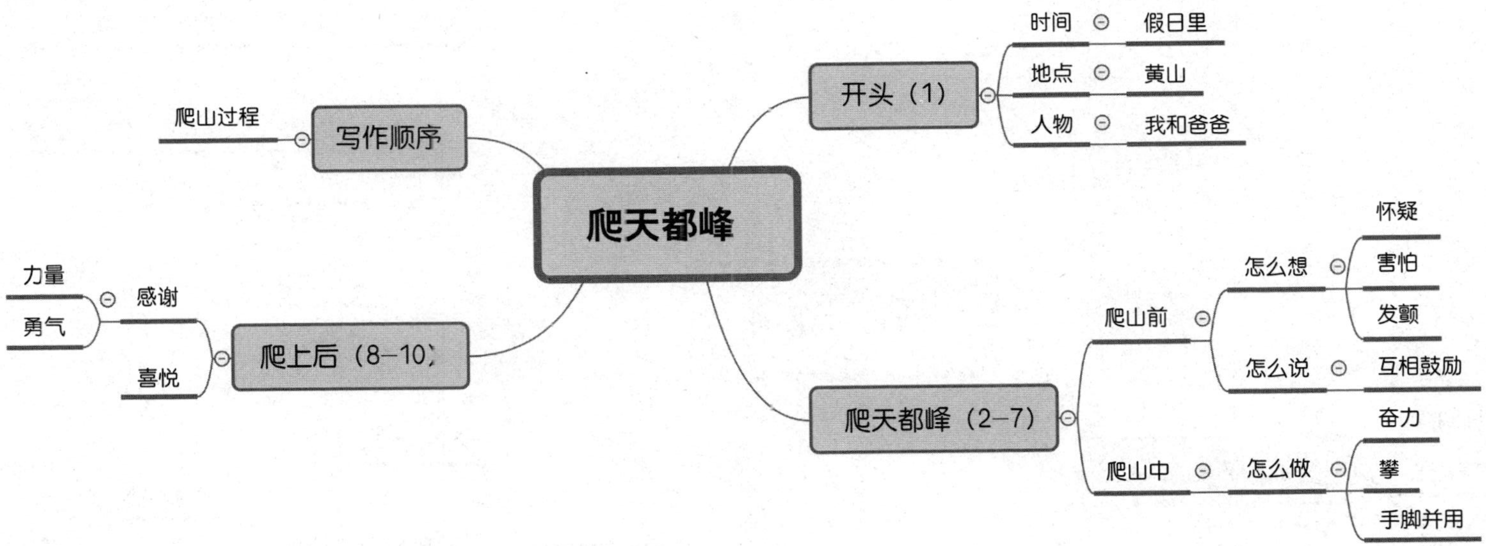
爬天都峰
开头（1）
时间
假日里
地点
黄山
人物
我和爸爸
爬天都峰（2–7）
爬山前
怎么想
怀疑
害怕
发颤
怎么说
互相鼓励
爬山中
怎么做
奋力
攀
手脚并用
写作顺序
爬山过程
爬上后（8–10）
感谢
力量
勇气
喜悦

（作者：王健）

习作：生活万花筒

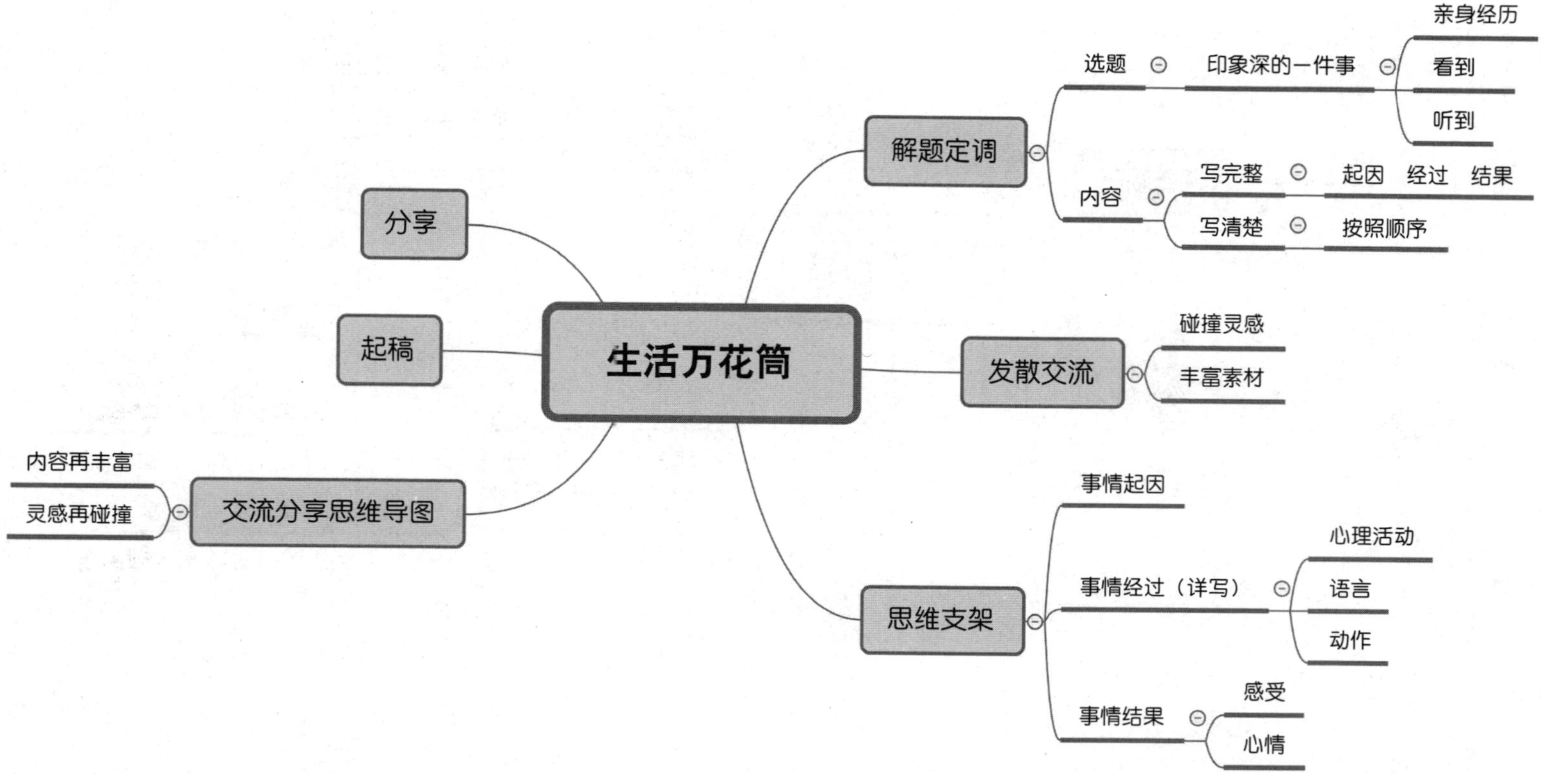

（作者：王健）

第六章　童年生活（六单元）

18. 牛和鹅

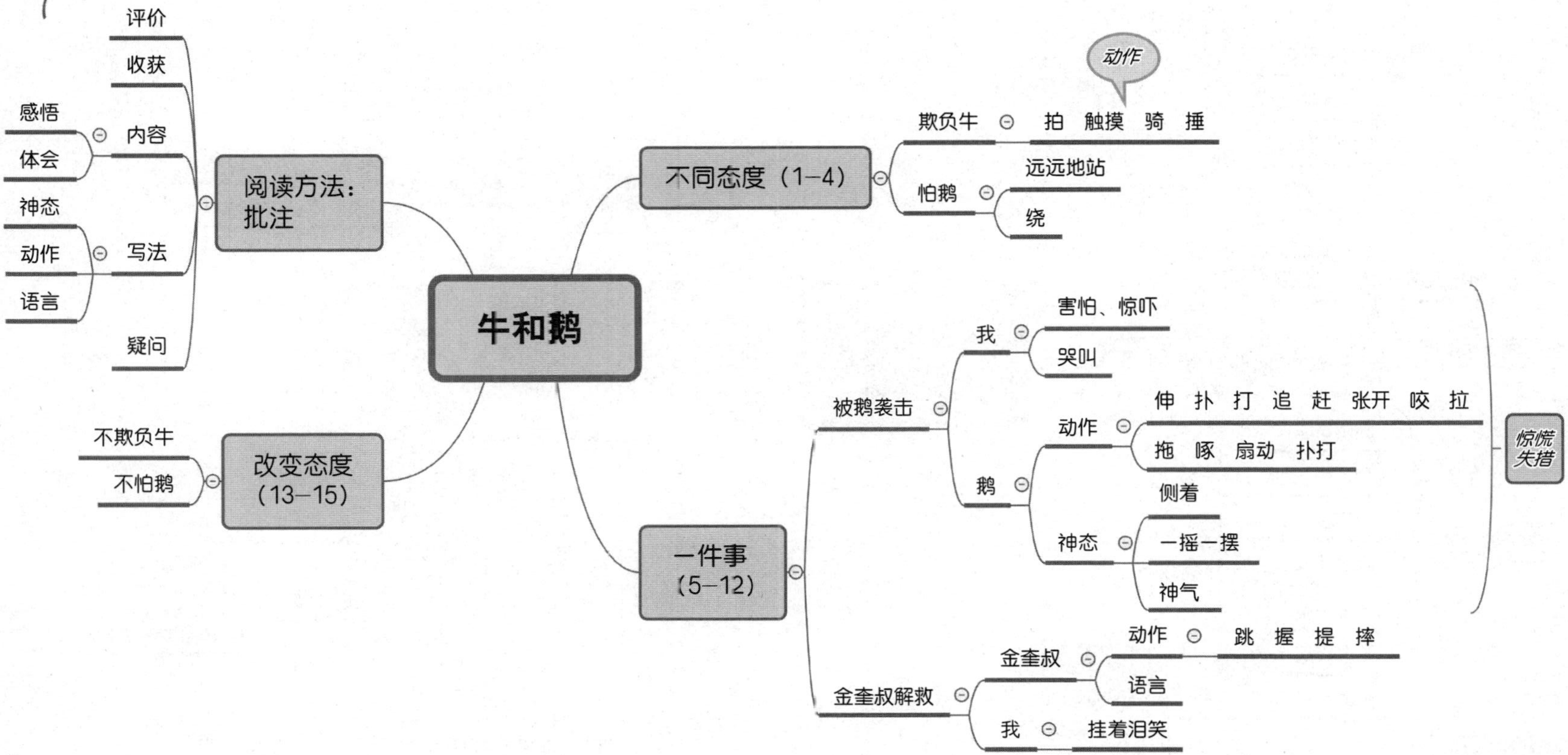

（作者：王文娟）

19. 一只窝囊的大老虎

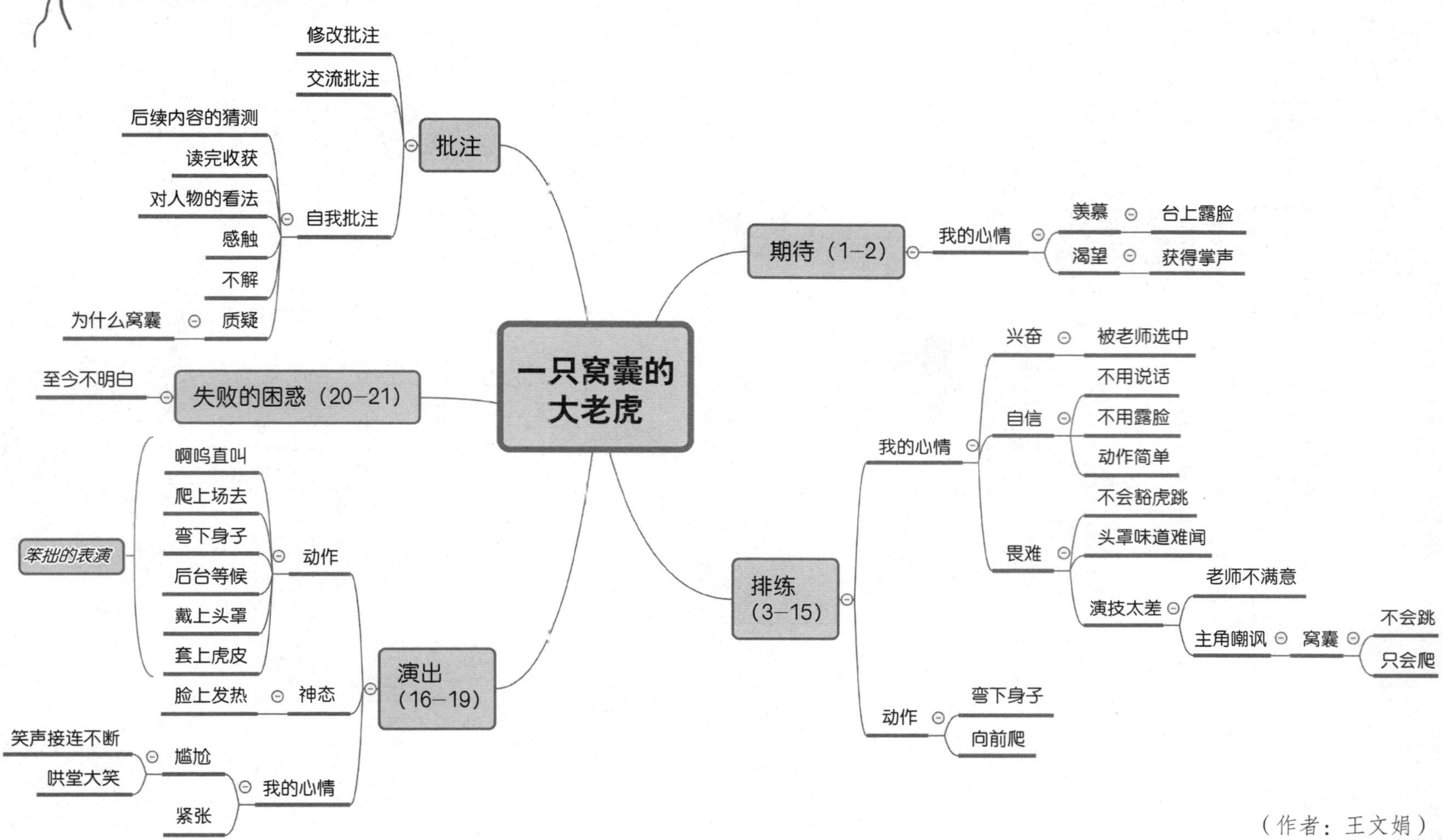

（作者：王文娟）

20. 陀螺

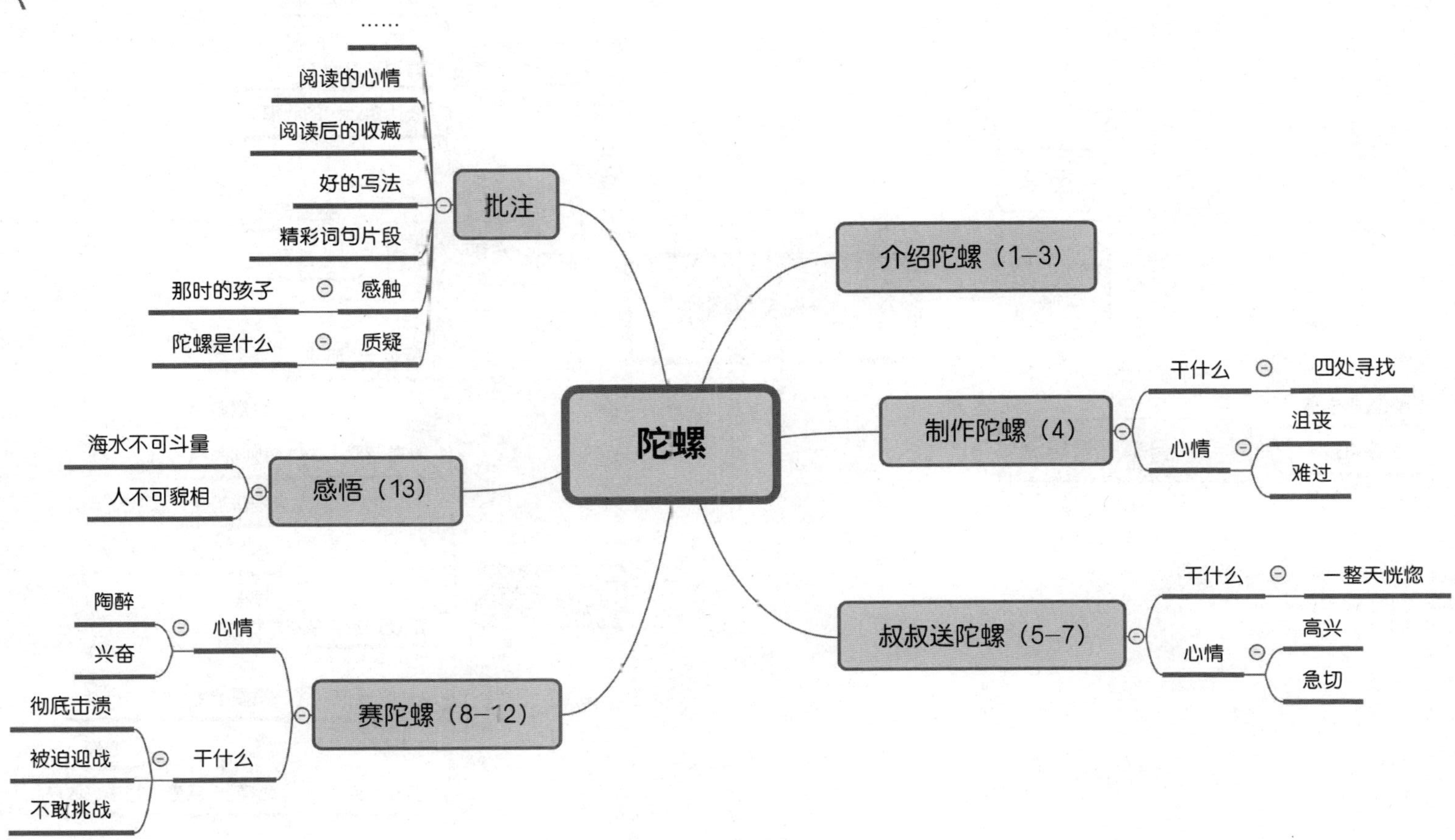
陀螺
介绍陀螺（1–3）
制作陀螺（4）
干什么
四处寻找
心情
沮丧
难过
叔叔送陀螺（5–7）
干什么
一整天恍惚
心情
高兴
急切
赛陀螺（8–12）
心情
陶醉
兴奋
干什么
彻底击溃
被迫迎战
不敢挑战
感悟（13）
海水不可斗量
人不可貌相
批注
……
阅读的心情
阅读后的收藏
好的写法
精彩词句片段
感触
那时的孩子
质疑
陀螺是什么

（作者：王文娟）

习作：记一次游戏

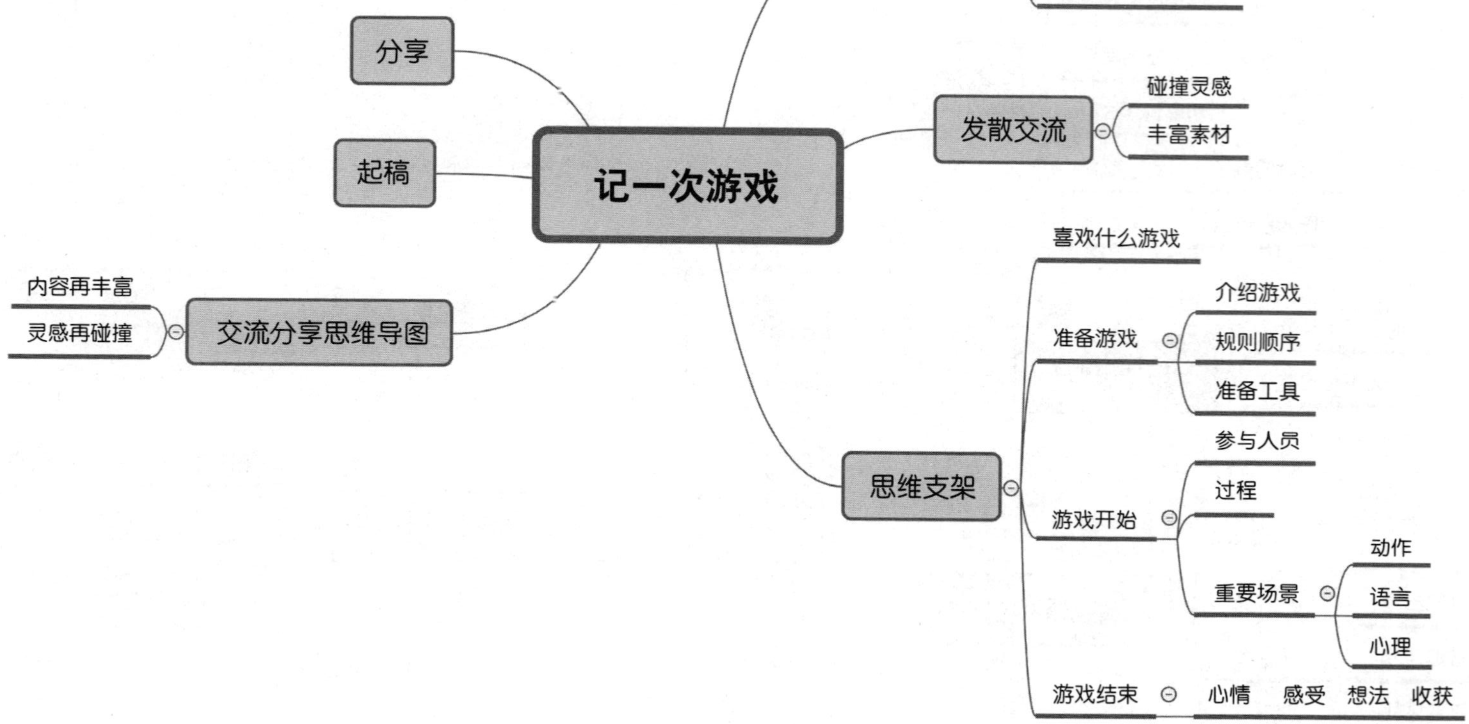

（作者：王文娟）

第七章　家国情怀（七单元）

21. 古诗三首

（1）出塞

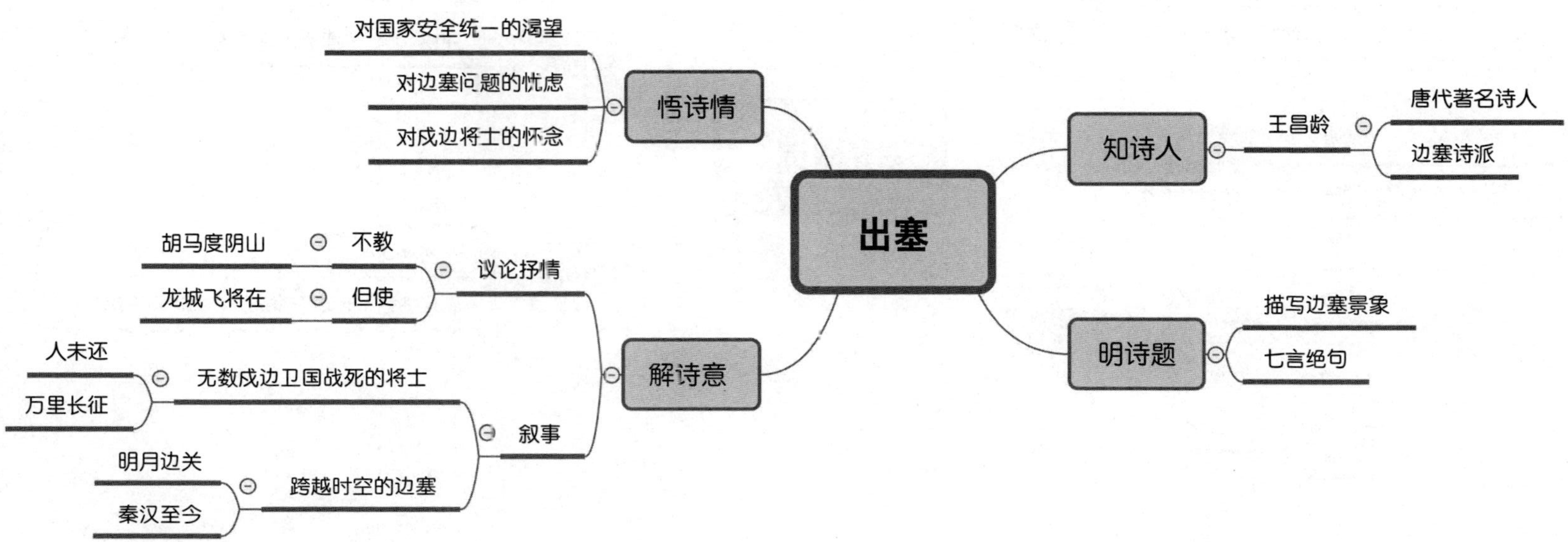

（作者：王文娟）

（2）凉州词

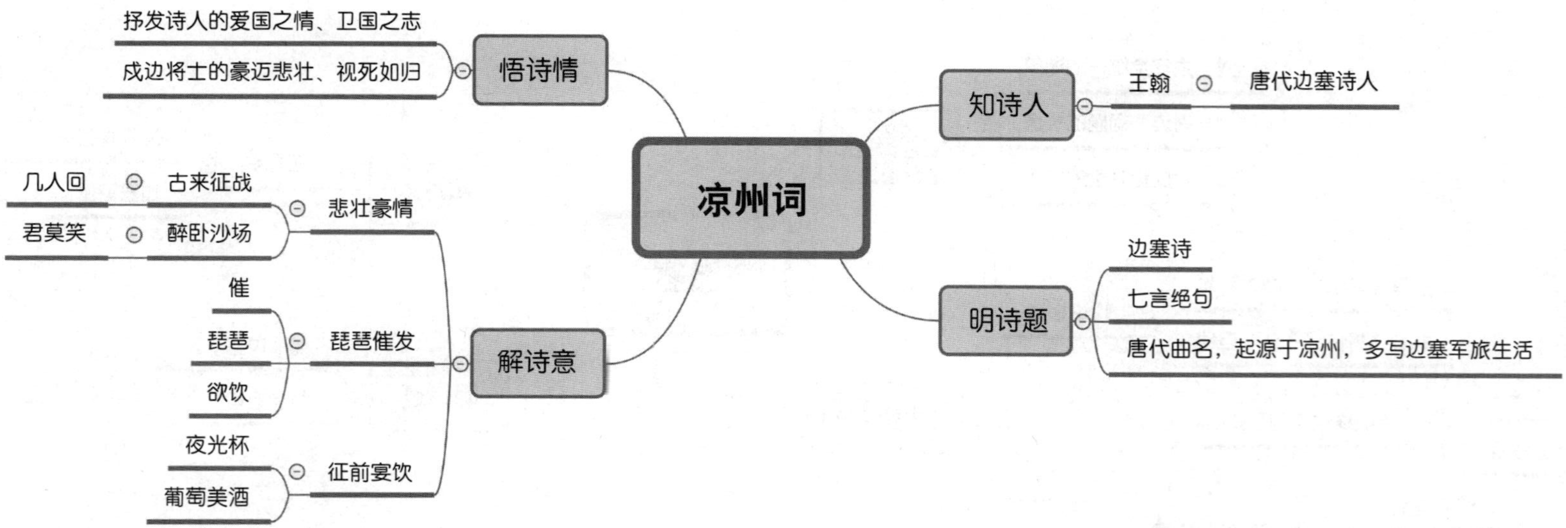
凉州词
悟诗情
抒发诗人的爱国之情、卫国之志
戍边将士的豪迈悲壮、视死如归
解诗意
悲壮豪情
古来征战
几人回
醉卧沙场
君莫笑
琵琶催发
催
琵琶
欲饮
征前宴饮
夜光杯
葡萄美酒
知诗人
王翰
唐代边塞诗人
明诗题
边塞诗
七言绝句
唐代曲名，起源于凉州，多写边塞军旅生活

（作者：王文娟）

（3）夏日绝句

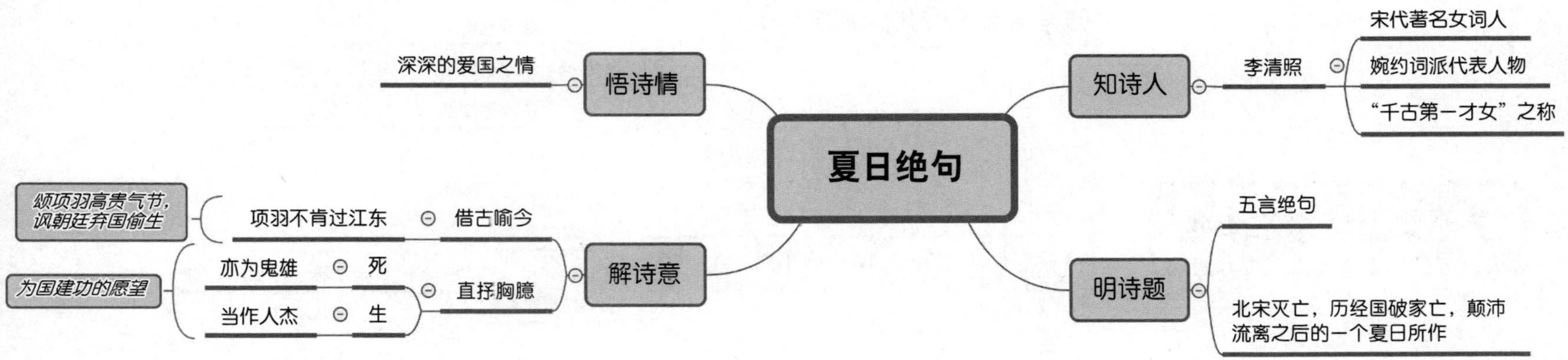
夏日绝句
知诗人
李清照
宋代著名女词人
婉约词派代表人物
“千古第一才女”之称
明诗题
五言绝句
北宋灭亡，历经国破家亡，颠沛流离之后的一个夏日所作
悟诗情
深深的爱国之情
解诗意
借古喻今
项羽不肯过江东
颂项羽高贵气节，讽朝廷弃国偷生
直抒胸臆
死
亦为鬼雄
生
当作人杰
为国建功的愿望

（作者：王文娟）

22. 为中华之崛起而读书

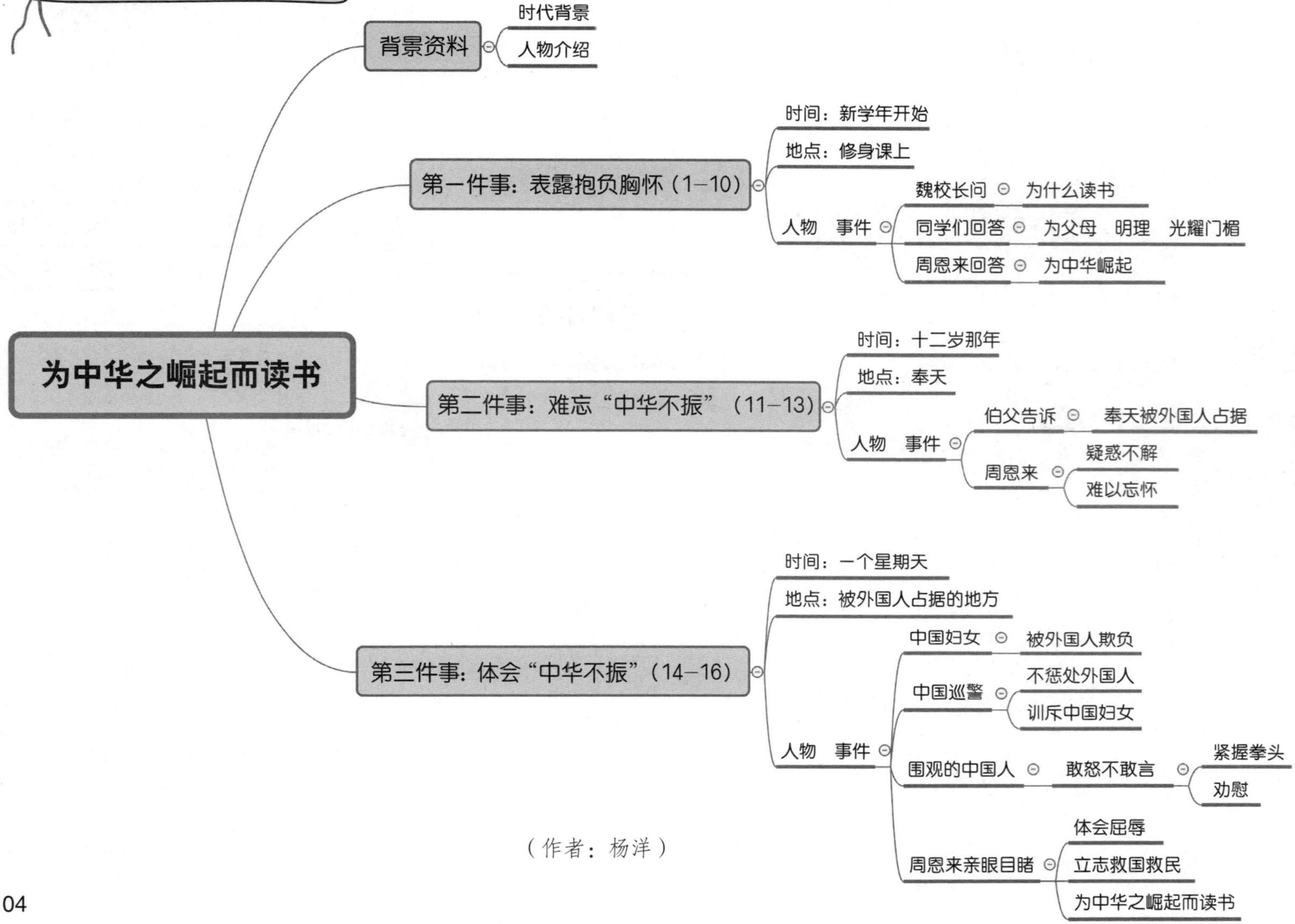

（作者：杨洋）

23. 梅兰芳蓄须

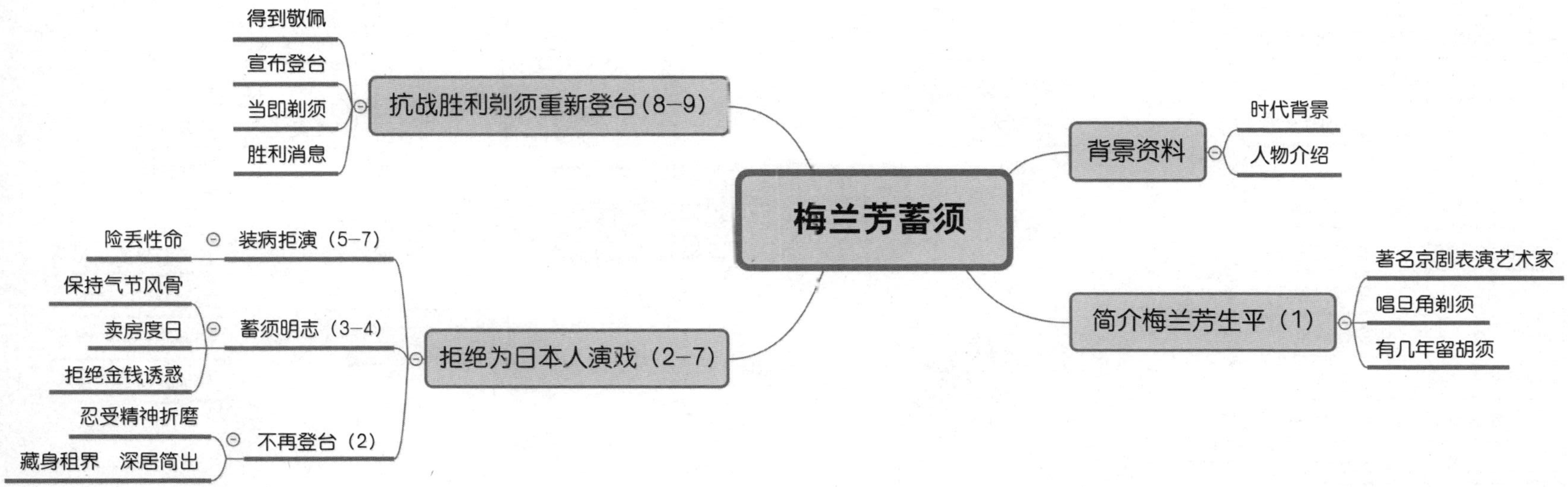

（作者：杨洋）

24. 延安，我把你追寻

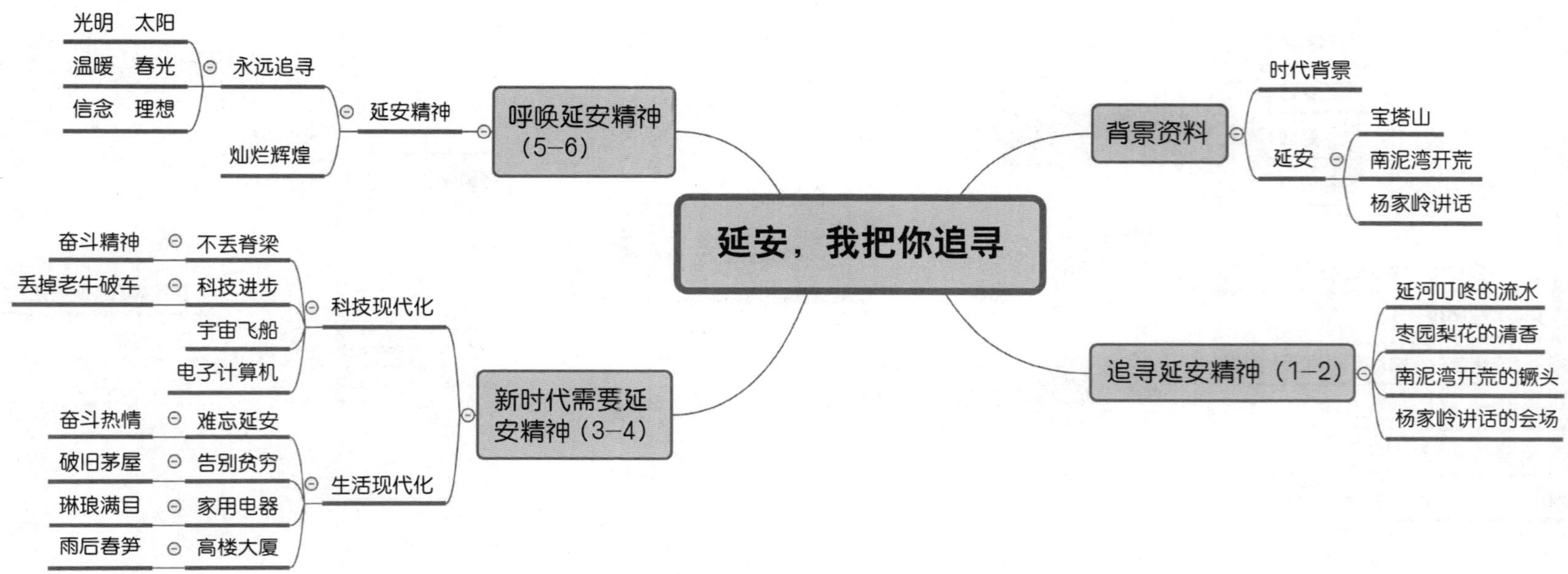

（作者：杨洋）

习作：写信

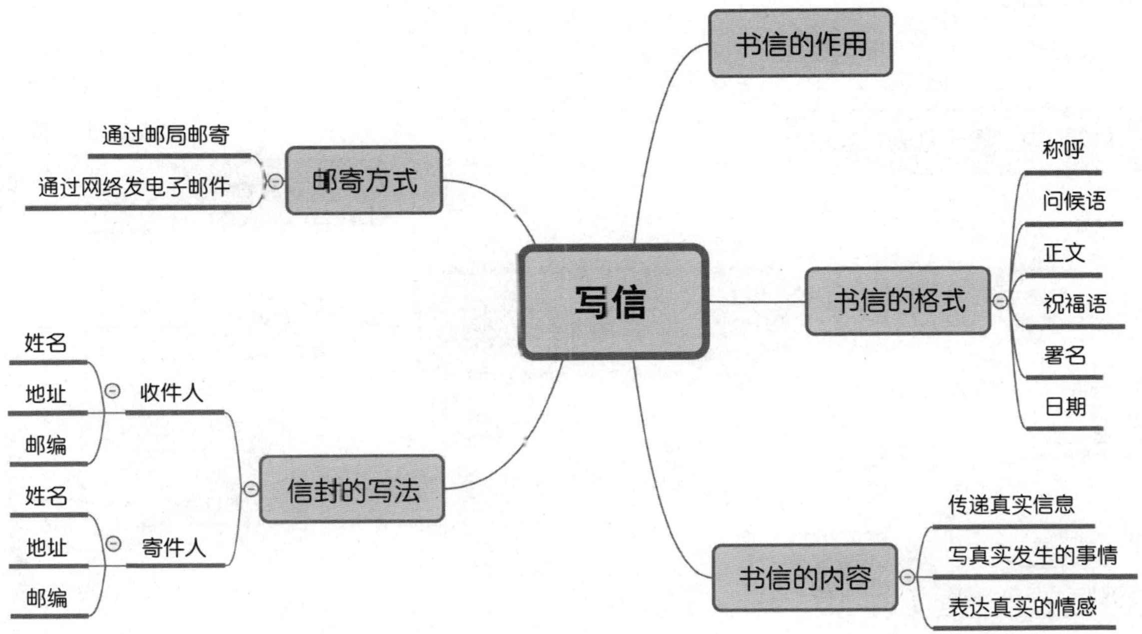
写信
书信的作用
书信的格式
称呼
问候语
正文
祝福语
署名
日期
书信的内容
传递真实信息
写真实发生的事情
表达真实的情感
邮寄方式
通过邮局邮寄
通过网络发电子邮件
信封的写法
收件人
姓名
地址
邮编
寄件人
姓名
地址
邮编

（作者：杨洋）

第八章　古代故事（八单元）

25. 王戎不取道旁李

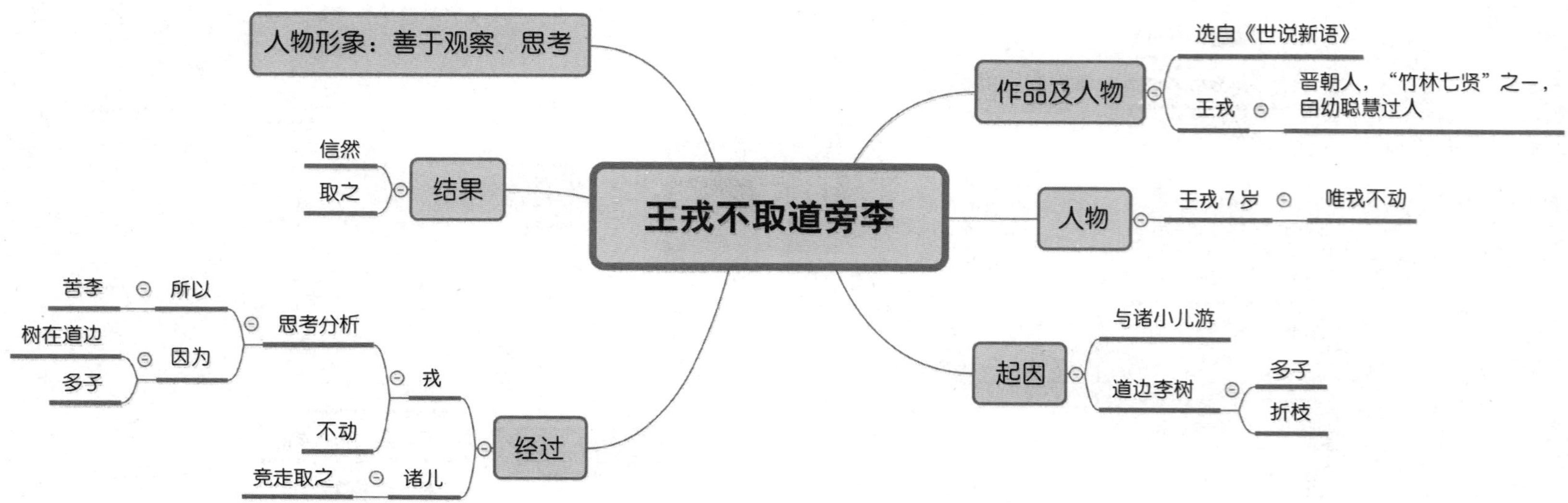

（作者：杨洋）

26. 西门豹治邺

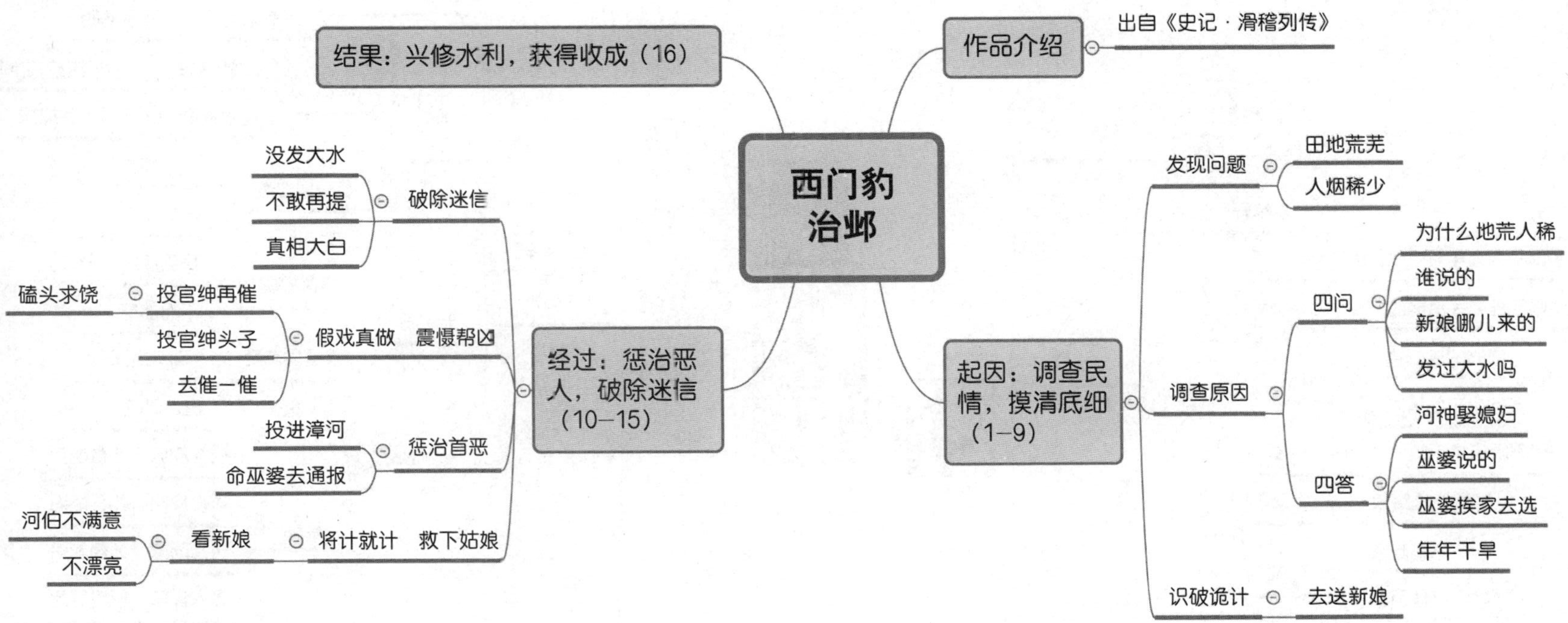

（作者：刘晓萌）

27. 故事二则

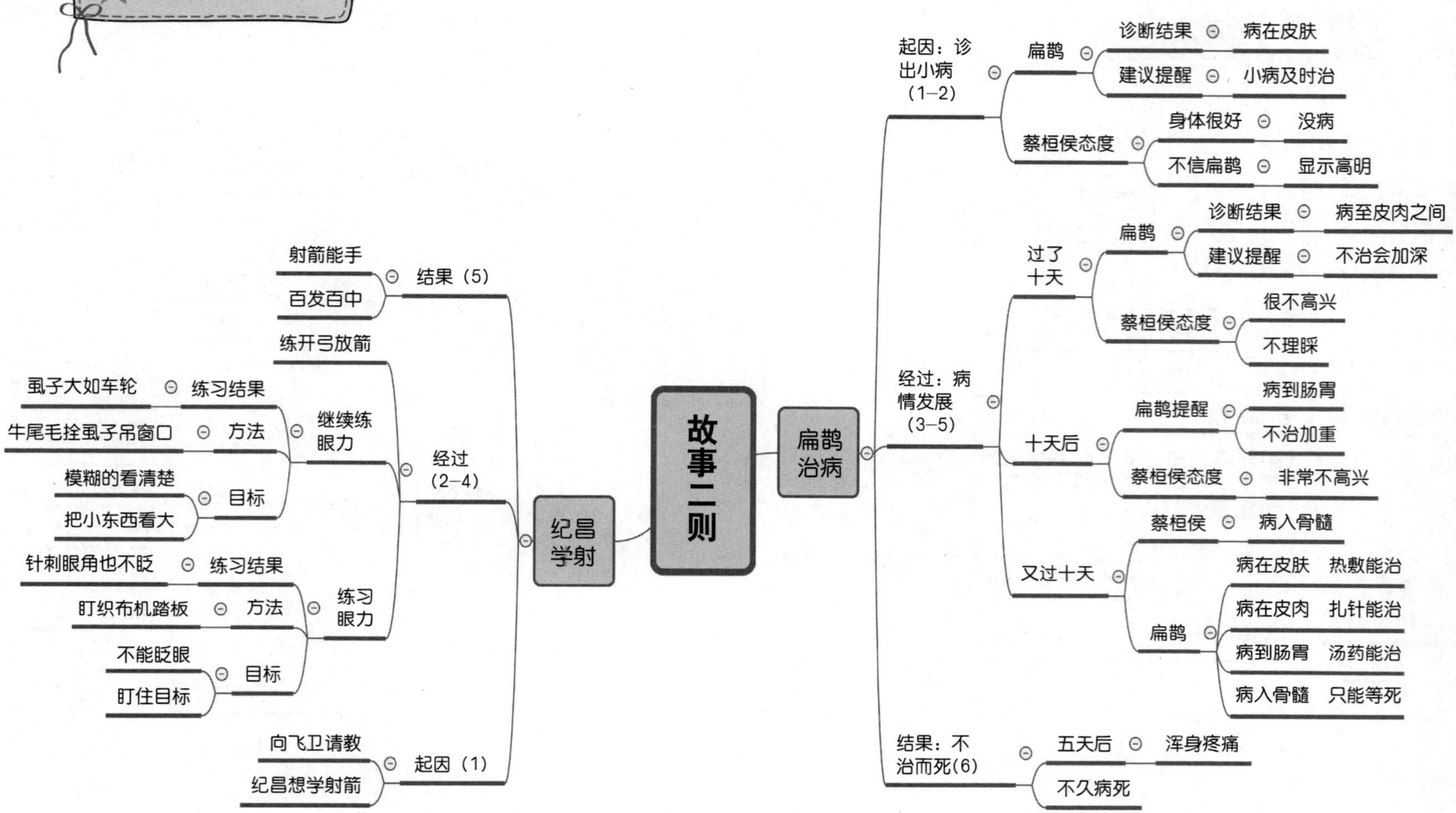

（作者：王文娟）

习作：我的心儿怦怦跳

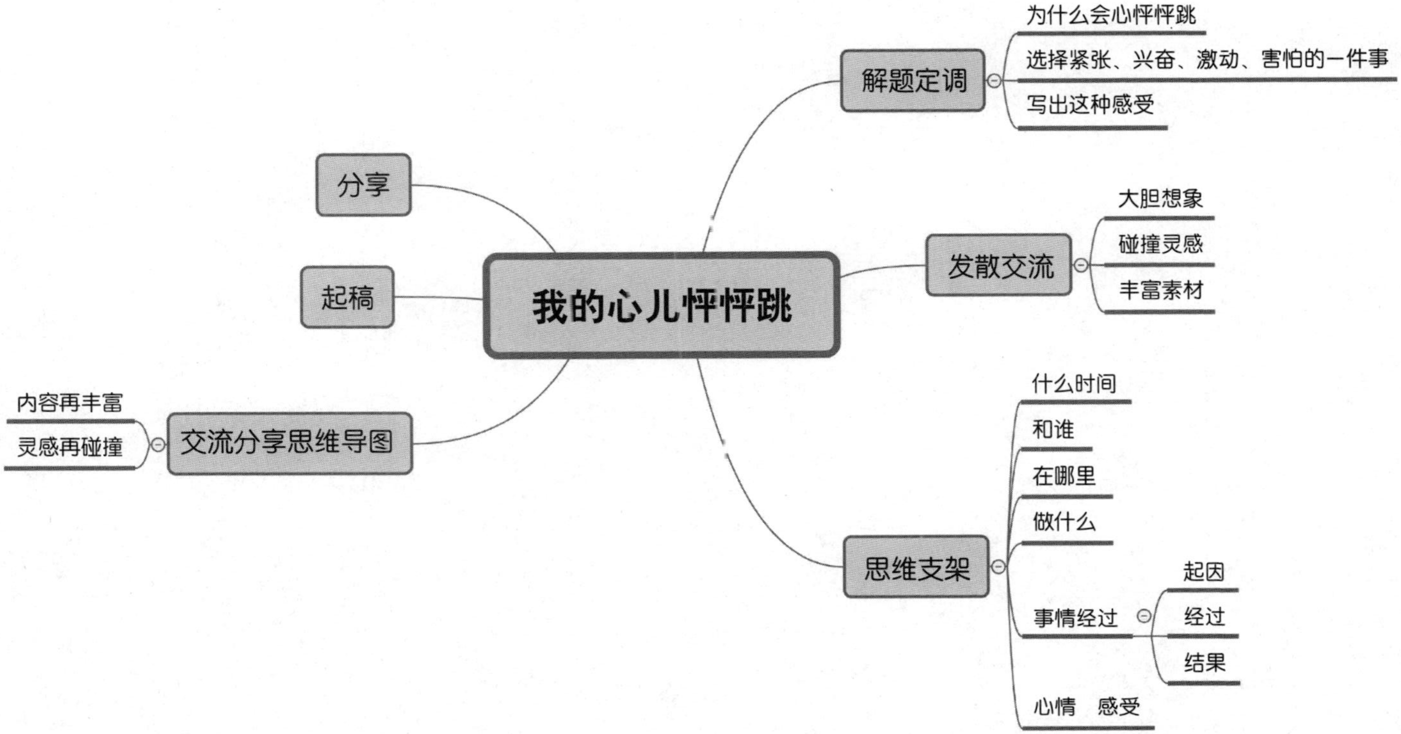

（作者：王文娟）

第四部分

五年级上册

第一章　万物有灵（一单元）

1. 白鹭

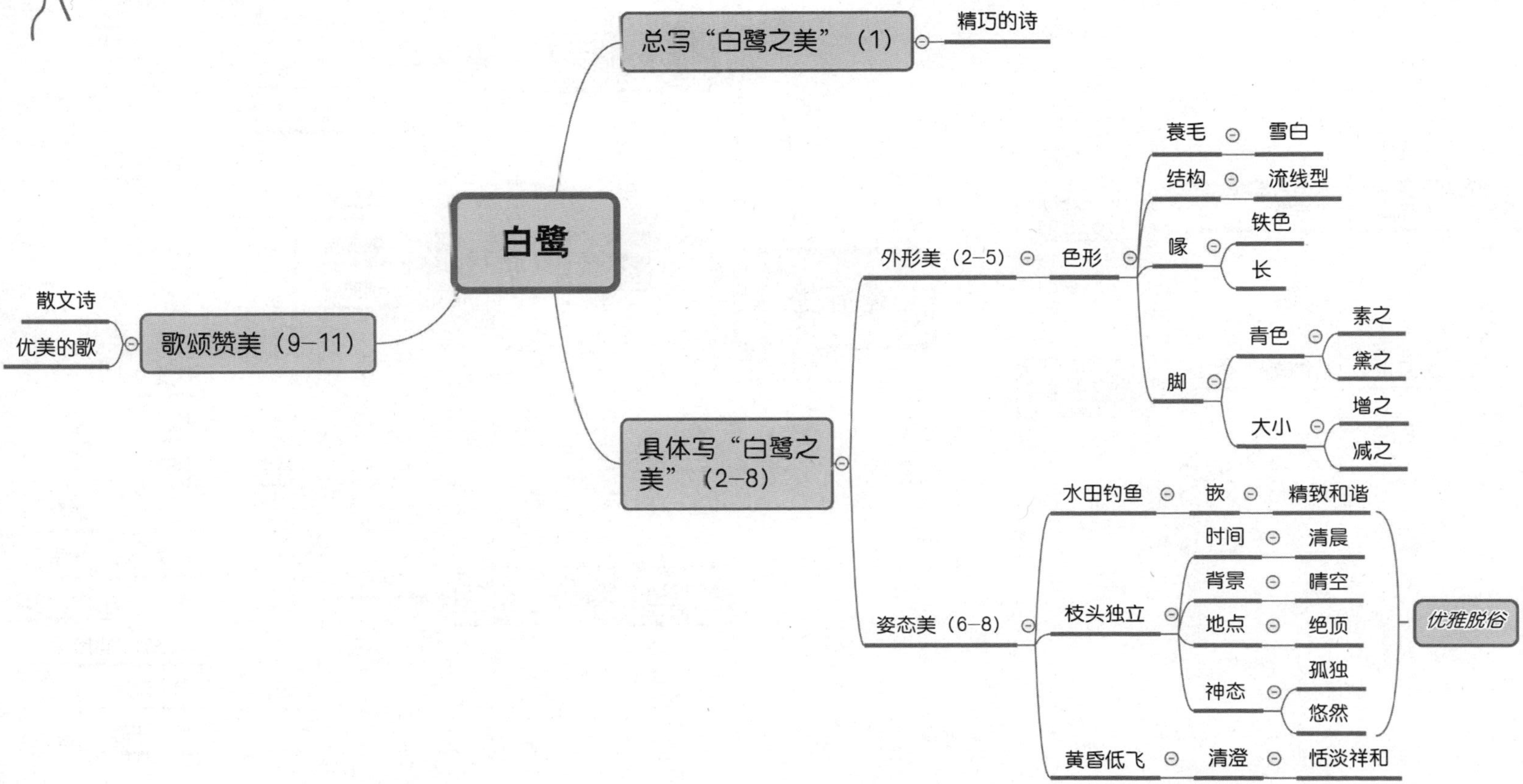

（作者：王文娟）

2. 落花生

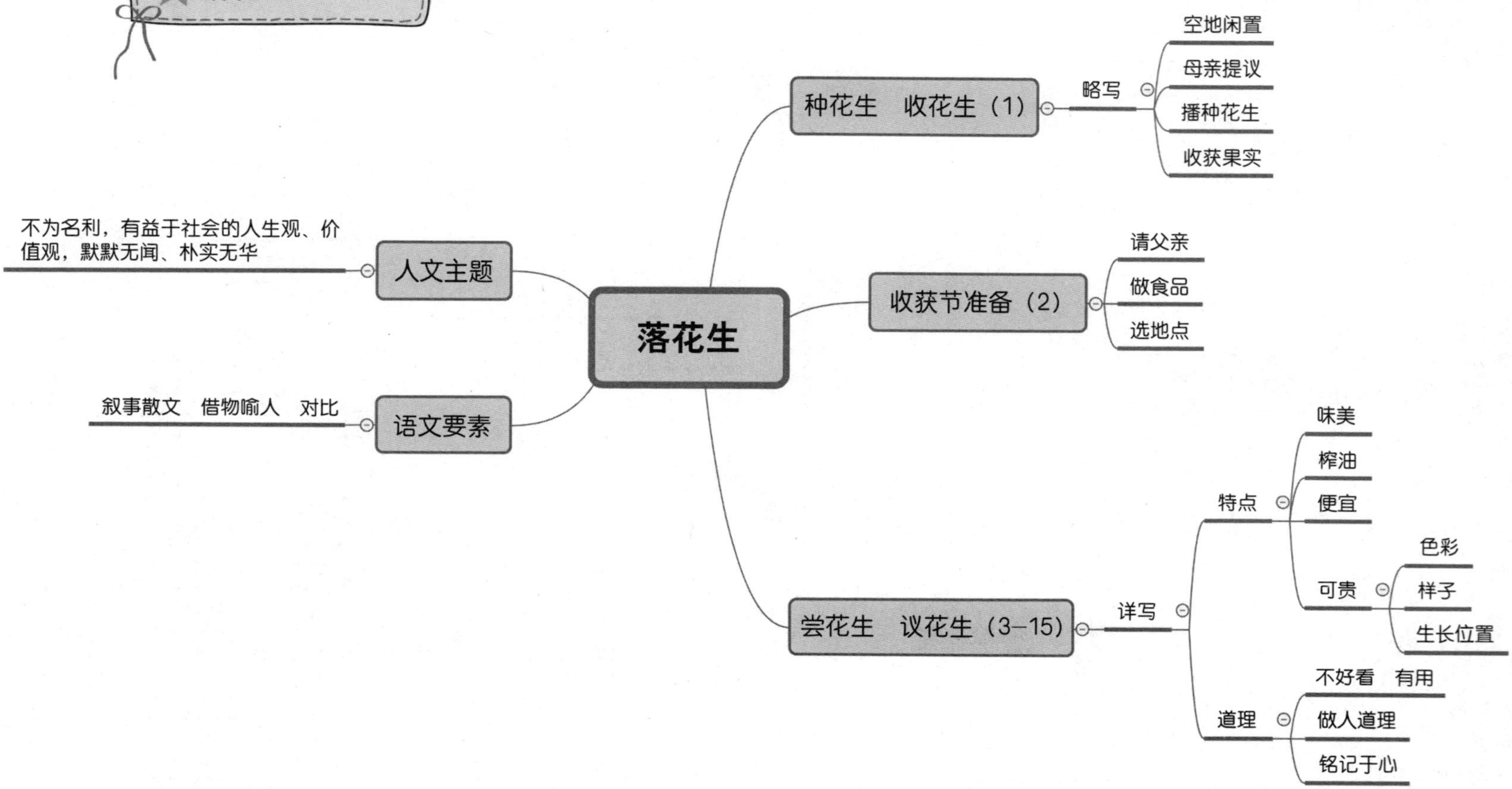
落花生
人文主题
不为名利，有益于社会的人生观、价值观，默默无闻、朴实无华
语文要素
叙事散文　借物喻人　对比
种花生　收花生（1）
略写
空地闲置
母亲提议
播种花生
收获果实
收获节准备（2）
请父亲
做食品
选地点
尝花生　议花生（3—15）
详写
特点
味美
榨油
便宜
可贵
色彩
样子
生长位置
道理
不好看　有用
做人道理
铭记于心

（作者：冯欣）

3. 桂花雨

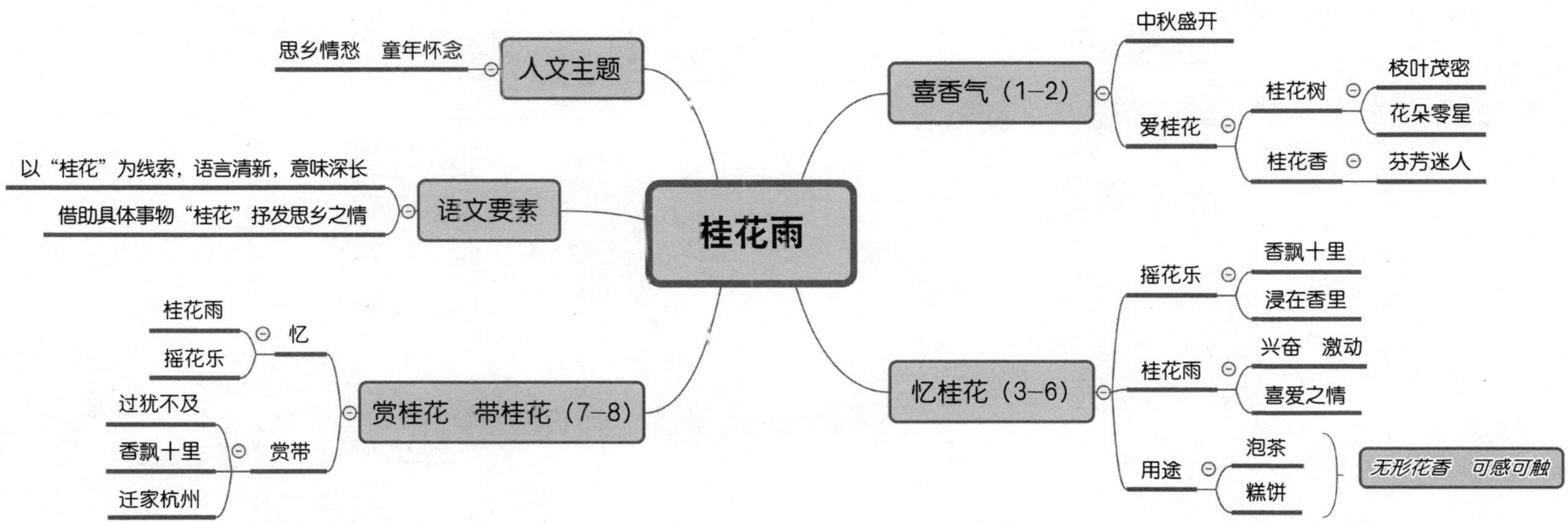
桂花雨
人文主题
思乡情愁　童年怀念
语文要素
以“桂花”为线索，语言清新，意味深长
借助具体事物“桂花”抒发思乡之情
赏桂花　带桂花（7–8）
忆
桂花雨
摇花乐
赏带
过犹不及
香飘十里
迁家杭州
喜香气（1–2）
中秋盛开
爱桂花
桂花树
枝叶茂密
花朵零星
桂花香
芬芳迷人
忆桂花（3–6）
摇花乐
香飘十里
浸在香里
桂花雨
兴奋　激动
喜爱之情
用途
泡茶
糕饼
无形花香　可感可触

（作者：冯欣）

4. 珍珠鸟

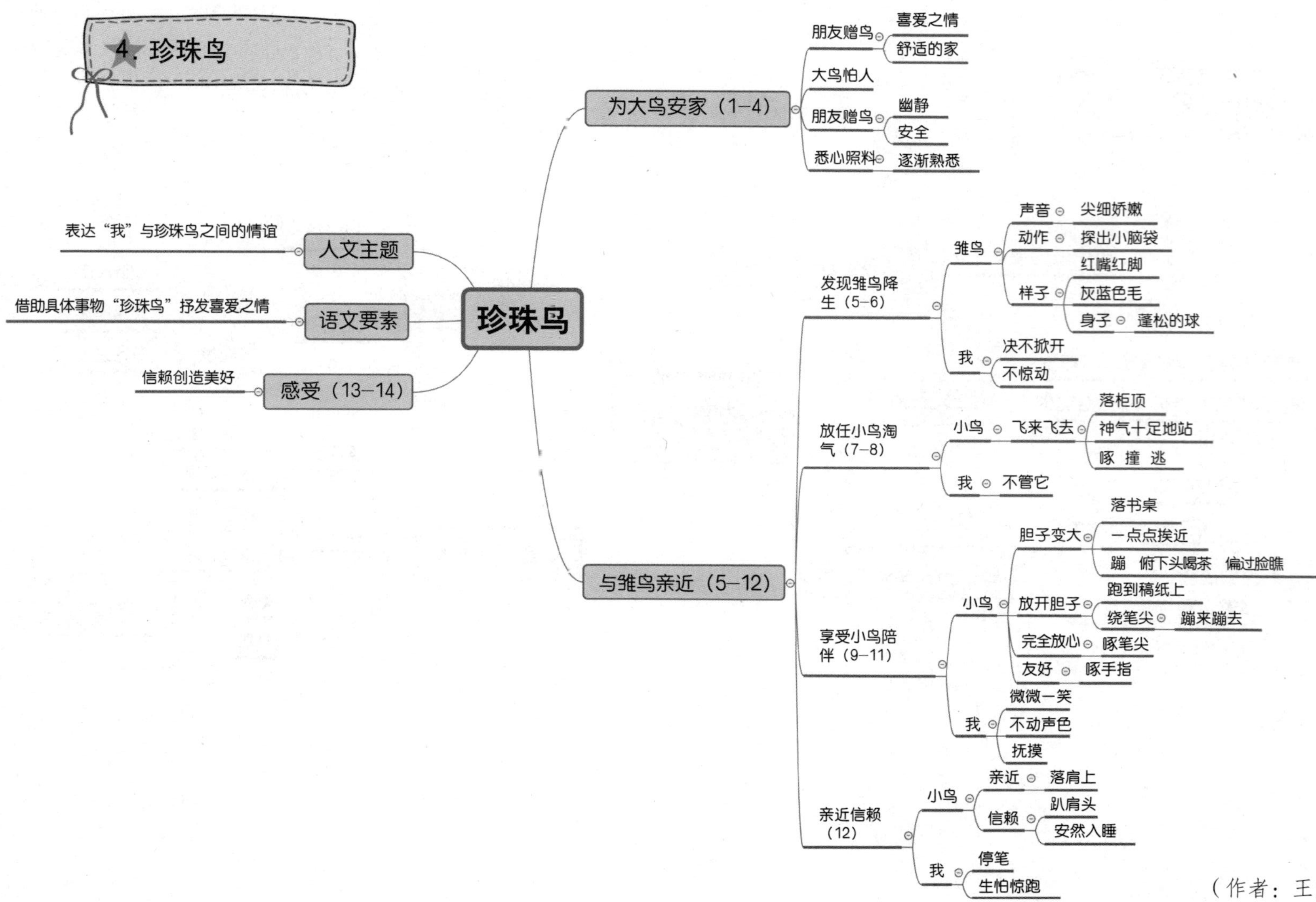
珍珠鸟
人文主题
表达“我”与珍珠鸟之间的情谊
语文要素
借助具体事物“珍珠鸟”抒发喜爱之情
感受（13–14）
信赖创造美好
为大鸟安家（1–4）
朋友赠鸟
喜爱之情
舒适的家
大鸟怕人
朋友赠鸟
幽静
安全
悉心照料
逐渐熟悉
与雏鸟亲近（5–12）
发现雏鸟降生（5–6）
雏鸟
声音
尖细娇嫩
动作
探出小脑袋
样子
红嘴红脚
灰蓝色毛
身子
蓬松的球
我
决不掀开
不惊动
放任小鸟淘气（7–8）
小鸟
飞来飞去
落柜顶
神气十足地站
啄 撞 逃
我
不管它
享受小鸟陪伴（9–11）
小鸟
胆子变大
落书桌
一点点挨近
蹦 俯下头喝茶 偏过脸瞧
放开胆子
跑到稿纸上
绕笔尖
蹦来蹦去
完全放心
啄笔尖
友好
啄手指
我
微微一笑
不动声色
抚摸
亲近信赖（12）
小鸟
亲近
落肩上
信赖
趴肩头
安然入睡
我
停笔
生怕惊跑

（作者：王文娟）

习作：我的心爱之物

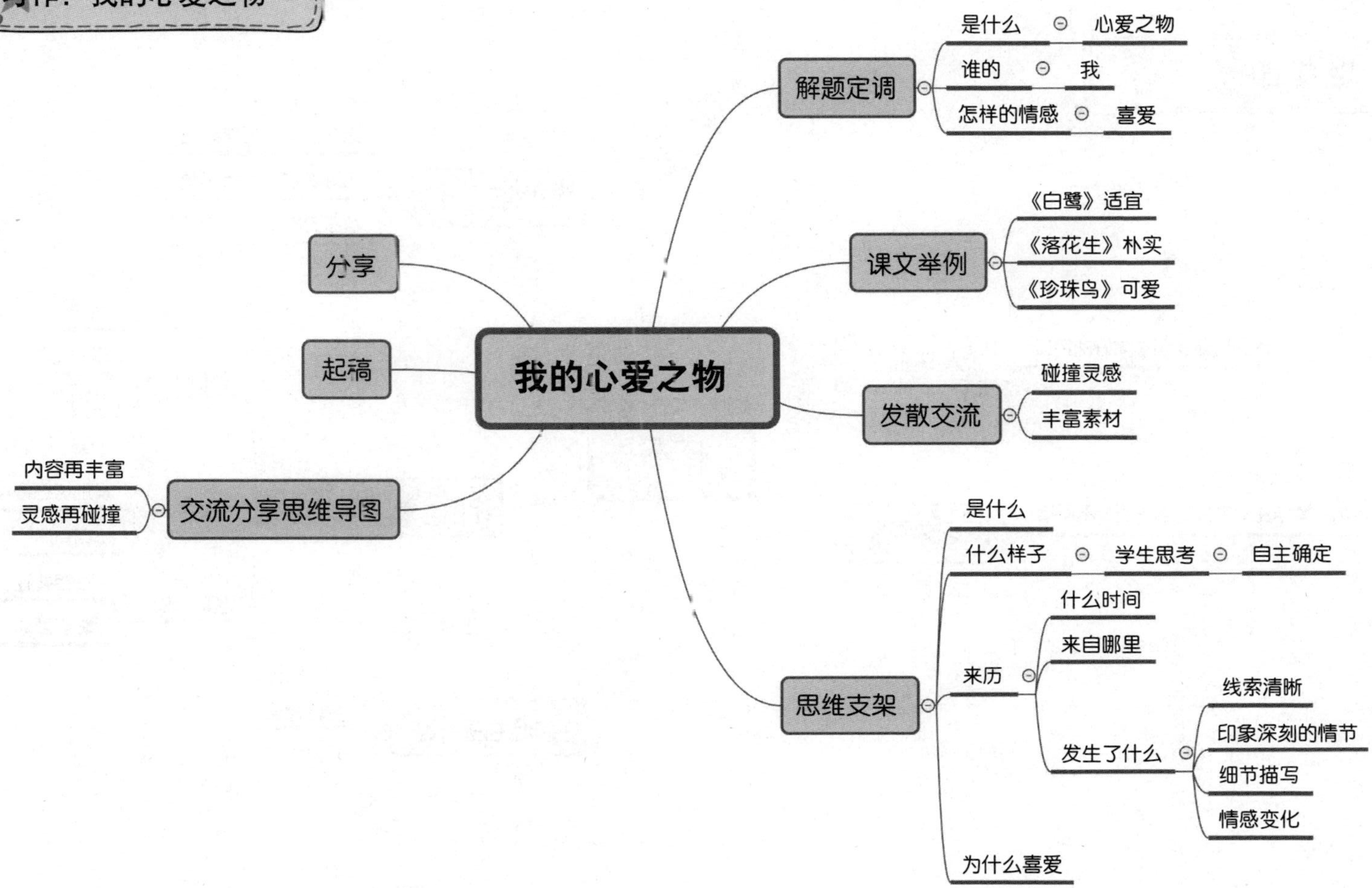

（作者：刘玲）

第二章　阅读策略单元（二单元）

5. 搭石

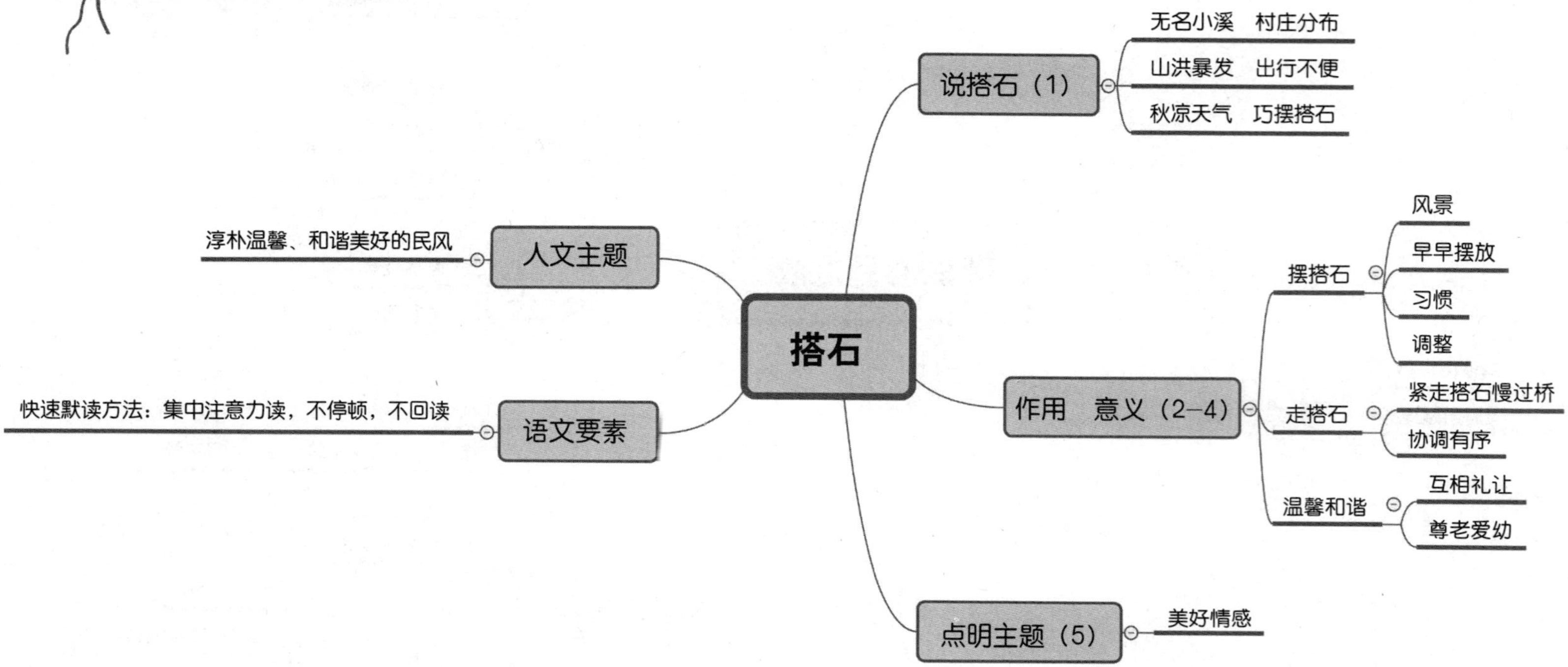

（作者：冯欣）

6. 将相和

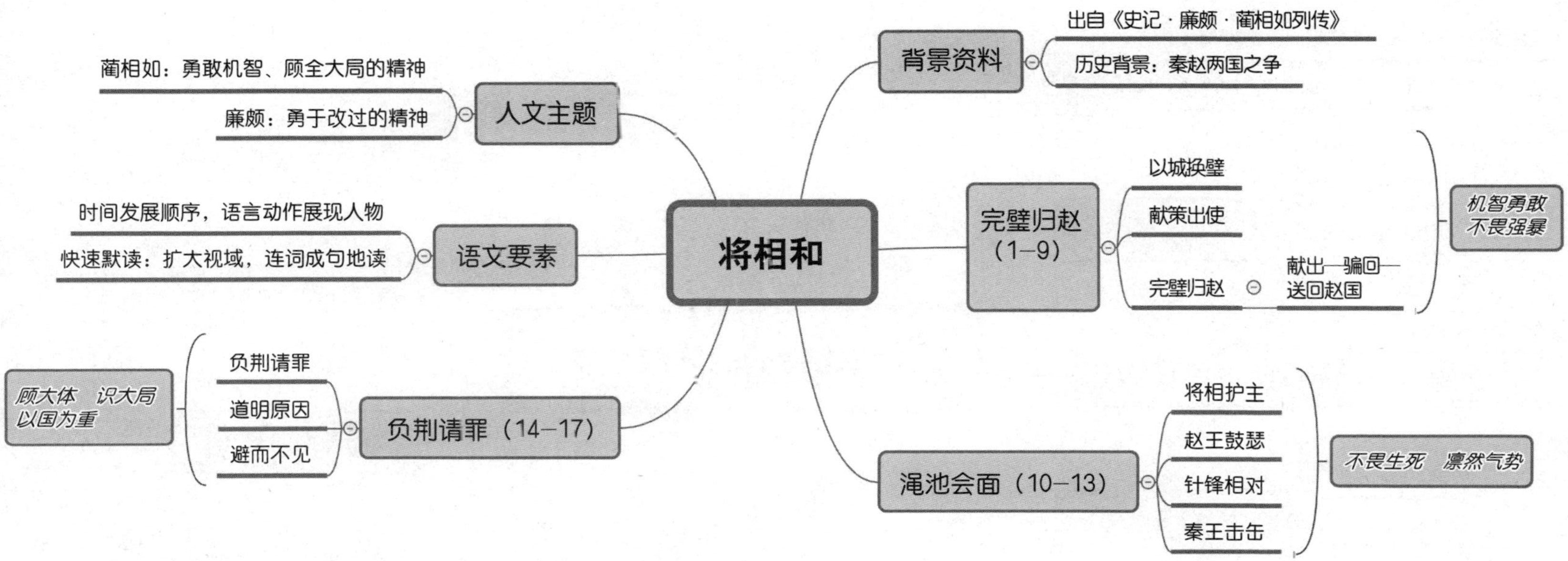
将相和
背景资料
出自《史记·廉颇·蔺相如列传》
历史背景：秦赵两国之争
完璧归赵（1—9）
以城换璧
献策出使
完璧归赵
献出—骗回—送回赵国
机智勇敢 不畏强暴
渑池会面（10—13）
将相护主
赵王鼓瑟
针锋相对
秦王击缶
不畏生死　凛然气势
人文主题
蔺相如：勇敢机智、顾全大局的精神
廉颇：勇于改过的精神
语文要素
时间发展顺序，语言动作展现人物
快速默读：扩大视域，连词成句地读
负荆请罪（14—17）
负荆请罪
道明原因
避而不见
顾大体　识大局 以国为重

（作者：冯欣）

7. 什么比猎豹的速度更快

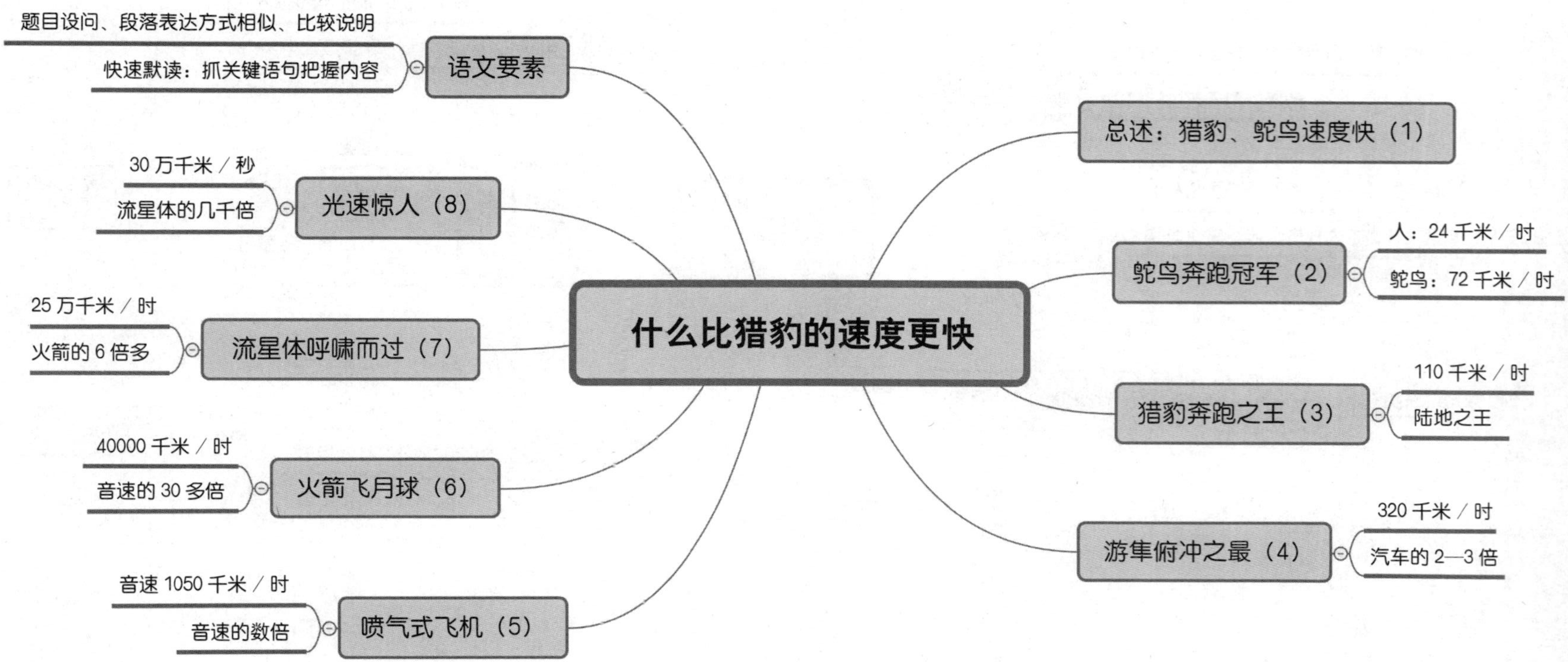

（作者：冯欣）

8. 冀中的地道战

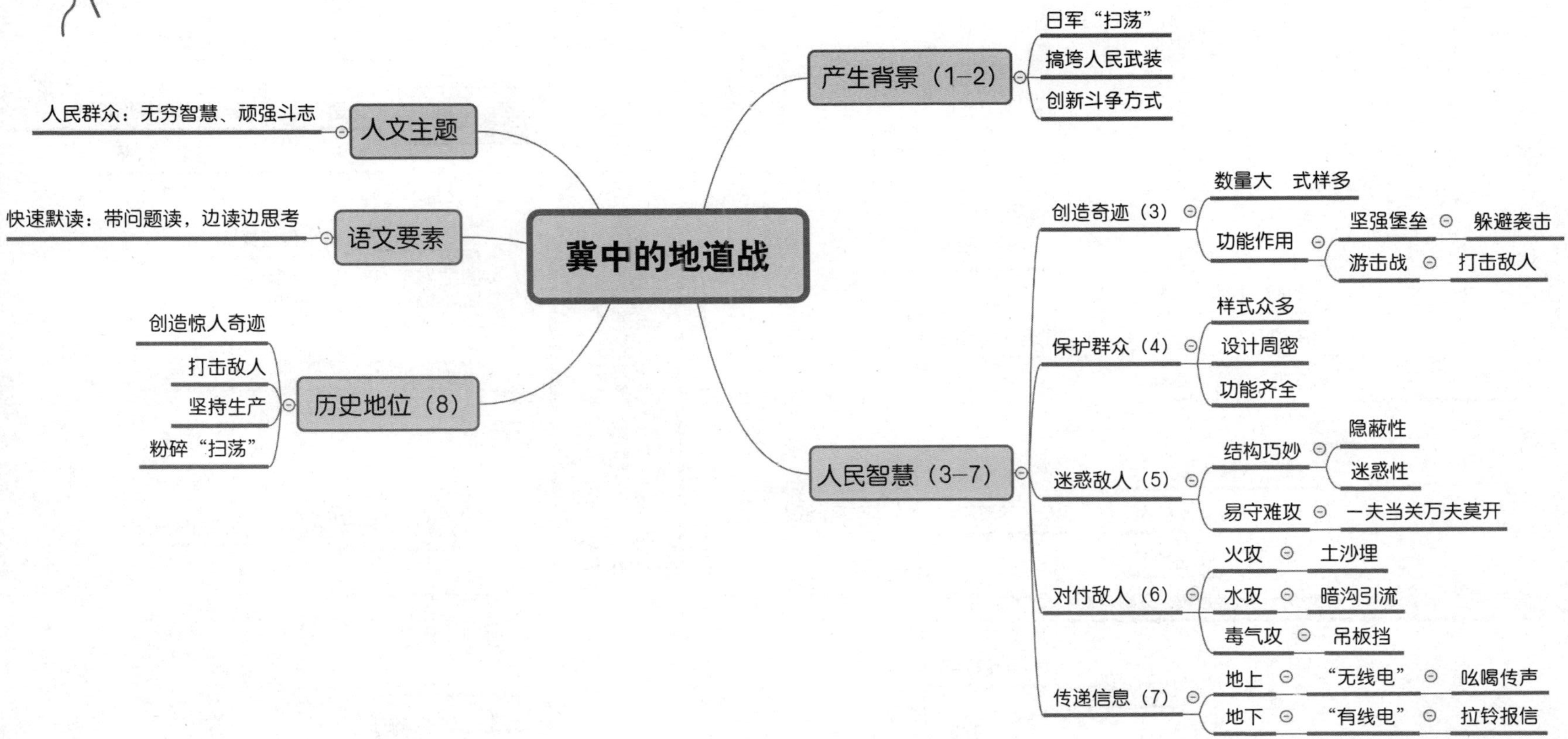

（作者：王文娟）

习作："漫画"老师

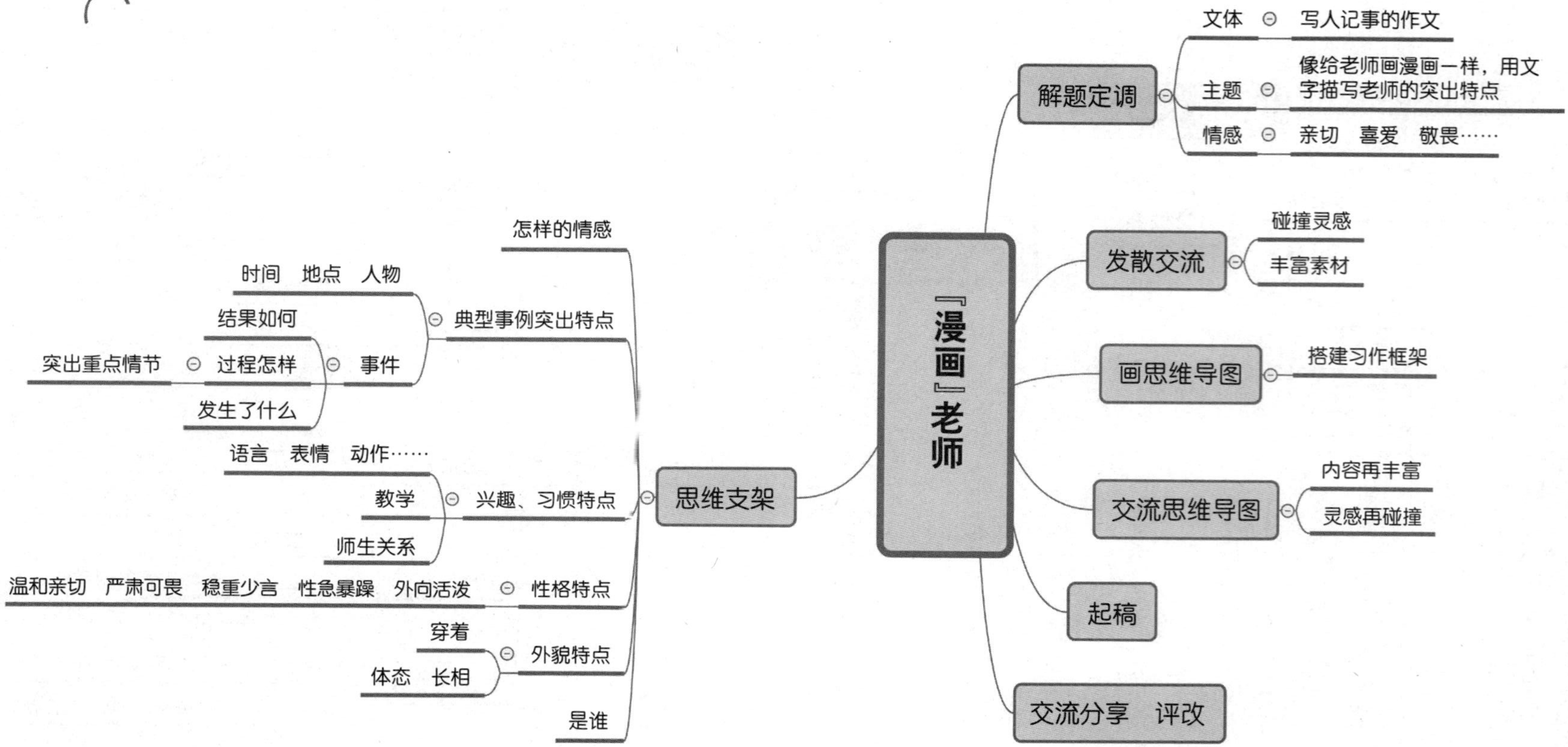

（作者：王文娟）

第三章　民间故事（三单元）

9. 猎人海力布

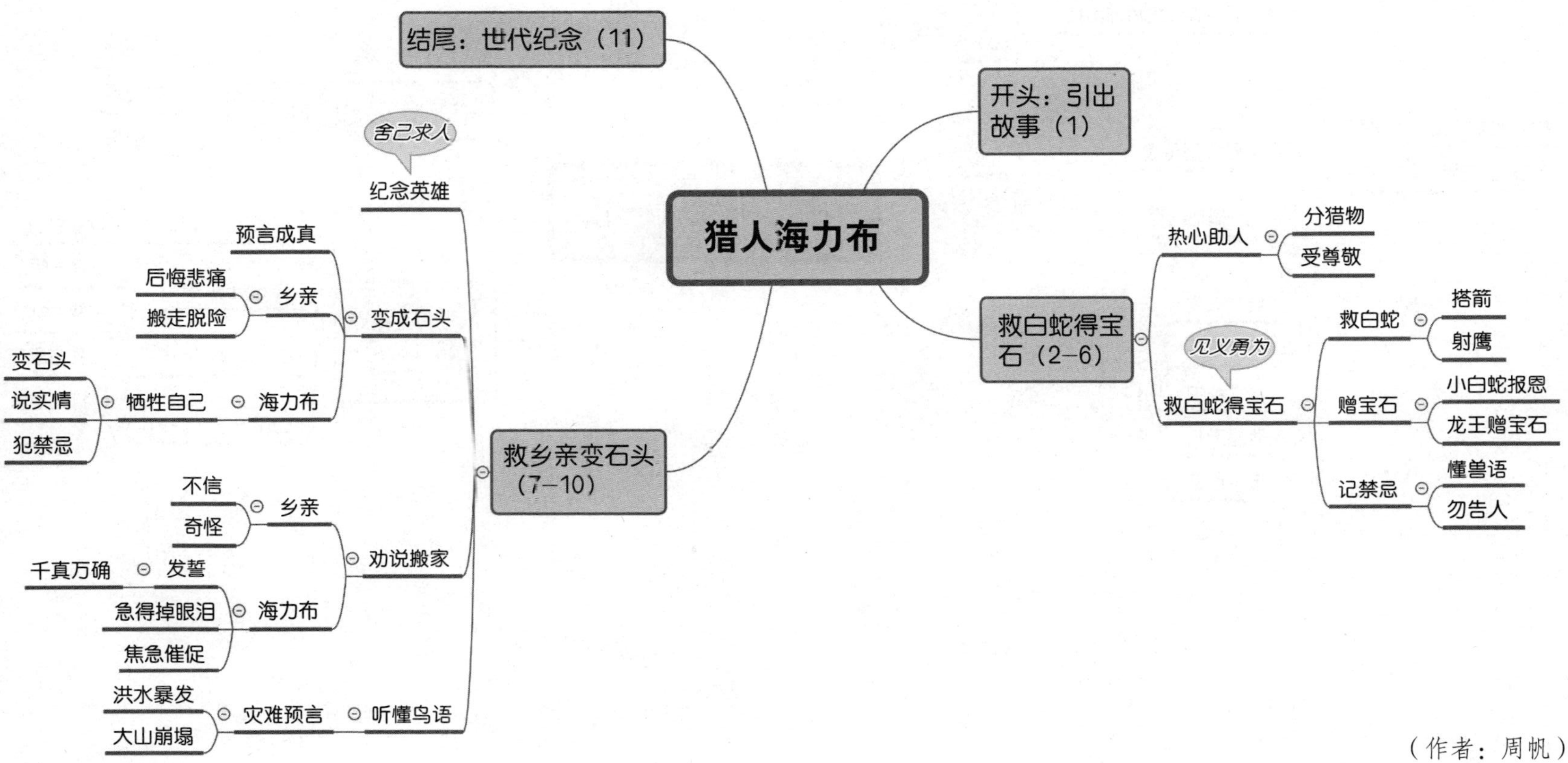

（作者：周帆）

10. 牛郎织女（一）

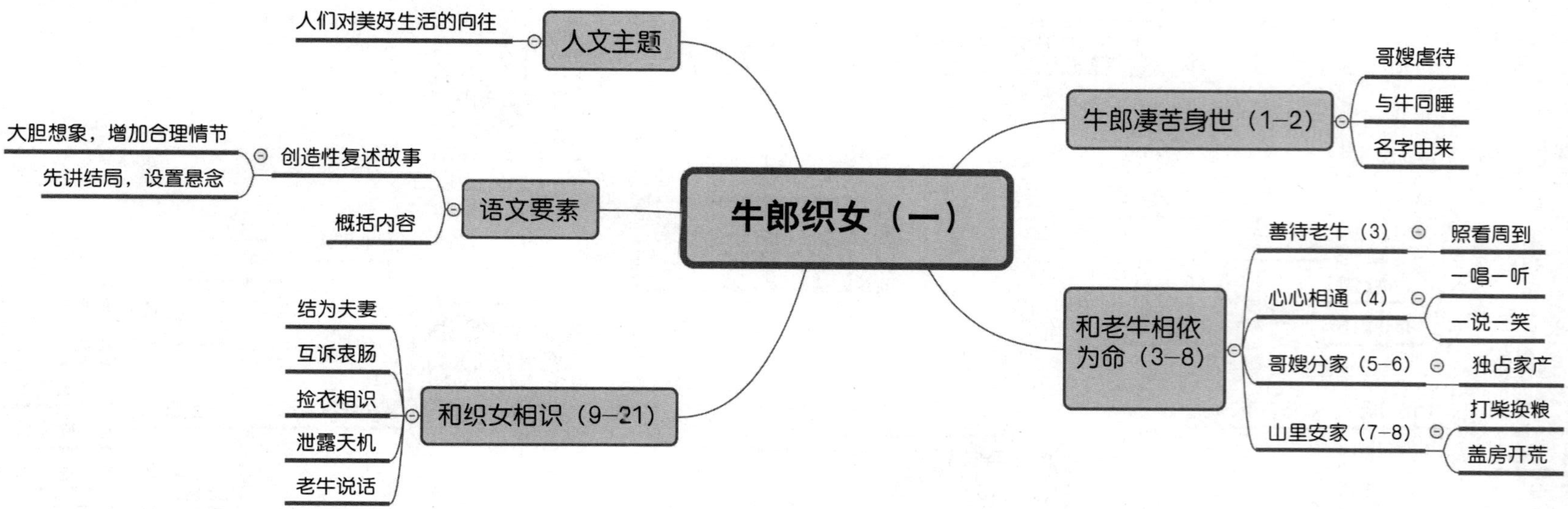

（作者：周帆）

11. 牛郎织女（二）

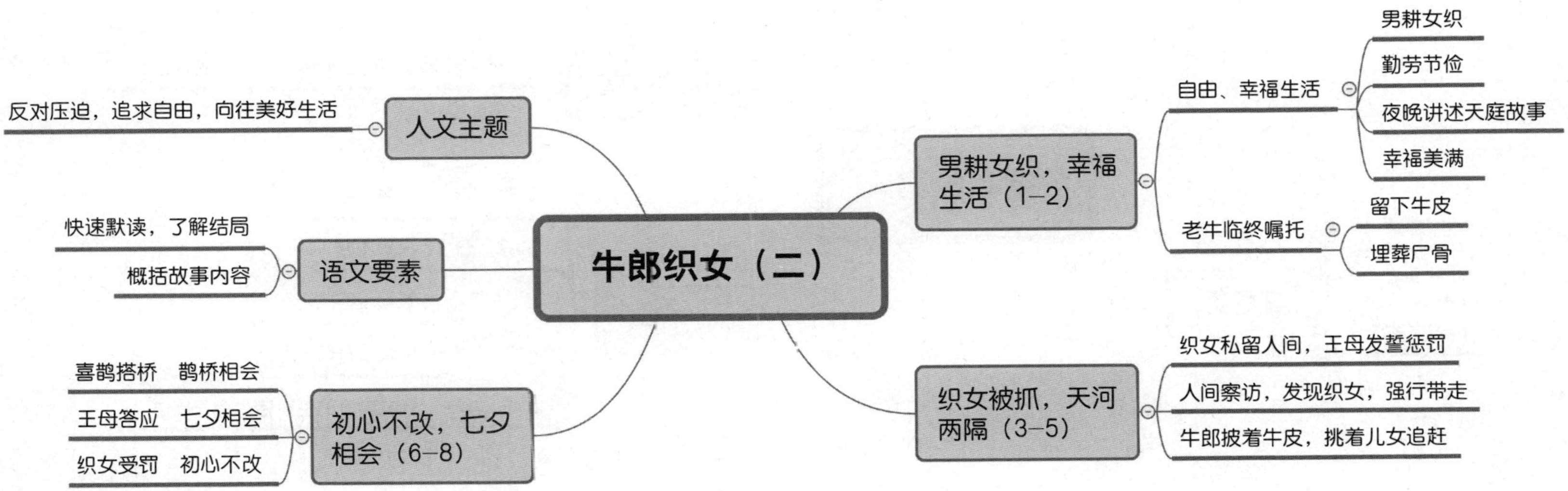

（作者：刘玲）

习作：缩写故事

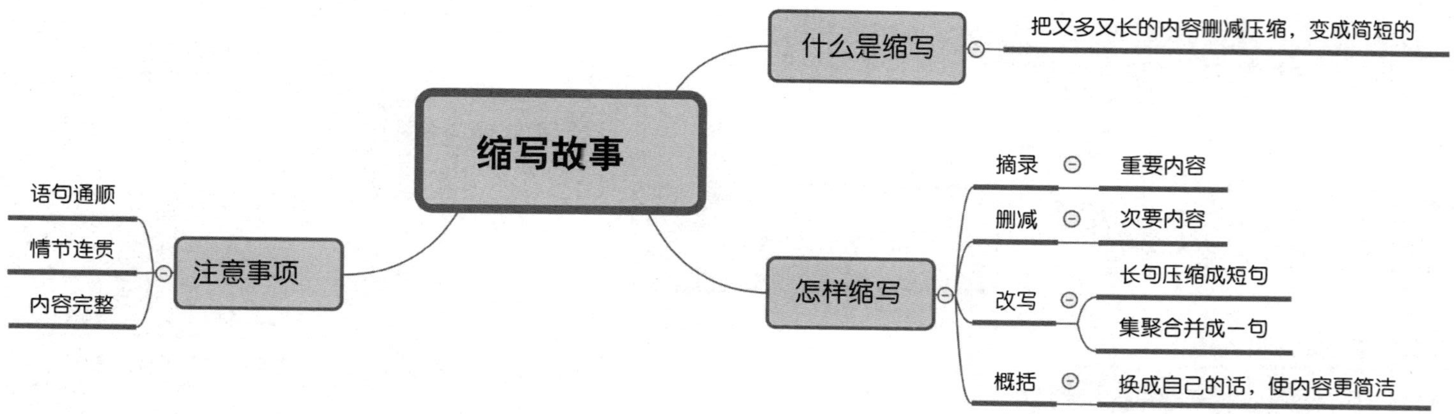
缩写故事
什么是缩写
把又多又长的内容删减压缩，变成简短的
怎样缩写
摘录
重要内容
删减
次要内容
改写
长句压缩成短句
集聚合并成一句
概括
换成自己的话，使内容更简洁
注意事项
语句通顺
情节连贯
内容完整

（作者：刘玲）

第四章 爱国情怀（四单元）

12. 古诗三首

（1）示儿

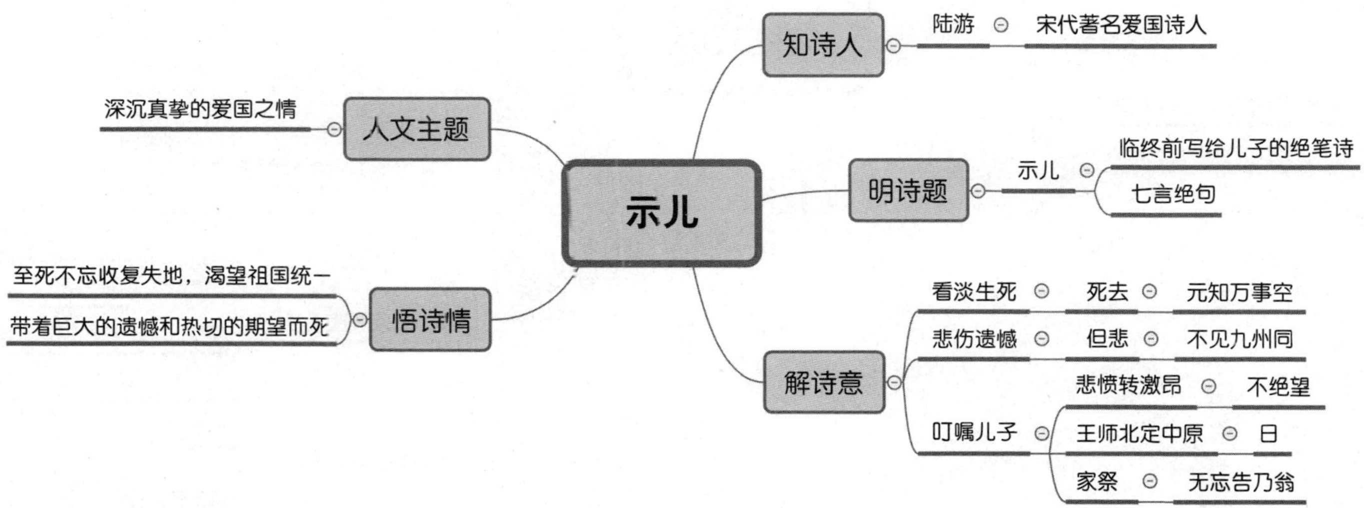

（作者：周帆）

（2）题临安邸

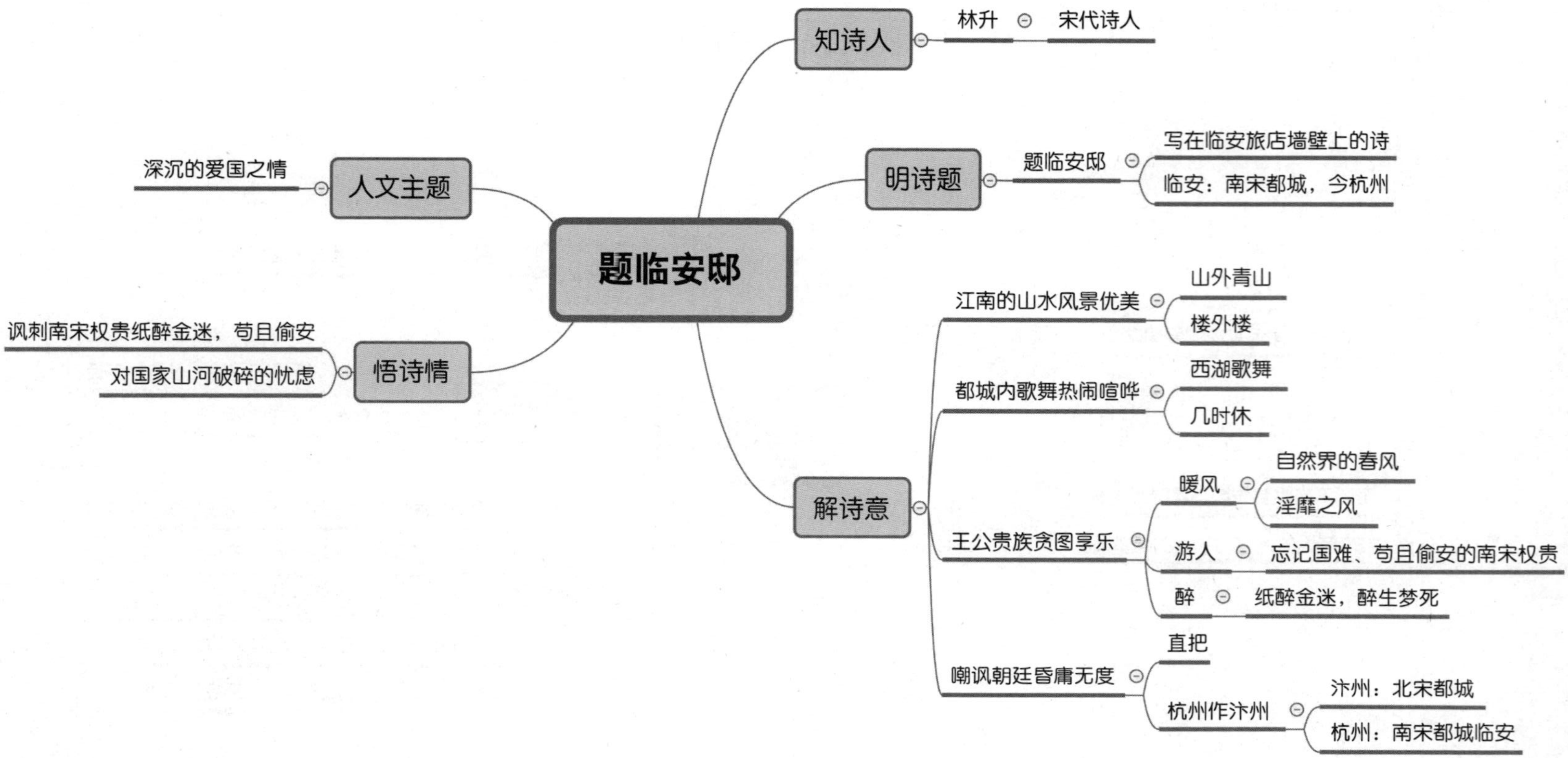
题临安邸
知诗人
林升
宋代诗人
明诗题
题临安邸
写在临安旅店墙壁上的诗
临安：南宋都城，今杭州
解诗意
江南的山水风景优美
山外青山
楼外楼
都城内歌舞热闹喧哗
西湖歌舞
几时休
王公贵族贪图享乐
暖风
自然界的春风
淫靡之风
游人
忘记国难、苟且偷安的南宋权贵
醉
纸醉金迷，醉生梦死
嘲讽朝廷昏庸无度
直把
杭州作汴州
汴州：北宋都城
杭州：南宋都城临安
人文主题
深沉的爱国之情
悟诗情
讽刺南宋权贵纸醉金迷，苟且偷安
对国家山河破碎的忧虑

（作者：周帆）

（3）己亥杂诗

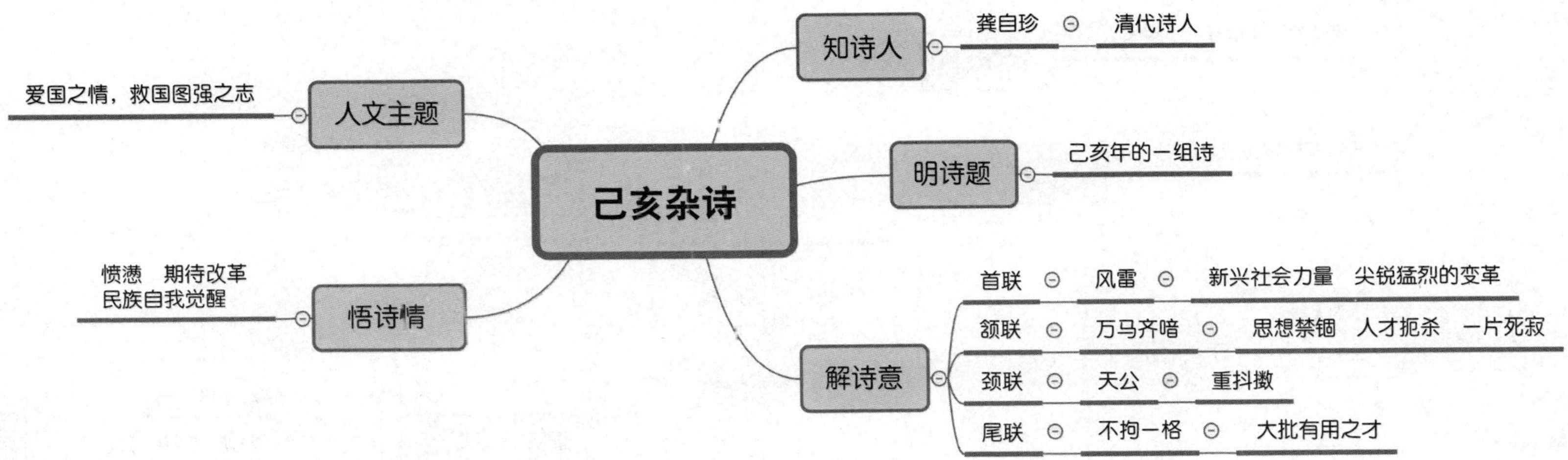
己亥杂诗
知诗人
龚自珍
清代诗人
明诗题
己亥年的一组诗
解诗意
首联
风雷
新兴社会力量　尖锐猛烈的变革
颔联
万马齐喑
思想禁锢　人才扼杀　一片死寂
颈联
天公
重抖擞
尾联
不拘一格
大批有用之才
人文主题
爱国之情，救国图强之志
悟诗情
愤懑　期待改革
民族自我觉醒

（作者：周帆）

13. 少年中国说（节选）

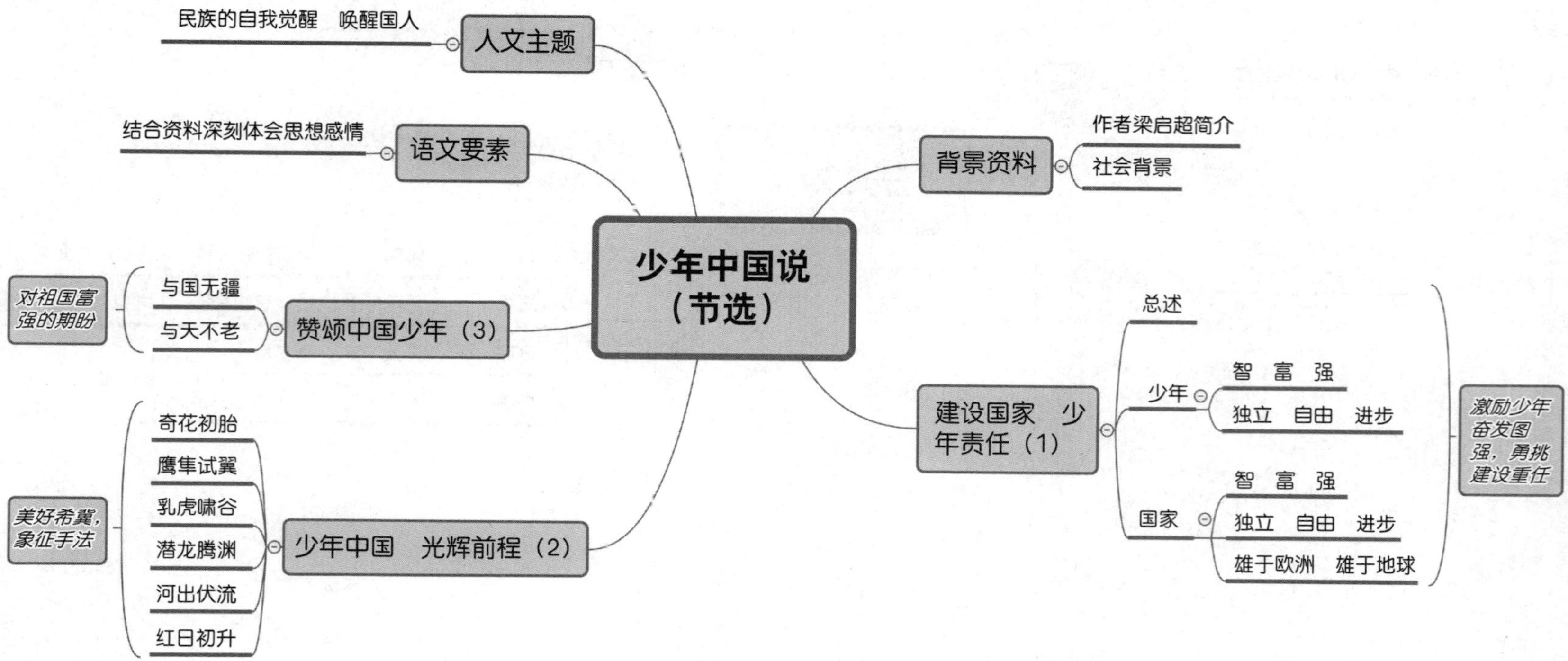

（作者：周帆）

14. 圆明园的毁灭

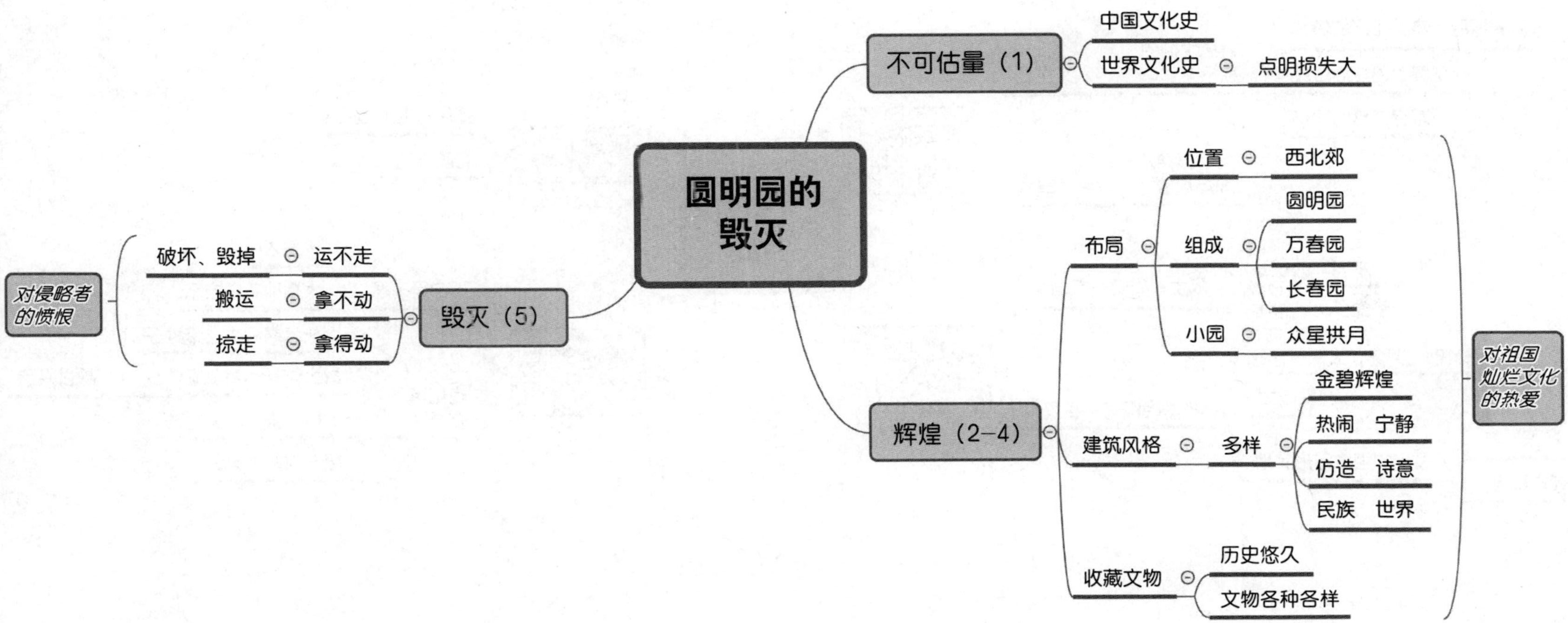

（作者：周帆）

15. 小岛

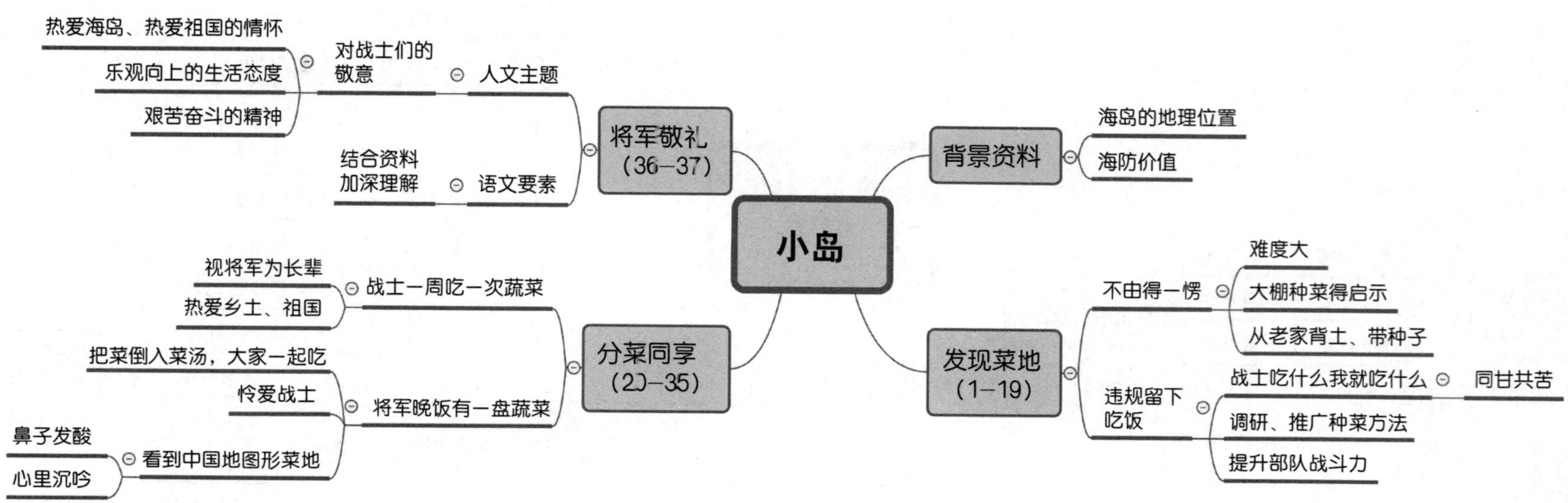

小岛
背景资料
海岛的地理位置
海防价值
发现菜地（1—19）
不由得一愣
难度大
大棚种菜得启示
从老家背土、带种子
违规留下吃饭
战士吃什么我就吃什么
同甘共苦
调研、推广种菜方法
提升部队战斗力
将军敬礼（36—37）
人文主题
对战士们的敬意
热爱海岛、热爱祖国的情怀
乐观向上的生活态度
艰苦奋斗的精神
语文要素
结合资料加深理解
分菜同享（20—35）
战士一周吃一次蔬菜
视将军为长辈
热爱乡土、祖国
将军晚饭有一盘蔬菜
把菜倒入菜汤，大家一起吃
怜爱战士
看到中国地图形菜地
鼻子发酸
心里沉吟

（作者：周帆）

习作：二十年后的家乡

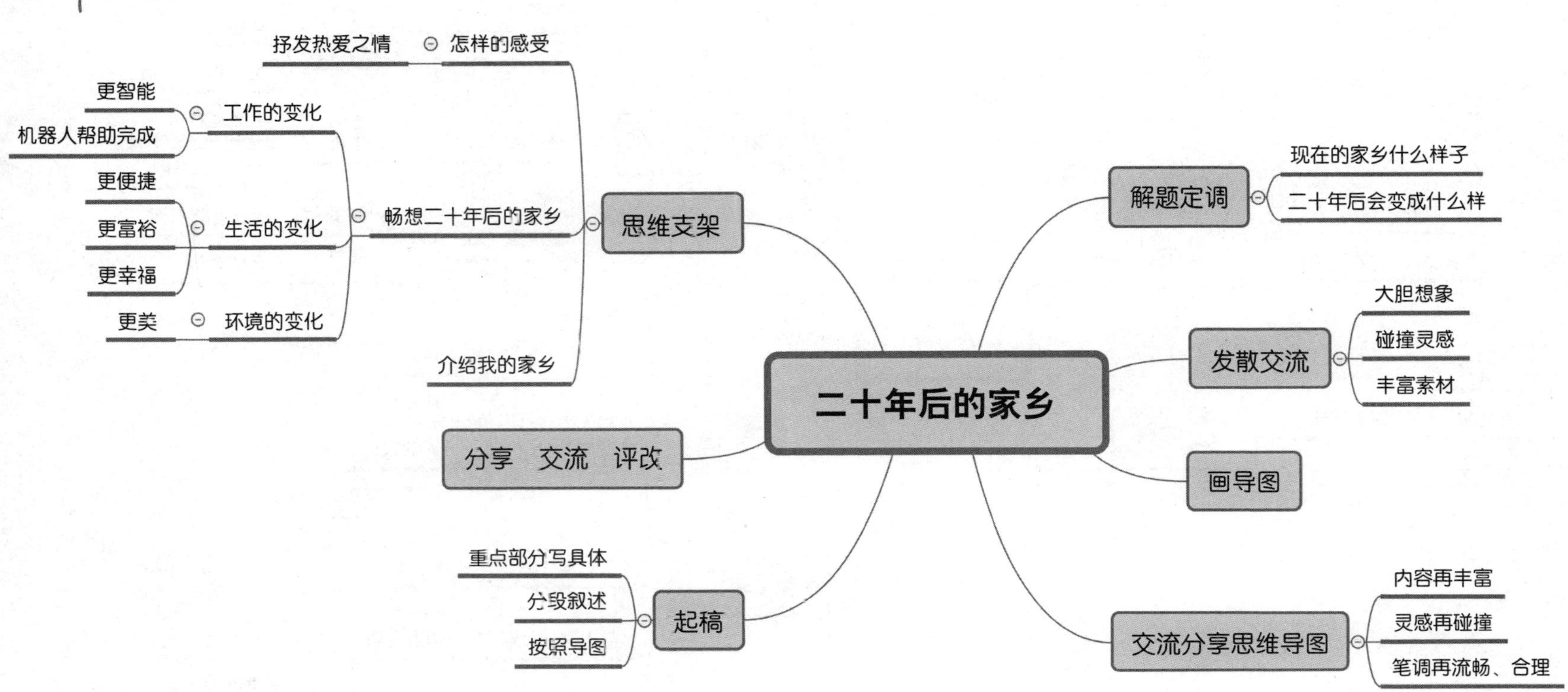

（作者：周帆）

第五章　说明性文章（五单元）

16. 太阳

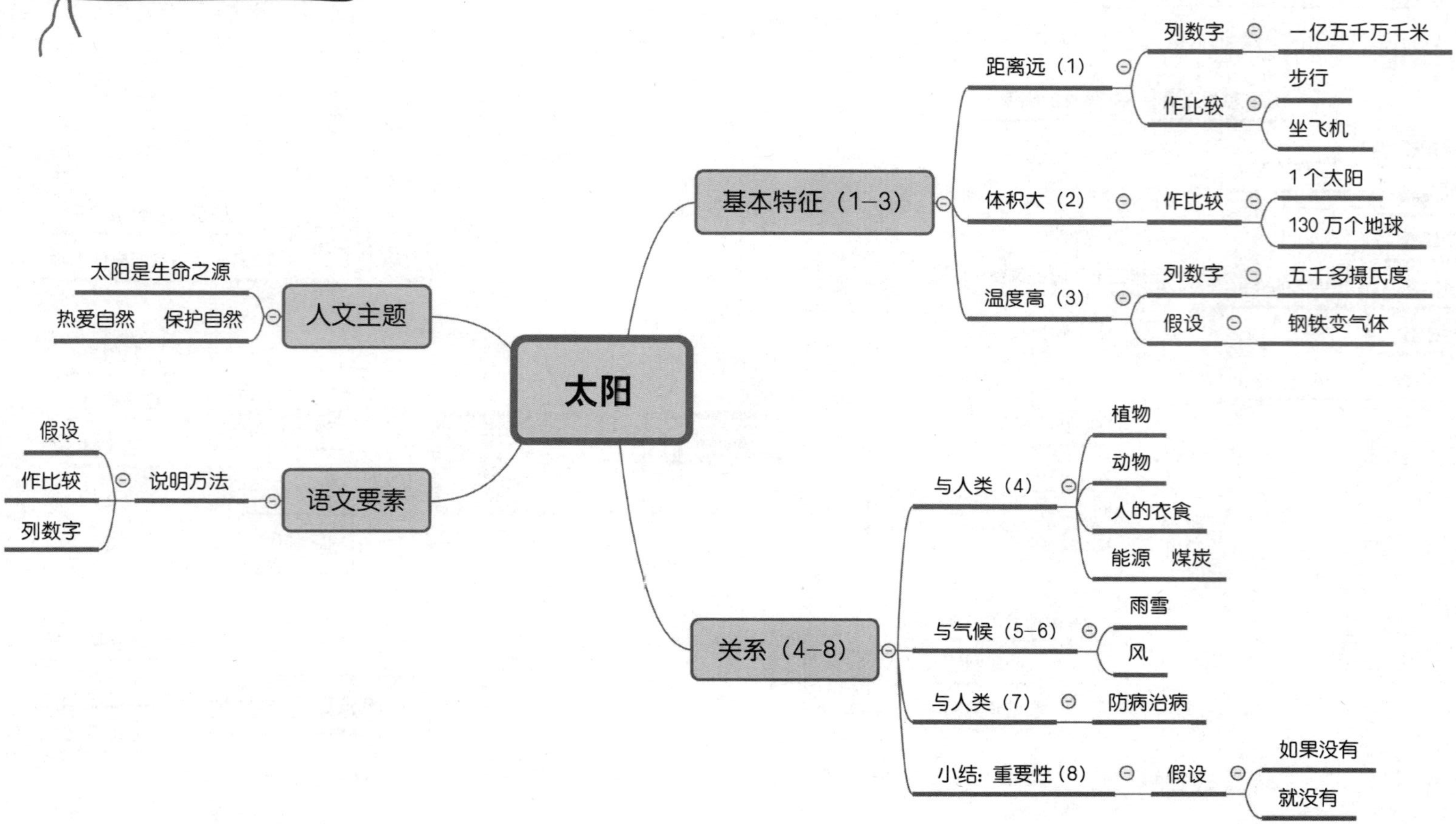

（作者：王文娟）

17. 松鼠

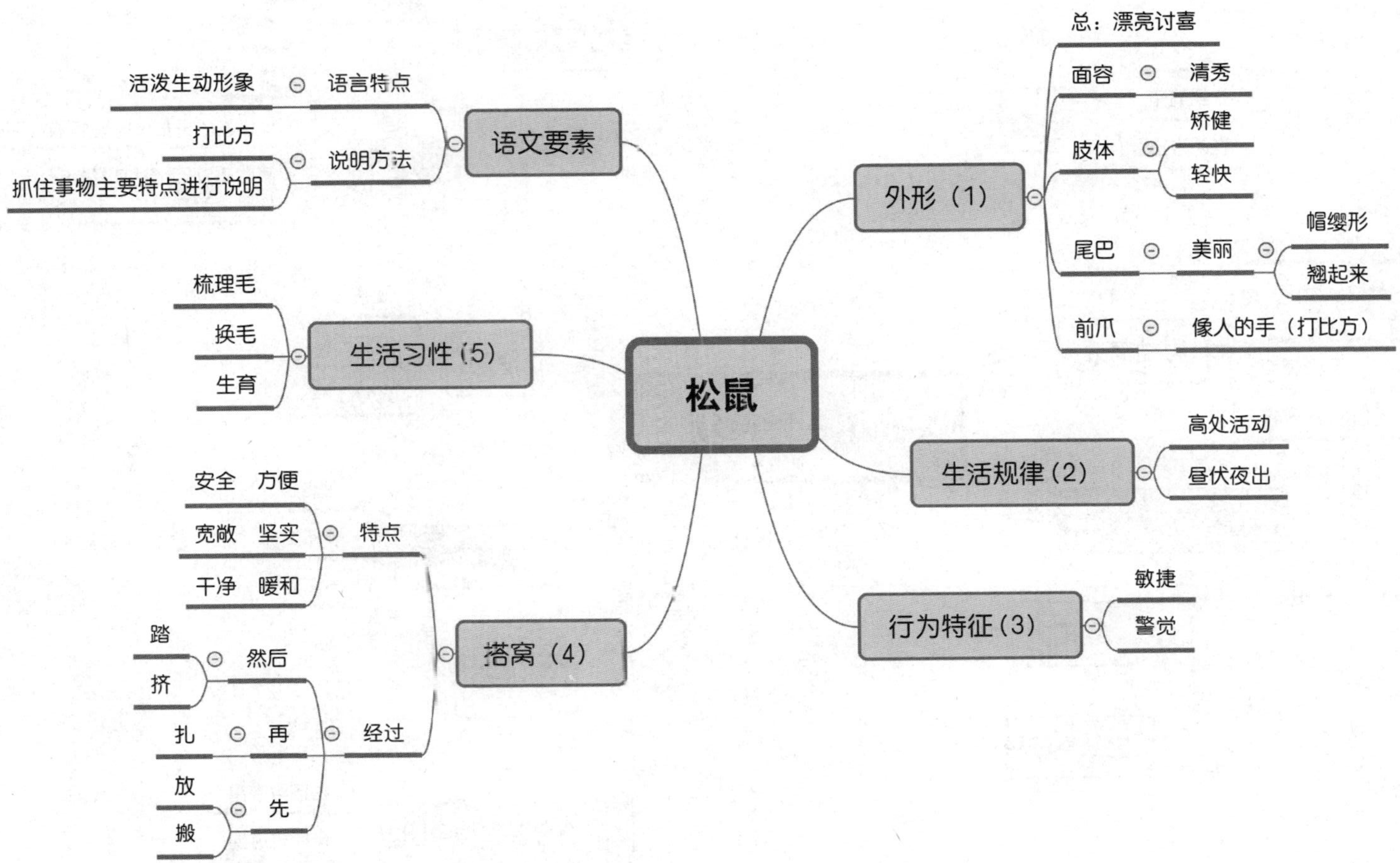
松鼠
外形（1）
总：漂亮讨喜
面容
清秀
肢体
矫健
轻快
尾巴
美丽
帽缨形
翘起来
前爪
像人的手（打比方）
生活规律（2）
高处活动
昼伏夜出
行为特征（3）
敏捷
警觉
搭窝（4）
特点
安全　方便
宽敞　坚实
干净　暖和
经过
然后
踏
挤
再
扎
先
放
搬
生活习性（5）
梳理毛
换毛
生育
语文要素
语言特点
活泼生动形象
说明方法
打比方
抓住事物主要特点进行说明

（作者：王文娟）

习作：介绍一种事物

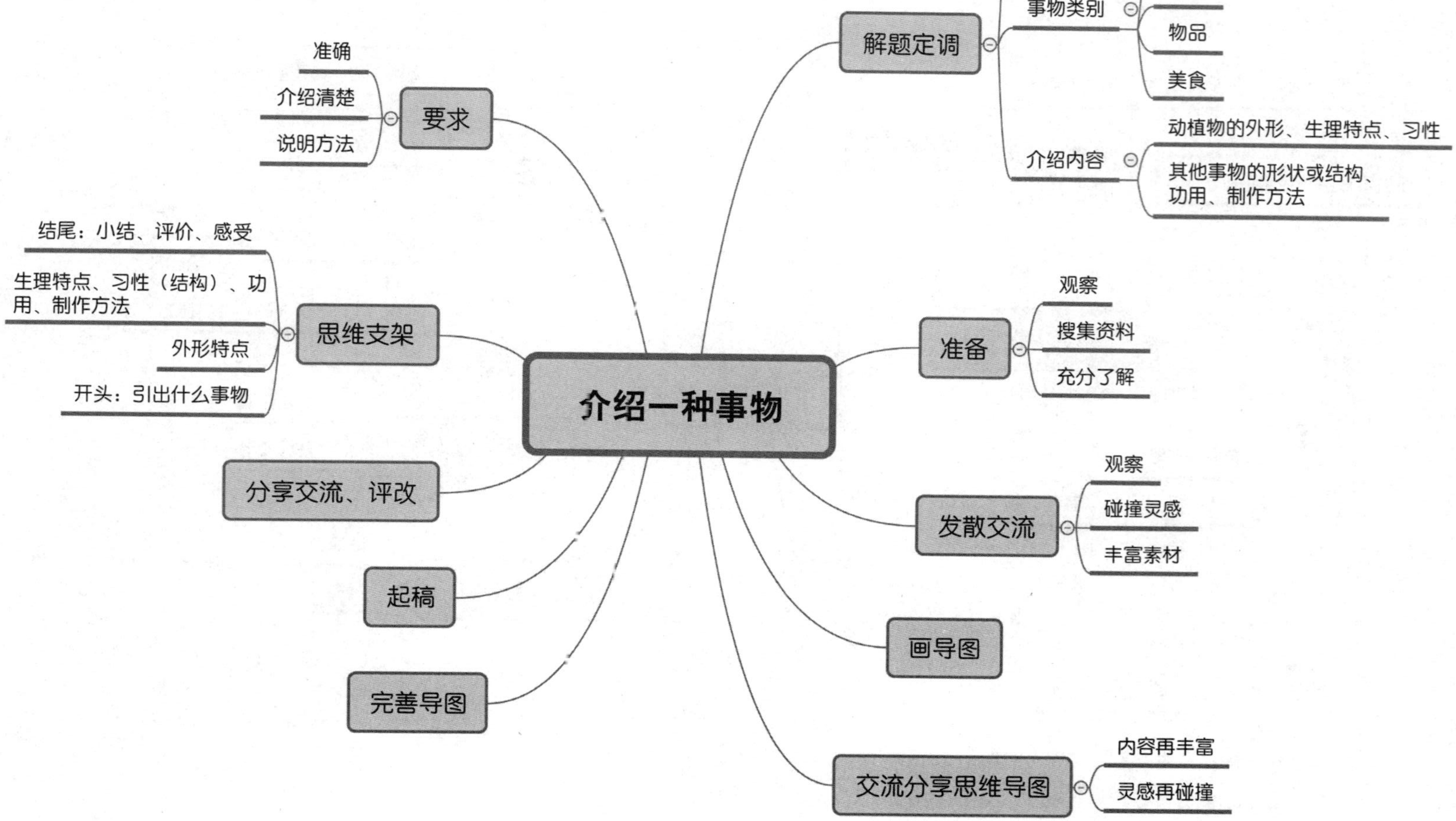

（作者：王文娟）

第六章　舐犊情深（七单元）

18. 慈母情深

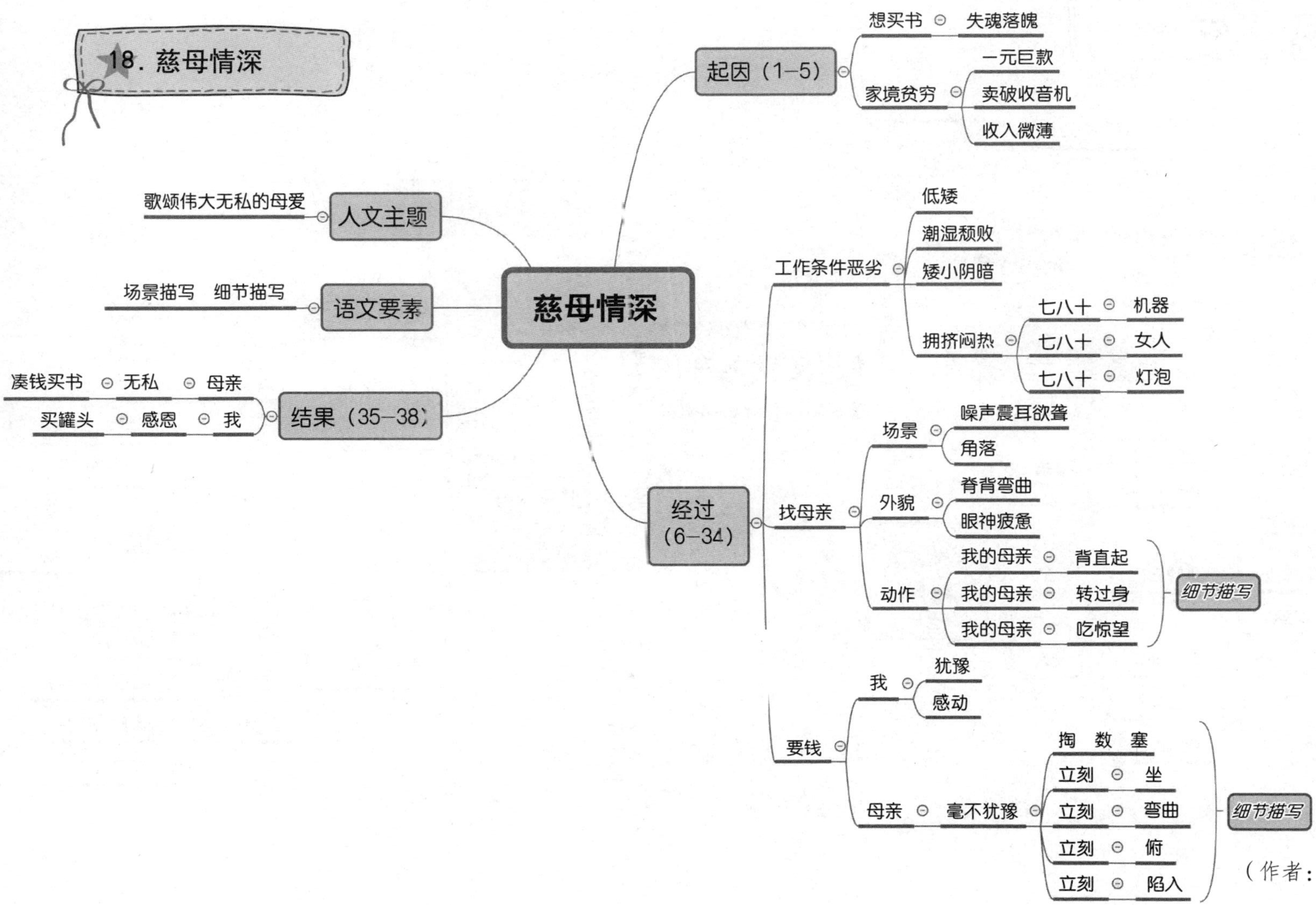

（作者：王文娟）

19. 父爱之舟

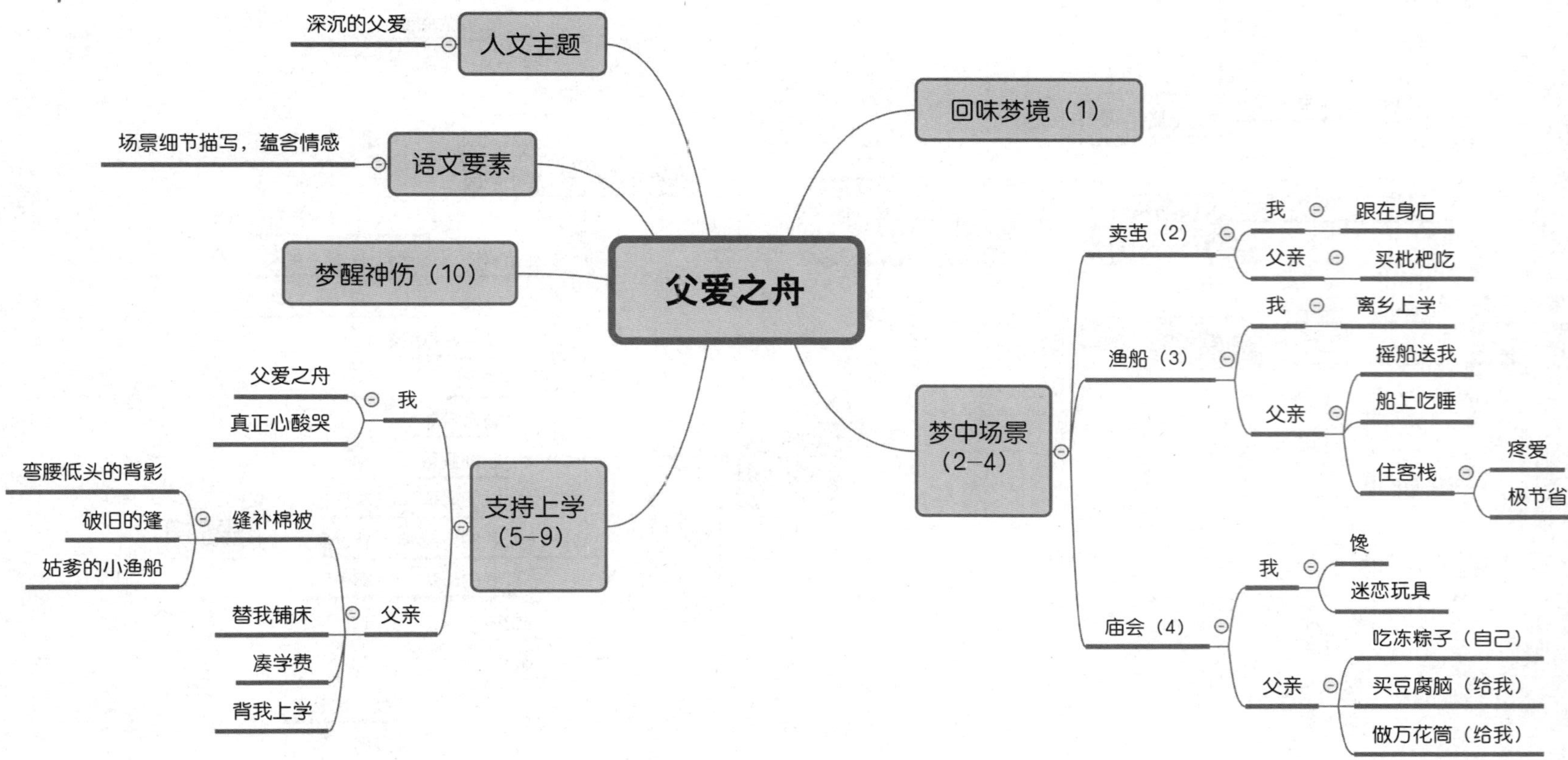

（作者：王文娟）

20* “精彩极了”和“糟糕透了”

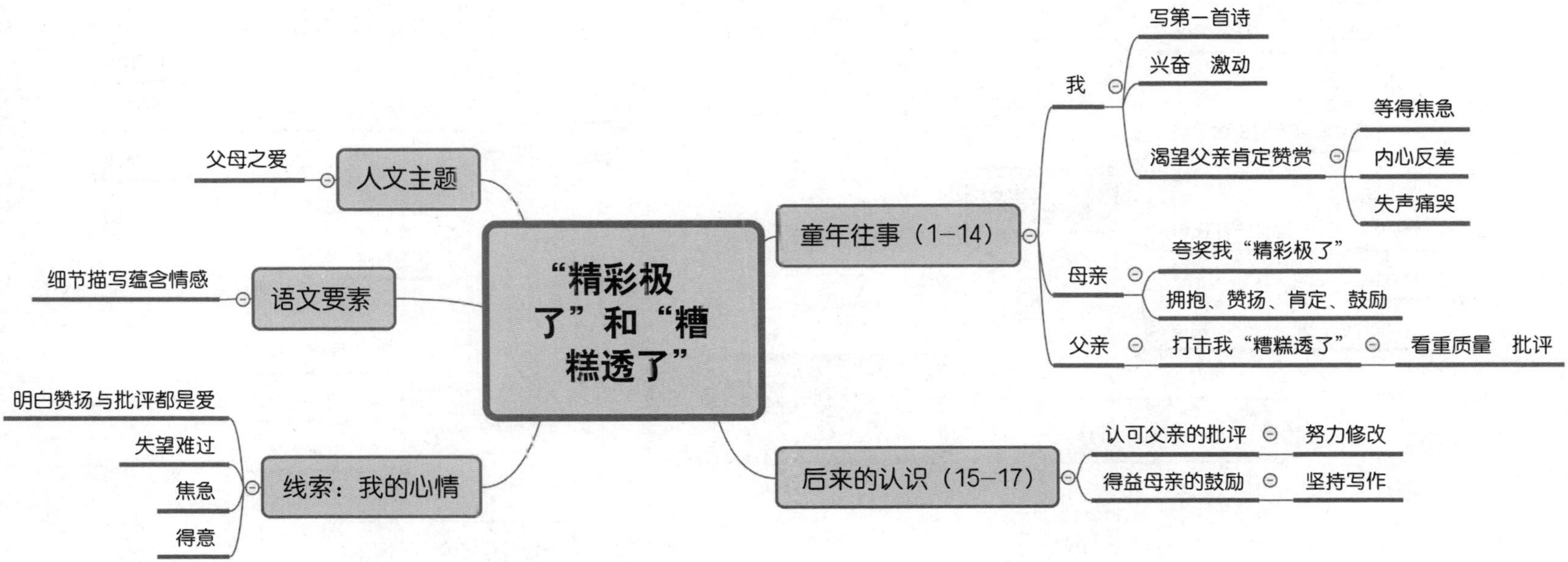

（作者：周帆）

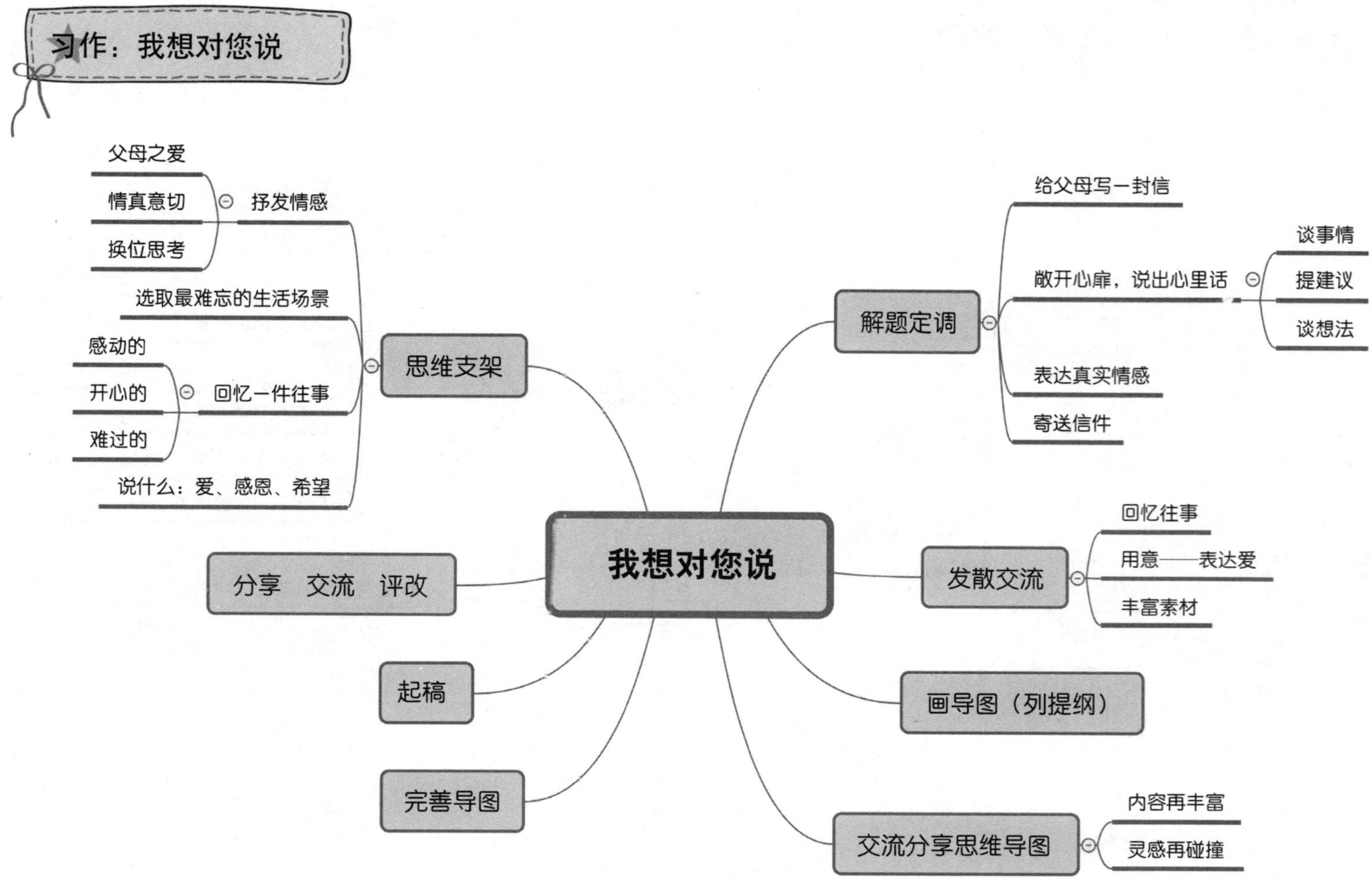
习作：我想对您说
我想对您说
思维支架
抒发情感
父母之爱
情真意切
换位思考
选取最难忘的生活场景
回忆一件往事
感动的
开心的
难过的
说什么：爱、感恩、希望
分享　交流　评改
起稿
完善导图
解题定调
给父母写一封信
敞开心扉，说出心里话
谈事情
提建议
谈想法
表达真实情感
寄送信件
发散交流
回忆往事
用意——表达爱
丰富素材
画导图（列提纲）
交流分享思维导图
内容再丰富
灵感再碰撞

（作者：周帆）

第七章 自然之趣（七单元）

21. 古诗词三首

（1）山居秋暝

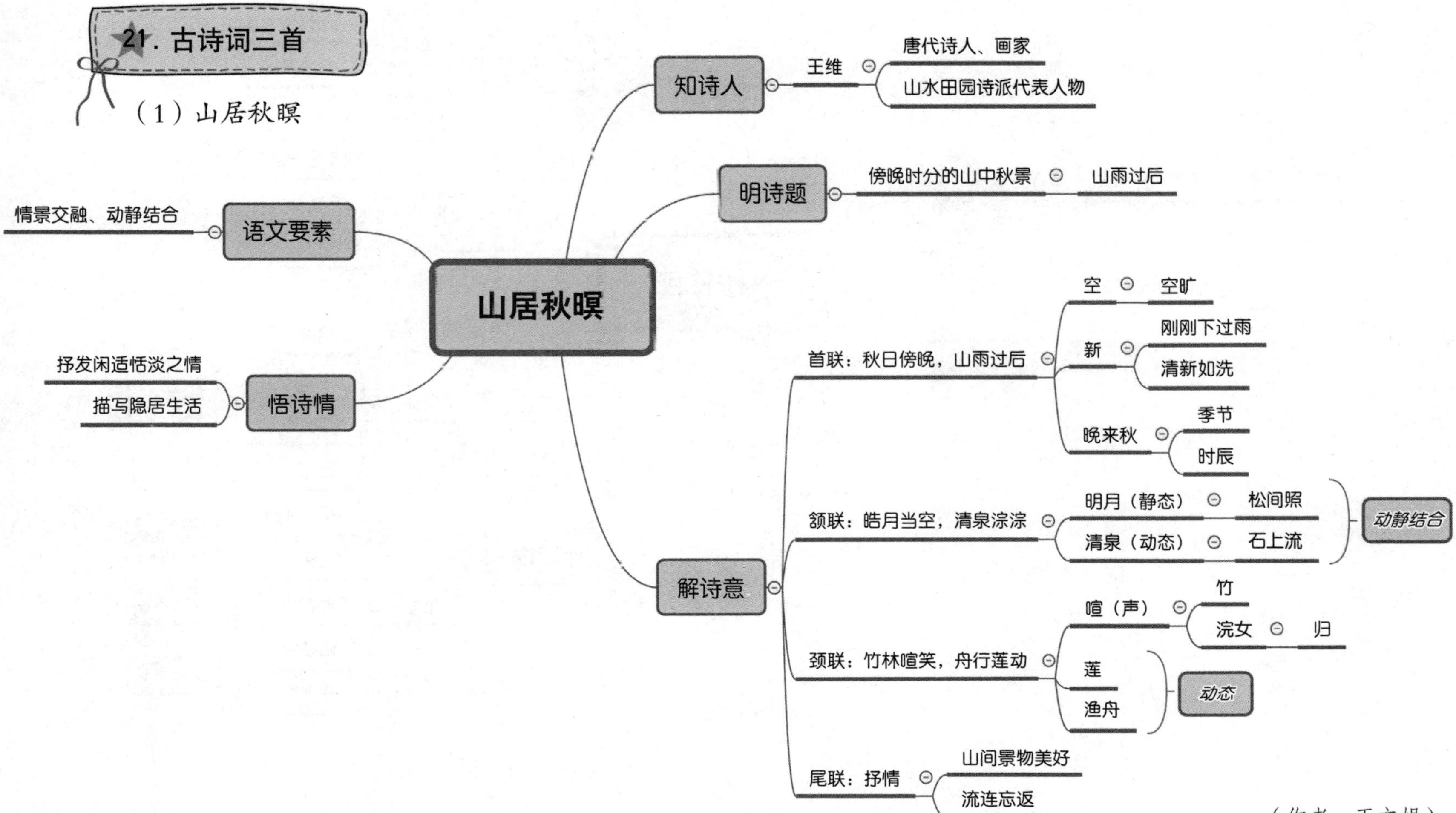

（作者：王文娟）

（2）枫桥夜泊

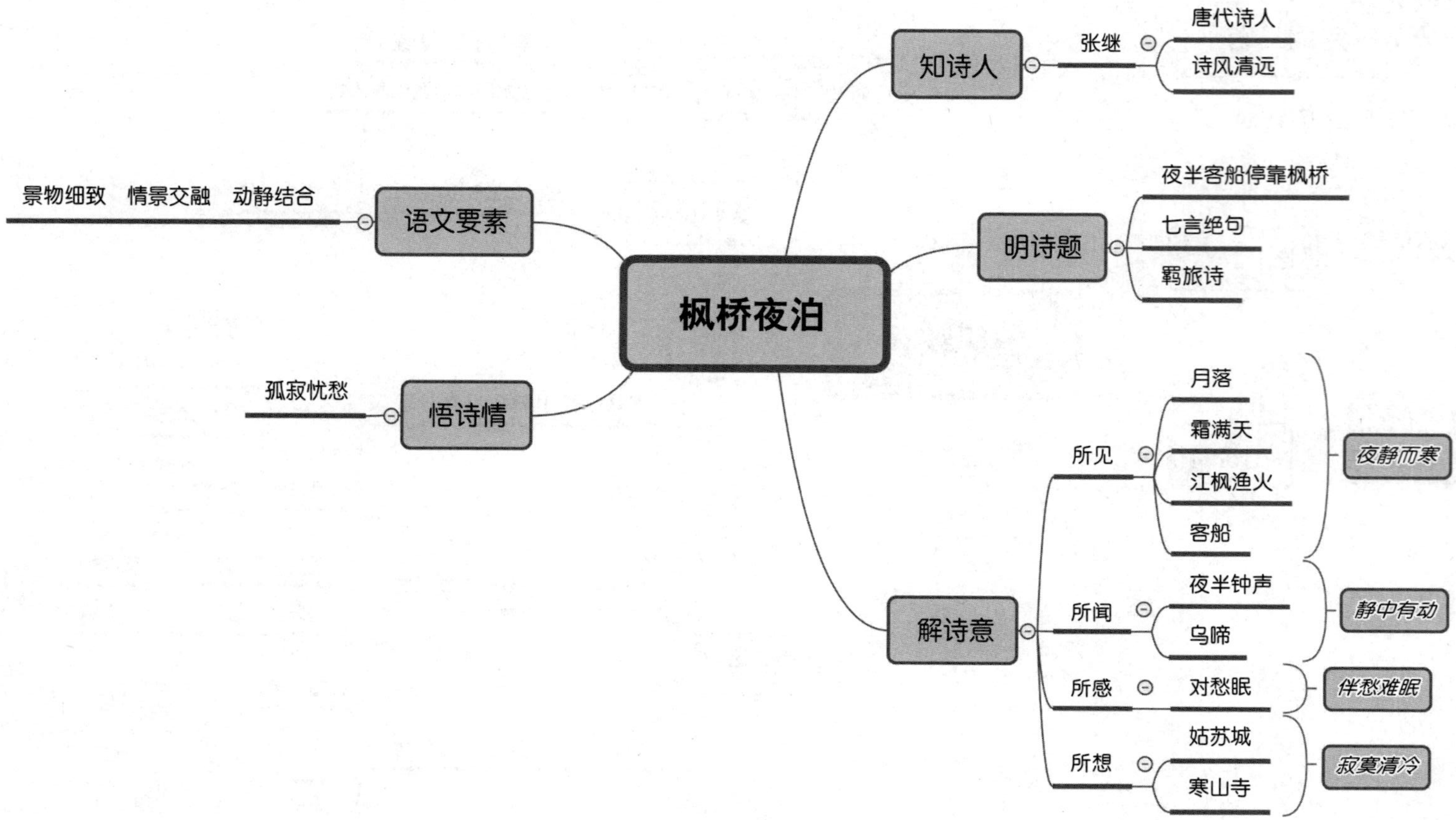
枫桥夜泊
知诗人
张继
唐代诗人
诗风清远
明诗题
夜半客船停靠枫桥
七言绝句
羁旅诗
解诗意
所见
月落
霜满天
江枫渔火
客船
夜静而寒
所闻
夜半钟声
乌啼
静中有动
所感
对愁眠
伴愁难眠
所想
姑苏城
寒山寺
寂寞清冷
语文要素
景物细致　情景交融　动静结合
悟诗情
孤寂忧愁

（作者：王文娟）

（3）长相思

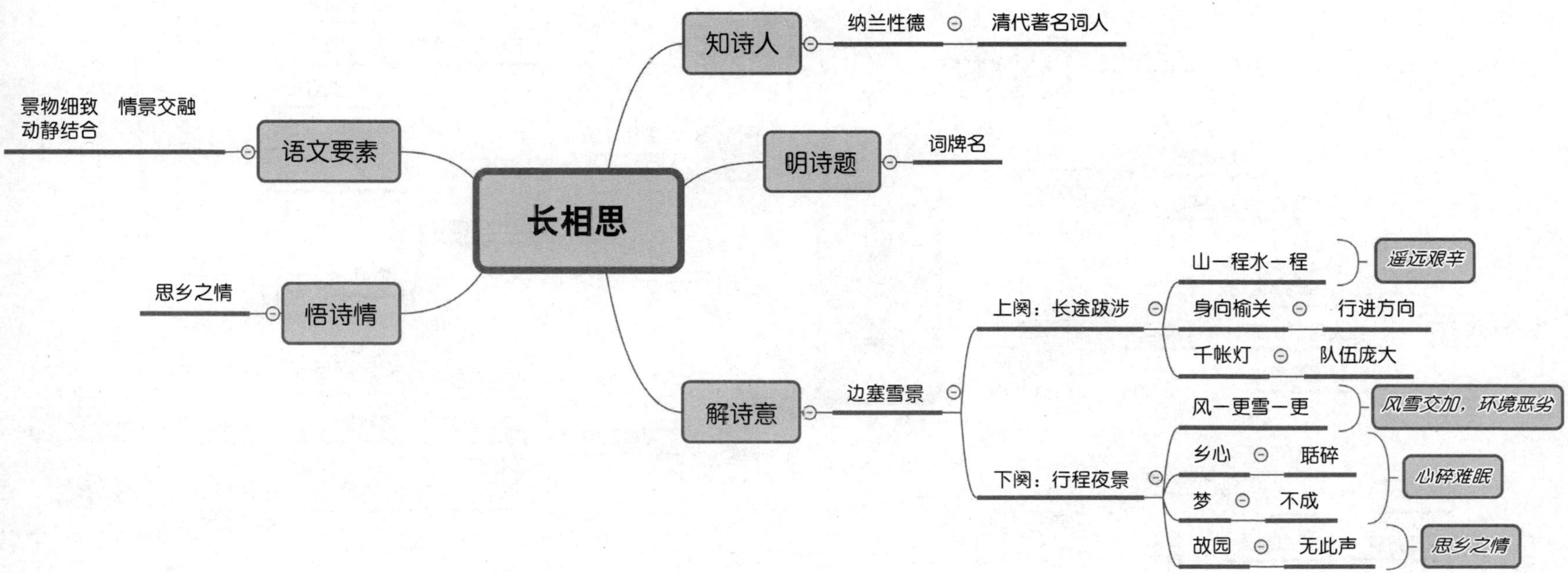
长相思
知诗人
纳兰性德
清代著名词人
明诗题
词牌名
解诗意
边塞雪景
上阕：长途跋涉
山一程水一程
遥远艰辛
身向榆关
行进方向
千帐灯
队伍庞大
下阕：行程夜景
风一更雪一更
风雪交加，环境恶劣
乡心
聒碎
梦
不成
心碎难眠
故园
无此声
思乡之情
语文要素
景物细致 情景交融
动静结合
悟诗情
思乡之情

（作者：刘玲）

22. 四季之美

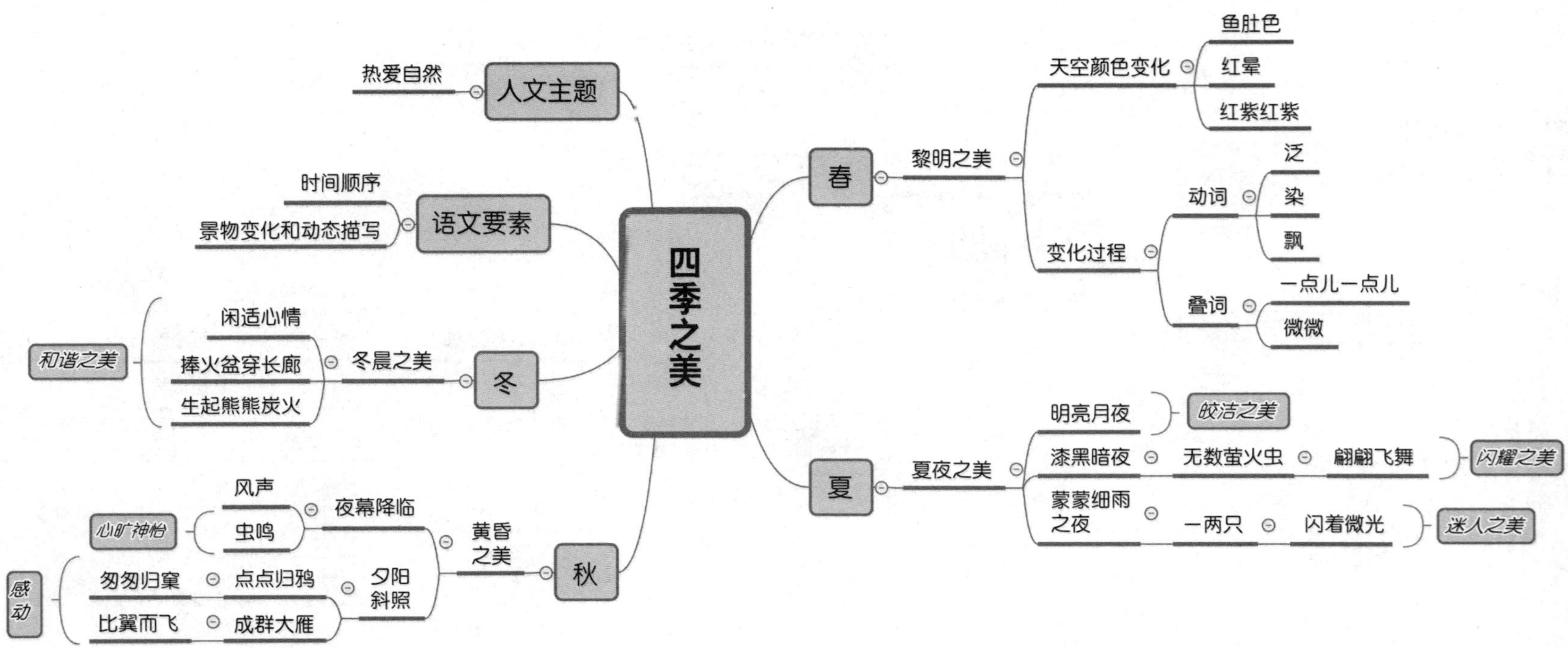
四季之美
人文主题
热爱自然
语文要素
时间顺序
景物变化和动态描写
冬
冬晨之美
闲适心情
捧火盆穿长廊
生起熊熊炭火
和谐之美
秋
黄昏之美
夜幕降临
风声
虫鸣
心旷神怡
夕阳斜照
点点归鸦
匆匆归巢
成群大雁
比翼而飞
感动
春
黎明之美
天空颜色变化
鱼肚色
红晕
红紫红紫
变化过程
动词
泛
染
飘
叠词
一点儿一点儿
微微
夏
夏夜之美
明亮月夜
皎洁之美
漆黑暗夜
无数萤火虫
翩翩飞舞
闪耀之美
蒙蒙细雨之夜
一两只
闪着微光
迷人之美

（作者：刘玲）

23. 鸟的天堂

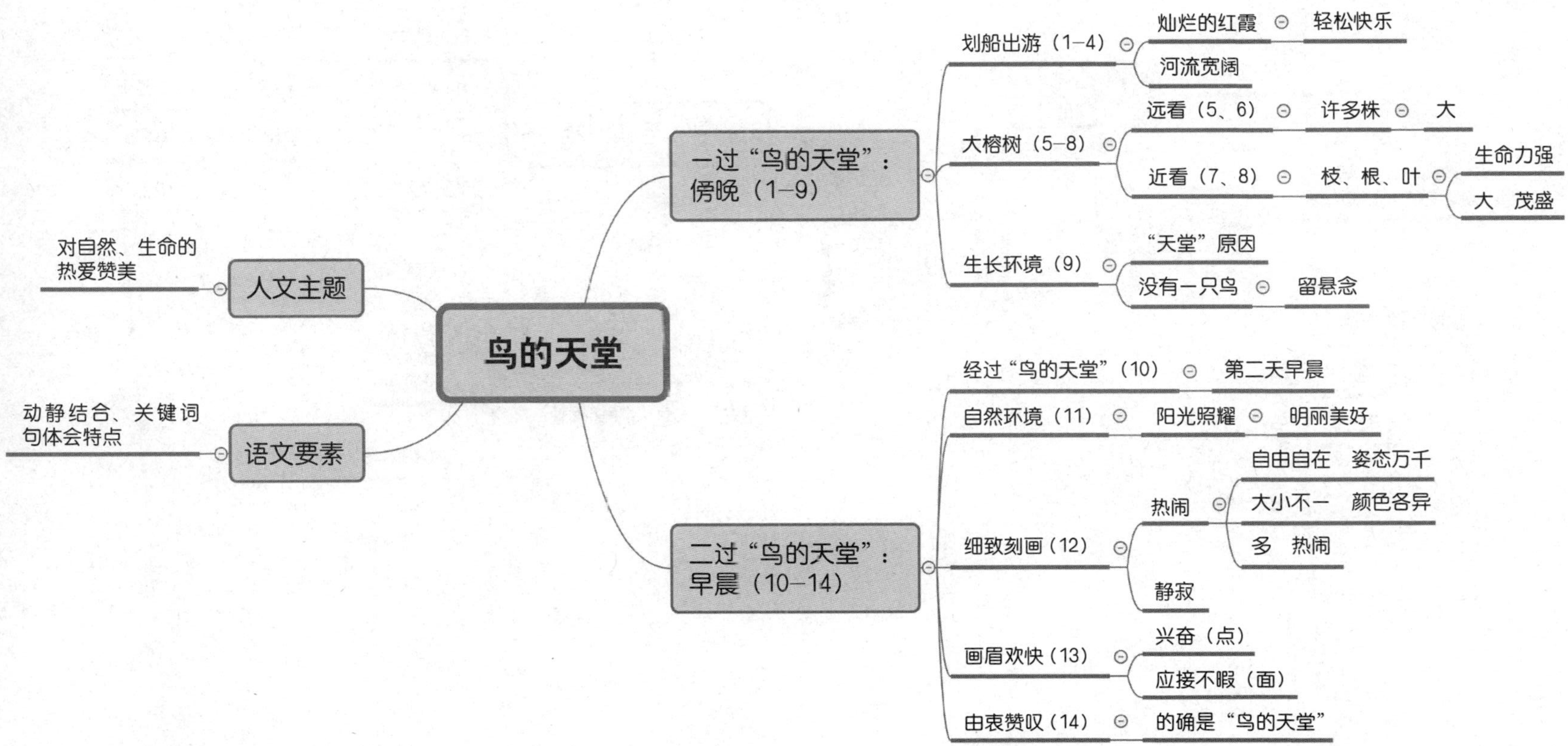
鸟的天堂
人文主题
对自然、生命的热爱赞美
语文要素
动静结合、关键词句体会特点
一过“鸟的天堂”：傍晚（1–9）
划船出游（1–4）
灿烂的红霞
轻松快乐
河流宽阔
大榕树（5–8）
远看（5、6）
许多株
大
近看（7、8）
枝、根、叶
生命力强
大　茂盛
生长环境（9）
“天堂”原因
没有一只鸟
留悬念
二过“鸟的天堂”：早晨（10–14）
经过“鸟的天堂”（10）
第二天早晨
自然环境（11）
阳光照耀
明丽美好
细致刻画（12）
热闹
自由自在　姿态万千
大小不一　颜色各异
多　热闹
静寂
画眉欢快（13）
兴奋（点）
应接不暇（面）
由衷赞叹（14）
的确是“鸟的天堂”

（作者：刘玲）

24. 月迹

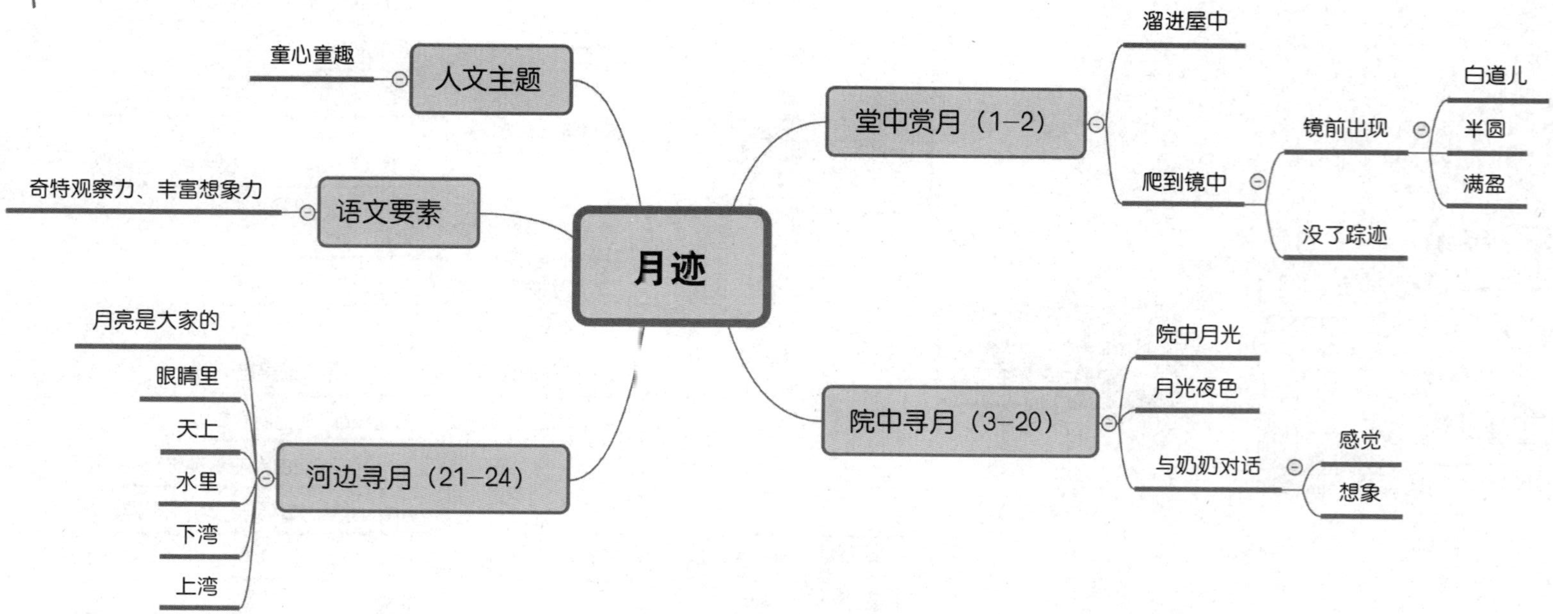
月迹
人文主题
童心童趣
语文要素
奇特观察力、丰富想象力
河边寻月（21–24）
月亮是大家的
眼睛里
天上
水里
下湾
上湾
堂中赏月（1–2）
溜进屋中
爬到镜中
镜前出现
白道儿
半圆
满盈
没了踪迹
院中寻月（3–20）
院中月光
月光夜色
与奶奶对话
感觉
想象

（作者：冯欣）

习作：______即景

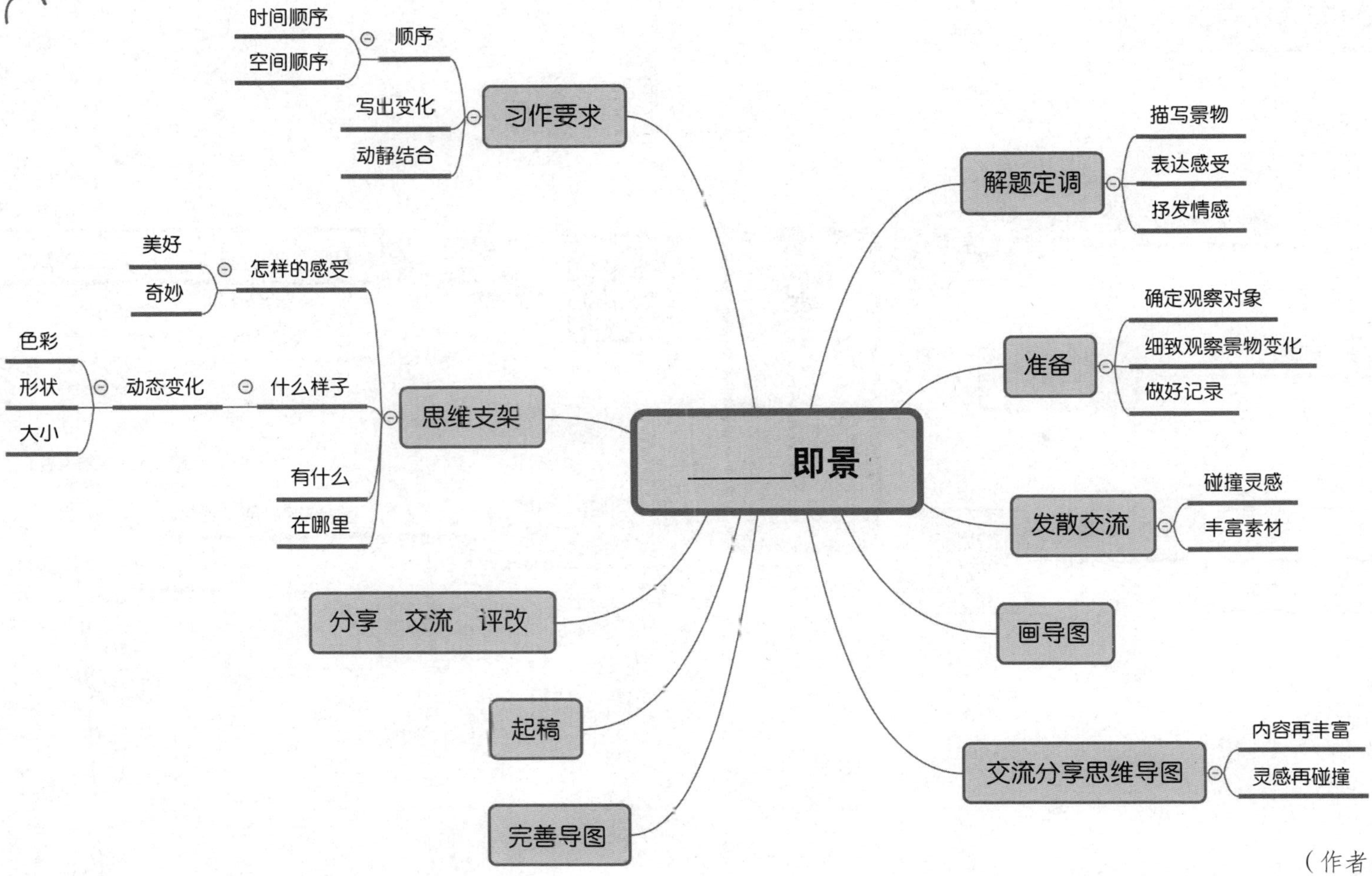
______即景
习作要求
顺序
时间顺序
空间顺序
写出变化
动静结合
思维支架
怎样的感受
美好
奇妙
什么样子
动态变化
色彩
形状
大小
有什么
在哪里
分享　交流　评改
起稿
完善导图
解题定调
描写景物
表达感受
抒发情感
准备
确定观察对象
细致观察景物变化
做好记录
发散交流
碰撞灵感
丰富素材
画导图
交流分享思维导图
内容再丰富
灵感再碰撞

（作者：王文娟）

第八章　读书明智（八单元）

25. 古人谈读书

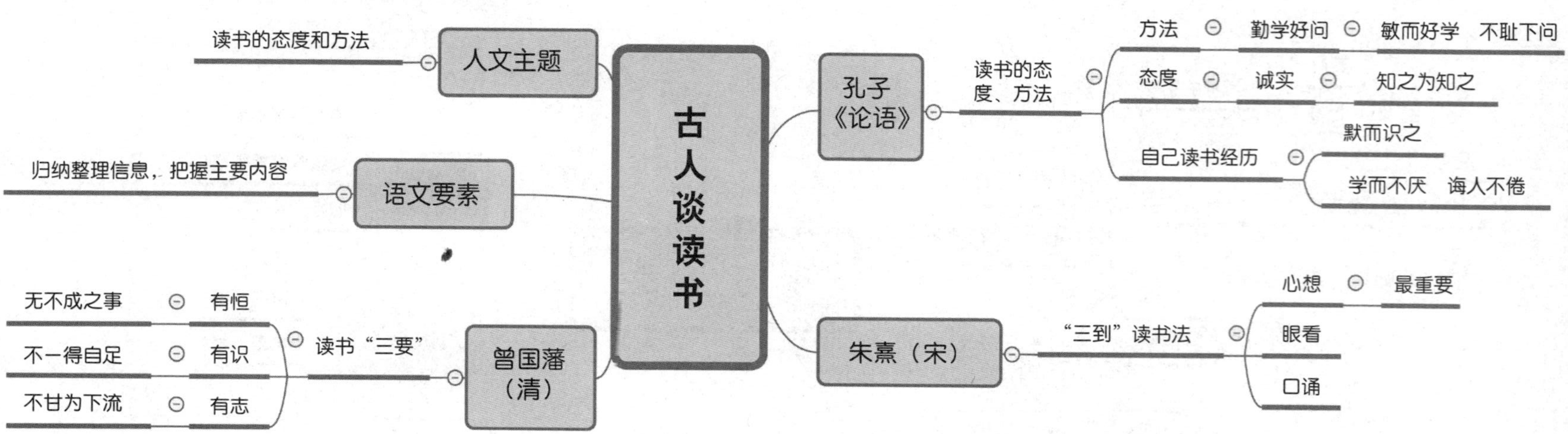

（作者：刘玲）

26. 忆读书

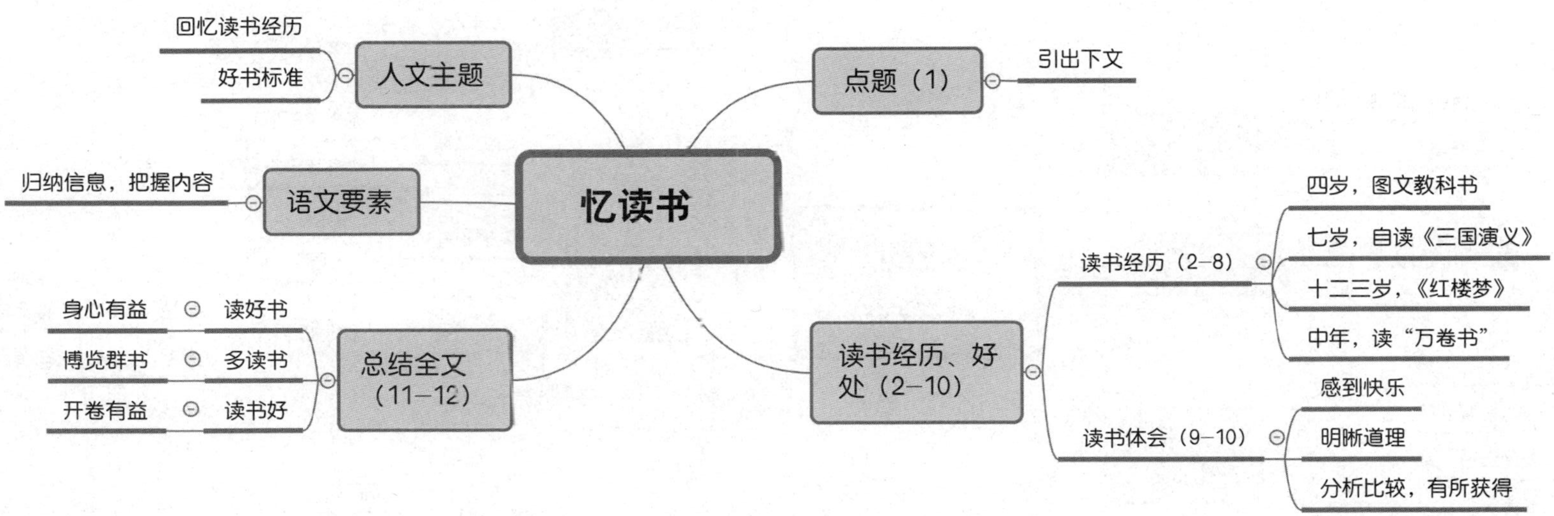

忆读书
人文主题
回忆读书经历
好书标准
语文要素
归纳信息，把握内容
总结全文（11—12）
读好书
身心有益
多读书
博览群书
读书好
开卷有益
点题（1）
引出下文
读书经历、好处（2—10）
读书经历（2—8）
四岁，图文教科书
七岁，自读《三国演义》
十二三岁，《红楼梦》
中年，读“万卷书”
读书体会（9—10）
感到快乐
明晰道理
分析比较，有所获得

（作者：刘玲）

27. 我的“长生果”

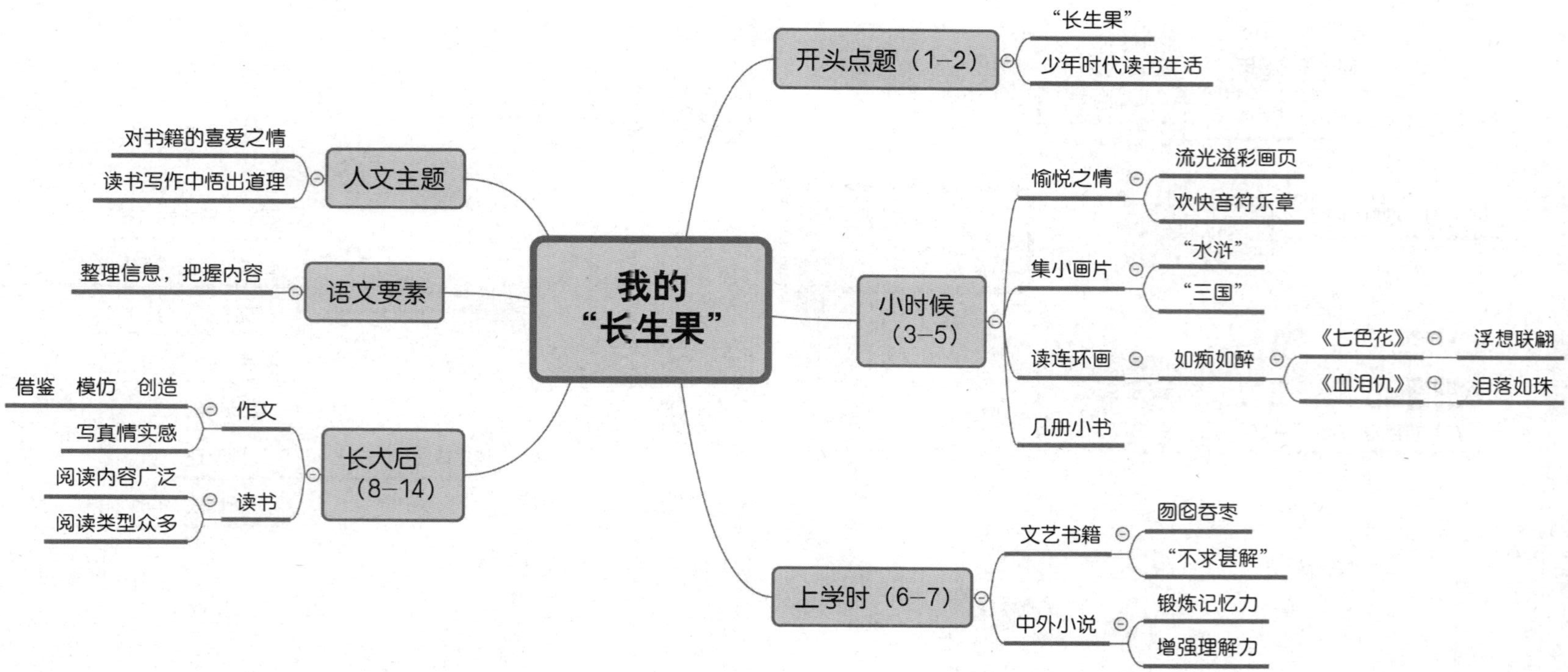

（作者：冯欣）

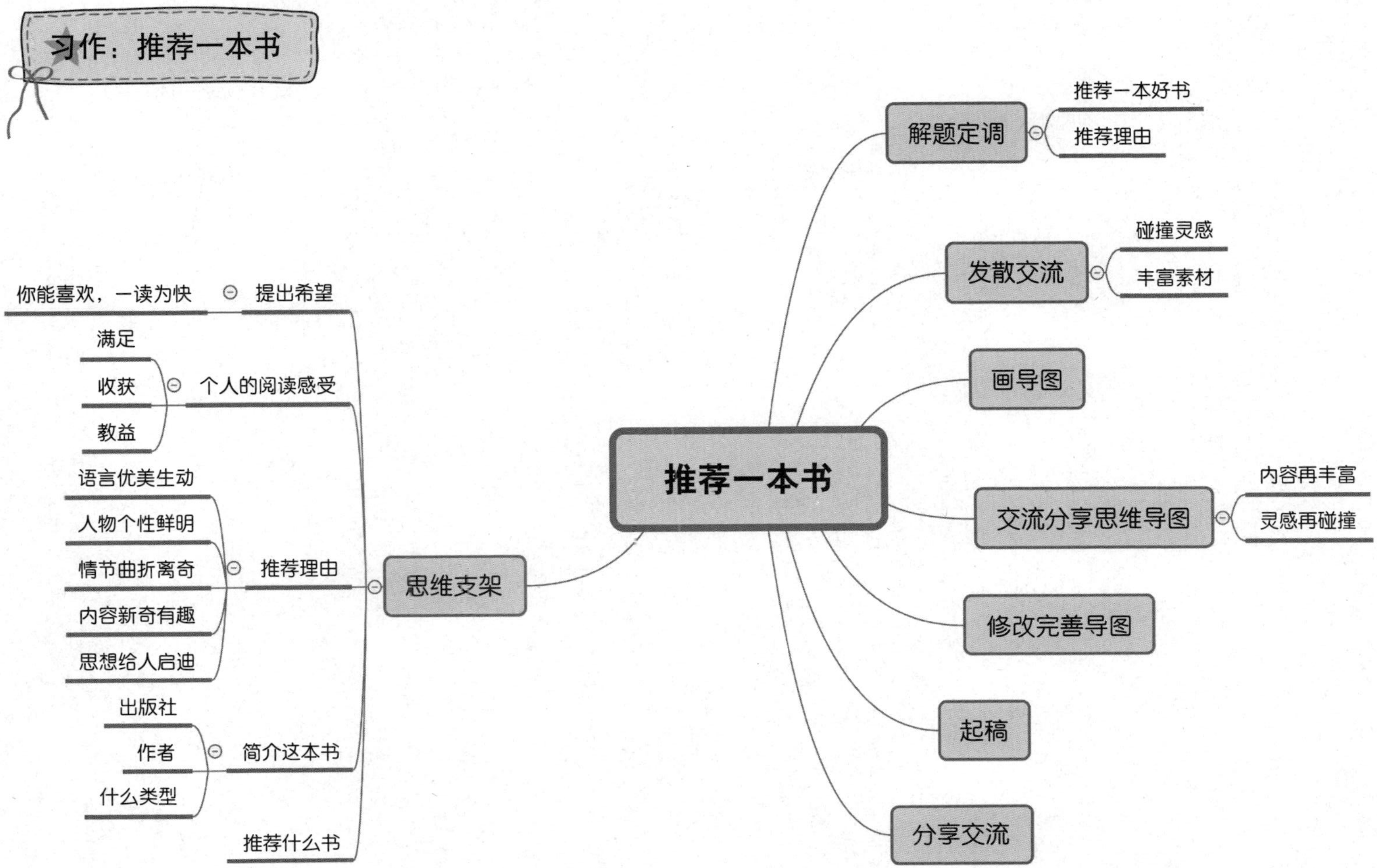
习作：推荐一本书
推荐一本书
思维支架
提出希望
你能喜欢，一读为快
个人的阅读感受
满足
收获
教益
推荐理由
语言优美生动
人物个性鲜明
情节曲折离奇
内容新奇有趣
思想给人启迪
简介这本书
出版社
作者
什么类型
推荐什么书
解题定调
推荐一本好书
推荐理由
发散交流
碰撞灵感
丰富素材
画导图
交流分享思维导图
内容再丰富
灵感再碰撞
修改完善导图
起稿
分享交流

（作者：王文娟）

第五部分

六年级上册

第一章　触摸自然（一单元）

1. 草原

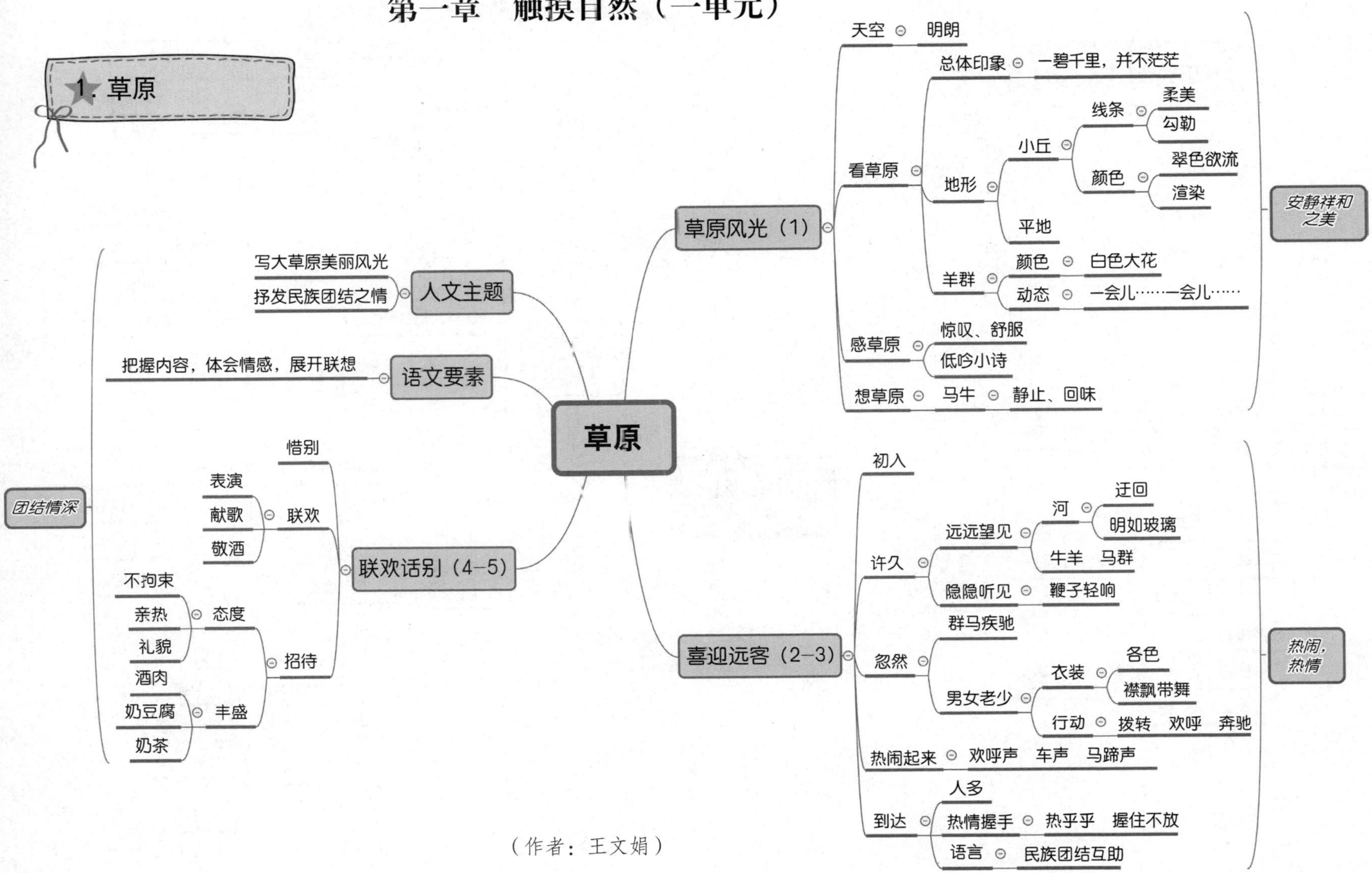

（作者：王文娟）

2. 丁香结

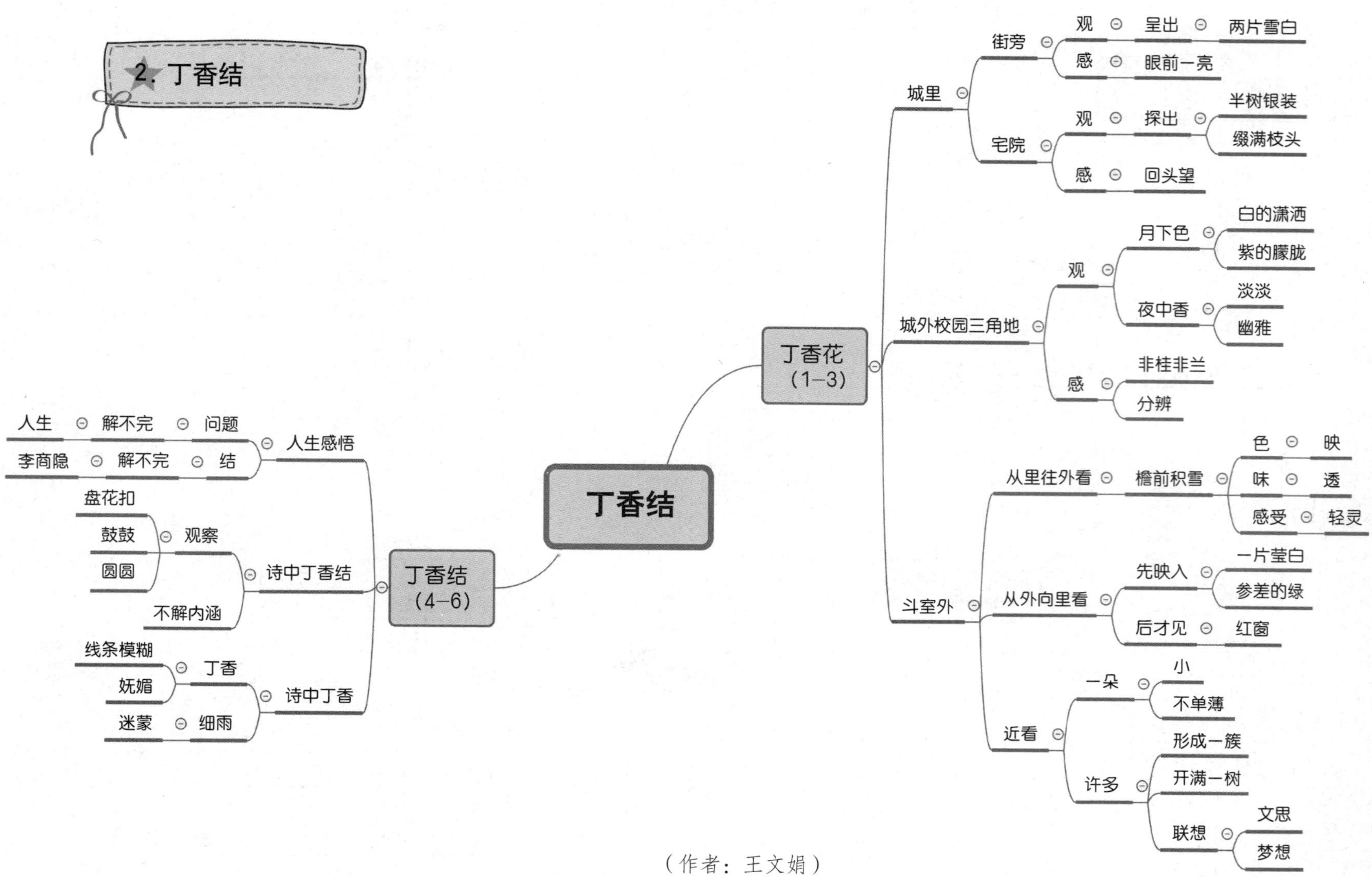
丁香结
丁香花（1–3）
城里
街旁
观
呈出
两片雪白
感
眼前一亮
宅院
观
探出
半树银装
缀满枝头
感
回头望
城外校园三角地
观
月下色
白的潇洒
紫的朦胧
夜中香
淡淡
幽雅
感
非桂非兰
分辨
斗室外
从里往外看
檐前积雪
色
映
味
透
感受
轻灵
从外向里看
先映入
一片莹白
参差的绿
后才见
红窗
近看
一朵
小
不单薄
许多
形成一簇
开满一树
联想
文思
梦想
丁香结（4–6）
人生感悟
人生
解不完
问题
李商隐
解不完
结
诗中丁香结
观察
盘花扣
鼓鼓
圆圆
不解内涵
诗中丁香
丁香
线条模糊
妩媚
细雨
迷蒙

（作者：王文娟）

3. 古诗词三首

（1）宿建德江

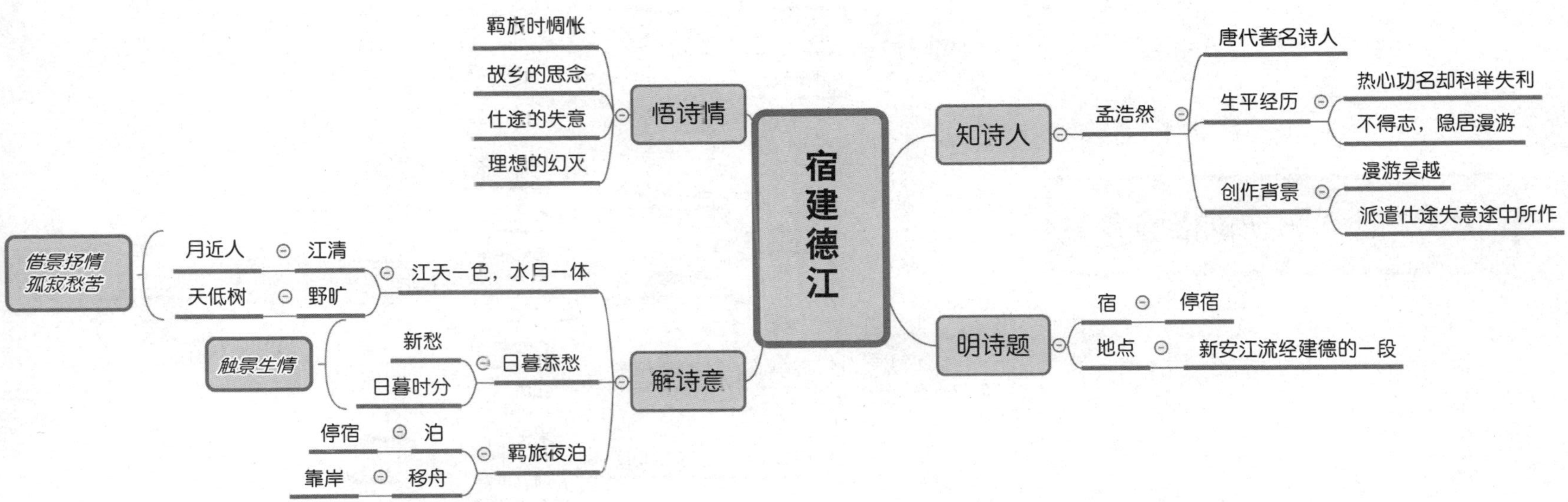

（作者：齐佳）

（2）六月二十七日望湖楼醉书

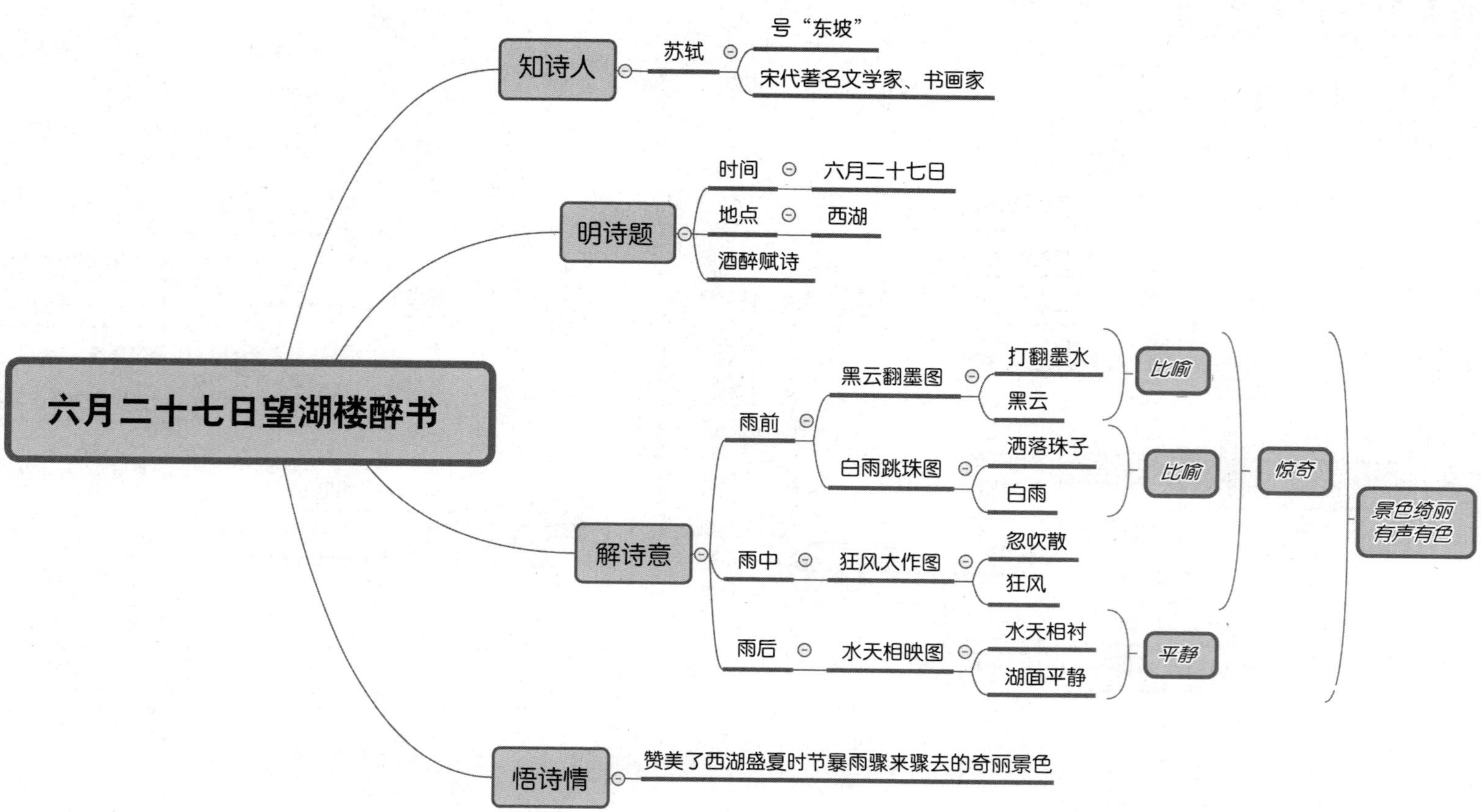

（作者：齐佳）

（3）西江月·夜行黄沙道中

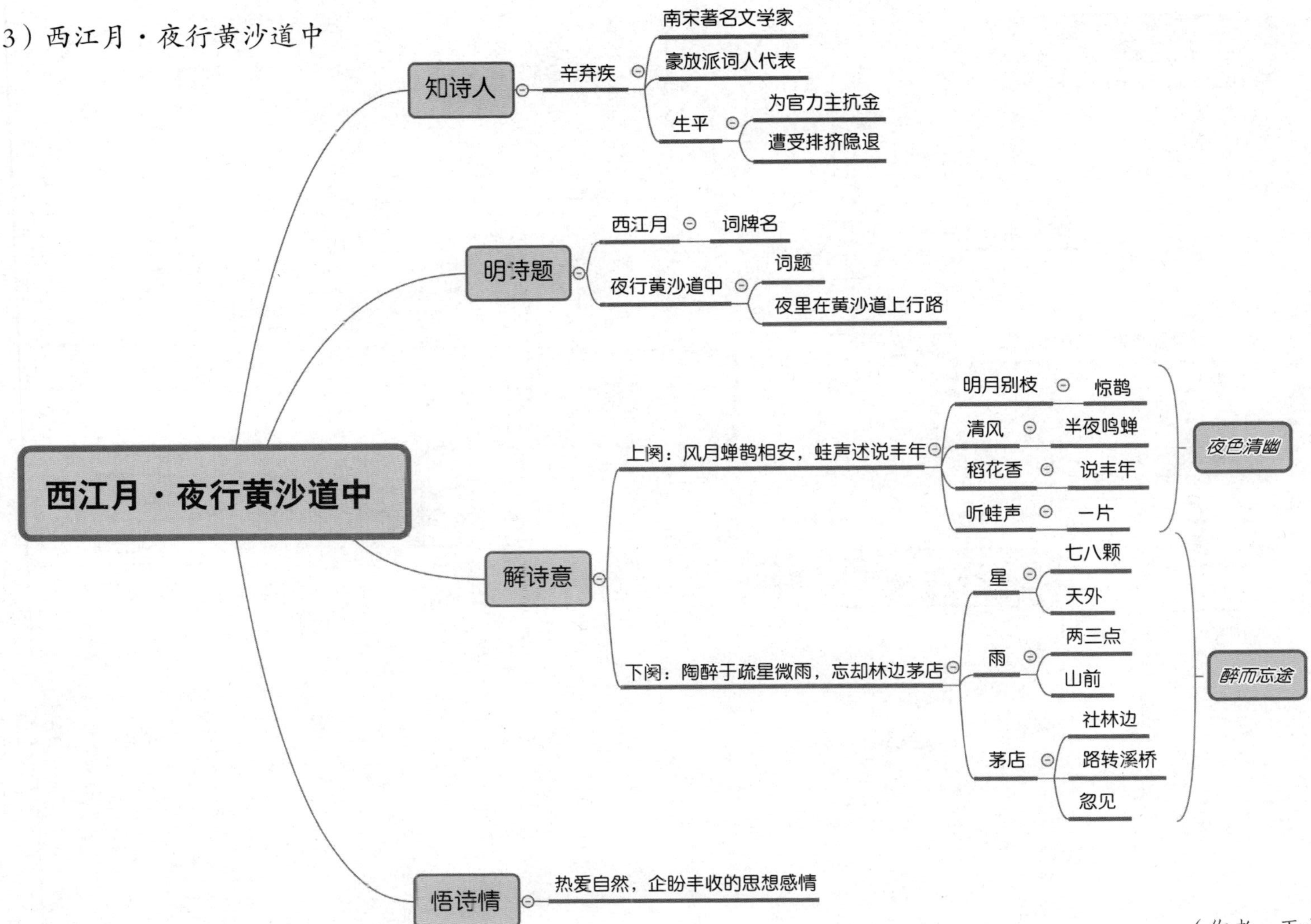

（作者：王文娟）

4．花之歌

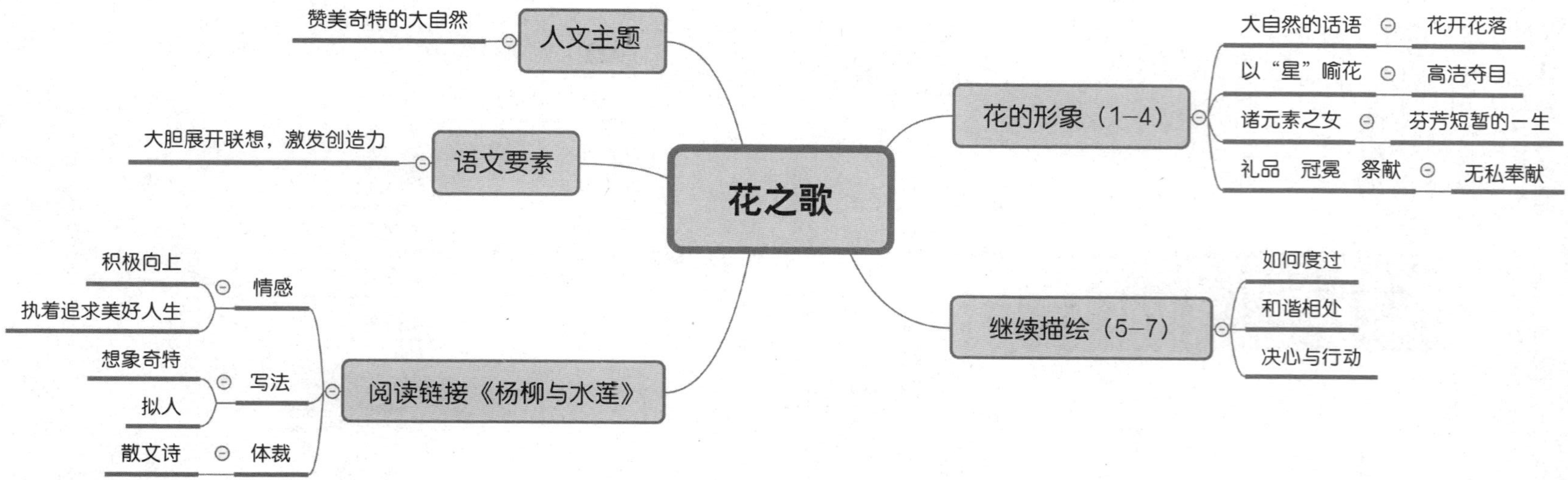
花之歌
人文主题
赞美奇特的大自然
语文要素
大胆展开联想，激发创造力
阅读链接《杨柳与水莲》
情感
积极向上
执着追求美好人生
写法
想象奇特
拟人
体裁
散文诗
花的形象（1–4）
大自然的话语
花开花落
以“星”喻花
高洁夺目
诸元素之女
芬芳短暂的一生
礼品　冠冕　祭献
无私奉献
继续描绘（5–7）
如何度过
和谐相处
决心与行动

（作者：曹雪）

习作：变形记

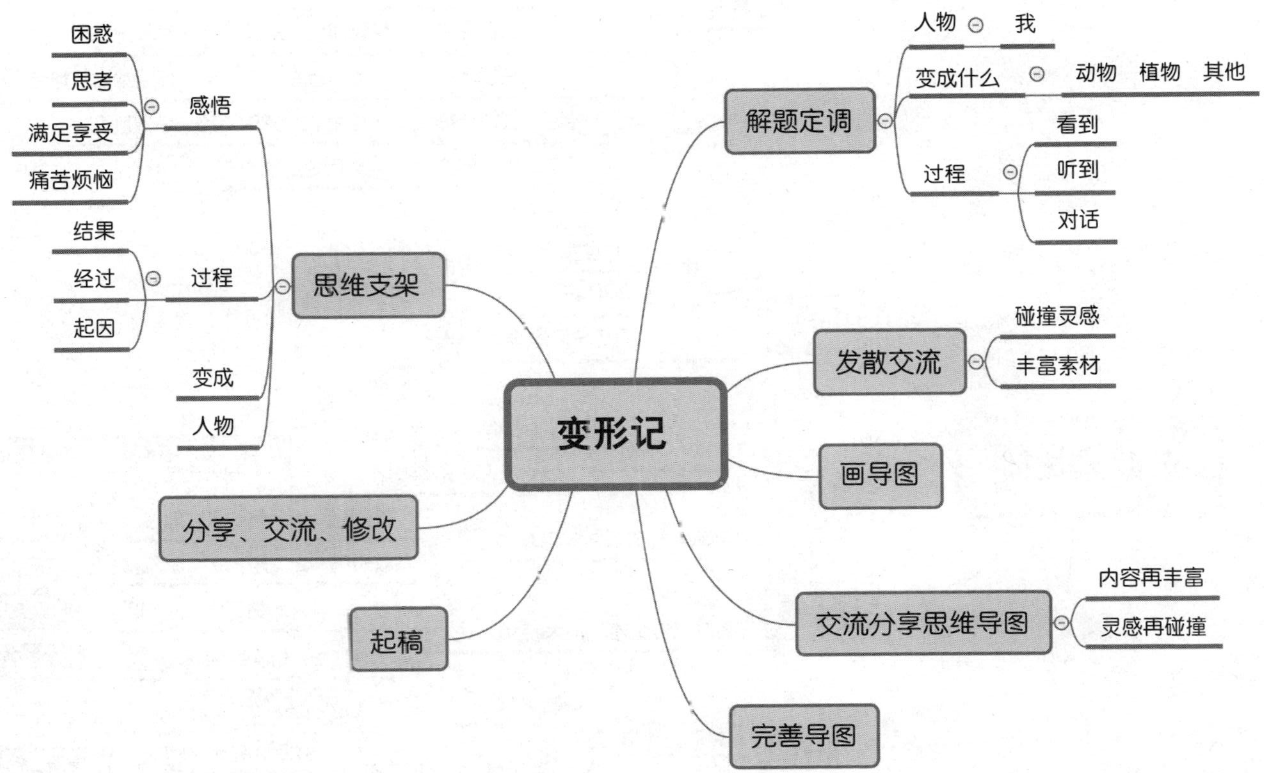
变形记
解题定调
人物
我
变成什么
动物
植物
其他
过程
看到
听到
对话
发散交流
碰撞灵感
丰富素材
画导图
交流分享思维导图
内容再丰富
灵感再碰撞
完善导图
思维支架
感悟
困惑
思考
满足享受
痛苦烦恼
过程
结果
经过
起因
变成
人物
分享、交流、修改
起稿

（作者：曹雪）

第二章　革命岁月（二单元）

5. 七律·长征

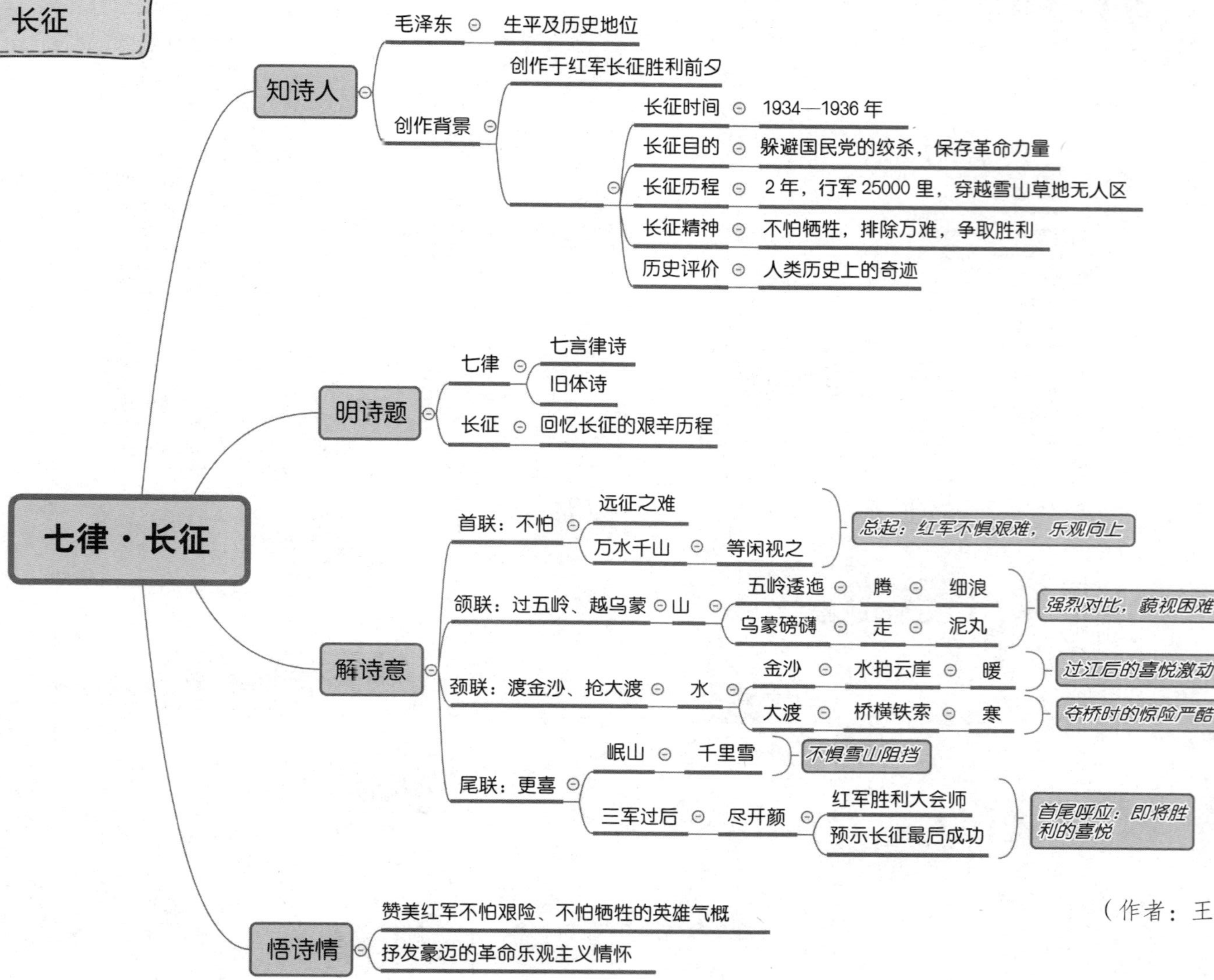

（作者：王文娟）

6. 狼牙山五壮士

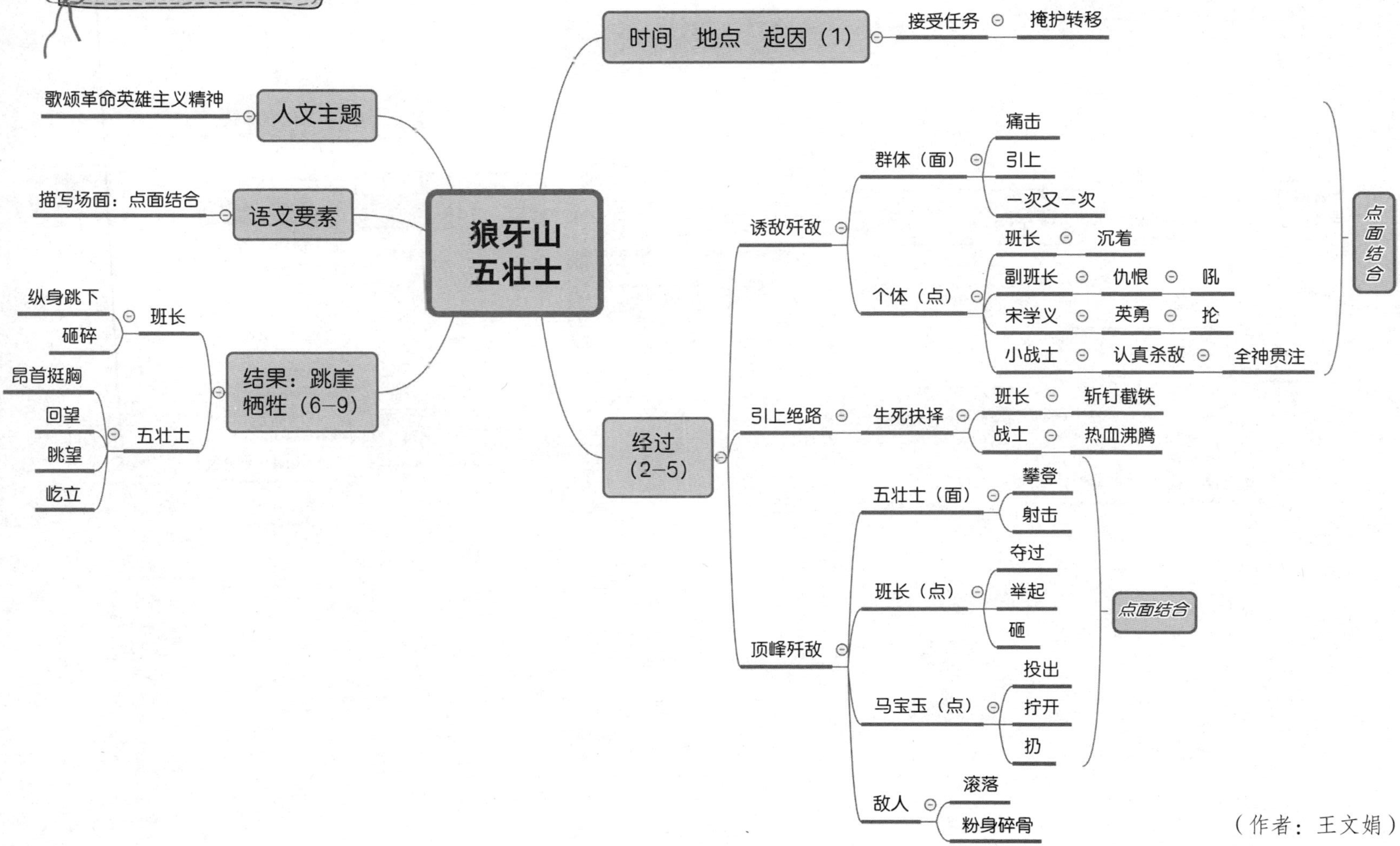

（作者：王文娟）

7. 开国大典

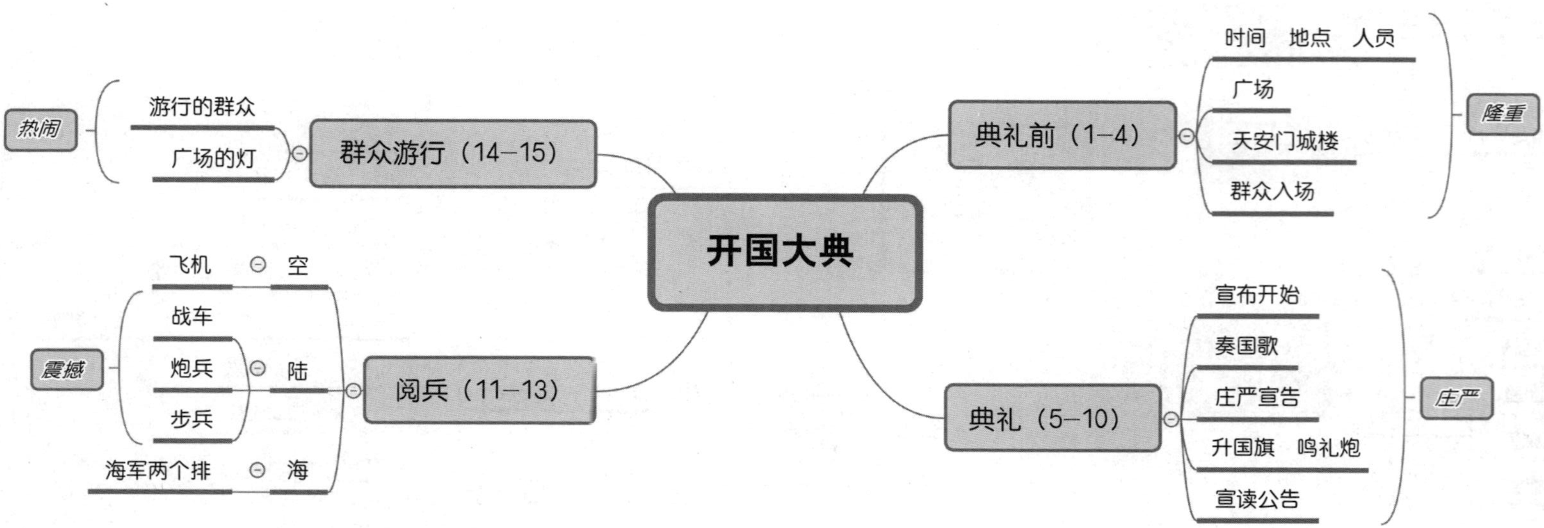
开国大典
典礼前（1–4）
时间　地点　人员
广场
天安门城楼
群众入场
隆重
典礼（5–10）
宣布开始
奏国歌
庄严宣告
升国旗　鸣礼炮
宣读公告
庄严
阅兵（11–13）
飞机
空
战车
炮兵
步兵
陆
海军两个排
海
震撼
群众游行（14–15）
游行的群众
广场的灯
热闹

（作者：王文娟）

8. 灯光

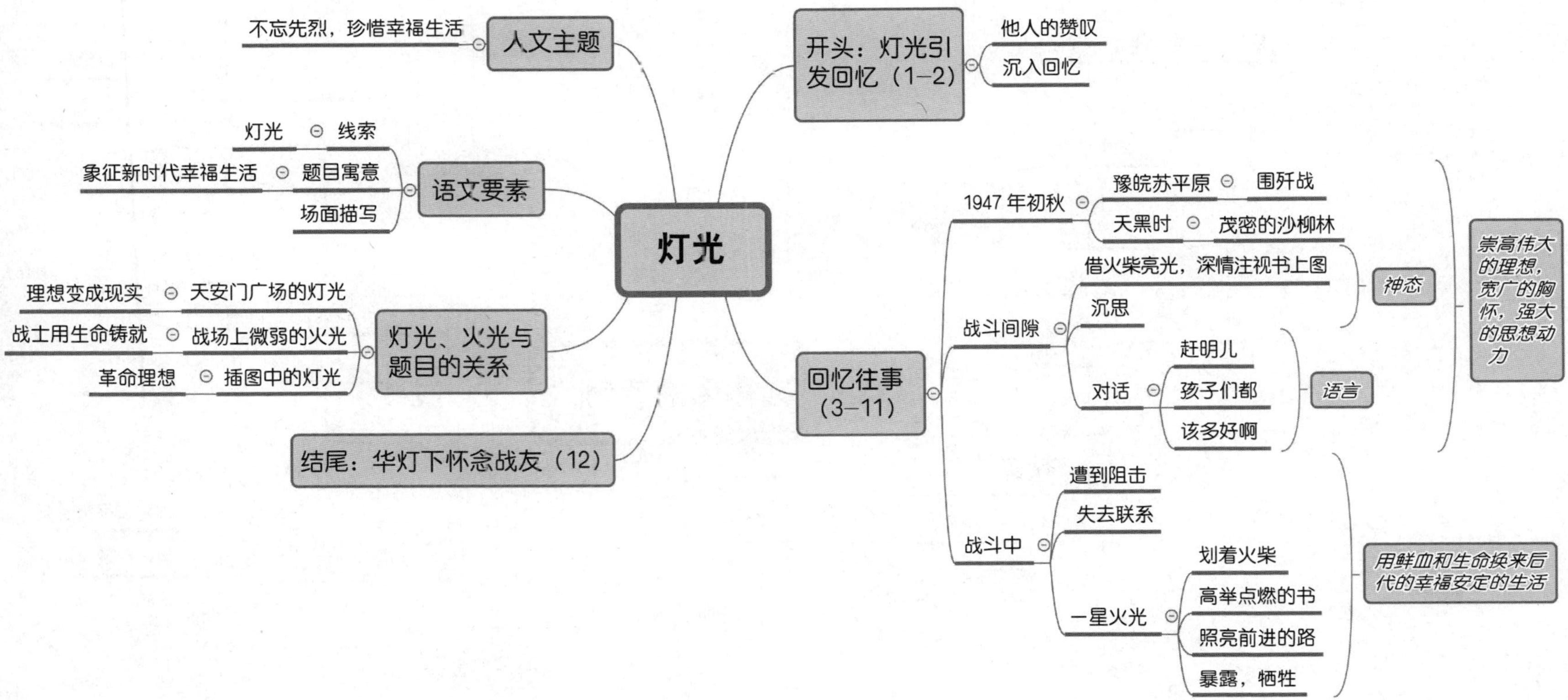
灯光
人文主题
不忘先烈，珍惜幸福生活
语文要素
灯光
线索
象征新时代幸福生活
题目寓意
场面描写
灯光、火光与题目的关系
理想变成现实
天安门广场的灯光
战士用生命铸就
战场上微弱的火光
革命理想
插图中的灯光
结尾：华灯下怀念战友（12）
开头：灯光引发回忆（1–2）
他人的赞叹
沉入回忆
回忆往事（3–11）
1947 年初秋
豫皖苏平原
围歼战
天黑时
茂密的沙柳林
战斗间隙
借火柴亮光，深情注视书上图
沉思
对话
赶明儿
孩子们都
该多好啊
神态
语言
崇高伟大的理想，宽广的胸怀，强大的思想动力
战斗中
遭到阻击
失去联系
一星火光
划着火柴
高举点燃的书
照亮前进的路
暴露，牺牲
用鲜血和生命换来后代的幸福安定的生活

（作者：刘宁）

习作：多彩的活动

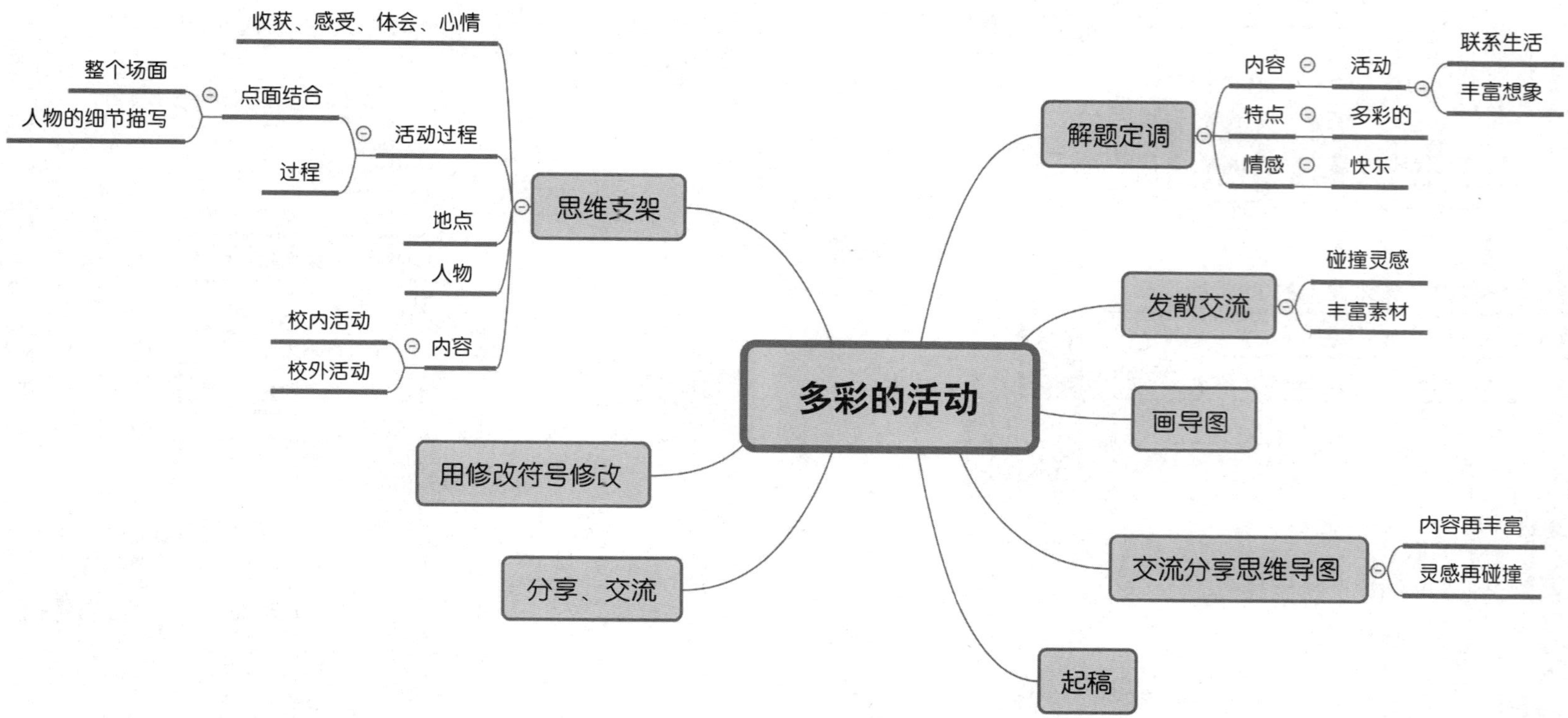

（作者：刘宁）

第三章　阅读策略（三单元）

9. 竹节人

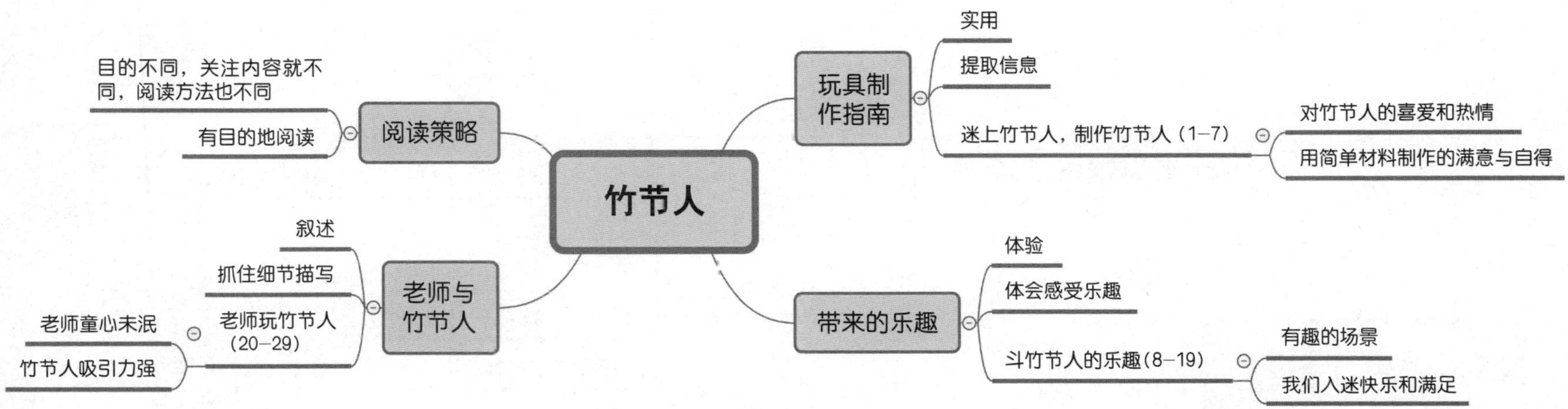

（作者：刘子超）

10. 宇宙生命之谜

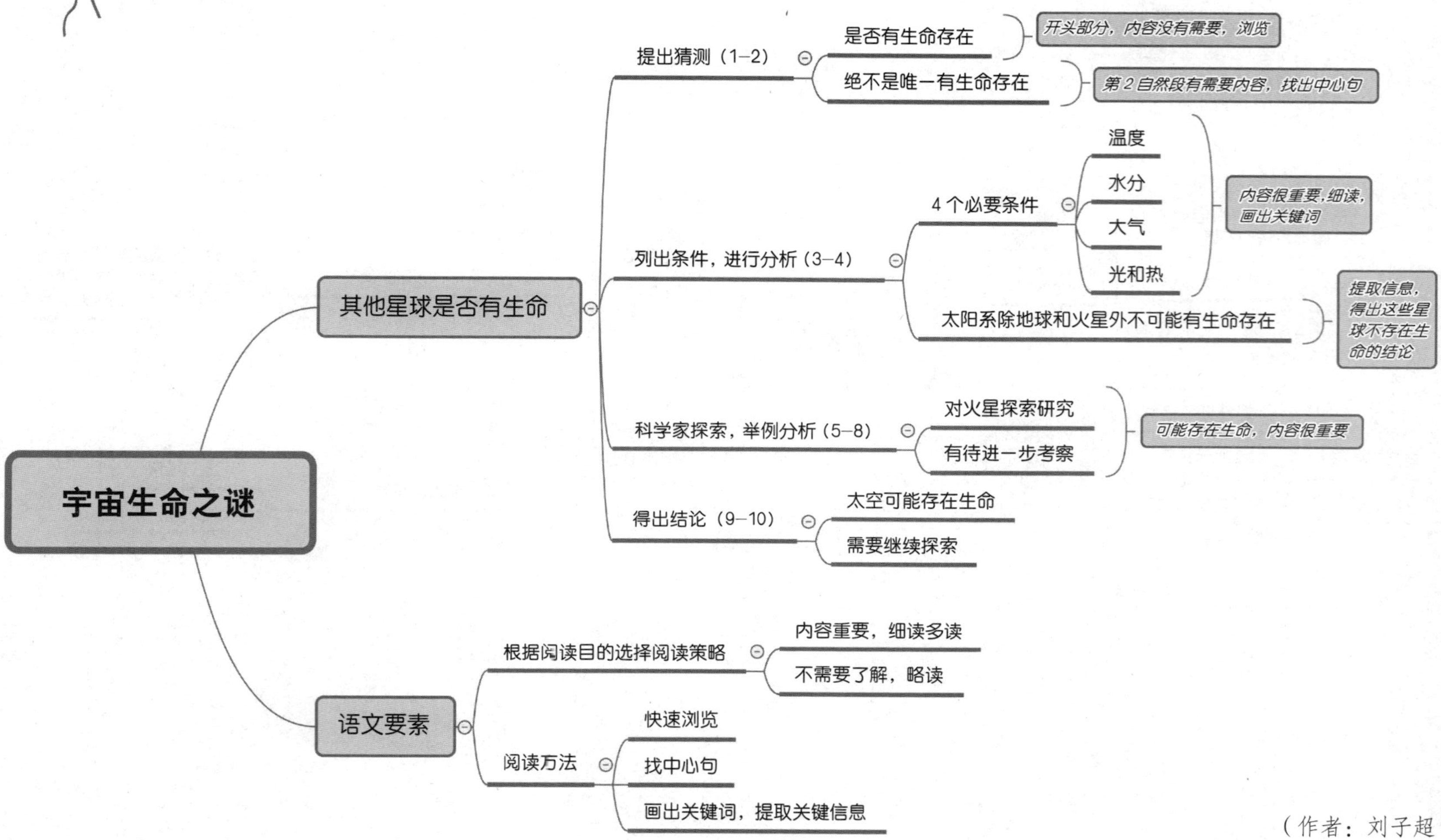

（作者：刘子超）

11．故宫博物院

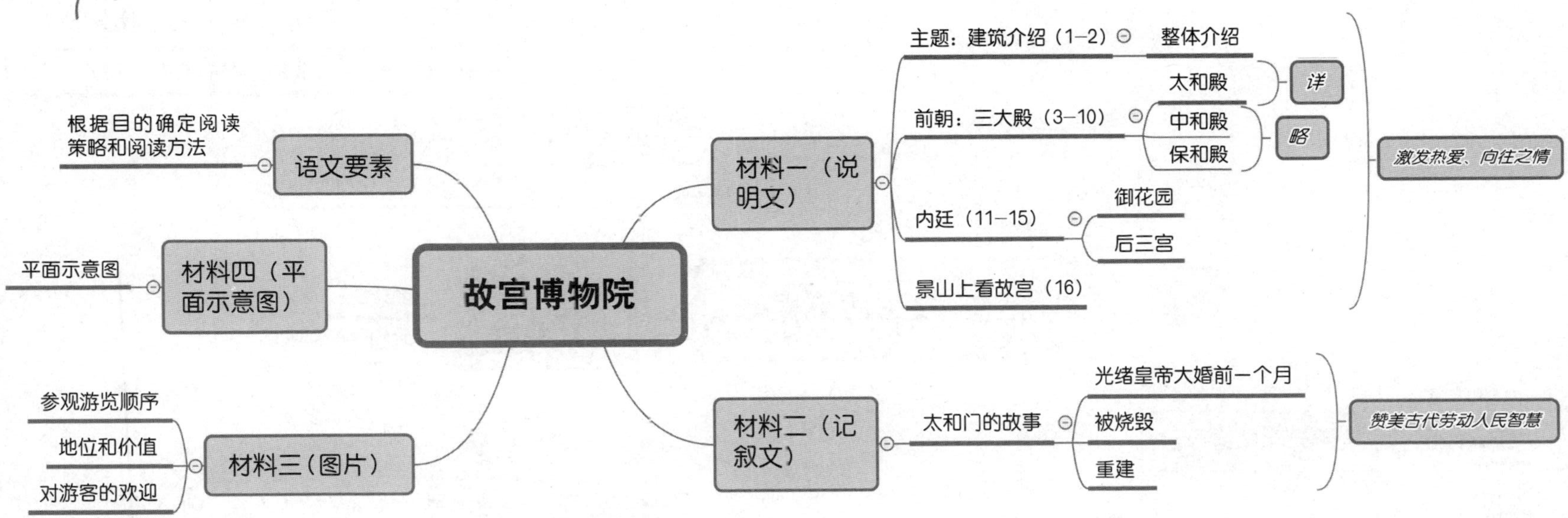

（作者：曹雪）

习作：______让生活更美好

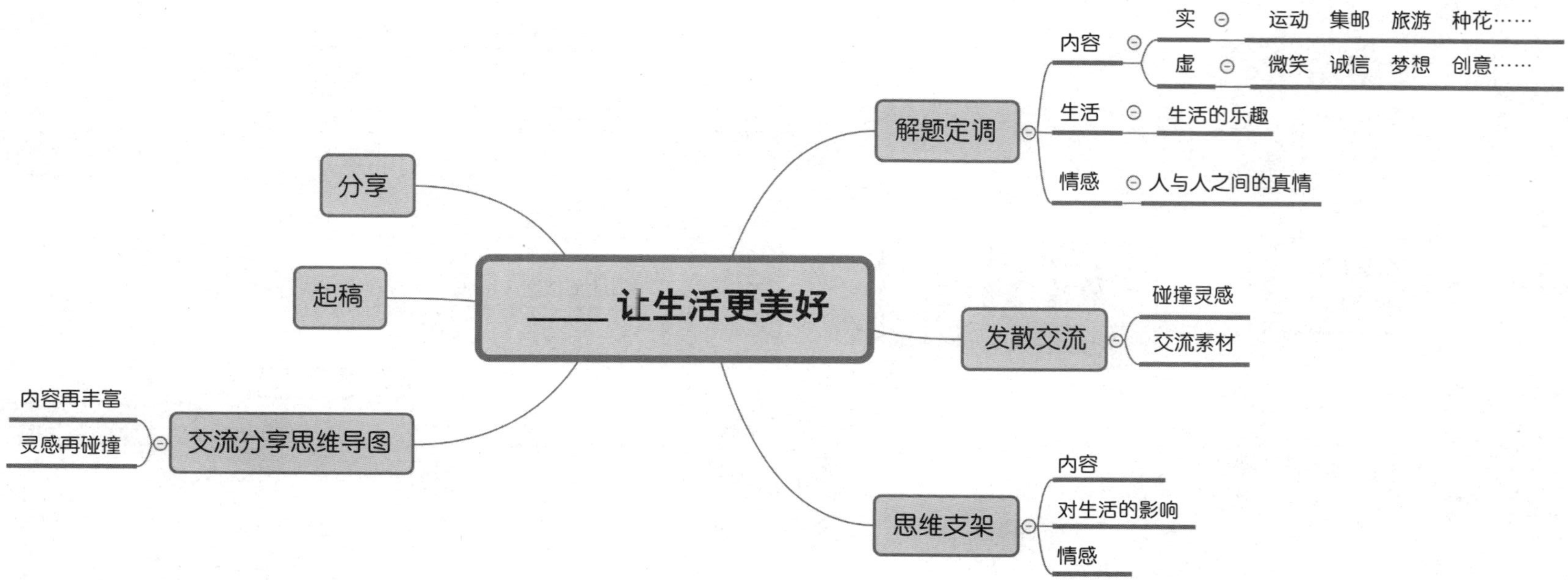

（作者：刘宁）

第四章　小说（四单元）

12. 桥

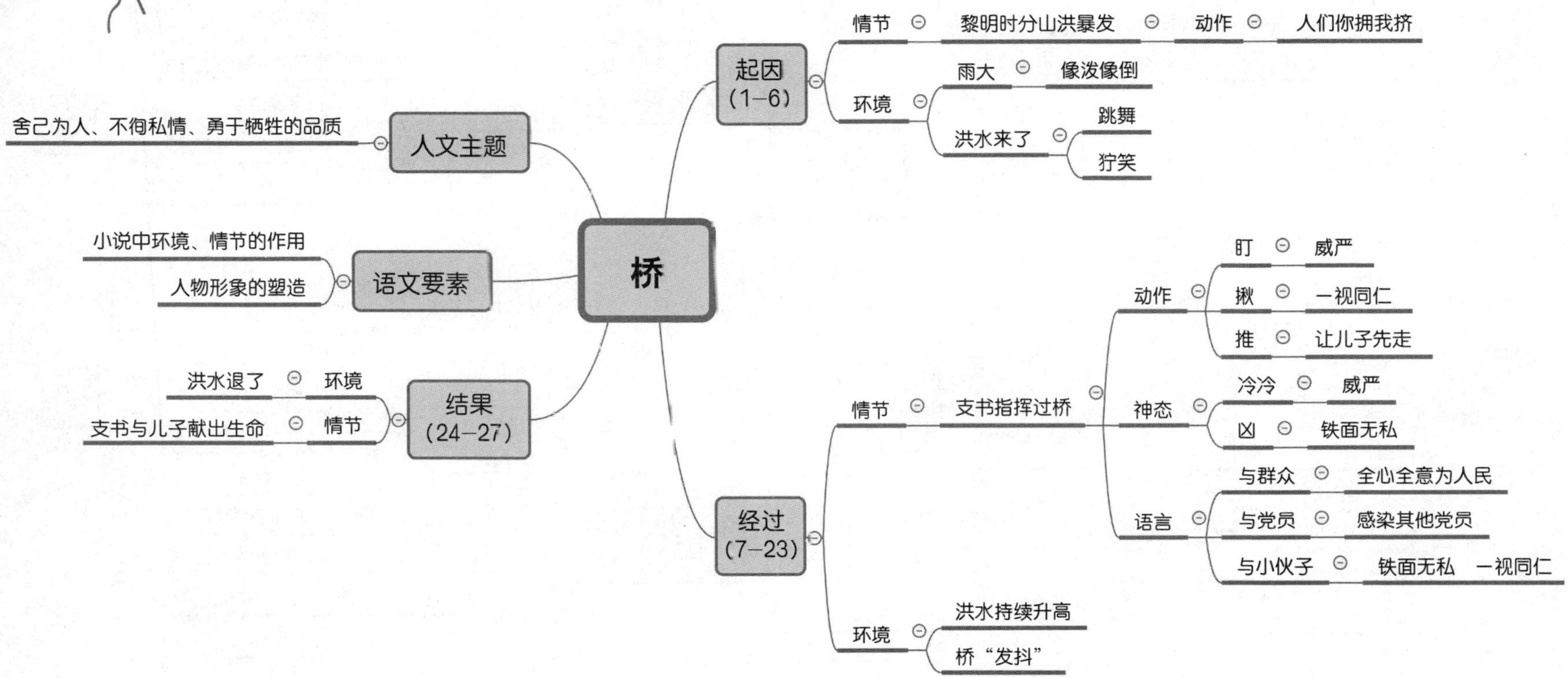

（作者：刘子超）

13. 穷人

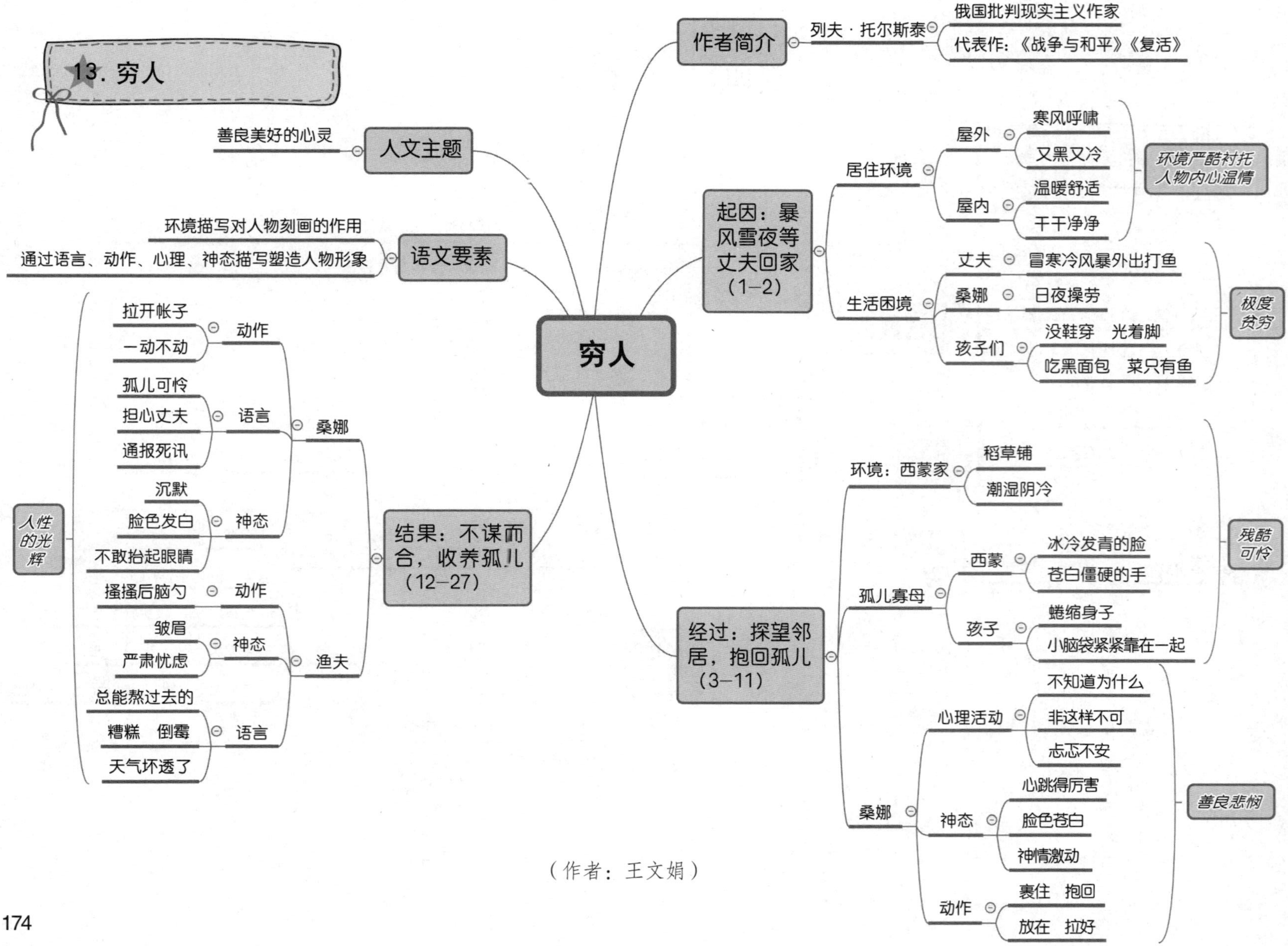
穷人
人文主题
善良美好的心灵
语文要素
环境描写对人物刻画的作用
通过语言、动作、心理、神态描写塑造人物形象
作者简介
列夫 · 托尔斯泰
俄国批判现实主义作家
代表作：《战争与和平》《复活》
起因：暴风雪夜等丈夫回家（1—2）
居住环境
屋外
寒风呼啸
又黑又冷
屋内
温暖舒适
干干净净
环境严酷衬托人物内心温情
生活困境
丈夫
冒寒冷风暴外出打鱼
桑娜
日夜操劳
孩子们
没鞋穿 光着脚
吃黑面包 菜只有鱼
极度贫穷
经过：探望邻居，抱回孤儿（3—11）
环境：西蒙家
稻草铺
潮湿阴冷
孤儿寡母
西蒙
冰冷发青的脸
苍白僵硬的手
孩子
蜷缩身子
小脑袋紧紧靠在一起
残酷可怜
桑娜
心理活动
不知道为什么
非这样不可
忐忑不安
神态
心跳得厉害
脸色苍白
神情激动
动作
裹住 抱回
放在 拉好
善良悲悯
结果：不谋而合，收养孤儿（12—27）
桑娜
动作
拉开帐子
一动不动
语言
孤儿可怜
担心丈夫
通报死讯
神态
沉默
脸色发白
不敢抬起眼睛
渔夫
动作
搔搔后脑勺
神态
皱眉
严肃忧虑
语言
总能熬过去的
糟糕 倒霉
天气坏透了
人性的光辉

（作者：王文娟）

14. 在柏林

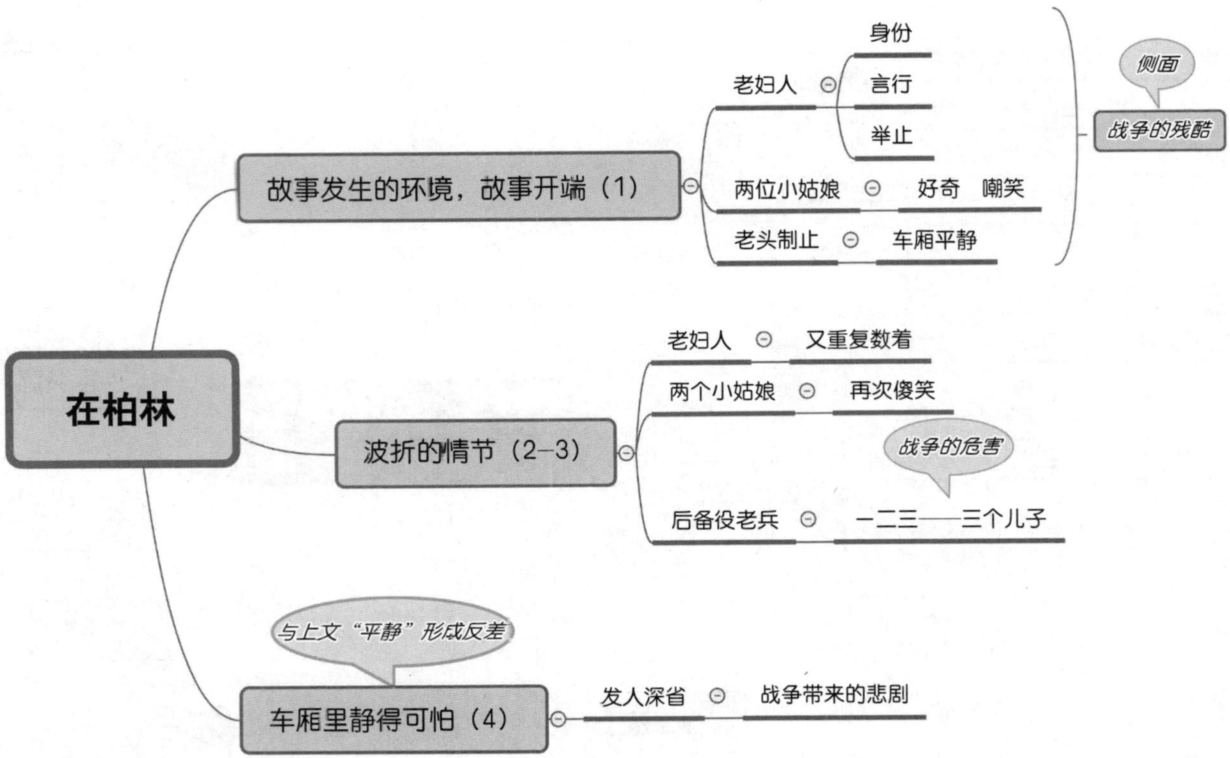
在柏林
故事发生的环境，故事开端（1）
老妇人
身份
言行
举止
两位小姑娘
好奇　嘲笑
老头制止
车厢平静
侧面
战争的残酷
波折的情节（2–3）
老妇人
又重复数着
两个小姑娘
再次傻笑
战争的危害
后备役老兵
一二三——三个儿子
车厢里静得可怕（4）
与上文“平静”形成反差
发人深省
战争带来的悲剧

（作者：曹雪）

习作：笔尖流出的故事

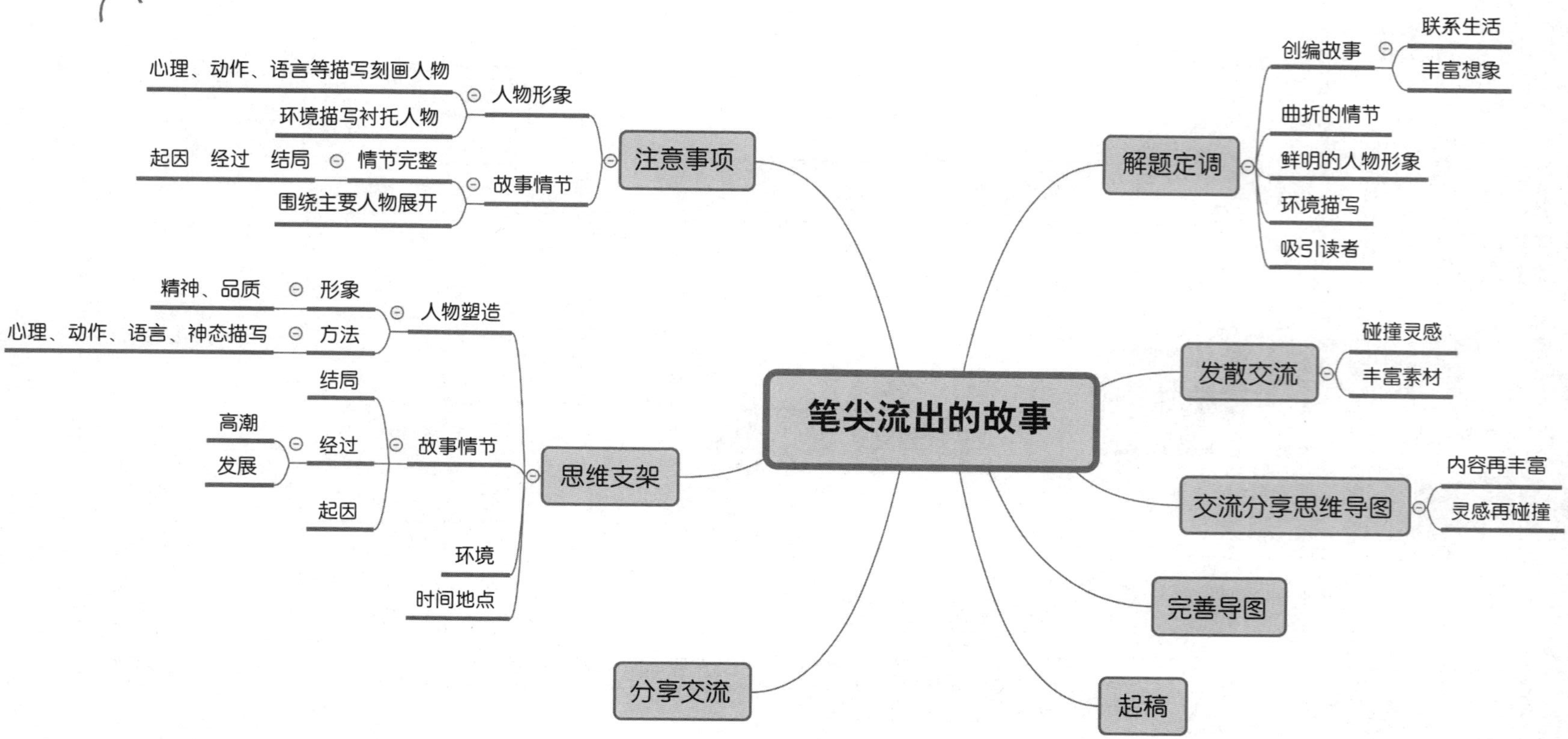

（作者：王文娟）

第五章　习作（五单元）

15. 夏天里的成长

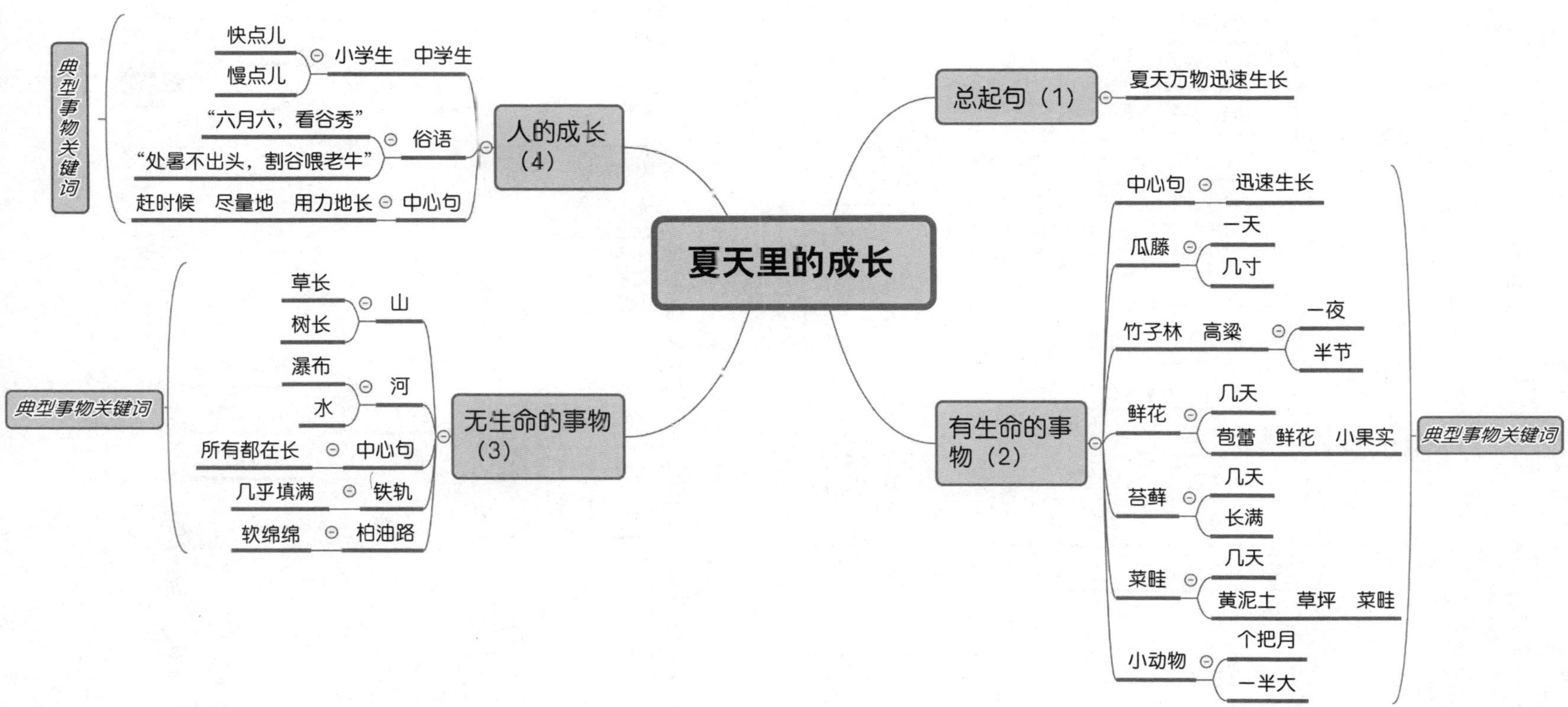

（作者：刘宁）

16. 盼

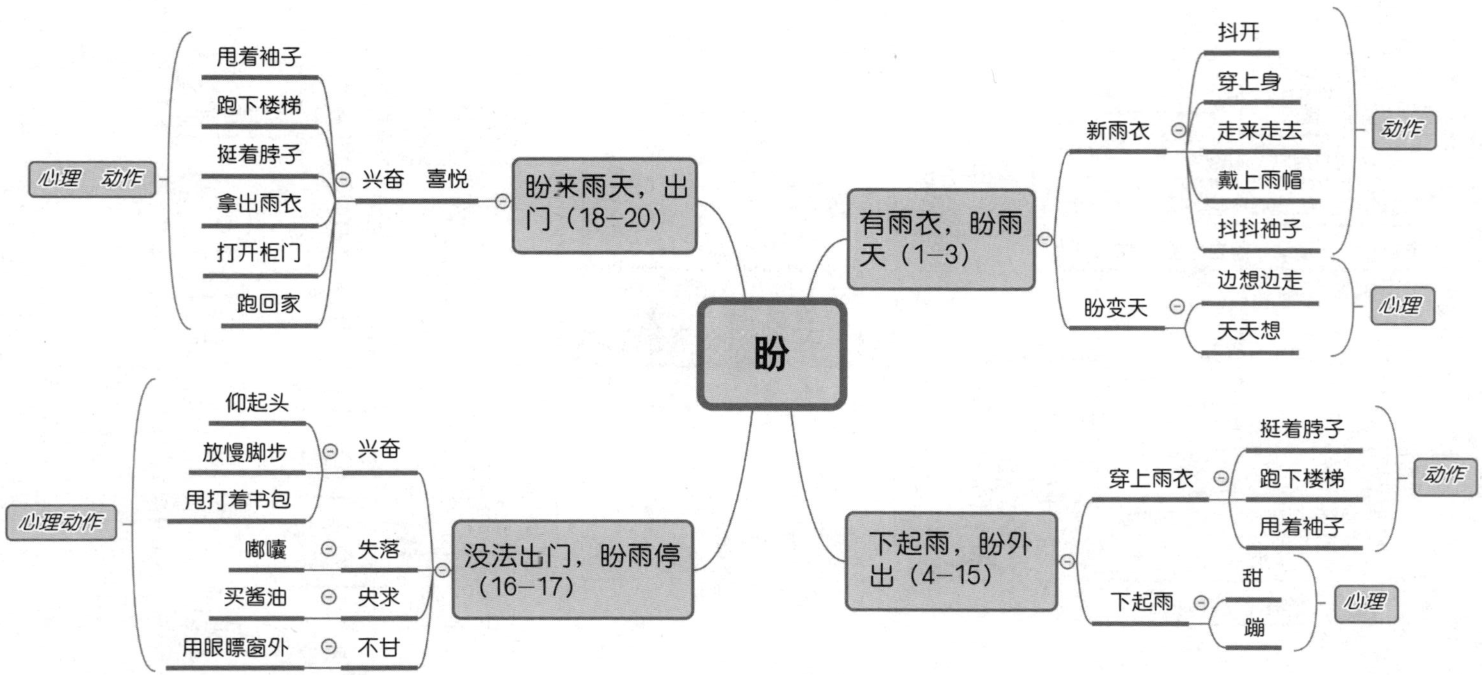
盼
有雨衣，盼雨天（1—3）
新雨衣
抖开
穿上身
走来走去
戴上雨帽
抖抖袖子
动作
盼变天
边想边走
天天想
心理
下起雨，盼外出（4—15）
穿上雨衣
挺着脖子
跑下楼梯
甩着袖子
动作
下起雨
甜
蹦
心理
盼来雨天，出门（18—20）
兴奋 喜悦
甩着袖子
跑下楼梯
挺着脖子
拿出雨衣
打开柜门
跑回家
心理 动作
没法出门，盼雨停（16—17）
兴奋
仰起头
放慢脚步
甩打着书包
失落
嘟囔
央求
买酱油
不甘
用眼瞟窗外
心理动作

（作者：刘宁）

习作：围绕中心意思写

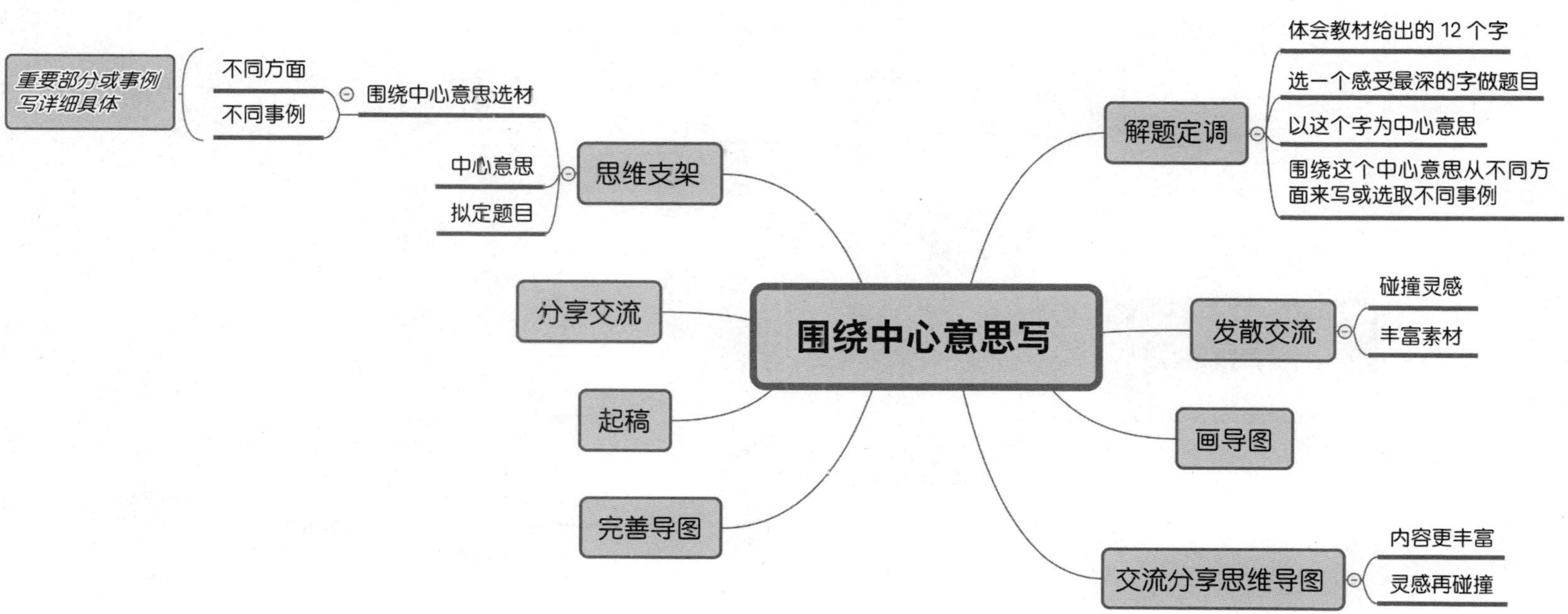

（作者：刘宁）

第六章　保护环境（六单元）

17. 古诗三首

（1）浪淘沙

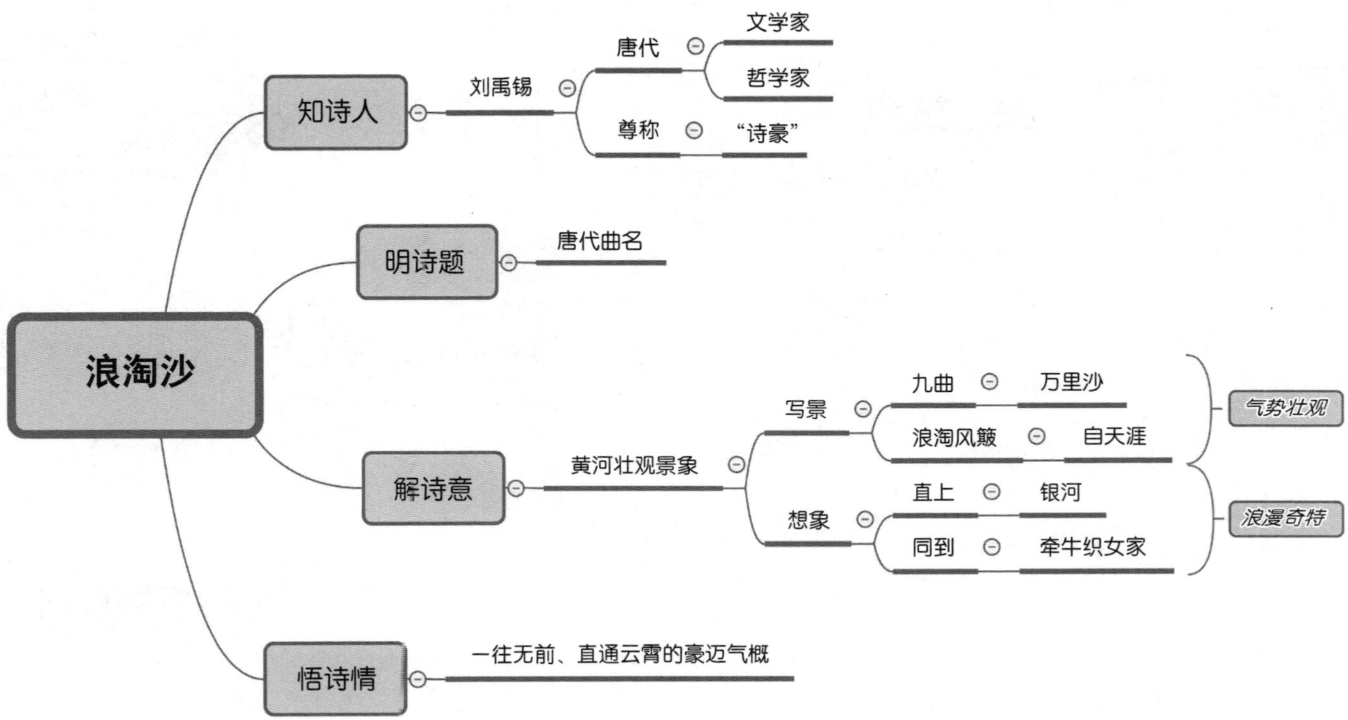

（作者：齐佳）

（2）江南春

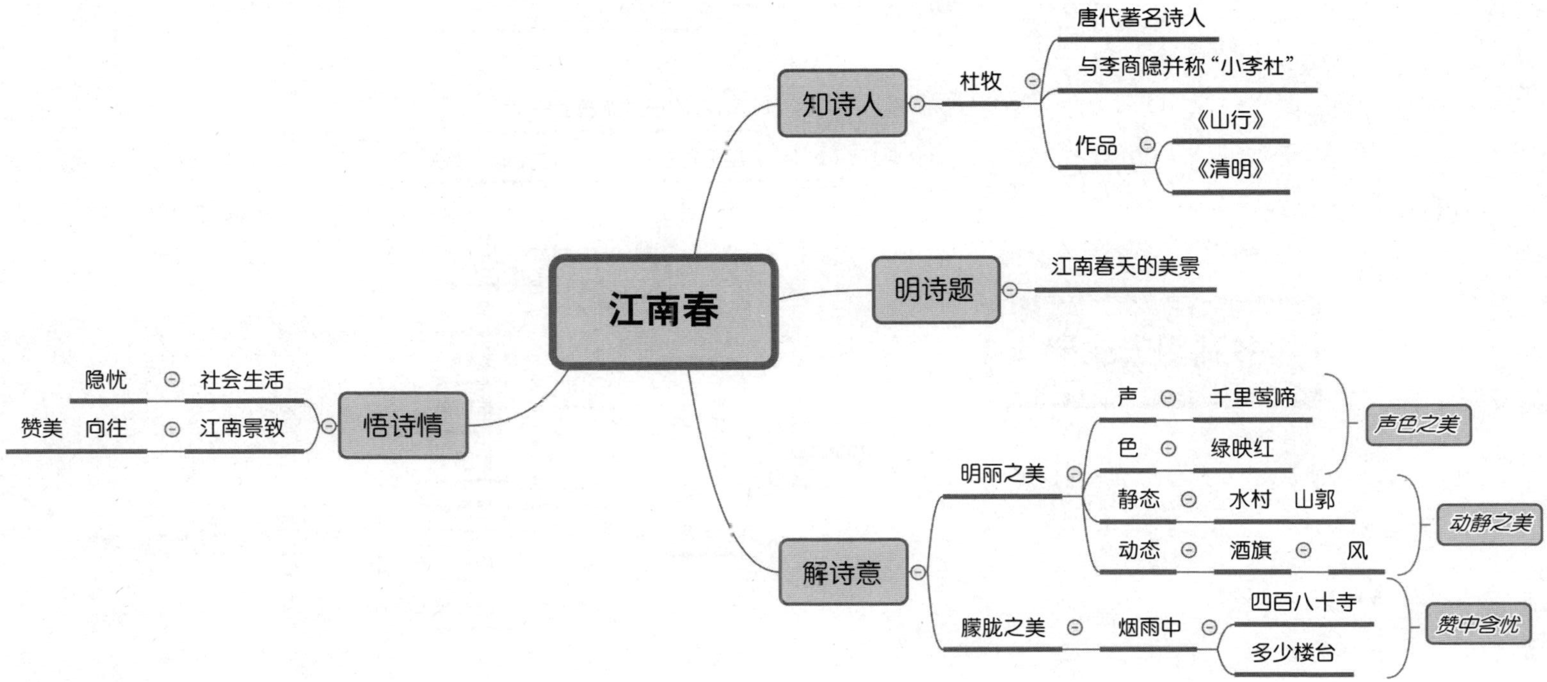
江南春
知诗人
杜牧
唐代著名诗人
与李商隐并称“小李杜”
作品
《山行》
《清明》
明诗题
江南春天的美景
解诗意
明丽之美
声
千里莺啼
色
绿映红
声色之美
静态
水村　山郭
动态
酒旗
风
动静之美
朦胧之美
烟雨中
四百八十寺
多少楼台
赞中含忧
悟诗情
隐忧
社会生活
赞美
向往
江南景致

（作者：齐佳）

（3）书湖阴先生壁

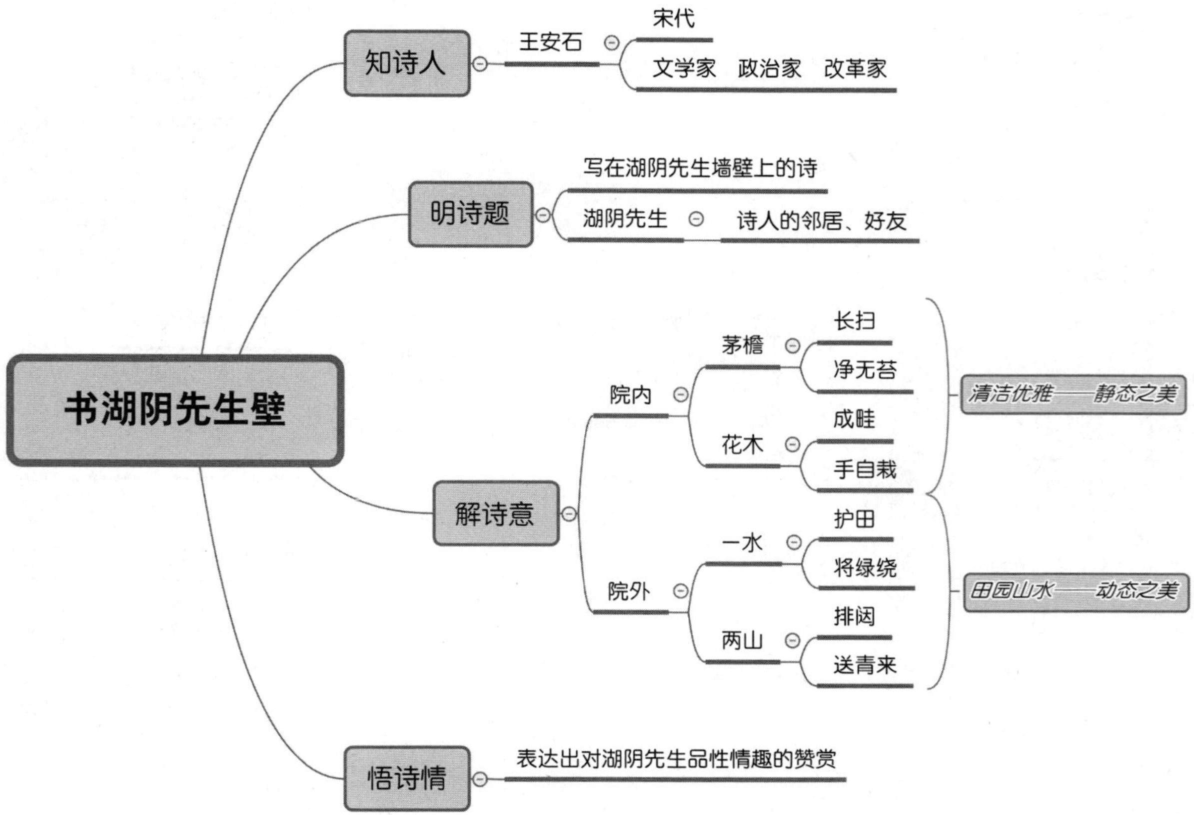

（作者：齐佳）

18. 只有一个地球

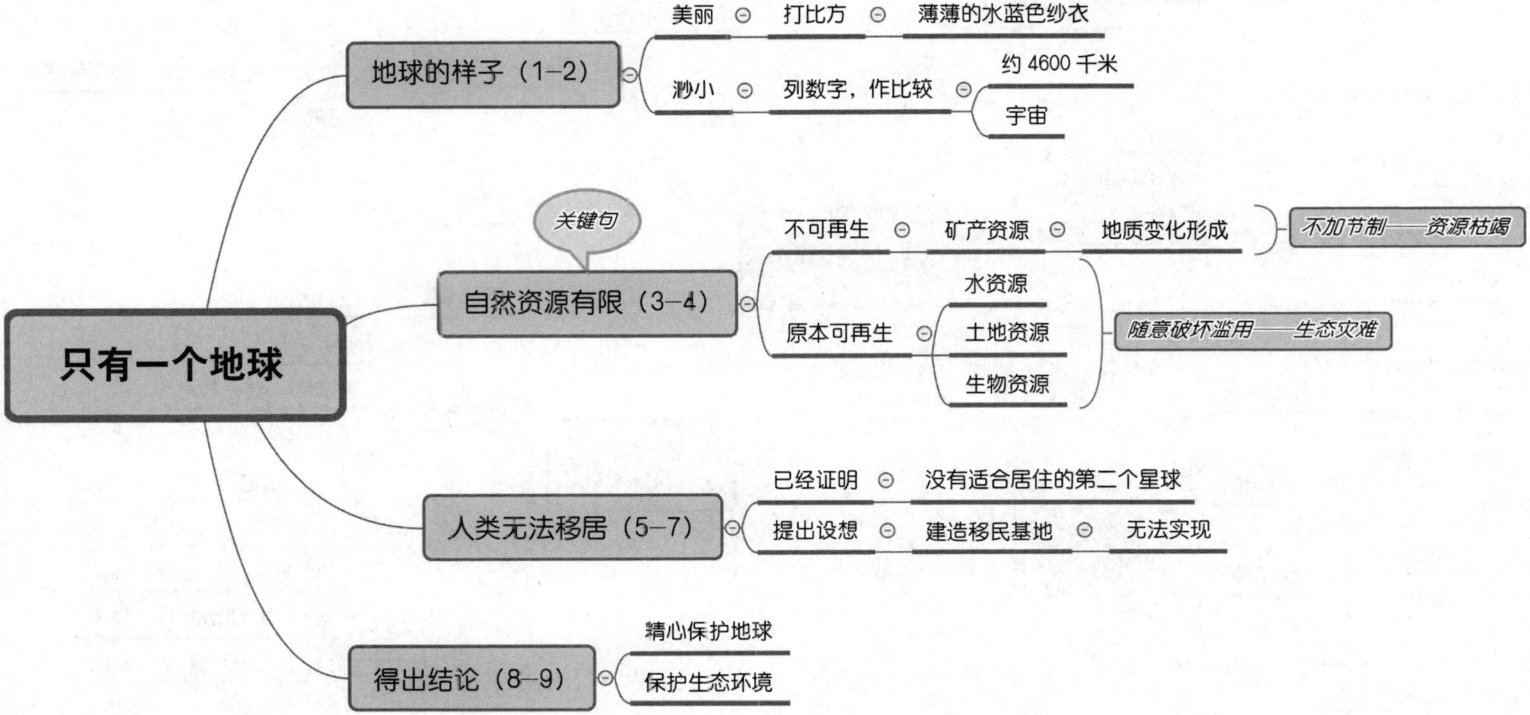

（作者：齐佳）

19．青山不老

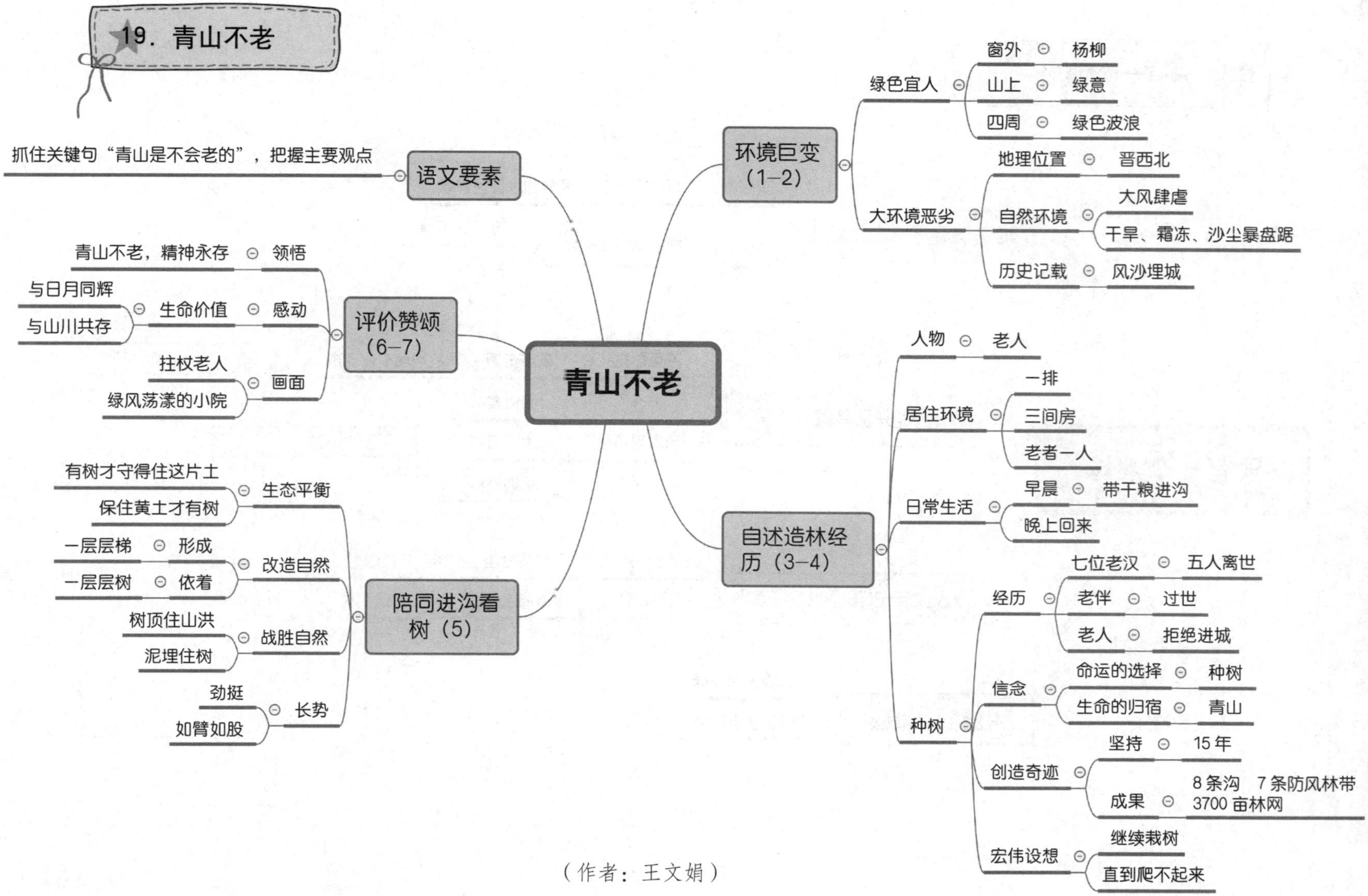

（作者：王文娟）

20. 三黑和土地

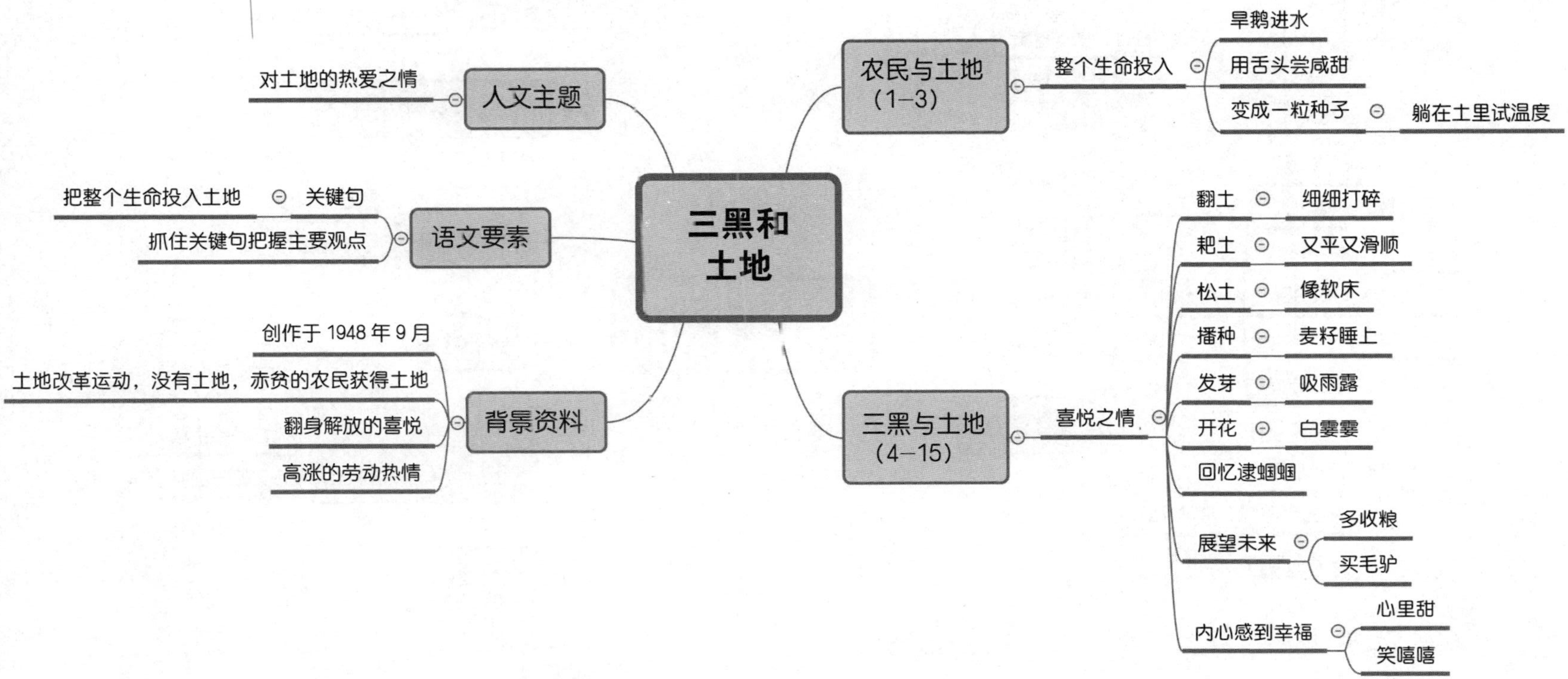

（作者：王文娟）

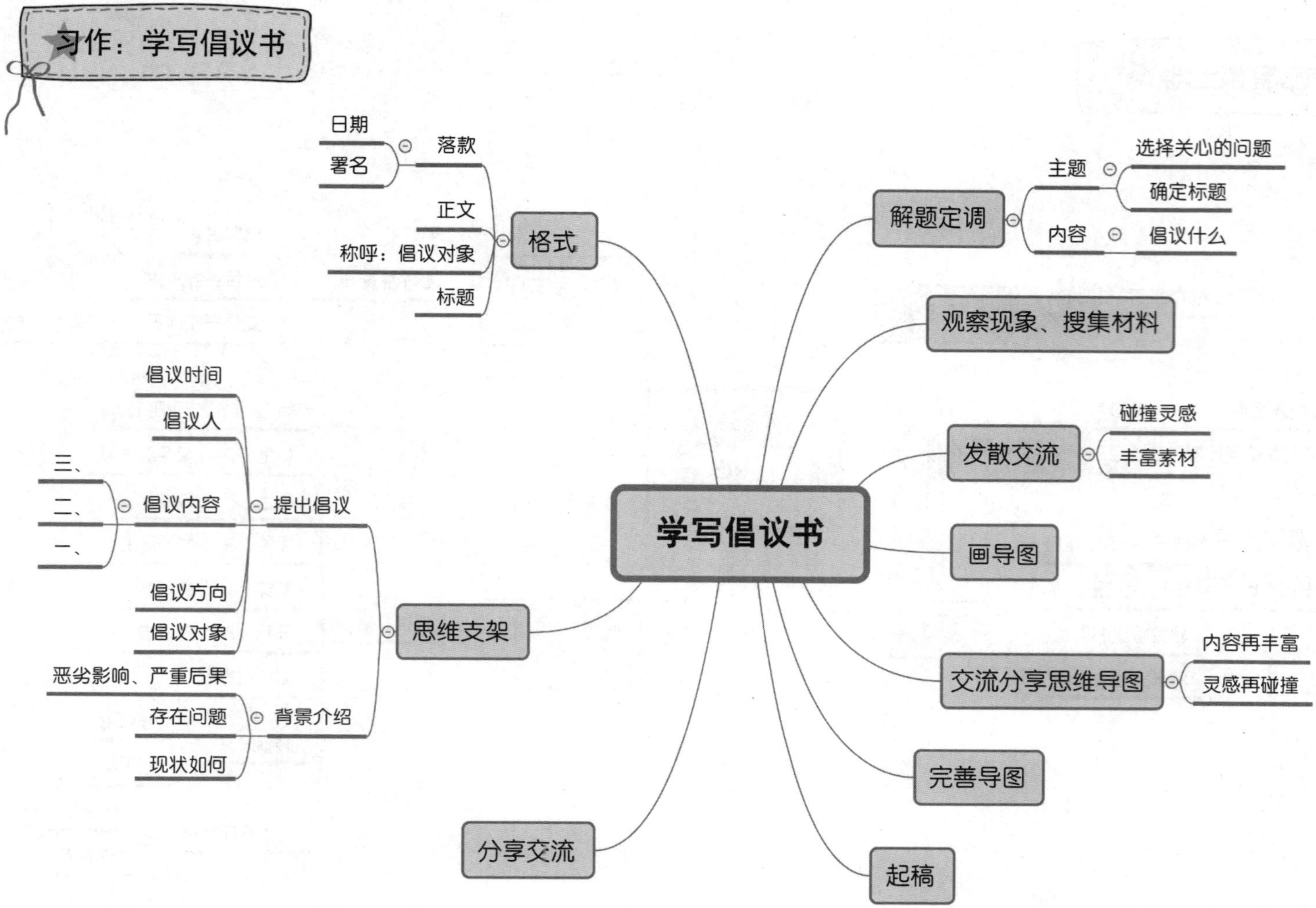
习作：学写倡议书
学写倡议书
格式
落款
日期
署名
正文
称呼：倡议对象
标题
思维支架
提出倡议
倡议时间
倡议人
倡议内容
三、
二、
一、
倡议方向
倡议对象
背景介绍
恶劣影响、严重后果
存在问题
现状如何
分享交流
解题定调
主题
选择关心的问题
确定标题
内容
倡议什么
观察现象、搜集材料
发散交流
碰撞灵感
丰富素材
画导图
交流分享思维导图
内容再丰富
灵感再碰撞
完善导图
起稿

（作者：王文娟）

第七章　艺术之美（七单元）

21．文言文二则

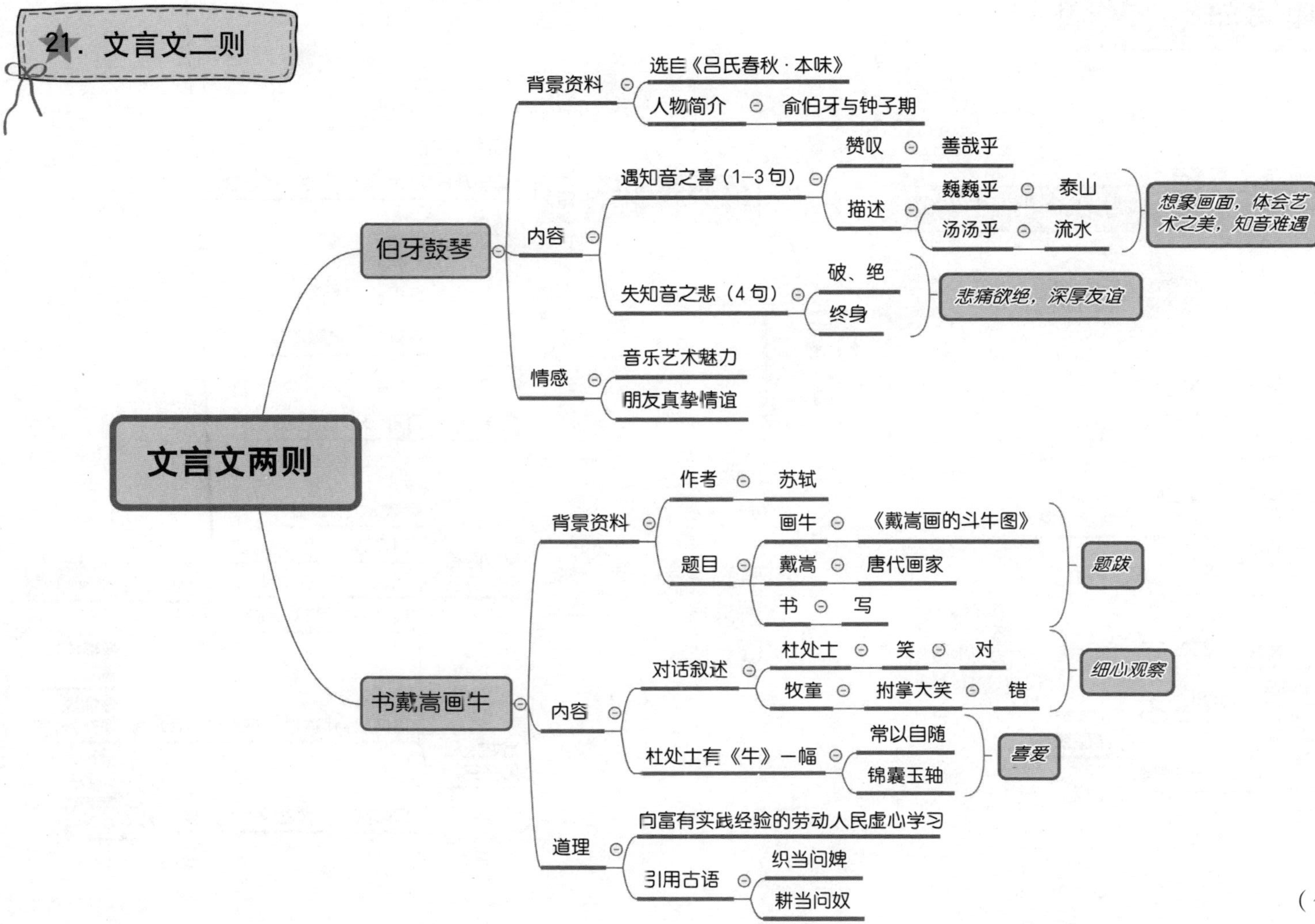

（作者：齐佳）

22. 月光曲

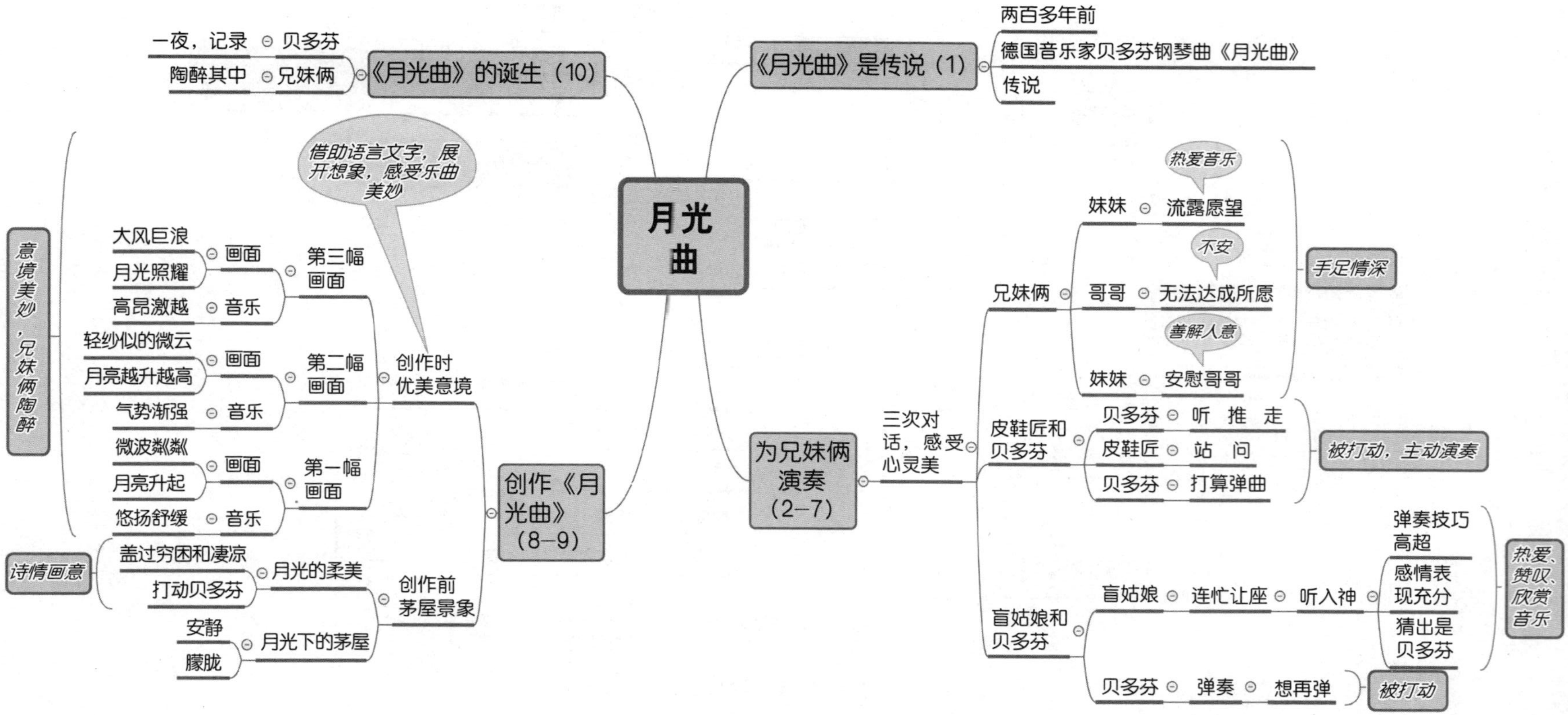
月光曲
《月光曲》是传说（1）
两百多年前
德国音乐家贝多芬钢琴曲《月光曲》
传说
为兄妹俩演奏（2–7）
三次对话，感受心灵美
兄妹俩
妹妹
流露愿望
热爱音乐
哥哥
无法达成所愿
不安
妹妹
安慰哥哥
善解人意
手足情深
皮鞋匠和贝多芬
贝多芬
听 推 走
皮鞋匠
站 问
贝多芬
打算弹曲
被打动，主动演奏
盲姑娘和贝多芬
盲姑娘
连忙让座
听入神
弹奏技巧高超
感情表现充分
猜出是贝多芬
热爱、赞叹、欣赏音乐
贝多芬
弹奏
想再弹
被打动
《月光曲》的诞生（10）
贝多芬
一夜，记录
兄妹俩
陶醉其中
创作《月光曲》（8–9）
创作时优美意境
借助语言文字，展开想象，感受乐曲美妙
第三幅画面
画面
大风巨浪
月光照耀
音乐
高昂激越
第二幅画面
画面
轻纱似的微云
月亮越升越高
音乐
气势渐强
第一幅画面
画面
微波粼粼
月亮升起
音乐
悠扬舒缓
意境美妙，兄妹俩陶醉
创作前茅屋景象
月光的柔美
盖过穷困和凄凉
打动贝多芬
月光下的茅屋
安静
朦胧
诗情画意

（作者：曹雪）

23．京剧趣谈

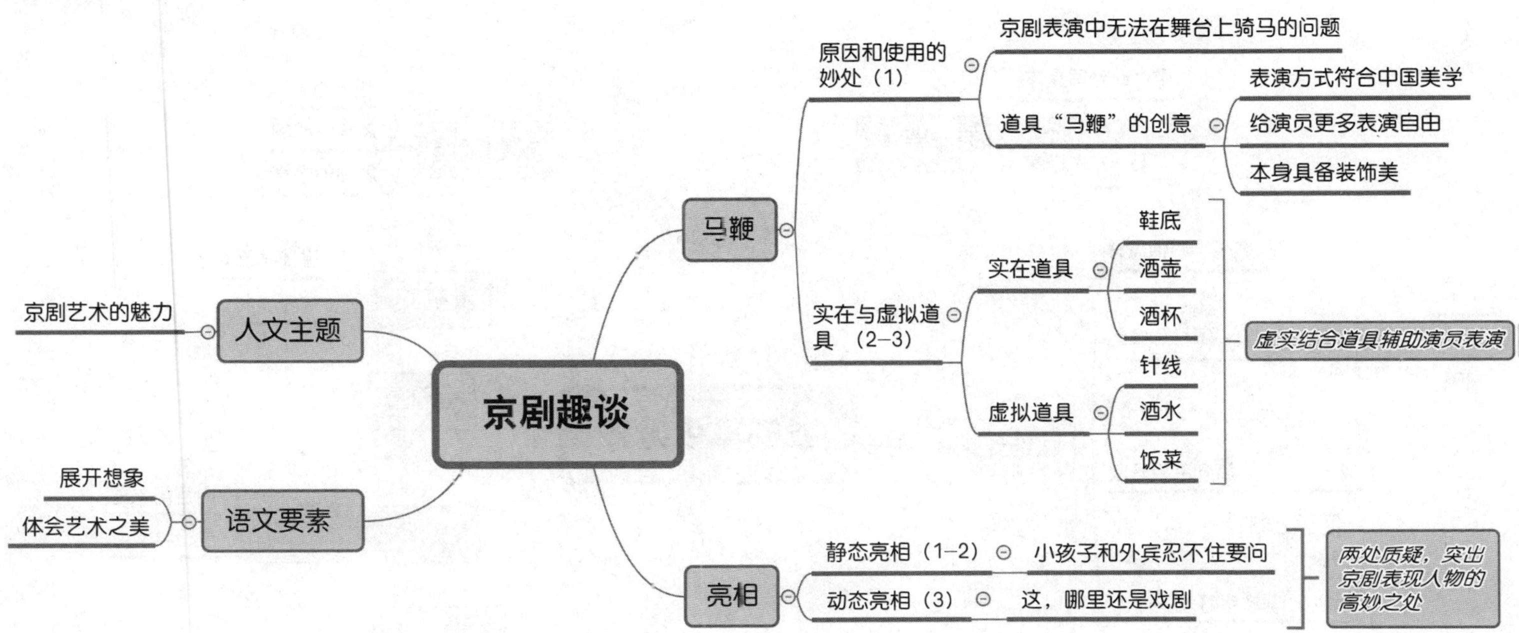
京剧趣谈
人文主题
京剧艺术的魅力
语文要素
展开想象
体会艺术之美
马鞭
原因和使用的妙处（1）
京剧表演中无法在舞台上骑马的问题
道具“马鞭”的创意
表演方式符合中国美学
给演员更多表演自由
本身具备装饰美
实在与虚拟道具（2–3）
实在道具
鞋底
酒壶
酒杯
虚拟道具
针线
酒水
饭菜
虚实结合道具辅助演员表演
亮相
静态亮相（1–2）
小孩子和外宾忍不住要问
动态亮相（3）
这，哪里还是戏剧
两处质疑，突出京剧表现人物的高妙之处

（作者：齐佳）

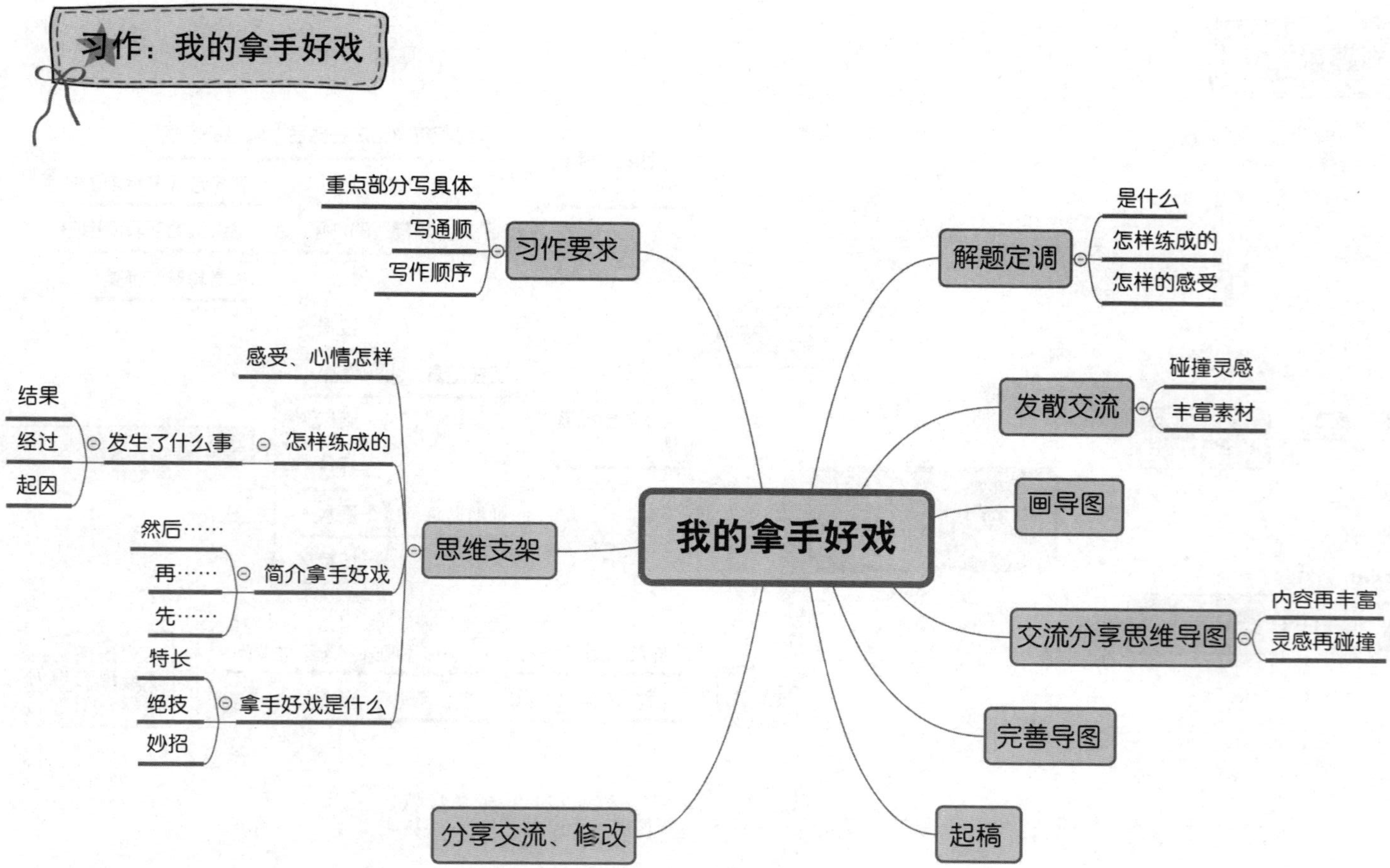
习作：我的拿手好戏
我的拿手好戏
习作要求
重点部分写具体
写通顺
写作顺序
思维支架
感受、心情怎样
怎样练成的
发生了什么事
结果
经过
起因
简介拿手好戏
然后……
再……
先……
拿手好戏是什么
特长
绝技
妙招
分享交流、修改
解题定调
是什么
怎样练成的
怎样的感受
发散交流
碰撞灵感
丰富素材
画导图
交流分享思维导图
内容再丰富
灵感再碰撞
完善导图
起稿

（作者：王文娟）

第八章 走近鲁迅（八单元）

24. 少年闰土

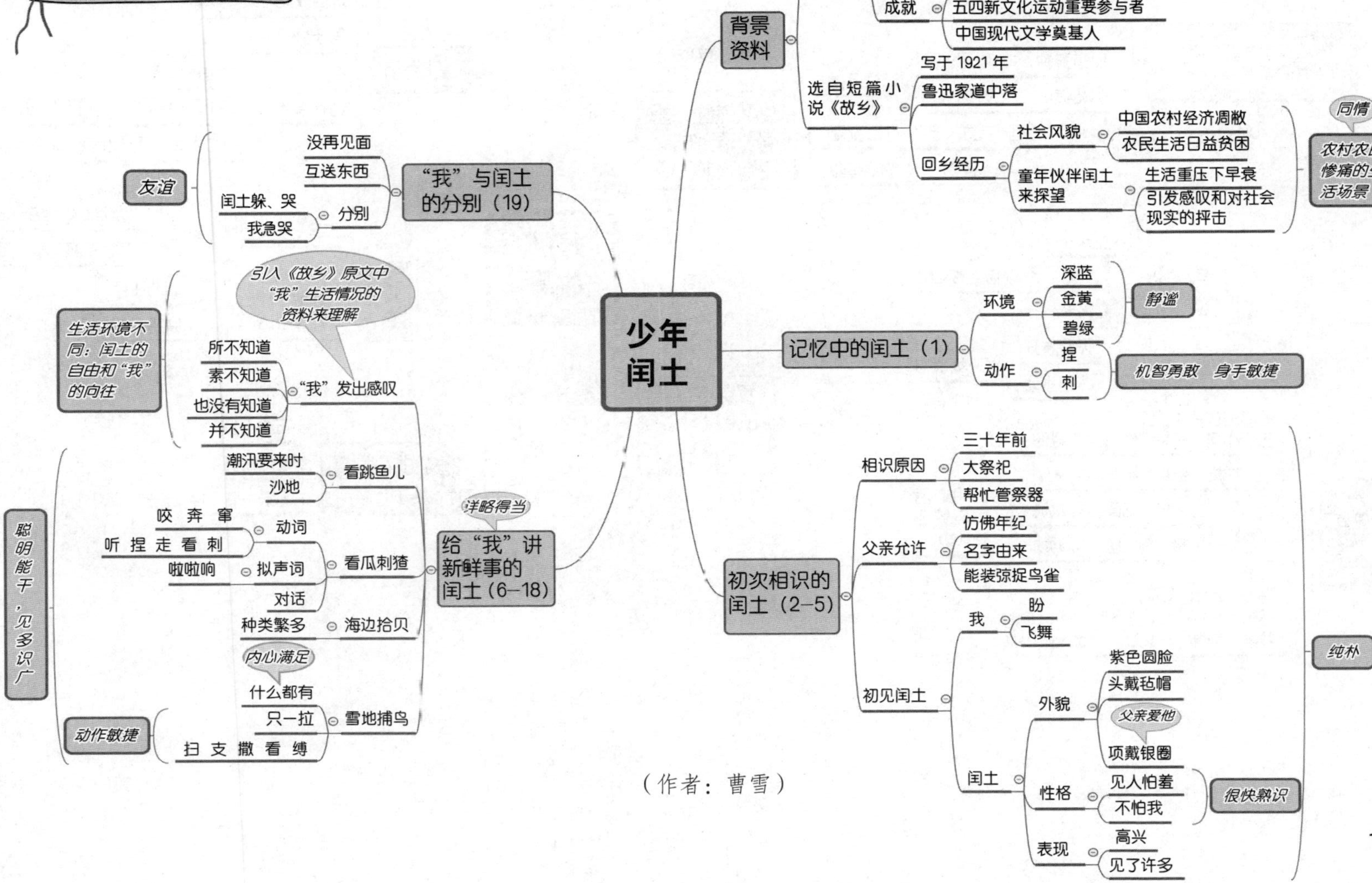

（作者：曹雪）

25. 好的故事

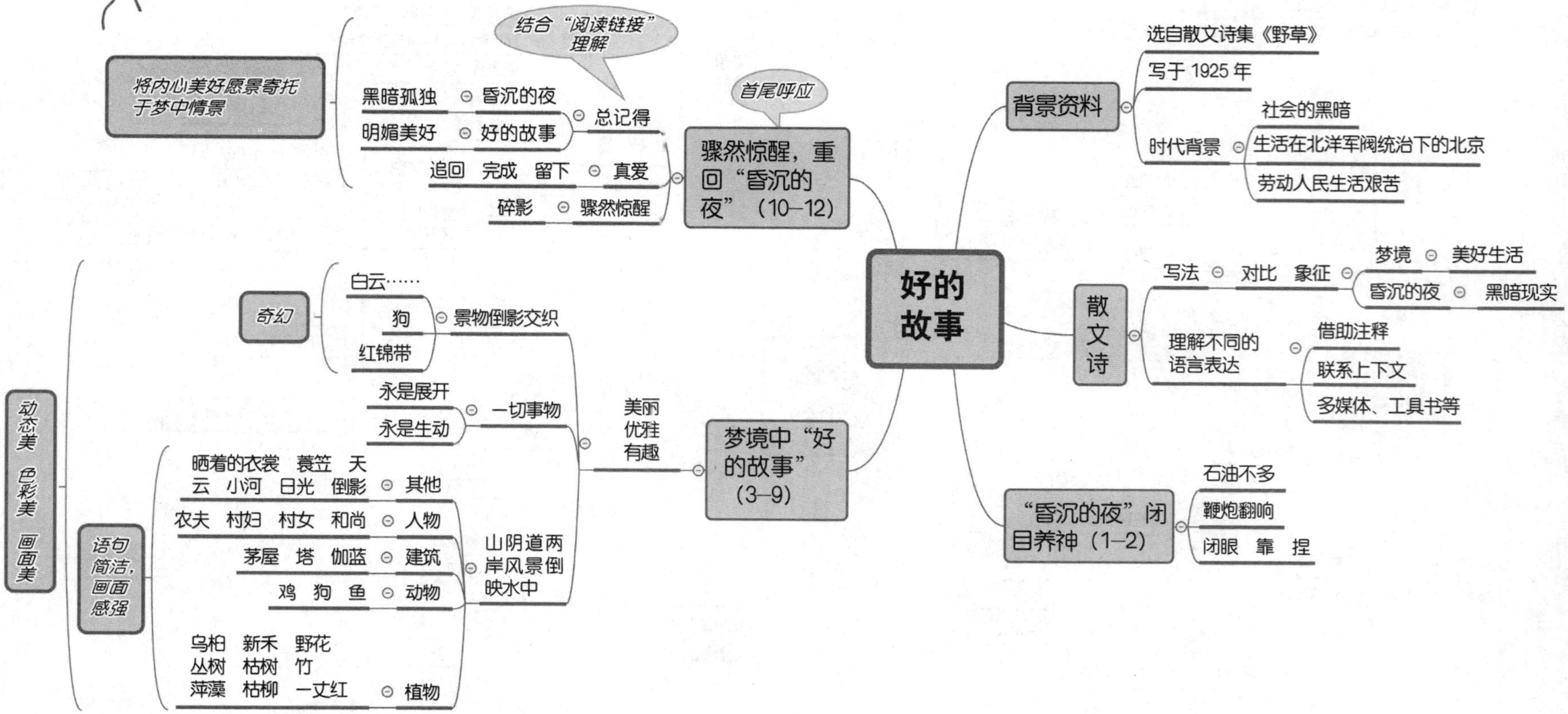
好的故事
背景资料
选自散文诗集《野草》
写于 1925 年
时代背景
社会的黑暗
生活在北洋军阀统治下的北京
劳动人民生活艰苦
散文诗
写法
对比
象征
梦境
美好生活
昏沉的夜
黑暗现实
理解不同的语言表达
借助注释
联系上下文
多媒体、工具书等
“昏沉的夜”闭目养神（1–2）
石油不多
鞭炮翻响
闭眼 靠 捏
骤然惊醒，重回“昏沉的夜”（10–12）
首尾呼应
结合“阅读链接”理解
总记得
黑暗孤独
昏沉的夜
明媚美好
好的故事
真爱
追回 完成 留下
骤然惊醒
碎影
将内心美好愿景寄托于梦中情景
梦境中“好的故事”（3–9）
美丽 优雅 有趣
景物倒影交织
白云……
狗
红锦带
奇幻
一切事物
永是展开
永是生动
山阴道两岸风景倒映水中
其他
晒着的衣裳 蓑笠 天 云 小河 日光 倒影
人物
农夫 村妇 村女 和尚
建筑
茅屋 塔 伽蓝
动物
鸡 狗 鱼
植物
乌桕 新禾 野花 丛树 枯树 竹 萍藻 枯柳 一丈红
语句简洁，画面感强
动态美 色彩美 画面美

（作者：曹雪）

26. 我的伯父鲁迅先生

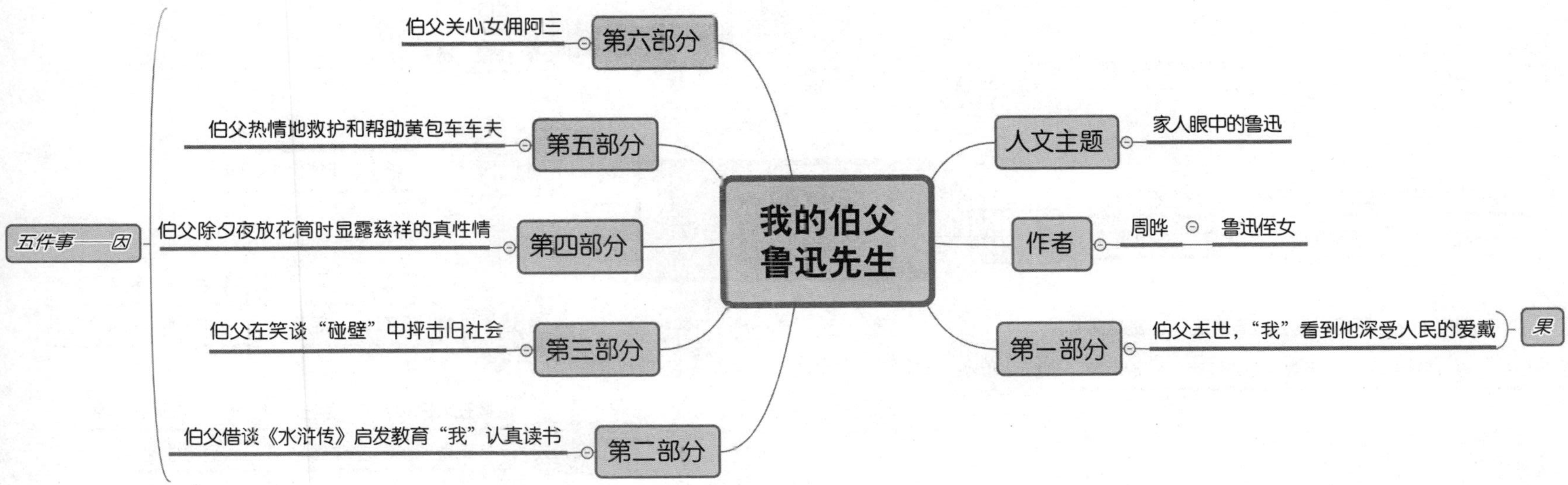

（作者：齐佳）

27. 有的人——纪念鲁迅有感

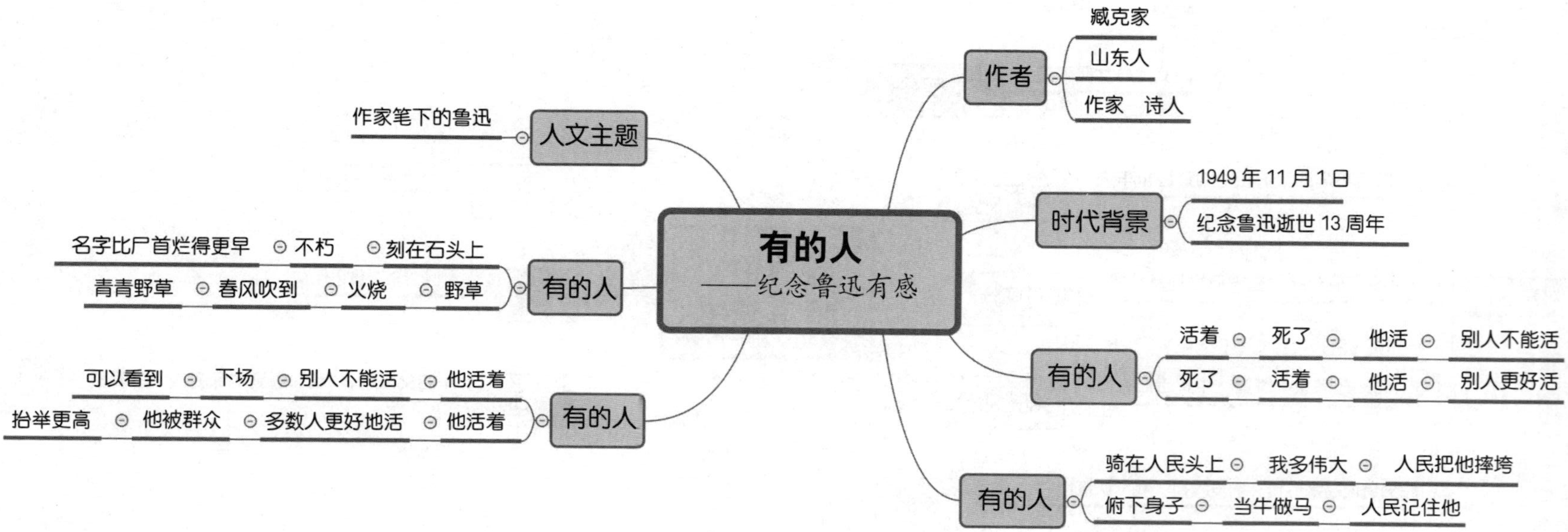

（作者：齐佳）

习作：有你，真好

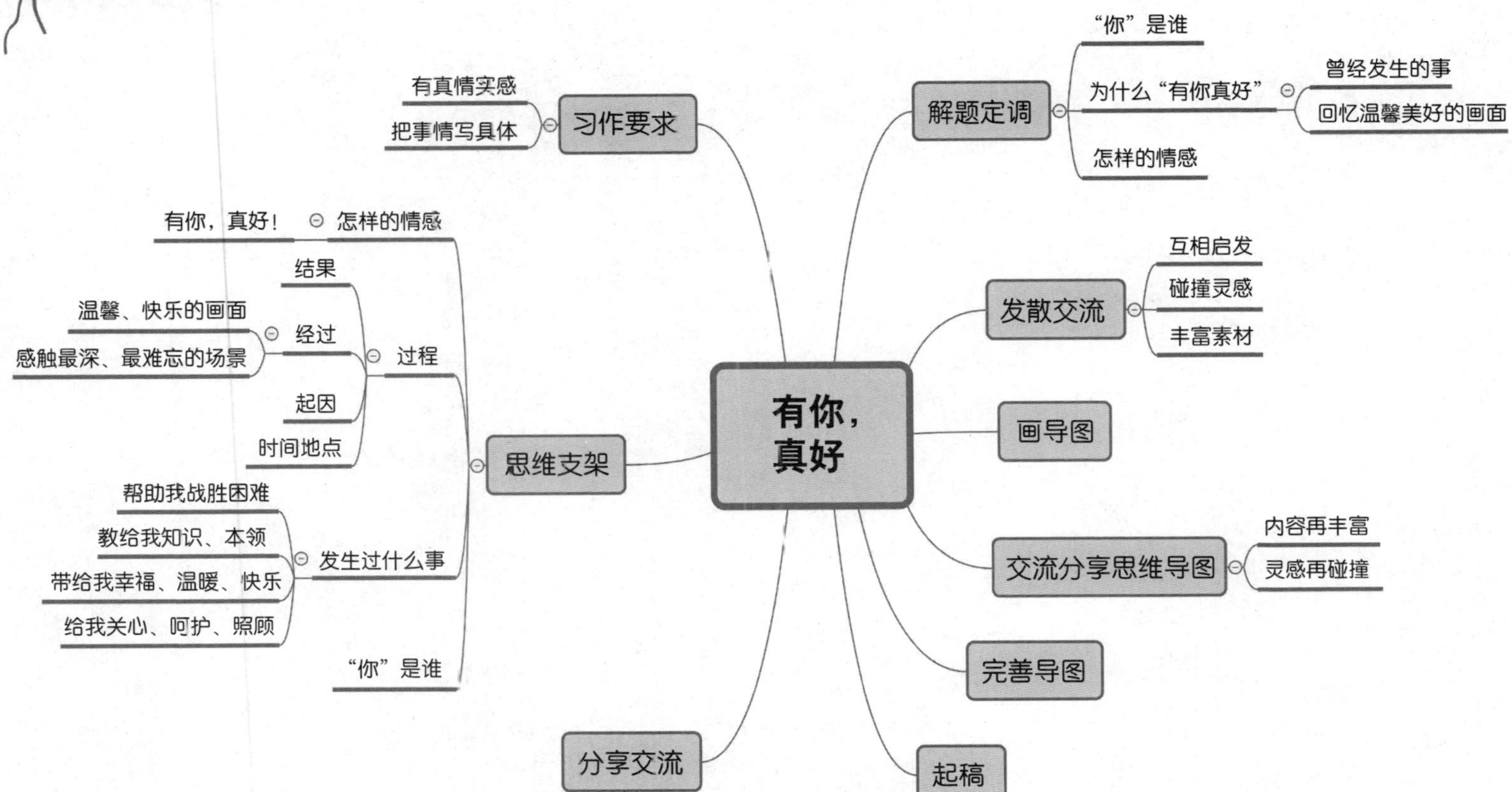

（作者：王文娟）